本丛书系国家社科基金"一带一路"建设研究专项"'一带一路'沿线国别研究报告"（批准号：17VDL002）的成果，并得到上海社会科学院"一带一路"建设专项经费资助

总主编 王振

副总主编 王健 李开盛 王震

"一带一路"国别研究报告
斯里兰卡卷

王震 等著

The Belt and Road Country Studies

(The Democratic Socialist Republic of Sri Lanka)

中国社会科学出版社

图书在版编目（CIP）数据

"一带一路"国别研究报告. 斯里兰卡卷／王震等
著. -- 北京：中国社会科学出版社，2024. 9. -- ISBN
978-7-5227-3806-2

Ⅰ. D52；D735. 8

中国国家版本馆 CIP 数据核字第 2024HV3006 号

出 版 人	赵剑英
责任编辑	赵　丽
责任校对	刘　念
责任印制	郝美娜

出　　版	中国社会科学出版社
社　　址	北京鼓楼西大街甲 158 号
邮　　编	100720
网　　址	http://www.csspw.cn
发 行 部	010-84083685
门 市 部	010-84029450
经　　销	新华书店及其他书店

印　　刷	北京明恒达印务有限公司
装　　订	廊坊市广阳区广增装订厂
版　　次	2024 年 9 月第 1 版
印　　次	2024 年 9 月第 1 次印刷

开　　本	710×1000　1/16
印　　张	37.75
字　　数	600 千字
定　　价	228.00 元

总　序

自习近平总书记 2013 年分别在哈萨克斯坦和印度尼西亚提出建设"丝绸之路经济带"和"21 世纪海上丝绸之路"以来，"一带一路"倡议得到了沿线国家的普遍欢迎，以政策沟通、设施联通、贸易畅通、资金融通、民心相通为代表的"五通"成为连接中国与世界的新桥梁与新通道。习近平总书记在第二届"一带一路"国际合作高峰论坛开幕式上发表的主旨演讲中特别指出：共建"一带一路"，顺应经济全球化的历史潮流，顺应全球治理体系变革的时代要求，顺应各国人民过上更好日子的强烈愿望。面向未来，我们要聚集重点、深耕细作，共同绘制精谨细腻的"工笔画"，推动共建"一带一路"沿着高质量发展方向不断前行。

2014 年以来，上海社会科学院积极推进"一带一路"相关研究和国别数据库建设。2017 年 4 月，正值第一届"一带一路"国际合作高峰论坛召开之际，我们与中国国际经济交流中心紧密合作，联合推出了智库型"丝路信息网"。在创建"一带一路"数据库的过程中，我们深感以往学术界、智库对"一带一路"沿线国家的国情、市情研究在广度和深度上都存在着明显不足。比如，传统的区域国别研究或以历史、语言等为背景，或主要局限于国际问题领域，往往缺乏国情、市情研究的多学科特点或专业性调研；对于当下"一带一路"建设中的实际需求也考虑较少。"一带一路"沿线国家各有其不同的历史文化和国情，只有深入了解和认识这些国家的国情、市情，才能为"一带一路"建设和相关决策提供较为扎实的智力保障和知识依托。

全国哲学社会科学工作办公室为推进"一带一路"国情研究，于 2017 年专门设立了"一带一路"国别与数据库建设研究专项，并组织上海社会科学院、中国人民大学国家发展与战略研究院、兰州大学中亚研究所三家智库组成联合课题组，系统开展"一带一路"国别研究。2018 年正式启动第一期研究，三家智库根据各自专业优势，分别选择不同国家开展研究，并在合作交流中逐步形成了体现国情研究特征的国别研究框架体系。

上海社会科学院高度重视"一带一路"相关研究，并具有较为扎实的国际问题研究和国别研究基础。在王战教授（原院长）、张道根研究员（原院长）、于信汇教授（原党委书记）等原领导和权衡党委书记、王德忠院长、干春辉副院长的支持和指导下，由副院长王振研究员牵头，组成了跨部门研究团队。其中，既囊括了本院国际问题研究所、世界经济研究所、应用经济研究所、城市与人口研究所、宗教研究所、社会学研究所、本院数据中心等相关研究部门的科研骨干，还特邀上海外国语大学、同济大学、复旦大学等上海高校的学者担任国别研究首席专家。在各位首席专家的牵头下，不仅有我院各个领域的科研骨干加入各国别研究团队，还吸收了国内外的一流专家学者参与国别研究，真正形成了跨学科、跨领域的国际化研究格局。

为深化"一带一路"国别研究，有力地推动"一带一路"国别数据库建设，我们在充分总结、评估和吸收现有各类研究文献基础上，更为突出国情研究的特定类型和方式，并在课题研究和数据库建设中特别重视以下几方面特征。一是内容的相对全面性。即除了研究各个国家的资源禀赋、对外开放、人口结构、地域政治外，还要研究各个国家的综合国力、中长期战略、产业结构、市场需求、投资政策、就业政策、科教文化、政治生态、宗教文化等，同时涉及重点城市、产业园区的研究等。特别是用了较大篇幅来梳理、分析我国与这些国家关系的发展。二是调研的一线性。课题组既要收集、整理对象国政府和智库的最新报告，并动员这些国家的优秀专家参与部分研究，增强研究的客观性和实地性，又要收集、整理来自国际组织、国际著名智库的最新国别研究报告，以便多角度地进行分析和判断。三是观察的纵向时序性。课题研究中既有对发展轨迹的纵向梳理和评价，同时还包括对未来发展的基本展望和把握。四是数据库建设内容更新的可持续性与实用性。课题组既要研究国情信息来源渠道的权威性、多样性和长期性，确保国情研究和数据库建设基础内容的需要，同时还要研究如何把汇集起来的大量国情内容，经过专业人员的分析研究，形成更加符合政府、企业和学者需要的国情研究成果。

在研究过程中，课题组经过多次讨论、反复推敲，最终形成了包括基本国情、重大专题和双边关系三方面内容的基本研究框架，这一框架所蕴含的研究特色至少体现在以下三个方面：一是通过跨学科协作，突出基本国情研究的综合性。在第一篇"基本国情"部分，我们组织了来自经济学、地理学、人口学、政治学、国际关系学、宗教学等学科和领域的专家，分别从综合国力、人口结构、资源禀赋、基础设施、产业结构、政治生态、民族宗教、对外关系等方面对"一带一路"沿线国家的基本国情进行深度剖析。二是结合"一带一路"建设需要，突出重大专题研究的专业性。本书第二篇为"重大专题"，我们采取了"3+X"模式，其中"3"为各卷均需研究的基本内容，包括国家中长期战略、投资与营商环境、中心城市与区域影响力。"X"为基于各国特定国情，以及"一带一路"建设在该国的特定需要而设置的主题。三是着眼于务实合作，突出双边关系研究的纵深度。第三篇主要侧重于"双边关系"领域，我们同样采取了"3+X"模式。其中，"3"仍为各卷均需研究的基本内容，具体内容包括双边关系的历史与前瞻、对象国的"中国观"、"一带一路"与双边贸易。这些内容对于了解中国和"一带一路"沿线国家双边关系的历史与现实有着非常重要的意义。"X"则着眼于"一带一路"背景下的双边关系特色，以突出每一对双边关系中的不同优先领域。

经过科研团队的共同努力，首期6项国别研究成果（波兰、匈牙利、希腊、以色列、摩洛哥和土耳其）在2020年、2021年由中国社会科学出版社出版，并得到了学界和媒体的较高评价。第二期课题立项后，我们立即组织国内外专家分别对埃及、阿尔及利亚、印度尼西亚、巴基斯坦、菲律宾、斯里兰卡、伊朗、沙特、捷克、马来西亚10国进行了全面研究。第二期课题在沿用前述研究思路和框架的同时，还吸取了首期课题研究中的重要经验，进一步增强了研究的开放性和规范性，强化了课题研究质量管理和学术要求，力求在首期研究成果的基础上"更上一层楼"。

我们特别感谢全国哲学社会科学工作办公室智库处和国家哲学社会科学基金（以下简称"全国社科规划办"）对本项目第二期研究所给予的更大力度的资助。这不仅体现了全国社科规划办对"一带一路"国别研究和数据库建设的高度重视，也体现了对我们首期研究的充分肯定。我们要感谢上海社会科学院有关领导对本项研究的高度重视和大力支持，感谢参与这个大型研究项目的全体同仁，特别要感谢共同承担这一专项研究课题的中国人民大学和兰州大学研究团队。五年来，三家单位在各自擅长的领域共同研究、分别推进，这种同侪交流与合作既拓展了视野，也弥补了研究中可能出现的盲点，使我们获益良多。最后，还要感谢中国社会科学出版社提供的出版平台，他们的努力是这套丛书能够尽早与读者见面的直接保证。

王 振

上海社会科学院副院长、丝路信息网负责人

2022 年 2 月 25 日

本卷作者

本卷序一　尼哈尔·罗德里格（Nihal Rodrigo）　斯里兰卡前驻华大使、外交国务秘书及南盟秘书长

本卷序二　伊姆提亚兹·艾哈迈德（Imtiaz Ahmed）　斯里兰卡地区战略研究中心（RCSS）前主任、孟加拉国达卡大学国际关系教授兼替代方案中心（Centre for Alternatives）执行主任

第一篇　基本国情研究

第一章　周　琢　上海社会科学院世界经济研究所副研究员、博士

第二章　周海旺　上海社会科学院城市与人口研究所副所长、研究员

第三章　海骏娇　上海社会科学院信息研究所助理研究员、博士

第四章　马　双　上海社会科学院信息研究所副研究员、博士

第五章　林　晓　上海对外经贸大学会展与旅游学院讲师、博士

第六章　来庆立　上海社会科学院中国马克思主义研究所副研究员、博士

第七章　田艺琼　上海社会科学院宗教研究所助理研究员、博士

第八章　王世达　中国现代国际关系研究院南亚所副所长、研究员

第二篇　重大专题研究

第一章　冯玲玲　上海社会科学院"一带一路"信息研究中心助理研究员

第二章　邓智团　上海社会科学院城市与人口研究所研究员

第三章　郝唯民　斯里兰卡龙华书院院长，云南民族大学特聘教授

第四章　拉尼·贾亚玛哈（Ranee Jayamaha）　经济学博士，斯里兰卡中央银行货币委员会（管理委员会）成员和世界银行集团南亚首

席顾问，曾任斯里兰卡中央银行副行长；翻译王圣佳，校对王震

第五章　宁胜男　中国国际问题研究院世界经济与发展研究所副研究员、
　　　　　　　　博士

第六章　李红梅　上海国际问题研究院助理研究员、博士

第三篇　中国—斯里兰卡关系研究

第一章　王　震　上海社会科学院国际问题研究所副所长、研究员

第二章　拉桑塔·威克雷默索里亚（Lasantha Wickremesooriya）　斯里兰卡
　　　　　　　　国家安全研究所研究员，翻译王圣佳，校对王震

第三章　龙兴春　四川外国语大学国际关系学院教授

　　　　邹珍妮　成都信息工程大学讲师、历史学博士

第四章　宁胜男　中国国际问题研究院世界经济与发展研究所副研究员、
　　　　　　　　博士

第五章　王思远　中国国际问题研究院助理研究员

第六章　王腾飞　中国南海研究院海洋法律与政策研究所助理研究员

附　录　王　震　上海社会科学院国际问题研究所副所长、研究员

本卷序一

中斯关系源远流长，这在两国古代文献中均有记载。即便是今天，斯里兰卡还不时会出土与中国有关的历史文物。作为印度洋航道上的交通要道，斯里兰卡在古代中国和欧洲、非洲的历史交往过程中扮演了重要角色。

斯里兰卡是较早承认新中国的南亚国家，两国领导人在冷战期间高瞻远瞩，积极致力于推动和发展双边关系，留下了许多感人至深的历史佳话。中斯两国在1952年签署的《米胶协定》意义深远，它既是两国关系中的一个里程碑事件，也是南南合作的一个历史典范。20世纪70年代，中国政府援建的班达拉奈克国际会议中心至今仍然是科伦坡市的地标性建筑之一，也是中斯两国友谊历久弥坚的重要象征。多年来，斯里兰卡为它自己在全球不结盟运动中的角色深感自豪。作为一个发展中国家，斯里兰卡和中国一样，坚定地反对一些西方国家虚伪的"人权"政策和地缘政治操弄。在风云变幻的国际政治舞台上，中斯两国总是能互相支持与合作，共同维护作为发展中国家的立场和利益。

在2003—2007年担任斯里兰卡驻华大使期间，我有幸见证了两国关系的发展进程。在任职期间，我不仅积极参与和推动了两国领导人之间的高层互访，还亲历了中国对斯里兰卡国内反恐与民族和解政策的支持、印度洋海啸后的国际救援，以及中国加入世贸组织后双边贸易的迅速增长等。在建交初期，中斯两国双边贸易主要是通过以货易货的记账形式进行，贸易量非常有限，直到1983年两国之间的双边贸易才开始改为以现汇方式结算。2021年，两国货物进出口总额已接近60亿美元。如今，中国已成为斯里兰卡最大的贸易伙伴，也是斯里兰卡十分重要的外资来源之一。

多年来，由于斯里兰卡国内基础设施陈旧、缺少外部投资，无法充分发挥在印度洋国际航道中的交通枢纽功能，因此，斯里兰卡积极支持和参与中国提出的"一带一路"倡议。这不仅为斯里兰卡国内基础设施升级提供了机会，也大大提升了斯里兰卡港口在印度洋国际航道中的价值。尽管这些合作还存在一些争议，但是我相信随着这些合作项目逐渐投入运营，未来斯里兰卡不仅会在印度洋航道上重新焕发勃勃生机，也会在未来东西方文明的交流和互鉴中发挥更大作用。

我和王震教授于 2016 年 12 月在科伦坡举行的学术研讨会上首次相识，他的发言令我印象深刻。次年 8 月，在科伦坡举行的另一次研讨会上，他邀请我参加当年底于上海举行的"第七届世界中国学论坛"。2017年的上海之行给我留下了非常深刻的印象，也使我更加体会到近年来中国日新月异的发展成就。作为一个拥有 14 亿人口的世界大国，中国的经济发展成就令人称羡，也值得其他发展中国家学习和借鉴。如今，王震教授请我为他主编的《"一带一路"国别研究报告·斯里兰卡卷》作序，我愿意和他的读者们分享上述观点，以表达对他的鼓励和支持。我很高兴地看到，他带领着来自两个国家的学术团队从事这项有意义的工作。他们都是才华横溢、学有专长的学者。我相信，这套"百科全书式"（encyclopedic）的作品将有助于中国读者更好地认识和了解斯里兰卡。同时，我更希望未来还会有更多学者加入其中，为促进中国和斯里兰卡之间的互相理解和文化交流作出贡献。

尼哈尔·罗德里格（Nihal Rodrigo）
斯里兰卡前外交国务秘书、前驻华特命全权大使（2003—2007）
与南盟秘书长（1999—2002）

本卷序二

王震教授主编的《"一带一路"国别研究报告·斯里兰卡卷》的出版可谓恰逢其时。特别是在斯里兰卡发生政治和经济动荡之后，该地区和西方的一些批评者将这一动荡归咎于中斯关系。然而，这并没有得到任何证据支持。这本书不仅回应了此类指责，还努力展示了自 2009 年 5 月泰米尔"猛虎组织"被击败和斯里兰卡内战结束以来，中国如何改变了斯里兰卡人的生活。当代中斯关系在全球范围内受到了更多关注。事实上中斯两国有过更广泛的文明交往，两国人民对此都记忆犹新。

中国与斯里兰卡的关系可以追溯到数百年前。较早的记录之一是在410 年，中国东晋高僧法显（337—422 年）曾前往斯里兰卡。他在岛上逗留了两年，四处寻访并潜心学习佛法。值得一提的是，斯里兰卡是该地区较早信奉佛教的国家之一，这源于前 3 世纪阿育王（Emperor Ashoka）的儿女——摩哂陀王子（Mahinda）和僧伽弥多（Sangamitta）公主对该岛的访问。在法显之后，其他中国旅行者也曾来到斯里兰卡，并由此形成了两国间活跃的海洋关系。其中，最为引人注目者莫过于 15 世纪郑和将军率领舰队访问斯里兰卡。从历史中可知，这些访问为印度洋—太平洋地区"海上丝绸之路"的制度化（institutionalizing）铺平了道路。斯里兰卡非殖民化后，中斯两国于 1957 年 2 月建立了外交关系。

最近，主要得益于中国的支持，斯里兰卡基础设施建设迅速发展，中斯关系受到了国际社会的关注。2022 年 7 月，斯里兰卡遭遇经济衰退。以戈塔巴雅·拉贾帕克萨（Gotabaya Rajapaksa）为首的政府被迫在大规模抗议活动中将权力移交给反对党领袖，也即被称为"表面上的政治对手"（ostensible political rival）的拉尼尔·维克拉马辛哈（Ranil Wickremasinghe）。这进一步放大了斯里兰卡的经济困难和两国关系。

造成斯里兰卡经济崩溃的原因似乎有四个，其中之一就是该国历史上首次拖欠国际金融机构的贷款。首先，该国引以为荣的旅游业是其主要收入来源之一，但 2019 年 4 月针对科伦坡高档酒店的恐怖袭击，以及随后新冠病毒（COVID-19）的大流行，严重破坏了斯里兰卡的旅游业。这两起事件导致斯里兰卡旅游业收入几乎断绝。其次，当权者治理不善、腐败丛生。包括在国际资本市场上借入的主权债券，斯里兰卡的外部贷款占其 510 亿美元外债的近一半左右，却没有确保偿还的手段。再次，社会精英阶层对斯里兰卡发展缺乏信心，不少人将子女送往国外，特别是发达国家，同时转移其资金和资产，进行所谓的"洗钱"（money laundering）。最后，拉贾帕克萨家族成员表现出的权力傲慢让大多数人感到羞耻，尤其是在经济停滞或衰退时期。然而，拖欠债务或后来被称为"债务陷阱"（debt trap）的问题却被广为报道，并成为一个涉及中国地缘政治竞争的政治敏感话题，而该地区一些国家和西方在此过程中通常发挥着带头作用。那么，我们不妨仔细研究一下，这些指控是否有道理。

　　侯赛因·阿斯卡里（Hussein Askary）曾援引斯里兰卡对外资源部的债务数据指出："2021 年 4 月，斯里兰卡外债的构成百分比分别为：国际资本市场借款占 47%，亚洲开发银行占 13%，中国占 10%，日本占 10%，世界银行占 9%，印度占 2%，其他占 9%。"① 如果这一数据属实，那么至少有三个问题值得关注。

　　第一，造成斯里兰卡外债负担沉重的罪魁祸首应是国际资本市场借贷。2009 年 5 月内战结束后，斯里兰卡开始向国际资本市场借贷，这些贷款主要被用于重建斯里兰卡破损的基础设施。此类借款占斯里兰卡外债总额的 47%，并涉及严格的偿还措施。当然，我们不能排除"当地精英的不当行为"（misconduct of local elites）、计划不周（ill-planning）和挪用资金的可能性，其中大部分资金被"洗白"后非法转移给了居住在发达国家的斯里兰卡家庭成员！② 此外，这些借款主要来自西方金融投资者，

---

① Hussein Askary, "A Close Look into Sri Lanka's Debt Crisis: No 'Chinese Debt Trap'," *Global Times*, 30 June 2022.

② Lee Jones and Shahar Hameiri, "Debunking the Myth of 'Debt-trap Diplomacy': How Recipient Countries Shape China's Belt and Road Initiative," Chatham House, 19 August 2020. See, https://www.chathamhouse.org/2020/08/debunking-myth-debt-trap-diplomacy/4-sri-lanka-and-bri. Accessed on 3 October 2023.

包括澳佳宝（Blackmore）和英国安石集团（Ashmore）等。① 如果再加上亚洲开发银行和世界银行（二者也是主要的西方捐助者），斯里兰卡从西方国家借贷的比例高达69%。由此可见，对中国的指控并没有多大意义。

由此引出了第二个问题，即对于所谓中国"债务陷阱"的指控。事实上，"债务陷阱"理论自有其政治渊源。有人曾追溯到了2017年印度学者布拉马·切拉尼（Brahma Chellany）的评论文章，还有人认为是美国媒体和政客，包括美国前副总统迈克·彭斯（Mike Pence），他在2018年使用了"债务陷阱外交"一词。这一说法很快就引起了国际媒体和反华批评人士的极大关注。但令人遗憾的是，这些指控同样没有证据和实质内容的支持。黛博拉·布劳蒂甘（Deborah Brautigam）和任美格（Meg Rithmire）通过研究发现：

> 当［总统］西里塞纳［2015年］上任时，斯里兰卡欠日本、世界银行和亚洲开发银行的债务比欠中国的还多。在斯里兰卡2017年需要偿还的45亿美元债务中，只有5%是因为汉班托塔项目。拉贾帕克萨和西里塞纳（总统）领导下的中央银行行长在很多问题上意见并不一致，但他们都告诉我们，汉班托塔和中国的金融总体上并不是斯里兰卡财政困难的根源。②

不过，斯里兰卡的经济诉求让中国同样关注大型项目的优点，尤其是对当地人的经济利益，以及接受国如何快速有效地满足还款条件。揭穿"债务陷阱理论"的唯一方法就是让中国的投资，尤其是"一带一路"倡议下的投资，对接受国人民有明显的帮助和收益。

第三，地缘政治竞争也往往预示着单极化世界的消亡和一个多极世界的出现。在此背景下，世界正在目睹全球多个经济体的崛起（rise）和重新崛起（re-rise）。殖民主义曾经使许多国家经济脱轨，随着非殖民化和资本主义向全球化的质变，当今世界正在见证许多经济体的崛起和重新崛

---

① Hussein Askary, "A Close Look into Sri Lanka's Debt Crisis: No 'Chinese Debt Trap'," *Global Times*, 30 June 2022.

② Deborah Brautigam and Meg Rithmire, "The Chinese 'Debt Trap' Is a Myth," *The Atlantic*, 6 February 2021.

起，包括中国、印度、土耳其、巴西、俄罗斯和南非等。就此而言，斯里兰卡现在有能力与世界上许多国家交好，以恢复其经济，并为民众带来尊严。中国无疑将是斯里兰卡在应对经济危机并振兴经济过程中值得期待的一个国家。在这一探索过程中，包括政策制定者在内的利益相关者，无疑将受益于本书作者们所提供的真知灼见。

伊姆提亚兹·艾哈迈德（Imtiaz Ahmed）
斯里兰卡地区战略研究中心（RCSS）前主任、孟加拉国达卡大学
国际关系教授兼替代方案中心（Centre for Alternatives）执行主任

目　　录

第一篇　基本国情研究

第一章　综合国力评估 ……………………………………（3）

第一节　指标体系构建原则 ……………………………（3）

第二节　指标体系构建内容 ……………………………（5）

第三节　指标分类评价 …………………………………（14）

第二章　人口结构 …………………………………………（41）

第一节　人口发展状况 …………………………………（41）

第二节　人口结构变化 …………………………………（52）

第三节　人口就业状况 …………………………………（61）

第四节　国际移民 ………………………………………（67）

第五节　首都人口发展情况 ……………………………（71）

第三章　资源禀赋 …………………………………………（73）

第一节　土地资源 ………………………………………（73）

第二节　矿产资源 ………………………………………（81）

第三节　生物资源 ………………………………………（87）

第四节　自然与文化遗产资源 …………………………（97）

第四章　基础设施 ………………………………………（102）

第一节　交通基础设施概况 …………………………（103）

第二节　通信基础设施概况 …………………………（118）

第三节 电力基础设施概况 ……………………………………（121）

第四节 基础设施发展规划 ……………………………………（124）

第五章 产业结构 ………………………………………………（127）

第一节 产业结构概况 …………………………………………（127）

第二节 重点农业 ………………………………………………（139）

第三节 重点工业 ………………………………………………（143）

第四节 重点服务业 ……………………………………………（147）

第六章 政治生态 ………………………………………………（153）

第一节 政治结构 ………………………………………………（154）

第二节 总统选举 ………………………………………………（159）

第三节 主要政党 ………………………………………………（168）

第四节 近年来政治生态特征 …………………………………（174）

第七章 民族与宗教 ……………………………………………（186）

第一节 斯里兰卡民族的历史与现状 …………………………（186）

第二节 斯里兰卡宗教的历史与现状 …………………………（196）

第三节 中斯人文交往中的民族宗教因素 ……………………（203）

第四节 结语 ……………………………………………………（207）

第八章 对外关系 ………………………………………………（209）

第一节 与域外大国的关系 ……………………………………（209）

第二节 与本地区国家的关系 …………………………………（216）

第三节 国际多边舞台外交 ……………………………………（224）

第二篇　重大专题研究

第一章 营商环境 ………………………………………………（233）

第一节 营商环境总体概况 ……………………………………（233）

第二节　近年来斯里兰卡营商环境变化 …………………………（240）

第三节　营商环境重要环节 …………………………………（245）

第四节　营商环境主要问题 …………………………………（259）

第二章　重要城市 ……………………………………………（275）

第一节　城市化发展历史与趋势 ……………………………（275）

第二节　城市体系与重点城市规模的变化与趋势 …………（277）

第三节　科伦坡的经济发展与区域影响 ……………………（282）

第四节　科特、康提、代希瓦勒—芒特拉维尼亚的经济
　　　　发展与区域影响 ……………………………………（295）

第三章　僧伽罗族及其佛教文化 ……………………………（304）

第一节　僧伽罗族源传说 ……………………………………（305）

第二节　佛教与僧伽罗王朝世系 ……………………………（309）

第三节　佛教与僧伽罗文学 …………………………………（311）

第四节　佛教与僧伽罗艺术 …………………………………（314）

第五节　佛教与僧伽罗传统教育 ……………………………（316）

第六节　僧伽罗佛教文化特征 ………………………………（319）

第七节　僧伽罗佛教的传播与影响 …………………………（324）

第八节　僧伽罗佛教与中国佛教的交流 ……………………（328）

第四章　从"线性经济"到"循环经济"：新冠疫情下
　　　　斯里兰卡的经济转型 ………………………………（343）

第一节　"循环经济"模型的概念框架 ……………………（345）

第二节　"线性经济"与"循环经济"模式的影响比较 ………（348）

第三节　从"线性经济"到"循环经济"的转变需要
　　　　一个政府计划 ………………………………………（353）

第四节　斯里兰卡在转型中面临的遗留问题 ………………（358）

第五节　结论 …………………………………………………（367）

第五章　农业：国民经济的重要支柱 ······················ （375）
　第一节　农业经济发展现状及特点 ····················· （375）
　第二节　农业经济发展历程回顾 ······················· （384）
　第三节　斯里兰卡和中国的农业合作 ··················· （390）

第六章　斯里兰卡恐怖主义问题的根源与影响 ·········· （395）
　第一节　斯里兰卡恐怖主义的历史回顾与现状 ··········· （396）
　第二节　斯里兰卡恐怖主义的国内根源 ················· （401）
　第三节　斯里兰卡恐怖主义的国际根源 ················· （409）
　第四节　斯里兰卡恐怖主义的国内与国际影响 ··········· （414）

第三篇　中国—斯里兰卡关系研究

第一章　从"米胶协定"到"海上丝绸之路"：当代中斯
　　　　关系的历史回顾与前瞻 ························· （421）
　第一节　中斯关系的历史演进 ························· （422）
　第二节　"一带一路"背景下的中斯关系 ··············· （426）
　第三节　中斯关系面临的潜在风险与挑战 ··············· （431）
　第四节　中斯关系的前景 ····························· （438）

第二章　斯里兰卡视角下的"一带一路"：全球价值观
　　　　网络中的战略定位 ························· （441）
　第一节　新冠疫情影响下的斯里兰卡经济 ··············· （442）
　第二节　斯里兰卡与中国的关系 ······················· （444）
　第三节　当今世界的全球化思想 ······················· （446）
　第四节　"一带一路"倡议：一次利用全球价值链和价值
　　　　　网络的机遇 ································· （452）
　第五节　斯里兰卡：经由"一带一路"前进的战略 ········ （454）
　第六节　斯里兰卡如何构建发展中心地位 ··············· （460）
　第七节　结论 ······································· （463）

第三章　中斯双边贸易的历史与现状 ………………………（466）

第一节　中斯两国贸易的历史回顾 ……………………（466）

第二节　中斯贸易现状 …………………………………（470）

第三节　中斯贸易未来发展趋势 ………………………（481）

第四节　扩大中斯贸易的路径 …………………………（485）

第五节　小结 ……………………………………………（490）

第四章　中国对斯里兰卡投资的若干问题 …………………（492）

第一节　中国对斯里兰卡投资历程 ……………………（492）

第二节　中国在斯里兰卡投资重点 ……………………（496）

第三节　中国对斯里兰卡投资"债务陷阱"论剖析 …（500）

第五章　中国与斯里兰卡交通基础设施合作 ………………（508）

第一节　交通基础设施现状 ……………………………（508）

第二节　重大交通基建合作项目 ………………………（510）

第三节　中斯基础设施合作面临的风险 ………………（520）

第四节　结语：中斯基础设施合作的前景 ……………（526）

第六章　中国与斯里兰卡人文交流 …………………………（528）

第一节　中斯人文交流的历史基础 ……………………（529）

第二节　两国建交以来的人文交流 ……………………（533）

第三节　新形势下中斯人文交流合作面临的挑战 ……（544）

第四节　关于深化中斯人文交流的思考 ………………（551）

附　录

《中华人民共和国中央人民政府与锡兰政府关于橡胶和
大米的五年贸易协定》（1952 年） ………………………（559）

《中华人民共和国政府代表团和锡兰政府代表团联合公报》
（1956 年） …………………………………………………（563）

《中华人民共和国和斯里兰卡共和国联合公报》（1972 年）………（564）

《中华人民共和国政府和斯里兰卡民主社会主义共和国政府
　　关于成立经济、贸易合作联合委员会的协定》（1984 年）……（567）

《中华人民共和国政府和斯里兰卡民主社会主义共和国政府
　　关于相互促进和保护投资协定》（1986 年）………………（568）

《中国与斯里兰卡联合公报》（2005 年）………………………（574）

《中华人民共和国与斯里兰卡民主社会主义共和国联合公报》
　　（2013 年）……………………………………………………（577）

《中华人民共和国和斯里兰卡民主社会主义共和国关于深化
　　战略合作伙伴关系的行动计划》（2014 年）
　　　　（2014 年 9 月 16 日于科伦坡）………………………（580）

第一篇
基本国情研究

第一章 综合国力评估

综合国力评价是对一个国家基本国情的总体判断，也是我们进行国与国之间比较的基础。综合国力是一个系统的概念，它涉及基础国力、消费能力、贸易能力、创新能力和营商环境等。因此，如何对其进行度量和量化是本章的主要工作之一。本章试图通过数量化的指标体系对斯里兰卡的综合国力进行分析和评价，进而认识斯里兰卡在"一带一路"国家中的排名和在世界各国中的地位。

第一节 指标体系构建原则

通常来说，指标体系的构建是为了反映一国在一个时期内的综合国力。在参考国际上的指标体系和竞争力指标的基础上，我们立足于"一带一路"国家的特点，提出了"一带一路"国家综合国力指数，旨在揭示"一带一路"国家的综合国力和基本国情，以便更好地分析和比较"一带一路"沿线国家的状况。

从国际贸易角度出发，国际竞争力被视为比较优势。根据绝对优势理论、相对优势理论、要素禀赋理论，一国之所以比其他国家或企业有竞争优势，主要是因为其在生产率、生产要素方面有比较优势。从企业角度出发，将比较优势定义为企业的一种能力，国际经济竞争实质上是企业之间的竞争。从国家角度出发，国际竞争力被视为提高居民收入和生活水平的能力。美国总统产业竞争力委员会在1985年的《总统经济报告》中将国家竞争力定义为"在自由和公平的市场环境下，保持和扩大其国民实际收入的能力"①。

裴长洪和王镭指出，所谓国际竞争力，有产品竞争力、企业竞争力、产业竞争力以及国家竞争力之分。② 从经济学视角来看，关于各类竞争力的讨论分别对应着微观、中观和宏观层次。不同于以往的国家综合国力指数，"一带一路"国家综合国力评估立足于发展，发展是"一带一路"国家的本质特征，我们试图用基础国力、消费能力、贸易能力、创新能力和营商环境五个方面来评价"一带一路"国家发展的综合实力和潜力。

要建立一个科学、合理的"一带一路"国家国情评估体系，就需要一些明晰、明确的构建原则：

（1）系统性原则。指标体系的设置要能全面反映沿线"一带一路"国家的发展水平，形成一个层次分明的整体。

（2）通用性原则。指标体系的建立需要实现统一标准，以免指标体系混乱而导致无法做出对比分析，指标的选取要符合实际情况和大众的认知，要有相应的依据。

（3）实用性原则。评价"一带一路"国情的目的在于反映"一带一路"沿线各国的发展状况，为宏观调控提供可靠的依据。因此设置的评价指标数据要便于搜集和处理，要合理控制数据量，以免指标所反映的信息出现重叠。

（4）可行性原则。在设置评价指标时，要考虑到指标数据的可获得性，需要舍弃难以获取的指标数据，采用其他相关指标进行弥补。

合理地选取指标和构建"一带一路"国家综合国力指数评价体系，有利于真实、客观地反映"一带一路"国家的质量与综合水平。本书在回顾既有研究成果的基础上，聚焦"国情"和"综合"，结合"一带一路"国家发展实践，提出"一带一路"国家综合国力指数的构建原则，并据此构建一套系统、科学、可操作的评价指标体系。

构建方法，第一步，本书将原始数据进行标准化处理；第二步，本书按照各级指标进行算术加权平均；第三步，得出相应数值，进行排名。

本指数的基础数据主要来源于世界贸易组织（WTO）、国际竞争力报

---

① https://fraser.stlouisfed.org/title/economic-report-president-45/1985-8156.
② 裴长洪、王镭：《试论国际竞争力的理论概念与分析方法》，《中国工业经济》2002年第4期。

告（GCR）、联合国贸发会议（UNCTAD）、世界银行（WB）、国际货币基金组织（IMF）、世界知识产权组织（WIPO）、联合国开发计划署（UNDP）、联合国教科文组织（UNESCO）、世界能源理事会（WEC）、社会经济数据应用中心（SEDAC）以及"一带一路"数据分析平台（丝路信息网）。

关于数据可得性的解释，指数所涉及的统计指标存在缺失的情况，特别是在一些欠发达国家。为了体现指数的完整性和强调指数的横向比较性，在缺失数值处，我们参考过去年份的统计数据，采取了插值法来使得指数更为完整。

第二节　指标体系构建内容

本书拟构建一个三级指标体系对一个国家的综合国力进行评估。

一　一级指标

本书的综合国力主要是基于"一带一路"国家的发展特点提出的，在选择基本指标时，倾向于关注国家的发展潜力，所以一级指标体系包括四个"力"和一个"环境"，分别为基础国力、消费能力、贸易能力、创新能力和营商环境。

图 Ⅰ-1-1　"一带一路"国家综合国力一级指标

二　二级指标

在基础国力（A）中，本书设置了四个二级指标，分别是资源禀赋（A1）、人口状况（A2）、教育水平（A3）和基础设施（A4）。

在消费能力（B）中，本书设置了两个二级指标，分别是消费总量（B1）和消费结构（B2）。

在贸易能力（C）中，本书设置了两个二级指标，分别是进口能力（C1）和出口能力（C2）。

在创新能力（D）中，本书设置了三个二级指标，分别是创新人才（D1）、研发投入（D2）和创新成果（D3）。

在营商环境（E）中，本书设置了四个二级指标，分别是制度环境（E1）、投资安全（E2）、外商政策（E3）和公共服务（E4）。

三　三级指标

本书的三级指标共有 139 个，具体如表Ⅰ-1-1 所示。

表Ⅰ-1-1　　　　　　　　"一带一路"国家综合国力指标

一级指标	二级指标	三级指标	三级指标代码
基础国力（A）	资源禀赋（A1）	地表面积	A101
		可再生内陆淡水资源总量	A102
		耕地面积	A103
	人口状况（A2）	总人口数	A201
		城市人口数	A202
		农村人口数	A203
		少儿人口抚养比	A204
		老龄人口扶养比	A205

一级指标	二级指标	三级指标	三级指标代码
基础国力（A）	教育水平（A3）	中学教育入学率	A301
		教育体系的质量	A302
		数学和科学教育质量	A303
		管理类教育质量	A304
		学校互联网普及程度	A305
		基础教育质量	A306
		基础教育入学率	A307
	基础设施（A4）	总体基建水平	A401
		公路长度	A402
		铁路长度	A403
		港口效率	A404
		空中运输	A405
		航线客座千米（百万/每周）	A406
		电力供应	A407
		手机普及程度（每百人）	A408
		固定电话数（每百人）	A409
消费能力（B）	消费总量（B1）	GDP（PPP）（百万美元）	B101
		国内市场规模指数	B102
	消费结构（B2）	人均消费（底层40%的人口）（美元/天）	B201
		人均消费（总人口）（美元/天）	B202
		人均实际消费年化增长率（底层40%的人口）（%）	B203
		人均实际消费年化增长率（总人口）（%）	B204

续表

一级指标	二级指标	三级指标	三级指标代码
贸易能力 （C）	进口能力 （C1）	保险和金融服务（占商业服务进口的比例）（%）	C101
		商业服务进口（现价美元）	C102
		运输服务（占商业服务进口的比例）（%）	C103
		旅游服务（占商业服务进口的比例）（%）	C104
		货物进口（现价美元）	C105
		农业原料进口（占货物进口总额的比例）（%）	C106
		食品进口（占货物进口的比例）（%）	C107
		燃料进口（占货物进口的比例）（%）	C108
		制成品进口（占货物进口的比例）（%）	C109
		矿石和金属进口（占货物进口的比例）（%）	C110
		通信、计算机和其他服务（占商业服务进口的比例）（%）	C111
	出口能力 （C2）	保险和金融服务（占商业服务出口的比例）（%）	C201
		商业服务出口（现价美元）	C202
		运输服务（占商业服务出口的比例）（%）	C203
		旅游服务（占商业服务出口的比例）（%）	C204
		货物出口（现价美元）	C205
		农业原料出口（占货物出口总额的比例）（%）	C206
		食品出口（占货物出口的比例）（%）	C207
		燃料出口（占货物出口的比例）（%）	C208
		制成品出口（占货物出口的比例）（%）	C209
		矿石和金属出口（占货物出口的比例）（%）	C210
		通信、计算机和其他服务（占商业服务出口的比例）（%）	C211

续表

一级指标	二级指标	三级指标	三级指标代码
创新能力（D）	创新人才（D1）	高等教育入学率	D101
		留住人才能力	D102
		吸引人才能力	D103
		科学家和工程师水平	D104
		每百万人中 R&D 研究人员（人）	D105
		每百万人中 R&D 技术人员（人）	D106
	研发投入（D2）	研发支出占 GDP 比例	D201
		最新技术有效利用程度	D202
		企业的科技运用能力	D203
		科学研究机构的质量	D204
		企业研发投入	D205
		产学研一体化程度	D206
		政府对高科技产品的采购	D207
		FDI 和技术转化	D208
		互联网使用者（％人口）	D209
		固定宽带用户（每百人）	D210
		互联网带宽	D211
		移动互联网用户（每百人）	D212
	创新成果（D3）	非居民专利申请数（件）	D301
		居民专利申请数（件）	D302
		商标申请（直接申请，非居民）（个）	D303
		商标申请（直接申请，居民）（个）	D304
		商标申请合计（个）	D305
		高科技产品出口（现价美元）	D306

续表

一级指标	二级指标	三级指标	三级指标代码
创新能力（D）	创新成果（D3）	在科学和技术学术期刊上发表的论文数（篇）	D307
		高科技产品出口占制成品出口的比例（%）	D308
		工业设计应用数量（非居民）（个）	D309
		工业设计应用数量（居民）（个）	D310
		非居民商标申请（个）	D311
		居民商标申请（个）	D312
		中高技术产品出口占制成品出口的比例（%）	D313
营商环境（E）	制度环境（E1）	有形产权保护	E101
		知识产权保护	E102
		公共基金的多样性	E103
		政府公信力	E104
		政府的廉政性	E105
		公正裁决	E106
		政府决策偏袒性	E107
		政府支出效率	E108
		政府管制负担	E109
		争端解决机制的法律效力	E110
		改变陈规的法律效力	E111
		政府政策制定透明程度	E112
		审计和披露标准力度	E113
		公司董事会效能	E114
		金融服务便利程度	E115
		金融服务价格合理程度	E116
		股票市场融资能力	E117
		贷款便利程度	E118
		风险资本便利程度	E119

续表

一级指标	二级指标	三级指标	三级指标代码
营商环境 （E）	投资安全 （E2）	公安机关的信任度	E201
		恐怖事件的商业成本	E202
		犯罪和暴力的商业成本	E203
		有组织的犯罪	E204
		中小股东利益保护	E205
		投资者保护（0—10分）	E206
		银行的安全性	E207
	外商政策 （E3）	当地竞争充分程度	E301
		市场的主导地位	E302
		反垄断政策力度	E303
		税率对投资刺激的有效性	E304
		总体税率（%利润）	E305
		开办企业的步骤	E306
		开办企业的耗时天数	E307
		农业政策成本	E308
		非关税壁垒的广泛程度	E309
		关税	E310
		外资企业产权保护	E311
	公共服务 （E4）	当地供应商数量	E401
		当地供应商质量	E402
		产业集群发展	E403
		自然竞争优势	E404
		价值链宽度	E405

续表

一级指标	二级指标	三级指标	三级指标代码
营商环境 （E）	公共服务 （E4）	国际分销控制能力	E406
		生产流程成熟度	E407
		营销的能力	E408
		授权的意愿	E409
		劳动和社会保障计划的覆盖率（占总人口的百分比）（%）	E410
		劳动和社会保障计划的充分性（占受益家庭总福利的百分比）（%）	E411
		20%的最贫困人群的劳动和社会保障计划的受益归属（占总劳动和社会保障计划受益归属的百分比）（%）	E412
		失业救济和积极劳动力市场计划的覆盖率（占总人口的百分比）（%）	E413
		20%的最贫困人群的失业救济和积极劳动力市场计划的受益归属（占总失业救济和积极劳动力市场计划受益归属的百分比）（%）	E414
		社会安全网计划的覆盖率（占总人口的百分比）（%）	E415
		社会安全网计划的充分性（占受益家庭总福利的百分比）（%）	E416
		20%的最贫困人群的社会安全网计划的受益归属（占总安全网受益归属的百分比）（%）	E417
		社会保险计划的覆盖率（占总人口的百分比）（%）	E418
		社会保险计划的充分性（占受益家庭总福利的百分比）（%）	E419

在图Ⅰ-1-2中我们看到，斯里兰卡的综合国力在"一带一路"国家中排第43名，在世界141个国家和地区中排第98名。2019年，斯里兰卡的人口总数是2170万人，人均GDP为4067.9美元，失业率为4.4%，基尼系数为39.8，可再生能源消费比重为52.9%。在2014年至2019年的五年间，FDI流入占GDP的比重为1.3%，在2009年至2019年的十年间，GDP增长率为4.8%。①

————————

① 世界银行，https://data.worldbank.org.cn/country/LK。

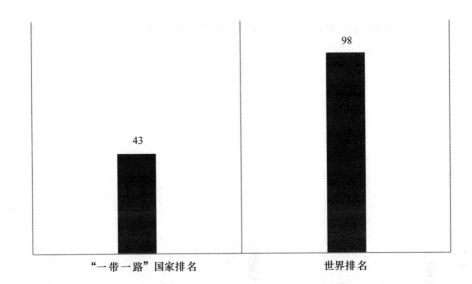

图 I-1-2　斯里兰卡的综合国力排名（名）

资料来源：作者计算所得。

斯里兰卡是一个以种植园经济为主的农业国家，茶叶、橡胶和椰子是其农业经济收入的三大支柱，也是出口创汇的重要组成部分。斯里兰卡经济总量不大，工业基础薄弱，由于资源匮乏，大量工业原材料需从国外进口，资金技术密集型工业尚未形成，几乎无重工业。目前主要有建筑业、纺织服装、皮革、食品、饮料、烟草、化工、石油、橡胶、塑料、非金属矿产品加工业及采矿采石业等。其服务业主要包括批发零售业、酒店、餐饮业、物流、仓储、信息及通信业、旅游业、金融服务、房地产及商用服务业、公共管理及其他社会与个人服务。主要矿产是宝石和石墨，此外还有钛铁、磷灰石等。斯里兰卡政府十分重视对资源和环境的保护，严格限制矿产资源开采。

图 I-1-3 为我们展现了五大分指标的排名顺序。从图 I-1-3 中，我们可以发现，斯里兰卡的基础国力在"一带一路"国家中排第 49 名，在世界 141 个国家和地区中排第 89 名。斯里兰卡的消费能力在"一带一路"国家中排第 30 名，在世界 141 个国家和地区中排第 58 名。斯里兰卡的贸易能力在"一带一路"国家中排第 59 名，在世界 141 个国家和地区中排第 123 名。斯里兰卡的创新能力在"一带一路"国家中排第 46 名，在世界 141 个国家和地区中排第 84 名。斯里兰卡的营商环境在"一带一路"国家中排第 40 名，在世界 141 个国家和地区中排第 70 名。

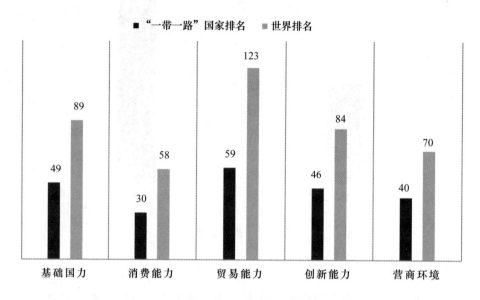

图 I-1-3 斯里兰卡综合国力一级指标排名（名）

资料来源：作者计算所得。

第三节 指标分类评价

一 基础国力评价

基础国力是衡量一国在资源禀赋、人口状况、教育水平和基础设施方面的能力。从图 I-1-14 中我们可以看到，斯里兰卡的资源禀赋在"一带一路"国家中排第 51 名，在世界 141 个国家和地区中排第 92 名。斯里兰卡土地肥沃，气候条件优越，盛产热带经济作物，具有发展农业经济的良好条件，但是斯里兰卡国土面积较小，所以资源禀赋也相对有限。斯里兰卡可耕地面积为 400 万公顷，占国土面积的 61%①。有大片的茶园、橡胶园和椰子园。茶、橡胶和椰子是斯里兰卡经济收入的主要来源。依地势

① 世界银行，https://data.worldbank.org.cn/country/LK。

不同，三大作物产区分明。沿海最低处是椰林，地势稍高地区是橡胶林，山区则种植茶。水稻在各个区域都有种植。目前森林面积约为 200 万公顷，覆盖率约为 30%①。主要出产麻栗树、红木、黑檀、柚木和铁木等珍贵木材。主要矿产是宝石和石墨，此外还有钛铁、磷灰石、磷酸盐等。图 Ⅰ-1-4 印证了上文所述，我们可以看到斯里兰卡的自然资源租金总额占国内生产总值的百分比非常低，且在过去近 50 年里呈下降趋势。斯里兰卡 1978 年自然资源租金总额占国内生产总值的百分比为 2.2%，该数值在 2019 年仅为不到 0.1%。

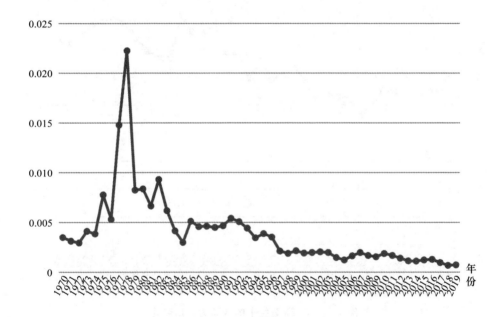

图 Ⅰ-1-4　自然资源租金总额占国内生产总值的比重

资料来源：世界银行。

斯里兰卡的人口状况在"一带一路"国家中排第 45 名，在 141 个国家和地区中排第 86 名。根据 2019 年斯里兰卡统计局数据，斯里兰卡现有人口总数为 2180 万人。② 2019 年，人口增长率为 0.6%。但是斯里兰卡统

---

① 世界银行，https：//data. worldbank. org. cn/country/LK。

② http：//www. statistics. gov. lk/。

计局的另一组数字显示，2020 年第四季度斯里兰卡的劳动人数为 860 万人左右，约占总人口的 40%。如图Ⅰ-1-5 所示，斯里兰卡的劳动力人数在 2012 年 6 月至 2021 年 3 月呈上升趋势。斯里兰卡西部省人口数量占全国人口的 28.3%，北部地区人口仅占全国人口的 5.2%。在各大行政区中，科伦坡大区人口最多，达 244.8 万人，北部穆莱蒂武大区人口最少，仅有 97 万人。

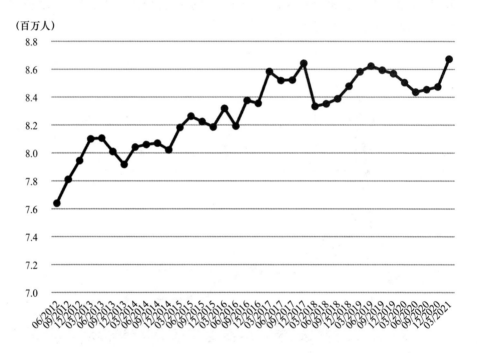

图Ⅰ-1-5　斯里兰卡的劳动力人口变化

资料来源：斯里兰卡统计局，http://www.statistics.gov.lk/。

进一步分析劳动力人口的结构可以发现（见图Ⅰ-1-6），从 2016 年 3 月至 2020 年 12 月，斯里兰卡的劳动力主要为 40 岁以上群体，约占总劳动人口的 50% 以上，30 岁到 40 岁的劳动力人口大概占 20%，25 岁到 29 岁的劳动力人口约占 10%。从这一人口结构中可以发现斯里兰卡的劳动力结构趋向于老年化。图Ⅰ-1-7 为斯里兰卡劳动力的性别分布情况，可以看到在观测期内，斯里兰卡的男性劳动力人口占比为 60%，占重要地位。

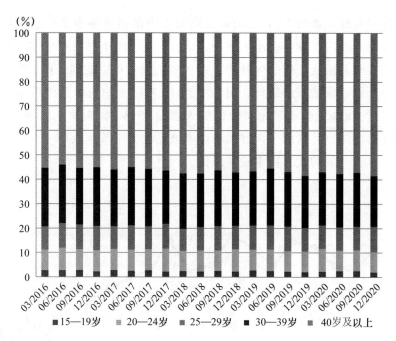

图Ⅰ-1-6　2016年3月至2020年12月斯里兰卡劳动力年龄分布变化

资料来源：斯里兰卡统计局，http：//www.statistics.gov.lk/。

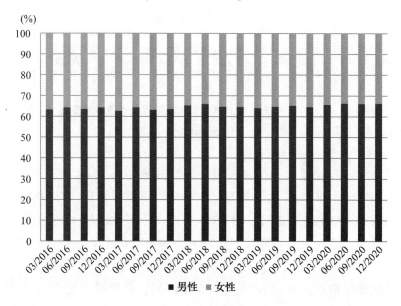

图Ⅰ-1-7　2016年3月至2020年12月斯里兰卡劳动力性别分布变化

资料来源：斯里兰卡统计局，http：//www.statistics.gov.lk/。

我们发现，如图Ⅰ-1-8所示，斯里兰卡的就业率水平一直保持在高位。在观测期内，就业率水平有所波动，但是基本上维持在95%，这一数字表明在有意愿找工作的人群中，有95%的人员可以找到工作。我们进一步来分析就业率的年龄结构，可以看到40岁以上的斯里兰卡劳动力的就业率接近100%，就业率相对较低的人群是15岁到19岁、20岁到24岁的劳动力群体，且这两个人群的就业率波动也大于其他人群。此分布情况变化也符合一般的人力资本发展规律。

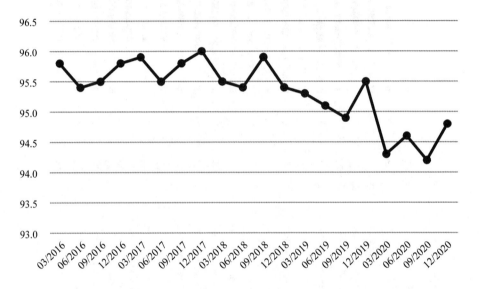

图Ⅰ-1-8　2016年3月至2020年12月斯里兰卡就业率变化（%）

资料来源：斯里兰卡统计局，http://www.statistics.gov.lk/。

斯里兰卡的教育水平在"一带一路"国家中排第48名，在世界141个国家和地区中排第93名。斯里兰卡政府一贯重视教育，自1945年起实行幼儿园到大学的免费教育。自1980年起向10年级以下学生免费分发教科书和校服。斯里兰卡的教育事业较为发达，民众的文化水平在南亚国家中名列前茅。图Ⅰ-1-10展示了1987年至2019年斯里兰卡教育支出和学校数量的变化情况，可以看到，2000年以后，斯里兰卡的教育支出开始提速，2019年相比2000年而言，教育支出上升600%。与此同时，我们看到斯里兰卡的学校数量出现了两个高峰，第一个高峰出现在1997年，第

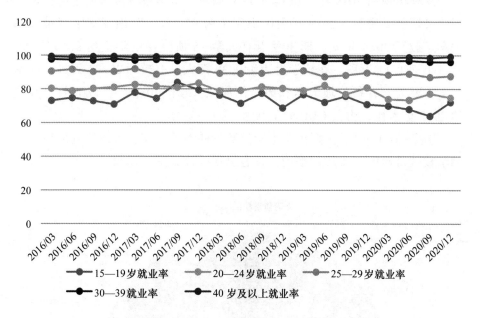

图Ⅰ-1-9 2016年3月至2020年12月斯里兰卡就业率年龄分布变化（%）

资料来源：斯里兰卡统计局，http：//www.statistics.gov.lk/。

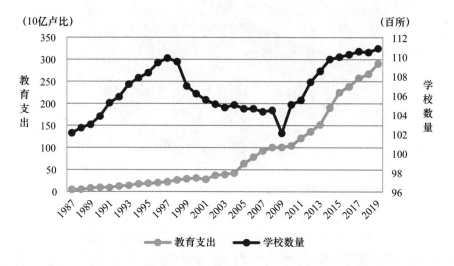

图Ⅰ-1-10 1987年至2019年斯里兰卡教育支出与学校数量

资料来源：斯里兰卡统计局，http：//www.statistics.gov.lk/。

二个高峰出现在 2019 年，虽然 2009 年斯里兰卡学校数量有所下降，但是很快又恢复了增长。2019 年居民识字率为 92.5%，是南亚识字率最高的国家。截至 2019 年底，斯里兰卡有大学 15 所，在校学生达 9.59 万人；有中小学 1.11 万所，在校学生达 449.38 万人，有教师 27.21 万人。斯里兰卡主要大学有科伦坡大学和佩拉德尼亚大学。2019 年，政府教育开支达 2902 亿卢比，占其 GDP 的 1.93%。①

图 I-1-11 显示出斯里兰卡学校数量的地区分布，可以看到斯里兰卡的学校数量地区分布相对平均，没有出现学校集聚的现象。

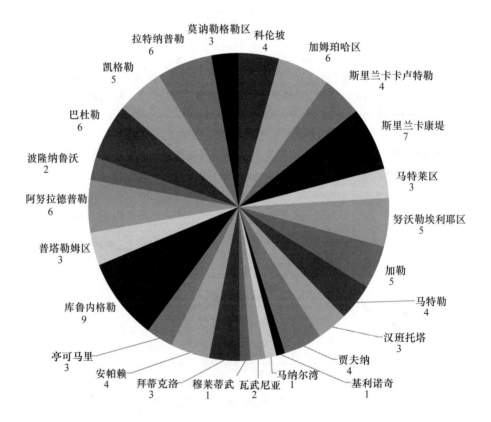

图 I-1-11　2019 年斯里兰卡学校数量的地区分布（所）

资料来源：斯里兰卡统计局，http://www.statistics.gov.lk/。

---

① 世界银行，https://data.worldbank.org.cn/country/LK。

斯里兰卡的基础设施在"一带一路"国家中排第 49 名，在世界 141 个国家和地区中排第 83 名。斯里兰卡积极发展国家路网建设，特别是高速公路网络，进行道路升级改造。目前，已开通三条高速公路，分别是南部高速公路及其延长线，科伦坡机场高速和科伦坡外环高速，已通车高速总里程达 217.8 千米。高速公路的建成，极大地便利了民众和游客的出行，缓解了沿线交通压力，在推动斯里兰卡旅游业和物流业发展中发挥着重要作用。从图 I-1-12 中可以看到，斯里兰卡的公路长度一直在增长，不过，从 2013 年之后，这一增长态势开始趋缓。图 I-1-13 也显示出斯里兰卡公路长度在地区间分布比较平均，没有出现经济较好、地区公路长度相对较长的集聚现象。全国公路密度达到每平方千米 1.6 千米，在南亚国家中排名靠前。

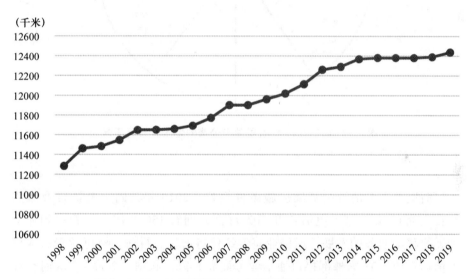

图 I-1-12　1998 年至 2019 年斯里兰卡公路长度变化

资料来源：世界银行。

斯里兰卡主要有两大国际机场。班达拉奈克国际机场（即科伦坡国际机场）是斯里兰卡第一大国际机场。它以斯里兰卡前总理班达拉奈克的名字命名，位于首都科伦坡北部 35 千米的尼甘布地区。班达拉奈克国际机场共有 3 个航站楼，其中 1 号航站楼是目前运营的主要国际航站楼，建于 1967 年；2 号航站楼为拟议中的扩建项目，原拟使用日本资金，但由于内外多方面原因，拖延较久；3 号航站楼已于 2012 年 11 月投入使用，主要用于国内航班的起降。

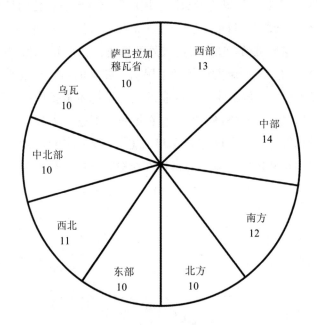

图Ⅰ-1-13　2019年斯里兰卡公路的地区分布（千米）

资料来源：斯里兰卡统计局，http：//www.statistics.gov.lk/。

　　斯里兰卡电信行业基础设施条件良好。2019年，固定电话普及率为每百人拥有10.5部，电话普及率为每百人拥有150.8部。随着视频业务和无线移动业务的发展，通信业将继续保持增长。目前，斯里兰卡有4家电信运营商、33家外部接口通信业务商和8家互联网服务商[①]。政府行业监管保持中性，政府不会过多干预运营商市场。

二　消费能力评价

　　消费能力是衡量一国内需的能力，消费能力包括了市场规模、人均GDP和人均消费增长等能力。斯里兰卡的消费总量在"一带一路"国家中排第33名，在世界141个国家和地区中排第60名。斯里兰卡的消费结构在"一带一路"国家中排第29名，在世界141个国家和地区中排第57

---

①　世界银行，https：//data.worldbank.org.cn/country/LK。

名。世界银行统计数据显示，斯里兰卡的 GDP、人口总量、居民预期寿命等指标保持稳定，2019 年，斯里兰卡人均国民收入为 3852 美元，消费占 GDP 的 78.7%，合计为 661 亿美元。①

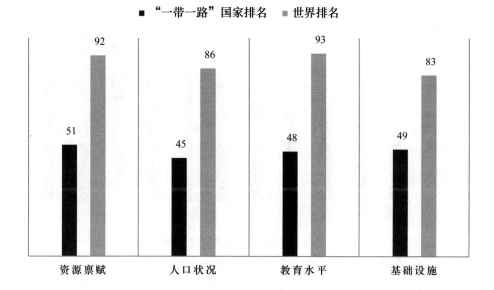

■ "一带一路" 国家排名　　■ 世界排名

图 I-1-14　斯里兰卡基础国力二级指标排名（名）

资料来源：作者计算所得。

从图 I-1-15 中可以看到斯里兰卡的国内生产总值在过去十年间一直保持着上升趋势。2019 年，斯里兰卡国民储蓄总额为 37990 亿卢比，占当年 GDP 的 25.3%。2019 年，在斯里兰卡人均生活消费支出中，食物占比为 31.2%，烟草酒精占比为 2.2%，服装占比为 4.5%，住房水电燃油的占比为 10.2%，家装及维护占比为 1.1%，医疗卫生占比为 2.8%，交通占比为 22.1%，通信占比为 1.1%，教育占比为 2.5%，外出就餐住宿占比为 3.6%，其他商品及服务占比为 18.7%。从图 I-1-16 中的月度数据来看，斯里兰卡的消费价格指数总体上保持稳定，没有发生严重的通货膨胀和通货紧缩，最高的物价同比为 9.4%，发生在 2015 年 1 月。新冠疫

---

① 世界银行，https://data.worldbank.org.cn/country/LK。

情发生以来，斯里兰卡的价格指数波动开始加剧，从总体上看，同比涨幅在6%左右。

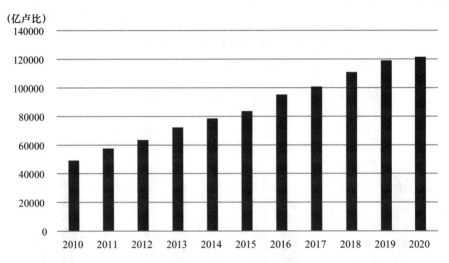

图 I -1-15   2010 年至 2020 年斯里兰卡的国内生产总值

资料来源：斯里兰卡统计局，http：//www. statistics. gov. lk/。

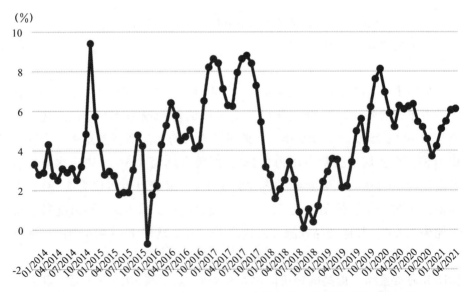

图 I -1-16   2014 年 1 月至 2021 年 5 月斯里兰卡的居民消费价格指数

资料来源：斯里兰卡统计局，http：//www. statistics. gov. lk/。

　　根据斯里兰卡统计局数据，将 2014 年 1 月设为 100，可以看到，在
CPI 和核心 CPI 方面，2021 年 5 月相对于 2014 年 1 月上升了 45% 左右。
从长期来看，这一增幅说明斯里兰卡的物价相对比较平稳。

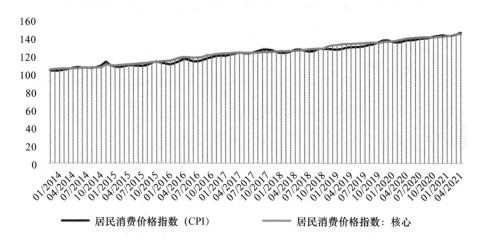

图 I-1-17　2014 年 1 月至 2021 年 5 月斯里兰卡的 CPI 和核心 CPI
资料来源：斯里兰卡统计局，http://www.statistics.gov.lk/。

　　从各种产品的价格指数来看，图 I-1-18 显示出在 2019 年 6 月至
2021 年 6 月，多数分指标的价格都比较平稳，基本没有发生变化，通信
的价格指数还略有下降，酒精饮料和烟草的价格略有上升但是总体保持平
稳。分指标价格指数与 2014 年 1 月的基期相比，酒精饮料和烟草，医疗
保健的价格上升较多，分别为 115% 和 69%。

三　贸易能力评价

　　贸易能力是衡量一国对外开放的能力，是一国为全世界提供产品和提
供消费市场的能力。斯里兰卡的进口能力在"一带一路"国家中排第 59
名，在世界 141 个国家和地区中排第 126 名。斯里兰卡的出口能力在"一
带一路"国家中排第 58 名，在世界 141 个国家和地区中排第 124 名。

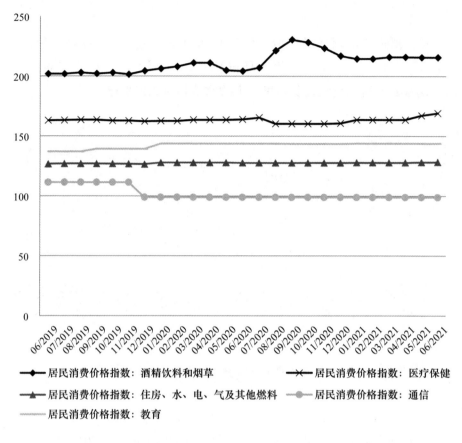

图Ⅰ-1-18　2019年6月至2021年6月斯里兰卡CPI构成的变化

资料来源：斯里兰卡统计局，http://www.statistics.gov.lk/。

　　图Ⅰ-1-20展示了斯里兰卡的进出口额变化情况，可以发现在观察期内，斯里兰卡的进出口额基本保持平稳，未发生较大的波动。但是我们注意到一个现象，斯里兰卡的进口额一直大于出口额，斯里兰卡的外贸始终处于逆差状态。进一步来看，斯里兰卡的贸易逆差的绝对额变化（如图Ⅰ-1-21所示），斯里兰卡的贸易差额从1982年开始一直为负，从2000年开始负值逐渐变大，这一点可以说明斯里兰卡的外贸依存度不断变大。2019年，斯里兰卡进出口贸易总额为318.7亿美元，同比下降6.6%。其中，出口额为119.4亿美元，同比增长0.4%；进口额为199.4亿美元，同比下降10.3%；贸易逆差额为79.97亿美元，比2018年下降23亿美元。

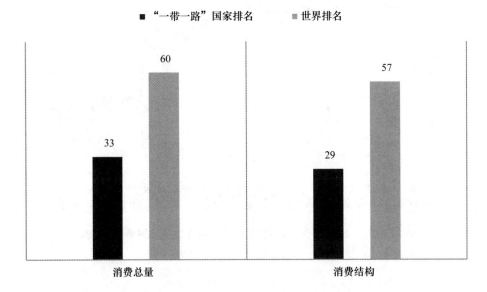

图 I-1-19 斯里兰卡消费能力二级指标排名（名）

资料来源：作者计算所得。

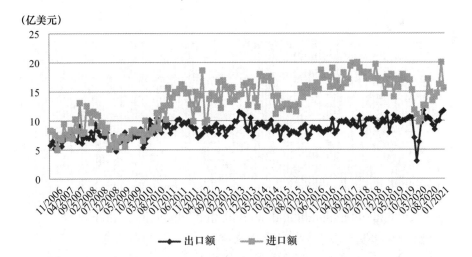

图 I-1-20 2006 年 11 月至 2021 年 1 月斯里兰卡的进出口情况变化

资料来源：IMF.

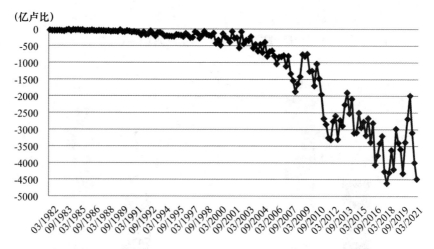

图 I-1-21　1982 年 3 月至 2021 年 3 月斯里兰卡的贸易差额变化

资料来源：IMF.

　　从出口的结构来看，斯里兰卡的出口主要以工业品为主，约占总出口值的 75%，在图 I-1-22 中，我们可以看到在观察期内，工业品和农产品出口的比重基本维持稳定，没有发生重大的结构性变化。

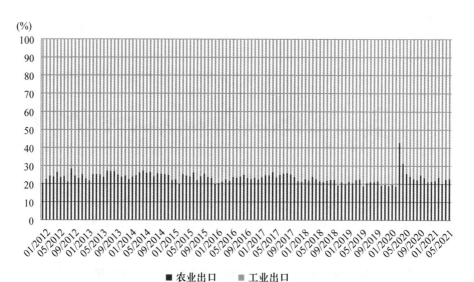

■ 农业出口　　▨ 工业出口

图 I-1-22　2012 年 1 月至 2021 年 5 月斯里兰卡的出口结构变化

资料来源：IMF.

我们再进一步来分析贸易货物的流向。图Ⅰ-1-23显示了1960年至2019年斯里兰卡的出口货物流向，可以发现斯里兰卡的出口货物主要流向高收入经济体。在观测期内，这一结构性特征占主导地位，该特征只在1970年至1980年间有所改变（出口到高经济体的比重小于50%）。1960年，斯里兰卡货物出口到高经济体的比重为67%，随后，该比重开始不断下降，1986年出口到高经济体货物的比重超过1960年水平，之后一直维持在高位。在图Ⅰ-1-23中还有一个特征，即斯里兰卡出口到区域内（即南亚国家和地区）货物的比重非常低，常年在10%以下，这一点与经济学常识有悖。同区域意味着货物运输成本更低，消费者偏好更接近，理应出口更多货物。斯里兰卡作为南亚区域合作联盟的成员国，积极参与并推动南亚特惠贸易安排协定、南亚自由贸易协定的签署和实施。斯里兰卡也是亚太贸易协定和环孟加拉湾多领域技术经济合作机制的成员国。但是斯里兰卡出口到南亚的货物比重却非常低，这也说明斯里兰卡的贸易能力还有待提高。

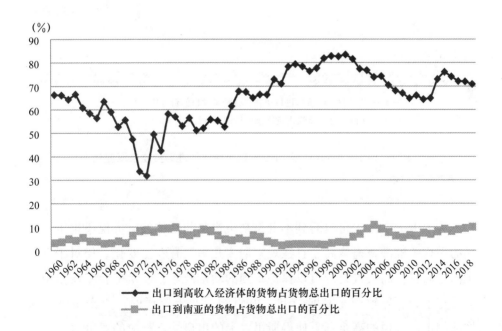

图Ⅰ-1-23　1960年至2019年斯里兰卡的出口货物流向变化

资料来源：IMF.

从图Ⅰ-1-24中可以看到斯里兰卡的进口货物来源变化。从1960年至2004年，斯里兰卡主要从高收入经济体进口货物，从2004年开始，这一趋势发生了变化，斯里兰卡进口货物来源国从高收入经济体开始转向中、低收入经济体。这一特征与出口货物的流向不同。从区域内部来看，斯里兰卡从南亚进口货物的比重在2000年前一直维持低位，从2000年开始不断上升，2000年至2019年，该比重的平均值为21%。

图Ⅰ-1-24 1960年至2019年斯里兰卡的进口货物来源变化

资料来源：IMF.

从图Ⅰ-1-25中可以看到不管是初级产品的平均约束关税还是工业产品的平均关税都普遍偏高，且在观察期内几乎没有发生变化。相对于发展中国家而言，高关税设定可以保护本国的幼稚产业，但是也会减弱本国产业的竞争力，导致产业发展受阻。20世纪七八十年代的拉美经济就是这样的例子。关税的高企不下使得斯里兰卡的出口缺乏相应的竞争力。

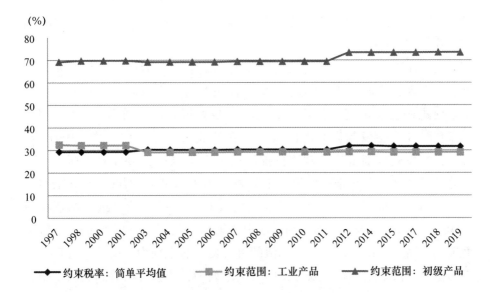

图Ⅰ-1-25 1997 年至 2019 年斯里兰卡约束税率的变化

资料来源：世界银行。

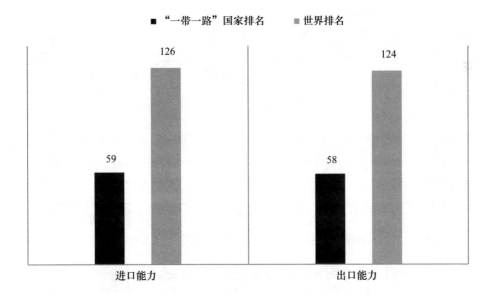

图Ⅰ-1-26 斯里兰卡贸易能力二级指标排名（名）

资料来源：作者计算所得。

四　创新能力评价

创新能力是一个国家高质量发展的基础动力。斯里兰卡科技发展较慢。早期动力来源于 20 世纪五六十年代锡兰科学促进协会（现斯里兰卡科学促进协会）的努力游说。后来将科技发展划归部委管理。1978 年，国家科学委员会发起研究的国家科技政策成为首个科技政策。1991 年，总统科技发展特别工作组对该科技政策进行了修订。1994 年，斯里兰卡成立了科技部。历年来，斯里兰卡研发支出占 GDP 的比重约为 0.15%—0.2%，低于国际水平。[①] 斯里兰卡的研发投入在"一带一路"国家中排第 46 名，在世界 141 个国家和地区中排第 86 名。图 I-1-27 的左纵轴为斯里兰卡研发支出占国内生产总值的百分比，右纵轴为斯里兰卡每百万人中的研发人员数量。在有限可得的时间序列中，我们可以看到这两个指标都呈现下降趋势。

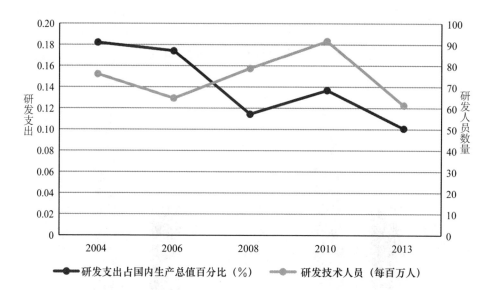

图 I-1-27　斯里兰卡的研发支出和研发技术人员变化情况

资料来源：世界银行，https://data. worldbank. org. cn/country/LK。

---

① 世界银行，https://data. worldbank. org. cn/country/LK。

斯里兰卡的创新人才在"一带一路"国家中排第 47 名，在世界 141
个国家和地区中排第 85 名。图Ⅰ-1-28 显示了斯里兰卡的人力资本指数，
该指数的取值范围为 0 到 1，越接近于 1，说明该国的人力资本发展水平
越高。斯里兰卡的人力资本发展水平还不及 0.6，而新加坡该指数的得分
为 0.81，美国该指数的得分为 0.76，中国该指数的得分为 0.67。

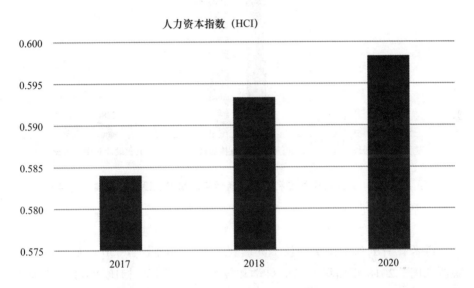

人力资本指数（HCI）

图Ⅰ-1-28　斯里兰卡的人力资本指数

资料来源：世界银行，https://data.worldbank.org.cn/country/LK。

斯里兰卡的创新成果在"一带一路"国家中排第 44 名，在世界 141
个国家和地区中排第 83 名。图Ⅰ-1-29 显示了斯里兰卡的专利申请、商
标申请和工业设计应用情况。从专利数量上看，2020 年，中国的专利申
请量为 68720 件，同比增长 16.1%；美国的申请量达 59230 件，同比增长
3%；日本的申请量为 50520 件，同比下降 4.1%；韩国的申请量为 20060
件，同比增长 5.2%。① 从国家间的比较可知，斯里兰卡的创新水平相对
较弱。

① http://www.gov.cn/xinwen/2021-03/03/content_5589856.htm.

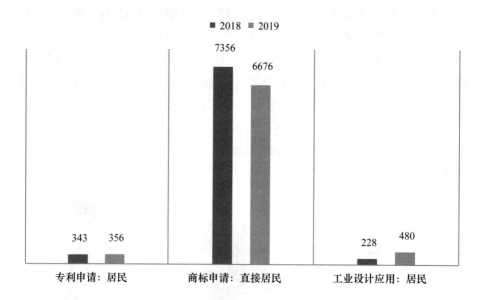

图 I-1-29   斯里兰卡的专利申请、商标申请和工业设计应用情况 （件）

资料来源：世界银行，https://data.worldbank.org.cn/country/LK。

再来看斯里兰卡科学和技术的期刊文章，如图 I-1-30 所显示的，在观测期内，2018 年斯里兰卡的科学和技术的期刊文章相比 2000 年增加了接近 700%。但是从绝对量上看，斯里兰卡的科学和技术期刊文章还是相对较少。根据中国科学技术信息研究所的统计分析①，2019 年，共有 394 种国际科技期刊入选世界各学科代表性科技期刊，发表高质量国际论文共计 190661 篇。以此推算，斯里兰卡的发表量占比仅为千分之七。

与此同时，图 I-1-31 显示出在观测期内，斯里兰卡的高科技出口占制成品出口的百分比逐年下滑。高科技产品在一定意义上代表了科技创新的成果。可以看到，斯里兰卡高科技出口占制成品出口的比重从 2008 年的 1.8% 下降到了 2017 年的 1%，从趋势和相对量两个维度都说明了斯里兰卡的科技创新水平比较弱。

① https://www.istic.ac.cn/.

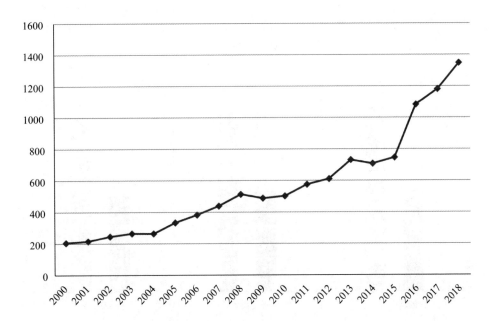

图Ⅰ-1-30　2000年至2018年斯里兰卡的科学和技术期刊文章（篇）

资料来源：世界银行，https://data.worldbank.org.cn/country/LK。

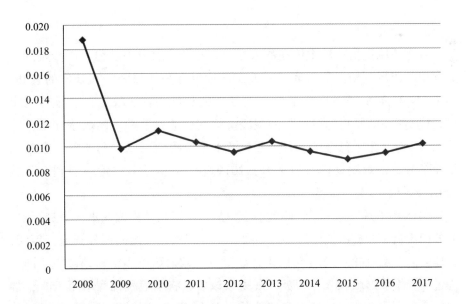

图Ⅰ-1-31　2000年至2018年斯里兰卡的高科技出口占制成品出口的比重

资料来源：世界银行，https://data.worldbank.org.cn/country/LK。

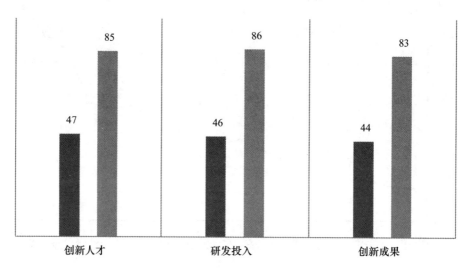

图Ⅰ-1-32　斯里兰卡创新能力二级指标排名（名）

资料来源：作者计算所得。

五　营商环境

营商环境是指市场主体在准入、生产经营、退出等过程中所涉及的政务环境、市场环境、法治环境、人文环境等有关外部因素和条件的总和。图Ⅰ-1-33 展示了斯里兰卡的营商环境便利度指数。根据世界银行的定义，"营商环境便利度指数"捕捉经济体在商业监管领域的表现和最佳实践的差距。0 为最低性能，100 为前沿水平。我们可以看到斯里兰卡的前沿距离分数在观测期内有所上升，2019 年，斯里兰卡的营商便利度分数为 61.8 分，仅次于印度（71）。

2015 年 1 月，斯里兰卡新政府上台后，重审前政府期间重大发展项目，向外国投资者释放出消极信号，导致在此后很长一段时间内外资流入停滞，整体营商环境恶化。2016 年以来，斯里兰卡政府延续赤字财政政策，同时为进一步增加财政收入，积极开展税收改革，将增值税税率增至 15%，推出国企私有化改革、公积金和职业信托基金改革，同时为了更好地吸引外资，积极研讨外汇管理法等金融政策改革。但整体改革步伐较为缓慢。

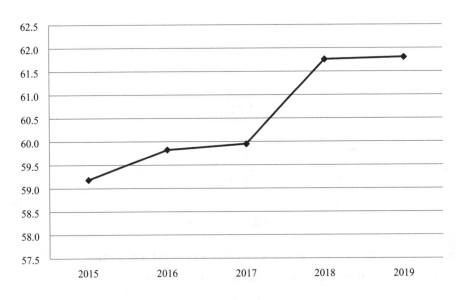

图 I-1-33 斯里兰卡的营商环境便利度指数

资料来源：世界银行，https://data.worldbank.org.cn/country/LK。

斯里兰卡的制度环境在"一带一路"国家中排第 42 名，在世界 141 个国家和地区中排第 79 名。斯里兰卡政府为了改善营商环境，成立了斯里兰卡投资局（BOI）。其职能包括项目审批和核定税收优惠，提供信息咨询服务，协助选择厂址或进驻工业园区，参与项目抽检，为工业园区外的外资企业办理清关手续，提供雇工和签证等方面的服务等。为鼓励出口，增加就业，斯里兰卡先后建立了 16 个由 BOI 管理的出口加工区和两个私营部门建设的工业园区。园区内企业可享受便利的供电供水、污水和垃圾处理、通信、交通、安全等配套服务。图 I-1-34 展示了斯里兰卡的政府效能和法治程度变化情况，这两个指数由世界银行的《全球治理指标报告》制定，这两个指数的波动范围为-2.5 到 2.5。这两个指数越接近 2.5，说明该国相关方面的水平越高。在观测期内，可以看到斯里兰卡的两个指数并没有发生明显的趋势性变化，多数年份围绕着均值 0 上下波动，这说明虽然斯里兰卡政府希望制度环境有所改变，但是成效不是特别明显。

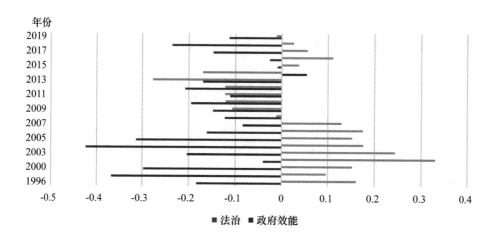

图 Ⅰ-1-34　斯里兰卡的政府效能和法治程度变化情况

资料来源：世界银行，https://data. worldbank. org. cn/country/LK。

　　斯里兰卡的投资安全在"一带一路"国家中排第 42 名，在世界 141 个国家和地区中排第 76 名。2009 年 5 月，斯里兰卡内战结束，社会趋于稳定，安全形势有所好转。斯里兰卡政府积极推进战后平民安置和经济社会重建，政治、经济、安全形势总体上趋于平稳。在斯里兰卡，只有持证的枪支所有者可以合法获得、持有或转让枪支及弹药，且所有记录应保留在官方登记册内。据斯里兰卡警察署统计，2019 年，斯里兰卡共发生重大刑事案件 34578 起①。

　　斯里兰卡的外商政策在"一带一路"国家中排第 36 名，在世界 141 个国家和地区中排第 68 名。斯里兰卡为了吸引外商、振兴经济制定了多项促进外商投资的政策。几乎允许外资进入国民经济的所有领域，且对外资的份额不设限；外商投资获取的收益，可以不受法律限制地汇出和汇入；外商投资权益享有斯里兰卡宪法保护；对外商投资提供减税，甚至免税；对投资金额达到一定限度需特别审批的战略性投资项目（SDP Strategic Development Project），可提供更为优惠的政策。截至目前，斯里兰卡与包括中国在内的 28 个国家签署了《双边投资保护协定》，与包括中国在

---

　　①　https://www. police. lk/.

内的 38 个国家签订了《避免双重征税协定》。在政策支持下，如图 I-1-36 所示，斯里兰卡的外国投资在 1992 年至 2019 年，呈现出上升趋势，但是从绝对量的规模上讲，还是相对较小。

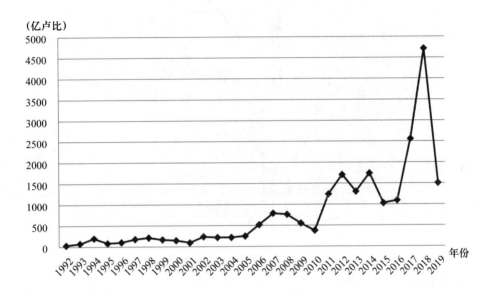

图 I-1-35 斯里兰卡的外国投资变化情况

资料来源：斯里兰卡统计局。

从外商投资流向来看，外国企业在斯里兰卡投资涉及多个领域，包括基础设施、房地产、服务业、纺织服装、电子、化工、食品、橡胶、木材、金属制品、皮革等。据斯里兰卡投资局的数据，2019 年，斯里兰卡吸引外资总额为 7.6 亿美元，排前五名的外资来源地分别为印度、新加坡、加拿大、中国香港、中国内地。截至 2019 年底，斯里兰卡吸收外资存量为 130.6 亿美元，对斯里兰卡投资存量居前五位的国家是中国、印度、荷兰、新加坡、马来西亚，金额分别为 21.8 亿美元、16.9 亿美元、15.9 亿美元、11.3 亿美元，10.8 亿美元。但是，如图 I-1-36 所示，78% 的外资投向了服务业，工业领域的外资占比非常少。总体而言，这也反映出斯里兰卡的外资吸引力较低。

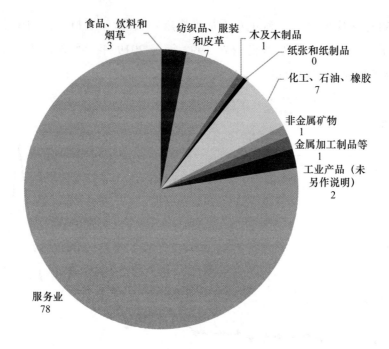

图Ⅰ-1-36   斯里兰卡的外国投资变化情况（％）

资料来源：斯里兰卡统计局。

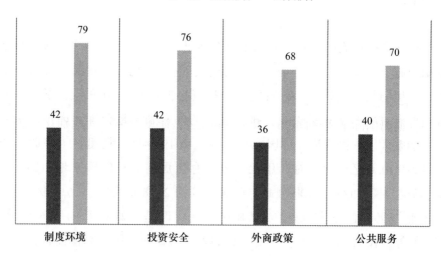

图Ⅰ-1-37   斯里兰卡营商环境二级指标排名（名）

资料来源：作者计算所得。

第二章　人口结构

斯里兰卡分为 9 个省和 25 个县。其中，9 个省分别为西方省、中央省、南方省、西北省、北方省、北中央省、东方省、乌瓦省和萨巴拉加穆瓦省，科伦坡是斯里兰卡首都。截至 2021 年，斯里兰卡人口总数约为 2215.6 万人，其中僧伽罗族占 74.9%，泰米尔族占 15.3%，摩尔族占 9.3%，其他民族占 0.5%。僧伽罗语、泰米尔语同为官方语言和全国语言，上层社会通用英语。在斯里兰卡各族群当中，70.1% 的居民信奉佛教，12.6% 的居民信奉印度教，9.7% 的居民信奉伊斯兰教，另有 7.6% 的居民信奉天主教和基督教。

第一节　人口发展状况

一　人口总量及发展变化趋势

根据世界银行统计，截至 2021 年，斯里兰卡总人口约为 2215.6 万人，其中男性人口约为 1067.4 万人，占总人口的比例为 48%；女性人口约为 1148.2 万人，占总人口的比例为 52%。在总人口当中，性别比为 93.0，偏离国际平衡区间 96—106。换言之，斯里兰卡男女性别比例较失衡，性别结构不合理。

从人口变化趋势来看，2000—2021 年，斯里兰卡总人口数量整体上呈上升趋势，2000 年总人口约为 1877.8 万人，到 2021 年总人口约为 2215.6 万人，总人口增加了约 337.8 万人；2000—2021 年，斯里兰卡男性人口变动趋势同总人口变动趋势一致，呈上升趋势。2000 年，男性人口约为 939.6 万人，到 2021 年男性人口约为 1067.4 万人，男性人口增加了 127.8 万人。2000—2021 年，斯里兰卡女性人口变动趋势同总人口变动趋势一致，呈上升趋势，2000 年女性人口约为 941.2 万人，到 2021 年女性人口约为 1148.2 万人，女性人口增加了 207.0 万人。

从性别结构来看，2000—2021 年斯里兰卡女性人口数量一直高于男性人口数量，总人口性别比介于 92—100，性别比总体呈下降趋势，从 2000 年的 99.5 下降到 2021 年的 93.0。①

表 I -2-1　　2000—2021 年斯里兰卡人口总数和分性别的变化情况

年份	总人口（万人）	男性（万人）	女性（万人）	总人口性别比
2000	1877.8	936.6	941.2	99.5
2001	1891.2	941.4	949.7	99.1
2002	1906.2	946.9	959.4	98.7
2003	1922.4	952.7	969.7	98.2
2004	1938.7	958.4	980.3	97.8
2005	1954.5	963.8	990.7	97.3
2006	1969.6	968.8	1000.8	96.8
2007	1984.2	973.5	1010.7	96.3
2008	1998.4	978.0	1020.4	95.8
2009	2012.4	982.3	1030.1	95.4
2010	2026.2	986.6	1039.5	94.9
2011	2039.9	991.0	1048.9	94.5
2012	2042.5	990.0	1052.5	94.1
2013	2058.5	995.7	1062.8	93.7
2014	2077.8	1003.1	1074.7	93.3
2015	2097.0	1010.8	1086.2	93.1
2016	2120.3	1020.6	1099.7	92.8

---

① 参见世界银行网站，https://data. worldbank. org. cn/indicator/SP. POP. TOTL？ locations＝LK。

续表

年份	总人口（万人）	男性（万人）	女性（万人）	总人口性别比
2017	2144.4	1031.0	1113.4	92.6
2018	2167.0	1040.9	1126.1	92.4
2019	2180.3	1046.3	1134.0	92.3
2020	2191.9	1056.4	1135.5	93.0
2021	2215.6	1067.4	1148.2	93.0

说明：总人口性别比，即人口中每100名女性相对应的男性人数。

资料来源：世界银行，https://data.worldbank.org.cn/indicator/SP.POP.TOTL? locations=LK。

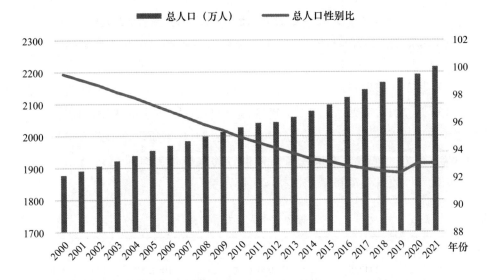

图Ⅰ-2-1　2000—2021年斯里兰卡总人口数量和总人口性别比

资料来源：世界银行，https://data.worldbank.org.cn/indicator/SP.POP.TOTL? locations=LK。

根据世界银行统计数据，从人口数量来看，1960—2021年斯里兰卡总人口呈上升趋势。1960年，斯里兰卡人口约为987.4万人，到2021年人口数量已增至2215.6万人，人口净增1228.2万人。[①]

[①]　参见世界银行网站，https://data.worldbank.org.cn/indicator/SP.POP.TOTL? locations=LK。

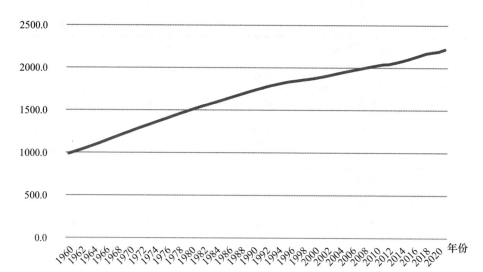

图 Ⅰ-2-2 1960—2021 年斯里兰卡人口数量变动（万人）

资料来源：世界银行，https://data. worldbank. org. cn/indicator/SP. POP. TOTL? locations＝LK。

根据联合国发布的《2022 世界人口展望》，预计 2030 年斯里兰卡总人口可达 2218.7 万人；2050 年斯里兰卡总人口数量为 2181.5 万人；2075 年斯里兰卡总人口数量为 1900 万人；2100 年斯里兰卡总人口数量为 1469.5 万人。显然，从联合国相关报告的人口预测结果可以看出，斯里兰卡总人口数量变动将呈现出持续下降趋势。①

表 Ⅰ-2-2　　　　　　　　斯里兰卡人口发展预测

年份	总人数（万人）
2030	2218.7
2050	2181.5
2075	1900.0
2100	1469.5

资料来源：联合国《2022 世界人口展望》，https://esa. un. org/unpd/wpp/Download/Standard/Population/。

① United Nations, Department of Economic and Social Affairs, Population Division (2022). *World Population Prospects* 2022, Online Edition, https://population. un. org/wpp/Download/Standard/Population/.

二　人口自然变动情况

（一）人口自然变化趋势与特点

根据联合国人口司统计局数据，截至 2021 年，斯里兰卡出生人数为 30.6 万人，死亡人数为 16.1 万人，人口呈正增长，其中人口自然增长 14.5 万人。出生人数、死亡人口和自然增长人数变化较大，人口的自然增长与出生人数变化相一致，大致可以分为两个阶段。第一阶段：1950—1985 年呈波动上升，出生人数从 1950 年的 28.5 万人上升至 1981 年的 42.2 万人，人口自然增长数从 1950 年的 13.3 万人上升至 1981 年的 32.6 万人；第二阶段：1981—2021 年呈波动下降，出生人数从 1981 年的 42.2 万人下降至 2021 年的 30.6 万人，人口从 1981 年的 32.6 万人下降至 2021 年的 14.5 万人。① 图Ⅰ-2-3 显示了斯里兰卡出生、死亡、自然增长人数的变化趋势，总体上呈现出先下降后波动上升的发展趋势。

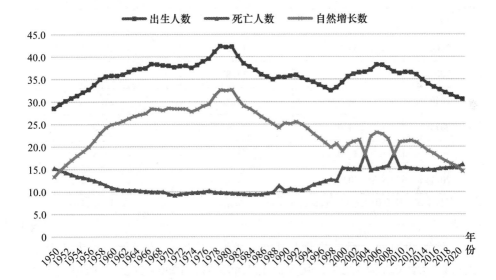

图Ⅰ-2-3　1950—2021 年斯里兰卡年出生、死亡和自然增长人数变化（万人）

资料来源：联合国人口司，https://esa. un. org/unpd/wpp/Download/Standard/Population/。

---

① United Nations, Department of Economic and Social Affairs, Population Division（2022）. *World Population Prospects* 2022, Online Edition, https://population. un. org/wpp/Download/Standard/Population/.

表Ⅰ-2-3　　　　斯里兰卡出生、死亡和自然增长人数变化　　　（万人）

年份	出生人数	死亡人数	自然增长数
1950	28.5	15.2	13.3
1955	32.1	13.2	18.9
1960	35.8	10.9	24.9
1965	37.3	10.2	27.1
1970	38.0	9.4	28.6
1975	38.1	9.8	28.3
1980	42.2	9.7	32.5
1985	37.1	9.4	27.7
1990	35.5	10.2	25.3
1995	34.4	11.6	22.8
2000	34.2	15.3	19.0
2005	37.1	14.8	22.3
2010	36.3	15.2	21.1
2015	34.0	14.9	19.0
2020	31.0	15.4	15.6
2021	30.6	16.1	14.5

资料来源：联合国人口司：https://esa.un.org/unpd/wpp/Download/Standard/Population/。

　　截至2020年，斯里兰卡人口出生率为14.2‰、人口死亡率为7.1‰、人口自然增长率为7.2‰。从人口出生率来看，1960—2020年斯里兰卡人口出生率总体上呈下降趋势，从1960年的36.6‰下降到2020年的14.2‰；从人口死亡率来看，死亡率整体上呈现下降趋势，斯里兰卡1960年的死亡率为11.1‰，到2020年，斯里兰卡的死亡率为7.1‰；从人口自然增长率来看，随着出生率的大幅下降和死亡率的小幅变动，斯里兰卡人口自然增长率总体上呈现出波动下降的趋势。斯里兰卡人口自然增长率从 1960 年的 25.5‰下降到 2020 年的 7.2‰。[①]

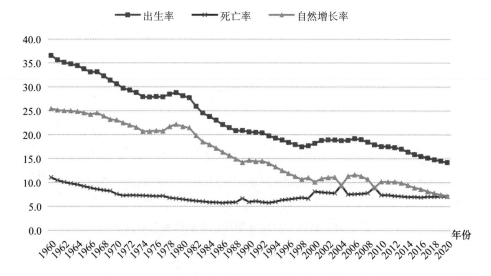

图 I -2-4　1960—2020 年斯里兰卡人口自然变动情况（‰）

资料来源：世界银行，https：//data. worldbank. org. cn/indicator/SP. DYN. CBRT. IN？locations＝LK。

（二）生育水平变化趋势

截至 2020 年，斯里兰卡总生育率为 2.0。在 1960—2020 年，斯里兰卡总生育率呈波动下降趋势，其波动范围在 2.0—5.5。1960 年，斯里兰卡总生育率为 5.5，为这一阶段的最大值；2018 年总生育率为 2.0，是这一阶段的最小值。

（三）预期寿命变化

截至 2020 年，斯里兰卡的总人口预期寿命为 76.4 岁，男性预期寿命为 72.6 岁，女性预期寿命为 80.1 岁。1960—2020 年，斯里兰卡人口预期寿命总体上呈波动上升趋势，从 1960 年的 60.7 岁上升到 2020 年的 76.4 岁。其中，男性人口预期寿命、女性人口预期寿命变动均呈波动上升

---

① United Nations, Department of Economic and Social Affairs, Population Division （2022）. *World Population Prospects* 2022, Online Edition, https：//population. un. org/wpp/Download/Standard/Population/.

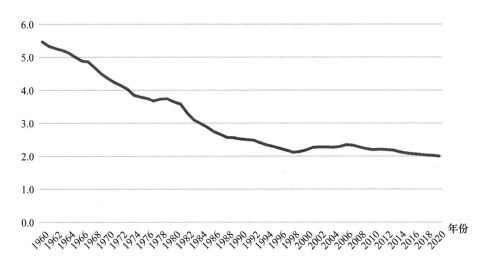

图Ⅰ-2-5 1960—2020 年斯里兰卡总和生育率变动

资料来源：世界银行，https：//data. worldbank. org. cn/indicator/SP. DYN. TFRT. IN？locations＝LK。

趋势，且女性预期寿命一直高于男性预期寿命。男性人口预期寿命从 1960 年的 59.1 岁上升到 2020 年的 72.6 岁，女性人口预期寿命从 1960 年的 62.8 岁上升到 2020 年的 80.1 岁。

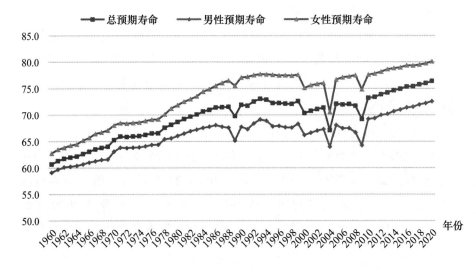

图Ⅰ-2-6 1960—2020 年斯里兰卡预期寿命变化（岁）

资料来源：世界银行，https：//data. worldbank. org. cn/indicator/SP. DYN. LE00. IN？locations＝LK。

三　人口城乡分布情况

（一）城乡人口规模变化趋势

根据联合国人口司统计数据，截止到 2021 年，斯里兰卡总人口数量为 2215.6 万人。其中，城市人口数量为 417.9 万人，约占 18.9%；农村人口数量为 1797.7 万人，约占 81.1%。

从城市人口数量变动上看，1960—2021 年斯里兰卡城市人口数量整体上呈持续上升趋势。1960 年，城镇人口为 162.2 万人，约占 16.4%；2021 年城镇人口为 417.9 万人，约占 18.9%。农村人口和城市人口变化趋势大体一致，呈持续上升趋势。1960 年，农村人口为 825.2 万人，约占 83.6%；2021 年，农村人口为 1797.7 万人，约占 81.1%。

从城乡人口来看，1960—2021 年农村人口一直高于城市人口，并且农村人口增长速度高于城市人口增长速度，造成城乡人口数量差距不断加大。1960 年，城乡人口数量差距为 663 万人，2021 年，城乡人口数量差距高达 1379.8 万人。[①]

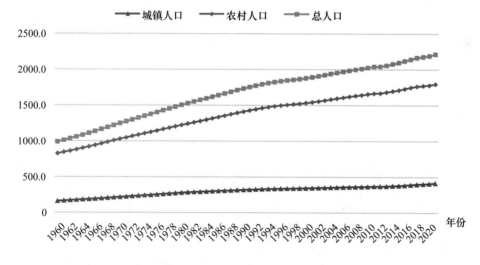

图Ⅰ-2-7　1960—2021 年斯里兰卡城乡人口数量变动情况（万人）

资料来源：世界银行，https://data.worldbank.org.cn/indicator/SP.DYN.LE00.IN? locations=LK。

---

① 参见世界银行网站，https://data.worldbank.org.cn/indicator/SP.DYN.LE00.IN? locations=LK。

（二）人口城市化水平变化趋势

根据世界银行统计数据，截止到 2021 年，斯里兰卡人口城市化水平达到了 18.9%。1960—2021 年，斯里兰卡人口城市化水平较低。从整体趋势上看，1960—2021 年斯里兰卡人口城市化水平介于 16%—19%，且人口城市化水平呈现出先上升后下降再回升的发展趋势。

1960—1982 年为第一阶段，人口城市化水平呈上升趋势，从 1960 年的 16.4% 上升到 1982 年的 18.7%；1982—2014 年为第二阶段，人口城市化水平呈下降趋势，从 1982 年的 18.7% 下降到 2014 年的 18.2%；2014—2021 年为第三阶段，人口城市化水平总体上呈上升趋势，从 18.2% 上升到 18.9%。①

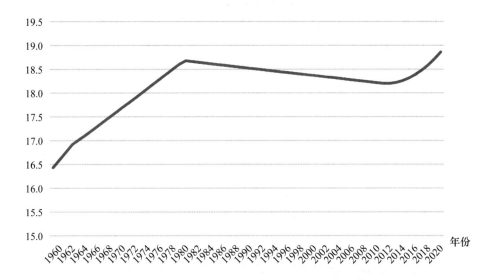

图 I-2-8　1960—2021 年斯里兰卡人口城市化水平变动（%）

说明：人口城市化水平＝城镇人口/全国总人口×100%。

资料来源：世界银行，https://data. worldbank. org. cn/indicator/SP. DYN. LE00. IN？locations＝LK。

---

① 参见世界银行网站，https://data. worldbank. org. cn/indicator/SP. DYN. LE00. IN？locations＝LK。

四 人口地区分布情况

斯里兰卡全国行政区分为 25 个区，根据斯里兰卡中央统计局统计数据，2021 年首都科伦坡人口最多，为 247.8 万人，占全国总人口的 11.2%；甘帕哈为全国人口第二大区，为 244.3 万人，占全国总人口的 11%。

对比 2014 年的人口数据可以看出，马塔莱区、汉班托塔区、马纳尔区、穆莱蒂武区、拜蒂克洛区、安帕拉区、亭可马里区、布塔拉姆区、阿努拉德普勒区、波隆纳努瓦区、巴杜拉区、莫纳拉加拉区的人口占全国的比重在 2021 年均有提升，其中穆莱蒂武区的人口比重涨幅最大，为 0.38%，其余州区都有小幅度的上升和下降。①

表 I -2-4   2014 年、2019 年、2021 年斯里兰卡不同地区人口情况

州区	2014 年（万人）	占全国比重（%）	2019 年（万人）	占全国比重（%）	2021 年（万人）	占全国比重（%）
科伦坡	235.3	11.3	244.8	11.2	247.8	11.2
甘帕哈	233.9	11.3	241.7	11.1	244.3	11.0
卡卢塔拉	124.2	6	128.4	5.9	129.6	5.8
康提	140.4	6.8	147.6	6.8	150.1	6.8
马塔莱	49.6	2.4	52.2	2.4	53.0	2.4
努沃勒埃利耶	73.3	3.5	76.8	3.5	78.0	3.5
加勒	108.3	5.2	113	5.2	114.7	5.2
马塔拉	83.2	4	86.3	4	87.3	3.9
汉班托塔	61.8	3	66.1	3	67.6	3.1
贾夫纳	59.3	2.9	61.7	2.8	62.6	2.8
马纳尔	10.2	0.5	11.1	0.5	13.3	0.6
瓦屋尼亚	17.8	0.9	18.9	0.9	11.4	0.5

---

① 参见斯里兰卡国家统计局网站，http://www.statistics.gov.lk/Population/StaticalInformation/CPH2011。

续表

州区	2014 年（万人）	占全国比重（%）	2019 年（万人）	占全国比重（%）	2021 年（万人）	占全国比重（%）
穆莱蒂武	9.5	0.5	9.7	0.4	19.4	0.9
基利诺奇	11.8	0.6	12.9	0.6	9.8	0.4
拜蒂克洛	53.5	2.6	57.5	2.6	59.0	2.7
安帕拉	66.6	3.2	72.8	3.3	75.2	3.4
亭可马里	39.1	1.9	42.6	2	44.1	2.0
库努内加拉	164.7	7.9	171.9	7.9	174.3	7.9
布塔拉姆	77.8	3.7	83.2	3.8	84.9	3.8
阿努拉德普勒	88.6	4.3	93.7	4.3	95.4	4.3
波隆纳努瓦	41.6	2	44	2	44.8	2.0
巴杜拉	83.6	4	88	4	89.5	4.0
莫纳拉加拉	46.7	2.2	49.6	2.3	50.5	2.3
拉特纳普拉	111.4	5.4	117.1	5.4	119.0	5.4
凯格勒	85.6	4.1	88.7	4.1	89.8	4.1

资料来源：斯里兰卡国家统计局，http://www. statistics. gov. lk/Population/StaticalInformation/ CPH2011。

第二节　人口结构变化

一　人口年龄结构的构成及变化情况

（一）总体情况

根据联合国人口司统计数据，截至 2021 年，斯里兰卡人口金字塔为缩减形，呈现出中间宽、塔顶和塔底较窄的状态。其中，少年儿童人口比重缩小，老年人口比重增大。这种类型的人口由于育龄人群比重低，人口增长潜力更低。在生育水平几乎不变的情况下，未来人口变动趋势将会呈负增长，导致人口进一步缩减。

从人口数量上看，2021 年斯里兰卡 0—14 岁人口数量为 505.5 万人，占总人口数量的比重为23.2%。其中，0—14岁男性人口数量为257万人，0—14岁女性人口的数量为248.5万人。15—64岁人口数量为1429万人，占总人口数量的比重为65.6%。其中，15—64岁男性人口数量为693.5万人，15—64岁女性人口数量为735.5万人。2021年，斯里兰卡65岁以上人口数量为242.9万人，占总人口数量的比重为11.2%。其中，65岁以上男性人口数量为98.5万人，65岁以上女性人口数量为144.4万人。①

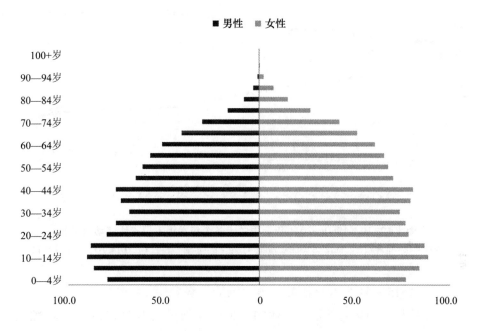

图Ⅰ-2-9　2021年斯里兰卡人口金字塔（万人）

资料来源：联合国人口司，https://esa.un.org/unpd/wpp/Download/Standard/Population/。

（二）0—14岁人口情况

从图Ⅰ-2-10可以看出，1960—2021年斯里兰卡0—14岁人口数量占总人口的比重介于42%—23%，整体上呈波动下降趋势。1960年，斯里兰卡0—14岁人口数量占总人口的比重为41.3%，此时达到最高水平；

---

① United Nations, Department of Economic and Social Affairs, Population Division (2022). *World Population Prospects 2022*, Online Edition, https://population.un.org/wpp/Download/Standard/Population/.

后续呈波动下降趋势。到 1994 年，斯里兰卡 0—14 岁人口占比已经下降
至 30% 以下，为 29.9%。2021 年，斯里兰卡 0—14 岁人口占比仅为
23.2%，这也可以看出斯里兰卡儿童人口在总人口中的占比不断下降。

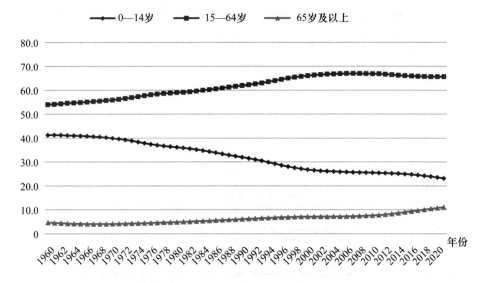

图Ⅰ-2-10　1960—2021 年斯里兰卡各个年龄组人口占比变动（%）

资料来源：世界银行，https://data. worldbank. org. cn/indicator/SP. POP. 0014. TO? locations＝LK。

（三）15—64 岁人口情况

从图Ⅰ-2-10 可以看出，1960—2021 年斯里兰卡 15—64 岁人口数量
占总人口数量的比重介于 54%—67%，整体上呈先上升后下降的趋势。这
又可以分为两个阶段。1960—2007 年为第一阶段，15—64 岁人口呈持续
上升趋势，从 1960 年的 54% 上升至 2006 年的 67%，2007 年为最大值，
整体占比增加 13%；2007—2021 年为第二阶段，15—64 岁人口数量占总
人口的比重呈下降趋势，从 2007 年的 67% 下降至 2021 年的 65.6%，比重
减少 2.4%。[①]

（四）65 岁及以上人口情况

1960—2021 年，斯里兰卡 65 岁及以上人口占总人口数量的比重介于

---

① 参见世界银行网站，https://data. worldbank. org. cn/indicator/SP. POP. 0014. TO? locations
＝LK。

3%—12%，整体上呈波动上升趋势。这同样可以分为两个阶段。1960—1970年为第一阶段，斯里兰卡65岁及以上人口占比呈下降趋势，从1960年的4.7%下降到1970年的4.1%，其中1970年为最低值。1970—2021年为第二阶段，全国65岁及以上人口呈持续上升趋势，从1970年的4.1%增加到2021年的11.2%，并在2021年达到峰值。这也在一定程度上说明，斯里兰卡人口结构已经发生了较大的变化，老年人口占比不断增加。[①]

（五）抚（扶）养比

根据世界银行统计数据，1960—2021年斯里兰卡总抚（扶）养系数整体上介于49%—86%。其中，1960年达到最大值，为85.1%；2004年达到最小值，为49.4%，2021年总（扶）抚养比为52.4%。

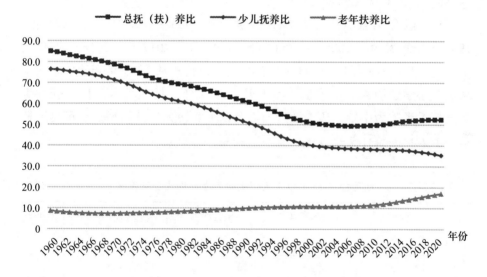

图Ⅰ-2-11　1960—2021年斯里兰卡抚（扶）养比变动（%）

说明：总抚（扶）养比＝（0—14岁人口数量＋65岁以上人口数量）/15—64岁人口数量×100%，少儿抚养比＝（0—14岁人口数量/15—64岁人口数量）×100%，老年扶养比＝（65岁以上人口数量/15—64岁人口数量）×100%。

资料来源：世界银行，https://data.worldbank.org.cn/indicator/SP.POP.DPND? locations＝LK。

---

① United Nations, Department of Economic and Social Affairs, Population Division（2022）. *World Population Prospects* 2022, Data Sources. UN DESA/POP/2022/DC/NO. 9.

从老年扶养比来看，1960—2021 年斯里兰卡老年扶养比变动整体上呈波动上升趋势，具体来看，大致分为两个阶段：第一阶段为 1960—1970 年，斯里兰卡老年扶养比处于下降阶段，1960 年老年扶养比为 8.7%，到 1970 年老年扶养比增加到 7.3%；第二阶段为 1970—2021 年，斯里兰卡老年扶养系数变动处于上升阶段，老年扶养系数从 1970 年的 7.3% 上升到 2021 年的 17%。

从少儿抚养比来看，1960—2021 年斯里兰卡少儿抚养系数变动整体上呈下降趋势，下降幅度较大，1960 年少儿抚养比为 76.4%，1961 年最大值为 78.9%；2021 年少儿抚养系数为最小值，数值为 35.4%。

二　人口受教育情况

（一）人口文化程度变动情况

根据联合国教科文组织统计数据，在 1963 年、1969 年、1971 年、1981 年、2001 年、2008 年、2009 年、2016 年、2017 年、2018 年斯里兰卡 25 岁以上人口当中，受过中学教育的人口比重从 1963 年开始出现波动增加，小学学历人口比重呈波动上升。1981 年，斯里兰卡人口的受教育程度超过半数为中学学历，随后大学及以上学历人口开始增加。可见，斯里兰卡人口的整体文化程度一直不断提高。

表 I-2-5　　斯里兰卡 25 岁以上人口受教育程度构成变动情况　　（%）

年份	未上学率	小学未完成率	小学率	中学率	大学及以上百分率	未知率
1963	32.3	39.6	6.9	20.7	0.4	0
1969	24	39.8	0	35	1.2	0
1971	29.5	23.5	35.4	9.4	2.3	0
1981	16.3	49.4	0	33.2	1.1	0
2001	7.6	6.1	10.8	59.4	13.3	2.7
2008	5.2	0	20.9	60.1	13.9	0
2009	5.4	0	20.6	59.9	14.1	0
2016	0	0	17.7	74.9	3.9	3.5

年份	未上学率	小学未完成率	小学率	中学率	大学及以上百分率	未知率
2017	0	0	17.1	75.3	4.1	3.6
2018	0	0	16.5	75.8	4.2	3.4

资料来源：联合国教科文组织，http://www.unesco.org。

（二）教育的性别差异情况

根据联合国教科文组织统计数据，2005—2014 年，斯里兰卡男性与女性的小学入学比例较为稳定，基本上维持在 1：1 左右。在小学阶段，教育资源在男性与女性之间分布较均匀。

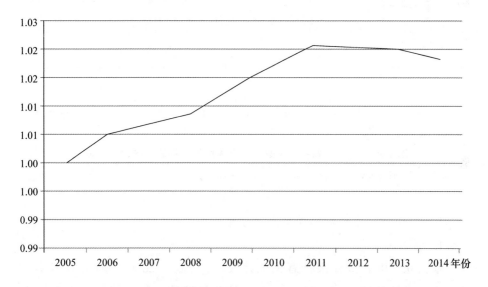

图 I-2-12　2005—2014 年斯里兰卡男性与女性的小学入学比例变动

资料来源：联合国教科文组织，http://www.unesco.org。

在中学阶段，2010—2018 年（部分数据缺失），斯里兰卡男性与女性的入学比例呈下降趋势，从 2010 年的 0.99 下降到 2018 年的 0.96。可以看出，这一时期斯里兰卡男性与女性的入学比例小于 1，同期女性中学入学率一直高于男性。

在高等教育阶段，2010—2018 年，斯里兰卡男性与女性的入学比例可以分为两个阶段。2010—2014 年为第一阶段，斯里兰卡男性与女性的入学比例从 2010 年的 0.56 上升到 2014 年的 0.77；2014—2018 年为第二阶段，女性与男性的入学比例从 2014 年的 0.77 逐步回落到 2018 年的 0.67。在此期间，女性在高等教育方面的入学率一直高于男性。

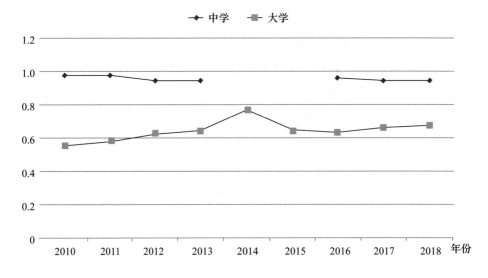

图 Ⅰ-2-13　2010—2018 斯里兰卡男生与女生的入学比例变动

资料来源：联合国教科文组织，http://www.unesco.org。

（三）小学、中学和高等教育入学率

1. 小学入学率

根据联合国和世界银行有关统计数据，2001—2020 年斯里兰卡小学阶段入学率情况如下：2001—2009 年呈总体波动下降趋势，即小学入学率从 2001 年的 107.8% 下降至 2009 年的 94.9%，下降幅度达 12.9%；2009—2015 年呈总体缓慢上升趋势，从 2009 年的 94.9% 增长至 101.7%，上升幅度为 6.8%；2015—2020 年呈小幅下降趋势，从 2015 年的 101.7% 下降到 2020 年的 100.3%，下降幅度为 1.4%。

从性别来看，女性入学率大致保持一致，呈现出先波动下降后上升，再上升的趋势。从 2001 年的 106.9% 下降到 2009 年的 94%，又从 2009 年的 94% 上升到 2015 年的 100.6%，再从 2015 年的 100.6% 下降至 2020 年

的 100.3%。男性入学率变化趋势与总入学率完全一致，呈现出先波动下降后上升的趋势，即从 2001 年的 108.6% 下降至 2009 年的 95.8%，又从 2009 年的 95.8% 上升至 2015 年的 102.7%，再从 2015 年的 102.7% 下降至 2020 年的 100.3%。[①]

2001—2020 年，全国男性小学入学率一直高于女性小学入学率，除 2004 年男性入学率急剧下降至 94.6% 外，在大多数情况下均高于女性小学入学率。

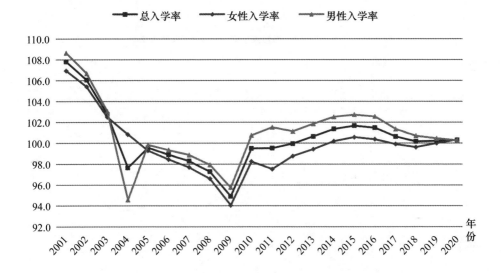

图 Ⅰ-2-14　2001—2020 年斯里兰卡小学入学率变化情况（%）

说明：小学总入学率是指无论年龄大小，小学的总入学人数与官方规定的小学适龄总人口的百分比值。总入学率可能超过 100%，因为包含了较早或较晚入学及复读的超龄和小龄学生。

资料来源：世界银行，https://data.worldbank.org.cn/indicator/SP.POP.65UP.TO? locations = MY。

2. 中学入学率

根据世界银行的统计数据，2010—2018 年（2014 年、2015 年数据缺

---

① United Nations, Department of Economic and Social Affairs, Population Division（2022）. *World Population Prospects 2022*, Online Edition, https://population.un.org/wpp/Download/Standard/MostUsed/.

失），斯里兰卡中学教育入学率情况如下：从总入学率来看，呈先上升后下降再上升的趋势，2010 年中学总入学率为 96.9%，到 2018 年，中学总入学率为 100.3%，增加了约 3.4 个百分点；从性别入学率来看，男性中学入学率、女性中学入学率与总人口入学率大体一致，均呈现出先上升后下降再上升的趋势。男性中学入学率从 2010 年的 96.3% 上升到 2018 年的 98%，上升了 1.7 个百分点；女性中学入学率从 2010 年的 97.5% 上升到 2018 年的 102.6%，增加了约 5 个百分点。女性中学入学率高于男性中学入学率。

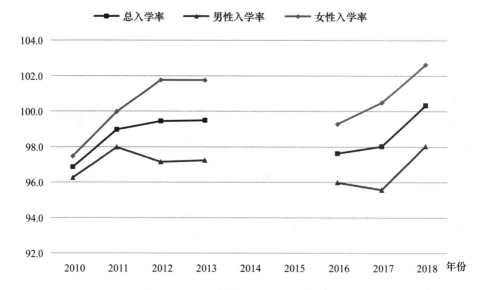

图 Ⅰ-2-15　2010—2018 年（部分数据缺失）斯里兰卡中学入学率变化情况（%）

说明：中学总入学率，是指不论年龄大小，中学在校生总数占符合中学官方入学年龄人口的百分比。总入学率可能超过 100%，因为包含了较早或较晚入学及复读的超龄和小龄学生。

资料来源：世界银行，https://data.worldbank.org.cn/indicator。

3. 高等教育入学率

根据世界银行的统计数据，2010—2020 年斯里兰卡高等教育总入学率总体上呈波动上升趋势。总入学率从 2010 年的 16.3% 波动上升至 2020 年的 21.6%，总体上升 5.3%。从性别差异来看，男性高等教育入学率和女性高等教育入学率变化趋势大致和总入学率的变化趋势相一致，总体上呈波动上升趋势。男性入学率从 2010 年的 11.7% 波动上升至 2020 年的 16.5%，总体上升 4.8%；女性入学率从 2010 年的 20.9% 波动上升至 2020 年的 26.7%，总体上升 5.8%。虽然高等教育入学率不断提高，但高等教育中的女性入学率远高于男性入学率，存在显著的性别差异。

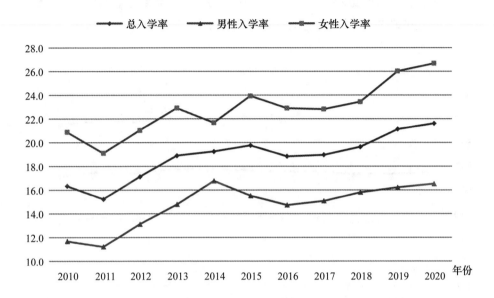

图Ⅰ-2-16　2010—2020 年斯里兰卡高等教育入学率变化情况（%）

说明：大学总入学率，是指不论年龄大小，大学在校生总数占中学之后 5 年学龄人口总数的百分比。

资料来源：世界银行，https://data.worldbank.org.cn/indicator。

第三节　人口就业状况

一　就业人口规模及变化情况

（一）15—64 岁劳动参与率

根据联合国人口司数据，截至 2020 年，斯里兰卡 15—64 岁总劳动参与率为 55.7%。其中，15—64 岁男性劳动参与率为 77.7%，15—64 岁女性劳动参与率为 36.2%。

在 2010—2020 年，斯里兰卡 15—64 岁男性、女性劳动参与率和总劳动参与率变动趋势保持一致，呈波动下降趋势。其中，15—64 岁总劳动参与率从 2010 年的 57.4% 下降至 2020 年的 55.7%，下降 1.7%。男性劳动参与率从 2010 年的 79.7% 波动下降至 2020 年的 77.7%，下降 2%；女性劳动参与率从 2010 年的 37.7% 下降至 2020 年的 36.2%，下降 1.5%。由此可见，男性劳动参与率下降幅度最大，其次是总劳动参与率，女性劳动参与率下降幅度最小。不过，15—64 岁男性劳动参与率始终大于 15—64 岁女性劳动参与率，总劳动参与率则介于两者之间。①

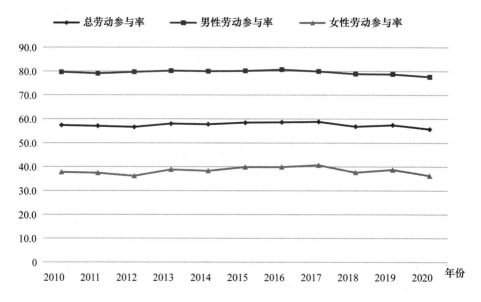

图 I -2-17　2010—2020 年斯里兰卡 15 岁以上劳动参与率（%）

说明：劳动参与率＝从业人口/劳动年龄人口×100%。

资料来源：国际劳工组织，https://www.ilo.org/global/lang--en/index.htm。

（二）15—64 岁失业率

从斯里兰卡 2010 年到 2020 年失业率数据来看，15—64 岁总失业率呈波动上升趋势。从 2010 年的 5% 上升至 2020 年的 5.7%，失业率上升 0.7%。在 2010—2020 年期间，失业率最低为 4.1%，最高为 5.7%。

从性别来看，15—64 岁男性和女性的失业率与总失业率保持一致，呈现波动上升趋势。男性失业率从 2010 年的 3.6% 上升至 2020 年的

———————

①　参见国际劳工组织网站，https://www.ilo.org/global/lang--en/index.htm。

4.2%，失业率上升0.6%。其中，男性失业率最低为2.8%，最高为4.2%。女性失业率从2010年的7.6%波动上升至2020年的8.6%，其中女性失业率最低为6.3%，最高为8.6%。显然，女性失业率远高于男性失业率。由此可见，斯里兰卡政府仍需完善相关制度，进一步保障女性在职场上的权益。

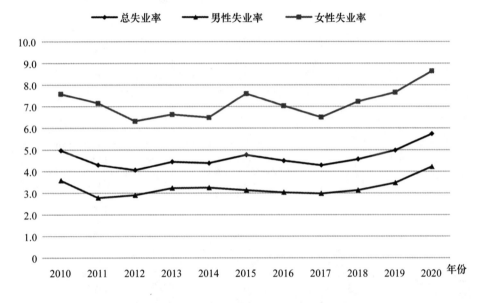

图Ⅰ-2-18 2010—2020年斯里兰卡失业率变动情况（%）

资料来源：国际劳工组织，https://www.ilo.org/global/lang--en/index.htm。

二 就业人口的主要行业构成及变化特点

（一）男性就业人口比女性多，服务业成为就业的主要行业

根据国际劳工组织统计数据，2020年斯里兰卡就业人口的行业就业情况如下：以农业、工业、服务业为主的就业人口总数为799.9万人，其中男性人数为537.3万人，占比为67.2%；女性人数为262.6万人，占比为32.8%。农业就业人数为216.9万人，占就业人口总数的比重为27.1%。其中，男性人数为140.4万人，占农业就业人口比重的64.7%；女性人数为76.5万人，占农业就业人口比重的35.3%。工业就业人数为215.3万人，占就业人口总数的比重为26.9%，其中，男性人数为149.5

万人，占工业就业人口比重的 69.4%；女性人数为 65.8 万人，占工业就业人口比重的 30.6%。服务业就业人数为 367.7 万人，占就业人口总数的比重为 46%。其中，男性人数为 247.4 万人，占服务业就业人口比重的 67.3%，女性人数为 120.3 万人，占农业就业人口比重的 32.7%。①

表 I -2-6　　　　　　　2020 年斯里兰卡分行业就业人数

行业	类别	人数（万人）
总就业人口	合计	799.9
	男性	537.3
	女性	262.6
农业	合计	216.9
	男性	140.4
	女性	76.5
工业	合计	215.3
	男性	149.5
	女性	65.8
服务业	合计	367.7
	男性	247.4
	女性	120.3

资料来源：国际劳工组织，https://www.ilo.org/global/lang--en/index.htm。

（二）各行业就业人数都持续增加

2010—2020 年，斯里兰卡总就业人数呈波动上升趋势。2010 年，斯里兰卡农业、工业、服务业总就业人口数为 750.5 万人，其中，农业就业人数为 232.2 万人，工业就业人数为 186.5 万人，服务业就业人数为 331.8 万人；2020 年，斯里兰卡农业、工业、服务业总就业人数为 799.9 万人，其中，农业就业人数为 216.9 万人，工业就业人数为 215.3 万人，

---

① 参见国际劳工组织网站，https://www.ilo.org/global/lang--en/index.htm。

服务业就业人数为 367.7 万人。

从农业、工业、服务业就业人数变化趋势来看，服务业和工业就业人数呈波动上升趋势，农业就业人数则呈现波动下降趋势。2017 年，工业和农业就业人数首次出现反转，工业就业人数超过了农业就业人数。农业就业人数从 2010 年的 232.2 万人波动下降至 2020 年的 216.9 万人，就业人数减少 15.3 万人；工业就业人数从 2010 年的 186.5 万人增加至 2020 年的 215.3 万人，就业人数增加 28.8 万人；服务业就业人数从 2010 年的 331.8 万人增加至 2020 年的 367.7 万人，增加 35.9 万人。由此可见，农业就业人数变化幅度最小，其次是工业，服务业就业人数变化幅度最大。①

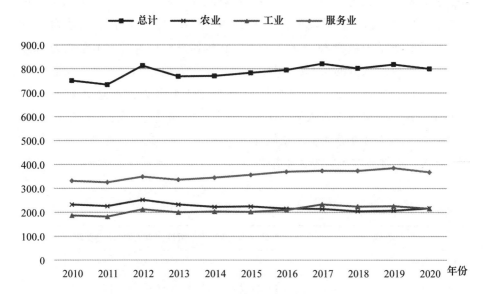

图 I-2-19 2010—2020 年斯里兰卡分行业就业情况（万人）

资料来源：国际劳工组织，https://www.ilo.org/global/lang--en/index.htm。

三 就业人口的职业构成

斯里兰卡各职业大类的就业人数比较均衡，熟练的农业、林业和渔业工人，简单劳动职员和工艺有关人员的就业规模比较大。根据国际劳工组

————————

① 参见国际劳工组织网站，https://www.ilo.org/global/lang--en/index.htm。

织统计，截至 2020 年，斯里兰卡就业人口的职业分布如下：

管理人员总数为 51.2 万人，占总就业人数的 6.4%。其中，女性就业人数为 13.8 万人，男性就业人数为 37.4 万人。专业技术人员总数为 53.1 万人，占总就业人数的 6.6%。其中，女性就业人数为 34 万人，男性就业人数为 19.1 万人。一般技术人员总数为 69.5 万人，占总就业人数的 8.7%。其中，女性就业人数为 24.3 万人，男性就业人数为 45.3 万人。文职人员总数为 30.6 万人，占总就业人数的 3.8%。其中，女性就业人数为 16.6 万人，男性就业人数为 14 万人。服务和销售人员总数 75.7 万人，占总就业人数的 9.5%。其中，女性就业人数为 21.6 万人，男性就业人数为 54.1 万人。熟练的农业、林业和渔业工人总数为 119.4 万人，占总就业人数的 14.9%。其中，女性就业人数为 32.8 万人，男性就业人数为 86.6 万人。工艺有关人员总数为 122.2 万人，占总就业人数的 14.9%。其中，女性就业人数为 33.9 万人，男性就业人数为 88.4 万人。工厂和机器操作员及装配工总数为 72.9 万人，占总就业人数的 9.1%。其中，女性就业人数为 11.2 万人，男性就业人数为 61.8 万人。简单劳动职员总数为 183.4 万人，占总就业人数的 22.9%。其中，女性就业人数为 67.9 万人，男性就业人数为 115.4 万人。武装人员总数为 3.9 万人，占总就业人数的 0.5%。其中，女性就业人数为 0.5 万人，男性就业人数为 3.4 万人。[1]

表 I-2-7　　　　　　　　2020 年斯里兰卡分职业人口构成

类别	总计（万人）	男性（万人）	女性（万人）
就业总人数	799.9	537.3	262.6
管理人员	51.2	37.4	13.8
专业技术人员	53.1	19.1	34.0
一般技术人员	69.5	45.3	24.3
文职人员	30.6	14.0	16.6
服务和销售人员	75.7	54.1	21.6
熟练的农业、林业和渔业工人	119.4	86.6	32.8

---

[1]　参见国际劳工组织网站，https://www.ilo.org/global/lang--en/index.htm。

续表

类别	总计（万人）	男性（万人）	女性（万人）
工艺有关人员	122.2	88.4	33.9
工厂和机器操作员和装配工	72.9	61.8	11.2
简单劳动职员	183.4	115.4	67.9
武装人员	3.9	3.4	0.5

说明：此处的就业总人数为表中不同职业就业人数的总和，与社会上总的就业人口数据有出入，因为部分就业人口并不在本表所列出的职业划分中。

资料来源：国际劳工组织，https://www.ilo.org/global/lang--en/index.htm。

第四节　国际移民

一　国际移民数量

（一）总体情况

根据联合国人口司数据，截至 2019 年，斯里兰卡国际移民数量为 40018 人。国际移民主要来源国为印度、意大利、中国、科威特、阿拉伯联合酋长国、沙特阿拉伯、马尔代夫、英国等国家。其中，来自印度的国际移民数为 10814 人，占总国际移民的比重为 27%；来自意大利的国际移民数为 5170 人，占总国际移民的比重为 12.9%；来自中国的国际移民数为 2482 人，占总国际移民的比重为 6.2%；来自科威特的国际移民数为 1755 人，占总国际移民的比重为 4.4%；来自阿拉伯联合酋长国的国际移民数为 1689 人，占总国际移民的比重为 4.2%；来自沙特阿拉伯的国际移民数为 1417 人，占总国际移民的比重为 3.5%；来自马尔代夫的国际移民数为 1409 人，占总国际移民的比重为 3.5%；来自英国的国际移民数为 1193 人，占总国际移民的比重为 3%。[①]

（二）近年来变动趋势

根据联合国人口司数据，2000 年斯里兰卡国际移民数量为 4.01 万人

---

① United Nations, Department of Economic and Social Affairs, Population Division（2022）. *World Population Prospects* 2022, Online Edition, https://population.un.org/wpp/Download/Standard/Population/.

左右，2019 年斯里兰卡国际移民数量减少至 4 万人左右。可以看出，斯里兰卡国际移民数量变化不大，总体较为稳定。印度一直是斯里兰卡最大的移民来源国，意大利、中国、科威特、阿联酋、沙特、马尔代夫、英国也提供了较多的移民来源。其中，中国和印度是斯里兰卡亚洲移民的主要来源地，近年来，来自中国的国际移民数量有显著增加趋势。2000 年，来自中国的移民数量为 588 人，2019 年这一数据增加到 2482 人。[①]

表 I -2-8　　　　　　　　斯里兰卡国际移民变动情况

年份	主要来源国	移民数量（人）	移民总数（人）
2000	印度	31618	40132
	意大利	1273	
	中国	588	
	科威特	430	
	阿拉伯联合酋长国	413	
	马尔代夫	370	
	巴基斯坦	324	
	沙特阿拉伯	321	
	其他国家	4795	
2019	印度	10814	40018
	意大利	5170	
	中国	2482	
	科威特	1755	
	阿拉伯联合酋长国	1689	
	沙特阿拉伯	1417	
	马尔代夫	1409	
	英国	1193	
	其他国家	14089	

资料来源：联合国人口司，https://esa. un. org/unpd/wpp/Download/Standard/Population/。

---

① United Nations, Department of Economic and Social Affairs, Population Division （2022）. *World Population Prospects* 2022, Online Edition, https：//population. un. org/wpp/Download/Standard/Population/.

（三）国际移民的移入情况

斯里兰卡国际移民的来源地覆盖了亚洲、欧洲等地。其中，欧洲国家主要包括意大利、英国等，亚洲国家主要包括印度、中国、科威特、阿联酋、沙特、马尔代夫等。2000年，斯里兰卡国际移民来源地主要有印度、意大利、中国、科威特、阿联酋、马尔代夫、巴基斯坦、沙特，其占斯里兰卡国际移民总数量的比重依次为78.8%、3.2%、1.5%、1.1%、1%、0.9%、0.8%、0.8%；2019年，斯里兰卡国际移民来源地主要包印度、意大利、中国、科威特、阿联酋、沙特、马尔代夫和英国，其占斯里兰卡国际移民总数量的比重依次为27%、12.9%、6.2%、4.4%、4.2%、3.5%、3.5%和3%。[①]

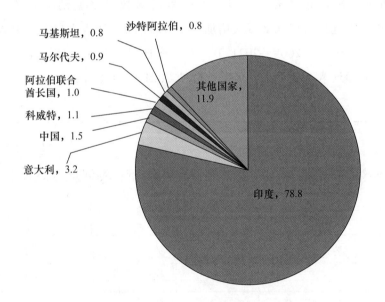

图Ⅰ-2-20　2000年斯里兰卡国际移民来源地构成（%）

资料来源：联合国人口司，https://esa.un.org/unpd/wpp/Download/Standard/Population/。

[①]　United Nations, Department of Economic and Social Affairs, Population Division (2022). *World Population Prospects 2022*, Online Edition, https://population.un.org/wpp/Download/Standard/Population/.

二 国际移民净迁移情况

从图 I -2-21 可以看出，1950—2021 年斯里兰卡人口净迁移呈现波动下降趋势。1950—1958 年为第一阶段，斯里兰卡人口净迁移数量呈下降趋势，从 1950 年的人口净迁入 0.8 万人下降至 1958 年的人口净迁出 1.5 万人。1958—1968 年为第二阶段，斯里兰卡人口净迁移数量呈上升趋势，从 1958 年的人口净迁出 1.5 万人，上升至 1968 年的人口净迁出 0.8 万人。1968—1982 年为第三阶段，斯里兰卡人口净迁移数量呈下降趋势，从 1968 年的人口净迁出 0.8 万人增加至 1982 年的人口净迁出 7.9 万人。1982—2000 年为第四阶段，斯里兰卡人口净迁移数量呈震荡趋势，其间呈现上下波动，人口净迁出从 1982 年的 7.9 万人增加至 2000 年的 9.2 万人。2000—2009 年是第五阶段，人口净迁移数量呈波动上升趋势，从 2000 年的净迁出人口 9.2 万人增加至 2009 年的净迁入人口 0.5 万人。最后一个阶段发生在 2009—2021 年，人口净迁移数量呈震荡下降趋势，从 2009 年的净迁入 0.5 万人，波动下降至 2021 年净迁出 9.2 万人。

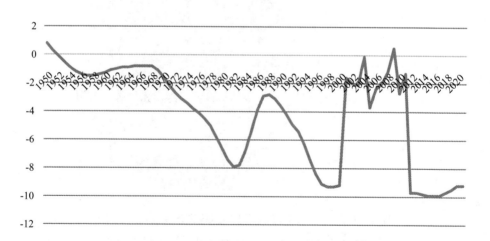

图 I -2-21 1950—2021 年斯里兰卡人口净迁移情况（万人）

资料来源：迁移数据，https://migrationdataportal.org/。

第五节　首都人口发展情况

科伦坡市位于斯里兰卡岛西南岸，濒临印度洋，北面以凯勒尼河为界。科伦坡是斯里兰卡第一大城市，既是印度洋航道上的重要港口，也是世界著名的人工海港。科伦坡港是印度洋上的交通枢纽，也是欧洲、远东、澳洲航线的转口港，港宽水深，是世界大型人工港之一。科伦坡港年吞吐量为450万吨，承担着斯里兰卡90%以上的货物进出口任务，是印度洋航运的中转站。

科伦坡市总面积约37平方千米，总人口约64.2万人。科伦坡居民中以僧伽罗族人最多，占一半以上，其余族群还包括泰米尔人、摩尔人、印度人等。根据斯里兰卡中央统计局统计数据，截止到2022年，科伦坡常住人口数量约为247.8万人。2014—2022年，科伦坡人口数量呈持续上升趋势。2014年科伦坡人口约为235.3万人，2022年科伦坡人口上升至247.8万人。①

图Ⅰ-2-22　2014—2022年科伦坡常住人口数量（万人）

资料来源：斯里兰卡统计局，www.statistics.gov.lk/Population/StaticalInformation/VitalStatistics/ByDistrictandSex。

---

① 参见斯里兰卡统计局网站，www.statistics.gov.lk/Population/StaticalInformation/VitalStatistics/ByDistrictandSex。

科伦坡的传统经济主要为港口业和服务业。新兴的制造业工厂多建在城市外围，工业虽不很发达，但拥有纺织、烟草、机械、金属、食品、化工、收音机等工业，另有通用机械和汽车装配修理厂。

第三章　资源禀赋

斯里兰卡是位于印度洋中心地带的岛国，背靠南亚次大陆。优越的气候条件形成了斯里兰卡肥沃的土壤、多样的植物与美丽的热带景观，渔业、林业和水力资源丰富，为农业和旅游业发展奠定了良好的基础。斯里兰卡盛产宝石和石墨，化石燃料资源相对匮乏。斯里兰卡政府高度重视资源环境保护工作，对于矿产、海洋生物等资源的开采有着严格限制和规定，并控制着珊瑚、贝壳、象牙、木材等资源的出口。此外，多民族、多宗教的文化资源使这里形成了一批极具宗教和历史特色的文化景观。

第一节　土地资源

斯里兰卡国土面积约为 6.56 万平方千米，其中陆地面积为 6.19 万平方千米，内陆水域面积为 0.37 万平方千米。主岛南北长 432 千米，东西宽 224 千米，形似鸭梨或泪滴，南部面积较大，北部面积较小。岛屿中南部为山区，被称为中部高地（Central Highlands），是该国的心脏；环绕中部高地的是大片平原，面积占全岛总面积的三分之二；平原的边缘为海岸区，由海滩和泻湖组成，在部分延伸处形成了一些岩石岬角、悬崖、深水海湾和近海小岛。① 斯里兰卡全岛大部分区域土壤肥沃，适合农作物和林木生长。截至 2020 年，在全国陆地面积中，农用地面积约为 281 万公顷，占比 45.4%；林地面积约为 211 万公顷，占比为 34.1%；建设用地面积约为 6 万公顷，占比

---

① Department of Census and Statistics, "Statistical Abstract 2020: Location and Relife of Sri Lanka", http://www.statistics.gov.lk/abstract2020/CHAP1; Gerald Hubert Peiris, "Sri Lanka", https://www.britannica.com/place/Sri-Lanka/Land.

仅为 1%，其他面积约为 121 万公顷，占比为 19.5%（见图 I -3-1）。①

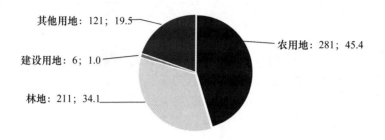

其他用地：121；19.5

农用地：281；45.4

建设用地：6；1.0

林地：211；34.1

图 I -3-1　斯里兰卡土地利用结构（万公顷；%）

资料来源：联合国粮农组织统计数据库——土地利用情况，http://www.fao.org/faostat/en/#
data/RL；2021 年斯里兰卡统计手册（*Statistical Pocket Book 2021*）。

一　林地资源概况

斯里兰卡原是一个森林资源十分丰富的国家。20 世纪以来，由于种
植园的大面积开发，森林面积已大幅减少，森林覆盖率远低于热带国家的
平均水平。至 2020 年，全国拥有林地约 211 万公顷。其中，原始天然林
仅有 16.7 万公顷，占比为 7.9%；天然次生林约有 169.62 万公顷，占比
为 80.3%；人工林约有 24.98 万公顷，占比为 11.8%。② 由于海拔和湿度
的区域差异，斯里兰卡境内分布着多种林地类型。湿润的低海拔区域以热
带常绿林为主，湿润的高海拔区域以山地常绿林为主，次干旱区域以干旱
常绿林和潮湿落叶林为主，干旱区域以旱生（耐旱）灌木林为主。

由于人类开辟定居点、采伐木材、发展农业等原因，斯里兰卡的原始
天然林曾遭到大规模砍伐和破坏。据估计，1956 年至 1981 年，平均每年
森林砍伐量高达 4.2 万公顷，仅剩位于西南内陆区域的辛哈拉贾森林
（Sinharaja Forest）和山顶原野（Peak Wilderness）保留着部分原始常绿
林。③ 随着资源保护意识的日益提高，1990 年至 2010 年，斯里兰卡林地

---

① 建设用地面积为 2015 年数据，来源于《2020 年斯里兰卡统计手册》（*Statistical Pocket
Book 2020*，http://www.statistics.gov.lk/Pocket%20Book/index.html；其余类型的土地面积为 2020
年数据，来源于联合国粮农组织统计数据库——土地利用情况，http://www.fao.org/faostat/en/#
data/RL。

② 联合国粮农组织统计数据库——土地利用情况，http://www.fao.org/faostat/en/#data/RL。

③ Gerald Hubert Peiris，"Sri Lanka"，https://www.britannica.com/place/Sri-Lanka/Land。

退化速度减缓，但仍以每年 1 万公顷的速度继续下降，2010 年全国森林总面积降为 210.36 万公顷，达到历史最低水平。[①]

2009 年，斯里兰卡森林保护条例修订，对于森林资源的保护和林产品的取用限制更加严格。此后，全国林地总面积稳步回升，人工林面积得到较快增长，森林保护工作初见成效。2010—2020 年，全国林地面积共增加 0.94 万公顷。其中，人工林面积增加 4.40 万公顷，年均增长约 4400 公顷；原始天然林面积保持 16.7 万公顷不变；天然次生林面积减少 3.46 万公顷，森林资源保护工作仍然任重道远。

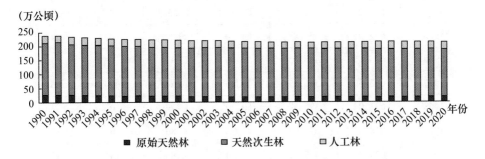

图 I - 3 - 2 1990—2020 年斯里兰卡森林资源总量及结构演化

资料来源：联合国粮农组织统计数据库——土地利用情况，http://www.fao.org/faostat/en/#data/RL。

斯里兰卡主要出产麻栗树、红木、黑檀、柚木和铁木等珍贵木材。此外，还有大量的橡胶木和椰子木，可用来制作家具。联合国粮食和农业组织数据库资料显示，斯里兰卡的圆木年产量随着时间先升后降，于 1995 年达到峰值，为 1041.27 万立方米。随后大幅降低，2019 年仅有 521.82 万立方米。圆木产量大幅下降的主要原因在于斯里兰卡 1995 年第 23 号法案加强了对森林资源的保护，尤其是规范了乡村森林的权属和使用禁令。[②] 因此，自 1996 年起，全国薪材产量快速下降。斯里兰卡的工业圆木年产量相对稳定，近 60 年来基本维持在 60 万—70 万立方米。

---

① 联合国粮农组织统计数据库——土地利用情况，http://www.fao.org/faostat/en/#data/RL。
② 斯里兰卡森林保护条例，https://www.srilankalaw.lk/Volume - III/forest - conservation - ordinance.html。

表 I -3-1 　　　　　1961—2019 年菲律宾林木产品产量及演化　　　（万立方米）

年份	圆木	其中，薪材	工业圆木			
				其中，锯材和单板	纸浆木材和碎屑	其他
1961	602.64	545.24	57.40	26.00	0	31.40
1962	608.36	548.76	59.60	27.50	0	32.10
1963	612.70	552.30	60.40	27.50	0	32.90
1964	618.06	555.86	62.20	28.50	0	33.70
1965	623.55	559.45	64.10	29.50	0	34.60
1966	615.45	563.05	52.40	17.00	0	35.40
1967	616.59	566.69	49.90	13.60	0	36.30
1968	621.04	570.34	50.70	13.60	0	37.10
1969	618.82	574.02	44.80	6.80	0	38.00
1970	625.22	577.72	47.50	8.80	0	38.70
1971	631.99	584.39	47.60	8.10	0	39.50
1972	644.78	595.08	49.70	9.60	0	40.10
1973	642.14	592.64	49.50	8.70	0	40.80
1974	646.52	595.92	50.60	9.20	0	41.40
1975	648.43	596.63	51.80	9.70	0	42.10
1976	651.36	602.06	49.30	6.50	0	42.80
1977	654.97	606.07	48.90	5.30	0	43.60
1978	665.55	609.95	55.60	11.30	0	44.30
1979	672.05	612.75	59.30	14.20	0	45.10
1980	683.53	616.09	67.44	18.40	3.14	45.90
1981	683.56	619.22	64.34	14.50	3.14	46.70
1982	687.09	620.25	66.84	16.20	3.14	47.50
1983	695.96	623.82	72.14	20.70	3.14	48.30
1984	694.68	627.04	67.64	15.50	3.14	49.00

年份	圆木	其中，薪材	工业圆木	其中，锯材和单板	纸浆木材和碎屑	其他
1985	697.48	629.14	68.34	15.50	3.14	49.70
1986	696.65	630.31	66.34	12.80	3.14	50.40
1987	702.18	634.28	67.90	12.80	4	51.10
1988	705.51	636.01	69.50	12.80	5	51.70
1989	709.08	637.99	71.09	12.80	5.99	52.30
1990	700.70	634.93	65.77	5.50	7.47	52.80
1991	986.27	922.60	63.67	2.80	7.47	53.40
1992	965.77	900.20	65.57	4.20	7.47	53.90
1993	989.57	923.50	66.07	4.20	7.47	54.40
1994	1024.87	958.00	66.87	4.40	7.47	55.00
1995	1041.27	972.60	68.67	5.70	7.47	55.50
1996	1040.17	970.80	69.37	5.90	7.47	56.00
1997	675.97	606.00	69.97	5.90	7.47	56.60
1998	663.55	600.45	63.10	5.90	0	57.20
1999	659.12	595.52	63.60	5.90	0	57.70
2000	659.56	590.66	68.90	11.20	0	57.70
2001	653.79	583.99	69.80	12.10	0	57.70
2002	647.24	577.44	69.80	12.10	0	57.70
2003	640.79	570.99	69.80	12.10	0	57.70
2004	634.44	564.64	69.80	12.10	0	57.70
2005	628.19	558.39	69.80	12.10	0	57.70
2006	628.19	558.39	69.80	12.10	0	57.70
2007	612.90	543.10	69.80	12.10	0	57.70

续表

年份	圆木	其中，薪材	工业圆木	其中，锯材和单板	纸浆木材和碎屑	其他
2008	605.46	535.66	69.80	12.10	0	57.70
2009	598.15	528.35	69.80	12.10	0	57.70
2010	590.96	521.16	69.80	12.10	0	57.70
2011	583.37	513.57	69.80	12.10	0	57.70
2012	575.92	506.12	69.80	12.10	0	57.70
2013	568.60	498.80	69.80	12.10	0	57.70
2014	561.41	491.61	69.80	12.10	0	57.70
2015	554.34	484.54	69.80	12.10	0	57.70
2016	546.11	476.31	69.80	12.10	0	57.70
2017	540.53	468.23	72.30	14.60	0	57.70
2018	529.59	460.32	69.27	11.57	0	57.70
2019	521.82	452.55	69.27	11.57	0	57.70

资料来源：联合国粮农组织统计数据库——林业生产和贸易，http://www.fao.org/faostat/en/#data/FO。

二　农用地资源概况

斯里兰卡是一个以种植园经济为主的农业国家，在气候、岩石特征、地形等因素的共同作用下，全国大部分区域的土壤都适合农业生产。近30年来，斯里兰卡农用地总面积总体上呈先稳定后上升的趋势。1990年至2002年，农用地面积基本维持在235万公顷左右；2003年至2020年，农用地面积从237万公顷增长至281万公顷，年均增长约2.6万公顷。从具体农用地类型来看，橡胶、茶叶等永久性作物用地以及草场牧场用地面积基本保持稳定，分别约为100万公顷、44万公顷；可耕地面积总体上呈上升趋势，1990年可耕地面积为90万公顷，2020年增长至 137.2 万公顷。①

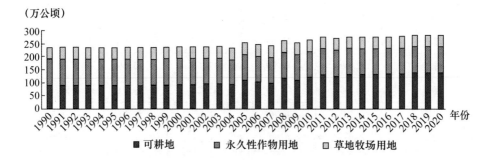

图 I-3-3　1990—2020 年斯里兰卡农用地资源总量及结构演化

资料来源：联合国粮农组织统计数据库——土地利用情况，http://www.fao.org/faostat/en/#
data/RL。

斯里兰卡的主要经济作物有茶叶、橡胶、椰子、肉桂、胡椒、丁香、
豆蔻、腰果、槟榔、咖啡、可可等。其中，茶叶、橡胶、椰子是斯里兰卡
主要的出口经济作物，在全国各地分布着大片的茶园、橡胶园和椰子园。
依地势不同，这三大作物产区分明。茶叶主要生长在湿润区，高海拔区域
集中了一批出产最高质量红茶的种植园；橡胶的主要种植区是湿润区内部
的山脊和山谷地带，其中科伦坡、卡卢塔拉（Kalutara）、加勒（Galle）、
马塔拉（Matara）、拉特纳普拉（Ratnapura）、凯加勒（Kegalle）是其主
要产区；椰子的种植区域可分为西北片区、西南片区、东北片区、中部片
区四部分，其中西海岸腹地是主要产区。② 通过 1972—1975 年的土地改
革，政府获得了大约 60% 的茶叶种植土地面积和 30% 的橡胶种植土地面
积的所有权。2019 年，斯里兰卡全国茶叶播种面积约为 20.03 万公顷，
橡胶播种面积约为 13.76 万公顷，椰子播种面积约为 50.35 万公顷。此
外，香料、坚果等经济作物在斯里兰卡也占有较大的种植面积。

---

① 联合国粮农组织统计数据库——土地利用情况，http://www.fao.org/faostat/en/#data/RL。

② Gerald Hubert Peiris, "Sri Lanka", https://www.britannica.com/place/Sri-Lanka/Economy；
Department of Census and Statistics, "Statistical Abstract 2020: Agriculture, Forestry and Fisheries",
http://www.statistics.gov.lk/abstract2020/CHAP5。

表Ⅰ-3-2　2015—2019 年斯里兰卡主要经济作物播种面积及变化趋势

（万公顷）

年份	2015	2016	2017	2018	2019
茶叶	21.65	21.65	20.25	20.00	20.03
橡胶	12.09	12.09	13.66	13.69	13.76
椰子	44.05	44.05	45.26	49.91	50.35
咖啡	0.74	0.75	0.66	0.70	0.57
可可	0.25	0.22	0.20	0.22	0.20
肉桂	3.32	3.01	2.94	3.31	3.39
胡椒	4.45	3.95	4.30	4.35	4.53
豆蔻	0.14	0.12	0.13	0.09	0.09
丁香	0.72	0.68	0.72	0.64	0.59
槟榔	1.76	1.88	1.87	1.79	1.83
腰果	2.01	1.87	2.10	1.70	1.68

资料来源：Department of Census and Statistics, Ministry of Finance（Sri Lanka），*Economic Statistics of Sri Lanka 2020*，2020-09.

水稻是斯里兰卡最主要的粮食作物，一年种植两季水稻，2019 年播种面积达到 111.69 万公顷。此外，玉米、木薯在粮食作物中也占有较大比重，2019 年播种面积分别为 6.35 万公顷、2.06 万公顷。

表Ⅰ-3-3　2015—2019 年斯里兰卡主要粮食作物种植面积及变化趋势　（万公顷）

年份	2015	2016	2017	2018	2019
水稻（播种面积）	125.33	114.13	79.17	104.10	111.69
水稻（收获面积）	121.07	112.27	61.93	98.29	107.01
玉米	6.71	6.76	5.28	7.09	6.35
木薯	2.38	2.28	2.21	2.24	2.06

资料来源：Department of Census and Statistics, Ministry of Finance（Sri Lanka），*Economic Statistics of Sri Lanka 2020*，2020-09.

三　土地资源使用政策

斯里兰卡私有土地占全国土地面积的 18%，其余 82% 的土地归斯里兰卡政府所有。其中，私人土地所有权仅限于每人 50 英亩，现行法律禁止外国公司和个人购买土地。斯里兰卡《土地开发法令》（1935 年）（Land Development Ordinance）、《国有土地法令》（1949 年）（State Lands Ordinance）和《土地批准法案（特别条款）》（1979 年）等法令或法案规定，经过各种批准程序可以许可或通过租赁计划使用国有土地，外商可通过租借土地的形式开展投资活动，最长土地租期为 99 年，需缴纳 100% 的印花税。

外商在参与斯里兰卡农业、林业投资租赁土地时，若租借土地位于斯里兰卡投资发展局管辖区、工业区或旅游区内，除缴纳印花税外，还需按租金总额额外缴纳 7.5% 的土地特许使用税；若租借土地位于上述区域外，需按租金总额额外缴纳 15% 的土地税；对于在斯里兰卡连续从事生产经营 10 年以上的公司，上述土地税可予以免除。此外，外商还可以通过在斯里兰卡设立合资公司购买土地，但外资控股不得超过 50%；可投资购买三层（不含）以上的公寓住房，并持有所属公寓的永久产权。[1]

第二节　矿产资源

斯里兰卡的矿产资源相对匮乏，代表性矿产资源为宝石和石墨。此外，钛铁矿、铁矿石、石灰石、石英砂、云母、工业黏土等矿产也有一定储量，唯一已知的化石燃料资源是位于西海岸沼泽地带的低品位泥炭。[2]

地质构造过程造就了斯里兰卡矿产资源的产出与分布。斯里兰卡的地质构造相对简单，全岛基本为前寒武系的基底岩层，四周为中、新生界盖层。该区与印度板块一起从冈瓦纳古陆向北漂移而来，在漫长的地质历史

---

[1] 中国商务部国际贸易经济合作研究院、中国驻斯里兰卡大使馆经济商务处、中国商务部对外投资和经济合作司：《对外投资合作国别（地区）指南——斯里兰卡（2020 年）》，http://www.mofcom.gov.cn/dl/gbdqzn/upload/sililanka.pdf。

[2] Gerald Hubert Peiris, "Sri Lanka", https://www.britannica.com/place/Sri-Lanka/Land。

时期一直处于隆升状态，遭受风化剥蚀，直至中生代中期冈瓦纳古陆边缘发生破裂，使其基底发生仰冲，而盖层出现小规模断陷，接收了零星的侏罗纪和新近纪的沉积，从而造成区域性地势差异，出现了中央为山地与高原，周边沿海地区为丘陵与平原的地貌景观。在这种地质构造特点之下，斯里兰卡全国区域成矿作用主要与区域变质作用和表生地质作用有关，形成的矿种主要为稀有金属和非金属矿产。矿床规模多为中—小型，大型较少；矿床类型以沉积—变质型和沉积型为主，其中次生的各类砂矿占重要地位；有的矿种质量尚佳，在国际市场上具有一定的竞争力。[①]

一　非金属矿产资源概况

斯里兰卡的非金属矿产主要有宝石、石墨矿、白云岩、磷酸盐岩等。近年来，为了发展经济，斯里兰卡对石墨矿、白云岩矿及宝石等矿种进行了较大力度的勘查。其中，宝石开采是斯里兰卡最为重要的矿业发展领域，除了生产多种半宝石外，还生产蓝宝石、红宝石、黄玉等贵重宝石，大部分产品进入国外市场。同时，由于外商投资规模扩张，石墨产量预计也将在未来几年里实现增长。[②]

（一）宝石资源

斯里兰卡的宝石资源丰富，且品质优良，以刚玉（红蓝宝石）和金绿宝石等多种名贵宝石闻名世界，被誉为宝石王国。在各种贵重宝石中，以帕帕拉恰（Pathmaraga，又名莲花蓝宝石）最为稀有名贵，它有"帝王蓝宝石"的美誉，被斯里兰卡人奉为国宝。近年来，斯里兰卡宝石年产量在1000万克拉左右，呈现下降趋势。2019年，全国各类宝石产量约为860万克拉。其中，金绿宝石中名贵的亚历山大石（变石）产量为4700克拉，猫眼石产量约为62000克拉；刚玉中最为稀有的帕帕拉恰产量为5700克拉，红宝石产量约为28000克拉，其他蓝宝石（包括蓝色蓝宝石、粉色蓝宝石、黄色蓝宝石、星光蓝宝石）产量达近300万克拉。

---

① 吴良士、秦思婷：《斯里兰卡地质构造与区域成矿基本特征》，《矿床地质》2014年第1期。

② U. S. Department of the Interior, *USGS‑2016 Minerals Yearbook—Sri Lanka* (*ADVANCE RELEASE*).

表Ⅰ-3-4　　　　　　2014—2019 年斯里兰卡主要宝石资源产量　　　　（克拉）

年份	2014	2015	2016	2017	2018	2019
亚历山大石（Alexandrite）	7056	4587	3934	4993	4650	4700
猫眼石（Cat's eye）	95354	102701	74183	71724	61852	62000
红宝石（Ruby）	30072	24477	31800	34488	27520	28000
帕帕拉恰/莲花蓝宝石（Pathmaraga）	4403	5325	4311	7390	5706	5800
其他蓝宝石（Sapphire）	3681293	3528248	2120440	3168034	2935576	2900000
其他宝石	8772364	8254290	9838707	6030051	5581319	5600000

资料来源：USGS, *USGS Mineral Yearbooks 2017-18, 2019—Sri Lanka.*

斯里兰卡宝石产地主要分布在西部省、南部省和萨巴拉加穆瓦省，以萨巴拉加穆瓦省的首府拉特纳普勒市（Ratnapura）最为集中，后者被誉为宝石之城。此外，在东部省的欧卡米皮提亚（Okkampitiya）、中央省的埃拉罗（Elahera）、乌瓦省的莫讷勒格勒县（Moneragala）也有宝石矿藏。[1] 各类宝石产出在含宝石的砾石中，存在于河床、被淹埋的河谷和沼泽地及其附近。[2]

（二）石墨资源

斯里兰卡的石墨资源较为丰富且品质较好，主要分布在西南部的萨巴拉加穆瓦省、西北省和中央省。斯里兰卡的石墨开发历时已久，近几年的年产量维持在 4000 吨左右。全国已知石墨矿床（点）51 处[3]，主要的规模化开发企业有三家，分别是斯里兰卡卡哈塔加哈石墨有限公司（Kahatagaha Graphite Lanka Ltd.），由斯里兰卡工商部 100% 控股，位于西北省库鲁内格勒区（Kurunegala District）；斯里兰卡伯格拉石墨有限公司（Bogala Graphite Lanka Plc.），位于萨巴拉加穆瓦省凯加勒区，以及樱花私人有限

---

① U. S. Department of the Interior, *USGS - 2016 Minerals Yearbook—Sri Lanka* (*ADVANCE RE-LEASE*).

② 吴良士、秦思婷：《斯里兰卡地质构造与区域成矿基本特征》，《矿床地质》2014 年第 1 期。

③ 吴良士、秦思婷：《斯里兰卡地质构造与区域成矿基本特征》，《矿床地质》2014 年第 1 期。

公司（Sakura Pvt. Ltd.），其矿山位于西北省的拉盖达拉镇（Ragedara）。[1]
由于斯里兰卡是世界上唯一一个生产商业数量的脉状石墨的国家，脉状石墨的碳纯度为98%，因此，近年来，全国大力发展石墨烯产业，并谋求从原材料出口转向产品出口，提高附加值。目前，斯里兰卡石墨烯出口额占总出口额的比例近5%。[2]

（三）其他非金属矿产资源

斯里兰卡的非金属矿产还有云母、磷酸盐、白云岩等。其中，云母矿资源分布在岛屿的中南部地区，有金云母、白云母、黑云母及其变种蛭石等多个种类。目前已知云母矿床（点）有15处，年产量为1500吨左右。磷酸盐岩资源集中在中北部省的埃帕瓦拉区（Eppawala），目前由斯里兰卡磷酸盐有限公司（Lanka Phosphate Co. Ltd.，隶属国家资源和企业发展部）负责开采运营，建立了磷肥生产基地。近年来，斯里兰卡全国磷矿石年产量有近5万吨，其中P_2O_5净重约1.7万吨。[3] 斯里兰卡白云岩资源相对丰富，分布在岛屿中部地区，质量较好的白云岩矿床有10处，主要位于中部省的康提市（Kandy）、马特莱区（Matale）的那烂陀（Nalanda），萨巴拉加穆瓦省的拉特纳普勒区（Ratnapura）、伯朗戈德市（Balangoda）等地。

表 I-3-5　　　　2014—2019年斯里兰卡主要非金属矿产资源产量　　　　（吨）

年份	2014	2015	2016	2017	2018	2019
云母		4120	5021	4957	5000	5000
石墨	3800	3479	3908	3769	3800	4000
长石		22683	25211	26137	26000	26000
磷矿石	62600	52520	38850	42440	46530	47438
砂石	81500	65195	50308	41201	41000	41000

资料来源：USGS, *USGS Mineral Yearbooks 2017-18, 2019—Sri Lanka*.

---

[1] U. S. Department of the Interior, *USGS-2016 Minerals Yearbook—Sri Lanka（ADVANCE RE-LEASE）*.

[2] 参见 "Sri Lanka to Increase Valued-added Graphene Exports", http://www.xinhuanet.com/english/2020-02/10/c_138770967.htm.

[3] USGS, *USGS Mineral Yearbooks 2019—Sri Lanka*.

二 金属矿产资源概况

斯里兰卡的金属矿产主要有钛铁矿、铁矿、铜矿等，其中海滨金属砂矿是斯里兰卡储量和经济价值较大的资源品类，其余金属矿产的比较优势较小。

（一）金属砂矿资源（钛铁矿）

斯里兰卡砂矿资源广布于岛屿四周的沿海地区，主要产出类型属于海滨砂矿，也有部分残积砂矿，其中的重矿物成分主要为钛铁矿、金红石、锆石、独居石，并有少量石榴子石、矽线石等。就分布来看，它们在东北部与西南部沿海区域较为集中。其中，在东北部亭可马里至穆莱蒂武（Mullaittvu）一带长约 80 千米的海滩地带有 6—7 个矿床（点）分布，以钛铁矿和金红石为主，规模最大的是普尔莫代（Pulmoddai）海滨砂矿床，该矿床已探明资源储量达 400 万吨，估计矿床外围的滨外地区还有 90 万吨钛铁矿、9500 吨金红石、3.9 万吨锆石资源储量。西南部科伦坡至马特勒（Matara）沿海地区已知矿床（点）有 7 处，以独居石和锆石为主，主要矿床有凯卡韦拉（Kaikawela）、波尔科图瓦（Polkotuwa）、贝鲁沃勒（Beruwala）等。西北部区域的砂矿分布较分散，其中马纳尔（Mannar）南侧的库德雷马莱（Kudremalai）矿点属海滨砂矿，其他矿点位于内陆或河谷阶地，属于残积砂矿，规模较小。东南部沿海区域目前仅有蒂鲁科维勒矿床（Tirrukkovil）一处海滨砂矿床，其锆石资源占比较大，规模属于中小型矿。[①]

表 I-3-6   斯里兰卡主要砂矿资源分布

区域	主要矿床
东北部沿海区域 （亭可马里—穆莱蒂武）	普尔莫代矿床（Pulmoddai）、普得—瓦卡度矿床（Pude-vakkadu）、钠亚鲁矿床（Nayaru）、可卡莱矿床（Kokkilai）、佩亚卡姆奇矿床（Peryakamchhi）
东南部沿海区域	蒂鲁科维勒矿床（Tirrukkovil）

① 吴良士、秦思婷：《斯里兰卡地质构造与区域成矿基本特征》，《矿床地质》2014 年第 1 期。

区域	主要矿床
西南部沿海区域 （科伦坡—马特勒）	凯卡韦拉矿床（Kaikawela）、波尔科图瓦矿床（Polkotuwa）、贝鲁沃勒矿床（Beruwala）
西北部沿海区域	库德雷马莱矿点（Kudremalai）

资料来源：吴良士、秦思婷《斯里兰卡地质构造与区域成矿基本特征》，《矿床地质》2014年第1期。

斯里兰卡金属砂矿资源产量近年来总体上呈现上升趋势。2019年，钛铁矿年产量达到43779吨，金红石产量为1959吨，锆石产量约为5000吨。其中，钛铁矿生产规模最大的企业是位于东部省普尔莫代矿床的斯里兰卡矿砂有限公司（属于国家资源和环境部），年产能达到15万吨。[①]

表Ⅰ-3-7　　　　2014—2019年斯里兰卡主要金属砂矿资源产量　　　　（吨）

年份	2014	2015	2016	2017	2018	2019
钛铁矿、石榴石	32972	39439	26159	51940	60847	43779
金红石	2111	1808	2237	2174	2319	1959
锆、锆石	4100	38000	25000	4800	4800	5000

资料来源：USGS, *USGS Mineral Yearbooks 2017-18，2019—Sri Lanka.*

（二）铁矿资源

斯里兰卡铁矿主要有含水氧化铁（褐铁矿和针铁矿）矿床和磁铁矿矿床两种。含水氧化铁（褐铁矿和针铁矿）矿床主要分布在西南部萨巴拉加穆瓦省的拉特纳普特附近以及南部省的加勒区和马塔拉区等地，矿床规模大小不一，资源储量从1万吨到15万吨不等，矿石平均品位约为53%—54%，预计资源储量总计约有220万吨。磁铁矿矿床主要位于西北省的奇洛（Chilaw）附近，目前已发现两处矿床。一处是帕尼热达瓦矿床（Panirendawa），出产条带状磁铁矿石，矿石品位较高、规模较大，估计资源储量可达560万吨；另外一处是维拉格德拉矿床（Wilagedera），由于

---

① U.S. Department of the Interior, *USGS-2016 Minerals Yearbook—Sri Lanka*（*ADVANCE RELEASE*）.

规模小，经济意义不大。①

目前，全国主要有 6 家企业进行铁矿石开采和冶炼，其中规模较大的企业为锡兰钢铁有限公司（Ceylon Steel Corp. Ltd.）。2019 年，全国钢铁制品和半成品产出估计为 3 万吨。②

表 I-3-8　　　　　斯里兰卡主要铁矿企业生产情况

序号	企业	主要设施所在地	年产能（万吨）
1	Ceylon Steel Corp. Ltd.	安苏禄戈利亚（Athurugiriya），科伦坡，西部省	25
2	Melwire Rolling（Pvt.）Ltd.	科伦坡，西部省	—
3	GTB Colombo Corp.（Pvt.）Ltd.	科伦坡，西部省	—
4	Elsteel Pvt. Ltd.	卡图那雅克（Katunayake），加姆珀哈区（Gampaha），西部省	—
5	Melbourne Metal Industries Ltd.	科伦坡，西部省	—
6	Bhuwalka Steel Industries Ltd.	科伦坡，西部省	2.5

资料来源：USGS, *2016 Minerals Yearbook—Sri Lanka*（*ADVANCE RELEASE*）.

（三）铜矿资源

斯里兰卡铜矿资源匮乏，只在位于北中省（North Central Province）亭可马里区东南的塞鲁维拉（Seruwila）发现含铜磁铁矿床一处。其矿石矿物主要为磁铁矿和黄铜矿，其次为黄铁矿、斑铜矿、磷灰石和次生的铜矿物（如孔雀石、蓝铜矿），该处矿石中黄铁矿储量较丰富。据估计，在资源储量中金属铜可达到 68900 吨，金属铁为 275 万吨。③

第三节　生物资源

斯里兰卡的原始森林资源丰富，动植物种类和数量众多，是亚洲地区

---

① 吴良士、秦思婷：《斯里兰卡地质构造与区域成矿基本特征》，《矿床地质》2014 年第 1 期。

② USGS, *USGS Mineral Yearbooks 2019—Sri Lanka*.

③ 吴良士、秦思婷：《斯里兰卡地质构造与区域成矿基本特征》，《矿床地质》2014 年第 1 期。

开花植物、两栖动物、爬行动物和哺乳动物物种密度最高的国家（每10000 平方千米的物种数量）。岛屿西南部拥有一块面积约 20000 平方千米的 "斯里兰卡湿润区"（the wet zone of Sri Lanka），该区域是整个南亚唯一的季节性常湿地区，年降雨量高达 3000 毫米，是公认的世界生物多样性热点区域之一。①

表Ⅰ-3-9　　　　斯里兰卡主要动植物种群物种丰度　　　　（种）

类群	物种数量	特有物种数量
被子植物	3154	894
裸子植物	2	0
蕨类植物	336	49
软珊瑚	35	—
石珊瑚	208	—
蜘蛛	501	256
蜈蚣	19	—
海洋甲壳类	742	—
淡水蟹	51	50
蜻蜓	118	47
蚂蚁	194	33
蜜蜂	130	—
蝴蝶	245	26
叶蝉	257	—
蟋蟀	103	21
双壳类（瓣鳃类）	287	—

① Devaka Weerakoon, A Brief Overview of the Biodiversity of Sri Lanka, In: *The National Red List 2012 of Sri Lanka*: *Conservation Status of the Fauna and Flora*, Weerakoon, D. K. & S. Wijesundara Eds., Ministry of Environment, Colombo, Sri Lanka: xvii.

续表

类群	物种数量	特有物种数量
海洋腹足类	469	—
蜗牛（陆生腹足类）	253	205
棘皮类	190	—
海洋鱼类	1377	—
淡水鱼类	91	50
两栖动物	111	95
爬行动物	211	125
留鸟	240	27+6（待评估）
哺乳动物	125	21

资料来源：Devaka Weerakoon, A Brief Overview of the Biodiversity of Sri Lanka, In: *The National Red List 2012 of Sri Lanka*; *Conservation Status of the Fauna and Flora*, Weerakoon, D. K. & S. Wijesundara Eds., Ministry of Environment, Colombo, Sri Lanka: xvii-xviii.

然而，由于滥杀滥伐现象仍然存在，斯里兰卡境内的大象、豹、熊、水牛、孔雀等野生动物，乌木、红木、黄檀木、柚木等珍贵树种正在迅速枯竭[1]，生物多样性面临危机。为此，斯里兰卡先后于 1987 年、1999 年、2007 年、2012 年编制完成四版《斯里兰卡濒危物种名录》，技术、标准不断完善，调查所涉及的物种范围不断增加。[2]

世界自然保护联盟（IUCN）濒危物种红色名录显示，截至 2021 年 1 月，斯里兰卡有受威胁物种 707 种。其中，有极危物种（CR）175 种，濒危物种（EN）223 种，易危物种（VU）309 种。此外，检测到已灭绝动植物 19 种，主要集中于无尾目树蛙科（Pseudophilautus）。

---

[1]　Gerald Hubert Peiris, "Sri Lanka", https://www.britannica.com/place/Sri-Lanka/Land.

[2]　Dakshini Perera, Hasula Wickramasinghe and Saranga Jayasundara, Preparation of the 2012 Red List, In: *The National Red List 2012 of Sri Lanka*; *Conservation Status of the Fauna and Flora*. Weerakoon, D. K. & S. Wijesundara Eds., Ministry of Environment, Colombo, Sri Lanka: xx-xxi.

表Ⅰ-3-10　　　　　　　　　菲律宾濒危物种分布

		植物	动物	合计
极危 （CR）	物种数量	84	91	175
	代表物种	风吹楠（Horsfieldia iryaghed-hi）、长序水麻（Debregeasia ceylanica）等	斯里兰卡刺鳗（Sri Lankan Spiny Eel）、优雅灌木蛙（Pseudophilautus decoris）等	
濒危 （EN）	物种数量	78	145	223
	代表物种	印度紫檀（Pterocarpus indi-cus）等	亚洲象、红懒猴（Loris tardi-gradus）等	
易危 （VU）	物种数量	139	170	309
	代表物种	贝克喜盐草（Halophila bec-carii）、南亚黄万代兰（Van-da spathulata）等	锡兰豹（Sri Lankan leopard）、斯里兰卡蓝鹊（Sri Lanka Blue Magpie）等	

资料来源：世界自然保护联盟（IUCN）濒危物种红色名录（2021年1月更新）——斯里兰卡，https://www.iucnredlist.org/search。

一　植物资源概况

斯里兰卡共有被子植物 3154 种，隶属于 186 科。其中禾本科种类最多，达到 262 种。此外，物种数量较多的还有豆科、兰科、茜草科、莎草科、爵床科、菊科、锦葵科、野牡丹科、唇形科等，全国近 45% 的被子植物物种分布在上述十个科中。在这 3154 个物种中，有 1386 个受到威胁（极度濒危、濒危或易危），占斯里兰卡被子植物总数的 44%。[①]

表Ⅰ-3-11　　　斯里兰卡物种数量较多的十种（科）被子植物

种类（科）	物种数量
禾本科	262

① Siril Wijesundara, H. S. Kathriarachchi, S. W. Ranasinghe, G. Hapuarachchi, "Analysis of Seed Plants of Sri Lanka," In: *The National Red List* 2012 *of Sri Lanka*; *Conservation Status of the Fauna and Flora*, Weerakoon, D. K. & S. Wijesundara Eds., Ministry of Environment, Colombo, Sri Lanka: xvii-xviii.

续表

种类（科）	物种数量
豆科	221
兰科	189
茜草科	179
莎草科	170
爵床科	105
菊科	86
锦葵科	72
野牡丹科	71
唇形科	70

资料来源：Siril Wijesundara, H. S. Kathriarachchi, S. W. Ranasinghe, G. Hapuarachchi, "Analysis of Seed Plants of Sri Lanka," In：*The National Red List* 2012 *of Sri Lanka*；*Conservation Status of the Fauna and Flora*, Weerakoon, D. K. & S. Wijesundara Eds., Ministry of Environment, Colombo, Sri Lanka：xvii-xviii.

斯里兰卡的花卉种类以热带花卉为主。在各种花卉中，兰花被视为斯里兰卡国宝。全国已知兰花品种有189种，隶属于78个属，其中包括55个特有种。斯里兰卡的兰花在各个生物气候带皆有分布，主要集中在海拔900—1500米的低矮山区，代表物种有星兰（Phaius Wallichii, Star Orchid）、马氏石斛兰（Dendrobium Maccarthiae）、钻喙兰（Rhynchostylis Retusa）、万代兰（Vanda Tessellata）等。[①] 另外，斯里兰卡的国花是蓝睡莲[②]，此花象征着纯洁、真理和自律，在斯里兰卡古代文学作品和艺术品中对这种花多有描写，当地佛教和印度教信众常用此花献佛、敬神。

斯里兰卡只有苏铁科苏铁属的两种裸子植物，分别为纳斯特苏铁

---

① R. H. S. Suranjan Fernando, "Present Status of Family Orchidaceae in Sri Lanka," In：*The National Red List* 2012 *of Sri Lanka*；*Conservation Status of the Fauna and Flora*, Weerakoon, D. K. & S. Wijesundara Eds., Ministry of Environment, Colombo, Sri Lanka：200-204.

② 斯里兰卡环境部（Ministry of Environment），http://mmde. gov. lk/web/index. php? option = com_content&view = article&id = 983&Itemid = 140&lang = en。

（Cycas Nathorstii）和斯里兰卡苏铁（Cycas Zeylanica）。由于 2005 年印度洋海啸破坏了斯里兰卡苏铁的栖息地，该物种种群受到了严重影响，斯里兰卡苏铁已成为高度濒危物种。

二　动物资源概况

斯里兰卡野生动物资源丰富，全国拥有 13 个国家公园和 100 多个保护区。《2012 年斯里兰卡国家红色名录》记录了脊椎动物 748 种，包括淡水鱼类 91 种、两栖动物 111 种、爬行动物 211 种、鸟类 240 种、哺乳动物 95 种，其中有 317 种动物为本地特有物种。在这些现存的脊椎动物中，受威胁的物种数量达到 345 个，占所有记录物种的 46%，其中有 122 种处于极度濒危状态，233 种为斯里兰卡特有物种。按照具体类别划分，受威胁物种最多的是爬行动物（107 种），其次是两栖动物、鸟类、哺乳动物和淡水鱼类。这意味着岛上每两种淡水鱼、两栖动物、爬行动物和哺乳动物中就有一种面临野外灭绝的危险，每五种鸟类中就有一种面临灭绝危险。

斯里兰卡有无脊椎动物约 1492 种，包括蜘蛛 501 种、淡水蟹 51 种、蜻蜓 118 种、蚂蚁 194 种、蜜蜂 130 种、蝴蝶 245 种、内陆蜗牛 253 种，其中 618 种为本地特有物种。在这些无脊椎动物中，受威胁的物种有 612 种，占所有记录物种的 41%，其中 275 种处于极度濒危状态，618 种为斯里兰卡特有物种。陆生蜗牛中受威胁物种的数量最高（179 种），其次是蜜蜂、蝴蝶、蜘蛛、蜻蜓、蚂蚁和淡水蟹。

表 I -3-12　　　　　　　　斯里兰卡主要动物保护现状

		物种数量	受威胁的物种数量	其中，极危（CR）	濒危（EN）	易危（VU）
无脊椎动物	蜘蛛	501（257）	62（24）	41（14）	21（10）	0
	淡水蟹	51（50）	46（45）	34（34）	12（11）	0
	蜻蜓	118（47）	61（40）	26（22）	18（14）	17（4）
	蚂蚁	194（33）	59（8）	25（5）	18（3）	16
	蜜蜂	130	106	48	38	20
	蝴蝶	245（26）	99（22）	21（5）	38（10）	40（7）
	蜗牛	253（205）	179（162）	80（70）	76（72）	23（20）

		物种数量	受威胁的物种数量	其中，极危（CR）	濒危（EN）	易危（VU）
脊椎动物	淡水鱼类	91（50）	45（39）	19（16）	19（17）	5（4）
	两栖动物	111（95）	73（71）	34（34）	28（27）	10（9）
	爬行动物	211（124）	107（87）	38（36）	50（39）	18（11）
	鸟类	240（27）	67（18）	18	18（7）	31（11）
	哺乳动物	95（21）	53（18）	13（6）	25（8）	15（4）

说明：1. 括号中的数据为本地特有种。2. "蜗牛"数据不包括21种未完成评估的物种。3. "哺乳动物"数据不包括30种未完成评估的海洋哺乳动物。

资料来源：Devaka Weerakoon，Analysis of Faunal Groups，In：*The National Red List* 2012 *of Sri Lanka*；*Conservation Status of the Fauna and Flora*，Weerakoon，D. K. & S. Wijesundara Eds.，Ministry of Environment，Colombo，Sri Lanka：145-147.

斯里兰卡受威胁的脊椎动物的地理分布显示，低地湿润区（即拉特纳普拉、加勒、马塔拉、卡卢塔拉、凯格勒）和中部高地（康提、努瓦拉伊利亚、马塔莱、巴杜拉）的受威胁物种相对较多，其中濒危物种数量最多的是拉特纳普拉区。此外，与其他地区相比，包括贾夫纳（Jaffna）、基利诺奇（Kilinochchi）、穆莱提夫（Mullaitivu）、瓦武尼亚（Vavuniya）在内的北部省，以及由安帕拉（Ampara）、拜蒂克洛（Batticaloa）、亭可马里组成的东部省由于各种原因存在数据缺失情况，在未来的物种分布调研中需要予以重点推进。

表 I -3-13　　斯里兰卡濒危脊椎动物的地理分布（一）

地区	淡水鱼类			两栖动物			爬行动物		
	极危	濒危	易危	极危	濒危	易危	极危	濒危	易危
Ampara	1	1	1	1				4	7
Anuradhapura	1	3	4			3	2	5	8
Badulla	1	2	1	1	4	5	5	14	5
Batticaloa		1							1
Colombo	3	14	3		7	6		2	3
Galle	4	18	3	3	20	8	4	11	13

续表

地区	淡水鱼类			两栖动物			爬行动物		
	极危	濒危	易危	极危	濒危	易危	极危	濒危	易危
Gampaha	2	10	2			1		3	3
Hambantota	1		2					6	11
Jaffna						1	1		3
Kalutara	7	16	3		9	5		9	8
Kandy	5	2	3	13	12	8	9	25	13
Kegalle	4	15	2	1	10	5	1	9	9
Kilinochchi									
Kurunegala		2			1	2		2	2
Mannar	1	1				1		2	4
Matale	4		2	5	5	8	7	8	8
Matara	4	10	3	2	13	6	2	12	10
Monaragala	1	2	1	1	1	4	3	6	11
Mullaitivu	1	1				1	1	1	1
Nuwara Eliya	1	1	1	12	17	7	7	18	10
Polonnaruwa	3	3	3			4	1	3	6
Puttalam	1	2	2			2	1	3	6
Ratnapura	6	15	2	19	27	8	13	23	12
Trincomalee	1	1				2			2
Vavuniya	1	1							1

资料来源：Devaka Weerakoon, Analysis of Faunal Groups, In：*The National Red List 2012 of Sri Lanka*；*Conservation Status of the Fauna and Flora*, Weerakoon, D. K. & S. Wijesundara Eds., Ministry of Environment, Colombo, Sri Lanka：145-147.

表 I -3-14　　　斯里兰卡濒危脊椎动物的地理分布（二）

地区	鸟类			哺乳动物		
	极危	濒危	易危	极危	濒危	易危
Ampara	1	2	11		3	
Anuradhapura		1	6		12	12

续表

地区	鸟类			哺乳动物		
	极危	濒危	易危	极危	濒危	易危
Badulla	1	6	18	4	11	10
Batticaloa			2		1	
Colombo		2	11		3	4
Galle		10	16	1	8	10
Gampaha		3	5		3	6
Hambantota	2	7	20		10	7
Jaffna		1	3			
Kalutara		8	17	1	5	9
Kandy	1	15	19	1	12	6
Kegalle		11	17		2	8
Kilinochchi						
Kurunegala		1	3	1	6	6
Mannar	1	1	6		1	
Matale	2	10	23	2	9	5
Matara		6	15		5	8
Monaragala	4	6	14		10	5
Mullaitivu	1	2	11		2	
Nuwara Eliya		1	6	4	14	8
Polonnaruwa	1	6	18		5	6
Puttalam			2		5	3
Ratnapura		2	11	1	15	12
Trincomalee		10	16		5	1
Vavuniya		3	5			

说明："哺乳动物"数据不包括30种未完成评估的海洋哺乳动物。

资料来源：Devaka Weerakoon, Analysis of Faunal Groups, In：*The National Red List 2012 of Sri Lanka*；*Conservation Status of the Fauna and Flora*, Weerakoon, D. K. & S. Wijesundara Eds., Ministry of Environment, Colombo, Sri Lanka：145-147.

在哺乳动物方面，斯里兰卡有陆生哺乳动物 95 种，其中 21 种是该岛特有的，如红懒猴、雷氏棕榈松鼠等，全岛大多数地方性的濒危哺乳动物栖息于热带雨林区域。同时，斯里兰卡海域拥有海洋哺乳动物 30 种，包括鲸鱼、海豚、江豚、儒艮等。由于大力发展海洋渔业和观鲸旅游，海洋哺乳动物的生存受到日益严峻的威胁。[①]

在鸟类方面，斯里兰卡拥有丰富的鸟类物种，总计约有 453 种。其中留鸟有 240 种，包括 33 个特有物种；其余 213 种为候鸟（或旅鸟）。斯里兰卡近三分之一的留鸟是森林鸟类，超过 60% 的鸟类仅栖息于潮湿地带的森林。由于近几十年森林资源的迅速枯竭，斯里兰卡的鸟类也面临着较大的生存威胁。[②]

在昆虫方面，斯里兰卡拥有蜻蜓目物种 118 个，分属于 12 个科，其中 47 个地方性物种和 8 个地方性亚种，物种地方性显著。它们多分布在干旱区的低洼水塘区域，如粗钩春蜓（Ictinogomphus rapax），以及中低海拔丘陵的沼泽和溪流区域，如吕宋蜻蜓（Orthetrum luzonicum），只有极少数分布在高海拔地区，如红脉蜻蜓（Sympetrum fonscolombii）。[③] 迄今为止，斯里兰卡已记录 245 种蝴蝶（鳞翅目：凤蝶总科），其中 26 种是该岛特有的。在这 245 种蝴蝶中，有 100 种（41%）被列为濒危物种，其中 21 种为极濒物种、38 种为濒危物种、40 种为易危物种，极濒物种如麻燕灰蝶（Rapala manea）、尖翅椰弄蝶（Gangara lebadea）等。[④]

在鱼类方面，斯里兰卡拥有 91 种淡水鱼类，岛上淡水鱼类多样性较

①　Devaka K. Weerakoon, The Taxonomy and Conservation Status of Mammals in Sri Lanka, In: *The National Red List 2012 of Sri Lanka*; *Conservation Status of the Fauna and Flora*, Weerakoon, D. K. & S. Wijesundara Eds., Ministry of Environment, Colombo, Sri Lanka, pp. 134–137.

②　Devaka K. Weerakoon and Kithsiri Gunawardena, The Taxonomy and Conservation Status of Birds in Sri Lanka, In: *The National Red List 2012 of Sri Lanka*; *Conservation Status of the Fauna and Flora*, Weerakoon, D. K. & S. Wijesundara Eds., Ministry of Environment, Colombo, Sri Lanka, pp. 114–117.

③　Nancy van der Poorten and Karen Conniff, The Taxonomy and Conservation Status of the Dragonfly Fauna (Insecta: Odonata) of Sri Lanka, In: *The National Red List 2012 of Sri Lanka*; *Conservation Status of the Fauna and Flora*, Weerakoon, D. K. & S. Wijesundara Eds., Ministry of Environment, Colombo, Sri Lanka, pp. 1–4.

④　George van der Poorten, The Taxonomy and Conservation Status of the Butterflies of Sri Lanka, In: *The National Red List 2012 of Sri Lanka*; *Conservation Status of the Fauna and Flora*, Weerakoon, D. K. & S. Wijesundara Eds., Ministry of Environment, Colombo, Sri Lanka, pp. 26–31.

大的区域是西南部区域和马哈韦利河流域（Mahaweli，斯里兰卡最长的河流）。其中，特有淡水鱼种类有 50 个，如新黑宝石鲫（Pethia bandula）、马氏枝牙虾虎鱼（Stiphodon martenstyni）等。[1] 此外，斯里兰卡海洋鱼类资源非常丰富，是世界上鱼类较多的国家之一，尤其是深海金枪鱼类资源优势明显。岛屿周边分布着众多渔场，东北部是孟加拉湾渔场，南部是斯里兰卡—马尔代夫金枪鱼渔场，西北部则是阿拉伯海渔场。[2] 2019 年，全国渔业总产量达到 50.58 万吨，其中海洋捕捞产量超过 40 万吨，占比约为 82%。[3]

第四节　自然与文化遗产资源

斯里兰卡的自然环境具有多样性和特殊性，是世界上自然风光十分优美的国家之一。同时，斯里兰卡也是多民族国家，多民族、多宗教的文化资源使这里形成了一批具有宗教和历史特色的文化景观。截至目前，全国共有九项世界级的各类遗产资源。

一　世界遗产资源

斯里兰卡是《保护世界文化和自然遗产公约》缔约国。截至 2020 年，拥有世界遗产八处，包含两处自然遗产资源、六处文化遗产资源。

（一）自然遗产资源

两处自然遗产资源分别为辛哈拉加森林保护区（Sinharaja Forest Reserve）和斯里兰卡中部高地。

辛哈拉加森林保护区于 1988 年作为自然遗产资源被列入世界遗产名录。它位于斯里兰卡岛屿西南部的萨巴拉加穆瓦省和南部省，占地面积为 8864 公顷，海拔在 300 米至 1170 米。该遗址是斯里兰卡仅存的唯一原始

---

[1]　Sampath de Alwis Goonatilake, The Taxonomy and Conservation Status of the Freshwater Fishes in Sri Lanka, In: *The National Red List 2012 of Sri Lanka*; *Conservation Status of the Fauna and Flora*, Weerakoon, D. K. & S. Wijesundara Eds., Ministry of Environment, Colombo, Sri Lanka, pp. 77-81.

[2]　刘艺卓、焦点：《斯里兰卡农业生产和贸易情况分析》，《世界农业》2014 年第 7 期。

[3]　Department of Census and Statistics, Ministry of Finance (Sri Lanka), *Economic Statistics of Sri Lanka 2020*, September 2020.

热带雨林，区域地形狭长而起伏，包含一系列山脊、山谷和交错的溪流网，这些溪流向南汇入金河（Gin River），向北汇入卡鲁河（Kalu River）。该区域生物物种的特有性很高，拥有 139 种特有植物物种，占斯里兰卡全国的 64%；拥有 20 种鸟类，其中 19 种为特有物种；拥有多种哺乳动物和蝴蝶，特有种占比均超过 50%。在这些物种中，包括锡兰象、紫脸叶猴、斯里兰卡蓝喜鹊、斯里兰卡木鸽等特有和稀有动物，以及岩槟榔（Loxococcus rupicola）、圆叶酒饼簕（Atalantia rotundifolia）等珍稀植物。该遗址的另一个重要价值在于该地的植物群是冈瓦纳古陆的遗迹，是研究大陆漂移和生物进化的重要地点。① 目前，斯里兰卡为了区域基建发展，正在修建一条穿越辛哈拉加森林保护区遗址的混凝土道路。该项工程建设可能会对区域生态环境造成一定程度的破坏，世界遗产中心正在与斯里兰卡当局沟通评估该工程建设的影响。②

　　斯里兰卡中部高地于 2010 年作为自然遗产资源被列入《世界遗产名录》。它位于岛屿中南部，占地面积为 56844 公顷（缓冲区面积达到 72645 公顷），包括维尔德尔内斯峰保护区（Peak Wilderness Protected Area），霍尔顿平原国家公园（Horton Plains National Park）和那科勒斯保护林地（Knuckles Conservation Forest）三个部分。该遗址是斯里兰卡面积最大、受干扰最小的热带山地雨林和山麓雨林区域，拥有十分丰富的动植物资源，对于生物多样性保护具有重要价值。这片山地雨林及其毗邻区域，养育了斯里兰卡全国一半以上的特有脊椎动物、一半以上的特有开花植物和 34% 以上的特有乔木、灌木和草本植物，其中包括西部紫脸叶猴（Western-purple-faced langur）、灰癞懒猴（Horton Plains slender loris）和斯里兰卡豹（Sri Lankan leopard）等濒危物种。通过一系列保护性立法和自然资源国家所有权的设立，该区域得到了一定程度的保护。但是非法宝石开采、森林山火、物种入侵，以及每年前往亚当峰（Adam's Peak）约200 万名朝圣者，依然影响着该区域的生境，并造成了环境退化的风险。③

　　① UNESCO, "Sinharaja Forest Reserve", https://whc. unesco. org/en/list/405.

　　② UNESCO, "Open Letter regarding the state of conservation of the World Heritage Property 'Sinharaja Forest Reserve' (Sri Lanka)", https://whc. unesco. org/en/news/2184/.

　　③ UNESCO, "Central Highlands of Sri Lanka", https://whc. unesco. org/en/list/1203.

（二）文化遗产资源

六处文化遗产资源分别为波隆纳鲁沃（Polonnaruwa）古城、锡吉里亚（Sigiriya）古城、阿努拉德普勒圣城（Sacred City of Anuradhapura）、康提圣城、加勒古城及其城堡和丹布勒金寺。

波隆纳鲁沃古城于1982年作为文化遗产被列入《世界遗产名录》。它坐落于斯里兰卡北中省的波隆纳鲁瓦区（Polonnaruva District），不仅是佛教和僧伽罗历史上的圣地，还见证并融合了多种文明的兴替。8世纪，波隆纳鲁沃成为斯里兰卡的首府所在地，当时的统治者考拉斯（Cholas）在古城中建造了婆罗门教寺庙，并修建了青铜制的湿婆神像（该塑像现存于科伦坡博物馆中）。1070年后，波隆纳鲁沃逐渐成为佛教圣地，该时期的标志性建筑是阿塔达格（Atadage），这是维贾亚巴乌一世国王（Vijayabahu I）为供奉佛祖的牙齿遗物而建造的一座寺庙。波隆纳鲁沃的鼎盛时期是12世纪，彼时帕拉克拉马一世（Parakramabahu I）把这里建成了一座神话般的花园城市，其标志性建筑有兰卡提拉卡佛殿（Lankatilaka）、伽尔寺等。[①]

锡吉里亚古城于1982年作为文化遗产被列入《世界遗产名录》。它坐落于斯里兰卡中部省的马塔莱区，是亚洲保存最为完好的城市中心，充分体现了斯里兰卡传统建筑风格，并拥有具有极高艺术价值的壁画和题字。锡吉里亚古城建于陡峭的斜坡"狮子岩"（Lion Mountain）之上，从前3世纪起就有僧侣居住，后被弑亲的迦叶波一世（Kassapa I，477—495年）建造成国都。迦叶波一世弑亲后为避免遭到报复，离开了首都阿努拉达普拉（Anuradhapura），在锡吉里亚的山峰岩石上建造了这座据称坚不可摧的宫殿。锡吉里亚古城的文化价值，一方面在于它见证了这一特殊而重大的历史事件，留存了较为完整的历史建筑遗迹；另一方面在于这里的壁画开创了一种延续了许多世纪的绘画风格。这里的石壁上曾绘有数百帧天女画像，随着时间的推移，现余21帧。自6世纪以来，这些壁画迎来了许多寻访者，他们在天女画像周围的岩壁上留下了600余首诗歌。这些文学遗迹被称为"狮子岩镜壁诗歌"（Sigiri graffiti），是僧伽罗语中十分古老

---

① UNESCO, "Ancient City of Polonnaruwa", https://whc.unesco.org/en/list/201.

的文本之一，对于研究斯里兰卡的历史具有重要价值。①

　　阿努拉德普勒圣城于 1982 年作为文化遗产被列入《世界遗产名录》。它坐落于斯里兰卡北中省的阿努拉达普拉区（Anuradhapura District），曾是锡兰的政治和宗教中心，有 1300 多年的辉煌历史。前 3 世纪，斯里兰卡佛教尼姑会的创始人桑哈米塔（Sanghamitta）把一枝从佛教"启蒙树"——无花果树上剪下的枝条带回锡兰，人们以这枝无花果枝条为中心建起了阿努拉德普勒圣城。这座城市在斯里兰卡的建筑史上具有重要意义，巨大的达伽巴（Dagabas）体现了僧伽罗佛塔的特色。同时，它也是佛教圣地，在历经多次来自印度南部泰米尔人的民族文化入侵后，始终不受影响，彰显了斯里兰卡的僧伽罗文明。②

　　康提圣城于 1988 年作为文化遗产被列入《世界遗产名录》。它坐落于斯里兰卡中部省，是僧伽罗王朝的最后一个首府，曾有 2500 多年的文化繁荣史（直至 1815 年英国人占领斯里兰卡）。康提圣城也是一座佛教圣地，是佛牙寺（Temple of the Tooth Relic）所在地，供奉着佛牙舍利，每年有大量朝圣者慕名前来。康提圣城的最大文化和建筑特色是皇宫与佛牙寺并置的古建筑群，这是 4 世纪以来僧伽罗的典型建筑惯例之一。③

　　加勒古城及其城堡于 1988 年作为文化遗产被列入《世界遗产名录》。它坐落于斯里兰卡南部省的加勒市，是一座融合欧洲和东南亚传统建筑风格的典型堡垒型港口城市。加勒城堡最初由葡萄牙人于 16 世纪建立，后来经荷兰人在葡萄牙人所建的城防基础上大幅改建和扩建而成。荷兰人用坚固的石墙包围了整个半岛，墙内面积约有 52 公顷，建有 14 座堡垒，使其在荷兰与争夺海上霸权的英国、法国、丹麦、西班牙和葡萄牙舰队面前坚不可摧。加勒老城在 18 世纪达到鼎盛，形成了贸易繁荣和军事安全相互支持的大发展时期。彼时城内可容纳 500 户家庭，设有军营、兵工厂、火药房等军事设施，也设有贸易机构、仓库、公共行政机构等经济生活设施，并于 1775 年建成一座巴洛克风格的新教教堂，是斯里兰卡最古老的教堂。加勒老城展示了 16 世纪到 19 世纪欧洲建筑和南亚传统的相互作

　　① UNESCO, "Ancient City of Sigiriya", https://whc.unesco.org/en/list/202.

　　② UNESCO, "Sacred City of Anuradhapura", https://whc.unesco.org/en/list/200.

　　③ UNESCO, "Sacred City of Kandy", https://whc.unesco.org/en/list/450.

用，建筑师们改变了欧洲最初的建筑模型，使这些建筑物能够更好地适应斯里兰卡的地理、气候、历史及文化条件。此外，这座老城的另一大价值在于呈现了17世纪的原始下水道系统，通过风车驱动泵站、使用海水进行冲洗。①

丹布勒金寺于1988年作为文化遗产被列入《世界遗产名录》。它坐落于斯里兰卡中部省的马塔莱区，是一个已有2200年历史的朝圣圣地。丹布勒金寺是斯里兰卡最大、保存最完整的洞穴庙宇群，有五大圣堂。它也是体现南亚、东南亚宗教艺术的杰出典范，珍藏着面积达2100平方米的壁画和157尊雕像，其规模和保存程度都是独一无二的，具有极高的艺术价值。②

二　非物质文化遗产资源

斯里兰卡是联合国《保护非物质文化遗产公约》成员国，目前已有非物质文化遗产资源一项，即卢卡达纳提亚——斯里兰卡的传统提线木偶剧。

卢卡达纳提亚——斯里兰卡的传统提线木偶剧于2018年被列入《人类非物质文化遗产代表性名录》。卢卡达纳提亚是一种用木偶表演的戏剧，由被称为"加瓦里"（Gamwari）的家族及其相关成员演绎，加瓦里家族生活在斯里兰卡南部沿海城镇安泊朗戈德（Ambalangoda）、巴拉皮提雅（Balapitiya）和美瑞沙（Mirissa）。卢卡达纳提亚在传统上被用以提供娱乐，并向族里的儿童、青年和其他成员传授道德和伦理课程，表演主题选自民间故事、佛教故事、古代文学、历史叙事和幽默逸事等，这些幽默逸事来自日常生活，或一种已经绝迹的"民间歌剧"纳达伽姆（Nadagam）。卢卡达纳提亚木偶剧的表演提供了家族成员一起娱乐、社交的场所，对于提高凝聚力至关重要；同时，它的传承体现了文化多样性，对于保存斯里兰卡传统文化资源具有很大价值。③

---

① UNESCO, "Old Town of Galle and its Fortifications", https://whc.unesco.org/en/list/451.
② UNESCO, "Rangiri Dambulla Cave Temple", https://whc.unesco.org/en/list/561.
③ UNESCO, "Rūkada Nātya, traditional string puppet drama in Sri Lanka", https://ich.unesco.org/en/RL/rkada-ntya-traditional-string-puppet-drama-in-sri-lanka-01370.

第四章　基础设施

斯里兰卡位于"海上丝绸之路"倡议版图上的印度洋中心地带，是"一带一路"沿线的重要节点国家，自古以来便是前往西方、东非、中东和地中海沿岸的必经之地，也是中世纪甚至更早时期亚欧大陆的海上要道中心，有着重要的海上战略枢纽地位。斯里兰卡是一个深度参与全球海上贸易往来的印度洋国家，人口密度大，交通需求旺盛，具有较大的发展潜力。"21世纪海上丝绸之路"的推进使得斯里兰卡能够更加有力地发挥其至关重要的海上交通枢纽作用，其地理区位优势的存在也成为诸多企业前往斯里兰卡进行基础设施投资的重要动力所在。近年来，斯里兰卡政府重视对基础设施的投入，建设了一大批重点工程，涵盖电力能源、航空航运、交通运输、水利水务、通信等领域，投资环境得到显著改善。目前，斯里兰卡全国高速公路网络已初见雏形，铁路建设成效凸显，地方道路运输能力大大提升；能源结构进一步完善，成为南亚地区首个告别电荒的国家；通过扩建科伦坡港、新建汉班托塔港，在国际航运界的竞争力进一步增强。首都科伦坡坐拥南亚第一大海港和南亚十分重要的空港，因其战略位置而有希望成为南亚地区主要的贸易、投资、通信、金融服务和全球物流中心。科伦坡港凭借其优越的地理位置，充分发挥其与航运线路的偏差最小、后置集装箱泊位装备齐全、快速周转和全天候服务、配备最先进的技术和控制系统以及该地区最具竞争力的价格成本等比较优势，不断地朝着南亚地区最大的综合枢纽港地位前进。

第一节 交通基础设施概况

一 公路

2019 年，斯里兰卡全国公路总里程达 11.75 万千米，其中高速公路里程为 217.83 千米，A 级和 B 级路（相当于国道）总里程达到 1.22 万千米，C 级和 D 级路（相当于省道）总里程达到 1.65 万千米；E 级路（农村道路）及其他道路总里程达到 8.87 万千米，其中中国企业参与承建的 E001 南部高速公路所占最多，为 124.8 千米。斯里兰卡全国公路密度达到每平方千米 1.6 千米，在南亚国家中排名靠前。

2015—2019 年，斯里兰卡高级道路（高速公路和国道）总里程稳定在 1.2 万千米上下，年均增幅不超过 0.2%。但是，斯里兰卡高速公路发展迅猛，从 169.85 千米增加至 217.83 千米，年均增幅达 6.4%。斯里兰卡在 2009 年内战结束后，着手重建路网系统，近年来，积极发展国家路网特别是高速公路网络体系，并全力进行道路升级改造，不断增强区域联系和商贸往来。截至 2018 年底，已开通三条高速公路，分别是南部高速公路（科伦坡至马特拉），科伦坡机场高速和科伦坡外环高速（一期）。高速公路的建成，极大地便利了民众和游客的出行，缓解了沿线交通压力，在推动斯里兰卡旅游业和物流业发展中发挥着重要作用。

根据斯里兰卡国家高速公路发展规划，科伦坡外环高速、南部高速延长线项目（马特拉至汉班托塔）正在建设中。此外，中部高速（卡达瓦塔至丹布拉）、宝石城高速（科伦坡—宝石城）正在进行前期工作。

相反，斯里兰卡国道建设发展趋于平稳，近五年来都没有太大变化。从省份分布来看，中央省、西部省、南方省国道里程位列前三，2019 年分别达到 1747 千米、1604.3 千米和 1501.2 千米；乌瓦省国道规模最小，但也超过了 1100 千米，国道里程规模的空间分布较为均衡。但从路网密度的空间分布来看，斯里兰卡国道主要分布于斯里兰卡西部和南部的西部省、中央省、南方省、乌瓦省、萨巴拉加穆瓦省、西北省等区域，这些省也是斯里兰卡国内经济活动和人口密度较大的几个区域。

表Ⅰ-4-1   2015—2019年斯里兰卡国道和高速公路发展情况   （千米）

年份	2015	2016	2017	2018	2019
总里程	12379.63	12379.60	12379.63	12389.86	12437.84
高速公路	169.85	169.85	169.85	169.85	217.83
A和B级道路（国道）	12209.78	12209.78	12209.78	12220.01	12220.01
其中，西部省	1598.50	1598.50	1598.50	1604.30	1604.30
中央省	1747.00	1747.00	1747.00	1747.00	1747.00
南方省	1501.20	1501.20	1501.20	1501.20	1501.20
北方省	1259.50	1259.50	1259.50	1259.50	1259.50
东方省	1170.70	1170.70	1170.70	1170.70	1170.70
西北省	1355.20	1355.20	1355.20	1355.20	1355.20
中北省	1193.80	1193.80	1193.80	1193.80	1193.80
乌瓦省	1164.20	1164.20	1164.20	1164.20	1164.20
萨巴拉加穆瓦省	1219.80	1219.80	1219.80	1224.20	1224.20

资料来源：斯里兰卡国家统计局，http://www.statistics.gov.lk/。

从机动车辆情况来看，截至2019年底，斯里兰卡全国机动车数量已达809.5万辆，人均机动车保有量为0.4辆，近五年年均增速超过6%。从机动车类型来看，摩托车是斯里兰卡使用最普遍、发展速度最快的交通工具，到2019年已达466.8万辆，2015—2019年年均增幅达到8.6%。三轮车数量规模排第二位，超过117万辆，私家车发展速度也较快，近五年增幅达到6.8%。

表Ⅰ-4-2   2015—2019年斯里兰卡各类型机动车辆情况   （辆）

年份	2015	2016	2017	2018	2019
总量	6302141	6795469	7247122	7729921	8095224
私家汽车	672502	717674	756856	837632	875864

续表

年份	2015	2016	2017	2018	2019
三轮车	1059042	1115987	1139524	1159587	1175077
摩托车	3359501	3699630	4044010	4383773	4668074
四轮车	—	—	—	654	1972
旅宿汽车	—	—	—	2	3
公交车	101419	104104	107435	110392	112005
货车	338767	346200	357574	368618	371552
拖拉机	343339	353624	362445	369905	375601
房车	59426	63088	67316	70138	72108
救护车	3144	3274	3332	3659	3948
两用车	365001	391888	408630	425561	439020

资料来源：斯里兰卡国家统计局，http://www.statistics.gov.lk/。

二　铁路

据斯里兰卡国家统计局数据，2018年斯里兰卡全国铁路总里程为1758.7千米。2008—2018年，铁路总里程年均增长1.9%。其中，单轨铁路里程从1184.7千米增加至1402.9千米，年均增幅为1.7%，单轨铁路长度占铁路总里程的比例近80%；双轨铁路里程从235.2千米增加至307.3千米，年均增幅为2.7%；三轨铁路里程从36.4千米增加至40.9千米，年均增幅为1.2%；四轨铁路里程从6.8千米增加至7.6千米，年均增幅为1.1%。总体而言，斯里兰卡铁路里程有了长足的进步，铁路建设成效凸显。

2009年内战结束后，斯里兰卡加快北部三条铁路的改建修复和南部铁路的新建工作。目前，北部铁路（科伦坡—基利诺奇）已于2014年3月修复完成并重新通车。由中国公司承建的南部铁路马塔拉—贝利阿塔段于2013年7月正式开工，2019年4月顺利通车，这也是总承包形式下中国企业在斯里兰卡承揽的第一个铁路工程项目，由机械进出口（集团）有限公司总承建，中铁电气化局和中铁五局施工，中国进出口银行提供贷款支持①。2018 年，斯里兰卡政府主要致力于北部铁路马霍到欧曼太段的修复，波勒格哈韦勒到库鲁内格勒铁路的双轨铺设，佩拉德尼亚到卡杜甘纳沃铁路的双轨铺设，科伦坡市郊铁路开发项目以及南部马塔拉到卡特勒格默的铁路建设等工作。②

表 I-4-3　　　　　2008—2018 年斯里兰卡铁路里程情况　　　　（千米）

年份	铁路总里程	单轨铁路	双轨铁路	三轨铁路	四轨铁路
2008	1463.0	1184.7	235.2	36.4	6.8
2009	1463.0	1184.7	235.2	36.4	6.8
2010	1148.0	929.6	184.5	28.6	5.3
2011	1148.0	929.6	184.5	28.6	5.3
2012	1148.1	929.7	184.6	28.6	5.3
2013	1254.2	1015.6	201.6	31.2	5.8
2014	1410.6	1142.2	226.7	35.1	6.5
2015	1561.7	1266.7	246.5	40.9	7.6
2016	1561.7	1266.7	246.5	40.9	7.6
2017	1712.7	1402.9	261.3	40.9	7.6
2018	1758.7	1402.9	307.3	40.9	7.6

资料来源：斯里兰卡国家统计局，http://www.statistics.gov.lk/；世界银行，https://data.worldbank.org.cn/indicator。

据斯里兰卡央行 2018 年年报数据，2018 年铁路客运里程达到 77 亿千米，较 2017 年增长 2.9%，货运里程约为 1.2 亿千米，较 2017 年减少 17.3%。据斯里兰卡铁路局官网数据，2017 年，斯里兰卡每天运营的载

①　广东省商务厅"走出去"公共服务平台，http://go.gdcom.gov.cn/article.php?typeid=38&contentId=10760。

②　中国商务部国际贸易经济合作研究院、中国驻斯里兰卡大使馆经济商务处、中国商务部对外投资和经济合作司：《对外投资合作国别（地区）指南——斯里兰卡（2020 年）》，http://www.mofcom.gov.cn/dl/gbdqzn/upload/sililanka.pdf。

客列车有 351 辆，每天运送约 37.4 万人次；货物列车日均 19 班次，货运为 5473 吨，铁路货运发展缓慢，发展空间巨大。鉴于首都科伦坡拥挤的交通情况，斯里兰卡政府计划在科伦坡及周边建设四条轻轨线路。其中一条线路长 17 千米，由日本协力基金提供贷款，已于 2019 年开工，预计 2025 年通车运营，另外三条线路计划以 PPP 形式进行建设。

从发展历程来看，2009—2019 年斯里兰卡客运量、货运量都呈现波动下降趋势，年均降幅分别为 0.4% 和 0.1%，降幅不大。铁路货运周转量也呈现波动变化态势，最高达 175 百万吨·千米，最低为 127 百万吨·千米。客运周转量呈现波动上升态势，从 4258 百万人次·千米增加至 4705 百万人次·千米，年均增幅达 1%。铁路车辆则从 3578 辆稳步上升至 3926 辆，年均增幅达 0.9%。

据斯里兰卡铁路局官网信息，在未来几年内，斯里兰卡铁路主要从运行速度、新建铁路线、增加运力、加强信号和通信、铁路电气化和加强电子信息技术五个方面做具体规划并实施。斯里兰卡铁路局正在筹建旅游专线，该旅游专线计划全程提供空调、舒适座椅、电视、无线网络和餐饮服务。目前包括中国、印度、日本等在内的企业均参加了斯里兰卡铁路项目的竞标和筹建工作。

表Ⅰ-4-4　　　　　2009—2019 年斯里兰卡铁路运量情况

年份	客运量 （万人次）	货运量 （吨）	货运周转量 （百万吨·千米）	客运周转量 （百万人次·千米）	铁路车辆 （辆）
2009	6392	1817412	127	4258	3578
2010	6555	1873593	135	4767	3524
2011	6423	1902348	154	4574	3699
2012	6546	1864392	142	5039	3733
2013	6665	1831121	133	6257	3770
2014	6709	1852513	134	6534	3869
2015	6667	1834171	127	7407	3604
2016	6897	1982814	174	6532	3994

年份	客运量 （万人次）	货运量 （吨）	货运周转量 （百万吨·千米）	客运周转量 （百万人次·千米）	铁路车辆 （辆）
2017	6723	1997674	175	5806	3975
2018	6706	1837025	133	5180	3869
2019	6111	1802567	127	4705	3926

资料来源：斯里兰卡国家统计局，http://www.statistics.gov.lk/；世界银行，https://data.world-bank.org.cn/indicator。

三 航空

斯里兰卡主要有两大国际机场。班达拉奈克国际机场（也称为科伦坡国际机场）是斯里兰卡第一国际机场，以前总理班达拉奈克的名字命名，位于首都科伦坡北部 35 千米的尼甘布地区。班达拉奈克国际机场共有三个航站楼，1 号航站楼是目前运营的主要国际航站楼，建于 1967 年；2 号航站楼于 2019 年完工；3 号航站楼于 2012 年 11 月投入使用，主要用于国内航班的起降。2017 年 3 月，由中国航空技术国际工程公司承建的班达拉纳克国际机场跑道项目主体工程顺利完工，为改善斯里兰卡航空设施发挥了积极作用。目前，包括斯里兰卡航空公司在内，有来自全球 40 多家航空公司在班达拉奈克国际机场运行客运或包机航班，六家航空公司运行货运或包机航班，共有 23 条航线和 7 条支线服务。2018 年，该机场接待出入境旅客约 1080 万人次，同比增长 9.9%，货运量为 268496 吨，同比增长 0.8%，飞机起降架次为 74512 次，同比增长 9.7%。[1]

拉贾帕克萨国际机场（也称为马特拉国际机场）是斯里兰卡第二国际机场，以前总统拉贾帕克萨的名字命名，位于斯里兰卡南部汉班托塔地区，2013 年 3 月投入使用，机场建设也得到了中国政府的优惠贷款。2018 年，拉贾帕克萨国际机场飞机起降架次为 709 次，客流量为 2258 人次，成为促进斯里兰卡贸易、旅游、职业培训和就业的国家经济发展的催化剂。由于拉贾帕克萨国际机场航班数量较少，因此还提供长期的飞机停

---

[1] 中国商务部国际贸易经济合作研究院、中国驻斯里兰卡大使馆经济商务处、中国商务部对外投资和经济合作司：《对外投资合作国别（地区）指南——斯里兰卡（2020 年）》，http://www.mofcom.gov.cn/dl/gbdqzn/upload/sililanka.pdf。

放服务，以及飞行学校和维修服务。

2016年8月2日，中国民航局与斯里兰卡运输与民航部举行了新一轮中斯航空会谈，并签署了谅解备忘录。根据谅解备忘录，双方运力额度将增至每周各70班，并完全开放昆明与斯里兰卡之间的直达航空运输市场。

目前，中国国际航空公司执行成都至科伦坡直达航班，中国东方航空公司执行上海、昆明至科伦坡直达航班，中国南方航空公司执行广州至科伦坡航班，旅客可以搭乘中国民航班机，通过成都、上海、昆明、广州等口岸转机到达科伦坡；同时，斯里兰卡航空公司执行北京、上海、广州和昆明至科伦坡直达航班；旅客也可通过香港、曼谷、新加坡、马来西亚吉隆坡等地转机去往科伦坡。

2000—2018年，斯里兰卡航空运量突飞猛进。运输量、客运量、货运周转量分别从5206次、175.6万人次、255.71百万吨·千米增加至34425次、588.2万人次、436.20百万吨·千米，分别增加了6倍、3倍和1倍多，年均增幅达到11.1%、6.9%、3%。总体而言，斯里兰卡航班起飞次数、客运能力和货运能力均有显著提升，航空运量和容量发展迅速，开放的政策和重视旅游业等服务业的升级使得包括机场在内的基础设施投资潜力依旧巨大，航空运量未来将会持续提升。

表 I -4-5 　　　　　　　2000—2018 年斯里兰卡航空运量

年份	运输量（次）	客运量（人次）	货运周转量（百万吨·千米）
2000	5206	1755567	255.71
2001	11386	1718331	217.57
2002	10480	1740807	203.13
2003	12603	1957606	238.01
2004	18699	2412889	312.63
2005	19712	2817778	310.36
2006	20979	3100832	325.41
2007	21020	3206766	343.64

年份	运输量（次）	客运量（人次）	货运周转量 （百万吨·千米）
2008	20512	2951506	331.46
2009	16632	2417713	279.00
2010	20921	3008323	339.05
2011	26052	3665394	364.50
2012	31373	4616417	405.42
2013	32636	4793393	385.12
2014	37517	4756131	384.71
2015	37598	4911730	381.63
2016	40711	5284585	403.08
2017	41012	5403577	398.47
2018	34425	5882376	436.20

资料来源：世界银行。

邮件和行李情况。斯里兰卡 2019 年的邮件输入量达 1815 吨，比 2018 年增加了近 30 吨；邮件输出量达到 734.4 吨，比 2018 年增加了 50 多吨。在超重行李运输量方面，2019 年，斯里兰卡输入和输出量分别达到 9.49 万吨和 15.16 万吨，分别下降了 9.2% 和 5%。航空邮件运输体量不大，但输入和输出量均有较快提升，超重行李体量较大，但输入和输出量均有所下降。

表 I-4-6　　　2018 年、2019 年斯里兰卡邮件和行李航空运输量　　　（千克）

年份 指标	2018	2019
邮件输入量	1790936	1815025
邮件输出量	684196	734420

续表

指标 \ 年份	2018	2019
超重行李输入量	104469636	94858993
超重行李输出量	159213877	151550336

资料来源：斯里兰卡国家统计局，http://www.statistics.gov.lk/。

四 水运港口

斯里兰卡是一个印度洋岛国，其沿海地区占国土总面积的 25%，人口占三分之一。此外，超过三分之二的工业设施和超过 80% 的旅游设施也集中于沿海地区。斯里兰卡紧邻亚欧国际主航线，在货物转运、船舶中转、补给和港口贸易等方面具有独特优势。近年来，斯里兰卡政府通过扩建科伦坡港、新建汉班托塔港，进一步增强了斯里兰卡的国际航运能力，为发展海洋经济奠定了坚实基础。从空间分布来看，斯里兰卡港口主要分布在沿海地区和内河湖海沿线，空间分布较为均衡。

2007—2018 年，斯里兰卡集装箱吞吐量从 370 万箱增长至 700 万箱，增幅近 1 倍，年均复合增长率达 6.6%。港口基础设施质量指数[1]从 4.1 增加至 4.5，班轮运输指数[2]从 39.7 增加至 62.6，年均增幅分别为 0.9% 和 4.7%。可见，斯里兰卡的水运基础设施发展迅速，港口设施不断完善，工作效能持续提升，与全球航运网络的连通程度不断深化，在南亚国家中排

---

[1] 港口基础设施的质量用于衡量企业高管对本国港口设施的感受。数据来自于世界经济论坛与 150 家合作研究机构 30 年来合作进行的高管意见调查。2009 年的意见调查涉及 133 个国家的 13000 多名调查对象。抽样调查遵循基于公司规模和所经营行业的双层模式。通过在线或面谈的方式收集数据。对调查问卷数据采用行业加权平均值进行汇总。由最近一年的数据与上一年数据相结合创建出两年的移动平均值。分数从 1（港口基础设施十分不发达）至 7（根据国际标准，港口基础设施十分发达高效）。向内陆国家受访者询问港口设施可用性的情况（1=可用性极差；7=可用性极高）。

[2] 班轮运输指数指各国与全球航运网络的连通程度。该指数由联合国贸发会议（UNCTAD）根据海运部门的五部分数据计算得出：船舶数量、船舶集装箱承载能力、最大船舶规模、服务量、在一国港口部署集装箱船舶的公司数量。对于每一部分数据，各国的数值都除以 2004 年每部分数据的最大值，然后取每个国家五部分数据的均值，再用均值除以 2004 年的最大均值，最后乘以 100。对于拥有 2004 年最高平均指数的国家，其值定为 100。基础数据来源：《国际集装箱化》杂志网站。

名前列。海运集装箱吞吐量已超过 700 万箱，航运能力发展迅猛且前景
广阔。

表 I -4-7   2007—2018 年斯里兰卡航运量和港口设施评价情况

年份	集装箱吞吐量（百万箱）	港口基础设施质量指数	班轮运输指数
2007	3.7	4.1	39.7
2008	3.7	4.5	40.2
2009	3.5	4.8	36.3
2010	4.1	4.9	37.5
2011	4.3	4.9	40.1
2012	4.3	4.9	40.5
2013	4.3	4.2	39.7
2014	4.9	4.2	43.6
2015	5.2	4.3	49.2
2016	5.6	4.3	53.8
2017	6.2	4.5	61.3
2018	7.0	4.5	62.6

资料来源：世界银行。

据斯里兰卡国家统计局数据，2013—2019 年斯里兰卡各港口的船舶运
输能力不断增强，船舶进出港次数、船舶总吨位、船舶净吨位、货物吞吐
量等指标呈现持续上升态势，这四项指标年均增幅分别达到 2.7%、9.7%、
10.3% 和 8.3%。2019 年，斯里兰卡主要港口靠泊船只共计 4709 船次，其
中科伦坡港 4198 船次，加勒港 43 船次，亭可马里 142 船次，拉贾帕克沙港
314 船次，坎凯桑图赖港 11 船次。港口货物吞吐量共计 10703.6 万吨，其
中科伦坡港 10192.6 万吨，位列第一，占比超过 95%，位列其后的是 330.4
万吨的亭可马里港和 129.3 万吨的拉贾帕克沙港。在过港船舶总吨位和净吨
位方面，科伦坡港的重要性依旧凸显，两者占比均超过 90%。

表Ⅰ-4-8　　　　2013—2019年斯里兰卡主要港口船舶运输情况　　（次；千吨）

港口	指标	2013	2014	2015	2016	2017	2018	2019
科伦坡港 （Colombo）	船只到达次数	3667	3742	4197	4405	4329	4331	4198
	总吨位	128457	135975	161410	193368	204484	218648	219632
	净吨位	64579	68735	81854	97596	104753	113992	115205
	货物吞吐量	63482	70794	73718	81879	89035	100151	101926
亭可马里港 （Trincomalee）	船只到达次数	134	127	164	216	233	189	142
	总吨位	2231	2120	2401	3396	3920	3581	3172
	净吨位	102	213	255	343	323	311	316
	货物吞吐量	2435	2748	3027	3514	3897	3560	3304
加勒港 （Galle）	船只到达次数	36	60	72	96	87	84	43
	总吨位	200	423	472	639	603	572	599
	净吨位	102	213	255	343	323	311	316
	货物吞吐量	207	394	542	771	712	730	510
拉贾帕克沙港 （Rajapaksha）	船只到达次数	139	335	295	281	230	270	314
	总吨位	5654	14253	14332	13786	11859	14134	14864
	净吨位	2400	4958	5287	4596	3897	4668	5027
	货物吞吐量	119	474	293	355	213	494	1293
坎凯桑图赖港 （Kankasanthure）	船只到达次数	48	34	32	25	63	59	11
	总吨位	81	19	27	22	17	13	2
	净吨位	53	9	13	10	13	11	2
	货物吞吐量	49	21	32	27	23	18	3
总计	船只到达次数	4024	4298	4760	5023	4942	4933	4708
	总吨位	136623	152790	178642	211211	220883	236948	238269
	净吨位	67236	74128	87664	102888	109309	119293	120866
	货物吞吐量	66292	74431	77612	86546	93880	104953	107036

资料来源：斯里兰卡国家统计局，http://www.statistics.gov.lk/。

　　科伦坡港是斯里兰卡最大的港口，也是斯里兰卡最重要的国际海港。2017年，据世界航运理事会发布的报告，科伦坡港在世界30个重要港口中排第23名。2010—2019年，科伦坡港货物吞吐量从5876.8万吨增加至

10192.6 万吨，年均增幅超过 6.3%。其中，货物卸载量从 3430.7 万吨上升至 5774 万吨，年均增幅达 6%。2019 年，科伦坡港国内货物卸载量、转运卸载量和重装卸载量分别达到 1795 万吨、3928.2 万吨和 50.8 万吨，占比为 31.09%、68.03% 和 0.88%。货物装载量从 2446.1 万吨上升至 4418.6 万吨，年均增幅达 6.8%。2019 年，科伦坡港国内货物装载量、转运装载量和重装装载量分别达到 512.2 万吨、3854.1 万吨和 52.3 万吨，占比达 11.59%、87.22% 和 1.18%。总体而言，科伦坡港货物吞吐量规模扩张十分迅猛，货物装载量增幅超过货物卸载量增速，但装载量规模小于卸载量规模。其中，国际转运在科伦坡港货物运输中占据重要地位，货物卸载转运量规模占比超过 2/3，货物装载转运量规模甚至接近 90%，这与斯里兰卡进出口贸易结构有紧密关联。

目前，斯里兰卡正在进行科伦坡港扩建工程，包括扩建东、西两个深水集装箱码头。建成后，科伦坡港将增加 720 万标箱的吞吐量。2014 年 4 月，中国招商局集团投资的科伦坡港南集装箱码头项目顺利竣工，该码头从 2013 年 7 月开港靠船，2018 年科伦坡南集装箱码头共停靠船舶 1293 艘，吞吐量超过 268 万标箱，占科伦坡港的 38%。科伦坡港南集装箱码头的顺利竣工将进一步发挥科伦坡港的优势，极大地提升科伦坡港在全球航运业中的竞争地位。科伦坡港东集装箱码头建设由斯里兰卡上届政府与印度和日本达成数项协议，目前一期工程已完成，由于该码头对科伦坡港至关重要，斯里兰卡政府尚未做出将其移交给其他国家的任何决定，码头运营商尚未确定。

表 I-4-9　　　　　　2010—2019 年科伦坡港货物吞吐量情况　　　　　（千吨）

年份	货物卸载量				货物装载量				货物吞吐量
	国内货物	转运量	重装量	总计	国内货物	转运量	重装量	总计	
2010	13519	20480	308	34307	3553	20576	332	24461	58768
2011	15088	21271	283	36642	3953	21138	282	25373	62015
2012	15249	21213	259	36721	3897	20784	268	24949	61670
2013	14581	22646	226	37453	4001	21811	217	26029	63482
2014	15792	25518	230	41540	4171	24859	224	29254	70794

续表

年份	货物卸载量				货物装载量				货物吞吐量
	国内货物	转运量	重装量	总计	国内货物	转运量	重装量	总计	
2015	17130	25851	290	43271	4438	25755	254	30447	73718
2016	17727	29957	299	47983	4370	29242	284	33896	81879
2017	18391	32705	319	51955	4528	32214	338	37080	89035
2018	19007	37850	417	57274	5202	37243	433	42878	100152
2019	17950	39282	508	57740	5122	38541	523	44186	101926

资料来源：斯里兰卡国家统计局，http://www.statistics.gov.lk/。

　　然而，港口硬件基础设施的改善对科伦坡港服务软环境的影响可谓喜忧参半。2013—2019 年，科伦坡港的服务效率下滑。特别是非集装箱船舶，平均等待时间从 0.9 小时增加至 1.8 小时，平均转向时间从 79 小时增加至 96.4 小时；而集装箱船的平均等待时间则从 1.3 小时小幅增加至 1.5 小时，平均转向时间从 20.8 小时小幅下降至 20.6 小时，服务效率有所改善。此外，非集装箱船舶港内平均服务时间从 75.3 小时增加至 90.2 小时，服务时间大大延长，集装箱船舶平均服务时间从 17.9 小时小幅下降至 17.7 小时，服务时间差别不大。总体而言，科伦坡港服务软环境建设和港口服务效率未来还需做出巨大改善。

表 I-4-10　　　　2013—2019 年科伦坡港服务效率情况　　　（小时）

年份	平均等待时间		平均服务时间		平均转向时间	
	非集装箱船	集装箱船	非集装箱船	集装箱船	非集装箱船	集装箱船
2013	0.9	1.3	75.3	17.9	79.0	20.8
2014	0.9	1.0	69.4	19.1	72.5	21.6
2015	3.9	1.2	94.3	16.2	102.3	19.0
2016	2.1	1.1	80.8	15.4	86.6	18.1
2017	1.5	0.8	88.1	15.2	92.6	17.6
2018	1.0	0.9	92.4	18.2	96.5	19.2
2019	1.8	1.5	90.2	17.7	96.4	20.6

资料来源：斯里兰卡国家统计局，http://www.statistics.gov.lk/。

汉班托塔港是由中国政府向斯里兰卡提供贷款，由中国港湾工程有限责任公司建设的一个大型现代化港口工程。该项目源于 2005 年时任斯里兰卡总统拉贾帕克萨政府提出的"两翼一带"国家发展战略，其目标是把汉班托塔地区打造成斯里兰卡的一个工业基地。当时，科伦坡港是斯里兰卡最重要的港口，港口内主要针对集装箱业务，没有大型综合性码头。2007 年，中国港湾与当时的斯里兰卡政府签署了关于开发汉班托塔港项目的协议。2017 年 12 月 8 日，中国招商局港口股份有限公司与斯里兰卡政府就收购汉班托塔港达成一致意见，并签署合约。2018 年，汉班托塔港停靠船舶 270 船次。目前，汉班托塔港一期、二期工程已经建成，成为斯里兰卡第二大港，它是一座融合集装箱码头、干散货码头、滚装码头、油码头等业务于一体的综合性港口。

此外，斯里兰卡单笔外国投资最大的项目——科伦坡港口城目前也正在建设当中，该项工程在 2014 年 9 月 17 日开工，初期施工年限为 5—8 年，将用 20 年至 25 年全部建设完成，计划在 3 年内完成 276 公顷土地的填海造地工程，累计规划施工改造总规模超过 530 万平方米。科伦坡港口城项目能够顺利启动的初衷是斯里兰卡政府在其"2025 展望规划"中，迫切想成为南亚地区的金融、商业、物流中心，但科伦坡中心城区土地短缺问题严重，政府在对科伦坡市进行重新规划后做出填海造地的决定，而"一带一路"倡议的推出得到斯里兰卡政府的积极响应。2014 年习近平总书记访问斯里兰卡加深了双方伙伴关系，中国交建集团旗下的中国港湾公司承接了这一工程。这是斯里兰卡目前最大的外国投资项目，中国交建负责投融资、规划、建设，包括金融城内所有市政设施的配套施工；斯里兰卡政府负责提供项目施工和环境许可证的办理和所属地海域权限的提供，及外围市政基础设施的配套工作等。该项目位于斯里兰卡首都科伦坡南港以南近岸海域，与科伦坡现有的中央商务区相连，规划范围北至科伦坡南港防波堤，南至高尔菲斯绿地，东至现有海岸线。科伦坡金融城项目同时也是由中国交建投资并开发的大型填海造地项目，该项目一级土地开发投资近 14 亿美元，将带动二级开发超过 130 亿美元。2015 年，虽然由于新政府上台后要求对前任政府批准的项目进行安全审查，导致工程短暂停工，但后续双方通过谈判、高层会晤等多种途径，于 2016 年 8 月重新复工，并更名为科伦坡金融城。该项目对于当地经济的辐射影响主要有以下四个方面：

一是科伦坡金融城项目提升了周边区域的土地价值。科伦坡严重缺乏可成片开发的土地，影响了科伦坡经济的进一步发展。一方面，该项目将通过填海造地形成 269 公顷的新增土地，大力吸引投资者发展高端商务写字楼、住宅、商业、酒店、旅游及娱乐设施和文化教育设施，成为开发复合度高的城市综合体；另一方面，项目的实施提供了打造科伦坡全新的城市及海岸天际线的空间，进一步扩充了中央商务区面积，促进了城市滨海化发展，从而带动和提升周边区域土地的可开发价值。

二是该工程得到斯里兰卡民众的高度关注和认可，其重要的原因之一便是该项目为当地民众提供了稳定的就业。该项目的实施对于民众最直接的利益，即是创造稳定的就业岗位。工程现场雇用斯方员工超过 1000 人，高峰期能达到 2500 人左右。据全球最大的商业地产服务和投资公司世邦魏理仕测算，该项目建成后将为斯里兰卡民众创造约 8.3 万个就业机会，这将为更多的民众提供稳定的收入来源，保障民众的生活水平。[①]

三是科伦坡金融城项目创造了可观的社会效益和经济效益。该项目将在原有填海造地和港口改建的基础上进行城市综合开发，充分展示斯里兰卡经济发展的成果，成为南亚新兴旅游热点区和节庆欢聚的地标，提升科伦坡城市地位，打造全新的斯里兰卡形象。打造时尚都市吸引更多的外国游客前来观光游览，并延长停留时间，创造附加消费。随着对众多投资者吸引力的不断增加，金融城项目不仅将给斯里兰卡带来可观的社会效益和经济效益，还将吸引国际高端专业人才，引进国际先进技术，提升本土企业国际竞争力。

四是科伦坡金融城项目提供了优良的基础设施产品。该项目实施后将提供现代化的商务环境和拥有绝佳景观及配套设施的住宅。该项目将吸引投资者建设全新的娱乐观光设施和最前沿的活动中心、文化中心，将为斯里兰卡人民及商旅游客创造丰富的休闲娱乐体验。该项目提供了充裕的公共空间，将为当地民众提供重大事件和节庆活动的场所，展示斯里兰卡文化，彰显民族荣耀。

综上来看，科伦坡港口城（现科伦坡金融城）项目对于当地的影响是

---

① 沈秋：《"一带一路"项目科伦坡金融城创造超 8.3 万个就业机会》，参见中国发展门户网站，http://cn.chinagate.cn/news/2017-04/19/content_40648877.htm。

全面、实际、具有可持续性的。这同样是对外工程承包企业的创新之一，因为传统的工程项目更像是一个产品，只需要保证产品的质量即可，而缺少对于产品拓展性的关注。科伦坡港口城项目投资大、周期长，在契合斯里兰卡国内政策走向的前提下，努力挖掘项目自身的潜力，做到通过基础设施项目投资带动周边产业、就业，提升当地工人收入、政府税收，惠及民众、社会、政府每一个层面；同时通过完成优质的基础设施产品，来改善周边的营商环境，增进外商直接投资的兴趣，带动周边产业升级，这就符合了斯里兰卡政府想要将科伦坡金融城树立成迪拜和新加坡港之间的南亚金融中心的愿景。从这个角度上看，科伦坡港口城项目（现科伦坡金融城）无疑迈出了国内对外承包工程企业新的一大步。①

总之，斯里兰卡政府就是通过扩建科伦坡港、新建汉班托塔港及其工业园区、新建科伦坡港口城等措施，进一步增强了斯里兰卡港口基础设施的实力，为其未来发展海洋经济奠定了坚实基础。

第二节   通信基础设施概况

斯里兰卡电信行业基础设施条件良好。2019 年，斯里兰卡电信行业的增长率超过 10%，是信息技术产业发展的主要动力。目前，斯里兰卡有 5 家电信运营商、33 家外部接口通信业务商和 8 家互联网服务商。2014 年，斯里兰卡宣布参与东南亚—中东—西欧 5 号海缆系统（SEA-ME-WE5）建设，该海缆系统经过斯里兰卡，连接亚洲、非洲和欧洲 17 个国家和地区，全长近 2 万千米，为该地区用户提供更快速、可靠的国际互联网连接。随着视频业务和无线移动业务的发展，通信业将继续保持增长。斯里兰卡政府对通信行业监管保持中性，政府并不会过多干预运营商市场。②

从发展历程来看，2010—2019 年斯里兰卡互联网普及率从 12.1% 快速增加到 50.3%，增加了 38.2 个百分点，年均复合增长率为 17.2%；每百万

---

① 张浩：《中国企业在斯里兰卡基础设施投资辐射效应研究》，云南财经大学，硕士学位论文，2019 年。

② 中国商务部国际贸易经济合作研究院、中国驻斯里兰卡大使馆经济商务处、中国商务部对外投资和经济合作司：《对外投资合作国别（地区）指南——斯里兰卡（2020 年）》，http://www.mofcom.gov.cn/dl/gbdqzn/upload/sililanka.pdf。

人拥有互联网服务器数从 4 个迅猛增加到 328 个，年均复合增长率为 63.2%；每万人拥有固定宽带数从 113 部快速增加到 887 部，年均复合增长率为 25.7%。总体而言，斯里兰卡互联网基础设施起步较晚，基础较差，但发展速度极快，未来发展前景广阔。

表Ⅰ-4-11　　　　2010—2019 年斯里兰卡互联网基础设施情况

年份	互联网普及率（%）	每百万人拥有互联网服务器数（个）	每万人拥有固定宽带（部）
2010	12.1	4	113
2011	15.1	5	176
2012	18.3	9	172
2013	21.9	12	205
2014	25.8	16	273
2015	30.0	21	299
2016	34.6	71	424
2017	39.9	305	578
2018	45.1	412	727
2019	50.3	328	887

资料来源：斯里兰卡国家统计局，http://www.statistics.gov.lk/；世界银行网站，https://data.worldbank.org.cn/indicator。

根据世界银行的统计数据，截至 2018 年，斯里兰卡固定电话普及率达每千人 117 部，电话普及率为每千人 1427 部。从发展历程来看，2000—2018 年，斯里兰卡每千人拥有移动电话数从 23 部迅猛增加到 1427 部，年均复合增长率为 25.8%；每千人拥有固定电话数从 41 部增加至 117 部，年均复合增长率为 6%。斯里兰卡人均固话和移动电话拥有量的迅猛增加，得益于国家整体经济的快速增长，带动了电信市场特别是移动业务的高速发展。

表 I-4-12　　　　　　2000—2018 年斯里兰卡固定/移动电话情况

年份	每千人拥有移动电话（部）	每千人拥有固定电话（部）
2000	23	41
2001	35	44
2002	49	46
2003	72	49
2004	114	51
2005	172	64
2006	275	96
2007	402	138
2008	555	172
2009	810	171
2010	857	177
2011	898	177
2012	942	168
2013	983	131
2014	1064	130
2015	1143	157
2016	1227	118
2017	1335	123
2018	1427	117

资料来源：世界银行，https://data.worldbank.org.cn/indicator。

在邮政方面，2016—2019 年斯里兰卡邮政业务呈现稳步上升趋势。投递总量从 3.76 亿件提高到 3.95 亿件，年均增速达 1.6%，其中国内投递量增速近 2%，国际投递量略有下滑。居民平均投递量稳定在 18 件左右。

表Ⅰ-4-13　　　　2016—2019年斯里兰卡邮政业务情况

年份	投递总量（千件）	国内投递量（千件）	国际投递量（千件）	居民平均投递量（件）
2016	376168	369445	6723	17
2017	379880	373096	6784	17
2018	388172	382945	5227	18
2019	394696	388978	5718	18

资料来源：斯里兰卡国家统计局，http://www.statistics.gov.lk/。

截至2019年底，斯里兰卡全国共有邮局4198家，平均每个邮局服务人数为4872人，平均每个邮局服务区域达14.7平方千米。自2007年起，斯里兰卡全国邮局开始开展保险、金融以及电话卡出售等多项服务。

表Ⅰ-4-14　　　　2016—2019年斯里兰卡邮局情况

年份	邮局数量（家）	投递区域（个）	邮局平均服务人数（人）	邮局平均服务区域（平方千米）
2016	4691	6729	4428	14.0
2017	4690	6729	4572	14.0
2018	4475	6729	4791	15.0
2019	4198	6729	4872	14.7

资料来源：斯里兰卡国家统计局，http://www.statistics.gov.lk/。

第三节　电力基础设施概况

在过去20年里，斯里兰卡的电力需求年增长率为5%—6%，目前全国电力覆盖率已经达到99%。2018年，斯里兰卡总发电量为115255GWh，同比增长4%。其中，锡兰电力局所属电厂发电量占全国总发电量的77.35%，其余均从独立发电商处购买。[1]

---

[1]　中国商务部国际贸易经济合作研究院、中国驻斯里兰卡大使馆经济商务处、中国商务部对外投资和经济合作司：《对外投资合作国别（地区）指南——斯里兰卡（2020年）》，http://www.mofcom.gov.cn/dl/gbdqzn/upload/sililanka.pdf。

据斯里兰卡国家统计局数据，2018 年，斯里兰卡装机容量共 4085MW，比 2017 年下降 1.3%，发电量共为 15255MWh，比 2017 年增加 4%。其中，水电装机容量达 1391MWh，增加 0.5%，占总装机容量的 34.1%。水电发电量为 5149MWh，增幅高达 68.4%，占总发电量的 33.8%；燃油发电量为 3626MWh，降幅高达 28.1%，占总发电量的 23.8%；燃煤发电量为 4764MWh，降幅为 6.7%，发电量占比达 31.2%；可再生能源发电量达 1716MWh，增加 17.3%，占总发电量的 11.2%。

表 Ⅰ-4-15   2017 年、2018 年斯里兰卡装机容量和发电量及增长率

年份 指标	2017	2018
装机容量（MW）	4138	4085
增长率（%）	3.0	-1.3
水电（MW）	1384	1391
增长率（%）	0	0.5
燃油（MW）	1293	1220
增长率（%）	6.4	-5.6
燃煤（MW）	900	900
增长率（%）	0.0	0.0
可再生能源（MW）	561	573
增长率（%）	8.2	2.1
发电量（MWh）	14671	15255
增长率（%）	3.7	4.0
水电（MWh）	3059	5149
增长率（%）	-12.1	68.4
燃油（MWh）	5045	3626
增长率（%）	13.1	-28.1
燃煤（MWh）	5103	4764

续表

指标 \ 年份	2017	2018
增长率（%）	1.1	-6.7
可再生能源（MWh）	1464	1716
增长率（%）	26.3	17.3

资料来源：斯里兰卡国家统计局，http://www.statistics.gov.lk/。

从发展历程来看，2000—2015 年斯里兰卡煤炭发电实现了从无到有。截至 2015 年，发电量占比已达 33.7%；石油发电量占比从 54.2%大幅下降至 17.8%，年均降幅达 7.2%；水力发电量占比从 45.6%微降至45.3%，基本变化不大。其他能源发电量占比从 0.2%上升至 3.2%，增加了 3 个百分点，年均增幅超过 20%。总体而言，斯里兰卡现阶段的能源供应主要依靠水力发电，石油发电量占比从之前的占半壁江山到目前的不足20%，而煤炭的发电量占比近几年来也迅速攀升，风电、地热等清洁能源和可再生能源基础设施建设还比较落后，发电占比不高，斯里兰卡未来能源基础设施建设任重道远。

表 I -4-16　　　　2000—2015 年斯里兰卡能源发电结构情况　　　（%）

年份	煤炭发电量占比	石油发电量占比	水力发电量占比	其他能源发电量占比
2000	0	54.2	45.6	0.2
2001	0	54.0	45.8	0.2
2002	0	61.8	38.0	0.2
2003	0	57.1	42.7	0.2
2004	0	63.9	36.0	0.1
2005	0	62.8	37.0	0.2
2006	0	51.0	48.8	0.2
2007	0	59.9	39.9	0.2
2008	0	58.5	41.3	0.2

续表

年份	煤炭发电量占比	石油发电量占比	水力发电量占比	其他能源发电量占比
2009	0	60.7	38.9	0.4
2010	0	46.9	52.2	0.9
2011	8.9	50.2	39.6	1.3
2012	11.8	59.0	27.7	1.5
2013	12.2	27.9	57.5	2.4
2014	25.7	35.1	36.5	2.7
2015	33.7	17.8	45.3	3.2

资料来源：世界银行，https：//data.worldbank.org.cn/indicator。

2018 年 6 月，斯里兰卡公共事业委员会有条件地通过了锡兰电力局提交的 2018—2037 年最低成本长期扩大发电计划。到 2030 年，能源结构将由四个部分组成，分别是 30% 的液化天然气或本土可利用的天然气、30% 的高效燃煤、25% 的大水电以及 15% 的高炉燃油和非常规可再生能源，其中高炉燃油是炼油厂的副产品。[1]

由中国提供贷款建设的普特拉姆燃煤电站是斯里兰卡目前唯一一个燃煤电站项目。该电站一期一台 300MW 机组已于 2011 年 2 月建成发电，二期两台 300MW 机组于 2014 年 11 月建成发电。普特拉姆燃煤电站装机容量占斯里兰卡全国装机容量的约 22%，年发电量占其全国用电量的约 37%，最高单日发电量占全国用电量的 67.8%。截至 2019 年 4 月底，三台机组总发电量为 311.94 亿 KWh，净输出为 281.11 亿 KWh，三台机组平均发电可利用率超过 90%。

第四节　基础设施发展规划

外国援助在斯里兰卡经济发展中发挥着重要作用，斯里兰卡境内几乎

---

[1]　中国商务部国际贸易经济合作研究院、中国驻斯里兰卡大使馆经济商务处、中国商务部对外投资和经济合作司：《对外投资合作国别（地区）指南——斯里兰卡（2020 年）》，http://www.mofcom.gov.cn/dl/gbdqzn/upload/sililanka.pdf。

所有大型基础设施项目都依靠外国资金兴建。

提供资金支持的国家和国际组织有 30 多个，主要来自中国、日本、德国、美国及世界银行和亚洲开发银行等。斯里兰卡积极鼓励外资和私营资本通过 BOT、PPP 模式加强对基础设施建设投资。中国迄今为止对斯里兰卡最大投资项目即为中国交通建设集团中国港湾工程有限责任公司投资开发的科伦坡港口城项目。目前，科伦坡港口城已完成全部土地吹填工作，形成土地面积 269 公顷，市政建设和二期土地开发工作正在稳步推进中。

【交通运输】加快高速公路网络建设，2019 年，包括南部高速（科伦坡—汉班托塔港）延长线、科伦坡外环高速、科伦坡机场的高速公路网络即将全面完工。中部高速（科伦坡—库鲁内格勒/康提）即将动工。在主要城市建设立交桥、外环路，缓解路网的拥堵程度，改善城市交通。大力发展公共交通，增加公交车数量，提高服务水平。对部分铁路进行电气化升级改造，新建南部铁路项目，提高列车运行速度，购进先进列车机组，完善售票系统，提高路网管理能力和运行效率。扩建科伦坡国际机场，建设马特拉—拉贾帕克萨国际机场二期项目，引进支线飞机，增加两个国际机场间的运力。促进拜蒂克洛、亭可马里、贾夫纳和拉特纳普拉那等国内机场建设，发展航空旅游服务。

【港口码头】建设科伦坡港东、西集装箱码头，加快临港产业园和免税物流园区建设。计划到 2020 年，航运业实现 10 亿美元收入，年处理货物 2 亿吨。吸引外国投资参与港区建设，如修建酒店、购物中心等旅游设施，发展临港产业。

【电力能源】斯里兰卡电力局制定了"最低成本长期电力扩张计划 2018—2037"，旨在利用可持续的技术确定最低成本的电站供应，以满足预期增长的电力需求，避免国家电力短缺。加大电站、输配电等基础设施建设。重点建设普特拉姆燃煤电站、桑普尔燃煤电站、拉克沙帕纳和维马拉苏兰德拉水电站、布罗兰德水电站、拉萨帕哈纳水电站、维多利亚水电站、乌玛欧亚水电站、波尔皮迪亚水电站等。推广液化天然气使用，开展在马纳尔建设风力电站、在南方省建设燃煤电站的可行性研究。鼓励对风能、太阳能电站建设的投资。推广节能技术，倡导绿色建筑理念，推广智能电表系统，降低电力运行成本。2017 年 6 月，斯里兰卡电力与可再生能源部表示，今后太阳能将成为斯里兰卡发电的主要能源之一。斯里兰卡内阁已批准在北部的普纳林（Pooneryn）建设一个混合能源工业园，包括建设一个 800 兆瓦的太阳能电站和一个 240 兆瓦的风力发电站。

【水务水利】加快干旱地区水利项目建设。通过建设莫罗嘎哈坎达水坝项目，解决北中省、西北省、东部省和北部省水资源匮乏问题。实施引水工程，满足南部汉班托塔地区用水需求。加快清洁供水基础设施建设，包括科伦坡供水项目、科特水厂、库鲁内格勒水厂、阿塔纳水厂、阿努拉达哈普拉水厂、波隆纳鲁瓦水厂等。

目前，斯里兰卡政府积极鼓励外国投资者参与当地基础设施投资，但由于公路、铁路等基础设施经济效益不高，基础设施建设仍以承包工程类为主，外资真正投资当地基础设施建设尚无先例。

第五章　产业结构

斯里兰卡曾是一个以茶叶、橡胶、椰子单一种植园经济为主的农业国，制造业产值不到4%，工业基础十分薄弱，经济结构单一。自1977年实行经济开放政策、推进私有化以来，斯里兰卡的自由经济逐渐形成了一个良好的市场经济格局。2003年，统一国民政府加大经济重建工作力度，出台了一系列包括私有化在内的经济改革措施，调整产业结构，加强基础设施建设，收效明显。2005年人民自由党上台后，增加了对农业及中小企业的投入，努力改善民生。近年来，斯里兰卡经济保持中速增长。但国内安全形势严峻，基础设施落后，经济结构失衡，物价涨幅过高，财政赤字居高不下等影响经济发展的系列问题依然存在。随着2009年斯里兰卡近30年内战的结束，相对稳定的国内环境为经济发展带来了机遇。2010年，斯里兰卡已经摆脱最不发达国家身份，步入中等收入国家行列。但由于斯里兰卡2020年人均国民收入从2019年的4060美元降至4020美元，世界银行将斯里兰卡从中高收入国家降级为中低收入国家。①

第一节　产业结构概况

一　三大产业结构演变

根据世界银行的统计数据，按照2019年的名义国内生产总值（GDP）计算，斯里兰卡的自由市场经济价值840亿美元，按照购买力平价

---

① 驻斯里兰卡民主社会主义共和国大使馆经济商务处：《世界银行将斯里兰卡降级为中低收入国家》，http://www.mofcom.gov.cn/article/i/jyjl/j/202007/20200702979947.shtml。

（PPP）计算的价值为 2969.59 亿美元，在全球分别排第 65 名和第 57 名。[①] 根据斯里兰卡中央银行数据，以国内 2010 年不变价格计算，斯里兰卡 2019 年的 GDP 为 989 亿美元，保持了连续多年的增长态势。从 2003 年到 2012 年，斯里兰卡的 GDP 年均增长率为 6.4%，远远高于其他国家。但是从 2013 年开始放缓，增速下降近一半，2013—2019 年 GDP 年均增长率仅为 3.9%。同时，斯里兰卡的人均 GDP 以购买力平价来计算为 13620 美元，名义人均 GDP 为 3852 美元，在全球分别排第 94 名和第 113 名（详见表 I-5-1）。[②] 由于近年来经济增速下滑，以及人均 GDP 的全球排名下降，斯里兰卡被世界银行从之前的中上收入国家重新归类为中下收入国家。

根据斯里兰卡央行的预测，在经历了数年的经济缓慢增长和货币贬值后，斯里兰卡的 GDP 预计将在 2020 年因新冠病毒大流行而收缩 1.7%，到 2021 年将回升至 5%。[③] 斯里兰卡在 2020 年 5 月封锁结束后正在强劲复苏经济，但新冠疫情的暴发减缓了其出口和工业增长。国际货币基金组织估测，2020 年其经济收缩 4.6%。[④] 斯里兰卡经济下行的主要原因在于遭受了一系列冲击，其中包括货币危机（导致 2016 年国际货币基金组织启动项目）、2018 年政治动荡、第二次货币危机以及 2019 年复活节期间伊斯兰极端组织的自杀式炸弹袭击。[⑤]

---

① Central Bank of Sri Lanka, "Annual Report 2019", Colombo, November 28, 2020. https://www.cbsl.gov.lk/en/publications/economic-and-financial-reports/annual-reports/annual-report-2019.

② 斯里兰卡统计局：《2020 年度报告》，http://www.c.gov.lk/page.asp? page = National Accounts。

③ "Sri Lanka Economy to Shrink 1.7-pct in 2020: Central Bank", Economy Next, December 4, 2020, https://economynext.com/sri-lanka-economy-to-shrink-1-7-pct-in-2020-central-bank-75455/.

④ "Sri Lanka GDP Growth Negative 4.6-pct in 2020, Bangladesh among Fastest to Grow: IMF", Economy Next, October 19, 2020, https://economynext.com/sri-lanka-gdp-growth-negative-4-6-pct-in-2020-bangladesh-among-fastest-to-grow-imf-74903/.

⑤ "IMF Agrees $1.5 Billion Bailout for Sri Lanka to Avert Balance of Payments Crisis", Reuters. Retrieved 3 December 2020; "Sri Lanka Imposes Curfew after Easter Sunday Bombings Kill207", Bloomberg, Retrieved 3 December 2020.

表 I-5-1　　　　　　2010—2019 年斯里兰卡宏观经济数据

年份	2010	2011	2012	2013	2014	2015	2016	2017	2018	2019
GDP （亿美元）	641.37	695.27	758.85	784.62	823.54	864.78	903.58	935.91	966.86	988.94
增长率 （%）	8.0	8.4	9.1	3.4	5.0	5.0	4.5	3.6	3.3	2.3
人均 GDP （美元）	2744	3125	3351	3610	3821	3843	3886	4077	4079	3852

资料来源：斯里兰卡统计局；GDP 数据按 2010 年不变价格计算。

　　国内生产总值包括农业、工业、服务业增加值的总和，表 I-5-2 显示了 2010—2019 年斯里兰卡的三大产业增加值情况。2019 年，斯里兰卡的农业增加值为 68.79 亿美元，工业增加值为 260.82 亿美元，服务业增加值为 568.08 亿美元。从增长趋势来看，近十年来，斯里兰卡农业增加值的年均增长率为 3.1%，工业增加值的年均增长率为 5.2%，服务业增加值的年均增长率为 5.8%，可见第二、三产业的增速相近，且高于第一产业。同时，斯里兰卡的第一产业增加值在 2016 年和 2017 年出现了仅有的两次负增长，主要原因可能是受当年洪水和南亚地区干旱的影响。近年来，斯里兰卡的工业、服务业增速出现下滑，2012 年以前的平均增速可以达到 8%—9%，但 2013 年后的平均增速下降至 3%—4%，近几年（2017—2019 年）来的平均增速进一步下滑至 2%—3%（详见表 I-5-3）。从产业发展走势来看，虽然斯里兰卡的三大产业都保持着增长态势，但受政治、自然环境等外部因素的影响，产业发展的内在动力不足的迹象开始显现。

表 I-5-2　　　　　　2010—2019 年斯里兰卡三大产业 GDP　　　　　　（亿美元）

年份	农业	工业	服务业
2010	54.49	170.89	350.43
2011	57.00	186.69	381.72
2012	59.24	203.56	424.55
2013	61.17	211.91	440.56
2014	63.97	221.87	461.85

续表

年份	农业	工业	服务业
2015	66.97	226.77	489.47
2016	64.47	239.68	512.76
2017	64.22	250.94	531.34
2018	68.38	254.03	555.53
2019	68.79	260.82	568.08

资料来源：斯里兰卡统计局；GDP 数据按 2010 年不变价格计算。

表Ⅰ-5-3　　　　2010—2019 年斯里兰卡三大产业 GDP 增长率　　　　（%）

年份	农业	工业	服务业
2010	6.95	8.44	8.03
2011	4.60	9.25	8.93
2012	3.95	9.03	11.22
2013	3.25	4.10	3.77
2014	4.58	4.70	4.83
2015	4.69	2.21	5.98
2016	-3.74	5.69	4.76
2017	-0.39	4.70	3.62
2018	6.49	1.23	4.55
2019	0.59	2.67	2.26

资料来源：斯里兰卡统计局。

表Ⅰ-5-4 显示了斯里兰卡的三大产业结构情况。斯里兰卡的产业结构以服务业为主，占比在 50% 以上，近年来不断上升，目前已接近六成，工业占比长期维持在 26%—27%，基本上没有发生大的变动，农业占比最低，长期维持在 7%—8%，近年来下降至 7% 以下。可以说，斯里兰卡的服务业占比逐年小幅提升，第二产业占比变化不大，第一产业的占比出现小幅下降，这部分基本上转移至第二产业和第三产业。但总体而言，斯里兰卡的产业结构是比较稳定的。

表Ⅰ-5-4　　　　　2010—2019 年斯里兰卡三大产业 GDP 占比　　　　　（%）

年份	农业	工业	服务业
2010	8.50	26.64	54.64
2011	8.20	26.85	54.90
2012	7.81	26.82	55.95
2013	7.80	27.01	56.15
2014	7.77	26.94	56.08
2015	7.74	26.22	56.60
2016	7.13	26.53	56.75
2017	6.86	26.81	56.77
2018	7.07	26.27	57.46
2019	6.96	26.37	57.44

资料来源：斯里兰卡统计局。

　　从斯里兰卡三大产业的劳动力数量和占比情况来看，斯里兰卡的农业规模不断收缩，服务业不断发展，工业发展呈现波动上升。从表Ⅰ-5-5可知，在 2016 年以前，斯里兰卡的农业劳动力人数大于工业劳动力人数，随着农业劳动力人数的逐年下降，2017 年斯里兰卡的工业劳动力人数开始超过农业劳动力人数，但工业劳动力人数的增长始终比较平缓，并且在 2018 年还出现了明显的下降，而服务业劳动力则一直处于增长状态。此外，对照表Ⅰ-5-4 的三大产业 GDP 占比和表Ⅰ-5-5 的劳动力占比可以发现，农业劳动力占比约为 25%，但创造的 GDP 不足 7%，农业的劳均增加值明显不如工业和服务业，而服务业的劳均增加值最高。

表Ⅰ-5-5　　　　2014—2019 年斯里兰卡三大产业劳动力人口及占比　　　　（万人；%）

年份	总劳动力	农业劳动力		工业劳动力		服务业劳动力	
		人数	占比	人数	占比	人数	占比
2014	770.0	222.3	28.9	202.7	26.3	345.0	44.8
2015	783.1	224.5	28.7	201.8	25.8	356.8	45.6

续表

年份	总劳动力	农业劳动力		工业劳动力		服务业劳动力	
		人数	占比	人数	占比	人数	占比
2016	794.8	215.4	27.1	209.8	26.4	369.6	46.5
2017	820.8	214.0	26.1	233.1	28.4	373.7	45.5
2018	801.5	204.4	25.5	223.9	27.9	373.2	46.6
2019	818.1	207.2	25.3	225.8	27.6	385.0	47.1

资料来源：斯里兰卡统计局；对2011年以后的数据进行了劳动力统计的重新加权，表中数据包含了重新加权的估计；15岁及以上人口被认为是工作年龄人口。

二 三大产业概况

（一）农业概况

农业在斯里兰卡经济中一直占据着重要位置，并且斯里兰卡是一个以种植园经济为主的农业国家。斯里兰卡的农业人口约占全国总人口的70%以上，斯里兰卡可耕地面积为400万公顷，占国土面积的61%，其中已利用耕地面积近200万公顷，主要生产稻谷、椰子、茶叶和橡胶等作物，三大经济作物的种植面积分别占到全国耕地的14%、16%和33%左右，合计达63%左右。除此之外，还生产香料、马铃薯、蔬菜、香蕉、杧果等。

农产品出口是斯里兰卡出口创汇的重要组成部分，2018年出口额占总出口额的22%。其中，茶叶出口额为14.3亿美元，占出口总额的12.01%；香料出口额为3.6亿美元，占出口总额的3.03%；椰子出口额为3.11亿美元，占出口总额的2.62%；海产品出口额为2.66亿美元，占出口总额的2.24%。[①] 2010—2019年，除椰子产量外，斯里兰卡的水稻、茶叶、橡胶的产量都呈现下降趋势（详见表Ⅰ-5-6）。但斯里兰卡的三大农产品产量在世界上曾排名前列，斯里兰卡的茶叶年产量近年来为20万吨左右，居世界第三位，是世界上主要红茶生产国；橡胶年产量近年来为15万吨左右，居世界第四位；椰子年产量近年来约为20亿个，居世界第四位。

---

① 中国商务部：《斯里兰卡经商参处参会资料》，http://template1.mofcom.gov.cn/article/ca/bo/201110/20111007780472.shtml。

表Ⅰ-5-6   斯里兰卡主要农产品生产情况

年份	水稻（万吨）	茶叶（百万公斤）	橡胶（百万公斤）	椰子（百万个）
2010	430.1	331	153	2584
2011	389.4	328	158	2808
2012	384.6	328	152	2940
2013	462.1	340	130	2513
2014	338.1	338	99	2870
2015	481.9	329	89	3056
2016	442.0	293	79	3011
2017	238.3	307	83	2450
2018	393.0	304	83	2623

资料来源：斯里兰卡统计年报，https://www.cbsl.gov.lk/sites/default/files/cbslweb_documents/statistics/otherpub/ess_2019_e.pdf。

由于斯里兰卡的农业生产成本高、生产率低等因素，加之非农业产值不断上升，斯里兰卡农业产值在 GDP 中所占比重一直呈下降趋势，从 20 世纪 50 年代的 50% 下降到 2018 年的 6.96%。如图Ⅰ-5-1 所示，农产品、畜牧、林业的增加值从 2014 年的 8.8% 下降至 2018 年的 5.8%，渔业的增加值占比平稳，为 1.2%—1.4%。其中，畜牧业产值占斯里兰卡 GDP 的比重仅为 1% 左右，不及茶叶产值。

渔业是斯里兰卡的一个重要产业，在斯里兰卡国民经济中占据着非常重要的地位[①]。斯里兰卡位于东印度洋地区，海岸线长 1770 千米，海洋领土面积为 2.2 万平方千米，是世界上鱼类相当多的国家之一。斯里兰卡的渔业大致由四个部分组成，沿岸和近海渔业、外海和深海渔业、内陆渔业和沿海地区的水产养殖，主要出产品种有日本鲭、黑鳍、鲣鱼和黄鳍金枪鱼等，出口品种主要为养殖虾、龙虾、蟹、有鳍鱼类和观赏鱼。斯里兰卡原来是森林资源十分丰富的国家，近年来森林面积已大为减少，目前森林

---

① 中国农业农村部：《斯里兰卡农业发展及中斯农业合作概况》，参见中国商务部中国国际电子商务中心"走出去"导航网站，2020 年 10 月 15 日，https://www.investgo.cn/article/yw/tzyj/202010/508381.html。

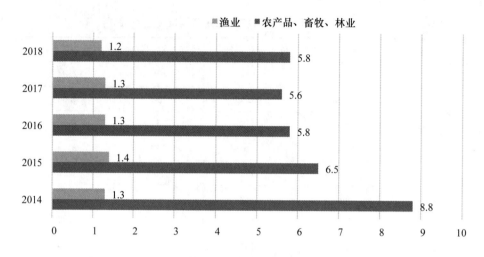

图 I-5-1　斯里兰卡农业细分行业 GDP 占比情况（%）

资料来源：中国商务部国际贸易经济合作研究院、中国驻斯里兰卡大使馆经济商务处、中国商务部对外投资和经济合作司：《对外投资合作国别（地区）指南——斯里兰卡（2020 年）》，http://www.mofcom.gov.cn/dl/gbdqzn/upload/sililanka.pdf。

面积约为 200 万公顷，覆盖率约为 30%。斯里兰卡主要出产麻栗树、红木、黑檀、柚木、铁木等珍贵木材。此外，还有大量的橡胶木和椰子木，可用来制作家具。

斯里兰卡具有农业发展的良好自然环境。斯里兰卡是印度洋上的岛国，在南亚次大陆的南端，接近赤道。斯里兰卡终年如夏，无四季之分，只有雨季和旱季，属于热带季风气候，年平均气温为 28℃。每年 5—8 月为西南季风雨季，11 月—次年 2 月为东北季风雨季。从全岛来看，每年 3—6 月气温最高，11 月—次年 1 月气温较低。各地平均年降水量从 1283—3321 毫米不等。同时，斯里兰卡大型种植园的基础设施建设较好，除采集工作以外多数使用机械，并大量使用化肥和农药。斯里兰卡有很好的交通运输网为茶、橡胶、椰子三大作物服务，沿海建有铁路和公路，与科伦坡、加勒、亭可马里三大海港相连。铁路一直修到盛产茶叶的中南高山区，公路四通八达，直至穷乡僻壤。

（二）工业概况

斯里兰卡工业基础相对薄弱。在英国统治下，斯里兰卡几乎没有发展工业，而是依靠农产品出口的收益从其他国家购买制成品。在殖民时期，大多数工业都是加工主要的出口商品：茶叶、橡胶和椰子。随着斯里兰卡国内市场消费品的生产，工业多样化开始于 20 世纪 60 年代。这一趋势是由于政府采取了旨在节省外汇的措施，使以前从海外进口的许多物品难以进口。重工业建立于 20 世纪 60 年代末，大部分在国有部门。1970—1977年，国家在制造业中承担了更大的作用，但在 1977 年的经济改革后，政府试图改善私营部门的前景。20 世纪 80 年代，斯里兰卡增长最快的工业部门是纺织业，在 1986 年占工业生产的大约 29%。1986 年，纺织品、服装和皮革制品部门成为斯里兰卡最大的外汇收入来源。超过 80% 的生产能力集中在西部省份，特别是在科伦坡及其周边地区。尽管这些部门很重要，但在 20 世纪 80 年代，工业设施的种类已经多元化，包括钢铁厂、炼油厂和纺织厂。目前，由于斯里兰卡的资源缺乏，大量工业原材料仍需从国外进口。斯里兰卡资金技术密集型工业尚未形成，还处于劳动力密集型工业的初始阶段，几乎无重工业。①

斯里兰卡的工业门类基本齐全，包括建筑业、纺织服装、皮革、食品、饮料、烟草、化工、石油、橡胶、塑料、非金属矿产品加工业及采矿采石业。根据斯里兰卡统计局的数据，斯里兰卡的工业部门主要细分为制造业、建筑业、采矿业及其他三大子部门。2015—2019 年，其制造业增加值在工业增加值中的占比接近 60%，建筑业的占比为 27%—30%，采矿业及其他工业的占比为 12%—14%。2017 年斯里兰卡制造业的占比略有下降，相反，该年建筑业的占比升高至 29.2%，但总体而言，制造业、建筑业和采矿业等其他工业的占比比较稳定，近五年来没有出现大幅波动（详见表 I -5-7）。这反映了斯里兰卡的工业发展比较平缓，内部结构也比较稳定。

表 I -5-7　　　　斯里兰卡工业细分行业的 GDP 及占比情况　　　（亿卢比；%）

年份	工业	制造业		建筑业		采矿业等	
		GDP	占比	GDP	占比	GDP	占比
2015	29752.3	17807.9	59.9	8304.1	27.9	3640.4	12.2

① Russell R. Ross and Andrea Matles Savada, eds. , *Sri Lanka*: *A Country Study*, Washington: GPO for the Library of Congress, 1988.

年份	工业	制造业		建筑业		采矿业等	
		GDP	占比	GDP	占比	GDP	占比
2016	33374.3	19647.9	58.9	9347.9	28.0	4378.5	13.1
2017	35685.6	20487.0	57.4	10409.8	29.2	4788.8	13.4
2018	38198.1	22727.2	59.5	10504.3	27.5	4966.6	13.0
2019	41141.0	24568.4	59.7	11216.6	27.3	5356.1	13.0

资料来源：斯里兰卡统计局；GDP 数据根据当年现价核算。

建筑业、采矿业、食品制造业和纺织服装业是斯里兰卡工业的四大支柱产业。2018 年，这四大产业的产值占工业总产值的比例分别为 26.2%、8.9%、22% 和 12.3%，石油化工产业占工业总产值的比例为 4.7%，机器制造业占工业总产值的比例为 2%。同时，斯里兰卡宝石及其加工世界闻名。2018 年，宝石及珠宝首饰出口额为 2.8 亿美元，占出口总额的2.3%；橡胶制品出口额为 8.8 亿美元，占出口总额的 7.4%。[①] 此外，纺织服装业是斯里兰卡国民经济的支柱产业和最重要的工业行业，也是斯里兰卡第一大出口创汇行业。2019 年，服装业是斯里兰卡出口最大贡献者，出口额占斯里兰卡出口总额的 46.9%。斯里兰卡国家统计局的统计数据显示，新冠疫情并未重创斯里兰卡服装出口，2021 年出口额较同期增长22.93%，达 54.15 亿美元。[②]

从斯里兰卡的工业发展基本指标来看，斯里兰卡工业发展稳中向好，企业数量和雇佣劳动力人数逐年上升，发放工资总额也不断增长，平均工资水平不断增长，表明工业的劳动生产率不断提升，工业产值、中间消耗和增加值都不断扩展，表明工业规模不断提升（详见表 Ⅰ-5-8）。从企业规模比较来看，无论是采矿业、制造业、电力燃气供应业，还是供水、废物处理业，斯里兰卡的工业主要是以小企业为主，但除采矿业外，大中型

---

① 中国商务部国际贸易经济合作研究院、中国驻斯里兰卡大使馆经济商务处、中国商务部对外投资和经济合作司：《对外投资合作国别（地区）指南——斯里兰卡（2020 年）》，http://www.mofcom.gov.cn/dl/gbdqzn/upload/sililanka.pdf。

② 参见轻纺原料网《2021 年斯里兰卡服装和纺织品出口成长 22.93%》，2022 年 3 月 9 日，http://www.tbs114.com/News/214218.html。

企业是主要的雇主，如大中型制造业企业所雇用的劳动力人数是小企业的10倍以上。此外，在工业产值、中间消耗、增加值方面，大中企业的贡献也远远大于小企业，表明斯里兰卡工业发展主要依托大中企业，小企业虽然数量多，但竞争力较弱（详见表Ⅰ-5-9）。

表Ⅰ-5-8　　　　　　斯里兰卡工业发展基本指标　　　　　（万人；亿卢比）

年份	企业数	劳动力	工资	产值	中间消耗	增加值
2010	2781	58.9	1136.2	15901.5	8463.7	7437.8
2011	2595	59.9	1246.6	19894.8	11611.8	8283.0
2012	2593	62.3	1347.8	21366.6	12067.1	9299.5
2013	3392	83.4	2608.5	31386.2	18590.6	12795.6
2014	5374	94.6	2631.8	34472.7	21309.7	13163.0
2015	5743	107.5	3234.8	40326.5	25214.8	15111.7
2016	6825	128.4	4140.3	42625.3	27214.3	15411.1
2017	7466	135.3	4658.5	46204.8	28690.2	17514.6

资料来源：斯里兰卡统计局；表中所统计的企业为雇用25人以上的企业。

表Ⅰ-5-9　　　斯里兰卡大中企业与小企业的工业发展基本指标比较

行业	企业类型	企业数（个）	劳动力（人）	工资（亿卢比）	产值（亿卢比）	中间消耗（亿卢比）	增加值（亿卢比）
采矿业	大中企业	193	14407	61.1	299.5	171.7	127.8
	小企业	2339	24499	38.0	98.2	34.1	64.1
制造业	大中企业	7241	1302039	4279.8	42066.5	25703.0	16363.5
	小企业	10478	98791	197.5	2091.0	1270.3	820.7
电力、燃气供应业	大中企业	19	25171	198.7	3549.0	2703.4	845.5
	小企业	116	1492	4.9	94.0	20.5	73.5
供水、废物处理业	大中企业	13	11067	119.0	289.8	112.0	177.8
	小企业	338	2304	3.2	47.3	16.5	30.7

资料来源：斯里兰卡统计局；表中所统计的大中企业为雇用25人以上的企业，小企业为雇佣人数低于25人的企业。

（三）服务业概况

斯里兰卡是印度洋的物流和商业中心，斯里兰卡的国家战略定位为"海运、航空、商业、能源和知识中心，使之成为东西方之间的关键纽带"。随着一国人均收入的增加，服务业的规模及占比将相对于农业和工业部门而扩大。然而，包括斯里兰卡在内的许多发展中国家的服务业与其国内生产总值之比正接近发达国家水平。但与此同时，斯里兰卡的服务业改革进展相对缓慢。作为非贸易活动，斯里兰卡的服务业没有像商品贸易部门那样面临经济自由化所带来的直接竞争，同时大部分规模可观的斯里兰卡国有企业集中在服务业部门，政治约束和工会化减缓了国有企业改革的步伐，并延伸到服务和物流领域。

斯里兰卡服务业主要包括批发零售业、酒店、餐饮业、物流、仓储、信息及通信业、旅游业、金融服务、房地产及商用服务业、公共管理及其他社会与个人服务等。近年来，斯里兰卡政府利用国民识字率高、劳动技能训练有素的相对优势，正在努力把其国家经济打造成为服务业导向型经济。服务业已发展为斯里兰卡国民经济的主导产业，并已成为斯里兰卡经济增长的主要驱动力，特别是旅游业、通信业异军突起，发展势头迅猛，增势强劲。

在斯里兰卡服务业中，批发零售贸易、运输仓储、住宿餐饮服务等生活性服务业的增加值最高，是最大的服务业子部门，2019年增加值为22738亿卢比，2015—2019年的年均增长率为3.2%，科技管理等专业性服务业的体量较小，反映了斯里兰卡的经济和科技创新水平依然较低。信息通信的增加值最小，但却是增长最快的服务业子部门，2015—2019年的年均增长率达到10.7%，成为斯里兰卡第二大服务业子部门，2019年增加值为8209亿卢比。同时金融保险业的增长幅度也较大，达到9.3%，而公共行政、国防、教育、健康等社会服务的增长最为缓慢，年均增长率仅为1.8%（具体详见表Ⅰ-5-10）。

斯里兰卡的服务业内部产业结构，在2015—2019年期间占比最高的一直是批发零售贸易、运输仓储、住宿餐饮服务等生活性服务业，达到40%以上。信息通信业占比一直在1%左右，金融保险业占比的增长最为明显，从2015年的11.8%增长至2019年的14.4%；房地产业占比变化也不大，一直在10%左右；公共行政、国防、教育、健康等社会服务的占比有所下降，从 2015 年的 15.3% 降至 2019 年的 14.2%。

表 I -5-10　　　2015—2019 年斯里兰卡服务业细分行业的增加值　　（百亿卢比）

服务业细分行业	2015	2016	2017	2018	2019
批发零售贸易、运输仓储、住宿餐饮服务等活动	200.28	208.35	215.84	223.44	227.38
信息通信	4.89	5.28	5.79	6.34	7.34
金融保险	57.58	64.67	70.24	80.04	82.09
房地产	48.94	52.01	54.47	56.61	57.96
科技管理等专业性服务业	15.43	15.22	15.88	16.56	16.95
公共行政、国防、教育、健康等社会服务	75.00	78.68	77.75	78.69	80.50
其他（不包括自我雇佣）	87.35	88.54	91.37	93.85	95.86

　　资料来源：斯里兰卡统计局；GDP 数据以 2010 年为基期的不变价核算。

第二节　重点农业

一　茶业

　　斯里兰卡主要出产红茶，其茶叶种植历史始于 1867 年。最初的茶是从印度引种的，种植面积仅为 8 公顷。随后，茶业在斯里兰卡得以迅速发展。到 1981 年，茶园面积创历史最高点，为 24.5 万公顷。1975 年，斯里兰卡进行土地改革，绝大多数私有茶场被收归国有。由于经营管理不善等原因，茶园面积和产量在随后的十几年中停滞不前。为改变这种状况，1992 年，斯里兰卡政府又将国营茶场全部私有化或改为股份制企业。由于人口压力、城镇化建设和茶园因土质退化而退茶还林等，从 20 世纪 80 年代起茶园面积逐渐减少。但是，由于私有化茶园经营管理明显改善、茶叶生产技术水平不断提高等因素，茶叶产量随之增加。

　　斯里兰卡茶叶的种植基地仅限于岛国的中央高地和南部低地，茶叶按生产的海拔高度不同分为三类，即高地茶、中地茶和低地茶。锡兰红茶的六个产区分别是乌瓦、乌达普沙拉瓦（Uda Pussellawa）、努瓦纳艾利

（Nuwara Eliya）、卢哈纳（Ruhuna）、康提和迪布拉（Dimbula）。各产地因海拔高度、气温、湿度的不同，均有不同特色。除了地理和气候条件适宜以外，斯里兰卡茶叶种植有以下特色：一是大力发展和推广无性系良种，提高良种茶园比例；二是保持茶园水土，促进可持续发展；三是改善土壤结构，建设生态茶园；四是综合防治病虫草害，减少茶园经济损失。

现在，茶叶已成为斯里兰卡重要的农作物之一，在国民经济、就业和环境保护方面起着十分重要的作用。但随着近年来斯里兰卡农业占 GDP 的比重不断下滑，茶叶生产的增加值在 GDP 中的占比也从 2010 年的 1.6%下降至 2018 年的 0.7%。斯里兰卡茶园面积不断下降，从 2010 年的 22 万公顷下降至 2018 年的 20 万公顷，工厂数量从 2010 年开始基本稳定在 700—740 家。其中，高地茶工厂有 170 余家，中地茶工厂有 130 余家，低地茶工厂有 400 余家。斯里兰卡茶叶产量巨大，常年稳定在 3 亿公斤以上，每公斤茶叶生产成本为 450—500 卢比。根据斯里兰卡海关数据，斯里兰卡茶叶出口常年保持在 28—33 万吨，出口金额不断上升，从 2010 年的 1627.9 亿卢比上升至 2018 年的 2317.5 亿卢比，茶叶出口额占总出口额的比重近年来有所下降，从 2010 年的 17%以上下降至 2018 年的 12%左右，茶叶出口数量和金额都位居世界前三位，茶叶主要出口市场为俄罗斯、伊朗、叙利亚、阿联酋、土耳其、约旦等。[1]

二　橡胶业

斯里兰卡是橡胶业的摇篮，自 150 年前第一批橡胶种子在该岛种植以来，一直是全球领先的天然橡胶和橡胶制品采购目的地。斯里兰卡的天然橡胶制造商和出口商以生产高质量的天然橡胶胶乳产品而闻名，并专门为全球市场生产顶尖的、可持续的橡胶产品，如实心轮胎、大底皱片胶和高质量的外科手套。斯里兰卡橡胶种植产业的历史可以追溯到 1876 年，几百颗来自伦敦邱园（Kew Garden）的巴西橡胶种子被种在甘帕哈（Gampaha）的埃纳拉特戈达（Henarathgoda）植物园，一共种植了 1919 棵橡胶幼苗，这是一直持续至今不断创造价值的产业链的起源。从此，这种农产

① Central Bank of Sri Lanka, Statistics Department, "Economic and Social Statistics of Sri Lanka", Rajagiriya, July 2019. https://www.cbsl.gov.lk/sites/default/files/cbslweb_documents/statistics/other pub/ess_2019_e.pdf.

品就成为全球橡胶工业中具有重大战略意义的商品之一。

橡胶业通常与斯里兰卡各地的农业社区密切相关，与可持续实践有着密切的联系。橡胶业主要为来自农村地区的大量人口创造就业机会，并有助于为他们的生计提供经济支持。斯里兰卡以通过加工原橡胶并生产一些增值橡胶产品而自豪。这些橡胶产品在斯里兰卡制造，在质量和耐久性方面享有国际赞誉并受到认可。斯里兰卡的工业实心轮胎不仅被公认为世界上最好的产品，而且作为全球市场的领导者，斯里兰卡农业和工业都以此为傲。如今，斯里兰卡已成为世界第 13 大橡胶生产国。斯里兰卡大约有136625 公顷的橡胶园，该行业共有 20 余万名员工，基层有更多的妇女就业。但统计数据也显示，斯里兰卡橡胶生产的体量不断萎缩，从 2010 年的 15.3 万吨降至 2018 年的 8.3 万吨，其中本地消费及存储量超过 6 万吨，出口的橡胶从 2010 年的 5.6 万吨下降至 2018 年的 1.4 万吨，出口金额从 2010 年的 113.3 亿卢比下降至 2018 年的 50.9 亿卢比，主要出口地为欧盟、巴基斯坦、日本、美国、印度和马来西亚。

斯里兰卡橡胶和以橡胶为基础的产品部门享有主要的竞争优势。其中，最重要的就是可获得优质天然橡胶乳胶。目前，斯里兰卡是世界上最优质乳胶绉橡胶的主要生产商，也是向全球市场出口乳胶绉的最大出口国。斯里兰卡生产的乳胶绉是最优质的天然橡胶，被认为是橡胶的精华，比所有其他类型和等级都有更高的价格。斯里兰卡的优质天然橡胶没有气味，颜色浅，清洁，主要用于医疗设备和高端增值产品。作为国际劳工组织条约的签署国，斯里兰卡橡胶行业的利益攸关方遵守全球劳工标准和道德惯例。斯里兰卡的橡胶工业没有童工，是斯里兰卡农村妇女的主要收入来源之一。斯里兰卡橡胶工业在环境可持续性方面也是独一无二的。该国面积超过 13 万公顷的大片橡胶农场提供了人造可再生森林，各区域的小气候得到明显改善。此外，斯里兰卡严格的环境法规确保橡胶种植、橡胶产品加工和制造符合当地的环境法律，并具有可持续性，防止该行业对环境和生态系统产生任何负面影响。斯里兰卡还在涉及所有外部和内部利益攸关方的当地橡胶供应链中引入了通用的标准化和可追溯性要求，以提高行业内的透明度和可持续性。

三　渔业

渔业部门在斯里兰卡的社会和经济生活中发挥着重要作用，该部门为斯里兰卡贡献了约 2.7% 的 GDP。在传统上，斯里兰卡人依赖鱼类作为其动物蛋白质摄入的重要组成部分，估计人均鱼类消费量每年在 30 公斤以上。渔业部门为斯里兰卡提供了大量的就业机会，捕捞渔业是沿海渔民主要的生产方式，不仅在捕鱼方面，也在加工、分销和贸易以及造船和维修方面。近年来，水产养殖从业人员达到 2 万余人，其中女性占劳动力总数的 6%。直接从事渔业的人员大约有 27 万人，其中约 7% 是女性。斯里兰卡专属经济区的面积为 517000 平方千米，大约是斯里兰卡国土面积（62700 平方千米）的八倍，其中大陆架面积约为 31250 平方千米。斯里兰卡的绝大多数水产品出自大陆架海域，斯里兰卡的渔业大致由四个部分组成：沿岸和近海渔业、外海和深海渔业、内陆渔业和沿海地区的水产养殖，沿岸和近海渔业主要集中在大陆架地区，大陆架以外延至 160 千米为外海捕捞作业区，再向外延伸 160 千米的区域为深海捕捞作业区。[①] 斯里兰卡的海洋渔业船队由非机动船舶近 2 万艘、机动船舶 3 万余艘组成，大多为 12 米以下的小型船舶，此外，还有大约 2000 艘渔船在近海捕鱼。[②] 因此，斯里兰卡的捕鱼业主要由小型经营者在近岸水域进行，同时一些在印度洋公海上从事捕捞作业的外国船队，也在斯里兰卡建立了它们自己的渔业基地。

斯里兰卡的渔业产量逐年提升，从 2010 年的 38.5 万吨上升至 2018 年的 52.7 万吨，其中以沿海产量为主，2018 年沿海产量约为 25 万吨，深海和近海产量约为 19 万吨，内陆产量最少，大约只有不到 9 万吨。[③] 2017 年海洋渔业产量达到 42 万余吨，超过了 2004 年 12 月破坏性海啸发生之前的捕捞水平。海啸后的重建和发展战略不仅为恢复渔业生产、保护

---

① 李励年、谢营梁：《斯里兰卡渔业近况》，《现代渔业信息》2006 年第 7 期。

② Food and Agriculture Organization of the United Nations，"Fisheries and Aquaculture"，https://www.fao.org/fishery/en/facp/LKA/en.

③ Central Bank of Sri Lanka，Statistics Department，"Economic and Social Statistics of Sri Lanka"，Rajagiriya，July 2019. https://www.cbsl.gov.lk/sites/default/files/cbslweb_documents/statistics/other-pub/ess_2019_e.pdf.

渔业社区，以及防范灾难冲击提供了政策基础，也为斯里兰卡的渔业和沿海地区的可持续发展创造条件，从而改善渔业社区的生活条件。因此，创造就业机会、私营部门发展和减轻贫穷是斯里兰卡重建和发展渔业部门的主要目标，这符合该国的国家减贫战略和千年发展目标战略。此外，斯里兰卡渔业发展面临的关键问题还包括近岸资源的过度捕捞，以及由于工业发展、虾类养殖扩大、农田径流和旅游业所造成的沿海地区和近岸水域的侵蚀和环境退化。同时，除了对虾养殖外，斯里兰卡很少进行商业化规模的水产养殖，尽管其发展商业化水产养殖的条件是最佳的。

第三节 重点工业

一 纺织业

纺织服装产品的设计、制造和出口是斯里兰卡重要的产业之一，对该国经济的发展起着关键作用。斯里兰卡的服装业雇用了该国约15%的劳动力，约占该国出口总额的一半。与人口相比，斯里兰卡是世界上较大的服装生产国之一。斯里兰卡很幸运地得到了美国、欧盟等发达国家的支持。斯里兰卡生产并出口到其他国家的服装类别包括工作服、泳衣、童装、运动服、休闲服、内衣和新娘礼服。美国和英国过去一直是斯里兰卡服装的大买家。斯里兰卡纺织业在跨国纺织零售企业中享有良好的声誉，并与这些知名纺织企业建立了长期稳定的合作关系。斯里兰卡的纺织品以其"无罪的服装"哲学而闻名，因为斯里兰卡的工作条件比其他亚洲国家好得多。斯里兰卡是对社会负责任的服装采购首选地，也是亚洲唯一批准所有27个《国际劳工组织公约》的服装外包制造国，它坚决抵制"血汗工厂"和童工。斯里兰卡服装行业为30万人提供了工作岗位，并为60万人间接提供了就业机会。一流的大学每年都会培养出高素质的毕业生，而优秀的人才会通过许多本地服装设计节和贸易展览而受到关注。斯里兰卡层出不穷的纺织人才与客户携手合作，引领未来产业走势，并通过创新技术构筑新的产业规则，以保障斯里兰卡纺织业的未来发展。[1]

---

[1] Fibre 2 Fashion, "The Changing Dimensions of Sri Lankan Textile", Jul 2014. https://www.fibre2fashion.com/industry-article/7384/the-changing-dimensions-of-sri-lankan-textile.

由于斯里兰卡开放的经济政策以及友好的贸易和投资环境,斯里兰卡的服装业在 20 世纪 80 年代开始显著发展,成为印度服装制造商的替代品。并且,斯里兰卡的服装和纺织品制造商已成功利用国际市场上的机会,超越了传统的出口,并通过时尚的业务流程外包(BPO)服务、研究、开发和创新中心,量身定制设计,以提供复杂而富有创意的解决方案。① 马莎百货、"维多利亚的秘密"、耐克和安泰勒(Ann Taylor)等服装品牌都是斯里兰卡纺织业的重要客户,这些跨国企业的发展也充分利用了斯里兰卡快速增长的纺织业。斯里兰卡的三大服装公司已经跻身全球50 个重要的供应商之列,2018 年该行业的出口总收入达到了 49.6 亿美元。其中,美国、英国和意大利占比分别为 45.8%、14.8% 和 9.3%。② 在斯里兰卡的服装厂总数中,大约 26% 是小型工业,51% 是中型工业,其余 23% 属于大型工业。大型工业为纺织业提供了大约 60% 以上的劳动力,斯里兰卡本土拥有大约 80% 的纺织厂,其余 20% 由外国公司拥有或与外国公司合作。

斯里兰卡的服装业已经接受了绿色制造这一概念。斯里兰卡还展示了制衣业最好的技术,包括世界上第一个生态友好的"绿色服装工厂",该工厂将能源消耗减少了一半,用水量减少了 70%。这些工厂通过精益生产的实践提高了业务的可持续性,从而降低了间接费用并提高了投资回报率。斯里兰卡拥有 LEED 白金级和黄金级认证工厂,遵循回收再利用,废水处理和废物管理实践的国际标准。斯里兰卡服装供应商和制造商共同努力减少碳足迹,以使当地的纺织工业更环保,获得可持续发展。③

二 能源产业

斯里兰卡的电力部门拥有一个主要由水力发电和热能发电构成的国家电网,光伏和风力发电等资源正处于早期开发利用阶段。虽然正在确定潜

---

① Export Development Board Sri Lanka, "Apparel & Textiles", https://www.srilankabusiness.com/apparel/about/.

② Central Bank of Sri Lanka, Statistics Department, "Economic and Social Statistics of Sri Lanka", Rajagiriya, July 2019. https://www.cbsl.gov.lk/sites/default/files/cbslweb_documents/statistics/otherpub/ess_2019_e.pdf.

③ Export Development Board Sri Lanka, "Apparel & Textiles", https://www.srilankabusiness.com/apparel/about/.

在的发电地点，但其他能源如地热、核能、太阳能和波浪发电还没有被用于国家电网的发电。斯里兰卡政府的目标是，到 2025 年实现能源自给自足，将该国的发电能力从现有的 4043 兆瓦提高到 6900 兆瓦，同时大幅增加可再生能源。斯里兰卡已经实现了 98% 的电网连接，这在南亚是相对较高的标准。①

斯里兰卡的电力主要有三种来源：火电（包括煤和燃油）、水力发电和其他非传统的可再生能源（太阳能和风能）发电。根据 2018 年数据，火力发电能力约为 2037 兆瓦，水力发电能力为 1793 兆瓦，新能源发电能力不断提升，从 2010 年的 45 兆瓦提高至 2018 年的 216 兆瓦。斯里兰卡需要大量提高发电能力，以满足目前和未来的电力需求。据预测，斯里兰卡的电力需求每年将以 6%—8% 的速度增长。斯里兰卡目前还主要依靠火力发电。其中，中国修建的燃煤电厂占斯里兰卡发电量的 45%，而降雨不足限制了水力发电能力。2019 年初，由于发电能力不足，政府被迫实施停电，政府已诉诸购买昂贵的应急电力以应付电力短缺。电力部门的发展机会包括风能和太阳能发电厂，液化天然气发电厂，将汽车柴油发电厂转换为双燃料（液态天然气）发电厂，小型水力发电厂，家用太阳能系统，风能，电表和开关，电力传输和控制系统，以及电力电缆。

从 2018 年至 2037 年，斯里兰卡计划增加 842 兆瓦的主要水力、215 兆瓦的小型水电、1389 兆瓦的太阳能、1205 兆瓦的风能、85 兆瓦的生物质，425 兆瓦的燃油、1500 兆瓦天然气和 2700 兆瓦的煤电发电系统。全年总电力需求增加至约 14150 千瓦时。尽管有这些长期计划，但斯里兰卡在 2018 年和 2019 年经历了几次停电，原因是水力发电达到了容量，并开始因难以预测的天气模式而下降。因此，斯里兰卡计划在未来 10 年里增加更多的燃煤、可再生能源和液化天然气（LNG）发电厂。政府对开发液化天然气进口设施和相关发电厂以及一个新的炼油厂提出了一些积极的建议。目前的炼油厂已有 45 年以上的历史，迫切需要进行现代化，以满足石油部门的需求，同时斯里兰卡可持续能源局（SLSEA）积极推广各种形式的可再生能源。由于地处印度洋，斯里兰卡拥有丰富的风能资源，目前

---

① 《斯里兰卡电力部门》，维基百科，https://en. wikipedia. org/wiki/Electricity_sector_in_Sri_Lanka。

有 11 家风力发电厂与国家电网相连。①

三 医药业

受人口老龄化的影响，斯里兰卡对医疗保健服务的需求正在上升。到 2017 年底，斯里兰卡近 10% 的人口年龄在 65 岁以上，到 2030 年，这一数字可能会翻一番。未来，斯里兰卡政府将继续其以公立医院提供免费保健的政策。在斯里兰卡发展国内制药行业和继续改善现有全民医疗服务承诺的支持下，斯里兰卡的医疗保健支出将在未来 10 年里出现强劲增长，预计到 2029 年将出现两位数的增长。2018 年，斯里兰卡政府用于卫生部门的支出约为 13 亿美元。② 为斯里兰卡人增加获得私营保健服务的机会也是政府的一项重点任务，因为仅靠公共部门很难满足人们对保健服务的需求。斯里兰卡的私营部门在健康保健产业上进行了大量投资，特别是在科伦坡及其他一些主要城市，这在一定程度上减轻了国家的负担。随着人民收入水平的提高和健康保健消费偏好的变化，人们对私营部门提供的健康保健产品的需求有所增加，为私营医药及医疗装备部门的增长提供了重要支撑。

斯里兰卡大约有 612 家公立医院，有 200 家不同规模的私人医院，还有 5000 家私人药房，以及 1000 家与医药制造相关的实验室。在良好的医药及医疗装备产业发展基础上，斯里兰卡的医药及医疗装备产业在过去五年里以 15% 左右的速度增长，并且该行业在未来仍有高速增长的前景。斯里兰卡政府正鼓励对制药等相关行业的投资，以在当地生产药品和医疗器械。惠誉国际咨询公司的一份报告预测，斯里兰卡的医药市场价值将达到 6.25 亿美元，这意味着到 2024 年，其五年复合年增长率（CAGR）将达到 1.6%。该报告还预测，到 2029 年，该市场规模将达到 7.1 亿美元，10 年复合年增长率为 2.2%。③ 惠誉国际咨询公司将这一增长主要归因于政

---

① The International Trade Administration（ITA），U. S. Department of Commerce，"Sri Lanka-Energy"，July 22，2019，https://www. export. gov/apex/article2? id=Sri-Lanka-Energy.

② The International Trade Administration（ITA），U. S. Department of Commerce，"Sri Lanka-Pharmaceuticals/Medical Equipment"，July 22，2019，https://www. export. gov/apex/article2? id=Sri-Lanka-Pharmaceuticals-Medical-Equipment.

③ Staff Reporter，"Sri Lanka pharma market to grow 1. 6% by 2024"，Healthcare Asia，https://healthcareasiamagazine. com/healthcare/more-news/sri-lanka-pharma-market-grow-16-2024.

府的目标，即到2024年将药品生产本地化。这一评估的根据可能来源于2020年总统媒体部门的声明，表示政府计划在未来三年内在斯里兰卡当地生产该国50%的药品需求。根据这一决定，斯里兰卡政府成立了一个新的部门，专门负责制药生产。此外，还建立了一些以医药行业为重点的新生产园区，如汉班托塔工业园区将设立400亩的投资园区，面向全球市场生产药品。世界顶级制药公司已经表达了加入该合资企业的意愿。目前，斯里兰卡是亚洲最大的药品进口国，国内85%的药品需求是通过每年约7.3亿美元的进口来满足的，如果在当地生产药物将节省约3.4亿美元，从而为斯里兰卡人和全球市场提供低价格、高质量的药物。[①]

第四节　重点服务业

一　旅游业

旅游业是斯里兰卡经济的重要组成部分，每年为国家创汇数亿美元，并在斯里兰卡外汇收入中占到了第三位。几个世纪以来，斯里兰卡一直是吸引外国游客的热门景点。在12世纪，意大利探险家马可·波罗宣称斯里兰卡是"世界上同面积最好的岛屿"[②]。斯里兰卡政府发展旅游业的举措可以追溯到1937年锡兰旅游局的成立，然而，1939年9月，由于第二次世界大战而关闭。斯里兰卡独立后，考虑通过重建锡兰旅游局来促进旅游业发展。1966年颁布的第10号法令对斯里兰卡的旅游业给予了正式承认，这为建立锡兰旅游局提供了立法依据。从那时起，锡兰旅游局作为国家机构，负责斯里兰卡旅游业的发展。2007年10月，根据2005年第38号旅游法第2条，斯里兰卡旅游局（1966年第10号法案）被斯里兰卡旅游发展局（SLTDA）所取代。目前，斯里兰卡旅游发展局将斯里兰卡划分为几个适合旅游业发展的度假区：科伦坡和大科伦坡度假胜地、南海岸度假区、东海岸度假区、西海岸度假区、加勒乡村度假区、古城度假区，以

---

① Xinhua, "Sri Lanka to Manufacture High-quality Medicines to Cater to Local, Global Markets: Gov't", September 11, 2020, http://www.xinhuanet.com/english/2020-09/11/c_139361755.htm.

② 《斯里兰卡旅游业概况》，维基百科，https://en.wikipedia.org/wiki/Tourism_in_Sri_Lanka#cite_note-covid19e1-18。

及其他旅游胜地，如亚拉、乌达瓦拉维（Udawalawa）国家公园、瓦斯加穆瓦（Wasgamuwa）国家公园和宝石城等。①

当斯里兰卡政府于 1966 年决定通过建立锡兰旅游局来发展旅游业作为国家经济的一个独立部门时，斯里兰卡有 18969 名外国游客。1966—1982 年间除 1971 年外，斯里兰卡旅游人数一直呈上升趋势。1976 年至 1982 年期间，游客人数每年增长 24%，1982 年游客数量达到 407230 人次。然而，随着 1983 年内战的开始，游客人数增长率下降并停滞在每年 30 万到 50 万人次。2009 年，这场持续了 25 年的内战结束，同期游客人数为 448000 人，2015 年游客人数达到 1798380 人，六年内增长超过 300%，2018 年游客人数已超过 230 万人次。根据 2019 年斯里兰卡旅游报告数据，外国游客的来源地排名前十位的国家分别是印度、英国、中国、德国、澳大利亚、法国、俄罗斯、美国、马尔代夫、加拿大。② 斯里兰卡的旅游业收入不断增加，从 2010 年的 5.8 亿美元增长至 2018 年的 43.8 亿美元，2019 年受恐怖袭击事件和新冠疫情的影响下降至 36.1 亿美元。③ 斯里兰卡旅游发展局发布的数据显示，在 2019 年末到 2020 年 3 月，斯里兰卡的游客人数同比下降 70.8%，为 71370 人。3 月是入境游客人数连续第三个月下降。1 月入境人数下降 6.5%，为 228434 人，2 月下降 17.7%，为 207507 人。④ 斯里兰卡旅游业对国内 GDP 的贡献占比不断提高，从 2010 年的 6.9% 增长至 2019 年的 12.6%，同时提供直接就业岗位 16.9 万个，间接就业岗位 21.9 万个，分别是 2010 年旅游业直接、间接就业岗位的 3 倍。⑤

---

① 参见 Sri Lanka Tourism Development Authority，https://sltda. gov. lk/en.

② Sri Lan Tourism Authority，*Tourism Industry Report*，Fourth Quarter 2019，https://sltda. gov. lk/storage/common _ media/Tourism% 20industry% 20report% 20Q4% 202019% 20Update25 38767259. pdf.

③ 《内战后斯里兰卡旅游业快速发展》，《印度教徒报》（*The hindu*），https://www. thehindu. com/news/international/postcivil - war - sri - lankas - tourism - industry - having - one - great - run/article8541224. ece。

④ W. H. M. S. Samarathunga，"Post - COVID - 19 Challenges and the Way forward for Sri Lanka Tourism"，*The Daily FT*，April 21，2020. http://www. ft. lk/columns/Post-COVID-19-challenges-and-the-way-forward-for-Sri-Lanka-tourism/4-699020.

⑤ 斯里兰卡旅游发展局：《斯里兰卡旅游业发展趋势》，https://www. sltda. gov. lk/storage/common_media/Tourism%20Growth%20Trends%201971%20_%202019736772868. pdf。

二　信息服务业

信息通信技术服务是斯里兰卡第四大出口收入来源。斯里兰卡的信息和通信技术部门目前为许多垂直行业提供服务，有 300 多家公司，这些行业包括通信、服装和纺织、金融服务、医疗保健、制造业、媒体、零售业、交通运输、旅游和休闲等。斯里兰卡信息服务业出口收入从 2006 年的 1.66 亿美元增长到 2017 年的 9.68 亿美元，拥有超过 8.5 万名员工，对斯里兰卡经济增长产生了重大影响，主要向北美、欧盟、澳大利亚、东亚、中东、非洲和北欧等地区出口软件产品和服务。斯里兰卡信息服务业的核心竞争力主要在于提供自动化应用测试、基础设施外包、高端研发、企业资源规划（ERP）、云技术、移动应用等众多业务解决方案。由于在语言、文化、政治上的优势，斯里兰卡是世界 500 强企业以及瑞典、挪威、美国、日本等国的信息服务业合资开发公司的海外开发中心。[①]

斯里兰卡的电信、计算机和信息服务是该国服务业增长的关键组成部分，2018 年实现了稳定增长，行业的总收入为 9.95 亿美元，同比增长 8.9%，而且同年斯里兰卡启动了第五代通信技术（5G）的开发进程。斯里兰卡的信息服务业务外包部门在 5 年里使出口值增加了两倍，劳动力增加了一倍，成为增长较快的行业之一。2019 年，斯里兰卡 ICT 产业的从业人员增长 16.9%，从 2018 年的 124873 人增至 146089 人。预计到 2022 年，斯里兰卡的信息服务业收入将达到 50 亿美元，直接提供 20 万个工作岗位，以及 1000 家初创企业。斯里兰卡的国有信息和通信技术署（IC-TA）致力于推动信息技术发展和实施确保城市和乡村信息技术发展。信息和通信技术署参与了"E-斯里兰卡倡议"，涉及建设信息基础设施和有利的环境，开发信息通信技术人力资源，政府现代化和为大众提供服务，利用信息通信技术促进经济社会发展，促进斯里兰卡成为信息通信产业基地五大战略。[②]

---

① Export Development Board Sri Lanka, "ICT Services Overview", https://www.srilankabusiness.com/ict-services/about/.

② Oxford Business Group, "Sri Lanka Moves to Expand ICT Infrastructure and Improve the Population's Digital Literacy", https://oxfordbusinessgroup.com/overview/targeted-approach-efforts-expand-infrastructure-and-improve-digital-literacy-are-laying-groundwork.

斯里兰卡正在成为一些关键领域的全球 IT 业务外包的首选目的地。2017 年，斯里兰卡在科尔尼（AT Kearney）全球 IT 外包目的地前 50 名中排第 11 位，较 2016 年上升 3 位。在斯里兰卡的 ICT 产业中，软件服务部门包括电信、银行、金融服务、保险，以及软件测试，IT 业务外包部门包括金融和会计服务，投资研究，工程服务，以及法律服务。与其他 IT 业务外包目的地相比，斯里兰卡的劳动力成本相对较低。汇丰、当纳利（RR Donnelley）、西斯科（Sysco）、阿斯特朗（Astron）、创数（Innodata）和沃思等跨国企业都在斯里兰卡设立了呼叫中心或 IT 业务外包业务。斯里兰卡政府正致力于将斯里兰卡进一步发展为全球信息技术、呼叫中心和 IT 业务外包的基地。

斯里兰卡的电信部门是该国颇具活力的部门之一，直接和间接地为投资、就业、生产力、创新和整体经济增长做出了重大贡献。斯里兰卡的电信市场过于拥挤，有五家移动运营商在为 2100 万人服务。由于最近对电信公司征收了大量税收，预计小公司将退出或与大公司合并。近年来，斯里兰卡的电信部门吸引了大量外国直接投资。斯里兰卡的电信用户不断增加，固话和移动电话总密度不断提高，其中移动用户增加最多，基本语音服务需求似乎已经达到饱和点。移动电话运营商主导着这个行业。电信基础设施不断扩大，电信服务水平逐步提高。现有的电信运营商之间存在着激烈的竞争，包括三家固话运营商、五家移动运营商和 11 家互联网服务提供商。斯里兰卡参与了"东南亚—中东—西欧"（SEA-ME-WE IV）项目，该海底电缆系统通过印度次大陆和中东连接东南亚和欧洲，旨在通过增加新加坡和法国之间沿线用户的带宽和全球连接，将这些地区带向全球通信的前沿。"东南亚—中东—西欧"项目的四根光纤电缆提供每秒 1. 28 兆比特的带宽容量，保证使用寿命为 25 年，该海底电缆系统将为斯里兰卡提供巨大的带宽优势，将进一步推动电信产业发展和全球商业中心建设。[①]

———————

① The International Trade Administration（ITA），U. S. Department of Commerce，"Sri Lanka-Information and Communication Technologies"，July 22，2019，https：//www. export. gov/apex/article2？id＝Sri-Lanka-Information-and-Communication-Technologies.

三　金融业

斯里兰卡的银行业务和货币发行由中央银行控制。直到 20 世纪 70 年代末，商业银行几乎是由两家国有银行——锡兰银行和人民银行垄断。后自由化时期允许建立几家私人商业银行和银行业的全面扩张，特别是1979 年政府决定允许外国银行在斯里兰卡开设分行。同样的趋势也出现在其他商业领域，如保险和进口货物批发贸易领域。私营部门更多地参与工商业，导致科伦坡出现了一个小而充满活力的股票市场。目前，斯里兰卡的金融体系仍由银行和国有企业主导。截至 2017 年底，斯里兰卡银行体系共有 32 家持牌银行，其中有 25 家持牌商业银行（包括 12 家外资银行分支机构），7 家持牌专业银行。2017 年，基础资产以每年 12.3% 的速度扩张，主要原因是对制造业（21.9%）、贸易（19.8%）和建筑业（19.5%）贷款的增加，占银行业信贷敞口总额的 43%。此外，非银行金融机构（金融服务、保险等）由 46 家金融公司和 7 家专业租赁公司组成，仅占金融系统总资产的 7%，但斯里兰卡大量有助于扩大金融包容性的小额信贷机构（MFIs）仍处于受监管的金融体系之外，保险和资本市场部门占斯里兰卡金融部门总资产的份额相对较小。28 家保险公司占金融业的 3.3%，而 294 家资本市场公司只占 0.9%。斯里兰卡中央银行建立了部门监管结构，涵盖银行、金融公司、租赁和小额信贷，斯里兰卡证券交易委员会（SEC）负责资本市场监管，斯里兰卡保险委员会（IBSL）负责保险业务。为了协调金融部门的监管职能，2007 年成立了监管机构委员会，由所有金融部门一级监管机构组成，其目标是确保金融部门有序发展和制定保障金融体系稳定的政策。该委员会于 2015 年重组为金融部门监督委员会（FSOC），以强调其金融系统监督作用，但该委员会目前尚未充分发挥其潜力。

斯里兰卡金融部门的发展与实体经济的发展不相称，尽管斯里兰卡人均收入分别是印度和孟加拉国的 2.5 倍和 3 倍，但斯里兰卡的信贷占 GDP的比例为 40.73%，比印度（52.6%）和孟加拉国（43.9%）都低，更是远低于中国（153.3%），越南（111.9%）和泰国（151.3%），也低于南亚地区的平均水平（47.59%）和中等收入国家的平均水平（97.03%）。相对于其他国家及地区，斯里兰卡的金融部门在总资产规模、信贷中介、金融深度和多样化方面都有增长的空间。斯里兰卡缺乏竞争性、多样化和监管良好的金融市场，限制了中小微企业获得投资融资的机会。由于银行和其他金融机构认为，小微企业信用风险高，小微企业继续被大型企业客户、国有企业和政府债务融资挤出银行业。根据世界银行的调查，斯里兰卡有超过30%的小微企业认为，金融系统是主要的营商障碍，超过50%的斯里兰卡企业表示，它们的营运资金来自它们自己的资源，而印度尼西亚、马来西亚的比例都只有15%，泰国为25%，南亚地区的平均值为25%。资本市场本可以为企业提供融资渠道，特别是为包括国有企业在内的大型企业提供融资渠道，但由于资本市场不发达，因此导致它们过度依赖银行系统融资，从而损害了小微企业的利益。由于竞争不足，信贷机构也没有形成足够的内部能力来服务中小微企业，导致为服务这一细分市场而进行现代化和创新的动机较低。①

---

① The World Bank, *To the Democratic Socialist Republic of Sri Lanka for a Sri Lanka Financial Sector Modernization Project*, Report No: PAD2082, March 14, 2017. http://documents1.worldbank.org/curated/es/968821491616986434/pdf/SRILANKA-PAD-03172017.pdf.

第六章　政治生态

斯里兰卡民主社会主义共和国（简称斯里兰卡，旧称锡兰）有着两千多年的悠久历史。前 5 世纪，僧伽罗人从印度迁居斯里兰卡；前 2 世纪左右，南印度的泰米尔人也开始迁入斯里兰卡，形成了两大族群——僧伽罗人和泰米尔人，他们分别信仰佛教和印度教。从 5 世纪到 16 世纪，僧伽罗王国和泰米尔王国之间征战不断，直到 1521 年葡萄牙殖民者入侵该地区。由于交通战略位置优越，各殖民大国开始争夺斯里兰卡的控制权，该地区前后经历了葡萄牙（1505—1658）、荷兰（1658—1796）、英国（1796—1948）的殖民统治。一方面，殖民宗主国对斯里兰卡进行经济掠夺，为了垄断肉桂等香料贸易，攫取经济利益，强迫当地居民种植香料，在一定程度上破坏了该国原本自给自足的农业。殖民统治也削弱了传统僧伽罗王国的统治基础。在宗教层面，天主教的传播对佛教构成威胁，殖民者强迫当地佛教徒改信天主教。在种姓制度层面，以种姓为基础的利益分配体系被打破，殖民统治阶层以及新生的混血人群成为新兴贵族，传统高种姓人群的经济收入和政治地位下降，中低种姓人群被允许担任殖民官职。①

另一方面，殖民统治也为斯里兰卡打开了现代政治制度的大门，荷兰人带来的罗马荷兰法系②让该国开始接受现代法律制度的洗礼，与英国人带来的普通法构成了斯里兰卡现代法律制度的基础；英国人在斯里兰卡行

---

①　佟加蒙：《殖民统治时期的斯里兰卡》，社会科学文献出版社 2015 年版，第 65 页。

②　罗马荷兰法系是指以罗马法为基础，融合中古荷兰法而形成的法律体系。12 世纪时，荷兰为神圣罗马帝国的采邑，日耳曼习惯法同样适用于荷兰社会。后来罗马法的复兴对荷兰法律的发展起了重要作用，最终形成了罗马荷兰法系。17—18 世纪的荷兰发展成为庞大的贸易帝国和殖民帝国。罗马—荷兰法在这一时期被推广到荷兰的殖民地，也包括斯里兰卡。

政、财政及司法等领域所实施的政策（建立公务员制度等）以及建立的各种专业机构（税务委员会、审计与会计部门、最高法院与各级地方法院等），让该国初具现代政治制度的要素。在漫长的殖民时期，斯里兰卡人民一直没有放弃对殖民主义的反抗。英国为了平息民族独立情绪的高涨，"顺应民意"地进行了数次宪法改革。1931 年，英国颁布了斯里兰卡第一部宪法——《多诺莫尔宪法》（Donoughmore Constitution）①，设立有立法权和行政权的国务院（The State Council），但实权仍掌握在英国总督手中。同时，英国殖民者利用选举代表权问题，加剧两大族群间的矛盾，以达到分而治之，瓦解民族独立运动的目的。② 第二次世界大战结束后，在民族独立运动的浪潮下，为了延续殖民利益，英国派遣到斯里兰卡的调查团建议给予斯里兰卡自治地位，建立议会制政府并设参众两院。英国政府接受建议并据此于 1946 年 5 月制定了斯里兰卡第二部宪法——《索尔伯里宪法》（Soulbury Constitution）。1948 年 2 月 4 日，斯里兰卡按照新宪法举行大选，正式宣告独立，成为英联邦的一个自治领。

本章将从政治结构、总统选举、主要政党等结构性要素出发，阐释总结斯里兰卡的政治生态及其主要特征。

第一节　政治结构

宪法是斯里兰卡的最高法律，确立了基本政治制度，因而可以从宪法出发认识该国的政治结构。

一　宪法

斯里兰卡先后共颁布过四部宪法。在 1931 年《多诺莫尔宪法》和 1947 年《索尔伯里宪法》之后，第三部宪法是 1972 年在时任总统西丽玛沃·班达拉奈克夫人（Sirimavo Bandaranaike）领导下制定的，并改国名为斯里兰卡共和国，废除参议院，实行一院制国民议会，规定议会是国家最高权力机关，开始了斯里兰卡第一共和国时期。

---

① 宪法之所以以"多诺莫尔"命名，是因为当时英国政府派伯爵多诺莫尔领导的委员会负责斯里兰卡宪法草案的审查，该委员会的审查建议被接受，成为 1931 年宪法的基础。

② 参见《多诺莫尔宪法》，http://countrystudies.us/sri-lanka/19.htm。

现行宪法——《斯里兰卡民主社会主义共和国宪法》（以下简称"1978 年宪法"）是 1978 年在时任总统朱尼厄斯·理查德·贾亚瓦德纳（Junius Richard Jayewardene）主导下制定的，正式改国名为斯里兰卡民主社会主义共和国，开启了斯里兰卡第二共和国时期。"1978 年宪法"有172 个条文，共 24 章，主要章节有人民、国家和主权；佛教；基本权利；语言；公民身份；国家政策和基本职责的指导原则；行政机关：共和国总统；行政机关：内阁；立法机关：议会；立法机关的程序和权力；宪法修正案；全民公决；选举权和选举；司法独立；司法服务委员会；最高法院及上诉法院；财政；公共安全；国家警察委员会；议会行政监察专员；调查贿赂或腐败指控的委员会等。

在国体和政体上，根据"1978 年宪法"及宪法修正案的规定，目前斯里兰卡是半总统制的单一制共和国。一院制议会是最高立法机构，采取比例代表制和公民投票制度，重大问题由公民投票决定，根据宪法修正案的规定，议会任期可通过公民投票决定是否延长。斯里兰卡由议会制改行半总统制，总统集国家元首、政府首脑、武装部队总司令于一身，不对议会负责。内阁是总统的行政办事机构，向议会负责，内阁成员由总统任命，总理是内阁成员之一，在内阁中地位排在总统之后。总理由总统在国会议员中任命，是总统认为"赢得议会最多信任"的议员，一般来说是议会多数党领袖。根据宪法，如果总统职位空缺，总理将代理总统行事，直到新总统就职。根据宪法的规定，斯里兰卡实行"三权分立"制度。①

二 行政权

斯里兰卡最高行政权由总统行使，总统为内阁首长，内阁是总统的行政办事机构，内阁对议会负责。"1978 年宪法"最初规定总统任期六年，连任不得超过两届，2010 年第 18 号宪法修正案取消了任期限制，但 2015 年第 19 号宪法修正案恢复了任期限制，并将任期定为五年。

总统由选民直接选举产生，对选民负责，不对议会负责。总统候选人必须是年满 30 岁的有选举权的公民，被提名的方式有两种：一般公民需

---

① 参见斯里兰卡"1978 年宪法"及其修正案，https://www. parliament. lk/files/pdf/constitution. pdf，访问日期：2023 年 1 月 18 日。

经官方认可的政党提名；议员可由其他政党或注册选民提名。总统由全民直接选举产生，每位选民按照优先顺序最多可投票给 3 名总统候选人，先只计算第一顺位候选人的票数，获得有效选票一半以上者当选。如果无人选票过半，则对得票最多的两位候选人进行第二轮选票计算，计算第二顺位或第三顺位投票给这两位候选人的票数，所得选票与两人原得第一顺位选票相加，最终得票总数多者当选；若得票相等则以抽签的方式决定。但在现实中，斯里兰卡民众往往只重视第一顺位候选人，只有少数选民会在选票上标明第二或第三顺位候选人。

根据现行宪法的规定，斯里兰卡总统的主要职权有领导内阁处理国家行政事务；主持内阁会议，任命内阁成员和内阁部长，也可以任命他自己为内阁部长；有权任命总理、议会秘书长、监察专员、总检察长、最高法院法官、高等法院法官、警察局长及军队司令等国家重要职务；有权任命独立委员会（选举委员会、公共服务委员会、反贪与人权委员会、司法服务委员会和警察委员会等）成员；主持、参加议会，向议会发表国情咨文，参会期间享有议员的司法豁免权；有权在一届议会运行一年之后解散议会；有权宣布举行全民公决以批准重大提案，包括被议会拒绝的提案；可以在法律授权范围内处理国家土地和不动产；有权宣战或停战；有权宣布赦免或减刑等。①

表 I-6-1 　　　　　　　　斯里兰卡历任总统情况

姓名	任职时间	所属政党
威廉·高伯拉瓦（William Gopallawa）	1972. 5—1978. 2	无党派
朱尼厄斯·理查德·贾亚瓦德纳（Junius Richard Jayewardene）	1978. 2—1989. 1	统一国民党（United National Party）
拉纳辛哈·普雷马达萨（Ranasinghe Premadasa）	1989. 1—1993. 5	统一国民党
丁基利·班达·维杰通加（Dingiri Banda Wijetunga）	1993. 5—1994. 11	统一国民党

---

① 参见斯里兰卡"1978 年宪法"及其修正案，https://www. parliament. lk/files/pdf/constitution. pdf。

续表

姓名	任职时间	所属政党
钱德里卡·库马拉通加（Chandrika Kumaratunga）	1994.11—2005.11	斯里兰卡自由党（Sri Lanka Freedom Party）
马欣达·拉贾帕克萨（Mahinda Rajapaksa）	2005.11—2015.1	斯里兰卡自由党
迈特里帕拉·西里塞纳（Maithripala Sirisena）	2015.1—2019.11	斯里兰卡自由党
戈塔巴雅·拉贾帕克萨（Gotabaya Rajapaksa）	2019.11—2022.7	斯里兰卡人民阵线（Sri Lanka Podujana Peramuna）
拉尼尔·维克拉马辛哈（Ranil Wickremasinghe）	2022.7至今	统一国民党

资料来源：根据斯里兰卡政府官方网站资料整理，https://www.gov.lk/welcome.html，访问日期：2023年1月18日。

三　立法权

斯里兰卡最高立法权由一院制议会行使。目前基本上每五年举行一次议会选举。议会席位数是225席，其中196个席位由全国22个选区选举产生，实行比例代表制，由各政党或独立团体在各选区提出有优先顺序的候选人名单，再根据得票多少，在选区内按比例和优先顺序获得议会席位。剩下29个议会席位被称为国家名单，根据各党在全国得票总数比例分配席位数，再由各党主席在候选人名单中决定人选。宪法规定，议员候选人需年满18岁、智力健全、没有被判处过重大罪行，并且不得在军队、警察等相关公务部门任职。

议会每年至少开会一次。其职权主要有制定或修改宪法和法律，增设宪法条款，制定新的宪法修正案以废止宪法部分规定或旧的宪法修正案，宪法修正案的通过需要经过议会三分之二以上议员同意；有权提出或讨论国家议案，并经过半数以上议员同意可以通过议案；有权通过对内阁的不信任案，以解散内阁；享有财政权，有权制定国家财政预算、国民经济和社会发展计划案和税收政策等。议员有权在总统因故（如生病、违宪或叛国、贪污行贿、滥用职权等）不能胜任职务时弹劾总统，但程序复杂。议员需要将书面弹劾案呈交议长，经三分之二以上议员签署同意时，无须议长批准；如不足三分之二，但经半数以上议员签署，则需经过议长批准；

无论如何，都需要由议长转呈最高法院进行调查。如裁决认为弹劾理由属实，最后再经由全体议员三分之二以上通过，才能罢免总统。①

四 司法权

斯里兰卡的司法权由法院行使，包括最高法院、上诉法院、高等法院及地方初审法院。

现行宪法规定，最高法院拥有斯里兰卡最高司法管辖权，由1名首席法官和6—10名法官组成。其主要职权为有权审查斯里兰卡所有法律或者法案是否符合宪法，在宪法相关问题上拥有最高上诉管辖权；保护斯里兰卡基本人权；拥有所有刑事与民事案件的最高上诉管辖权；有权裁决下级法院之间的管辖权争议；裁决有关总统选举的请愿书；拥有其他选举诉讼的上诉管辖权；管辖议会根据法律授予委托的其他事务等。②

上诉法院仅次于最高法院，由6—11名法官组成。上诉法院具有审理高等法院或任何下级法院上诉案件的管辖权。审理高等法院上诉案件至少需要3名陪审法官，审理初审法院上诉案件至少需要2名陪审法官。如被告人不服上诉法院判决，还可以向最高法院提起上诉，但需要得到上诉法院或最高法院的批准。③

高等法院由10—40名法官组成。高等法院包括各省高等法院以及一些特别高等法院，如高等民事上诉法院、商业高等法院、海事法院、特别高等法院等。省高等法院负责管辖省内较重大的刑事民事案件，以及拥有省内治安法院、初级法院、劳工法庭、土地事务专员法庭做出的命令或判决的上诉管辖权。高等民事上诉法院的设立是为了加快处理区域法院的民事上诉。商业高等法院负责审理涉案金额超过2000万卢比的商业交易所引起的诉讼。特别高等法院审理大规模金融犯罪、贿赂和腐败案件，由首席大法官任命的三名高等法院法官共同审理。地方初审法院负责涉案标的

---

① 参见斯里兰卡"1978年宪法"及其修正案，https://www.parliament.lk/files/pdf/constitution.pdf，访问日期：2023年1月18日。

② 参见斯里兰卡最高法院官网，https://web.archive.org/web/20190810153706/http://www.supremecourt.lk/，访问日期：2023年1月18日。

③ 参见斯里兰卡上诉法院官网，http://courtofappeal.lk/，访问日期：2023年1月18日。

在 1500 卢比以下的民事案件或两年以下监禁的刑事案件。[①]

第二节　总统选举

围绕选举问题，独立后的斯里兰卡形成了两个政治发展阶段：一是议会大选时期（1948—1977 年），根据《索尔伯里宪法》，独立初期的斯里兰卡实行议会内阁制，统一国民党（或其政党联盟）与自由党（或其政党联盟），通过议会大选交替上台执政，先后共产生八届政府。统一国民党赢得了 1977 年的第八次议会选举，党主席朱尼厄斯·理查德·贾亚瓦德纳任总理。二是总统选举时期（1978 年至今），现行的"1978 年宪法"改内阁制为半总统制，赋予总统很大权力，此后总统大选可以说是对斯里兰卡政治生态影响最大的选举。因此，下文主要介绍斯里兰卡总统大选的情况。

一　1982 年总统选举

1982 年斯里兰卡总统大选是"1978 年宪法"实施后的第一次总统大选。1982 年 9 月选举委员会接受了提名，并于当年 10 月举行了选举。

总统之位的竞争主要集中在两位候选人身上：执政党统一国民党的时任总统朱尼厄斯·理查德·贾亚瓦德纳和自由党赫克托·科布贝卡杜瓦（Hector Kobbekaduwa），选举主要聚焦经济政策路线。[②]

贾亚瓦德纳主张继续推行开放市场政策和资本主义改革。统一国民党坚持放松国家对经济的严格控制，实行自由市场经济，鼓励私营经济的发展；实行开放政策，积极吸引外资；为筹措发展经济所需资金，削减部分福利津贴以减少国家的福利负担；扩大出口和发展技术，进一步发展民族经济，兴建公共设施，以缓解就业问题。

而赫克托主张重新推行 1970—1977 年间自由党领导下的有"社会主义"色彩的经济政策，彼时在前总理西丽玛沃·班达拉奈克政府领导下，

---

① "Courts of Law in Sri Lanka", Helpline Law, http://www.helplinelaw.com/article/sri% 20lanka/166 ,updated on 2023/01/18.

② Tikiri Kobbekaduwa, "Hector Kobbekaduwa's 28th Death Anniversary: Champion of Peasant Rights", *Daily News*, January 18, 2023.

该国进行了国有化改革，为了给穷人提供普遍的免费教育、医疗和食品补贴，国家福利开支非常庞大，但由于国家对经济干预过多，对进出口贸易限制过严，工商业管理不善等问题，导致经济活力不足，经济发展缓慢，通货膨胀加重，失业问题突出。赫克托承诺执政后将取消大部分由贾亚瓦德纳推行的政策，并废除总统制，恢复议会制。[①] 最终，贾亚瓦德纳以近53%的得票率当选。虽然赫克托失败了，但在泰米尔语地区赢得了大量选票。

表 I -6-2　　　　　　　　1982 年总统选举主要候选人选举结果

候选人	政党	选票数（张）	得票率（%）
朱尼厄斯·理查德·贾亚瓦德纳	统一国民党	3450811	52. 91
赫克托·科布贝卡杜瓦	自由党	2548438	39. 07
罗哈纳·维耶韦拉 （Rohana Wijeweera）	人民自由阵线 （Janatha Vimukthi Peramuna）	273428	4. 19

资料来源：根据斯里兰卡政府官方网站资料整理，https://elections. gov. lk/web/wp-content/uploads/election-results/presidential-elections/PresidentialElections1982. pdf，访问日期：2023 年 1 月 18 日。

二　1988 年总统选举

1988 年 12 月，斯里兰卡举行了第二次总统选举。当时斯里兰卡仍处于混乱之中，僧伽罗、泰米尔两族冲突已持续数年。泰米尔伊拉姆猛虎解放组织（Liberation Tigers of Tamil Eelam，以下简称"猛虎组织"）[②] 为实现建立独立泰米尔国的目标，不惜发动恐怖主义袭击和游击战。政府军对北部和东部动荡地区进行镇压，与斯里兰卡接壤的印度陆续派遣由 5 万多名军人组成的军队赴斯里兰卡执行维和任务。1987 年，斯里兰卡政府和印度签订和平协议，主要内容是在印度维和部队监督下，斯里兰卡政府军与泰米尔反政府军于同年 7 月停火，但该协议并未使两族满意。僧伽罗人

①　William K. Stevens, "Election in Sri Lanka Capitalism Versus Socialism", *New York Times*, January 18, 2023.

②　泰米尔"猛虎组织"主要由泰米尔人组成，为斯里兰卡北部的反政府武装组织。这是由于斯里兰卡自 1948 年独立后，政府未能妥善处理主要民族僧伽罗族和少数民族泰米尔族之间的矛盾，使民族间的矛盾逐步升级，最终发展成一场旷日持久的内战，至 2009 年 5 月才结束内战。

认为，该协议对泰米尔人让步过多，而泰米尔民族主义情绪爆发，掀起了要求印军撤走的抗议活动。在这一背景下，本届总统大选受到很大影响，北部和东部的猛虎组织控制地区更是未举行投票，选举参与率仅为 50.43%。

本次大选的热门候选人是统一国民党的时任总理拉纳辛哈·普雷马达萨（Ranasinghe Premadasa）和自由党的西丽玛沃·班达拉奈克，两人都承诺如果当选总统将废除上届政府达成的印斯协议，并要求印度军队离开斯里兰卡。[1] 最终，普雷马达萨以 50.43% 的得票率当选总统。

表 I-6-3　　　　　　　1988 年总统选举主要候选人选举结果

候选人	政党	选票数（张）	得票率（%）
拉纳辛哈·普雷马达萨	统一国民党	2569199	50.43
西丽玛沃·班达拉奈克	自由党	2289860	44.95
奥斯温·阿贝古纳塞卡拉（Oswin Abeygunasekara）	人民党	235719	4.63

资料来源：根据斯里兰卡政府官方网站资料整理，https://web.archive.org/web/20090304101352/http://www.slelections.gov.lk/pdf/1988%20Presidential.pdf，访问日期：2023 年 1 月 18 日。

三　1994 年总统选举

1994 年 11 月，斯里兰卡举行了第三届总统大选。

1993 年，总统普雷马达萨在恐怖袭击中被炸身亡，来自统一国民党的时任总理丁基里·班达·维杰通加（Dingiri Banda Wijetunga）继任总统之位。由于维杰通加不愿参加总统选举，统一国民党提名反对党领袖加米尼·迪萨纳亚克（Gamini Dissanayake）为候选人，但大选前夕他被"猛虎组织"暗杀，为了争取同情选票，统一国民党顺势提名他的遗孀斯里马·迪萨纳亚克（Srima Dissanayake）作为总统候选人。而自由党联合各反对党组成了人民联盟（People's Alliance），共同提名班达拉奈克夫人的女儿钱德

---

[1] Nuwan I. Senaratna, "A Brief History of Sri Lankan Presidential Elections", https://medium.com/on-politics/a-brief-history-of-sri-lankan-presidential-elections-8782c2dd8aac, updated on 2023/01/18.

里卡·库马拉通加（Chandrika Kumaratunga）为总统候选人。[1] 由于统一国民党政府在解决泰米尔人问题和促进经济发展等诸多方面没有建树，广大人民对政府的不满情绪与日俱增；而人民联盟适时提出了建立和谐统一的多元族群国家的竞选纲领，以"分权自治"解决族群矛盾，实施自由开放的经济政策，获得了斯里兰卡各阶层人士的支持。[2] 最终，钱德里卡·库马拉通加以62.28%的优势获胜，当选为斯里兰卡新一届总统。

表Ⅰ-6-4　　　　　　　1994年总统选举主要候选人选举结果

候选人	政党	选票数（张）	得票率（%）
钱德里卡·库马拉通加	人民联盟	4709205	62.28
加来尼·迪萨纳亚克	统一国民党	2715283	35.91

资料来源：根据斯里兰卡政府官方网站资料整理，https://web. archive. org/web/2009030410 1347/http://www. slelections. gov. lk/pdf/1994%20Presidential. pdf，访问日期：2023年1月18日。

四　1999年总统选举

1999年12月，斯里兰卡举行第四届总统大选。

库马拉通加上台后，一直致力于打击"猛虎组织"，并收复了被"猛虎组织"占领的部分北方城镇，政局趋于稳定；同时，政府加强宏观调控和金融监督，实施适度紧缩的货币政策，控制通货膨胀，加速国有企业私营化改革，采取优先发展农业，增加出口，扩大劳务输出，大力发展旅游业和吸引外资等一系列措施，使经济得到一定程度的恢复与发展。[3] 她在本次大选中的主要对手统一国民党的拉尼尔·维克勒马辛哈（Ranil Wickremasinghe）则主张与"猛虎组织"为首的极端民族主义势力和解。在大选前夕，"猛虎组织"欲暗杀库马拉通加，她虽然逃过死劫，但失去了右眼。[4] 这一

---

① Nuwan I. Senaratna, "A Brief History of Sri Lankan Presidential Elections", https://medium. com/on-politics/a-brief-history-of-sri-lankan-presidential-elections-8782c2dd8aac, updated on 2023/01/18.

② 何道隆主编：《当代斯里兰卡》，四川人民出版社2000年版，第99—100页。

③ 何道隆主编：《当代斯里兰卡》，四川人民出版社2000年版，第100页。

④ Dexter Filkins and Waruna Karunatilake, "Sri Lankan President Wounded in Suicide Bomber Attack", https://www. latimes. com/archives/la-xpm-1999-dec-19-mn-45445-story. html, updated on 2023/01/18.

事件激起民众对库马拉通加的同情，加上对她政绩的肯定，最终库马拉通加以51.12%的得票率赢得大选，实现了连任。

表Ⅰ-6-5　　　　　　1999年总统选举主要候选人选举结果

候选人	政党	选票数（张）	得票率（%）
钱德里卡·库马拉通加	人民联盟	4312157	51.12
拉尼尔·维克勒马辛哈 （Ranil Wickremasinghe）	统一国民党	3602748	42.71
南达那·古纳蒂莱克 （Nandana Gunathilake）	人民解放战线	344173	4.08

资料来源：根据斯里兰卡政府官方网站资料整理，https://wayback.archive-it.org/all/20090304101308/http://www.slelections.gov.lk/pdf/1999%20Presidential.pdf，访问日期：2023年1月18日。

五　2005年总统选举

2005年11月，斯里兰卡举行了第五届总统大选，该国人口占少数的泰米尔族人在此次选举中投票率不高。

本次大选的热门候选人分别是自由党的时任总理马欣达·拉贾帕克萨和统一国民党的拉尼尔·维克勒马辛哈。在经济政策上，两人的主张也不同，维克勒马辛哈主张实行自由主义经济，但他的私有化政策也引起了一些争议，而马欣达反对过度私有化，主张民族主义的经济政策。在族群问题上，马欣达是僧伽罗民族主义者，对待"猛虎组织"问题的态度非常强硬，他不主张与"猛虎组织"进行停火谈判。因此，泰米尔恐怖组织对他恨之入骨，而普通泰米尔人也对他有所忌惮，而维克勒马辛哈在族群问题上依然保持着温和态度，希望获得少数民族选民的支持。[1] 在大选时，泰米尔"猛虎组织"阻止本族人出门投票，在部分地区成功抵制了大选工作。[2] 但泰米尔族投票率低反而对拉贾帕克萨有利。最终，马欣

---

[1] "Sri Lanka Presidential Election 17 November 2005—Report of the Commonwealth Expert Team"，http://aceproject.org/ero-en/regions/asia/LK/sri-lanka-final-report-presidential-elections，updated on 2023/01/18.

[2] John Hickman, "Is Electoral Violence Effective? Evidence from Sri Lanka's 2005 Presidential Election"，*Contemporary South Asia*，Volume 17, Issue 4, 2009.

达·拉贾帕克萨以 50.29% 的得票率赢得大选。

表Ⅰ-6-6　　　　　2005 年总统选举主要候选人选举结果

候选人	政党	选票数（张）	得票率（%）
马欣达·拉贾帕克萨	统一人民自由联盟	4887152	50.29
拉尼尔·维克勒马辛哈	统一国民党	4706366	48.43
西里通加·贾亚苏里亚 （Siritunga Jayasuriya）	统一社会党	35425	0.36

资料来源：根据斯里兰卡政府官方网站资料整理，https://web.archive.org/web/20090304 101338/http://www.slelections.gov.lk/pdf/2005%20Presidantial-District.pdf，访问日期：2023 年 1 月 18 日。

六　2010 年总统选举

2010 年 1 月，斯里兰卡举行了第六届总统大选。这是斯里兰卡政府击败泰米尔"猛虎组织"，结束 26 年内战后的首次总统大选。但本次选举暴力和违规问题十分严重，选举委员会收到 1000 多起相关投诉。[①]

马欣达总统想借助内战胜利的势头谋求连任，于是提前宣布进行总统大选。作为 2009 年结束内战的英雄，他在民众中声望很高，几乎锁定胜局。他的主要竞争对手是萨拉特·丰塞卡（Sarath Fonseka）将军，两人曾是亲密战友，但内战后关系恶化。丰塞卡认为，他自己作为内战功臣在战后被总统边缘化。[②] 2009 年 7 月，丰塞卡辞去国防总参谋长职务，后被反对党联盟推选为总统候选人。两名候选人的竞选纲领并没有多大区别，都承诺实现民族和解，推动经济发展。虽然丰塞卡获得了很多少数民族选票，但被马欣达的支持者攻击没有执政经验，最终马欣达还是凭借在僧伽罗人中的更高威望，以 57.88% 的得票率赢得总统大选。[③]

[①] "Sri Lanka：General Election 2010"，https://www.socialistworld.net/2010/04/22/sri-lanka-general-election-2010/，updated on 2023/01/18.

[②] "Sri Lanka：General Election 2010"，https://www.socialistworld.net/2010/04/22/sri-lanka-general-election-2010/，updated on 2023/01/18.

[③] Dayan Jayatilleka，"Sri Lanka's Presidential Election 2010：The Choice before Pluralist Democrats"，https://www.files.ethz.ch/isn/110944/149.pdf，updated on 2023/01/18.

表Ⅰ-6-7　　　　　　2010年总统选举主要候选人选举结果

候选人	政党	选票数（张）	得票率（%）
马欣达·拉贾帕克萨	统一人民自由联盟	6015934	57.88
萨拉特·丰塞卡 （Sarath Fonseka）	新民主阵线	4173185	40.15
莫霍马德·卡西姆·莫霍马德·伊斯梅尔 （Mohomad Cassim Mohomad Ismail）	民主统一国民阵线	39226	0.38

资料来源：根据斯里兰卡政府官方网站资料整理，https://elections.gov.lk/web/wp-content/uploads/election-results/parliamentary-elections/general-election-2010.pdf，访问日期：2023年1月18日。

七　2015年总统选举

2015年1月，斯里兰卡举行了第七届总统大选，本届选举竞争十分激烈。

时任总统马欣达谋求第二次连任，作为内战英雄，他在2010年成功连任总统之后，凭借执政联盟在国会的席位优势通过了宪法第18号修正案，取消总统的任期限制，他自己有机会可以继续担任总统。在选举前，执政党内重要人物迈特里帕拉·西里塞纳（Maithripala Sirisena）带领数十名内阁官员及国会议员退出执政联盟。他原本作为执政党秘书长兼斯里兰卡卫生部长，享有很高声望，于是被反对党阵营推举为联合候选人，获得了最大反对党——统一国民党以及泰米尔民族联盟、斯里兰卡穆斯林国会党等少数族群政党的支持。[1]

马欣达的强势作风、贪腐丑闻以及家族成员掌控国家大权等诸多争议，令民众开始有所不满。西里塞纳得到了少数群体的明确支持，包括印度教徒、穆斯林和基督徒。他承诺反腐败，限制总统权力和打击裙带关系的立场也吸引了一部分僧伽罗人，尤其是来自农村地区的僧伽罗佛教徒等中下阶层人民纷纷转而支持西里塞纳。[2] 最终，西里塞纳以51.28%的得

---

① Commonwealth Observer Group, "Presidential Elections of Sri Lanka 8 January2015", https://reliefweb.int/sites/reliefweb.int/files/resources/SL% 20PE% 202015% 20COG% 20Report% 20FINAL.pdf, January 18,2023.

② Rishi Iyengar, "Sri Lanka's Strongman President Could Be Facing a Poll Upset", https://time.com/3659152/sri-lanka-election-voting-rajapaksa-sirisena/, January 18,2023.

票率击败拉贾帕克萨赢得总统大位。

表Ⅰ-6-8　　　　2015 年总统选举主要候选人选举结果

候选人	政党	选票数（张）	得票率（%）
迈特里帕拉·西里塞纳	斯里兰卡自由党	6217162	51.28
马欣达·拉贾帕克萨	统一人民自由联盟	5768090	47.58
拉特纳亚克·阿拉奇奇·西里塞纳（Ratnayake Arachchige Sirisena）	爱国国民阵线	18174	0.15

资料来源：根据斯里兰卡政府官方网站资料整理，https://elections.gov.lk/web/wp-content/uploads/election-results/presidential-elections/PresidentialElections2015.pdf，访问日期：2023 年 1 月 18 日。

八 2019 年总统选举

2019 年 11 月，斯里兰卡举行了第八届总统大选。

上一届选举后，西里塞纳履行了他的竞选承诺，通过第 19 号宪法修正案，限制总统任期，平衡总统与总理、议会之间的权力，规定总统不能单方面解除总理职务等。但在 2018 年年末，斯里兰卡却爆发了严重的宪政危机①，事件导致支持原总理的上万民众走上街头抗议，引发了国际高度关注。②

在这一背景下，西里塞纳未争取连任，执政联盟统一国民阵线提名时任住房建设和文化事务部长的萨吉斯·普雷马达萨（Sajith Premadasa）作为候选人。他是斯里兰卡历史上首位平民总理拉纳辛哈·普雷马达萨的儿子，继承了其父在中下层民众中的良好口碑。他的主要竞争对手是反对党人民阵线提名的戈塔巴雅·拉贾帕克萨，他曾在其哥哥马欣达执政期间担

---

① 2018 年 10 月，斯里兰卡爆发了严重的宪政危机，随着西里塞纳与总理拉尼尔·维克雷梅辛格之间关系的恶化，政府改革议程也随之停滞。西里塞纳与马欣达结成同盟，单方面强行将维克勒马辛哈免职并下令议会休会，同时任命马欣达为新总理，而维克勒马辛哈认为他自己仍是合法总理，不愿离职。事件引起支持原总理的上万民众走上街头抗议，引发国际高度关注。最后，国会通过对"新总理"马欣达的不信任案，最高法院也裁定总统议会休会的决定违宪，马欣达辞职，西里塞纳只能再度任命维克勒马辛哈为总理。

② Jeffrey Feltman, "Sri Lanka's Presidential Elections: Progress, Regression, or Paralysis?", https://www.brookings.edu/research/sri-lankas-presidential-elections-progress-regression-or-paralysis/, updated on 2023/01/18.

任国防部部长一职，并在内战中建功，因而受到主流僧伽罗人的尊敬。2019 年 4 月，"复活节恐怖袭击事件"① 发生后，斯里兰卡民族主义情绪爆发，戈塔巴雅主张重新检视国家安全政策，承诺维护国家安全，打击宗教极端主义，被普遍认为胜算较高。但兄弟两人以往的高压管治手段，令少数民族忌惮。其对手萨吉斯·普雷马达萨获得了少数族群泰米尔族选区选民力挺，但在较广大的僧伽罗人选区，选民仍倾向于戈塔巴雅。② 由于斯里兰卡僧伽罗人占多数，最终戈塔巴雅以 52.25% 的得票率赢得总统大选。

表 I-6-9　　　　　　2019 年总统选举主要候选人选举结果

候选人	政党	选票数（张）	得票率（%）
戈塔巴雅·拉贾帕克萨	斯里兰卡人民阵线	6924255	52.25
萨吉斯·普雷马达萨（Sajith Premadasa）	新民主阵线（New Democratic Front）	5564239	41.99
阿努拉·库马拉·迪萨纳亚卡（Anura Kumara Dissanayaka）	人民力量国家运动（National Movement for People's Power）	418553	3.16

资料来源：https://election.adaderana.lk/。

九　2022 年总统选举

拉贾帕克萨政府上台后为刺激经济，在 2019 年底开始实行大规模减税政策③，但随后暴发的新冠疫情导致当地旅游业受到重创，政府收入大幅下降，减税政策未能发挥出预期效果，失业率、通货膨胀率、国家负债率逐渐攀升，国内停电和燃料及必需品短缺。2021 年，斯里兰卡爆发了

---

①　2019 年 4 月 21 日复活节当日，一个自称"伊斯兰国"的极端组织 Tawheed Jamaat 制造了一系列自杀式炸弹袭击，共造成 290 多人死亡，至少 450 人受伤。恐袭地点穿越斯里兰卡东西部的 8 个城市，包括首都科伦坡，基督教教堂以及西方游客经常居住的著名酒店是袭击重点。由于死者和失踪者中有多名美国公民，因此受到了美国政府和天主教教皇的强烈谴责。

②　Hannah Ellis-Petersen, "Sri Lanka's Presidential Election: What You Need to Know", https://www.theguardian.com/world/2019/nov/13/sri-lankas-presidential-election-what-you-need-to-know, updated on 2023/01/18.

③　"Cabinet Announces Massive Tax Cuts", https://www.newsfirst.lk/2019/11/27/cabinet-announces-massive-tax-cuts/, updated on 2023/01/18.

自 1948 年独立以来最大的经济危机。① 2022 年，由于不满拉贾帕克萨政府对经济管理不善导致经济危机爆发，斯里兰卡国内屡屡爆发示威游行，示威者要求拉贾帕克萨政府立即辞职下台。政府对此采取了一系列压制措施，反而使得矛盾更加激化。2022 年 7 月，示威者冲入总统官邸，要求总统戈塔巴雅·拉贾帕克萨辞职，拉贾帕克萨在反政府示威中宣布辞职并逃往国外，时任总理拉尼尔·维克拉马辛哈开始代理总统之职。

鉴于国内形势动荡，不宜举行全民选举，根据 1981 年《总统选举法》的规定，当出现宪法第 38 条规定的总统职位空缺时，议会应选举一名有资格当选总统职位的议员担任总统，任期至前任总统任期届满。于是议会提名了三位候选人，分别是统一国民党的拉尼尔·维克拉马辛哈、斯里兰卡人民阵线的杜拉斯·阿拉哈佩鲁马（Dullas Alahapperuma）、人民自由阵线的阿努拉·库马拉·迪萨纳亚克（Anura Kumara Dissanayaka）。

2022 年 7 月 20 日，议会召开会议，通过无记名投票选举总统。每位国会议员只能投一票，经统计，拉尼尔·维克拉马辛哈最终正式当选总统。

第三节　主要政党

斯里兰卡政党具有民族与宗教同一的特性。斯里兰卡的国教为佛教，全国人口中佛教徒约占 70.2%，主要信奉者为僧伽罗人；印度教徒占 12.6%，主要信奉者为泰米尔人；另有约 9.7% 的穆斯林（主要是逊尼派），6.1% 是罗马天主教徒等。② 由于各族群长久以来几乎很少混居③，文化习俗方面也存在巨大差异，未能实现融合。为了争取族群利益，各族群分别产生了代表它们自己利益的政党。代表两大族群的政党是斯里兰卡政党的主体，其中僧伽罗人政党居决定性地位，对斯里兰卡的政治生态产生了重大影响。

---

① "Sri Lanka Declares Worst Economic Downturn in 73 Years"，https：//www.france24. com/en/live-news/20210430-sri-lanka-declares-worst-economic-downturn-in-73-years，updated on 2023/01/18.

② 参见 http://www. statistics. gov. lk/PopHouSat/CPH2011/index. php？fileName = pop43&gp = Activities&tpl = 3，updated on 2023/01/18.

③ 除了首都科伦坡存在多民族聚居外，僧伽罗人主要居住在斯里兰卡人口较密集、经济较发达的南部、西部、西南部和中部高山地区，而泰米尔人则集中在北部的贾夫纳半岛和东部的行政区。

一　统一国民党

统一国民党成立于 1946 年 9 月，在斯里兰卡独立前夕，为了联合竞选，在民族运动领袖唐·斯蒂芬·森纳那亚克（Don Stephen Senanayake）和佛教民族主义领袖所罗门·班达拉奈克的带领下，由锡兰国民大会党、僧伽罗大会党等右翼民族主义政党合并而成。1947 年，统一国民党在独立后的首届议会选举中获胜，森纳那亚克出任总理。1951 年 9 月，党派内部出现分歧，班达拉奈克退出，另组自由党。

独立后统一国民党先后 8 次赢得国会选举，上台执政（独立或与其他政党联合），执政期分别是 1948 年 2 月—1952 年 5 月、1952 年 5 月—1956 年 4 月、1960 年 3 月—1960 年 7 月、1965 年 3 月—1970 年 5 月、1977 年 7 月—1989 年 1 月、1989 年 1 月—1994 年 8 月、2001 年 10 月—2004 年 4 月、2015 年 8 月—2020 年 8 月。由于长期执政，统一国民党的政治纲领和方针政策影响着整个国家的发展。1977 年，贾亚瓦德纳上台执政后，在他与统一国民党的主导下颁布了新宪法，改变了国家政治体制，由内阁制转型为半总统制，赋予总统极大的权力，改变了斯里兰卡整个国家的政治走向。统一国民党的候选人分别在 1982 年和 1988 年赢得总统大选。从 1977 年到 1994 年，在国会连续执政的 17 年是统一国民党最强盛时期，并开启了国家的自由经济政策和私有化改革进程。2001 年，面对国家经济严重衰退，该党提出复兴经济的战略并主张与"猛虎组织"进行和平谈判解决族群冲突，得到了广大民众的支持，在国会选举中获胜。2015 年，该党再次赢得议会大选，同年 8 月，该党领导人拉尼尔·维克拉马辛哈被任命为斯里兰卡总理，该党与斯里兰卡自由党签署组建民族团结政府的谅解备忘录，以解决斯里兰卡在内战结束后仍未解决的族群冲突问题。[①] 2020 年初，统一国民党因工作委员会批准组建新的政党联盟而发生严重分裂，有 99 名高层被停职。[②] 因此，在 2020 年国会选举中，统一国

---

① "UNP and SLFP Sign MoU", http://www. dailymirror. lk/84245/unp-and-slfp-sign-mou, updated on 2023/01/18.

② "SJB Insists It Had Backing of UNP when Formed", https://colombogazette. com/2020/05/30/sjb-insists-it-had-backing-of-unp-when-formed/, updated on 2023/01/18.

民党遭遇历史上最严重失败，没有赢得一个席位，只获得了一个国家名单席位。[1] 2022 年，在总统戈塔巴雅·拉贾帕克萨辞职后，该党领导人拉尼尔代任总统，并由议会选举成为正式总统。

统一国民党是一个政治立场偏中右翼的政党。目前，在经济上，统一国民党主张经济自由化，推动私有化改革，鼓励市场自由竞争；主张积极吸收外资，取消外汇管制，促进进出口贸易自由，建立自由贸易区；注重农业和农村发展，曾发起"乡村重新唤醒运动"（Gam Udawa），以发展全国各地被忽视的农村地区；积极推动电力、灌溉水利、桥梁、机场等基础设施建设。在社会治理上，该党注重发展教育，主张向学龄儿童提供免费课本，提供合理的奖学金计划，积极发展技术职业院校和现代信息化的高等学府；重视民生问题，曾发起"百万房屋计划"，为无家可归的人提供住房，主张给人民创造更多就业机会；积极推动军队现代化改造，使之成为一支有现代作战能力的部队。在民族问题上，该党反对建立独立的"泰米尔国"，坚持维护国家的团结和统一，在具体问题如语言、教育上，该党倾向于民族和解的政策。在外交上，该党主张奉行独立、自主和不结盟外交政策，反对帝国主义、霸权主义与殖民主义，维护斯里兰卡的主权、完整和自由，重视发展与中国的友好关系。[2]

二　斯里兰卡自由党

1951 年 9 月，原僧伽罗大会党领袖、时任政府卫生和内政部长的索罗门·班达拉奈克退出统一国民党，另行组建了斯里兰卡自由党。斯里兰卡自由党是僧伽罗人政党，该党的支持者主要是僧伽罗地区的农民，以及医生、神职人员、教师等中产阶级，因此班达拉奈克称自由党是"农民和中产阶级的党"。[3]

独立后，自由党曾先后 8 次赢得国会选举，上台执政（独立或与其他政党联合），执政期分别在 1956 年 4 月—1960 年 3 月、1960 年 7 月—

[1]　"2020 General Election：All-Island Final Result"，http://www.adaderana.lk/news/66270/2020-general-election-all-island-final-result，updated on 2023/01/18.

[2]　参见斯里兰卡统一国民党官网资料，www.unp.lk，访问日期：2023 年 1 月 18 日。

[3]　Sepalika De Silva, *Cultural Practice of Human Rights：An Anthropological Study of Human Rights in Sri Lanka*, ProQuest Dissertations Publishing, 2006, p. 57.

1965年3月、1970年5月—1977年7月、1994年8月—2000年10月、2000年10月—2001年12月、2004年4月—2010年4月、2010年4月—2015年8月、2020年8月至今。由于长期执政，自由党的政治纲领和方针政策同样对整个国家的发展有着深远的影响。

早期自由党主张国有化，发展民族经济，执行的是民族主义色彩较强的路线。在库马拉通加夫人执政期间，她对自由党以前执行的国内政治和经济政策进行了重大改革，提出了完全不同的政治方针。1994年她出任总统以后，积极推行民族和解政策，主张以和平方式解决民族争端。但由于泰米尔"猛虎组织"坚持建立"泰米尔国"的立场，以及僧伽罗极端民族主义者的种种阻挠，民族和解难以实现。在该党领导人马欣达担任总统后，对民族问题态度强硬，2009年斯里兰卡政府军打败"猛虎组织"，结束了长期内战。2010年，在他的主导下第18号宪法修正案通过，取消总统任期限制，进一步扩大总统的权力。2020年，该党在议会选举中赢得15个席位，与其他16个政党组成的政党联盟——斯里兰卡人民自由联盟共同执政。

自由党是主张社会民主和僧伽罗人的民族主义的中左翼政党。在经济上，自由党早期推行国有化方针，认为国有化是发展独立国民经济的基本组成部分，主张发展民族经济，限制外国资本在本国经济中的作用，同时建立广泛的福利制度；目前，该党主张实行自由开放的经济政策，提倡国有企业私有化，积极改善投资环境，大力吸引外国资本，争取外国的经济援助，促进旅游业发展，主张援助农民和农业生产，重新启动农民的养老金计划和化肥补贴计划。在文化上，该党主张发展民族传统文化，实行优先保护佛教的政策。在外交上，该党维护国家主权，主张并奉行和平、中立和不结盟政策，支持民族解放运动，主张同东方国家结盟。值得注意的是，该党在执政期间加强了与中国的外交关系，是"一带一路"倡议的拥护者。[①]

三　斯里兰卡人民阵线

斯里兰卡人民阵线的前身是2001年成立的名不见经传的斯里兰卡国家阵线（Sri Lanka National Front）。该党虽屡次参选，但却从未获过议席，在

---

① 参见斯里兰卡自由党官网资料，https://slfp.lk/，访问日期：2023年1月18日。

斯里兰卡政坛上的影响力很小。2015年，该党更名为"我们斯里兰卡自由阵线"（Our Sri Lanka Freedom Front）。同年，马欣达·拉贾帕克萨在总统选举中失败，丧失自由党主席职务，自由党分裂。马欣达借助人民阵线重返政坛，成为人民阵线领袖，他的支持者也大多转入该党，壮大了该政党的实力。现任主席是加米尼·拉克什曼·佩里斯（Gamini Lakshman Peiris）。

近年来，人民阵线之所以能够在选举中取得全面胜利，成功击败统一国民党和自由党两大传统政党，除了与选民对这两党政绩不满有关外，还因为拉贾帕克萨两兄弟之前的突出政绩——马欣达在其首个总统任期内成功打败反政府武装泰米尔伊拉姆"猛虎组织"，结束了斯里兰卡长达26年的内战。兄弟俩因打击"猛虎组织"的战功而广受占人口多数的僧伽罗人的支持，但也遭到作为少数族群的泰米尔人和穆斯林群体的抵制。

在2018年地方选举中，人民阵线在马欣达带领下，力压统一国民党和自由党，以较大优势获胜。

2019年10月，人民阵线、斯里兰卡自由党以及其他15个小党在科伦坡基金会学院签署协议，成立了一个左翼民族主义政治联盟——斯里兰卡人民自由联盟。[1] 人民自由联盟在2019年斯里兰卡总统选举中支持人民阵线候选人戈塔巴雅·拉贾帕克萨。人民阵线进一步利用公众对"复活节恐怖袭击事件"的愤怒情绪，取代自由党而站在与统一国民党对决的位置，并最终战胜统一国民党。[2] 最终，戈塔巴雅·拉贾帕克萨以52.25%的得票率当选总统。

在2020年8月的议会选举中，人民阵线所在的政党联盟——人民自由联盟大胜，赢得225个议会席位中的145席，差一点达到三分之二的修宪绝对优势，马欣达·拉贾帕克萨出任总理。

人民阵线是一个崇尚社会民主主义、僧伽罗民族主义、社会保守主义的政党，在经济理念上偏左翼，在社会理念上偏右翼。在经济发展上，该党十分重视基础设施开发建设，启动了科伦坡莲花塔、科伦坡港口南集装箱码头、马塔拉·拉贾帕克萨国际机场、科伦坡—卡图纳耶克高速公路、

---

[1] Lahiru Pothmulla, "Sri Lanka People's Freedom Alliance Formed", http://www.dailymirror.lk/front_page/Sri-Lanka-Peoples-Freedom-Alliance-formed/238-177070, updated on 2023/01/18.

[2] 参见张建伟、王成《一上任就让亲哥当总理，什么神操作？》，https://finance.sina.com.cn/wm/2019-12-26/doc-iihnzahk0183094.shtml，访问日期：2023年1月18日。

马欣达·拉贾帕克萨国际板球场等大型项目，带动了就业与当地发展，注重发展农村经济；主张实行自由经济，削减教育等领域的开支，引入更多外国资本，出售国有资产等；在政治上，该党持反联邦主义，支持单一制，主张扩大总统的权力；在反恐和打击犯罪问题上，该党作风强硬，不惜采取武力来解决国家的分裂，曾与原军国主义斯里兰卡民族主义的人民解放阵线结盟，反对泰米尔叛军的自主要求，主张建立海军部队和一支特殊的安全部队，以应对毒品贩运和其他有组织犯罪；在外交上，该党反对帝国主义，对联合国态度强硬，奉行独立自主的外交政策，与中国、伊朗、巴基斯坦等国家关系友好。

四 斯里兰卡新民主阵线

斯里兰卡新民主阵线成立于 1995 年，曾用名是"民主统一民族阵线"（又称"拉利斯阵线"，Lalith Front）。2009 年，该党正式改名为"新民主阵线"。现任主席是乌迪达·德瓦苏伦德拉（Uditha Devasurendra）。

1991 年，拉利特·阿斯图拉穆达利（Lalith Athulathmudali）、加米尼·迪桑纳亚克（Gamini Dissanayake）和 G. M. 普雷马查德拉（G. M. Premachandra）等十位国会议员在弹劾总统拉纳辛哈·普雷马达萨失败后，被当时的统一国民党政府驱逐出议会。在亲身体会到总统权力过大的弊端后，这十人于 1992 年组建了一个新政党——民主统一民族阵线（Democratic United National Front），以期赢得总统大选和议会选举，进行宪政改革，限制总统权力。为了培养候选人，民主统一民族阵线在随即而来的第四届省议会选举中参与争夺所有选举席位，该阵线很受民众欢迎，对当时的政党格局构成了一定的影响。

1993 年 4 月，民主统一民族阵线领导人拉利特·阿斯图拉穆达利在基鲁拉蓬体育场（Kirulapone Sports Grounds）的一次政治会议上发言时，被政敌雇凶暗杀。拉利特是斯里兰卡政坛上很有影响力的人物，曾担任斯里兰卡贸易和航运部长，国家安全部部长，农业、粮食和合作社部长，教育部部长等重要职务，并且在各个领域都做出了卓越的贡献。他被刺身亡后，由于缺乏明确有力的领导，民主统一民族阵线随之分裂为两个。拉利特的追随者拥护其遗孀斯里马尼·阿斯图拉穆达利夫人（Mrs. Srimani Athulathmudali）担任他们的领袖，并在她的领导下以拉利特阵线之名再次进入政治舞台。

1994年，拉利特阵线加入斯里兰卡人民联盟（The People's Alliance），在议会选举中有6名阵线成员当选为议会议员。

1995年，拉利特阵线成为正式的官方注册政党。2007年，为了解决当初民主统一民族阵线分裂遗留的政党官方归属问题，该党更名为统一民族联盟（United National Alliance），2009年正式改名为新民主阵线。

2009年，新民主阵线提名前国防参谋长和军队指挥官萨拉特·丰塞卡将军（Gen. Sarath Fonseka）作为联合反对党候选人参加总统选举，尽管丰塞卡输掉了选举，但获得了约40%的选票。

2015年，新民主阵线提名迈特里帕拉·西里塞纳（Maithripala Sirisena）作为反对党、社区政党以及大量民间团体的共同候选人参加总统选举，他以超过620万张选票，51.28%的得票率赢得总统职位。

2019年，新民主阵线提名反对党领袖塞伊斯·普利马达萨（Sajith Premadasa）为总统候选人，他以41.99%的得票率在总统大选中位居第二。

新民主阵线是一个崇尚保守主义和经济自由主义的中右翼政党。该党宣称要为每个斯里兰卡人而奋斗，赋予基层选民权力，并聚集人民推动国家前进，建设一个更美好、更公平的未来。在政治上，该党主张领导民主运动，恢复议会制，限制总统权力；主张建立一个自由、公正和民主的国家，有爱心的社会和富有同情心的政府，保障个人基本政治权利，享受人权和自由。在社会治理上，该党主张发展公平的教育体系，建立合理奖学金制度，帮助贫困学生，给接受高等教育的学生提供必要的经济补贴；主张建立健全国家知识产权体系；主张合理使用人力和自然资源以保证国家未来的富裕和繁荣，积极开发可持续发展项目，在农村推广多用途灌溉。[①]

第四节　近年来政治生态特征

独立后，斯里兰卡族群矛盾激化，族群斗争贯穿整个斯里兰卡政治生

---

① 参见斯里兰卡新民主阵线网站，https://www.ndf.lk/about。

态，虽然长达 26 年的内战结束了，但族群矛盾仍未完全解决。同时，随着斯里兰卡经历政治体制的重大变革以及国家经济危机的爆发，拉贾帕克萨政治家族的执政面临重大挑战，最终以戈塔巴雅·拉贾帕克萨辞去总统职位收场。新任总统拉尼尔上台后，斯里兰卡政治生态发展将面临新的挑战与机遇。

一　族群问题是斯里兰卡政治生态的晴雨表

长期以来，影响斯里兰卡政治生态发展的主要因素是国内两大族群间的矛盾斗争。斯里兰卡族群矛盾可以追溯到英国殖民时期，而独立后其内部族群矛盾又不断激化，主要原因大体有以下三方面。

第一，族群对于政治权力和资源的垄断及争夺。

两大族群延续殖民时期的矛盾，在国家独立后也没有停止摩擦，矛盾主要集中在语言问题、选举权以及发展权等问题上。人口占优势的僧伽罗人在掌握执政权后，从 20 世纪 40 年代末开始推动一系列不利于泰米尔人的政策，包括 1948 年的《锡兰公民法案》（the Ceylon Citizenship Act of 1948）和 1949 年的《议会选举修正案》（the Parliamentary Elections A-mendment Act of 1949），剥夺了泰米尔人的很多公民权和选举权。[①] 1956年通过《僧伽罗语唯一法案》（Sinhala Only Act），规定僧伽罗语替代英语成为唯一官方语言。"1972 年宪法"特别强调佛教的优先地位，挤压少数民族文化与宗教生存空间；"殖民（重新安置）与发展计划"［Coloniza-tion（Resettlement）and Development Schemes］以及取消关于保护少数民族的条款等[②]，在土地问题和政策保护等核心问题上触及了其他少数民族的利益。这些政策强化了原本就存在的族群差异，使泰米尔人产生了相对剥夺感，导致其提出了"独立建国"的诉求。

第二，双方诉诸武力激发民族仇恨、瓦解民族互信。

"1978 年宪法"的出台让泰米尔语争取"官方语言"地位的希望再度落空，加速了泰米尔激进暴力运动进行体制外的抗争。除"猛虎组织"

---

① Amita Shastri, "Estate Tamils the Ceylon Citizenship Act of 1948 and Sri Lankan politics", *Contemporary South Asia*, Volume 8, Issue 1, 1999.

② Patrick Peebles, "Colonization and Ethnic Conflict in the Dry Zone of Sri Lanka", *Asian Survey*, Vol. 16, No. 7, Jul. 1976.

之外，有越来越多的小规模青年暴力团体开始利用 1982 年总统大选在全国各地制造恐怖活动。统一国民党政府在 1983 年出台了"紧急规则 15A"（Emergency Regulation 15A），授权军警可以在未经查验身份和调查死因的情况下，埋葬遭射杀身亡的人士。① 彼时僧伽罗人掌握着大部分军警职位，而泰米尔人无法信任军警的执法中立性，认为这可能造成泰米尔平民被僧伽罗军警滥杀。于是，泰米尔激进组织开始"反击"，1983 年 7 月，"猛虎组织"在蒂鲁内尔维利（Tirunelveli）地区发动袭击，造成 13 名军警身亡，而后引发了一系列冲突和暴乱事件，成为内战的"导火索"。随着个别暴力事件累积的民族仇恨氛围的形成，各地军事冲突升级，泰米尔激进暴力组织也开始集零为整，采取主动游击战攻势，最终使族群冲突演变成长达 26 年的内战。

第三，大国的介入使矛盾进一步复杂化。

除了西方国家（如美国、英国、挪威等）外，印度是介入斯里兰卡内战最主要也是地理位置最靠近的大国。印度对斯里兰卡的介入政策受两大因素影响：一是印度追求在南亚地区领导权及其自身安全；二是受印度南部 6200 万泰米尔人的影响。斯里兰卡的泰米尔人本就是在英国殖民时期从印度移居或者被迫迁徙而来的，两国泰米尔人本是同根生。早在斯里兰卡内战爆发前，印度泰米尔人就已经积极展开游说，要求印度政府主动介入。在前述因素的交互影响之下，印度政府对斯里兰卡采取了"双轨政策"：一方面扮演内战的调停者角色，另一方面暗中支持"猛虎组织"。印度干预斯里兰卡族群冲突最具代表性的行动是 1987 年印度在斯里兰卡政府即将剿灭"猛虎组织"之际，派军队暗中支持该组织，造成内战的延续与扩大。

2009 年，斯里兰卡政府终于战胜"猛虎组织"，击毙该组织首脑以及多名重要成员，结束了内战，让族群冲突问题由武装对抗重新回归到政治解决的轨道上。然而，族群冲突的最终解决并不只是结束武装冲突。实际上在斯里兰卡政府以军事方式击垮泰米尔"猛虎组织"后，族群间原本存在的矛盾并未完全化解。以僧伽罗人为主导的政府作为战胜方自然不会

---

① A. R. Sriskanda Rajah, *Government and Politics in Sri Lanka: Biopolitics and Security*, New York: Routledge, 2017, p. 56.

接受失败者所提出的条件，失败方心存怨恨，继续保持分裂主义，其国内族群矛盾的再度爆发存在以下隐患。

第一，泰米尔的分裂势力仍在发挥影响力。

在族群矛盾未解决的情况下，泰米尔人的分裂主义仅是在政府的军事打击下被暂时压抑了。内战结束后，很多泰米尔武装组织转入地下，继续通过分散的恐怖行动来追求目标。同时，海外的泰米尔人也未放弃独立建国的企图，试图通过非暴力运动实现政治诉求，包括建立"泰米尔伊拉姆跨国政府""全球泰米尔论坛"等。这些组织在内战结束后继续开展活动，与国内分裂势力里应外合。[1] 另外，泰米尔人在北部和东部的地方选举中容易获得胜利，在地方执政的过程中打造"独立王国"的想法有了施展的政治舞台，也不利于族群间的融合。

第二，政府没有设计出合理的矛盾解决方案。

政府没有合理的矛盾解决方案导致泰米尔人的相对剥夺感依然很强。马欣达总统虽然在内战一结束就表明，军事手段的运用只是针对泰米尔"猛虎组织"，也承诺在泰米尔人居住地区进行权力下放，给予其一定的自治和发展空间。但执政联盟内大多数政党在族群问题上立场强硬，僧伽罗民族主义者是他的主要支持者，这使得承诺成为"空头支票"。政府收回原先被"猛虎组织"占领的北部和东部地区后，并没有给想要重返家园的泰米尔族群提供一个合理分配土地的方案，造成28万泰米尔平民被安置在条件恶劣的难民营中，这给未来因为土地分配问题而再次陷入族群纷争埋下了隐患。[2] 虽然政党或总统候选人在竞选时为了争取选票经常提出权力分享的口号，但政府至今没有在推动族群平等或权力分享上取得实质性成果。这些都说明了政府对于解决族群矛盾问题的无力与消极。

第三，大国的干预存在负面影响。

西方国家和印度对内战中的人权问题紧抓不放，曾以制裁相逼，让斯里兰卡接受联合国介入，以调查和起诉政府犯下的侵犯人权行为和战争罪

---

① Perera, U. L. J. Sylvester, "The Influence of Tamil Diaspora on Stability in Sri Lanka", https://core.ac.uk/download/pdf/45464712.pdf, updated on 2023/01/18.

② Manohari Velamati, "Sri Lankan Tamil Migration and Settlement: Time for Reconsideration", *India Quarterly*, Vol. 65, No. 3, July–September 2009.

行。这造成了政府和僧伽罗主义者的反弹情绪，前总统戈塔巴雅·拉贾帕克萨就曾表明，如果他当选总统就废除对联合国的人权承诺。[①] 这些国家将斯里兰卡人权问题政治化不利于斯里兰卡进行战后和平重建，"揭露伤疤"使族群矛盾伤口难以愈合，间接鼓励泰米尔人继续报复对抗政府，对斯里兰卡和平发展产生负面影响。

二 政治体制变化是影响斯里兰卡政治生态的基本要素

从宪法更替角度来看，独立后斯里兰卡的政治体制发展可分为以下三个阶段：一是 1948—1971 年的《索尔伯里宪法》时期，实行内阁制；二是在 1972—1977 年的第一共和国宪法时期，延续内阁制；三是 1978 年迄今，为第二共和国宪法时期，实行半总统制，并在维持半总统制的情况下，进行总统权力的扩张与限制。

第一，内阁制到半总统制的完全转变。

1972 年，斯里兰卡转变为共和国，继续实行议会内阁制，最后一任总督威廉·高伯拉瓦顺理成章成为共和国第一任虚位总统。1978 年，斯里兰卡制定新宪法，宪政体制由内阁制转型为半总统制。

产生这一转变的主要原因有以下几方面：一是内阁出现了治理危机。由于行政和立法没有明确分权，斯里兰卡缺乏中央行政权威，在面对经济发展、族群问题、中央和地方间权力分配与治理等国家问题时，内阁显得有心无力。[②] 加上当时斯里兰卡贪污滥权以及裙带关系等风气盛行，泰米尔分离势力又对国家安全造成威胁，内阁无法维持国家秩序稳定，再加上民粹主义泛滥，民众对内阁政治治理失去信心，危机也随之产生。[③] 二是政治精英的主导。在内阁出现治理危机的情况下，学习其他国家政治体制改革的成功经验成为政治精英的选择。法国在第三和第四共和国时期也出

---

① 简恒宇：《斯里兰卡总统大选周末登场："印度洋珍珠"政治家族互斗，亲中候选人民调领先》，https://www.storm.mg/article/1942092？page＝2。

② Rajesh Venugopal, "Democracy, Development and the Executive Presidency in Sri Lanka", *Third World Quarterly*, Vol. 36, No. 4, 2015.

③ Rohan Edrisinha, "Constitutionalism and Sri Lanka's Gaullist Presidential System", http://constitutionalreforms.org/wp-content/uploads/2020/03/36-Edrisinha.pdf, updated on 2023/01/18.

现过内阁不稳定的问题，于是将第五共和国设计成半总统制，以强化总统和行政权的地位。时任总理贾亚瓦德纳认为，这对于斯里兰卡颇有借鉴之处，便以法国第五共和国宪法为蓝本打造斯里兰卡的半总统制，以建立一个更稳定、更集中的政治结构，并提高行政决策机制的效率，方便推进精英领导的改革议程，创造有利共识达成的民主权威，以稳定社会和发展经济。① 因此，斯里兰卡"1978 年宪法"设计的权力中心在总统，强化了总统行政权的稳固性，弱化总理在政策上的主导性，属于往总统制倾斜的半总统制。"1978 年宪法"是统一国民党在国会占据绝对多数的优势下由贾亚瓦德纳主导制定的，在制宪期间并未经历公开和广泛的论辩。可以说，这次政治体制转型并非斯里兰卡社会发展的自然过程，而是在政治精英主导之下将外部范例植入的结果。②

第二，半总统制内的局部转型。

"1978 年宪法"实行后，总统拥有任命总理和内阁成员，解职总理，解散内阁的权力。因此，从半总统制的类型来看，斯里兰卡属于总统议会制（presidential parliamentary system）。然而，2015 年 4 月通过的第 19 号宪法修正案，取消了总统可以解职总理职务的设计，并将总统的部分行政权力转移给总理，从而使政体在半保持总统制的情况下转向总理—总统制（premier-presidentialism）。③ 促成转型的根本原因在于斯里兰卡总统权力过大，达不到有效制衡，权力失衡易形成独裁等诸多问题。比如，在拉纳辛哈·普雷马达萨和马欣达·拉贾帕克萨执政时期，总统几乎在国家事务上一人独大，总统顾问的权力有时比内阁部长还要大。④

在第 19 号宪法修正案通过前，国家权力的设计过分偏向总统，主要

---

① Rajesh Venugopal, "Democracy, Development and the Executive Presidency in Sri Lanka", *Third World Quarterly*, Vol. 36, No. 4, 2015.

② Radhika Coomaraswamy, "Bonapartism and the Anglo-American. Constitutional Tradition in Sri Lanka: Reassessing the 1978 Constitution", http://constitutionalreforms. org/wp-content/uploads/2020/03/9-Coomaraswamy. pdf,updated on 2023/01/18.

③ 在总理—总统制下，总理和内阁只对议会负责。总统可以选择总理和内阁，但只有议会可以批准并以不信任票将其罢免，这个体制更接近议会制。

④ Rohan Edrisinha, "Constitutionalism and Sri Lanka's Gaullist Presidential System", http://constitutionalreforms. org/wp-content/uploads/2020/03/36-Edrisinha. pdf,updated on 2023/01/18.

体现在如下方面：一是总统对内阁主导权过大，完全主导内阁的组成。总统有权从议会成员中任命内阁成员，而无须征询总理的意见；可以解除总理和部长职务；其本人作为内阁成员之一，甚至可以给他自己分派部长职务，好几位总统都曾任命自己为部长。二是议会对总统的权力制衡不足。总统可以解散议会，但议会的不信任案却很难撼动总统本人。议会虽有弹劾总统之权，但流程十分繁复，且总统可通过提拔议员成为内阁成员，来换取议员对其效忠，使其势力深入议会之中，议会制衡与监督总统的功能"名存实亡"。三是宪法还规定总统享有司法豁免权，给总统又打上了一把司法保护伞。由此可见，在斯里兰卡总统议会制之下，议会监督性和功能性下降，内阁地位被削弱，国家权力集中在总统一人身上，立法与司法形式上的分权制衡难以发挥实质性效用。除了制度性的权力之外，总统对于议会中政党的影响力和掌控情况，也是其权力的重要来源之一。[1] 比如马欣达连任后，因掌握了议会三分之二的绝对多数席位而推动了第 18 号宪法修正案的通过，取消总统连任的限制。此举加剧了外界对总统权力合法性的质疑，主张废除总统无限连任或削减其权力成为反对党和部分民众的呼声。[2] 在这样的政治氛围下，2015 年，西里塞纳在成功当选总统后，兑现了他自己的竞选承诺，推动通过第 19 号宪法修正案，废除之前扩大总统权力的第 18 号宪法修正案，平衡总统权力比重。本次修宪前后的总统职权对比参见表Ⅰ-6-10。

考察修宪前后总统的权力变化，以及总统与总理、内阁、议会的关系，可以看出总统部分权力的行使须建立在总理的"建议"（advice）之上。总理的行政地位局部增强，总统行政权力尽管有所减缩，但总统仍为内阁首脑，在权力的天平上仍占优势。同时，虽然斯里兰卡存在弱化总统权力的主张，但尚未达成完全共识，由拉贾帕克萨家族主导的新一波宪政改革已经启动，这使斯里兰卡半总统制的发展前景充满着变量和挑战。

---

① Artak Galyan, "The Nineteenth Amendment in Comparative Context: Classifying the New Regime-type", https://drive. google. com/file/d/0Bxbk4wYolphwVXJ6SWpEUDdheDg/view, updated on 2023/01/18.

② Radhika Coomaraswamy, "Bonapartism and the Anglo-American. Constitutional Tradition in Sri Lanka: Reassessing the 1978 Constitution", http://constitutionalreforms. org/wp-content/uploads/2020/03/9-Coomaraswamy. pdf, updated on 2023/01/18.

三　拉贾帕克萨家族对斯里兰卡政治生态的影响

2019年，人民阵线候选人戈塔巴雅·拉贾帕克萨赢得总统大选。随着人民阵线在2020年8月的议会选举中胜出，马欣达·拉贾帕克萨成功出任斯里兰卡新一任总理。近年来，拉贾帕克萨家族一度重新掌握了斯里兰卡的政治大权，并改变了国家政局的走向。

作为南亚国家颇具影响力的政治家族之一，拉贾帕克萨家族的很多成员曾担任或正在担任斯里兰卡国家的高级职位。由于在结束内战中建功，拉贾帕克萨家族在僧伽罗人中享有很高的声誉。拉贾帕克萨家族最早是汉班托塔（Hambantota）南部地区的一个地主家庭，拥有稻田和椰子种植园。家族成员唐·马修·拉贾帕克萨（Don Mathew Rajapaksa）于1936年当选汉班托塔地区国会代表后，该家族开始踏入政治舞台。① 尽管拉贾帕克萨家族自1936年以来几乎控制着汉班托塔地区的政治，但国家政治一直被其他家族所控制，如森纳那亚克家族和班达拉奈克家族。这一情况在2005年马欣达·拉贾帕克萨当选总统后发生了变化。此后很多拉贾帕克萨家族成员被任命为高级职位。马欣达总统上任后，任命他的兄弟戈塔巴雅为国防部部长，另一个兄弟巴兹尔·拉贾帕克萨（Basil Rajapaksa）为总统高级顾问。凭借着内战中的功勋，2010年马欣达再次当选总统，在同年的议会选举中，其家族成员贾迈勒·拉贾帕克萨（Chamal Rajapaksa）、巴兹尔·拉贾帕克萨和纳玛尔·拉贾帕克萨（Namal Rajapaksa）高票当选国会议员。随后，贾迈勒当选为议会议长，巴兹尔被任命为经济发展部长。② 至此，拉贾帕克萨家族共掌管五个重要的政府部门：国防与城市发展部、法律与秩序部、经济发展部、财政与规划部、港口与高速公路部。

马欣达·拉贾帕克萨在2005年至2015年执政后期，曾修改宪法中有关总统任期的规定，为他自己连任铺路。但由于受到腐败丑闻、裙带关系以及强硬的执政风格的影响，输给了同样在内战中建功的将军迈特里帕拉·西里塞纳。随着2019年总统大选和2020年议会选举的胜利，拉贾帕

① D. E. W. Gunasekara, "D. A. Rajapaksa—the Pulse of Ruhuna", *Sunday Times*, January 18, 2023.

② B. Muralidhar Reddy, "Chamal Rajapaksa Elected Speaker", *The Hindu*, January 18, 2023.

克萨家族在斯里兰卡一度重新掌权，很多家族成员再次担任政府和议会要职。近年来斯里兰卡国内政治格局也发生了一些变化与挑战，大体上表现在以下几方面。

第一，推动新的宪政改革。

2020 年 9 月，拉贾帕克萨政府拟通过第 20 号宪法修正案，该草案旨在使斯里兰卡重返"1978 年宪法"的宪政设计，重新确立总统的行政地位，以恢复被宪法修正案稀释的总统权力，减少总理和议会的权力与作用。具体职权变化可参见表 I-6-10。

该草案受到了斯里兰卡反对派人士的强烈批评，认为这将使戈塔巴雅摆脱议会对行政权力的监督，并将总理的角色虚化，以进行总统决策。拉贾帕克萨家族政治权力的扩张也让泰米尔族群感到不安。同时，该修正案草案还规定，具有双重国籍的斯里兰卡人也可以竞选议员。有反对派人士指出，这是为其家族成员具有美国和斯里兰卡双国籍的巴兹尔·拉贾帕克萨成为拉贾帕克萨政府的议员和内阁部长铺平道路。[1] 主要反对党和一些民间团体已向最高法院提出针对第 20 号宪法修正案草案的请愿书，要求判定该草案违宪，并希望举行全民公投。

拉贾帕克萨家族将斯里兰卡近年来的政府治理瘫痪与政治动荡归咎于第 19 号宪法修正案。在过去的五年中，尤其是戈塔巴雅担任总统之后，拉贾帕克萨政府加紧了废除第 19 号宪法修正案的脚步，认为这是斯里兰卡社会稳定和经济发展的必要条件，这也是人民阵线的主要竞选承诺。因为民众厌倦了上一届政府执政五年间的不稳定，很多选民对此表示支持。民众强烈期盼一个强有力的执政权威带领他们走出社会经济秩序的混乱，这是拉贾帕克萨家族胜选的原因之一。由于在 2020 年议会选举后马欣达所在的执政联盟几乎掌握了议会修宪的绝对席位数，因此该修正案经过议会决议以 156 票通过，这将会影响斯里兰卡未来政治生态走向。[2]

---

① Marwaan Macan-markar, "Sri Lanka Rajapaksa Clan Presses for Imperial Presidency", https://asia. nikkei. com/Politics/Sri-Lanka-Rajapaksa-clan-presses-for-imperial-presidency, updated on 2023/01/18.

② Marwaan Macan-markar, "Sri Lanka Rajapaksa Clan Presses for Imperial Presidency", https://asia. nikkei. com/Politics/Sri-Lanka-Rajapaksa-clan-presses-for-imperial-presidency, updated on 2023/01/18.

表Ⅰ-6-10　　　　　　　　修宪后总统重要职权对比

	第19号宪法修正案前	第19号宪法修正案	第20号宪法修正案后
总统任期	总统连任次数不受限制，任期六年	总统仅能连任一次，任期五年	总统仅能连任一次，任期五年
总统与总理的关系	总统可以任命和单方面解除总理职位	总统可以任命总理，但无权单方面解职总理	总统可以任命和单方面解除总理职位
	总统独揽行政大权和任命权，无须总理的建议	总统在任命非内阁高官，如最高法院法官和高等法院法官、检察长、监察专员和警察局长等重要职务以及内阁副部长时，需征询总理建议	总统独揽行政大权和任命权，无须总理的建议
总统与内阁的关系	总统可以任命和开除内阁成员、内阁部长，决定内阁部长职能和数量，也可以任命他自己为部长，无须征询总理建议	总统须在征询总理的建议后，任命和解职内阁部长，部长的数量有限制	总统可以任命和开除内阁成员、内阁部长，决定内阁部长职能和数量，也可以任命他自己为部长，无须征询总理建议
	总统可以解散内阁	只有议会通过不信任投票，内阁才可能被解散	总统可以解散内阁
总统与议会的关系	总统在一届议会运行一年后可以解散议会	总统在一届议会运行四年半之后才有权解散议会，但议会正在讨论有关弹劾总统的议案时，总统不能行使解散议会权力	总统在一届议会运行一年后可以解散议会
	总统每三个月可以参加一次议会，并赋予他除表决权以外的所有议员特权、豁免权	总统不再享有司法豁免权	总统享有司法豁免权
其他	总统可以任命独立委员会（选举委员会、公共服务委员会、反贪与人权委员会、司法服务委员会和警察委员会等）成员	总统任命独立委员会成员必须由宪法委员会批准	总统任命独立委员会成员，可以寻求议会委员会的"建议"，但无须议会委员会"批准"

资料来源：作者根据斯里兰卡宪法修正案内容自制，https://www.parliament.lk/en/constitution/nineteenth-amendment，访问日期：2023年1月18日。

第二，恐怖主义问题严重。

斯里兰卡政府面临着严重的恐怖主义问题。一方面，虽然清剿"猛虎组织"之后，泰米尔极端主义势力被打压，但泰米尔聚居区军事化程度依然很高，"猛虎组织"的残余分子仍在煽动暴力和破坏国家稳定。① 拉贾帕克萨家族重新掌权后，宣布不会履行前政府对联合国许下的有关内战的人权承诺，这引发了泰米尔族群的不安与极端民族主义者的反弹。

斯里兰卡在建国之后的很长一段时间里，穆斯林与佛教徒、基督教徒并没有发生大的冲突。② 但内战结束后泰米尔人被打压的同时，穆斯林在斯里兰卡政治领域的代表权呈现上涨势头，加上"全球伊斯兰化"趋势的抬头，让极端佛教民族主义者产生警惕。2013 年，一群佛教极端分子用石头袭击清真寺，造成 13 人受伤，引发穆斯林抗议。矛盾的激化引发了恐怖主义活动的反弹，2019 年发生了著名的"复活节恐怖袭击"事件，造成 200 多名平民身亡，加剧了本已动荡不安的国家紧张局势，打破了内战后和平的表象，加剧了族群间的猜疑与敌意。③ 如何弥合族群矛盾，打击恐怖主义势力是斯里兰卡政府必须面对的现实课题。拉贾帕克萨执政后加强了国家情报安全系统，并加紧对恐怖主义事件的调查与审判，拉贾帕克萨一贯以来对少数族群的强硬态度是否会进一步激化族群矛盾有待考察。

第三，经济形势雪上加霜，国内政局动荡不堪。

一是旅游业受到重创。恐怖主义活动的活跃，并将游客作为袭击目标，重创了斯里兰卡支柱产业旅游业，使严峻的经济形势雪上加霜。斯里兰卡财政部部长称，斯里兰卡在 2019 年大约损失了 15 亿美元的旅游收入，并造成大量失业。④ 政府通过免收签证费，简化签证手续，补贴航空公司、酒店以提供折扣等方法吸引游客，但是收效甚微。2019 年底，政府宣布进行减税政策以刺激经济复苏，后因新冠疫情肆虐，旅游业再度处

---

① 参见 https://www.satp.org/，updated on 2023/01/18.

② Brandon M. Boylan, "An Opportunity Structure for Terrorism: Moderate Leadership Departures in Nationalist Movements", *Civil Wars*, Volume 21, Issue 1, 2019.

③ Katalin Pethö-Kiss, "Countering Terrorist Acts against Christian Places of Worship", *Perspectives on Terrorism*, Vol. 14, No. 3, June 2020.

④ Ganeshan Wignaraja, "Five Key Policy Lessons from the Terror Attacks in Sri Lanka", https://www.odi.org/blogs/10760-five-key-policy-lessons-terror-attacks-sri-lanka，updated on 2023/01/18.

于谷底。

二是农业和粮食安全隐患日显。旅游收入、贸易和外国投资的减少意味着外汇减少，粮食进口能力下降。加上降雨不定，有可能引发粮食安全问题。政府必须提高农业产能与效率，加种高产作物，加强农业灌溉系统和种植专业知识培训；将多个与农村相关的部委整合为一个农业部，以加强农业管理，协调农业资源调配。

三是财政赤字扩大。在新冠疫情、恐怖主义滋生等因素的综合作用下，斯里兰卡 2020 年 GDP 同比下降 3.6%。其中，农业、工业和服务业均出现史上首次负增长。① 斯里兰卡的巨额外债，GDP 负增长和汇率疲软，让财政赤字扩大。虽然经济情况在 2021 年有所好转，但积重难返，斯里兰卡国内失业、通货膨胀、能源短缺加剧，最终酿成了斯里兰卡独立以来最大的经济危机。

经济危机导致国内不满拉贾帕克萨家族执政的反对者越来越多，2022 年爆发了大规模反政府示威游行，国内形势动荡不堪。2022 年 7 月 5 日，时任总理拉尼尔·维克拉马辛哈宣布国家破产。在拉贾帕克萨家族迫于形势退出执政舞台后，拉尼尔临危受命接任总统之职，想要扭转国内艰难形势，他不仅需要组建一个具有执政向心力的政府，以保证政治稳定和政策一致性，给予外国投资者信心，也需要在负债累累的财政条件下，实行审慎的宏观经济管理，并刺激国内经济复苏，降低小型企业的融资成本，减少烦琐的行政管理手续，并加快可再生能源项目的开发，现阶段可谓困难重重，未来仍将面临巨大的执政挑战。自斯里兰卡发生经济危机与大规模抗议游行后，中国已经提供了包括粮食、药品等在内的紧急人道主义援助。② 拉尼尔总统在 2022 年 7 月上台后，很快于次月访华。显然，斯里兰卡新政府希望抓住共建"一带一路"的重要机遇，加强两国务实合作，以帮助斯里兰卡经济复苏，走出困局。③

---

① 中国驻斯里兰卡民主社会主义共和国大使馆经济商务处：《2020 年斯里兰卡经济收缩 3.6%》，2021 年 3 月 17 日，http://www.mofcom.gov.cn/article/zwjg/zwxw/zwxwyz/202103/20210303045234.shtml。

② 参见《斯里兰卡危机：总统出逃，危机的前因、后果、中国元素等你需要了解的六件事》，https://www.bbc.com/zhongwen/simp/world-61477759，访问日期：2023 年 1 月 18 日。

③ 中国深圳市外事办：《省委副书记、市委书记马兴瑞会见斯里兰卡总理维克拉马辛哈》，《深圳特区报》2016 年 8 月 16 日。

第七章　民族与宗教

　　斯里兰卡是多民族、多宗教国家，其中僧伽罗族[①]（Sinhalese）是该国人数最多的民族，人数占总人口的七成以上；泰米尔族（Tamils）是该国最大的少数民族，其他少数民族还包括摩尔人（Moors）、伯格人（Burghers）、维达人（Veddah）、马来人（Malay）等。斯里兰卡民族与宗教具有鲜明的群体特征，通常同一民族信奉同一种宗教、使用同一种语言、聚居于同一地区，彼此之间可谓泾渭分明。但这一特征也在一定程度上阻碍着不同民族、不同信仰群体间的交流与融合，使得斯里兰卡国内民族、宗教问题变得复杂化。

第一节　斯里兰卡民族的历史与现状

　　斯里兰卡是多民族国家，中华人民共和国外交部网站数据显示，斯里兰卡约有2167万人，其中僧伽罗族占74.9%，泰米尔族占15.3%，摩尔族占9.3%，其他民族占0.5%。僧伽罗语、泰米尔语同为官方语言和全国语言，上层社会通用英语。[②] 斯里兰卡各民族的历史发展复杂，因而使得斯里兰卡的民族成分亦随之变得复杂，"几乎每一种民族内部又出现一些相互差别很大的支系，人口调查时都不得不做分别登记。"[③] 民族矛盾无疑是贯穿斯里兰卡近代发展史的核心焦点，无论是殖民时期英国人以

　　[①]　亦有许多参考资料使用"僧加罗"这一写法。为确保文章前后内容一致，本章参考中国外交部的官方用法，统一使用"僧伽罗"。

　　[②]　中国外交部：《斯里兰卡国家概况》，2022年6月，参见中华人民共和国外交部网站，https://www.fmprc.gov.cn/web/gjhdq_676201/gj_676203/yz_676205/1206_676884/1206x0_676886/。

　　[③]　赵锦元、戴佩丽主编：《世界民族通览》，中央民族大学出版社2000年版，第356页。

"分而治之"达到殖民统治的目的，还是斯里兰卡独立后差异化的民族政策，抑或是印度及其他大国对斯里兰卡民族问题的干涉与利用，这些内外因素所造成的直接结果就是斯里兰卡经济发展严重受阻，社会局势动荡不安。2009年，泰米尔"猛虎组织"被彻底击垮标志着斯里兰卡民族政策的转变以及民族和解进程的开启。本节首先介绍斯里兰卡民族发展历史；其次围绕1983年、2009年两个主要时间节点，介绍1948年斯里兰卡独立至1983年、1983年至2009年内战时期，以及2009年以来斯里兰卡民族政策及民族发展概况；最后对泰米尔族、摩尔族等若干少数民族形成的历史与发展现状进行介绍。

一　斯里兰卡民族发展历史

斯里兰卡的民族带有非常明显的群体性特征，通常同一民族具有同一宗教信仰，使用同一种语言，聚居于同一片区域，形成高度集中的状态。因此也有学者将斯里兰卡称为聚居型多民族国家，"聚居型多民族国家是对多民族国家的进一步分类，它是相对于杂居型多民族国家而言的。较之杂居型多民族国家（如美国、澳大利亚等），聚居型多民族国家是指一国内的多个民族各有其相对独立的集中居住地，有自己的语言、宗教、传统、习俗等，甚至有自己独特的生产和生活方式。"[①] 亦有学者称斯里兰卡民族是一个"内向型封闭民族群体"[②]。在此基础上，也有学者综合了民族、语言、宗教等多个因素，将现代斯里兰卡人分为八种类型：（1）僧伽罗佛教徒（僧伽罗人）；（2）僧伽罗天主教徒（僧伽罗人）；（3）泰米尔和僧伽罗穆斯林（摩尔人）；（4）泰米尔印度教徒（斯里兰卡泰米尔人）；（5）泰米尔印度教徒（印度泰米尔人）；（6）泰米尔天主教徒（斯里兰卡泰米尔人）；（7）马来穆斯林（马来人）；（8）荷兰、葡萄牙基督徒血统后裔（伯格人）。[③]

---

① 郭雷庆：《聚居型多民族国家民主化困境分析——以尼日利亚和斯里兰卡为例》，《学术探索》2016年第9期。

② 杨恕、李捷：《斯里兰卡的民族冲突与多党制下的政党民族化》，《太平洋学报》2008年第4期。

③ 裴圣愚、余扬：《慈悲善治：斯里兰卡民族政策的转型》，《国别和区域研究》2019年第2期。

事实上，斯里兰卡自古以来就是一块多民族共同居住、共同生存的土地，只是近代以来民族与民族之间的差异被人为强化、放大，继而从民族差异演变为民族对立，直至最终发展为内战。从斯里兰卡民族发展的时间先后来看，维达人最先出现在斯里兰卡岛上，是当地土著居民。此后，僧伽罗人和泰米尔人分别从印度次大陆跨越狭窄海峡移民而来，成为岛上的主要居民，并先后成立属于各自民族的王国，其间征战不断。这些历史记忆为近代以来僧、泰民族之间的深刻矛盾埋下了伏笔。摩尔人的祖先是阿拉伯商人，他们赴斯里兰卡从事经商活动，此后与当地妇女通婚并逐步形成一个新的民族。至16世纪，斯里兰卡先后经历荷兰、葡萄牙、英国等国统治，斯里兰卡的民族情况也因此发生巨大变化。既形成了若干新民族，如大量印尼的移民及其后代形成了马来族，欧洲殖民者与当地妇女通婚后形成了伯格族；在原有民族中也形成了新的分支，如大量印度泰米尔人来到斯里兰卡后，形成了与斯里兰卡泰米尔人不同的群体。又如，伯格人内部出现了荷兰伯格人、葡萄牙伯格人之分等。至此，斯里兰卡的民族情况逐步从单一走向多元，从自然的共生与有限的矛盾走向人为的隔阂和激烈的冲突。

英国占领斯里兰卡后，为了更有效地维护其殖民统治，防止人民团结起来反抗，殖民当局采取"分而治之"政策，给予人口占少数的泰米尔人在政治、文化及教育上更多的优惠，使泰米尔人拥有政治和经济的优势地位，以制约人口占多数的僧伽罗人，这使文化、语言、宗教信仰和风俗习惯本就不同的僧伽罗人和泰米尔人更加疏离。[1] 这一政策人为地加速了斯里兰卡民族"工具化""政治化"的倾向，使得原本就极具内向性、群体性的斯里兰卡各民族进一步走向对立与撕裂的状态。

语言问题亦是斯里兰卡独立后最先点燃国内民族矛盾的导火索之一。由于斯里兰卡各民族内部在信仰、语言等方面具有高度的统一性，因此，语言既是沟通交流的工具，亦是塑造身份认同、群体意识的基础。斯里兰卡实现独立后，斯里兰卡政府逐步转向了偏向僧伽罗人的民族政策，首先在语言问题上放弃原有的"僧泰两种语言具有同等地位"的承诺，严重

---

① 程晓勇：《论印度对外干预——以印度介入斯里兰卡民族冲突为例》，《南亚研究》2018年第2期。

伤害了泰米尔人的民族感情，一些泰米尔青年因此走上反政府道路，使语言问题成为导致斯里兰卡民族冲突最初的刺激因素。[①]

"没有正确而有效地处理民族关系，加剧了民族矛盾；没有妥善处理民族和宗教的关系，使民族矛盾更加复杂；经济发展的不平衡，加深了民族间的不平等。"[②] 这三对关系的消极影响一再相互叠加，至20世纪70年代初，泰米尔人萌生了建立"伊拉姆国"的想法，并且迅速在泰米尔年轻人中传播，其中部分激进分子组成泰米尔伊拉姆猛虎解放组织（下文简称"猛虎组织"），最终导致斯里兰卡陷入近30年的内战。更有学者认为："斯里兰卡尽管是发展中的小国，但其分裂势力（典型代表为猛虎组织）曾是世界上最强大的（超过了车臣、北爱、巴斯克等）。"[③]

二　2009年以来斯里兰卡民族政策转变及发展现状

斯里兰卡的民族问题具有相当的复杂性，它既是英国分而治之殖民政策的历史产物，也是当代僧、泰两族民族主义不断膨胀和碰撞的结果；它既经历了近30年的暴力冲突和战争，也尝试过多次和解的努力；它不仅有极端激进的"猛虎组织"、人民解放阵线，也曾多次爆发大规模的民族骚乱；包括国内的民族群体、海外数十万的泰米尔散居者、印度、英国、美国、加拿大等各类行为者均介入了这一问题，兼具国内冲突尖锐化和国际化两个维度。[④] 2009年，斯里兰卡长达26年的内战以泰米尔"猛虎组织"被彻底击溃而终结。因此，这一年对斯里兰卡而言是具有重要历史意义的一年，对斯里兰卡的民族矛盾而言也是转折性的一年。推动民族和解成为斯里兰卡战后重建的首要任务之一，相关政策和举措从上至下覆盖了历来僧伽罗人、泰米尔人民族矛盾所涉及的方方面面。其中既有宏观上的国家顶层设计，也将政策落于具体领域与实处，如语言文化政策、促进教

---

① 何俊芳：《国外多民族国家语言政策与民族关系》，《中南民族大学学报》（人文社会科学版）2011年第4期。

② 程芳：《斯里兰卡内战对我国处理民族问题的启示》，《云南社会主义学院学报》2009年第4期。

③ 李捷：《南亚极端民族主义与民族分裂主义研究——以斯里兰卡为例》，兰州大学出版社2014年版，第1页。

④ 李捷、王培培：《"后猛虎时代"斯里兰卡反分裂形势及民族关系分析》，《南亚研究季刊》2010年第2期。

育和就业等，展现了斯里兰卡想要摆脱僧伽罗人、泰米尔人民族矛盾的决心。2015 年，西里塞纳当选斯里兰卡总统，提出《西里塞纳式的慈悲善治——一个稳定的国家》（A Compassionate Maithri Governance—A Stable Country）① 政治宣言。斯里兰卡民族和解进程在这一宣言的指导下全面开展，包括"百日计划"（the 100-Day Programme）、"三种语言年"（Year of Trilingual）等。西里塞纳得以当选也反映了斯里兰卡人想要实现民族和解、重启国家发展的迫切愿望，有斯里兰卡学者认为：

> 如果我们越避免从不同族裔群体中识别斯里兰卡选民，我们认真地致力于建立民族团结并且希望斯里兰卡变得更具包容性，那么就应当避免以不同族裔群体来区分斯里兰卡选民。在可预见的未来，我们宁愿将那些投票赞成西里塞纳总统的人描述为希望改变我们政治文化的斯里兰卡人。我们认为，将他们分成不同的种族将贬低西里塞纳的胜利。②

（一）政治宣言：《西里塞纳式的慈悲善治——一个稳定的国家》

《西里塞纳式的慈悲善治——一个稳定的国家》政治宣言展现了西里塞纳对推动实现斯里兰卡全面发展的深刻思考。在该宣言中，西里塞纳表示："我唯一的抱负就是创建一个适应 21 世纪、充满现代性的国家，在那里不会有统一国民党（UNP）和斯里兰卡自由党（SLFP）的党派分歧，没有僧伽罗—泰米尔—穆斯林的种族分歧，没有阶级—宗教—种姓的差异。我认为这是我的首要职责。"③ 该宣言共涉及斯里兰卡国内政治与对外关系、经济发展、粮食安全、医疗保健等 11 个部分，其中在第三部分"一个道德的社会"（A Moral Society）中，西里塞纳承诺："我将巩固所

---

① 西里塞纳的全名为"Pallewatte Gamaralalage Maithripala Yapa Sirisena"，他因而也被大众昵称为"Maithri"。同时，在僧伽罗语中"Maithri"又指弥勒菩萨（参见裴圣愚、余扬《慈悲善治：斯里兰卡民族政策的转型》，载《国别和区域研究》2019 年第 2 期）。

② Tissa Jayatilaka, First Week of "Good Governance"：Three Good Speeches, One Promise Kept and One Postponed, Jan. 19, 2015, https://groundviews. org/2015/01/19/first-week-of-good-govern-ance-three-good-speeches-one-promise-kept-and-one-postponed/.

③ Compassionate Government Maithri A Stable Country, Jan. 2015, p. 61, http://www. presi-dent. gov. lk/wp-content/uploads/2015/01/Manifesto-EN. pdf.

有族群发展和保护其文化、语言和宗教的权利，同时承认（他们的）斯里兰卡人身份。我将确保所有族群在政府机构中都有适当的代表性。"①

（二）"百日计划"

西里塞纳当选后，随即根据其政治宣言推出了"百日计划"以帮助落实其政治宣言，其中共有六条计划与民族问题直接相关（参见表Ⅰ-7-1）。斯里兰卡各界对此观点不一，既有人对此持乐观态度，认为百日计划"创造了斯里兰卡的历史"②，也有人持审慎观察的态度，斯里兰卡国家安全研究院院长阿桑加·阿贝亚古纳塞克拉（Asanga Abeyagoonasekera）在"百日计划"进行过半时发文表示，"人们希望看到的是一个比上届政府任期内更好的政治和经济环境。这是他们投票支持改变的根本原因。如果100天的承诺不能兑现，将会引发严重的政治问题，引起公众的不满"，同时强调"在不同民族之间建立共同团结与和解仍应是当务之急"③。

表Ⅰ-7-1　　　　　　　"百日计划"涉及民族部分的内容

条目	具体内容
第29项	落实保护在内战中丧偶的各民族妇女及其家人的措施
第74项	向巴杜拉（Badulla）、努沃勒埃利耶（Nuwara Eliya）、康提（Kandy）、凯格勒（Kegalle）等地区的学校提供设施，使这些地区的种植业工人子女可以获得包括理科在内的，直到大学层次的泰米尔教育
第78项	在北方和南方地区建立民主的文官政府（Civilian Administration）
第79项	通过法律和社会手段防止诋毁其他民族、信仰以及宗教领袖的行为和言论，防止在不同民族和信仰人群之间散布怨恨和敌意
第80项	所有地区和民族的宗教崇拜将得到充分保护
第81项	国家和地方各级宗教领袖将致力于推动不同民族宗教间的和解，并采取有效措施反对民族宗教仇恨言论的散播

资料来源：裴圣愚、余扬《慈悲善治：斯里兰卡民族政策的转型》，《国别和区域研究》2019年第2期。

---

① Compassionate Government Maithri A Stable Country, Jan. 2015, p. 25, http://www. president. gov. lk/wp-content/uploads/2015/01/Manifesto-EN. pdf.

② Vidya Abhayagunawardena, Priorities for the 100 Day Programme, Jan. 13, 2015, http://www. dailymirror. lk/61129/priorities-for-the-100-day-programme.

③ Asanga Abeyagoonasekera, Sri Lanka: President Sirisena's First One Hundred Days, March 09, 2015, https://www. news. lk/fetures/item/6522-sri-lanka-president-sirisena-s-first-one-hundred-days.

（三）语言文化政策

在多民族国家，在推广国语、官方语言的过程中，应坚持多语言文化主义的政策，因为这种政策不仅体现了社会公平原则，也是对少数民族自身存在、语言文化权利的尊重与认可。多民族国家应该重视基于民族认同基础之上的语言的政治动员功能，认识到语言在有组织的民族运动过程中被作为动员工具的象征性功能的本质，坚持保存和发展少数民族语言的策略，谨防"语言问题"被民族精英作为政治动员的工具。①

在斯里兰卡独立初期，语言问题曾在僧泰民族矛盾中扮演"导火索"的角色，因此，2012 年时任总统拉贾帕克萨宣布这一年将成为"三种语言年"，倡导"使每个斯里兰卡人熟练掌握僧伽罗语、泰米尔语和英语，使英语成为每个斯里兰卡人一生都熟练的工具"，认为"熟练的英语是同阶级分裂和社会歧视斗争的最好武器：只有农村的青年人学会用英语交流的同时也会使用计算机，阶级和社会的歧视才能停止"②。同时，斯里兰卡政府还启动了一项长达十年的三语教育规划，但在落实过程中由于同时熟练掌握三门语言的教师人数有限，该政策的推行遇到一定的阻力。尚未有详细数据显示该计划的成效，或斯里兰卡学校推行三语教育的确切成果，但这一愿景仍然显示了斯里兰卡政府为推动民族和解所做的努力。

三　斯里兰卡主要少数民族概况

由于后文有专门章节深入分析僧伽罗人的具体情况，故此处不再赘述，本章所涉及的斯里兰卡民族概况主要聚焦于斯里兰卡少数民族。

（一）泰米尔人

泰米尔族是斯里兰卡第二大民族，也是人数最多的少数民族。斯里兰卡泰米尔族与印度次大陆的泰米尔族同宗同源，同属达罗毗荼人种，人种

---

① 何俊芳：《国外多民族国家语言政策与民族关系》，《中南民族大学学报》（人文社会科学版）2011 年第 4 期。

② 唐鹏琪：《斯里兰卡战后重建与民族和解》，《南亚研究季刊》2013 年第 2 期。

类型介于尼格罗—澳大利亚人种和欧罗巴人种之间。[1] 最初经由保克海峡到达斯里兰卡，这一过程的起始时间未有明确记载，有观点认为，泰米尔族到达斯里兰卡的时间或早于僧伽罗人。根据移民时间与移民原因的不同，目前斯里兰卡的泰米尔族主要可以分为两部分，即斯里兰卡泰米尔人和印度泰米尔人。前者主要是指在各个不同时期迁移至斯里兰卡的泰米尔人，而后者的区分方法则存在分歧。一种观点认为，印度泰米尔人主要指19世纪英国殖民统治期间迁移到斯里兰卡的劳工群体。"他们都是在英国殖民统治时期迁移到斯里兰卡来的，民族群体的形成完全是英国殖民主义在19世纪中、后期推行种植园经济的结果。……随着种植园经济的不断发展，从南印度而来的泰米尔劳工越来越多，逐渐形成了斯里兰卡泰米尔民族中的一个特殊民族群体。"[2] 另一种观点扩大了印度泰米尔人的范围和迁移到斯里兰卡的时间范围，认为印度泰米尔人一般还包括泰卢固人、坎纳拉人和马拉雅兰人，他们在不同时期由南印度移居而来，其中，在1877—1911年这段时间里迁徙来得最多。[3] 甚至还有更为细致的分类将印度泰米尔人再分为两类："讲泰米尔语的印度南部移民被英国人称为'印度裔泰米尔人'（Indian Tamil）。……作为种植园劳工移民到斯里兰卡的印度人的后代，已经形成了一个被称为'种植园'或'高地泰米尔人的种群'"[4]。因此，虽然同为泰米尔族，但斯里兰卡泰米尔人和印度泰米尔人在许多方面存在不同。其中最为显著的区别是，自然迁移而形成的斯里兰卡泰米尔人具有斯里兰卡国籍，因而享有相应的公民权利，而印度泰米尔人中有很大一部分没有斯里兰卡国籍。这种差异导致了两个泰米尔人群体在教育、文化水平、职业选择与社会地位上都产生了巨大差距。

（二）摩尔人

摩尔族是斯里兰卡第三大民族，占该国总人口的十分之一不到，是以伊斯兰教为主要信仰的少数民族，目前主要分布在斯里兰卡的沿海地区。该民族的祖先可追溯至前往该地区进行商贸往来的阿拉伯人，后以通婚的形式在该地区定居并逐渐发展成一个独立的民族群体。"由于长期与当地

---

① 王兰编著：《斯里兰卡》，社会科学文献出版社2004年版，第22页。
② 王兰编著：《斯里兰卡》，社会科学文献出版社2004年版，第22—23页。
③ 赵锦元、戴佩丽主编：《世界民族通览》，中央民族大学出版社2000年版，第357页。
④ ［美］帕特里克·皮尔布斯：《斯里兰卡史》，王琛译，东方出版中心2013年版，第8页。

妇女通婚影响了他们的外貌，现在摩尔人阿拉伯民族的面部特征已不明显。除了在传统服饰上有所区别外，他们与僧伽罗人和泰米尔人差别不大。"[1] 与泰米尔人相类似的是，摩尔人也分为斯里兰卡摩尔人和印度摩尔人，后者亦是殖民统治时期从印度而来的摩尔人群体。但是该国 2001 年的人口统计罗列了七种民族成份[2]（僧伽罗人、斯里兰卡泰米尔人、印度泰米尔人、斯里兰卡摩尔人、伯格人、马来人、其他），并未对印度摩尔人进行单独的统计。斯里兰卡穆斯林宗教与文化事务部则提供了一些不同的观点，认为最早参与并主导印度洋贸易的是波斯人，并将摩尔人分为"土著摩尔人"（Indigenous Moors）和"海岸摩尔人"（Coasts Moors），后者专指由经商而在每年固定时间来斯里兰卡的商人繁衍的群体。[3]

（三）马来人

斯里兰卡的马来人可追溯到两类来源。最初一批马来人在荷兰殖民时期由东南亚地区被运送到斯里兰卡的士兵。"由于不信任斯里兰卡的僧伽罗人，荷兰东印度公司把一个由马来人组成的雇佣兵团派到岛上来，这个马来人兵团'以纪律严明和作战骁勇'而闻名。"[4] 第二种来源主要是来自印度尼西亚的罪犯或贵族家庭成员，他们被流放到斯里兰卡，从未离开过。[5] 该群体也占到马来人早期来源的一大部分。虽然绝大多数斯里兰卡马来人有爪哇血统，但也有相当数量的人是印尼群岛其他岛屿的后裔，如巴厘人、提多雷斯人、马杜雷斯人、孙达人、班达人和安博人。[6] 与斯里兰卡的其他少数民族一样，马来人与斯里兰卡当地妇女通婚的现象也十分普遍，因而导致当前斯里兰卡马来人的面部与形体特征已产生较为显著的变化。

---

① 王兰编著：《斯里兰卡》，社会科学文献出版社 2004 年版，第 23 页。

② See Census of Population and Housing 2001, Number and Percentage of Population by District and Ethnic Group, http://www.statistics.gov.lk/pophousat/pdf/population/p9p8%20ethnicity.pdf.

③ Department of Muslim Religious and Cultural Affairs, Muslims of Sri Lanka, http://muslimaffairs.gov.lk/muslims-of-sri-lanka/.

④ 王兰编著：《斯里兰卡》，社会科学文献出版社 2004 年版，第 24 页。

⑤ Russell R. Ross and Andrea Matles Savada, editors, *Sri Lanka: A Country Study*, Washington: GPO for the Library of Congress, 1988. 转引自 Country Studies, Sri Lanka: Ethnic Groups, http://countrystudies.us/sri-lanka/38.htm.

⑥ Asiff Hussein, Orang Melayu: The Story of Sri Lanka's Malay Folk, http://www.lankalibrary.com/cul/Malay1.htm.

（四）维达人

斯里兰卡岛上的土著居民是维达人（中文曾译"吠陀人"），他们也自称是"森林居民"（Wanniya-laeto/forest-dwellers）[1]。维达人的人种类型极为独特，属澳大利亚人种。[2] 在发展过程中，维达人先后经历了外来民族移居岛上及荷兰、英国等西方国家殖民统治的影响，该族群生存范围一再缩小。有观点认为，在斯里兰卡岛与南亚次大陆分离之前，维达人就已经生活在此处。直至前5世纪左右，来自次大陆北部的雅利安人进入斯里兰卡后，维达人被排挤到中部山区。[3] 其中一部分人不得不选择融入完全不同的生活方式，但也有一部分人仍然保留着他们自己独特的循环世界观（cyclic worldview）、史前文化记忆和久经考验的得以在半常绿干燥季风林栖息的相关知识，这使得他们的敬祖文化能够应对集体身份和所面临的各种生存挑战。[4] 还有观点认为，维达人在僧伽罗人的起源中也起到了一定的作用，达罗毗荼人和印度雅利安人于前1000年纪开始出现在岛上。他们把大部分当地居民消灭，剩下的予以同化。现代僧伽罗人的祖先，一般认为是原来居住在印度西北部和东北部的印度雅利安人，他们分好几批迁移到斯里兰卡岛上。通过印度雅利安人与达罗毗荼人、维达人的相互混合而形成了僧伽罗人。[5]

（五）其他少数民族

伯格人是斯里兰卡的主要少数民族之一，一般认为是殖民时期荷兰人在斯里兰卡与当地妇女通婚后逐渐形成的群体。血统、肤色、宗教信仰与语言几个要素构成了这一族群自我认同的条件。"荷兰曾经尝试将荷兰公民（或称伯格人）移民到殖民地。伯格人获准可以和当地基督徒妇女（往往是印葡混血）通婚，于是一个混血族群慢慢出现了。……到了18世纪，一个文化上属于欧洲，包含了葡萄牙人、荷兰人、僧伽罗人和泰米尔人血统的族群渐渐发展起来。"[6] 另有观点认为，只要在血统上有欧洲

①　Who are Sri Lanka's Indigenous Wanniya-laeto?，http://vedda.org/1-who.htm#.
②　赵锦元、戴佩丽主编：《世界民族通览》，中央民族大学出版社2000年版，第356页。
③　方可：《斯里兰卡的古老土著居民维达人》，《旅游纵览》2015年第11期。
④　Who are Sri Lanka's Indigenous Wanniya-laeto? http://vedda.org/1-who.htm#.
⑤　赵锦元、戴佩丽主编：《世界民族通览》，中央民族大学出版社2000年版，第356页。
⑥　[美]帕特里克·皮尔布斯：《斯里兰卡史》，王琛译，东方出版中心2013年版，第56—57页。

渊源、能够说欧洲语言、信基督宗教的都能成为伯格人。如葡萄牙伯格人族群，他们被称为麦坎尼克人①（Mechanics），"他们有所谓的（但是并不确定的）欧洲血统，肤色较深，信奉天主教，说克里奥尔葡萄牙语（19世纪末该语言在锡兰仍被用作口语）"②。

　　除了伯格人以外，斯里兰卡还有一些人数非常有限的民族，主要是外来移民的后代，如来自非洲的黑人奴隶，他们的后代与当地人通婚后仍保留了明显的尼格罗人种特征。还有吉卜赛人，"被僧伽罗人称为艾困塔卡（意为玩蛇人），讲泰卢固语，过着漂泊不定的生活，在一个地方住上两三天就搬走"③，是为数不多的保持游牧生活习惯的群体。

第二节　斯里兰卡宗教的历史与现状

　　斯里兰卡是个多宗教的国家。数据显示，当前斯里兰卡居民中约有70.1%的人信奉佛教，12.6%的人信奉印度教，9.7%的人信奉伊斯兰教，7.6%的人信奉天主教和基督教④，上述宗教信仰与民族的联系非常紧密。佛教历来是斯里兰卡最主要的宗教信仰，斯里兰卡2015年宪法规定，在保障各种宗教合法权利的同时，佛教享有最崇高的地位（Foremost Place）⑤。在斯里兰卡宗教发展过程中，不同宗教信仰或伴随着移民群体一同被引入岛上，或因传教等原因而在岛上扎根，逐渐形成了以佛教为主、其他宗教与之长期并存的宗教格局，各种宗教也对斯里兰卡的政治、经济、社会以及个人生活产生了深远影响。本节首先介绍斯里兰卡国内宗教的总体发展历史；其次，按照从宏观到具体的顺序介绍斯里兰卡当前宗教政策以及各个宗教的发展概况；最后结合近年来斯里兰卡国内宗教发展

---

　　①　［美］帕特里克·皮尔布斯：《斯里兰卡史》，王琛译，东方出版中心2013年版，第57页。

　　②　［美］帕特里克·皮尔布斯：《斯里兰卡史》，王琛译，东方出版中心2013年版，第57页。

　　③　赵锦元、戴佩丽主编：《世界民族通览》，中央民族大学出版社2000年版，第359页。

　　④　中国外交部：《斯里兰卡国家概况》，2022年6月，中国外交部网站，https://www.fmprc.gov.cn/web/gjhdq_676201/gj_676203/yz_676205/1206_676884/1206x0_676886/。

　　⑤　裴圣愚：《斯里兰卡新政府民族政策的转型与挑战》，《北方民族大学学报》（哲学社会科学版）2019年第1期。

的新现象、新趋势、新问题对该国"宗教—民族主义"及"新宗教—民族主义"思潮进行分析。

一　斯里兰卡宗教发展历史

在佛教传入斯里兰卡之前，来自印度的婆罗门教、耆那教等首先伴随着泰米尔移民一同传入斯里兰卡。前247年，印度孔雀王朝阿育王派其子摩哂陀长老来岛弘扬佛法，受到当地国王的欢迎，从此僧伽罗人开始信仰佛教。[①] 就佛教派别的演变过程而言，直至前1世纪大乘佛教思想从印度传入斯里兰卡之前，斯里兰卡还属于上座部。而自前1世纪开始，上座部与大乘佛教从最初引起纷争到逐步发展并存，最后在玄奘的《大唐西域记》中称之为"大乘上座部"。中国学者郑筱筠研究员认为："'大乘上座部'这个名词至今仍存在争议。上座部与大乘，这两个名词难以让人联系在一起。"并列举大量历史资料，对不同学者观点进行深入考证。[②] 由于本书另有专门章节对僧伽罗人及其佛教信仰进行深入分析，此处不再就斯里兰卡佛教教派、教理等进行深入讨论，而是将其置于斯里兰卡国家发展的历史脉络与时间线上，从宏观历史的角度考察佛教对斯里兰卡的多方面影响。

公元前3世纪佛教思想传入斯里兰卡，大约在同一时期，印度教也伴随着泰米尔人一同来到斯里兰卡。由于僧、泰两民族对谁先抵达岛上一事多有争议，故而在佛教与印度教传入斯里兰卡孰先孰后的问题上还没有达成具有广泛共识的定论。有学者指出："历史和考古都已经和僧泰两族的民族主义纠缠在一起，两族都把自身历史当作本民族正统性的基础，多年来，僧泰两族都千方百计地证明本族是岛内最早的移居者和主人，其他民族则是入侵者。甚至科学严谨的考古学，有时也成为捏造历史的工具。"[③] 伴随着僧伽罗人与佛教、泰米尔人与印度教共同在斯里兰卡岛上生存、发

---

① 郑筱筠：《世界佛教通史》第12卷《斯里兰卡与东南亚佛教：从佛教传入至公元20世纪》，中国社会科学出版社2015年版，第8页。

② 参见郑筱筠《世界佛教通史》第12卷《斯里兰卡与东南亚佛教：从佛教传入至公元20世纪》，中国社会科学出版社2015年版，第17—31页。

③ 李捷：《南亚极端民族主义与民族分裂主义研究——以斯里兰卡为例》，兰州大学出版社2014年版，第26页。

展,"强民族、强宗教"的认同也初具粗形并不断被强化为区分自我与他者的标签。

直至 8 世纪左右,阿拉伯商人出于经商目的来到斯里兰卡,并推动伊斯兰教在此处扎根。从 11 世纪开始,佛教在斯里兰卡逐步进入衰落的时期,这一情况一直持续到 19 世纪斯里兰卡僧伽罗僧人掀起佛教复兴运动为止。其间葡萄牙、荷兰、英国等西方国家的占领和殖民不可避免地改变了斯里兰卡原有的宗教格局,天主教、基督教伴随着殖民者一同进入斯里兰卡,有相当一部分人选择皈依基督教。"为了抵制基督教的文化渗透,斯里兰卡佛教界在 19 世纪中后期掀起了一场佛教复兴运动。它既是僧伽罗人民族意识觉醒的表现,也是 20 世纪前期达到高潮的斯里兰卡民族主义运动的初始阶段,它对激发僧伽罗人的民族觉悟和发扬民族文化传统起到了重大作用。"[1] 至此,斯里兰卡宗教格局大致形成以佛教为主,以印度教、伊斯兰教、基督宗教(含天主教、基督新教等)为其他主要宗教的格局。

通常在谈及斯里兰卡民族矛盾时,殖民时期的诸多政策被认为是加剧僧、泰两族矛盾的重要外因。"在欧洲列强进行殖民统治期间,各民族之间(僧伽罗人与泰米尔人)、各教派之间(佛教徒和印度教徒)以及不同种姓之间的矛盾冲突十分激烈,这是殖民主义者为了便于统治而挑起的。"[2] 但在荷兰、葡萄牙、英国等国对斯里兰卡进行殖民统治之前,僧、泰两族在语言、宗教、文化等各方面的差异就强化着彼此间的对立与冲突,尤其是在宗教信仰的作用下,双方的差异不可避免地被不断放大。"对于僧伽罗人来说,佛教宗教信仰不仅是本民族文化的象征,而且更关系到僧伽罗国家的存亡与政权合法性的维系。所以,对于斯里兰卡僧伽罗民族主义的产生与发展而言,佛教不仅是民族主义原生的基础,而且其自身也作为一个重要的因素,影响着僧伽罗民族主义发展的方向。"[3]

---

[1] 李捷:《南亚极端民族主义与民族分裂主义研究——以斯里兰卡为例》,兰州大学出版社 2014 年版,第 34 页。

[2] 赵锦元、戴佩丽主编:《世界民族通览》,中央民族大学出版社 2000 年版,第 355 页。

[3] 李捷:《南亚极端民族主义与民族分裂主义研究——以斯里兰卡为例》,兰州大学出版社 2014 年版,第 73 页。

1862 年，著名僧人德喜上座的宣教会印刷布教册子，抨击基督教。基督教方面，那些皈信了卫斯理教会的锡兰人也起而回应，维护基督教的声誉。你来我往，经双方商量，于是公开举行了这么一个辩论会，要看哪家的教理主张才是真理。基督教方面是大卫·德·西尔瓦（David de Silva）牧师。他上来就批评佛教"无我"的概念，引用巴利文佛经没有灵魂的说法。他的意思，既然"无我"，也就没有主体，佛教也就失去了道德的责任者，因此"我空"的观点是不利于现世中的人伦道德需要的。佛教方面反驳基督教，指出其教义中的漏洞。例如，上帝既然后悔他创造了人并最终将人逐出伊甸园，说明上帝并不知道会有这样的后果，说明上帝并非全知全能！这样的辩论持续了三天。据说，德喜上座多次得到群众的喝彩。人们认为他已经驳倒了基督教的主张。19 世纪的锡兰是英国殖民地，因此德喜上座同基督教方面的论辩也就具有了文化讨论以外的意义。这场辩论被认为是现代佛教复兴运动的起点。①

由上述文字可见，宗教在斯里兰卡发展过程中长期扮演着"双刃剑"的角色，它既能在特殊的历史背景下被用于号召进行民族自救、实现民族独立与解放斗争，也在该国漫长的发展历史中长期被用于煽动不同群体间的矛盾与对立，最终导致斯里兰卡付出惨痛代价。

同斯里兰卡的民族和解进程艰难前行一样，斯里兰卡的宗教格局也是该国最为敏感的议题，一直以来都难以诞生一个让各方都感到满意的和解方案。2017 年，总统西里塞纳的修宪设想遭到一部分佛教僧人的公开反对。对此，政府发言人回应表示："国会不会撤回去年 4 月开始的新宪法草案程序，将继续进行全民投票。""僧侣们可以有自己的看法，但选民在 2015 年的两次选举（即总统选举和议会选举）中的授权是修改宪法。""我们不会因为佛教僧人要我们这样做而违背选民的意志。"②《西里塞纳式的慈悲善治——一个稳定的国家》政治宣言做出以下承诺：（1）将建立

---

① 宋立道：《暴力的诱惑：佛教与斯里兰卡政治变迁》，中国社会科学出版社 2009 年版，第 33 页。

② 赵倩：《斯里兰卡试图扩大泰米尔人自治权促进民族和解》，《中国民族报》2017 年 9 月 2 日第 8 版。

由宗教领袖组成的地区和国家委员会，他们将大胆致力于宗教共存和反对极端主义，不会给任何宗教极端分子留出空间。他们将获授权调查所有与宗教礼拜场所有关的问题，并做出最后结论。地区层面未解决的问题将提交给全国委员会。（2）采取紧急行动改变阻碍宗教自由的行为。（3）所有人民的宗教信仰自由都将得到保障。（4）靠近圣地（包括室利达拉达·马利加瓦）的酒类销售点将立即被拆除，圣地周围地区的赛车将被禁止。（5）制定一项发展传统皮里维纳教育（Pirivena education）和为宗教指导学校培训教师的方案（Daham Pasel）。建立一所国际佛教大学来提升皮里维纳教育的国际水平。（6）出台一项关于对动物进行暴力行为的立法。①

二　斯里兰卡及各宗教发展概况

（一）印度教

绝大多数斯里兰卡泰米尔人和斯里兰卡的印度泰米尔人一样，都信仰印度教的湿婆（Siva）教派，只有少数人信奉毗湿奴教派（Vaisnavism）。斯里兰卡泰米尔人供奉的最高神是湿婆教的主神湿婆和他的妻子雪山神女博尔伐蒂（Parvati）。② 在殖民统治时期，印度教同样受到来自各方面的压制，甚至部分泰米尔人放弃印度教信仰而皈依了基督教。"印度教徒在斯里兰卡泰米尔人中占80%，在印度泰米尔人中占90%，大约有4.3%的斯里兰卡泰米尔人和7.6%的印度泰米尔人皈依了基督教。"③

斯里兰卡于1986年1月1日成立了印度教宗教和文化事务部，该机构隶属于斯里兰卡佛教和宗教事务部，旨在在斯里兰卡保存并更好地建立印度教及其文化，积极为保护、推广和宣传印度教宗教、印度教文化艺术和印度教宗教教育作出贡献。④

（二）伊斯兰教

伊斯兰教是斯里兰卡的第三大宗教，摩尔人、印度摩尔人和马来人三

---

① Compassionate Government Maithri A Stable Country, Jan. 2015, pp. 25 – 26, http://www.president. gov. lk/wp-content/uploads/2015/01/Manifesto-EN. pdf.

② 王兰编著：《斯里兰卡》，社会科学文献出版社2004年版，第37页。

③ 王兰编著：《斯里兰卡》，社会科学文献出版社2004年版，第23页。

④ Department of Hindu Religious and Cultural Affairs, Overview, http://www. hindudept. gov. lk/web/index. php? option = com_content&view = article&id = 49&Itemid = 34&lang = e.

个群体组成了斯里兰卡的穆斯林群体。相较于"摩尔人""马来人"这种按民族划分的称谓，"穆斯林"一词在斯里兰卡的新闻报道及学术研究中更为常见，即以宗教信仰代替其民族名称。因此有学者指出，在斯里兰卡，穆斯林是唯一一个仅用一个词来表示民族和宗教的群体。[1] 由于无论从民族还是宗教来看，斯里兰卡的穆斯林群体都仅占总人口的 10%不到，因此在长期发展过程中，斯里兰卡穆斯林的宗教习俗会受到来自佛教和印度教的影响，这种本土化的过程催生了具有斯里兰卡特色的伊斯兰信仰。"例如，斯里兰卡穆斯林中存在着母系制和以母系为本位的家庭，而这种情况在阿拉伯半岛的穆斯林中是没有的。斯里兰卡的穆斯林朝圣印度教的宗教圣地迦多罗伽摩，也是受到印度教徒和佛教徒影响的结果。"[2]

斯里兰卡目前设有穆斯林宗教与文化事务部，该机构成立于 1981 年，其愿景为建立一个遵循伊斯兰宗教仪式和文化价值观的社会，旨在通过组织各项活动，肩负起建立一个公正的穆斯林社会的重任。其主要工作包括监督清真寺/慈善信托基金及其财产的管理；监督伊斯兰宗教机构及其财产的管理；加强和丰富伊斯兰宗教研究；加强和丰富伊斯兰文化活动；为朝觐者提供设施和服务；表彰在宗教事务上为社区服务的人和在文化领域作出贡献的人；鼓励穆斯林在斋月期间举行五次祈祷和斋戒等宗教仪式；加强关于时事的意识和指导；维护穆斯林团结，为民族融合而努力。[3]

（三）基督宗教[4]

基督教进入斯里兰卡大致可分为三个阶段，与葡萄牙、荷兰、英国的殖民统治时期相对应。最初，葡萄牙占领斯里兰卡后开始传播天主教信仰，"西部沿海低地僧伽罗人中的卡拉瓦种姓和其他一些种姓成员、北方贾夫纳地区的泰米尔人低级种姓成员，甚至不可接触种姓成员中的许多人都皈依了天主教"[5]。在荷兰人取代葡萄牙人后，荷兰归正会开始了对斯里兰卡的传教活动，直至英国殖民统治时期，斯里兰卡佛教和印度教已经

---

[1]　Sasanka Perera, *The Ethnic Conflict in Sri Lanka: A Historical and Sociopolitical Outline*, Feb. 2001, p. 4.

[2]　王兰编著：《斯里兰卡》，社会科学文献出版社 2004 年版，第 43 页。

[3]　Department of Muslim Religious and Cultural Affairs, Overview, http://muslimaffairs. gov. lk/o-verview/.

[4]　包含基督教、天主教、东正教等。

[5]　王兰编著：《斯里兰卡》，社会科学文献出版社 2004 年版，第 43 页。

全面衰退。英国更是试图依靠开办教育机构的方式培养亲西方、亲基督教的上层人士。这一做法取得了一定的成效，也让僧伽罗人感受到前所未有的危机，为后期斯里兰卡佛教复兴运动迅速传播、民族意识全面觉醒埋下伏笔。

斯里兰卡目前设有基督教宗教事务部，该机构于 1999 年 5 月根据内阁备忘录成立，旨在促进普世见证，寻求与主耶稣基督所祈求的合一，认识到神在地上的统治是完全的。其主要工作包括见证并分享上帝的好消息；促进在基督里的合一和团契；加强基督徒的灵性，并在家庭、教会和社会中更新圣灵；加强基督徒的门徒身份和奉献精神；使下一代能够积极参与到教会活动和社会生活中；参与教会的事工；将服务和发展扩大到所有需要的人，特别是穷人和社会边缘群体；追求正义与和平事业，尊重、保护、滋养万物；祝福所有人的多样性，促进不同社区之间的和解；为了社会的共同利益，与其他信仰的人和组织合作。[①]

三　斯里兰卡"宗教—民族主义"与"新民族—宗教"冲突

伴随着佛教的衰落和印度教的兴起，历史上南印度泰米尔国家对斯里兰卡岛上僧伽罗国家的侵略，也逐渐演变成了印度教国家对佛教国家的侵略。由此，僧伽罗统治者创造了"民族、宗教和国家相统一的观念"，把佛教、僧伽罗人和斯里兰卡岛说成是三位一体。[②] 斯里兰卡的民族本身已经具有极强的内向性，将宗教和国家的概念叠加在此之上则进一步对自我与他者进行了割裂。然而，这种观念无疑在斯里兰卡拥有天然的土壤，尤其是在内外因素的共同作用下极易被目标群体所接受，因此斯里兰卡既有僧伽罗人的佛教民族主义，也有泰米尔人的印度教民族主义。这类思想试图将民族与宗教、将人与国家、将历史与现实捆绑在一起，在对内获得最大限度凝聚力的同时，对外也最大限度地阻碍了不同民族间的交流和融合。"猛虎组织"被彻底击溃后，斯里兰卡国民对国内重建的迫切需求使得僧、泰两个民族的矛盾被各种政策、倡议、愿景和制度设计所压制，而僧伽罗人与斯里兰卡穆斯林之间的矛盾反而呈现上升趋势。因而有学者称

---

① Department of Christian Religious Affairs, About Us, http://www.christian.gov.lk/index.php.

② 平言：《2014 年国际宗教热点观察》，《中国宗教》2015 年第 2 期。

其为斯里兰卡的"新民族—宗教"冲突。"新民族—宗教"冲突发生在僧伽罗社会组织或非政府力量与穆斯林民众之间。当前僧伽罗和穆斯林之间的冲突表现为僧伽罗民族主义对穆斯林文化的对抗和打击。就冲突范围而言，"新民族—宗教"冲突集中于民族、宗教的文化领域，包括质疑穆斯林文化公民身份的合理性，把穆斯林称为"外国人"；反对穆斯林宗教信仰的法律地位；争夺穆斯林宗教圣地；攻击穆斯林民族文化符号等方面的内容。①

2019年4月，斯里兰卡发生了自消灭"猛虎组织"以来最为惨重的恐怖主义袭击，斯里兰卡政府最终将遇难人数确定为253人，但表示存在因爆炸身亡而无法确定身份以及确切遇难人员数据的情况。这一事件不仅是近年来斯里兰卡"新民族—宗教"冲突由量变引发质变的集中体现，也使外界对斯里兰卡十年战后重建的成效产生质疑，同时使斯里兰卡政府面对着更大的、来自内外部的压力。如斯里兰卡频频发生针对穆斯林群体的污名化和暴力活动已经引起了伊斯兰世界的高度关注。根据2019年5月31日在沙特麦加举行的伊斯兰合作组织（OIC）国家元首第十四次伊斯兰首脑会议最后公报，伊斯兰合作组织重申呼吁斯里兰卡当局坚决打击仇恨和不宽容言论的传播，确保该国穆斯林社区的安全。同时，该组织还表示鼓励斯里兰卡所有政治领导人采取积极措施，促进所有群体之间的对话、和平与和谐，防止族裔或宗教被污名化或边缘化。② 事实上，为了促进伊斯兰教在东南亚及南亚地区的发展，伊合组织早在2017年就已经同阿布杜拉国王跨宗教与跨文化对话国际中心（KAICIID）一同在泰国曼谷合作举办了伊斯兰教—佛教的跨宗教对话会议。

第三节　中斯人文交往中的民族宗教因素

中国与斯里兰卡的人文交往历史悠久、源远流长，佛教是其中最为重要的组成部分。当前世界公认的两颗佛牙舍利分别供奉于斯里兰卡康提佛

---

① 杜敏、马志霞：《斯里兰卡"新民族—宗教"冲突动因论析》，《世界民族》2020年第4期。

② Organization of Islamic Cooperation, OIC Expresses Concern over Rising Hate Speech in Sri Lanka, Jul. 3, 2019, https://www.oic-oci.org/topic/? t_id=21933&ref=12838&lan=en.

牙寺与北京的灵光寺，如此渊源极大地促进了中斯两国的佛教交流。早在4世纪末5世纪初，以斯里兰卡沙门昙摩赠送佛像到南京为标志，开启了两国佛教文化交流的序幕。① 自东晋法显大师赴斯里兰卡求法而开启的中斯民间交往在1600余年的历史中从未间断过。斯里兰卡与新中国经过长期艰苦的斗争分别于1948年和1949年取得民族独立与解放，这一成就来之不易，因而民族团结亦成为两国友好交往的组成部分。由于历史上中斯佛教交流等内容在本卷其他章节已有详细分析论述，故本节以新中国成立为时间节点，考察1949年以后中斯两国人文交往中的民族宗教因素，重点关注"一带一路"框架下两国在宗教文化交流、促进民族团结等方面的机制建设与相关举措。

中国与斯里兰卡的佛教交往已有千年历史，既有中国高僧法显赴斯里兰卡巡礼求法，也有斯里兰卡大菩提寺僧人释迦蜜多罗在95岁高龄来华礼拜文殊菩萨。后者不仅是印度半岛诸国朝礼五台山的第一位异国僧人，五体投地这一礼仪随着释迦蜜多罗的到来，传到了五台山。② 中国教界人士曾强调佛教对与南亚、东南亚国家深化交流合作具有重要意义，"和我们毗连着的国家，如安南、暹罗、缅甸、锡兰、印度、朝鲜乃至日本，都是根深蒂固的佛教国家，假定漠视了佛教这一个单位……或者会发生困难"③。新中国成立后，佛教依然在中斯两国民间交往中扮演着重要角色。1961年6月10日至8月10日，北京灵光寺佛牙舍利赴斯里兰卡进行为期60天的巡礼供奉，先后经过斯里兰卡8个省份、9个城市、10个行政区，受到300多万斯里兰卡人民的虔诚瞻拜。④ 斯里兰卡的佛牙舍利信仰可追溯至4世纪左右，因此该次佛牙舍利巡礼供奉对斯里兰卡佛教徒而言意义非凡。

这种友好情谊和特殊的交流方式也得到了两国领导人的肯定和支持。

---

① 《斯里兰卡佛教代表团抵达北京灵光寺进行友好交流》，2016年6月21日，参见中国佛教协会网站，http://www.chinabuddhism.com.cn/xw/jj/2016-06-21/10671.html。

② 冯铁健：《五台山与斯里兰卡佛教》，《五台山研究》1990年第4期。

③ 转引自司聘《佛教外交对重建海上丝绸之路政策的影响——以中国与斯里兰卡关系为中心》，《丝绸之路》2015年第16期。

④ 《6月10日中国佛牙舍利首次巡礼赴斯里兰卡纪念日》，2018年6月10日，凤凰网佛教综合，https://fo.ifeng.com/a/20180610/45020069_0.shtml。

如 1957 年周恩来总理访问斯里兰卡时由斯里兰卡佛教大会会长马拉拉塞克拉加收陪同，在群众大会上做翻译，受到周总理的好评①。1963 年 1月，斯里兰卡总理班达拉奈克夫人访华时，周恩来总理亲自陪同她先后参观杭州灵隐寺、上海玉佛寺等佛教寺院。

此后，中斯两国佛教交流变得更为密切，双方僧侣互访、人才交流、国际会议等成为两国交流的主要方式。在 2007 年的《中华人民共和国与斯里兰卡民主社会主义共和国联合新闻公报》中提到："访问期间，斯里兰卡总统向中国人民赠送了一尊佛像，安奉在北京灵光寺。双方欢迎佛教界的交流不断增加，包括在杭州首届世界佛教论坛期间的交流活动。中方有关部门将认真研究斯方关于在斯建设国际佛教区的建议，愿与斯方就此保持沟通。"② 在 2013 年的《中华人民共和国与斯里兰卡民主社会主义共和国联合公报》中又再次提到："双方表示将进一步扩大人文交流。加强教育、文化、旅游、宗教、新闻、广电等领域的交流与合作。"③ 2014 年9 月 16 日，习近平主席访问斯里兰卡期间在该国《每日新闻》报发表题为"做同舟共济的逐梦伙伴"的署名文章，其中不仅再次强调"要继续发掘两国深厚的历史人文积淀，不断扩大文化、教育、宗教、青年、妇女、地方等方面交流合作，促进两国文化交融、民心相通"，还引用佛教"心愿"一词表示："佛学里常说，凡事基于'心愿'，'心愿'越大，力量就越大。中斯双方要化心愿为动力，加强海洋、经贸、基础设施建设、防务、旅游等领域交流合作，共同推进海上丝绸之路复兴，造福两国和两国人民。"④ 2015 年 9 月，斯中佛教友好交流协会（斯中佛协）在斯里兰

---

① 郑筱筠：《世界佛教通史》第 12 卷《斯里兰卡与东南亚佛教：从佛教传入至公元 20 世纪》，中国社会科学出版社 2015 年版，第 59 页。

② 中国外交部：《中华人民共和国与斯里兰卡民主社会主义共和国联合新闻公报》，2007 年10 月 15 日，参见中国外交部网站，https://www.fmprc.gov.cn/web/gjhdq_676201/gj_676203/yz_676205/1206_676884/1207_676896/t372336.shtml。

③ 中国外交部：《中华人民共和国与斯里兰卡民主社会主义共和国联合公报（全文）》，2013 年 5 月 30 日，参见中国外交部网站，https://www.fmprc.gov.cn/web/gjhdq_676201/gj_676203/yz_676205/1206_676884/1207_676896/t1045487.shtml。

④ 习近平：《做同舟共济的逐梦伙伴》，2014 年 9 月 16 日，中国外交部网站，https://www.fmprc.gov.cn/web/gjhdq_676201/gj_676203/yz_676205/1206_676884/1209_676894/t1191563.shtml。

卡成立，该协会宗旨在于促进两国佛法的交流和佛教传统的传承。[①] 此外，斯里兰卡的法显石洞、由中国援建的法显石村，以及两国民间形成的"法显文化"等都是中斯佛教交流促进民心相通的有力证据。

除了佛教文化交流外，郑和七下西洋所开辟的海上丝绸之路也成为中斯两国人民促进宗教文化交流、推动相互了解的重要渠道。2014 年 6 月，习近平总书记在访问斯里兰卡期间在当地主流媒体发表署名文章表示："中国和斯里兰卡有高僧法显开启的千年佛缘，有郑和七次远洋航海的历史纽带，有患难见真情的米胶协定，更有两国人民在印度洋海啸和汶川地震中守望相助的感人佳话。"[②] 有学者表示，在民间，经由海上丝路发展而来的佛教文化交流在大众层面认知度极高。几乎所有斯里兰卡人都知道古代中国在很长时间内一直是一个盛行佛教的国家，也谙熟高僧法显到斯里兰卡取经的事迹。[③] 中斯两国之间除了直接的、以僧侣为主体的宗教文化交往以外，郑和下西洋期间也多次到访斯里兰卡，当地风俗尤其是宗教文化被一一记录下来，成为中斯两国通过海上丝绸之路推动友好交往的历史证明。

在 15 世纪初期，亚非国家的民情风俗是比较淳朴的，其宗教信仰也是很诚笃的。因此，明朝政府对他们古朴淳厚的民情风俗加以表扬；对他们的宗教信仰也给予应有的尊敬，以示珍视他们固有的礼俗。这也是中国历史上对外的传统政策之一。费信所说："王者无外，王德之体，以不治治之"（《星槎胜览·序》，纪录汇编本）正是这种传统政策的体现。实行这种政策，不仅是为了增进中国与亚非各国的交往，也表现出中国在国际交往中"求同存异"的大国风度。这在明初更是如此。郑和下西洋，对所经诸国，如伊斯兰教国家古里、佛教国家锡兰山等的风俗宗教，都予以某种程度的崇扬。

---

① 邵季洋、孙佳佳：《斯中佛协正式成立 为两国佛教交流建立新平台》，2015 年 9 月 3 日，国际在线，http://news.cri.cn/gb/42071/2015/09/03/8011s5089401.htm。

② 习近平：《做同舟共济的逐梦伙伴》，2014 年 9 月 16 日，中国外交部网站，https://www.fmprc.gov.cn/web/gjhdq_676201/gj_676203/yz_676205/1206_676884/1209_676894/t1191563.shtml。

③ 佟加蒙：《海上丝绸之路视域下中国与斯里兰卡的文化交流》，《中国高校社会科学》2015 年第 4 期。

据明马欢《瀛涯胜览》记载：此处海边山脚光石上，有一足迹，长二尺许，云是释迦从翠兰山来。从此处登岸，脚踏此石，故迹存焉。中有浅水不干，皆手蘸其水，洗面拭目，曰佛水清净。左有佛寺，内有释迦佛，混身侧卧，尚存不朽。其寝座用各样宝石妆嵌，沉香木为之，甚是华丽。又有佛牙并活舍利子等物在堂。其释迦涅盘，正在此处。[①]

2014 年习近平主席访问斯里兰卡期间，时任斯里兰卡总统的拉贾帕克萨向习近平主席赠送郑和碑拓片。郑和碑全称"郑和《布施锡兰山佛寺碑》"，立于 1409 年郑和第二次抵达斯里兰卡后，是见证古代海上丝绸之路中斯往来的珍贵实物史料。该碑高 144.5 厘米，宽 76.5 厘米，厚12.5 厘米。碑额部分呈拱形，正反面均刻有五爪双龙戏珠精美浮雕，正面长方体四周均以中式花纹雕饰。更具史料价值的是，石碑正面从右至左、从上至下分别有中文、泰米尔文、波斯文三种阴刻文字，记载了 600 多年前郑和赴锡兰（今斯里兰卡），向岛上佛教寺庙布施财物供奉佛祖之事。[②] 以此为契机，中斯两国在 2014 年成立海岸带和海洋合作联委会时将"郑和沉船水下考古项目"纳入工作规划，2016 年在两国联合声明中表示："中斯两国人民的往来源远流长。双方同意加强人文交流与合作，支持两国有关文化部门在科伦坡共同主办'中斯海上丝绸之路'主题文物展览。"[③]

第四节 结语

斯里兰卡是一个多民族、多宗教的国家，同一个群体在民族、宗教、

---

① 郑鹤声、郑一钧编：《郑和下西洋资料汇编》（中），海洋出版社 2005 年版，第 1015—1016 页。

② 杨梅菊、冯武勇、黄海敏：《郑和碑见证中斯海上丝路缘》，新华网，2014 年 9 月 17 日，http://www.xinhuanet.com/world/2014-09/17/c_1112516956.htm。

③ 中国外交部：《中华人民共和国和斯里兰卡民主社会主义共和国联合声明（全文）》，2016 年 4 月 9 日，参见中国外交部网站，https://www.fmprc.gov.cn/web/gjhdq_676201/gj_676203/yz_676205/1206_676884/1207_676896/t1354364.shtml。

语言等方面高度的同一性和内向性至今未能得到改变。有学者评论道："很少有国家像斯里兰卡那样，历史成为一种无法解脱的重负，成为缠绕在民族集体脖颈上的枷锁。"① 当前学界多从"后猛虎时代"或类似的表述出发考察斯里兰卡在各方面的发展，但对该国民族宗教问题的发展态势，大多持谨慎乐观、保持观望或在一定程度上持悲观态度。结合斯里兰卡近年来的发展，被民族、宗教所裹挟的各种问题仍是横亘在斯里兰卡政府面前的棘手难题。在推进各种民族和解政策、宗教对话交流之后，呈现在世界面前的却是斯里兰卡国内局势的不确定性逐渐增加。一方面，僧、泰两族的矛盾与对立历来有之，民族和解须由几代人共同完成，绝非一朝一夕可实现；另一方面，斯里兰卡国内"宗教—民族主义"思潮从未退去，国内民族矛盾的重心逐渐从僧、泰两族转移到部分佛教民族主义与穆斯林激进分子之间。因此基本可以确定，在未来相当长的一段时间内，斯里兰卡国内矛盾仍将以民族宗教冲突的形式出现。而且，在域外大国的介入下，斯里兰卡民族宗教问题或会变得更为复杂、棘手。

---

① 李捷：《南亚极端民族主义与民族分裂主义研究——以斯里兰卡为例》，兰州大学出版社2014年版，第26页。

第八章　对外关系

斯里兰卡奉行独立和不结盟的外交政策，主张发展与所有国家间的友好关系，促进经贸往来，支持和平共处五项原则，拒绝在大国间"选边站队"。自冷战以来，斯里兰卡与所有主要国家都建立了良好关系，持续巩固与美国、印度、巴基斯坦、中国、俄罗斯、日本和欧盟等国家和组织的伙伴关系。斯里兰卡反对各种帝国主义、殖民主义、种族主义和大国霸权主义，维护斯里兰卡独立、主权和领土完整，不允许外国对斯里兰卡内政和外交事务进行干涉。斯里兰卡关心国际和地区安全，主张全面彻底裁军，包括全球核裁军以及建立国际政治、经济新秩序。坚决反对国际恐怖主义，1998 年 1 月签署了《联合国反恐怖爆炸公约》，成为该公约的第一个签字国。斯里兰卡还积极推动区域合作，不仅重视南亚区域合作联盟框架之下的合作，并且与东南亚国家区域合作联盟、非洲联盟和阿拉伯国家联盟等组织建立了密切联系。如今，斯里兰卡政府已同 140 多个国家建立了外交关系。[1]

第一节　与域外大国的关系

一　美国是斯里兰卡对外关系的重中之重

毫无疑问，美国是斯里兰卡外交的重中之重。美斯关系在政治、经济、安全等诸多领域均有其独特的重要性。

在政治上，1948 年斯里兰卡宣布独立，当年 10 月 29 日，美国就与斯

---

[1] 《斯里兰卡国家概况》，参见中华人民共和国外交部网站，https://www.fmprc.gov.cn/web/gjhdq_676201/gj_676203/yz_676205/1206_676884/1206x0_676886，访问时间：2020 年 11 月 6 日。

里兰卡建立了外交关系。21 世纪以来，美斯关系发展进入了快车道。2004 年，斯里兰卡时任总理维克拉马辛哈受美国时任总统小布什邀请访问美国。这是斯里兰卡历史上第一位正式访问美国白宫的斯里兰卡国家领导人。2012 年 2 月，美国南亚和中亚事务助理国务卿布莱克访斯。5 月，斯里兰卡外长佩里斯访美。11 月，美国南亚和中亚事务助理国务卿帮办阿勒斯访斯。2013 年 1 月，美南亚和中亚事务助理国务卿帮办詹姆斯·摩尔，民主、人权、劳工事务助理国务卿帮办简·齐摩曼访斯。2013 年 1 月，美国国务院全球刑事司法办公室无任所大使斯蒂芬·拉普访斯。2014 年 1 月和 2015 年 2 月，美南亚和中亚助理国务卿妮莎·比斯瓦尔访斯。2015 年 2 月，斯里兰卡外长萨马拉维拉访美；2015 年 5 月，美国国务卿克里访问斯里兰卡。2016 年 2 月，斯里兰卡外长萨马拉维拉再度访美。2017 年 11 月，美国国务院副国务卿香农访斯。2018 年 10 月，美国国务院南亚和中亚助理国务卿帮办爱丽丝·威尔斯访斯。2019 年 4 月，斯里兰卡外长马拉帕纳访美。① 2020 年 10 月 28 日，美国时任国务卿蓬佩奥访斯，其间曾污蔑中国在斯里兰卡是"掠夺者"，而自诩为"斯里兰卡的好朋友和好伙伴"。对此，斯里兰卡外交大臣古纳瓦德纳则强调："斯里兰卡是一个中立和不结盟的国家，致力于和平""斯里兰卡希望继续与美国和其他所有国家维持友好关系。"

　　整体看来，斯里兰卡与美国的关系深受两国内政，尤其是斯里兰卡内政的影响。例如，在积极发展与中国合作的马欣达·拉贾帕克萨担任总统期间，斯里兰卡与美国和西方的关系相对冷落。2015 年，取代拉贾帕克萨上台的维克拉马辛哈则积极恢复和发展与美国及西方世界的关系。除此之外，斯里兰卡族群关系等内政问题也始终影响其与美国的关系。20 世纪 70 年代，占据斯里兰卡人口绝对多数、信奉佛教的僧伽罗人与信奉印度教的泰米尔人矛盾激化，催生了要求在斯里兰卡建立独立泰米尔国家的"猛虎组织"，并发动了一系列暴力恐怖袭击。1997 年，美国宣布"猛虎组织"为恐怖组织。作为僧伽罗人，拉贾帕克萨一直以对泰米尔分裂分子毫不手软而著称。在 2005 年首次出任斯里兰卡总统之后，拉贾帕克萨一

---

　　① 《斯里兰卡国家概况》，中国外交部网站，https://www.fmprc.gov.cn/web/gjhdq_676201/gj_676203/yz_676205/1206_676884/1206x0_676886/，访问时间：2020 年 11 月 7 日。

反上届政府"优先谈判"的策略,坚持用武力将"猛虎组织"彻底打垮。为了查禁所有同情"猛虎组织"的言论,他严控媒体自由,大幅提高外国非政府组织的入境门槛。2009 年 5 月,在两周"最后总攻"之后,"猛虎组织"终于缴械投降,彻底覆灭。斯里兰卡持续了 26 年的血腥内战终于结束。由于战争的胜利,拉贾帕克萨声望迅速达到顶峰,2010 年提前发起总统大选,以近 200 万张票的优势(2005 年他的获胜优势为 18 万张票)赢得总统选举。然而,拉贾帕克萨采取强力措施打压"猛虎组织",一劳永逸地解决国内民族问题,却遭到美国方面的指责与批评。2019 年,在斯里兰卡 11 月举行议会选举前夕,美国加利福尼亚州一所法庭受理了针对主要候选人、拉贾帕克萨弟弟戈塔巴雅·拉贾帕克萨的多达 10 项指控,其中包括指控戈塔巴雅 2005 年至 2015 年担任国防部部长期间,斯里兰卡安全部队系统性地逮捕、折磨、强奸以及抢劫泰米尔人。在大选之后,戈塔巴雅·拉贾帕克萨出任斯里兰卡总统,马欣达·拉贾帕克萨则随后出任总理。美国则继续指责马欣达·拉贾帕克萨以及戈塔巴雅·拉贾帕克萨在 2005 年至 2015 年打击"猛虎组织"的过程中存在严重侵犯人权行为,其中包括打压记者和人权主义者。美国方面还指责斯里兰卡政府没有建立包括国际法官和检察官参与的专门机制调查上述涉嫌侵犯人权行为。再如,2022 年上半年,斯里兰卡爆发大规模反政府游行示威,斯里兰卡政府采取措施维持秩序。然而,美国立即发声谴责斯里兰卡政府"暴力镇压示威""侵犯民众民主权利",并向斯里兰卡意见领袖和抗议团体提供援助,借机干预该国内政。

在经济上,在贸易方面,美国是斯里兰卡主要援助国之一和最大的出口市场。例如,斯里兰卡 2018 年商品出口总值为 117 亿美元,其中向美国出口高达 30 亿美元。美国从斯里兰卡进口商品主要是成衣、橡胶、宝石、茶、香料等。美国向斯里兰卡出口商品则主要包括动物饲料、医疗设备、大豆、塑料等。[①] 在援助方面,美国国务院数据显示,自 1948 年斯里兰卡独立以来,美国累计向斯里兰卡提供超过 20 亿美元的援助。美国在斯里兰卡的农业、企业发展、教育、医疗、能源和自然资源等领域投资。

---

① "U. S. Relations with Sri Lanka",https://www.state.gov/u-s-relations-with-sri-lanka/,访问时间:2020 年 8 月 6 日。

美国方面提出通过其经济领域的外交政策执行工具"千年挑战公司"向斯里兰卡投资 4.8 亿美元用于基础设施建设和土地管理，但因为涉及敏感领域而被斯里兰卡方面拒绝。① 有批评者认为，"千年挑战公司"虽然声称其成立初衷是削减贫困，但实际上却是"重塑对象国的法律、制度、基建和金融体系以更好符合美国的经济利益"，可谓"旨在推动新自由资本主义的渗透和扩张的'新帝国主义'"②。"千年挑战公司"对斯里兰卡的 4.8 亿美元投资部分旨在改变斯里兰卡的土地政策，尤其是加速土地私有化，便利外国投资者更容易获得该国土地的数字信息。例如，根据"千年挑战公司"与斯里兰卡财政部的协议草案，上述资金将用于给斯里兰卡国有土地命名，进而便利未来的土地出售。2020 年，尽管受到全球新冠疫情的冲击，但美国仍是斯里兰卡最大的出口市场。1—9 月，斯里兰卡对美国的出口额为 19 亿美元，占其总出口额的约 19.6%。美国国务卿蓬佩奥、驻斯大使特普利茨多次表示，美国将支持斯里兰卡疫后经济恢复。此外，美国还有意通过"蓝点网络"倡议鼓励美国私企加大对斯里兰卡投资，为斯里兰卡提供所谓"透明、开放、不损害其主权"的发展模式。2022 年以来，斯里兰卡陷入建国以来最为严重的经济危机：因外汇不足而出现粮食、燃料和药品短缺。其中，粮食短缺迅速引发粮食和食品价格飙升。燃料短缺则不仅导致普通民众摩托车、汽车等交通工具加油困难，而且引发了全国范围的停电，影响工业生产和居民生活。药品和医疗设备短缺则严重影响普通民众的就医诉求，一些危重病人甚至因此面临生命危险。6 月，美国总统拜登会见斯里兰卡驻美大使，随后在七国集团峰会上宣布向斯里兰卡提供 2000 万美元额外援助③，为该国妇女儿童提供急缺口粮，并派遣国务院和财政部高官代表团赴斯里兰卡调研其具体经济需求。2022 年 9 月，美国国际开发署署长鲍尔访问斯里兰卡，宣布在之前提供

---

①　"U. S. Relations with Sri Lanka"，https：//www. state. gov/u-s-relations-with-sri-lanka/，访问时间：2020 年 8 月 6 日。

②　"US Aid Scheme Sparks Debate in Sri Lanka"，https：//asiatimes. com/2020/01/us-aid-scheme-sparks-debate-in-sri-lanka/，访问时间：2020 年 8 月 6 日。

③　US Embassy in Sri Lanka，"President Biden Announces ＄20 Million in Additional Assistance to Feed over 800，000 Sri Lankan children"，https：//lk. usembassy. gov/president-biden-announces-20-million-in-additional-assistance-to-feed-over-800000-sri-lankan-children/，访问时间：2022 年 10 月 18 日。

3175 万美元紧急人道主义援助基础上，再提供 6000 万美元紧急援助。①

在安全上，斯里兰卡地理位置极为重要，位于印度南端海域、孟加拉湾西南，距离印度洋主航道仅有 6—8 海里的距离。印度洋主航道每年通过船只高达 6 万艘，囊括全球三分之二的石油运输，以及半数以上的集装箱运输。位于斯里兰卡东部的亭可马里港可谓印度洋乃至世界上最优秀的天然海港。在美国构建所谓"和平与繁荣的印太"战略框架下，美国高度重视斯里兰卡的战略地位，迅速提升与斯里兰卡的防务合作水平。例如，美国海军与斯里兰卡海军达成有关帮助斯里兰卡建立海军陆战队的合作协议，美国为斯里兰卡建立"国家防务学院"以培训斯里兰卡高级军事官员，美军舰艇周期性地访问斯里兰卡港口，美国与斯里兰卡海军和空军在人道主义救援、灾难救助以及海上安全等领域举行军事演习。此外，美国海军向斯里兰卡海军捐赠高自持力警备艇，"提升斯里兰卡巡航其水域的能力"。尤其需要指出的是，美国在"外军资助"项目下向斯里兰卡提供了 3900 万美元支持，帮助提升斯里兰卡的海上态势感知能力，美国与斯里兰卡早已签署《相互提供后勤支持协议》（ACSA）。2019 年，美国与斯里兰卡拟签署的新版"驻军地位协定"（SOFA）在斯里兰卡内部引起了激烈争议。美国与斯里兰卡早在 1995 年就签署了驻军地位协定，但美国方面希望更新这一协定，旨在"更便利美国军事人员进入斯里兰卡"，并于 2018 年 8 月将协议草案发送给了斯里兰卡外交部。根据斯里兰卡《镜报》披露的草案文本，在舰艇访问、联合训练、军事演习等场合"临时前往斯里兰卡"的美国国防部军事和民事人员，以及非斯里兰卡雇员将享受与外交官一样的豁免权和治外法权；上述人员在执行任务时可以身穿制服，并随身携带武器，并无须签证就可以自由进入斯里兰卡，斯里兰卡安全人员也无权对其进行盘问。该协议草案文本披露后，引发斯里兰卡方面的严重不满，认为"这是对斯里兰卡主权的严重侵犯"。有斯里兰卡分析人士认为，美国之所以对斯里兰卡安全领域如此重视，源于"美国将斯里兰卡作为其在印度洋主要军事基地迪戈加西亚的第一替代选择和备

---

① 其中，2000 万美元为紧急人道主义援助，剩余 4000 万美元为发展援助，主要用于帮助斯里兰卡农民购买化肥。

份"。① 针对斯里兰卡的强烈反对，美国驻斯里兰卡大使不得不表示，美国没有在斯里兰卡修建军事基地的计划。

在非传统安全上，2004 年底印度洋海啸发生后，美国在斯里兰卡救灾和灾后重建中发挥了积极作用。在 2019 年 4 月复活节期间，斯里兰卡爆发大规模恐怖袭击。美国随即派遣 FBI 专家帮助调查事件，并且主动表示愿意在反恐问题上开展更广泛的合作。2020 年 8 月，美国国防部长埃斯珀与斯里兰卡总统通话，同意加强双边防务合作。目前美国已向斯里兰卡提供 180 万美元用于各类反恐项目。此外，美国还通过"孟加拉湾倡议"推动加强美斯海上安全和海域态势感知合作。② 2020 年新冠疫情蔓延全球，美国通过国际开发署、联合国儿童基金会等机构向斯里兰卡提供了至少 500 万美元的援助物资。③ 9 月，美国国际开发署再次向斯里兰卡提供 200 台呼吸机用于抗疫。美国国防部亦于 6 月向斯里兰卡捐助 4.8 万套个人防护用品。

二　日本是斯里兰卡重要援助方

除了美国之外，日本也是斯里兰卡着力发展关系的对象国。对日本而言，斯里兰卡的战略位置极为重要，日本 80% 以上的能源进口依赖斯里兰卡以南数海里的印度洋主航线。此外，随着近些年中国在斯里兰卡影响力的不断扩大，这在一定程度上加深了日本所谓"对印度洋航道安全的担忧"。为了所谓"维护海上安全"，日本近年来在政治、经济、安全各方面都加大了对斯里兰卡的投入力度。

在政治上，两国高层来往日渐频繁。2014 年 9 月，日本首相安倍晋三访问斯里兰卡，这是时隔 24 年后日本首相再次访斯。2015 年 10 月，上任仅两个月的斯里兰卡总理维克拉马辛哈访问日本并确认了两国之间的

---

① "Sri Lankans up in Arms over US Military Pacts", The Diplomat, https://thediplomat.com/2019/08/sri-lankans-up-in-arms-over-us-military-pacts/,访问时间：2020 年 8 月 6 日。

② "Secretary Pompeo Travels to Sri Lanka to Advance Indo-Pacific Ties", US Department of State, October 27th 2020, https://www.state.gov/secretary-pompeo-travels-to-sri-lanka-to-advance-indo-pacific-ties/, 访问时间：2020 年 10 月 30 日。

③ "U. S. Relations With Sri Lanka", https://www.state.gov/u-s-relations-with-sri-lanka/,访问时间：2020 年 10 月 28 日。

伙伴关系。2016 年 5 月，斯里兰卡总统西里塞纳访问日本并签署一系列双边协议。2017 年 4 月，斯里兰卡总理维克拉马辛哈时隔仅两年便再次访日，并继续深化与日本的伙伴关系。除首脑会谈外，近年来，日斯之间部长级、副部长级会谈在频率上也不断提高，会谈范围不断扩大。例如，2018 年 8 月，日本防卫大臣小野寺五典访问印度、斯里兰卡。为确保在印度洋的"自由航行"，日本与印度、斯里兰卡两国决定加强防卫合作。

在经济上，日本对斯里兰卡援助较为可观，但双边贸易额有限。日本方面数据显示，1965 年至 2018 年日本向斯里兰卡提供了大约 102 亿美元的发展援助，其中包括科伦坡港口城改扩建工程等项目。2015 年至 2019 年，日本在斯里兰卡接受的对外援助中占比大约为 14%，成为斯里兰卡的关键合作伙伴。2016 年 5 月，斯里兰卡总统访日期间，日方承诺向斯里兰卡提供价值约 393.9 亿日元的援助，其中无偿援助达 62.5 亿日元，具体项目包括北中省的自来水管道项目和东部省的发电站项目。[1] 2017 年 4 月，斯里兰卡总理访日期间，日本再次向斯里兰卡承诺提供价值约 457.7 亿日元的援助，其中无偿援助为 10 亿日元，具体项目包括卡鲁河水道扩建项目和东北部地区的地方复兴项目。[2] 此外，日本还将与印度合作开发亭可马里港及其附近的工业园，以及规划在西部省修建液化天然气项目。[3] 2019 年 5 月，印度媒体报料称，日本将与印度合作在斯里兰卡首都科伦坡扩建港口，在科伦坡港口东码头新建一个集装箱码头。据称，该项目的目标是提升科伦坡港的集装箱和进出南亚的货物吞吐量。尽管援助规模比较可观，但日本对斯里兰卡的直接投资却非常有限，投资范围也不大。例如，2013 年至 2018 年日本对斯里兰卡的直接投资只占这一阶段斯里兰卡接收外资总额的 2%。在贸易方面，日本在与斯里兰卡的双边贸易中占据较大顺差。当前，日本与斯里兰卡双边货物贸易额估计为 9.64 亿美元，其中日本对斯里兰卡顺差约为 3 亿美元。2019 年数据显示，对日本货物贸易出口额占据当年斯里兰卡总出口额的 3%，其中主要是船只、

---

① 『日スリランカ首脳会談—メディア・ステートメント—』，外务省，2016 年 5 月 28 日。
② 《日・スリランカ首脳会談共同声明》，外务省，2017 年 7 月 18 日。
③ 《日・スリランカ首脳会談共同声明》，外务省，2017 年 7 月 18 日。

咖啡、茶叶，等等。斯里兰卡则主要从日本进口机械设备。①

在安全上，日本不断密切与斯里兰卡的防务合作关系。2016年，日本以政府开发援助（ODA）的方式向斯里兰卡无偿提供了价值18.3亿日元的两艘海岸巡逻艇，以及价值2.5亿日元的反恐器材。② 2017年4月，斯里兰卡总理访日期间，日本承诺向斯里兰卡海岸警卫队的警员提供培训课程，并提出希望加强日本海上自卫队与斯里兰卡海军之间在反恐、反海盗、维护海上安全等领域的交流合作。日斯双方同意两国防卫部门间建立定期交流机制，此外，日方还邀请斯方参加2017年美日印联合军演。③

第二节 与本地区国家的关系

一 印度与斯里兰卡关系特殊

在斯里兰卡地区外交层面，印度的地位最为独特和特殊。两国地缘上相互毗邻，历史和文化联系非常密切。印度对于斯里兰卡政治、经济、安全、宗教和文化等领域拥有全方位的影响力，超越其他任何国家。

印度历来以南亚龙头老大自居，并不止一次地声明，当南亚地区其他国家有事时，能帮助它们的只有印度而不是别的国家，它们只应该向印度求助而不是向其他国家求助。由于斯里兰卡特殊的地理位置及其与印度紧密的历史和文化联系，印度一向把斯里兰卡看成其势力范围。印度南部的泰米尔纳德等邦有泰米尔人6000多万人，与斯里兰卡北部的泰米尔人同根同宗。印度强调关注斯里兰卡国内的民族冲突，并对斯里兰卡泰米尔人的处境深表同情，频频插手斯里兰卡国内问题。1987—1990年，印度甚至直接派兵干预斯里兰卡内战。④ 具体说来，印度在1980年代卷入这场冲突有许多原因，其中包括时任印度政府和领导人希望印度成为区域强权，以及担心泰米尔内战会刺激印度国内泰米尔人寻求独立等。自1983年到

① "Sri Lanka - Japan Relations: Opportunities for Deeper Bilateral Relations in the COVID - 19 Era", https://lki.lk/blog/sri-lanka-japan-relations-opportunities-for-deeper-bilateral-relations-in-the-covid-19-era/, 访问时间：2020年11月2日。

② 『日·スリランカ首脳会談共同声明』，外務省，2017年7月18日。

③ 『日·スリランカ首脳会談共同声明』，外務省，2017年7月18日。

④ ［澳］大卫·布鲁斯特：《印度之洋——印度谋求地区领导权的真相》，杜幼康等译，社会科学文献出版社2016年版，第71—75页。

1987 年间，印度政府通过其情报机构研究分析局（RAW），向部分斯里兰卡泰米尔武装组织提供武器、训练和金援，其中包括著名的"猛虎组织"。印度政府相信，借由支持不同的武装组织，它可以保持泰米尔独立运动处在分裂状态，且方便其控制。在 1980 年代后期，印度更是积极地介入其中。1987 年 6 月 5 日，印度空军向被斯里兰卡政府军包围的贾夫纳地区空投食品。当斯里兰卡安全部队几乎要击败"猛虎组织"之际，印度空投到这个地区的 25 吨食品和药品却直接支援了叛军。1987 年 7 月 29 日，印度总理拉吉夫·甘地与斯里兰卡总统朱尼厄斯·理查德·贾亚瓦德纳举行谈判并签署和平协定。根据该协定，斯里兰卡政府对泰米尔人的要求做出了一些让步，其中包括将权力下放给各省，在选举投票中北部和东部合并为单一的省份，规定泰米尔语也是斯里兰卡官方语言等。然而，虽然大多数泰米尔武装组织放下了武器，并同意讨论和平解决冲突的办法，但"猛虎组织"却拒绝解除武装。为了确保和平协定的落实，印度维和部队尝试用军事力量遣散"猛虎组织"，而最终导致了双方的全面冲突。在长达 3 年的冲突中，印度维和部队遭到泰米尔人的强力反抗。与此同时，很多僧伽罗人出于民族主义情感，也反对印度军队继续留在斯里兰卡，这导致斯里兰卡政府要求印度撤军。1990 年 3 月 24 日，印度维和部队全部撤离斯里兰卡。印度维和部队在斯里兰卡长达 32 个月的军事行动中造成约 1200 名印度士兵、5000 名斯里兰卡人死亡，耗资估计超过 103 亿卢比。拉吉夫·甘地本人 1991 年也死于"猛虎组织"的自杀式袭击。

即便是印度介入了斯里兰卡内战，但斯里兰卡和印度仍有无法割断的关系，总体上两国仍然保持友好往来。斯里兰卡政府在 2009 年赢得内战离不开当时中国的经济支持，同时印度的"默许"也至关重要。有学者认为，与其说印度对斯里兰卡的政治、外交等事务长期存在"影响"，不如说这是一种天然的存在。斯里兰卡对其自身的地缘政治定位为文明上与印度趋同、地理上与东亚和东非等距、海洋航道上处于东西方的连接部位。斯里兰卡民众对印度的情绪也是复杂的，两国之间在历史渊源及血缘上盘根错节，而印度则理所当然地将斯里兰卡视为其后院。印度总理莫迪曾经公开表态称"斯里兰卡依靠的是印度，而不是中国"。从历史和现实来看，印度对斯里兰卡的影响力的确不能被低估。如果中印关系发展顺利，中斯关系一般不会受到较大干扰。反之，一旦中印关系出现问题，中斯关系往往会受到负面影响。这在 2015 年拉贾帕克萨意外落选斯里兰卡总统一事中表现得较为明显。拉贾帕克萨主张加快民族经济发展，增强自身造血功能，主张采取自由市场与国家调控相结合的混合经济模式，在交通、能源等要害部门确保国家的所有权，坚持和完善国家的免费医疗和免费教育政策，提高就业水平，降低通货膨胀率，这些措施深受农村地区选民的支持。鉴于拉贾帕克萨在消灭"猛虎组织"的过程中得到了中国的帮助，因此他对华态度友好。内战结束之后，拉贾帕克萨逐步加强与中国的关系，制衡印度在斯里兰卡的影响。2007 年后，拉贾帕克萨 4 次访问中国，斯里兰卡总理 5 次访问中国，次数和密度都超过了此前任何一任斯里兰卡首脑。印度对于斯里兰卡引入域外大国的行为非常不满，担心这会挑战其自身在南亚的地位。

在这一背景下，人们就不难理解印度为何在战略、政治、经济、安全等各方面对斯里兰卡施加持续影响了。

（一）战略上增强对斯里兰卡重视程度

自中国实施"一带一路"倡议以来，印度一直担忧中国在其"南大门"斯里兰卡扩充影响和存在，因此在战略上加强对斯里兰卡的重视程度，而这一点突出反映在所谓"季风计划"中。

"季风计划"（Project Mausam）由印度文化秘书拉文达·辛格于 2014年 6 月最早提出，其最开始只是一个文化项目，意在借印度洋国家的共有历史来扩展印度在印度洋区域的文化影响力和认同感。在之后的发展中，这一项目逐步发展成包含政治和经济政策的准国家战略，意图复兴印度在印度洋地区的海洋地位和经济纽带，而斯里兰卡正是"季风计划"的重要目标之一。虽然到目前为止，印度总理并没有公开阐述过"季风计划"的战略意涵和具体内容，印度官方也没有发布有关该计划的官方文件，但国内外大多数学者认为，该项目是印度应对中国推进"海上丝绸之路"发展倡议所采取的反制措施。[1] 一些印度学者甚至呼吁将"季风计划"具

---

① "Project Mausam：India's Answer to China's 'Maritime Silk Road'", *The Diplomat*, September 18, 2014.

体化，并推出切实而具有操作性的步骤和计划。

无论"季风计划"是否是在印度洋地区反制中国的措施，印度近年来对斯里兰卡战略重视程度的提高都是不争的事实。2015年3月13—14日，印度总理莫迪访问斯里兰卡，这是印度总理时隔28年后首次访斯。在这次访问中，印度与斯里兰卡在政治、经济、安全等领域签署了一系列双边协议，并提出要巩固与斯里兰卡在历史和文化上的"传统纽带"①。

（二）政治上保持频繁高层往来

印度与斯里兰卡两国领导人保持着高频率互动。无论是斯里兰卡哪一个政党当选，上台后都非常重视处理好与印度的关系。2014年5月，斯里兰卡总统拉贾帕克萨应邀出席印度总理莫迪的就职仪式。2015年1月，斯里兰卡外长萨马拉维拉访印。2015年2月，斯里兰卡总统西里塞纳访印。2015年3月，印度总理莫迪访问斯里兰卡。2015年9月，斯里兰卡总理维克拉马辛哈访印。2016年2月，印度外长斯瓦拉吉访斯。2017年4月，斯里兰卡总理维克拉马辛哈访问印度。2017年5月，印度总理莫迪访问斯里兰卡。2017年9月，斯里兰卡外长马拉帕纳访印。2017年10月，斯里兰卡外交部国务部长森纳纳亚克访印。2018年3月，斯里兰卡总统西里塞纳赴印度出席国际太阳能联盟成立大会。2018年10月，斯里兰卡总理维克拉马辛哈访印。2019年5月，斯里兰卡总统西里塞纳应邀出席印度总理莫迪第二次就职仪式。② 2019年11月28日，戈塔巴雅·拉贾帕克萨在当选斯里兰卡总统十天内即访问印度，分别与印度总统科温德和总理莫迪会面。

除了保持高频次政治往来之外，印度还积极介入斯里兰卡的国内事务。自20世纪90年代起，因为干涉斯里兰卡内战失败以及拉吉夫·甘地被刺杀一事，印度干预斯里兰卡政治局势的意愿大大下降。然而，2009年斯里兰卡内战结束后，随着中斯关系的迅速发展，印度对中国在斯里兰卡影响力持续攀升的担忧愈发明显。2014年，当时的斯里兰卡政府允许

---

① "Modi's Visit to Sri Lanka", *The Hindu*, March 16, 2015.
② 《斯里兰卡国家概况》，中国外交部网站，https://www.fmprc.gov.cn/web/gjhdq_676201/gj_676203/yz_676205/1206_676884/1206x0_676886/，访问时间：2020年10月8日。

中国潜艇停靠在科伦坡港，印度对此表示愤怒和不满。① 2014 年 11 月，时任卫生部长，与总统拉贾帕克萨同属自由党的西里塞纳突然倒戈，宣布以反对党共同候选人的身份参加总统竞选。一些媒体认为，印度情报机构研究分析局（R&W）在鼓励西里塞纳等人出走、弥合反对派之间的分歧矛盾，并达成反拉贾帕克萨的统一联盟方面发挥了重要作用②。在印度的撮合下，最大在野党——统一国民党领袖维克拉马辛哈宣布放弃竞选总统并支持西里塞纳，以前总统库马拉通加夫人为代表的一部分自由党势力也站到了西里塞纳一边。在这种情况下，2015 年 1 月，西里塞纳击败拉贾帕克萨赢得总统大选。2015 年 8 月，统一国民党领导的反对党联盟赢得议会选举，维克拉马辛哈就任总理。斯里兰卡此番政局动荡彰显了印度干涉斯里兰卡内政的强烈意愿与具体实力。

（三）经济上加大对斯里兰卡的投入

为改变斯里兰卡在经济上愈发依赖中国的局面，莫迪政府上台以来积极与斯里兰卡发展经贸关系，签署了一系列经济合作协议。2015 年 3 月，莫迪访斯时表示，印度已经注意到并重视印斯之间存在贸易不平衡问题，并保证采取措施进一步降低印度关税水平以增加对斯进口。印度还承诺向斯里兰卡投资 3.18 亿美元以修建铁路等基础设施，并帮助斯里兰卡开发东部的亭可马里港。此外，印度储蓄银行与斯里兰卡央行还签署了价值 15 亿美元的外汇互惠信贷协议。③ 2017 年 4 月，斯里兰卡总理维克拉马辛哈访印时，双方再次签署协议合作开发亭可马里港。印度还承诺将在斯里兰卡西部省修建液化气站，在斯里兰卡东北部修建多条高速公路，在科伦坡港新建一个集装箱码头。另外，双方还一致同意继续推进两国经济和技

---

① "Insight: Indian Spy's Role Alleged in Sri Lankan President's Election Defeat"，*Reuters*，2015-1-18，http://in. reuters. com/article/sri-lanka-election-india-idINKBN0KR03J20150118，访问时间：2016 年 6 月 18 日。

② "Insight: Indian Spy's Role Alleged in Sri Lankan President's Election Defeat"，*Reuters*，2015-1-18，http://in. reuters. com/article/sri-lanka-election-india-idINKBN0KR03J20150118，访问时间：2016 年 6 月 18 日。

③ "Modi Visits Sri Lanka to Push for Closer Ties against China"，World Socialist Web Site，2015-3-18，https://www. wsws. org/en/articles/2015/03/18/modi-m18. html，访问时间：2017 年 6 月 16 日。

术合作协议（ETCA）的谈判。① 在印度的积极推动下，印斯双边经贸关系近年来更趋密切。2018 年，印度和斯里兰卡双边贸易额增长到 49.3 亿美元，其中印度对斯里兰卡出口额为 41.6 亿美元，斯里兰卡对印度出口额则为 7.67 亿美元。斯里兰卡向印度出口商品主要是原油、基础油、家禽饲料、槟榔、纸或纸板、胡椒粉、铜线、大理石和雪花石膏。斯里兰卡从印度进口商品主要是汽油、柴油、摩托车、药品、硅酸盐水泥、铁的半成品、武器、燃料油、大米、水泥熟料等。印度还是斯里兰卡较大的投资来源国之一，累计投资额约为 12.39 亿美元。投资涉及多个领域，包括石油零售、IT、金融服务、房地产、电信、酒店和旅游、银行和食品加工（茶和果汁）、铜和其他金属行业、轮胎、水泥、玻璃制造和基础设施发展（铁路、电力、供水）。在过去几年中，斯里兰卡对印度的投资也呈增长趋势。② 2022 年，印度在援助斯里兰卡摆脱经济危机的过程中不忘捞取好处。1 月，印度以向斯里兰卡提供财政援助为条件施压斯里兰卡与其签署亭可马里港油罐使用协议。3 月，印度以"安全考虑"为由，迫使斯里兰卡叫停中国企业在斯里兰卡北部三个岛屿的可再生能源项目，并以印度企业代替。6 月，斯里兰卡电力委员会主席曝光印度总理莫迪曾向斯总统施压，要求其将某个风力发电项目交给印度的大财阀阿达尼集团。

（四）安全上加强军事合作

印度对于斯里兰卡与其他国家在安全领域的合作格外敏感。在印度看来，中国等国家近年来在印度洋和斯里兰卡进行军事活动的频率不断增加，有损印度的地区影响力以及国家安全。为此，印度不断加强印斯军事合作。2015 年 3 月，印度总理莫迪访斯时曾表示希望扩大印度、斯里兰卡和马尔代夫的海上安全合作，并承诺向斯里兰卡提供海岸巡逻艇。此外，印度还向斯里兰卡提供军警训练，与斯方开展海上联合预警和巡逻，并与斯里兰卡进行反恐、反海盗情报交流。在加强其自身在斯里兰卡的军

---

① "Trinco Oil Tank Farm to be Developed as a Joint Venture between CPC, Lanka IOC：PM", *Daily News*, May 4, 2017.

② "India and Sri Lanka to Explore New Areas of Economic Partnership Including Infra & Connectivity", *Economic Times*, https://economictimes. indiatimes. com/news/politics-and-nation/india-and-sri-lanka-to-explore-new-areas-of-economic-partnership-including-infra-connectivity/articleshow/77113680. cms? from＝mdr, 访问时间：2020 年 11 月 2 日。

事存在外，印度还对中国在斯里兰卡进行军事活动极为敏感。为此，斯里兰卡方面一再表示与中国合作修建的汉班托塔港将不会用于军事目的，以缓解印方的疑虑。①

简而言之，斯里兰卡国土面积不大，体量较小，但地理位置又相当重要，这决定了斯里兰卡必然会面临大国政治竞争。斯里兰卡政府认识到，必须采取全方位外交，在主要地缘力量之间保持平衡，避免过度依赖某一特定国家才能真正维护斯里兰卡的主权独立和国家利益。有斯里兰卡学者认为，斯里兰卡采取的外交政策是既不依附中国，也没有试图利用印度来制约中国在其国内的影响力，而是采取了实用主义的、有利于本国经济发展的对外策略。不可否认，中国与斯里兰卡有着历史悠久的交流与合作。中国乐于与斯里兰卡合作并协助其发展事业。但斯里兰卡政府若在对外关系方面采取"一边倒"的政策取向，显然是美国和印度无法接受的。但无论哪个政党执政，斯里兰卡都必须重视与中国等国家发展关系。例如，2015年取代拉贾帕克萨担任总统的西里塞纳就曾经表示：新政府将加强与印度和美国等西方大国的合作，但并不一定代表要疏离中国，而是总体上更倾向于不结盟的外交政策。2019年底出任斯里兰卡总统的戈塔巴雅·拉贾帕克萨以及重新担任总理的马欣达·拉贾帕克萨也表态说，斯里兰卡政府将尊重印度的重大关切，上述表态都体现了斯里兰卡在地区外交层面对于大国平衡外交政策的一贯坚持。

二　巴基斯坦是斯里兰卡重点发展关系的地区国家

很显然，没有任何一个南亚地区国家对斯里兰卡的影响能超过印度。但要看到，斯里兰卡与另外一个重要南亚国家巴基斯坦的关系也非常重要和特殊。甚至可以说，斯里兰卡将发展与巴基斯坦的关系作为平衡印度过于强大影响力的重要因素。

在政治上，斯里兰卡与巴基斯坦外交关系源远流长，可以追溯到两国独立伊始。早在1948年，斯里兰卡时任总理就访问巴基斯坦，此后双边政治关系保持了平稳发展势头。2016年1月5日，斯里兰卡总统西里塞

①　"Chinese Military Will not be Permitted at Hambantota Port, Says Sri Lankan Ambassador", *Indian Express*, February 5, 2017.

纳、总理维克拉马辛哈分别在首都科伦坡会见来访的巴基斯坦总理谢里夫，双方签署涉及贸易、国防、商业和区域稳定等领域的 8 个合作谅解备忘录。在会谈结束后举行的新闻发布会上，西里塞纳赞赏谢里夫在发展巴基斯坦与斯里兰卡等国关系方面所做的努力。他表示，巴基斯坦是斯里兰卡的老朋友，斯政府希望进一步加强两国关系。谢里夫表示，双方已就如何进一步加强全面合作达成广泛共识，同意未来频繁举行两国间高层会晤，并促进议会间交流。双方还讨论了自由贸易协定的执行情况，并就双边自贸协定中的服务和投资章节达成一致，未来巴基斯坦和斯里兰卡可组成合资企业向第三国出口货物。两国还同意努力尽早实现双边贸易额达到 10 亿美元的目标。此外，会谈中谢里夫邀请西里塞纳访问巴基斯坦。2016 年 11 月，印度带头抵制原定于当月在巴基斯坦首都伊斯兰堡举行的第 19 届南盟领导人峰会。然而，斯里兰卡拒绝加入印度的抵制行动。这彰显了斯里兰卡在地区外交中同样坚持平衡政策，在主要的地区国家印度与巴基斯坦之间保持相对平衡的状态。

在经济上，巴基斯坦是斯里兰卡在南亚地区的第二大贸易伙伴，并且是第一个与巴基斯坦签署自由贸易协定的国家。该自由贸易协定于 2005 年 6 月 12 日生效，巴基斯坦 4000 项产品可以免税进入斯里兰卡市场。2010 年 11 月，巴基斯坦时任总统扎尔达里表示向斯里兰卡提供 2.5 亿美元的出口信贷额度。2012 年 2 月，巴基斯坦与斯里兰卡签署谅解备忘录，就两国之间 2 亿美元的出口信贷支持达成一致。

在安全上，斯里兰卡自 1999 年起就开始大规模从巴基斯坦购买武器弹药。2000 年，巴基斯坦时任总统穆沙拉夫向斯里兰卡提供了价值数百万美元的武器弹药，这对于斯里兰卡军队武装清剿"猛虎组织"发挥了重要作用。截至 2007 年 12 月，两国武器交易总额已经达到 5000 万美元。此外，印度方面迟迟不与斯里兰卡签署防务合作协定，不愿意提供斯里兰卡所需要的武器装备，这也导致了斯里兰卡转而向巴基斯坦寻求帮助。2018 年 1 月，巴基斯坦陆军参谋长巴杰瓦访问斯里兰卡。①

① "Pakistan-Sri Lanka Relations", https://en.wikipedia.org/wiki/Pakistan% E2% 80% 93Sri_Lanka_relations,访问时间：2020 年 11 月 2 日。

第三节　国际多边舞台外交

斯里兰卡积极参与国际多边外交活动，特别是在联合国等国际舞台上推动和促进发展中国家的主权、独立和发展。斯里兰卡是不结盟运动的创始成员。斯里兰卡还是英联邦、南亚区域合作联盟、世界银行、国际货币基金组织、亚洲开发银行、上海合作组织和科伦坡计划的成员或者对话伙伴。

一　积极参加联合国等国际多边组织

如上文所述，斯里兰卡积极参与国际多边外交舞台活动，其中联合国显然是重要的平台之一。

首先，联合国人居署。作为联合国的一个专门机构，该机构的任务是在联合国系统中为世界各国政府的可持续城市化和居民居住工作提供援助。联合国人居署与斯里兰卡政府之间有着悠久的合作历史，最早可以追溯到 1978 年人居署与斯里兰卡住房和建设部的合作项目。联合国人居署采取的主要措施包括为科伦坡制定总体规划、支持政府的百万房屋方案和基于住房战略的社区建设。当前，联合国人居署正在加强与斯里兰卡政府的合作，以进一步协助解决全国范围内的住房和城市化问题。2013 年 3 月，联合国人居署启动斯里兰卡 "北方省冲突地区社区基础设施重建项目"，支持斯里兰卡为北方各县 120 个村多达 18 万人建造社区基础设施。该项目于 2015 年 6 月结束，共协助各社区建造了 29 个社区中心、22 所幼儿园，安装了 62 套公共雨水收集系统，修缮了 95 千米长的乡间公路和 6 千米长的暴雨排水系统。联合国人居署在每个村推动召开社区行动计划研讨会，由受益方确认需要优先建设的基础设施。2016 年 9 月，联合国人居署与斯里兰卡住房和建设部签署谅解备忘录，以加强与斯里兰卡政府的合作。时任斯里兰卡住房和建设部部长阿思克拉拉（W. K. K Athukorala）与联合国人居署亚太区办事处高级人类住区官员斯里尼瓦沙·博帕里（Srinivasa Popuri）分别作为斯里兰卡政府与联合国人居署的代表签署了谅解备忘录。该谅解备忘录的签署将进一步加强联合国人居署和斯里兰卡政府之间的密切合作。例如，斯里兰卡住房和建设部正在修订其国家住房政策，旨在帮助所有人获得安居之所，这一举措得到了联合国人居署的支持。阿思克拉拉表示："今天代表着我们与联合国人居署的合作又有了重大进展，我们将以为所有人提供栖身之所为目标，从社会和环境两个层面推动可持续住宅的建设。"博帕里则对斯里兰卡政府所给予的信任以及合作表示感谢。他回顾了自 1976 年在加拿大温哥华举办第一届联合国住房和人类住区问题世界会议后，斯里兰卡政府在"人民住房"运动中所做的开创性工作。①

其次，联合国粮农组织。联合国粮农组织与斯里兰卡的合作集中于四个主要优先领域，并与斯里兰卡的农业和粮食安全发展目标相符：（1）通过改善可持续和有抵御力的农业、家畜和渔业系统提高斯里兰卡粮食产量，确保粮食安全；（2）减少贫困和提高最贫困人口收入；（3）将改善营养纳入农业工作中；（4）增强林业和流域生态系统服务。除了直接与联合国粮农组织进行合作之外，斯里兰卡还与联合国粮农组织、中国展开三方联合项目。例如，2018 年 12 月 6 日，中国常驻联合国粮农机构代表牛盾大使、联合国粮农组织（FAO）副总干事丹尼尔·古斯塔夫森、斯里兰卡农业部秘书鲁旺钱德拉在联合国粮农组织总部出席了南南合作项目三方协议签署仪式，并分别代表本国政府和联合国签署了协议。斯里兰卡具有丰富的水果资源，但因生产和管理水平低，导致水果产量低、不符合国际食品安全标准等。鉴于此，斯里兰卡农业部申请利用中国政府捐赠联合国粮农组织的信托基金，通过与中国开展南南合作，学习借鉴良好实践经验，促进水果产业健康发展。斯里兰卡是继蒙古国之后，亚洲第二个参与实施中国—联合国粮农组织南南合作项目的东道国。该项目预算总额为110 多万美元，执行期为 2 年。重点提高香蕉、菠萝、杜果的产量和质量，促进价值链全面发展，拓展国际市场，增加农民收入。为此，中方将选派 8 名专家和 6 名技术员，为当地提供技术指导，转让实用先进技术，开展实地培训课程等。②

再次，联合国人权理事会。斯里兰卡当局于 2009 年彻底击败"猛虎

① 联合国人居署网站（https://unhabitat.org/cn/node/118916），访问时间：2020 年 11 月 6 日。
② 中国农业农村部对外经济合作中心：《中国—联合国粮农组织—斯里兰卡南南合作项目三方协议在罗马签署》，2018 年 12 月 26 日，http://www.fecc.agri.cn/nnhz/201812/t20181226_3287
17.html。

组织"，这标志着斯里兰卡持续 26 年的内战就此告一段落。然而，斯里兰卡的民族问题并没有得到彻底解决，其国内形势演变也难以保证冲突双方达成可信的政治妥协。如果泰米尔人与僧伽罗人之间的关系持续恶化，特别是战后泰米尔人的政治、经济状况仍得不到好转，不排除前"猛虎组织"成员重操旧业的可能。在后"猛虎组织"时代，斯里兰卡反分裂形势及民族关系仍然严峻。一方面，国内的暴力分裂主义和国外泰米尔散居者的非暴力分裂主义仍然存在；另一方面，国内的民族关系未见好转，这给境外势力的介入提供了抓手和借口。2014 年 3 月，联合国人权理事会通过涉及斯里兰卡的人权决议，旨在"促进斯里兰卡的和解、问责和人权"。该决议要求联合国人权事务高级专员对斯里兰卡内战双方涉嫌严重侵犯人权的行为进行调查，并确定此类指控侵犯人权行为的事实，以期在有关专家和相关负责人的协助下，避免有罪不罚和确保问责制。根据该决议的授权，联合国人权事务高级专员在日内瓦设立了人权高专办对斯里兰卡展开调查。2015 年，联合国人权理事会再次通过决议，要求对斯里兰卡内战期间侵犯人权问题展开调查。此后，美国、英国、澳大利亚、德国和斯里兰卡等国家作为联合调查组成员，正式启动了联合调查。然而，2020 年 2 月，美国国务院因为在 2009 年斯里兰卡内战最后阶段以侵犯人权为由对斯里兰卡陆军司令席尔瓦（Shavendra Silva）及其家人采取旅行禁令。随后，斯里兰卡总理马欣达·拉贾帕克萨宣布退出 2015 年有关侵犯人权行为的联合调查。他表示：斯里兰卡人民才是最终的裁决者。2015 年协议被一些国家利用，以所谓"侵犯人权"为由指责斯里兰卡武装部队的一些成员。[①]

最后，联合国教科文组织。联合国教科文组织与斯里兰卡的伙伴关系涵盖了保护生物多样性的能力建设，可持续发展教育和学校中的科学教学，通过政府间海洋学委员会促进了解沿海海洋环境变化，水安全，以及加强落实生物多样性公约等。斯里兰卡有四处生物圈保护区，联合国教科文组织总干事曾经赞扬斯里兰卡在深化科学、社会和环境之间的联系方面

[①] "Sri Lanka to Withdraw from UN Rights Resolution"，https://www.voanews.com/south-central-asia/sri-lanka-withdraw-un-rights-resolution，访问时间：2020 年 11 月 3 日。

所做出的努力。①

二　推动南亚区域合作联盟等区域合作

斯里兰卡非常重视区域和次区域合作，尤其是积极支持和参与"南亚区域合作联盟"（南盟）的各项活动，进而为经济增长营造一个良好的地区环境。

南盟成立于 1985 年 12 月，旨在推动南亚人民间友谊、信任与理解，由孟加拉国、不丹、印度、马尔代夫、尼泊尔、巴基斯坦和斯里兰卡七国政府发起成立。2005 年 11 月，接受阿富汗为成员国。中国、澳大利亚、日本、伊朗、美国等是观察员国。南盟秘书处设于尼泊尔首都加德满都。斯里兰卡历来重视与南盟的关系，积极推动南盟国家开展合作，强调经济发展是南盟的首要任务，为此需要一个和平、安定的地区环境。1991 年12 月，南盟第六届首脑峰会在斯里兰卡首都科伦坡举行。此次会议通过了《科伦坡宣言》，并决定成立地区消除贫困委员会和发展基金。1998 年7 月，南盟第十届首脑会议在斯里兰卡举行。与会领导人就加快地区经贸和社会发展等方面的合作，特别是建立南亚自由贸易区、反恐怖活动、反毒品走私等问题进行了磋商。此次会议通过了《科伦坡宣言》。2008 年 8月，第 15 届首脑会议在斯里兰卡首都科伦坡举行。这次会议通过了涉及反恐、消除贫困、能源和环境保护等多项内容的《科伦坡宣言》。南盟各国外长签署了关于建立南盟发展基金协议、刑事司法互助协议、关于阿富汗加入南亚自由贸易区协议以及关于建立南亚区域标准组织的协议。这次会议同意澳大利亚和缅甸成为南盟观察员。2011 年和 2014 年，斯里兰卡总统拉贾帕克萨分别出席在马尔代夫举行的第 17 届南盟峰会和在尼泊尔举行的第 18 届南盟峰会。2017 年 5 月，南盟秘书长西亚尔访问斯里兰卡。

2020 年 3 月 1 日，斯里兰卡外交官埃萨拉·鲁万·威拉昆（Esala Ruwan Weerakoon）开始担任南盟秘书长一职。埃萨拉·鲁万·威拉昆也是南盟第 14 任秘书长。埃萨拉·鲁万·威拉昆是斯里兰卡职业外交官。在

---

① 《总干事与斯里兰卡科学界会谈》，http://www.unesco.org/new/zh/media-services/single-view/news/director_general_meets_sri_lankas_scientific_community/，访问时间：2018 年 9 月 16 日。

担任南盟秘书长前，他是斯里兰卡总统的特别顾问。在其 32 年的外交生涯中，他担任过斯里兰卡驻印度高级专员以及斯里兰卡驻挪威大使。

三　着力吸引外资和援助，促进对外贸易

斯里兰卡实行贸易自由化政策，其外交政策明显存在促进对外贸易的考虑。自建国之后，斯里兰卡政府采取各种措施促进对外贸易的发展，尤其是出口贸易的发展。政府不断出台新政策，鼓励发展出口型产业，增强出口产品竞争力，努力打造具有本国特色的出口导向型经济，以保证国民经济的可持续发展。当前，斯里兰卡与世界上 200 多个国家和地区开展贸易往来，贸易对外依存度达到 38.38% 左右。斯里兰卡于 1995 年 1 月 1 日加入世界贸易组织（WTO），履行和享受成员的义务、责任和权利，积极推动双边和地区的经济合作。斯里兰卡还积极参与各类区域贸易协定。作为南亚区域合作联盟的成员国，斯里兰卡积极参与并推动南亚特惠贸易安排协定、南亚自由贸易协定的签署和实施。斯里兰卡是亚太贸易协定和环孟加拉湾多领域技术经济合作机制的成员国。2017 年 5 月 19 日，斯里兰卡再次获得欧盟的"超普惠制待遇"（GSP+）。超普惠制待遇旨在通过与欧盟的更多贸易来支持斯里兰卡的经济发展，并促进出口多样化和吸引投资。这一超普惠制待遇是在斯里兰卡承诺批准和有效执行有关人权、劳工条件、保护环境和善政等 27 项国际公约的条件下给予的。与所有普惠制国家一样，对斯里兰卡给予的关税豁免也将伴随着对其执行公约情况的严格监测。[①]

吸引外资是斯里兰卡外交的一大目标。自 2009 年斯里兰卡内战结束后，斯里兰卡政府始终奉行鼓励外国投资政策，制定自由市场政策，不断加强基础设施建设，积极营造有利于投资和经济增长的政策环境。斯里兰卡紧邻亚欧国际主航线，区位优势显著，拥有连接东南亚、南亚、中东、非洲、欧美市场的便利条件，吸引外资潜力巨大。外国企业在斯里兰卡投资涉及多个领域，包括基础设施、房地产、服务业、纺织服装、电子、化工、食品、橡胶、木材、金属制品、皮革等。据斯里兰卡投资局数据，

---

① 中国商务部国际贸易经济合作研究院、中国驻斯里兰卡大使馆经济商务处、中国商务部对外投资和经济合作司：《对外投资合作国别（地区）指南——斯里兰卡（2019 年）》，http://www.mofcom.gov.cn/dl/gbdqzn/upload/sililanka.pdf。

2018 年斯里兰卡吸引外资总额为 16.11 亿美元，排名前五的外资来源地分别为中国、印度、新加坡、毛里求斯和英国，金额分别为 8.72 亿美元、1.77 亿美元、1.38 亿美元、1.09 亿美元、0.64 亿美元。

鉴于国际无偿援助和贷款等发展援助对于斯里兰卡保持和加快经济增长、维持长期债务稳定意义重大，因此争取国际援助也成为斯里兰卡外交的重要目标。在过去几十年里，对斯里兰卡提供援助的多边合作伙伴主要包括世界银行国际发展协会（IDA）、国际农业发展基金（IFAD）、联合国开发计划署（UNDP）、石油输出国组织国际发展基金（OFID）、欧洲投资银行（EIB）、亚洲开发银行（ADB）等。除了多边机构之外，斯里兰卡的双边合作伙伴主要包括中国、日本、印度、法国、德国、荷兰、丹麦、美国、澳大利亚、韩国、瑞典、沙特等国。援助形式包括官方无偿援助、无息贷款、长期低息贷款、优惠贷款和混合贷款等。斯里兰卡获得的援助资金主要用于医疗、低收入居民保障房、水利、公路、桥梁、港口、航空、农业、灌溉和环保等领域的项目。斯里兰卡外部资源局（ERD）2018 年统计资料显示，斯里兰卡 2018 年全年共接受无偿援助承诺金额 1.33 亿美元，其中 43% 来自双边援助伙伴，57% 来自多边援助伙伴。联合国粮农组织、澳大利亚、亚洲开发银行、美国、韩国位居前五。联合国粮农组织开展的援助项目主要为支持斯里兰卡贫困地区国家发展行动计划（2018—2022 年）的落实；澳大利亚开展的援助项目包括支持斯里兰卡国家治理能力建设项目；亚洲开发银行的援助项目包括金融服务业技能提升计划、增进全民健康系统项目和女性企业家财政资助项目等；美国开展的援助项目主要面向提升斯里兰卡实现可持续包容经济增长类项目等。①

---

① 中国商务部国际贸易经济合作研究院、中国驻斯里兰卡大使馆经济商务处、中国商务部对外投资和经济合作司：《对外投资合作国别（地区）指南——斯里兰卡（2019 年）》，http://www.mofcom.gov.cn/dl/gbdqzn/upload/sililanka.pdf。

第二篇
重大专题研究

第一章　营商环境

营商环境是指市场主体在准入、生产经营、退出等过程中所涉及的政务环境、市场环境、法治环境、人文环境等有关外部因素和条件的总和。营商环境包括影响企业活动的社会要素、经济要素、政治要素和法律要素等方面，是一项涉及经济社会改革和对外开放众多领域的系统工程。优化改进营商环境对于促进国家经济发展，提升国际竞争力至关重要。斯里兰卡政府高度重视优化营商环境，与南亚国家相比，斯里兰卡具有较好的投资环境，比如得天独厚的地理位置、良好的双/多边关系、较好的人力资源、相对安全的投资保护、平稳的经济环境等。随着斯里兰卡国内和平进程的展开，政府逐步加大了改善投资环境的力度，出台了稳定的吸引外资政策，积极推动改善营商环境。本章通过分析世界银行发布的《营商环境报告》（Doing Business，DB）和《2020年斯里兰卡营商环境报告》等，探讨斯里兰卡营商环境的现状、存在问题及改进措施。

第一节　营商环境总体概况

《营商环境报告》首次发布于2003年，涵盖5个指标，共涉及133个经济体。《2020年营商环境报告》是此类系列年度报告的第17期，此系列报告激励着世界各地政府实施营商改革，促进可持续的经济增长。《2020年营商环境报告》涵盖的数据止于2019年5月1日，衡量了190个经济体在12个领域的监管效率，评估每个经济体的营商环境。其中10

个指标用于估算当年的营商便利度评分：开办企业、办理施工许可证、获得电力、登记财产、获得信贷、保护少数投资者、纳税、跨境贸易、执行合同和办理破产。大多数指标涉及的是各经济体中最大的商业城市的案例情景。《营商环境报告》也衡量了有关雇佣员工和政府采购的规定，但是这两个指标不包括在营商环境便利度分数计算和排名中。世界银行在2003年发布的《2004年营商环境报告》纳入了斯里兰卡。根据世界银行《2020年营商环境报告》，斯里兰卡2020年营商环境便利度分数为61.8分，在190个经济体中排第99名，在南亚8个国家当中排第4名。[①] 本书对斯里兰卡营商环境的分析主要基于以上指标，本节主要分析斯里兰卡在营商环境评价体系中有所上升的指标情况，并简要分析南亚其他主要国家相关指标的对比情况。

一 开办企业

根据表Ⅱ-1-1，可以看出在营商环境十项评价指标中，斯里兰卡共有三项指标的营商环境便利度分数有所上升，即开办企业、办理施工许可证、获得电力。"开办企业"这一指标衡量的是中小型有限责任公司在每个经济体最大的商业城市中启动并正式运营所需的程序、时间、成本和实缴最低资本要求。在斯里兰卡2019年营商环境便利度中开办企业的分数为87.9分，2020年为88.2分。根据世界银行报告给出的数据，2020年在斯里兰卡开办企业需要办理7个手续，花费8天时间，所需费用成本（占人均收入的百分比）为8.7，实缴最低资本要求（占人均收入的百分比）为0。[②]开办企业方法论只考虑当地的两类有限责任公司——一类是由五位已婚女士所有，另一类是由五位已婚男士所有，每个指标的分数是这两类标准企业所得到的分数的平均值。表Ⅱ-1-2对比了斯里兰卡2019年和2020年

---

① The World Bank：*Doing Business* 2020, 2019, p. 4, https://documents1.worldbank.org/curated/en/688761571934946384/pdf/Doing-Business-2020-Comparing-Business-Regulation-in-190-Economies.pdf.

② The World Bank, *Doing Business 2020 Economy Profile Sri Lanka*, 2019, p. 4, https://www.doingbusiness.org/content/dam/doingBusiness/country/s/sri-lanka/LKA.pdf.

在开办企业这一指标上详细的数据，我们可以看出，斯里兰卡2020年在"开办企业耗时——男性（天数）、开办企业成本——男性（人均收入百分比）、开办企业耗时——女性（天数）、开办企业成本——女性（人均收入百分比）"这四个方面都有所进步。同时，根据表Ⅱ-1-2，2020年中国在开办企业便利度上的得分为94.1，相较于斯里兰卡，中国在开办企业手续——男/女性（数量：4），开办企业成本——男/女性（人均收入百分比：1.4）上更具有优势。①

表Ⅱ-1-1　　斯里兰卡在2019—2020年世界银行《营商环境报告》
中的排名及得分

	2020年排名（名）	2020年营商环境便利度分数（分）	2019年营商环境便利度分数（分）	营商环境便利度分数变化（分）
总体	99	61.8	61.8	—
开办企业	85	88.2	87.9	+0.3
办理施工许可证	66	72.3	72.2	+0.1
获得电力	89	74.5	74.3	+0.2
登记财产	138	51.9	51.9	—
获得信贷	132	40.0	40.0	—
保护少数投资者	28	72.0	72.0	—
纳税	142	59.8	59.8	—
跨境贸易	96	73.3	73.3	—
执行合同	164	41.2	41.2	—
办理破产	94	45.0	45.0	—

资料来源：The World Bank, *Doing Business 2020 Economy Profile Sri Lanka*, 2019, p. 4；The World Bank, *Doing Business 2019 Economy Profile Sri Lanka*, 2018, p. 4.

---

① The World Bank, *Doing Business 2020 Economy Profile China*, 2019, p. 4, https://www.doingbusiness. org/content/dam/doingBusiness/country/c/china/CHN. pdf.

表Ⅱ-1-2　　　　　　　斯里兰卡与中国—开办企业指标比较

经济体	分数——开办企业	开办企业手续——男性（数量）	开办企业耗时——男性（天数）	开办企业成本——男性（人均收入百分比）	开办企业手续——女性（数量）	开办企业耗时——女性（天数）	开办企业成本——女性（人均收入百分比）	最低实缴资本（人均收入百分比）
中国（2020）	94.1	4	9	1.4	4	9	1.4	0
斯里兰卡（2020）	88.2	7	8	8.7	7	8	8.7	0
斯里兰卡（2019）	87.9	7	9	9.4	7	9	9.4	0

资料来源：The World Bank，*Doing Business 2020 Economy Profile China*，2019，p.6；The World Bank，*Doing Business 2020 Economy Profile Sri Lanka*，2019，p.6；The World Bank，*Doing Business 2019 Economy Profile Sri Lanka*，2018，p.6.

二　办理施工许可证

"办理施工许可证"这一指标记录了建造一座仓库所需步骤、花费时间和费用，包括申请规定的许可证和批文，办理规定的公示和查验，以及接通水电通信设施的整个过程。衡量的标准包括办理施工许可证的程序数量、时间、成本（占仓库价值的百分比）以及建筑质量控制指数。其中建筑质量控制指数范围在0—15，分值越高则表明建筑许可制度方面的质量控制和安全机制越出色。该指数基于六个方面之和，即建筑法规质量、施工前质量控制、施工中质量控制、施工后质量控制、责任和保险制度以及专业认证。根据表Ⅱ-1-3，相较于2018年，斯里兰卡2019年、2020年办理施工许可证分数有所提升。根据《2019年营商环境报告》可以得知，这主要是因为斯里兰卡推出单一窗口、通过提供在线查阅建筑条例以及减少签发若干建筑证书的处理时间来提高透明度，从而简化了建筑许可证的处理工作。与斯里兰卡相比，2020年中国在建筑质量控制指数上获得了最高等级。

表Ⅱ-1-3　　　　　　斯里兰卡与中国办理施工许可证指标比较

经济体	分数——办理施工许可证	办理施工许可证——程序（数量）	办理施工许可证——时间（天数）	办理施工许可证——成本（占仓库价值的百分比）	办理施工许可证——建筑质量控制指数（0—15）
中国（2020）	77.3	18	111	2.8	15
斯里兰卡（2020）	72.3	13	86	0.3	6
斯里兰卡（2019）	72.2	13	87	0.3	6
斯里兰卡（2018）	68.3	13	115	0.3	5.5

资料来源：The World Bank，*Doing Business 2020 Economy Profile Sri Lanka*，2019，p. 4；The World Bank，*Doing Business 2019 Economy Profile Sri Lanka*，2018，p. 11；The World Bank，*Doing Business 2018 Economy Profile Sri Lanka*，2017，p. 13；The World Bank，*Doing Business 2020 Economy Profile China*，2019，p. 4.

三　获得电力供应

"获得电力供应"这项指标，记录了企业为一个标准化仓库获得永久性电力连接的所有手续、时间和成本。此外，《营商环境报告》还包括两项指标：供电可靠性和电费透明度指数（涵盖在加总的营商环境分数及营商便利度排名中），该指数范围在0—8，分值越高表明供电可靠性和电费透明度越高；同时还有电力价格（未包含在综合排名中）。表Ⅱ-1-4 的数据显示，2020 年斯里兰卡在获得电力成本上有所进步，成本（占仓库价值的百分比）由 2019 年的 692.8 下降到 663.5[①]。相比之下，中国在这一指标衡量上的得分较高，在获得电力程序、时间、成本及供电可靠性、电费透明度指数上都具有更大优势。

---

① The World Bank，*Doing Business 2020 Economy Profile Sri Lanka*，2019，p. 4；The World Bank，*Doing Business 2019 Economy Profile Sri Lanka*，2018，p. 16，https://www. doingbusiness. org/content/dam/doingBusiness/country/s/sri-lanka/LKA. pdf. https://openknowledge. worldbank. org/bitstream/handle/10986/30802/131801-WP-DB2019-PUBLIC-Sri-Lanka. pdf？sequence＝1&isAllowed＝y.

表Ⅱ-1-4　　　　　　　　斯里兰卡与中国获得电力指标比较

经济体	分数——获得电力	获得电力——程序（数量）	获得电力——时间（天数）	获得电力——成本（占仓库价值的百分比）	供电可靠性和电费透明度指数（0—8）
中国（2020）	95.4	2	32	0	7
斯里兰卡（2020）	74.5	5	100	663.5	6
斯里兰卡（2019）	74.3	5	100	692.8	6

资料来源：The World Bank，*Doing Business 2020 Economy Profile Sri Lanka*，2019，p. 4；The World Bank，*Doing Business 2019 Economy Profile Sri Lanka*，2018，p. 16；The World Bank，*Doing Business 2020 Economy Profile China*，2019，p. 4.

四　南亚国家相关指标

斯里兰卡 2020 年营商环境较去年整体发展较为平稳，但是与南亚其他国家相比，斯里兰卡的营商环境仍然存在不少改善空间。在南亚八个国家当中，斯里兰卡的营商环境排名第四。营商环境排名前三的国家分别是印度（在南亚国家中排名第一，世界排名第六十三），不丹（在南亚国家中排名第二，世界排名第八十九），尼泊尔（在南亚国家中排名第三，世界排名第九十四）。[1] 2020 年斯里兰卡开办企业、办理施工许可证、获得电力这三项指标的营商环境便利度分数有所上升。根据表Ⅱ-1-5，就办理施工许可证、获得电力这两方面而言，斯里兰卡仍然与南亚国家排名第一的印度存在差距。根据 2020 年世界银行报告，印度在办理施工许可证上得分为 78.7 分（斯里兰卡为 72.3 分），印度在建筑质量控制指数（0—15）上达到了 14.5，而斯里兰卡只有 6，这表明印度建筑许可制度方面的质量控制和安全机制远比斯里兰卡要出色。[2] 此外，在获得电力方

---

[1] The World Bank，*Doing Business 2020*，2019，p. 4，https：//documents1. worldbank. org/curated/en/688761571934946384/pdf/Doing-Business-2020-Comparing-Business-Regulation-in-190-Economies. pdf.

[2] The World Bank，*Doing Business 2020 Economy Profile India*，2019，p. 4，https：//openknowledge. worldbank. org/bitstream/handle/10986/32840/Doing-Business-2020-Comparing-Business-Regulation-in-190-Economies-Economy-Profile-of-India. pdf？ sequence＝1&isAllowed＝y.

面，印度得分为 89.4 分（斯里兰卡为 74.5 分），在印度，企业为新建仓库获得永久电力连接需要办理 3 个手续，耗时 53 天，用电成本（人均收入的百分比）为 28.6，而在斯里兰卡，企业需要花费 100 天，办理 5 个手续，所需成本更是高达（人均收入的百分比）663.5。① 根据表格 Ⅱ-1-5，在南亚国家中，斯里兰卡表现较弱的方面为获得信贷（排名第七），执行合同（排名第六），办理破产（排名第五）。相关问题将在本章第四节进行详细阐述，这里不再赘述。

表 Ⅱ-1-5　　　　　　　　2020 年南亚国家营商环境排名　　　　　　（名）

经济体	世界排名	南亚国家排名	开办企业	办理施工许可证	获得电力	登记财产	获得信贷	保护少数投资者	纳税	跨境贸易	执行合同	办理破产
印度	63	1	8	1	1	5	1	1	2	3	5	1
不丹	89	2	5	4	2	1	3	6	1	1	1	8
尼泊尔	94	3	7	5	5	2	2	5	7	2	3	4
斯里兰卡	99	4	4	3	3	3	7	2	4	6	6	5
巴基斯坦	108	5	2	6	4	4	5	2	6	5	4	2
马尔代夫	147	6	3	2	6	6	8	8	3	6	2	6
孟加拉国	168	7	6	7	8	7	5	4	5	7	8	7
阿富汗	173	8	1	8	7	8	4	7	8	8	7	3

资料来源：The World Bank, Doing Business 2020, 2019, p. 4；The World Bank, Doing Business 2020 Economy Profile India, 2019, p. 4；The World Bank, Doing Business 2020 Economy Profile Bhutan, 2019, p. 4；The World Bank, Doing Business 2020 Economy Profile Nepal, 2019, p. 4；The World Bank, Doing Business 2020 Economy Profile Pakistan, 2019, p. 4；The World Bank, Doing Business 2020 Economy Profile Maldives, 2019, p. 4；The World Bank, Doing Business 2020 Economy Profile Bangladesh, 2019, p. 4；The World Bank, Doing Business 2020 Economy Profile Afghanistan, 2019, p. 4.

---

① The World Bank, *Doing Business 2020 Economy Profile India*, 2019, p. 4, https://openknowledge. worldbank. org/bitstream/handle/10986/32840/Doing-Business-2020-Comparing-Business-Regulation-in-190-Economies-Economy-Profile-of-India. pdf? sequence = 1&isAllowed = y.

第二节 近年来斯里兰卡营商环境变化

根据世界银行 2019 年和 2020 年《营商环境报告》，可以发现斯里兰卡 2020 年营商环境便利度总体较前一年变化不大，整体发展较为平稳。表Ⅱ-1-6 列出了近年来斯里兰卡营商环境的总体情况，可以看出，斯里兰卡营商环境总体表现存在一定的波动，2013 年的营商环境最为不佳，而 2018 年斯里兰卡的营商环境是最好的。从总体上看，相较十年前，2020 年斯里兰卡的营商环境还是有所改进。表Ⅱ-1-7 给出了近年来斯里兰卡营商环境各指标的变化情况，本节将根据世界银行给出的数据，对改进较多的指标以及促进这些指标改善的措施进行分析。

表Ⅱ-1-6　　　　　　近年来斯里兰卡总体营商环境变化　　　　　　（名；分）

年份	排名	营商环境便利度分数总体（DB17—20 方法论）	营商环境便利度分数总体（DB15 方法论）	营商环境便利度分数总体（DB10—14 方法论）
2020	99	61.8	—	—
2019	100	61.8	—	—
2018	111	60	—	—
2017	110	59.8	—	—
2016	107	59.2	—	—
2015	99	—	61.2	—
2014	85	—	59.9	61.3
2013	81	—	—	60.7
2012	89	—	—	56.8
2011	102	—	—	55.8
2010	105	—	—	57

资料来源：The World Bank, *Doing Business 2020 Economy Profile Sri Lanka*, 2019, p. 4.

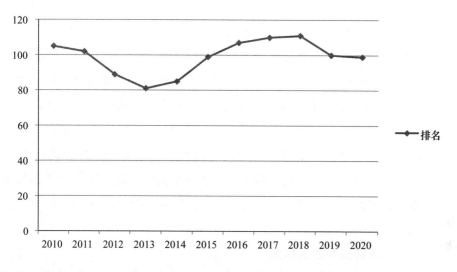

图Ⅱ-1-1 十年来斯里兰卡总体营商环境排名变化（名）

一 开办企业及改革措施

从总体上看，2007年斯里兰卡开办企业这一指标只有71.3分，2020年则达到了88.2分[1]。根据《2008年营商环境报告》，斯里兰卡取消了烦琐的审批要求，实行统一的注册费，并规定公司印章和公证人的使用可以自由选择，从而使创业变得更加容易。斯里兰卡在开办企业这一指标上的分数由2007年的71.3分提升到2008年的75.3分。《2013年营商环境报告》显示，斯里兰卡通过计算机化和加快获取雇员公积金和雇员信托基金注册号的流程，使创业更加容易，同年，开办企业这一指标也达到82.3分。随后在2016年、2017年，斯里兰卡采取一系列措施进一步完善在斯里兰卡开办企业的便利度。比如，2016年斯里兰卡取消了在首次发行股票时必须通知公司登记处缴纳印花税的规定，从而为创业提供了便利。到2017年，斯里兰卡更是直接取消了新发行股票的印花税。[2]

---

[1] The World Bank, Doing Business 2020 Economy Profile Sri Lanka, 2019, p. 4, https://www. doingbusiness. org/content/dam/doingBusiness/country/s/sri-lanka/LKA. pdf.

[2] The World Bank, Doing Business 2020 Economy Profile Sri Lanka, 2019, pp. 65 - 66, https://www. doingbusiness. org/content/dam/doingBusiness/country/s/sri-lanka/LKA. pdf.

二 办理施工许可证及改革措施

2020 年，斯里兰卡在办理施工许可证方面，与十年前相比变化不大，但也采取了一些措施，在一定程度上提高了此项指标的便利度。斯里兰卡于 2014 年取消了取得税务许可的要求，并降低了建筑许可费，从而使建筑许可证的处理变得更加容易。2016 年，斯里兰卡简化了建筑许可证申请的内部审查程序，从而减少了处理建筑许可证的时间。2019 年，斯里兰卡通过推出单一窗口、提供在线查阅建筑条例以及减少签发若干建筑证书的处理时间来提高透明度，简化了建筑许可证的处理工作。[①]

三 获取资源及改革措施

在获得电力这一指标上，近年来，斯里兰卡除了 2015 年分数有所下降外，其余年份都呈现出较为稳定的上升趋势。2014 年，斯里兰卡通过改善公用事业公司的内部工作流程并减少了处理新的连接申请所需的时间，从而使获取电力更加容易。[②] 斯里兰卡分别在 2013 年和 2019 年采取行动提升了登记财产便利度指标的便利度。2013 年，斯里兰卡通过在科伦坡土地登记处采用电子系统，加快了财产登记速度。2019 年，斯里兰卡通过实施一个窗口来简化提供多个证书的过程，并通过在线访问地籍信息来提高透明度，从而简化了财产注册手续。[③]

2009 年，斯里兰卡在获得信贷方面有很大提升。主要原因在于斯里兰卡通过新的《公司法》，加强了其担保交易系统，从而改善了获得信贷的机会。根据新的《公司法》，公司清算时不再冻结有担保债权人的债权，并建立了一个在线系统，供银行在私营信贷局共享信贷信息，收集金融机构提供的所有贷款数据。2010 年，斯里兰卡通过合并私营信贷局的系统，进一

① The World Bank, Doing Business 2020 Economy Profile Sri Lanka, 2019, p. 65, https://www. doingbusiness. org/content/dam/doingBusiness/country/s/sri-lanka/LKA. pdf.

② The World Bank, Doing Business 2020 Economy Profile Sri Lanka, 2019, p. 65, https://www. doingbusiness. org/content/dam/doingBusiness/country/s/sri-lanka/LKA. pdf.

③ The World Bank, Doing Business 2020 Economy Profile Sri Lanka, 2019, p. 65, https://www. doingbusiness. org/content/dam/doingBusiness/country/s/sri-lanka/LKA. pdf.

步改善了获取信贷信息的机会，允许所有股东贷款机构提交信贷数据，而不设向数据库报告贷款的最低门槛。2013 年，斯里兰卡通过建立一个可搜索的电子担保登记处并发布操作规章来加强其担保交易系统。①

四　保护少数投资者及改革措施

在保护少数投资者方面，根据表Ⅱ-1-7 可得知，从 2007 年至今，斯里兰卡在此指标上的表现呈现出较为稳定的上升趋势。在这些年间，斯里兰卡主要采取了两项措施来保护少数投资者。2012 年，斯里兰卡要求公司在利害关系方进行交易时披露更多信息，以此加强对投资者的保护。2017 年，斯里兰卡通过要求董事会（在某些情况下需要股东）批准关联方交易，并要求此类交易接受外部审核，从而加强对少数投资者的保护。②

五　纳税及改革措施

斯里兰卡自 2009 年 2 月 1 日起采用新税种，名为国家建筑税（NBT），营业额的税率为 1%。这使缴纳税款更加困难，以至于在随后的 2011 年、2012 年，斯里兰卡的纳税便利度分数降到了那些年的最低水平③。2012 年，斯里兰卡取消了营业税和社会保障缴款，并降低了企业所得税、增值税和国家建筑税率，从而降低了企业缴纳税款的成本。2014 年，斯里兰卡又通过引入社会保障缴款电子存档系统，使公司缴纳税款变得更加容易。2019 年，斯里兰卡通过引入公司所得税、增值税和雇员信托基金捐款在线申报系统，进一步简化了纳税手续。④

---

① The World Bank, Doing Business 2020 Economy Profile Sri Lanka, 2019, pp. 65 - 66, https://www.doingbusiness.org/content/dam/doingBusiness/country/s/sri-lanka/LKA.pdf.

② The World Bank, Doing Business 2020 Economy Profile Sri Lanka, 2019, p. 65, https://www.doingbusiness.org/content/dam/doingBusiness/country/s/sri-lanka/LKA.pdf.

③ The World Bank, Doing Business 2020 Economy Profile Sri Lanka, 2019, p. 66, https://www.doingbusiness.org/content/dam/doingBusiness/country/s/sri-lanka/LKA.pdf.

④ The World Bank, Doing Business 2020 Economy Profile Sri Lanka, 2019, pp. 65 - 66, https://www.doingbusiness.org/content/dam/doingBusiness/country/s/sri-lanka/LKA.pdf.

表 II-1-7　　　　　近年来斯里兰卡营商环境各指标变化

（分）

年份	开办企业	办理施工许可证（DB16-20方法论）	办理施工许可证（DB06-15方法论）	获得电力（DB16-20方法论）	获得电力（DB10-15方法论）	登记财产（DB17-20方法论）	登记财产（DB05-15方法论）	获得信贷（DB15-20方法论）	获得信贷（DB05-14方法论）	保护少数投资者（DB15-20方法论）	保护少数投资者（DB06-14方法论）	纳税（DB17-20方法论）	纳税（DB06-16方法论）	跨境贸易（DB16-20方法论）	跨境贸易（DB06-15方法论）	执行合同（DB17-20方法论）	执行合同（DB04-15方法论）	办理破产
2020	88.2	72.3		74.5		51.9		40		72		59.8		73.3		41.2		45
2019	87.9	72.2		74.3		51.9		40		72		59.8		73.3		41.2		45
2018	87.7	68.3		74		45.9		40		72		53.9		73.3		39.3		45
2017	87.5	68.3		74.1		45.9		40		72		53.7		70.7		39.3		46.7
2016	85	69.3		73.7		45.9		40		68		53.5	54.9	70.7		39.3		46.4
2015	83	65.4	74.9	66.6	72.2		58.5	40		68			54.8	70.7	76.9		39	44.7
2014	82.3		74.8		72.2		58.4	40	62.5	68	60		45.6		74		39	44.5
2013	82.3		72.6		68.4		61.4		62.5		60		42.6		73		39	45.5
2012	75.8		71		67.6		58		56.3		60		22.4		72.4		39	45.6
2011	74.6		70.6		66.8		58		56.3		53.3		22.4		72		39	44.9
2010	72.1		70.5		66		58		56.3		53.3		40.1		71.4		39	43.2
2009	71.4		71.8				58		56.3		53.3		40.1		70.4		39	43.2
2008	75.3		72.2				58		18.8		53.3		40.1		70.1		39	43.8
2007	71.3		72				58		18.8		53.3		41.2		64.8		39	37.3

资料来源：The World Bank, Doing Business 2020 Economy Profile Sri Lanka, 2019, p. 4.

六　跨境贸易及改革措施

根据表Ⅱ-1-7，在跨境贸易方面，斯里兰卡近年来有些起伏波动。2008 年，斯里兰卡通过引入一种新的电子数据交换系统，使跨境贸易变得更加容易，便利度分数由 64.8 分提高到 70.1 分。该系统能够以电子方式提交和处理海关报关单和货物清单，并规定电子文件和合同得到法律承认。2013 年，斯里兰卡通过实施海关数据自动化系统 ASYCUDA，缩短了出口时间；2014 年，斯里兰卡采用了港口服务电子支付系统，使跨境贸易更加容易；2018 年，斯里兰卡通过建立海关单一窗口，使得进出口更加便利。近年来，斯里兰卡在执行合同方面的发展较为稳定，并无多大提升。直到 2019 年，斯里兰卡通过引入预审会议作为法庭使用的案件管理技术的一部分，使执行合同变得更加容易。①

第三节　营商环境重要环节

本节以世界银行所采用的十个营商指标为出发点，对斯里兰卡营商环境的重要环节进行详细介绍，并根据斯里兰卡的实际情况，对世界银行的某些指标进行了整合。世界银行在进行 2020 年的营商便利程度排名时并未将"雇佣"指标纳入其中，但由于它是营商的重要环节，因此本节也对之进行了重点讨论。斯里兰卡拥有相对安全的投资保护，因此将指标"保护少数投资者"拓展为"保护投资"。相比于南亚其他国家，斯里兰卡的基础设施存在一些优势，因此将指标"获得电力"连同斯里兰卡的交通、水电、通信等整合为"获取基础设施服务"。此外，因为斯里兰卡 2020 年在"开办企业，跨境贸易"方面表现较为不错，本节也将针对这两个环节进行讨论。

一　开办企业

世界银行"开办企业"指标衡量的是在斯里兰卡成立有限责任公司

---

① The World Bank, Doing Business 2020 Economy Profile Sri Lanka, 2019, pp. 65 - 66, https://www.doingbusiness.org/content/dam/doingBusiness/country/s/sri-lanka/LKA.pdf.

所需的手续、时间、成本和实缴最低资本。从总体上看，斯里兰卡自2007年以来，该项指标基本上处于较为稳定的上升趋势。2020年，斯里兰卡在"开办企业"便利度上的提升主要体现在四个方面：开办企业耗时——男性（天数）、开办企业成本——男性（人均收入百分比）、开办企业耗时——女性（天数）、开办企业成本——女性（人均收入百分比）。2020年，斯里兰卡在开办企业耗时——男/女性（天数）上均由2019年的9天缩减为8天。此外，在开办企业成本——男/女性（人均收入百分比）上，也从2019年的9.4%减少为8.7%。① 由此可见，斯里兰卡在开办企业的时间和成本上都有所进步。根据世界银行当年的报告，在斯里兰卡开办企业需要办理7个手续，花费8天，所需费用成本（占人均收入的百分比）为8.7，实缴最低资本要求（占人均收入的百分比）为0。

根据表Ⅱ-1-8以及《2020年营商环境报告》，在斯里兰卡开办企业首先要做的是保留独特的公司名称，公司名称预订有效期为3个月。接下来需要公司秘书和董事签署同意书，该过程现已实现自动化，部分可以在线完成。公司秘书和董事在签署同意书之后，需要去公司注册处登记，自2018年4月起在线提交公司注册申请。公司必须提交以下文件：公司注册表格（4000 LKR②），董事同意证明书（2000卢比），秘书同意证明书（2000卢比），公司章程副本（2000卢比）。接下来可以发布公司成立的通知，根据2007年第7号斯里兰卡公司法第9条和2008年12月9日第1566/32号政府公告第3（a）条的规定，必须在公司成立后的30个工作日内发布公告，包含公司名称、注册号、成立日期和注册办事处地址，发布证明需向公司注册处存档。企业还需要向税务机关登记，手动或在线提交必要的公司文件包括公司证书、公司注册证明、董事同意证书和公司章程的认证副本以及身份证明，从税务局纳税人服务单位获取税标识号。最后一步是获得员工公积金号码，公司必须在雇用第一名员工后的14天内

---

① The World Bank, Doing Business 2020 Economy Profile Sri Lanka, 2019, p.6, The World Bank, Doing Business 2019 Economy Profile Sri Lanka, 2018, p.6, https://www.doingbusiness.org/content/dam/doingBusiness/country/s/sri-lanka/LKA.pdf; https://openknowledge.worldbank.org/bitstream/handle/10986/30802/131801-WP-DB2019-PUBLIC-Sri-Lanka.pdf?sequence=1&isAllowed=y.

② LKR为斯里兰卡通行货币，即斯里兰卡卢比，1卢比约合0.036元人民币。

到劳动部门注册登记。①

表Ⅱ-1-8　　　　在斯里兰卡开办企业所需手续、时间及费用

手续（数量）	时间（天数）	费用
保留独特的公司名称	1	LKR2000+15%增值税
公司秘书和董事签署同意书	1	详见手续细节
在公司注册处登记	2	LKR4000+15%增值税（公司注册费）；LKR 2000+15%增值税（同意书及董事/秘书证明书的登记费，公司章程副本一份）
公布成立公司的通知	3	LKR7000
向税务机关登记，并从税务局纳税人服务单位获取税标识号	1（与上个手续同时发生）	0
向税务局增值税登记科登记增值税	1（与上个手续同时发生）	0
向劳动部门登记，获得员工公积金号码	1（与上个手续同时发生）	0

资料来源：The World Bank，Doing Business 2020 Economy Profile Sri Lanka，2019，pp. 8-9.

二　雇佣

斯里兰卡拥有较好的人力资源，劳动力相对低廉，人均寿命、受教育水平较高。根据 2020 年斯里兰卡统计局数据，斯里兰卡 2020 年年中人口估计数为 2191.9 万人，人口增长率为 1.05%。男性人口总数为 1061.3 万人，女性人口总数为 1130.6 万人。人口总数排名前三的年龄段分别为 5—9 岁（188.2 万人）、0—4 岁（187.8 万人）、15—19 岁（177 万人）②。在各大行政区中，斯里兰卡的最大城市与商业中心科伦坡人口最

---

① The World Bank，Doing Business 2020 Economy Profile Sri Lanka，2019，pp. 8-9，https://www. doingbusiness. org/content/dam/doingBusiness/country/s/sri-lanka/LKA. pdf.

② Department of Census and Statistics，Mid-year Population Estimates by Age Group and Sex，2015-2020（Cond.）.

多，达245.5万人，北部穆莱蒂武大区人口最少，仅有98万人。① 斯里兰卡的教育事业较为发达，民众的文化水平在南亚国家中名列前茅。2019年居民识字率为92.5%，是南亚地区识字率最高的国家。②

在斯里兰卡的劳动力官方调查中，"劳动力"指的是年龄在15岁及以上且目前从事经济活动的人口。"劳动力参与率"指的是劳动力人口占15岁及15岁以上人口的百分比。③ 根据表Ⅱ-1-9，斯里兰卡15岁以上人口总数约为1669万人，其中劳动力人口总数约为850万人，劳动力参与率为51%，就业率为94.3%，失业率为5.7%。2020年第一季度斯里兰卡劳动力调查报告显示，斯里兰卡2020年第一季度就业人口为8020446人，其中2127212人从事农业工作，占比为26.5%；5893234人从事非农业工作，占比为73.5%。非农业工作又分为工业和服务业，其中从事工业工作人数占比为27.1%，从事服务业工作人数占比为46.4%。④

表Ⅱ-1-9　　　　　斯里兰卡15岁及以上劳动力人口数据　　　　　（人；%）

	总数	男性	女性	城镇	农村
人口（15岁及以上）	16689726	7719272	8970454	2881216	13808509
此年龄段劳动力人数	8503617	5585314	2918304	1358282	7145336
劳动力参与率	51.0	72.4	32.5	47.1	51.7
就业人数	8020446	5381218	2639227	1296886	6723560
就业率	94.3	96.3	90.4	95.5	94.1
失业人数	483172	204095	279077	61396	421776

① Department of Census and Statistics, Mid-year Population Estimates by District & Sex, 2015-2020 (Contd.).

② 中国商务部国际贸易经济合作研究院、中国驻斯里兰卡大使馆经济商务处、中国商务部对外投资和经济合作司：《对外投资合作国别（地区）指南——斯里兰卡（2020年）》，http://www.mofcom.gov.cn/dl/gbdqzn/upload/sililanka.pdf.

③ Department of Census & Statistics Ministry of Finance, Quarterly Report of the Sri Lanka Labour Force Survey Quarterly Report—2020 First Quarter, 2020.

④ Department of Census & Statistics Ministry of Finance, Quarterly Report of the Sri Lanka Labour Force Survey Quarterly Report—2020 First Quarter, 2020, pp. 7-8.

	总数	男性	女性	城镇	农村
失业率	5.7	3.7	9.6	4.5	5.9

资料来源：斯里兰卡政府统计处，http://www. statistics. gov. lk/。Department of Census & Statistics Ministry of Finance, Quarterly Report of the Sri Lanka Labour Force Survey Quarterly Report–2020 First Quarter, 2020, pp. 7–8.

斯里兰卡《劳工法》对工人权益保护严格，其核心内容包含以下几方面：工资、薪酬、福利的规定；对妇女、儿童的保护；职业安全健康以及对劳工的赔偿；社会保险；雇主与雇员的劳动关系；对外国人的就业规定等。[①] 世界银行指标中的"雇佣"主要衡量雇佣、工作时长、裁员规则以及裁员成本。下文将结合世界银行报告，斯里兰卡政府官网数据以及斯里兰卡《劳工法》对这四个方面进行详细说明。

（一）雇佣及工作时薪

世界银行报告"招聘"这一指标主要衡量"长期工作是否被禁止定期合约？定期合同累计最长期限、最长试用期、最低工资、最低工资与每个工人的平均增加值之比"。在斯里兰卡，长期工作并不会被禁止定期合约。定期合同累计最长期限、最长试用期都没有时长的限制。2016年斯里兰卡出台了工人最低工资标准法案。该法案规定，不论从事何种生产或服务的工人，其最低工资标准为10000卢比/月（约合56.43美元）或400卢比/天（约合2.26美元）。[②] 2019年，斯里兰卡政府修订最低工资标准法案，将最低工资标准提高至12500卢比/月（约合69.4美元）。[③] 斯里兰卡的标准工作日为8天，每周最长工作天数为5.5天。根据1954

[①] 中国商务部国际贸易经济合作研究院、中国驻斯里兰卡大使馆经济商务处、中国商务部对外投资和经济合作司：《对外投资合作国别（地区）指南——斯里兰卡（2020年）》，http://www.mofcom.gov.cn/dl/gbdqzn/upload/sililanka.pdf。

[②] Parliament of the Democratic Socialist Republic of Sri Lanka, *National Minimum Wage of Workers Act, No. 3 of 2016*, p. 2, http://220.247.247.85:8081/bitstream/handle/123456789/18579/03–2016_E.pdf? sequence=3&isAllowed=y.

[③] 中国商务部国际贸易经济合作研究院、中国驻斯里兰卡大使馆经济商务处、中国商务部对外投资和经济合作司：《对外投资合作国别（地区）指南——斯里兰卡（2020年）》，http://www.mofcom.gov.cn/dl/gbdqzn/upload/sililanka.pdf。

年第 19 号《商店及办公室雇员（雇佣及薪酬规管）法》，所有商店及办公室雇员在正常工作日工作不得超过 9 小时（包括 1 小时用膳时间），一周不得超过 45 小时。斯里兰卡员工在夜间或者休息日工作并不会获得额外津贴，但是可以获得 50% 的超时工作津贴。斯里兰卡对休息日和超时工作没有限时，但是对夜间工作有一定的限制。在带薪年假方面，斯里兰卡规定工作年限分别为 1 年、5 年、10 年的员工都会有带薪年假。

（二）员工福利

在斯里兰卡，根据其《公积金法》，雇主和雇员须分别缴纳相当于雇员工资 12% 和 8% 的"雇员公积金"（EPF：Employees' Provident Fund）。EPF 账户中的累积余额由斯里兰卡中央银行维护，并投资于国库券、国债、股票、公司债券和卢比证券等。根据回报率，年利率会被申报并贷记到雇员的账户中。雇员公积金（EPF）是根据 1958 年第 15 号法令设立的，目前是斯里兰卡最大的社会保障计划。到 2018 年底，该基金的资产基础为 2289 亿卢比。该基金的行政方面由斯里兰卡劳工部负责，而资金的管理则由中央银行的基金部负责。① 斯里兰卡雇员信托基金（Employees' Trust Fund）是根据 1980 年第 46 号 ETF 法的规定于 1981 年 3 月 1 日成立的。该基金由雇员信托基金董事会管理，旨在提升员工福利，经济民主，为退休雇员提供无须供款的福利等。该信托基金涵盖的员工范围包括公共和私营部门机构的所有雇员（包括以临时合同雇用的任何人以及任何领取薪酬的学徒或学习者），自雇人士和农民工也可以成为该基金的成员。雇主每月应按每名雇员每月总收入的 3% 缴纳"雇员信托基金"，并且雇主不得从雇员的收入中扣除该雇主有责任向信托基金支付的供款或附加费。② 斯里兰卡男性退休年龄为 55 岁，女性退休年龄为 50 岁，雇主须在工龄超过 5 年的雇员退休时按该雇员上月工资的 50% 与服务年限的乘积支付其退休金。③

---

① Central Bank of Sri Lanka—Employees' Provident Fund：What is EPF? https://www. cb-sl. gov. lk/en/employees-provident-fund.

② Employees' Trust Fund：http://www. etfb. lk/sub_pgs/sub_aboutus. html.

③ 中华人民共和国驻斯里兰卡民主社会主义共和国大使馆经济商务处：《斯里兰卡劳动就业有关规定》，2015 年 8 月 19 日，http://lk. mofcom. gov. cn/article/ddfg/201508/20150801085264. shtml。

（三）裁员规则及成本

世界银行针对"裁员规则"主要衡量的内容包括裁员是否可以作为解雇工人的依据；雇主是否需要通知并获得第三方的批准才能解雇 1 名多余的工人和一组 9 名多余的工人；法律是否规定雇主在裁员之前必须重新分配或再培训员工；优先权规则是否适用于裁员和再就业。世界银行针对"裁员成本"衡量的内容主要包括解雇通知期限；遣散费；解雇员工时受到的处罚；工龄一年的员工可获得的失业保护数据。根据世界银行的报告，在斯里兰卡，如果有一名工人被解雇，需要告知第三方，并且得到第三方批准。根据斯里兰卡 1971 年第 45 号法关于终止雇用工人（特别），未经工人的事先书面同意或专员的事先书面批准，雇主不得终止任何工人的预定雇佣。[①] 裁员之前没有再培训或者调任的义务，也没有裁员和再就业的优先规则。任期一年、五年、十年的工人被解雇的通知期均为 4.3 天。解雇任期一年、五年、十年（周薪为单位）的工人的解雇补偿金分别为 10.8 美元、54.2 美元、97.5 美元。斯里兰卡 1971 年第 45 号法关于终止雇用工人（特别）规定在五种情况下被解雇员工无法获得补偿：辞职员工；雇员根据固定期限的雇佣合同服务，并在合同期末终止雇佣关系；雇员在达到雇佣合同中规定的退休年龄时退休；雇员因受到纪律处分而被解雇；在政府公司、法定董事会、法定机构、政府接管的机构、省议会、地方当局和合作社中从事工作的雇员。[②]

三　保护投资

虽然世界银行报告中没有将"保护投资"纳入评价指标中，但是作为营商环境中的重要环节，斯里兰卡具有相对安全的投资保护。斯里兰卡宪法和相关法律也规定私人和外国投资不容侵犯，其中规定：（1）保护外国投资不被国有化；（2）必要时对外国投资国有化，将给予及时足额的赔偿；（3）确保投资和利润的自由汇出；（4）可通过国际投资纠纷解决公约

---

① The Employers' Federation of Ceylon, *The Termination of Employment of Workmen（Special Provisions）Act*, No. 45 of 1971, http://employers. lk/legislation/C1/termination_of_employment_of_workmen. pdf.

② Government Information Centre, Employment Information, http://www. gic. gov. lk/gic/index. php? option = com_info&id = 842&task = info&lang = en&appcode = cp&lang = en&gen_from = men.

（ICSID）处理争端。① 因此，本节也将分析斯里兰卡在"保护投资"方面所做的工作，比如相关法律对保护外国投资的规定，吸引外国投资的政策等。

针对投资保护，斯里兰卡迄今已签署了 28 项双边投资促进和保护条约，为本国境内的外国投资提供保护。斯里兰卡正在发展其示范工作，以满足在吸引外国投资方面涉及可持续发展原则各个方面的需要。作为亚太贸易协定和南亚自贸协定成员国，斯里兰卡与包括中国在内的 28 个国家签署了《双边投资保护协定》。与包括中国在内的 38 个国家签订了《避免双重征税协定》。② 斯里兰卡针对投资，制定了财政激励和非财政激励措施。财政激励措施主要关于零税率和降低企业所得税税率等，关于税收优惠的具体情况将在最后一节中进行具体阐述。非财政激励措施包括允许 100% 外国所有权，但典当经纪、零售贸易（由居住在斯里兰卡境外的个人出资）、资本不足 500 万美元和沿海捕鱼除外；所有收入、出售投资所得收益，均可透过投资者开立的外来投资账户汇回本地。此外，斯里兰卡也通过制定一系列投资政策来吸引投资，实现国家可持续发展，促进针对斯里兰卡的投资立法，如表 Ⅱ-1-10 所示。

表 Ⅱ-1-10　　　　　斯里兰卡针对投资的相关立法

立法	内容
1978 年投资委员会第 4 号法令	1978 年第 4 号投资法及其修正案是适用于在斯里兰卡投资的主要法律。这项法律设立了国家投资促进机构，即斯里兰卡投资委员会，其结构是作为投资者的"中央便利点"，并有权与投资者达成协议，提供吸引投资的激励措施
2008 年第 14 号战略发展项目法案	有利于国家利益并可能为国家带来经济和社会利益的项目，这些项目可能改变国家的面貌，主要是通过：（a）对拟议提供的有利于公众的货物和服务给予战略重视；（b）大量外汇流入该国；（c）将产生大量就业机会和增加赚取收入的机会；（d）设想的技术转型，将逐案给予具体的税收减免

① 中华人民共和国驻斯里兰卡民主社会主义共和国大使馆经济商务处：《斯里兰卡投资环境介绍》，2007 年 12 月 3 日，http://lk. mofcom. gov. cn/article/ztdy/200712/20071205258915. shtml。

② 中国商务部国际贸易经济合作研究院、中国驻斯里兰卡大使馆经济商务处、中国商务部对外投资和经济合作司：《对外投资合作国别（地区）指南——斯里兰卡（2020 年）》，http://www. mofcom. gov. cn/dl/gbdqzn/upload/sililanka. pdf。

续表

立法	内容
2012 年第 12 号金融法（枢纽运作）	推进斯里兰卡成为新兴贸易中心，并促进相关的特定贸易和服务活动。建立了自由港口和保税区，以建立与贸易有关的基础设施，便利斯里兰卡货物和服务的进出口，并自由地以可兑换的外币进行交易
2017 年第 24 号国内税收法	简化了斯里兰卡的税法，同时为投资者引入了新的激励机制。在将标准企业所得税率维持在 24% 的同时，该法案规定对中小企业、商品出口、教育、旅游、建筑服务、保健服务和农产品加工等特定部门减免 14% 的税率，对农产品框架、IT 和服务出口适用零企业所得税率。此外，为投资者的固定资本投资提供超过正常折旧的额外投资免税额
2017 年第 12 号外汇法案	《外汇法》废除了《外汇管制法》（第 423 章），为斯里兰卡引入了自由的外汇制度。外汇管制已大大放宽，除非特别需要中央银行批准，否则投资者可直接与银行交易。允许通过外来投资账户和对外投资账户进行自由转移
土地政策（土地法）	允许外国投资者以租赁方式购买土地，最长期限为 99 年，不收取租赁税。外资持股少于 50% 的公司允许完全转让所有权。然而，公寓财产可以直接购买，不受国籍限制

资料来源：斯里兰卡投资委员会，https://investsrilanka.com/。

四　获取基础设施服务

作为居民、单位、企业等生产生活的物质基础，基础设施在现代经济和社会生活中的重要性不言而喻。因此本节将世界银行报告指标中的"获得电力"扩展为"基础设施"，来重点分析斯里兰卡营商环境中"获得基础设施服务"这一重要环节。本节中的基础设施服务主要包括电力、交通、通信。

（一）电力

世界银行报告中"获得电力"主要衡量企业为新建仓库获得永久电力连接所需的过程、时间和成本。另外，供应可靠性和电价指数透明度衡量供应的可靠性、电价的透明度和电价。根据《2020 年营商环境报告》，企业在斯里兰卡为新建仓库获得永久电力连接需要办理 5 个手续，用时 100 天，供应可靠性和电价指数透明度（0—8）为 6。[1] 2014 年以前，斯

---

[1] The World Bank, *Doing Business 2020 Economy Profile Sri Lanka*, 2019, p. 17, https://www.doingbusiness.org/content/dam/doingBusiness/country/s/sri-lanka/LKA.pdf.

里兰卡在"获得电力"这一指标上得分较低,为了增强此环节的便利度,斯里兰卡通过改善公用事业的内部工作流程并减少处理新的连接申请所需的时间,使获取电力更加容易。

斯里兰卡最大的电力公司为锡兰电力委员会(Ceylon Electricity Board),控制着斯里兰卡的发电、输电、配电等所有主要功能,几乎拥有近100%的市场份额。斯里兰卡2020年3月的家庭电价为每千瓦时0.085美元,企业电价为0.069美元,其中包括电费的所有组成部分,例如电费、配电和税费。同期世界上的平均家庭电价为每千瓦时0.140美元,平均商业电价为每千瓦时0.125美元。[①] 此外,斯里兰卡积极寻求与中国政府和企业的合作,旨在实现为斯里兰卡民生和经济发展提供稳定和廉价电力的目标。斯里兰卡同中国机械设备工程股份有限公司合作并利用中国政府贷款建设的普特拉姆燃煤电站,大幅提高了斯里兰卡的电力供应,同时降低了生产成本,使锡兰电力委员会扭亏为盈,为斯里兰卡电力工业发展发挥了重要作用。作为斯里兰卡最大的电站,普特拉姆燃煤电站总装机容量为90万千瓦,占全国电网的45%以上。[②] 斯里兰卡电力局制定了"长期电力扩张计划2018—2037",旨在利用可持续的技术确定最低成本的电力供应,以满足预期增长的电力需求,避免国家电力短缺。[③]

表Ⅱ-1-11   在斯里兰卡获得电力的手续、时间和成本

	手续	花费时间	所需成本
1	向锡兰电力委员会提交申请并等待外部现场检查	4个日历天	2000卢比
2	接受锡兰电力委员会现场检查和评估	25个日历天	0

---

① GlobalPetrolPrices. com: Sri Lanka Electricity Prices, https://www. globalpetrolprices. com/Sri-Lanka/electricity_prices/.

② 《斯中合作使斯国有电力公司"起死回生"——访斯里兰卡锡兰电力公司主席维贾亚帕拉》,新华网,2015年3月7日,http://www. xinhuanet. com/world/2015-03/07/c_1114558388. htm。

③ Ceylon Electricity Board, Long Term Generation Expansion Plan 2018-2037, https://ceb. lk/front_img/img_reports/1532407706CEB_LONG_TERM_GENERATION_EXPANSION_PLAN_2018-2037. pdf.

续表

	手续	花费时间	所需成本
3	申请并收到特许电气工程师的安装测试证书	1 个日历天	15000 卢比
4	取得挖掘许可证	8 个日历天	457025 卢比
5	锡兰电力委员会负责铺设电缆，安装开关和设备以及进行电力调试	63 个日历天	3834287.42 卢比

资料来源：The World Bank, Doing Business 2020 Economy Profile Sri Lanka, 2019, p. 19.

（二）交通

虽然斯里兰卡的基础设施总体上比较薄弱，但要稍优于其他南亚国家，海运和空运比较便利。斯里兰卡积极发展国际货运能力，科伦坡港是世界重要港口之一。[①] 斯里兰卡积极与中国港湾工程有限责任公司（中国港湾）合作扩建贾亚码头（科伦坡港第二大集装箱码头）。2007 年，在中国援助下，斯里兰卡新建汉班托塔港，2012 年开始运营，日均船只到港量达 300 余艘。斯里兰卡航空运输可直达亚、欧、北美和澳大利亚。此外，多家外国航空公司有定期航班抵离科伦坡。[②] 据斯里兰卡民航局数据，2020 年 1 月 1 日至 9 月 30 日，旅客流量总数为 2303902 人次，货运总量为 99008.36 吨，飞机起降次数为 17785 架次。[③]

斯里兰卡积极发展国家路网建设，特别是高速公路网络，进行道路升级改造。目前，已开通三条高速公路，分别是南部高速公路及其延长线，科伦坡机场高速和科伦坡外环高速，已通车高速总里程达 217.8 千米。除高速公路外，斯里兰卡全国公路总里程为 11.7 万千米，A 级和 B 级路（相当于国道）总里程达到 1.22 万千米，C 级和 D 级路（相当于省道）总里程达到 1.65 万千米，E 级路（农村道路）及其他道路总里程达到 8.87 万千米，全国公路密度达到每平方千米 1.6 千米，在南亚国家中排

---

① 中华人民共和国驻斯里兰卡民主社会主义共和国大使馆经济商务处：《斯里兰卡投资环境介绍》，2007 年 12 月 3 日，http://lk. mofcom. gov. cn/article/ztdy/200712/20071205258915. shtml。

② 中华人民共和国驻斯里兰卡民主社会主义共和国大使馆经济商务处：《斯里兰卡投资环境介绍》，2007 年 12 月 3 日，http://lk. mofcom. gov. cn/article/ztdy/200712/20071205258915. shtml。

③ Civil Aviation Authority of Sri Lanka, Air Transport Statistics National Civil Aviation Statistical Programme, https://www. caa. lk/en/data-analysis/air-transport-statistics#passenger-movements.

名靠前。① 由中国援建的斯里兰卡东方省省会陲库玛勒市外环路建设项目即将启动。该环城路全长 47 千米，是该地区重要的基础设施建设项目，该项目总投资为 340 亿卢比，由中国工商银行以贷款形式提供，项目承建工作也已交由中国公司负责。②

（三）通信

斯里兰卡境内的通信联络比较便利，邮政系统已形成网络；电话多已实现程控交换，可直拨世界各地；卫星地面移动通信也较发达，全国基本实现联网。③ 斯里兰卡移动网络覆盖面广，全国各地区均有语音覆盖，话费低廉，90% 的居民拥有手机。在首都科伦坡、康提、加勒几个主要城市，均有移动宽带（4G）接入覆盖。2019 年，斯里兰卡电信行业的增长率为 15.7%，是信息技术产业发展的主要动力。斯里兰卡电信行业基础设施条件良好。2019 年，固定电话普及率为每百人拥有 10.5 部，电话普及率为每百人拥有 150.8 部。随着视频业务和无线移动业务的发展，通信业将继续保持增长。④

近年来，随着政府投入的加大，斯里兰卡电信业发展迅速。斯里兰卡对外资在电信领域拥有的股份没有限制，电信市场比较开放。2010 年，斯里兰卡对电信业未来 5—10 年的发展制定了五项战略："国家网络"、鼓励私营企业建立信息和通信技术研究机构、发展空间科技、改善电信设施、建立专门的经济特区和电信服务园区。斯里兰卡政府非常重视电信基础设施建设，大力发展电信产业。2015 年 12 月，斯里兰卡固定电话总量为 260.4 万部，每百户居民拥有 12.4 部；移动手机用户为 2456.9 万户，移动电话普及率达 116.7%，在过去 6 年中，增长了 4 倍；固定网络用户为 71.8 万户，其中固定宽带用户为 70.9 万户，移动宽带用户为 348.4 万

---

① 中国商务部国际贸易经济合作研究院、中国驻斯里兰卡大使馆经济商务处、中国商务部对外投资和经济合作司：《对外投资合作国别（地区）指南——斯里兰卡（2020 年）》，http://www.mofcom.gov.cn/dl/gbdqzn/upload/sililanka.pdf。

② 斯里兰卡驻华使馆：《斯里兰卡驻华大使：中国企业赴斯投资无投资"壁垒"》，2013 年 7 月 24 日，http://www.slemb.com/third.php? menu_code=7&rid=220&lang=cn。

③ 斯里兰卡驻华使馆：《斯里兰卡驻华大使：中国企业赴斯投资无投资"壁垒"》，2013 年 7 月 24 日，http://www.slemb.com/third.php? menu_code=7&rid=220&lang=cn。

④ 中国商务部国际贸易经济合作研究院、中国驻斯里兰卡大使馆经济商务处、中国商务部对外投资和经济合作司：《对外投资合作国别（地区）指南——斯里兰卡（2020 年）》，http://www.mofcom.gov.cn/dl/gbdqzn/upload/sililanka.pdf。

户；2006 年至 2012 年，斯里兰卡电话用户和网络用户不断增长，电话服务（固定电话、无线网络和移动电话）用户总数自 2012 年起趋于稳定。2015 年普及率约为 120%，网络服务（移动宽带连接）用户总数激增，达到 160% 以上。[①]

五 跨境贸易

《2020 年营商环境报告》测量了在进出口货物的整个过程中与三套程序（文件合规、边境合规和国内运输）相关的时间和成本（不包括关税）。根据世界银行的报告，文件合规包括在原始经济体的运输、清关、检查以及港口或边境处理期间获取、准备和提交文件；获取、准备和提交目的地经济体和任何过境经济体所需的文件；涵盖法律和实践要求的所有文件，包括电子提交的信息。边境合规包括海关清关和检查；如果适用于超过 20% 的货物，则需要其他机构检查；在经济港口或边境进行的处理和检查。国内运输包括在仓库或港口对货物进行装卸；仓库和港口之间的运输；运送途中的交通延误和道路警察检查。表 II-1-12 给出了斯里兰卡和南亚在边境合规和文件合规指标上的进出口时间和成本。表 II-1-13 列出了斯里兰卡进出口所需贸易文件。

表 II-1-12　　　　　斯里兰卡与南亚地区跨境贸易相关指标

	斯里兰卡	南亚
出口时间：边境合规（小时）	43	53.4
出口成本：边境合规（美元）	366	310.6
出口时间：文件合规（小时）	48	73.7
出口成本：文件合规（美元）	58	157.9
进口时间：边境合规（小时）	72	85.7
进口成本：边境合规（美元）	300	472.9
进口时间：文件合规（小时）	48	93.7

① 广东省商务厅走出去公共服务平台：《斯里兰卡电信业：政府大力发展电信产业，移动业务迅速增长》，2018 年 5 月 21 日，http://go. gdcom. gov. cn/article. php? typeid = 8&contentId = 12320。

续表

	斯里兰卡	南亚
进口成本：文件合规（美元）	283	261.7

资料来源：The World Bank，*Doing Business 2020 Economy Profile Sri Lanka*，2019，p. 46.

表Ⅱ-1-13　　　　　　　　斯里兰卡进出口贸易文件

出口	进口
商业发票	提货单
装箱单	装箱单
原产地证书	商业发票
保险凭证	原产地证书
出口报关单	进口报关单
提货单	交货单
SOLAS（海上人命安全公约）证书	电子舱单
	SOLAS（海上人命安全公约）证书

资料来源：The World Bank，*Doing Business 2020 Economy Profile Sri Lanka*，2019，p. 49.

根据 2020 年《对外投资合作斯里兰卡篇》，斯里兰卡海关通关程序包括进口通关程序和出口通关程序。进口通关程序包含三个步骤。首先需要填写进口报关单，同时还需向海关提交以下单据：到货通知单、海（空）运提单、信用证副本、商业发票、装箱单及原产地证明。接着需要纳税，海关根据报关单及有关单据，计算出应缴税价，进口商应主动向海关缴纳进口关税、货物和服务税、国防税等。接着向海关提出验货申请。海关审查报关单和纳税单后，在不需要验货的报关单上盖绿色章，在需查验的货物报关单上盖琥珀色章。斯里兰卡为了鼓励本国产品出口，采取措施简化了出口程序。在出口商备好货后，首先向海关提交出口报关单同时附上出口发票、装箱单、合同副本等文件。海关查看报关单，根据出口商申报的货物种类不同，分别盖"需检验产品"或"不需检验产品"章。对于需检验的产品，海关会通知驻港口代表验货，在确认没有问题后加盖放行章，即可出口。不需检验的产品，驻港口代表会直接盖放行章，即可出口。①

斯里兰卡从 2008 年开始，采取了多项措施促进跨境贸易进一步发展。2008 年，斯里兰卡通过引入新的电子数据交换系统，使跨境贸易更容易，该系统可以电子方式提交和处理海关申报单和货物清单，并规定电子文件和合同得到法律承认。2013 年，斯里兰卡通过实施 ASYCUDA 海关数据自动化系统缩短了出口时间。2014 年，斯里兰卡通过引入用于港口服务的电子支付系统，使跨境贸易更加容易。2018 年，斯里兰卡又通过建立海关单一窗口，使进出口变得更加容易。②

第四节　营商环境主要问题

政府部门人浮于事，效率低下，民族矛盾问题较为严重，反恐形势严峻，社会治安不稳定；税收制度复杂，税收管理效率低下，税收政策时常发生变化；工业落后，缺乏配套，基础工业比较薄弱；融资困难等是斯里兰卡营商环境中的主要问题。斯里兰卡也通过采取一系列措施，如简化手续流程、引入电子系统、制定多项税收优惠政策等，来改善营商环境。本节将针对斯里兰卡营商环境中的主要问题和改进措施进行进一步阐述。

一　政府效率、治安反恐问题及其改进措施

斯里兰卡实行总统共和制和多党竞争制度。其政局时常出现动荡，比如总统总理不合，党派纷争不断，都会影响政府的执政效率。斯里兰卡政府部门机构设置庞大臃肿，各部门职能重叠，办事效率低下。此外，自1983 年以来，随着民族矛盾的激化，泰米尔"猛虎组织"与政府军在斯里兰卡东北部地区战火不断。虽然 2002 年 2 月政府与"猛虎组织"签订

---

① 中国商务部国际贸易经济合作研究院、中国驻斯里兰卡大使馆经济商务处、中国商务部对外投资和经济合作司：《对外投资合作国别（地区）指南——斯里兰卡（2020 年）》，http://www. mofcom. gov. cn/dl/gbdqzn/upload/sililanka. pdf。

② The World Bank, *Doing Business 2020 Economy Profile Sri Lanka*, 2019, pp. 65-66, https://www. doingbusiness. org/content/dam/doingBusiness/country/s/sri-lanka/LKA. pdf.

了停火协议，但从 2005 年起该组织又开始对政府和军队高官进行暗杀和自杀性爆炸袭击，东北部地区战火不断。根据经济与和平研究所（IEP）发布的《2020 年全球恐怖主义指数：衡量恐怖主义的影响》，在其统计的众多国家恐怖主义指数排名中，斯里兰卡得分为 6.065 分（总分 10 分），位列第二十，恐怖主义等级为高度恐怖主义。[①] 这严重制约了斯里兰卡的经济发展，使政府不得不投入大量的资金用于军事装备和战事。2019 年 4 月 21 日，斯里兰卡遭遇内战结束后最为严重的恐怖袭击，造成重大人员伤亡和经济损失。事发后，斯里兰卡政府全力打击恐怖主义，缉捕案犯，逐步恢复国内秩序和稳定，并表示将尽快引入新反恐法。[②] 斯里兰卡政府因腐败、治安不稳定、政局不稳定等导致政府效率低下，这不仅会增加企业在"登记财产、执行合同、办理破产"等方面的时间及成本，而且政府腐败也会影响在开办企业、办理相关手续方面的公平性。

根据世界银行《2020 年营商环境报告》，斯里兰卡在"登记财产"这一指标上排名较为靠后，主要由于进行财产登记时所需手续以及时间过多。在斯里兰卡进行财产登记，共需要完成 8 个手续。斯里兰卡也曾在 2013 年和 2019 年分别采取措施简化"登记财产"手续。2013 年，斯里兰卡在科伦坡的土地注册处引入电子系统，加快了财产登记速度；2019 年，斯里兰卡通过实施一个窗口来简化发放多个证书的过程，并提供在线访问地籍信息，从而简化了财产注册手续。[③]

在世界银行《2020 年营商环境报告》十个指标中，斯里兰卡在"执行合同"这一指标上排名最低。"执行合同"衡量通过地方一审法院解决商业纠纷的时间和成本，以及司法程序质量指数，评估每个经济体是否采用了一系列提高法院系统质量和效率的良好做法。"执行合同"衡量的三个指标分别为：时间（天）、成本（占索赔价值的百分比）、司法程序质量指数（0—18）。斯里兰卡在执行合同这一指标上需要耗时 1318 天。成

---

① Institute for Economics & Peace, *Global Terrorism Index 2020：Measuring the Impact of Terrorism*, 2020, p. 8, https://www. visionofhumanity. org/wp－content/uploads/2020/11/GTI－2020－web－2. pdf.

② 中华人民共和国驻斯里兰卡民主社会主义共和国大使馆经济商务处：《斯里兰卡投资环境介绍》，2007 年 12 月 3 日，http://lk. mofcom. gov. cn/article/ztdy/200712/20071205258915. shtml。

③ The World Bank, *Doing Business 2020 Economy Profile Sri Lanka*, 2019, p. 65, https://www. doingbusiness. org/content/dam/doingBusiness/country/s/sri－lanka/LKA. pdf.

本包括诉讼费、律师费（在必须或通常使用律师的情况下）和执行费的成本，以索赔价值的百分比表示。斯里兰卡在执行合同这一指标上的成本指数为22.8。司法程序质量指数衡量每个经济体系在四个范畴（法庭架构及法律程序、案件管理、法庭自动化及替代性纠纷解决）上是否已采用一系列良好做法。斯里兰卡在此指标上的得分为8.5分。① 虽然斯里兰卡在"执行合同"上效率较低，但近年来也采取措施提高办事效率。比如，2019年，斯里兰卡通过引入预审会议作为法庭使用的案件管理技术的一部分，使执行合同变得更加容易。

透明国际是监察贪污腐败的国际非政府组织，也是G20的智库成员之一，根据其公布的2021年腐败感知指数，斯里兰卡得分为37分（0—100分：分数越低，腐败程度越高），在该机构所调查的180个国家/地区中，斯里兰卡排第102名。② 在南亚国家中，印度得分为40分，尼泊尔得分为33分。③ 在斯里兰卡，企业腐败的风险相对较高。最常见的腐败形式包括为避免官僚繁文缛节而支付的便利费、向政府官员的贿赂、裙带关系和任人唯亲。斯里兰卡于2004年3月15日签署了《联合国反腐败公约》，并于2004年3月31日批准该公约。该公约于2005年12月14日在斯里兰卡生效。④

斯里兰卡于2015年10月成为开放政府伙伴关系的签署国，并于2016年7月至2018年6月制定并实施了第一个国家行动计划。这整个过程是由透明国际斯里兰卡（TISL）、OGP民间社会协调员共同推进完成的。2019年1月22日，斯里兰卡内阁通过了斯里兰卡第二个开放政府伙伴关系国家行动计划。这份文件是由政府官员和民间社会成员共同创建的。开放政府伙伴关系（OGP）要求政府与民间社会合作，确定开放政府的国家

① The World Bank, *Doing Business 2020 Economy Profile*, Sri Lanka, 2019, p. 51, https://www. doingbusiness. org/content/dam/doingBusiness/country/s/sri-lanka/LKA. pdf.

② Transparency International, Corruption Perceptions Index—Sri Lanka - 2021, https://www. transparency. org/en/cpi/2021/index/lka.

③ Transparency International, Corruption Perceptions Index—India-2021, https://www. transparency. org/en/cpi/2021/index/ind Transparency International: Corruption Perceptions Index-Nepal-2021, https://www. transparency. org/en/cpi/2021/index/npl.

④ Risk & Compliance Portal, Sri Lanka Corruption Report, https://www. ganintegrity. com/portal/country-profiles/sri-lanka/.

优先事项，以使政府更加透明、负责。[①]

二 纳税及其改进措施

斯里兰卡实行属地税制，税收体系和制度比较健全，同时也较为复杂。税收监管比较严格，税收政策随着政权和经济的变动经常发生变化。这些都为企业营商带来了一定的困难，本节将介绍斯里兰卡税制相关情况，以及斯里兰卡在税收上采取的改革及实施的优惠措施。斯里兰卡税收法律法规所囊括的税费种类范围非常广泛，大致分为直接税、间接税、进口税和其他税费四大类（如表Ⅱ-1-14所示）。斯里兰卡税收种类繁多，表Ⅱ-1-15详细介绍了斯里兰卡主要税赋和税率。

表Ⅱ-1-14　　　　　　　　　　斯里兰卡税费种类

种类	内容
直接税	企业所得税、个人所得税、预提所得税
间接税	增值税、国家建设税以及经济服务费、消费税等
进口税	进口关税、保护性关税、港口和机场发展税等
其他税费	印花税、股票交易税、资产税等

资料来源：中国国家税务总局国际税务司国别投资税收指南课题组：《中国居民赴斯投资税收指南》，2019年，第14页，http://www.chinatax.gov.cn/chinatax/n810219/n810744/n1671176/n1671206/c3927449/5116208/files/2c2007cb96834850919ceadc9a2c7a18.pdf。

表Ⅱ-1-15　　　　　　　　　　斯里兰卡主要税赋和税率

税种	税率	简介
企业所得税	一般税率：28% 中小型企业：14% 主要从事特定行业的企业（如教育服务、旅游推广等）：14% 收入来源于博彩、酒类和烟草业务的企业：40%	在斯里兰卡注册成立或实际管理机构位于斯里兰卡的企业为居民企业，居民企业需就其全球所得在斯里兰卡纳税，非居民企业仅就其来源于斯里兰卡的所得纳税

---

① Transparency International Sri Lanka, Open Government Partnership—Sri Lanka's 2nd National Action Plan 2019-2021, https://www.tisrilanka.org/wp-content/uploads/2019/05/OGP-SL-NAP-2019-2021.pdf.

续表

税种	税率	简介
预提税	特许权使用费：14% 利息：5% 股息红利：14% 技术服务费：14% 管理服务费：14%	在向居民纳税人或非居民纳税人支付的股息、银行或其他金融机构向居民企业支付的利息、向居民纳税人或非居民纳税人支付的股东分红、聘请非居民纳税人提供咨询服务等情况下，应征收5%—14%的预提税
个人所得税	工资薪金：4%—24%累进税率 退职金：0—10%累进税率 资本利得：10% 利息和贴息：5% 股息红利、特许权使用费、自然资源费、退休赔付、博彩收入：14% 租金：10% 官方渠道的宝石拍卖收入：2.5%	斯里兰卡的居民纳税人应就其在全球范围内的活动所产生的所得缴纳个人所得税；斯里兰卡的非居民纳税人就斯里兰卡境内收入缴纳个人所得税 满足以下任一条件，会被认定为斯里兰卡居民纳税人： （1）在斯里兰卡拥有居所的个人 （2）任意12个月期间在斯里兰卡累计居住超过183天的个人 （3）在纳税年度内，被派驻国外的斯里兰卡政府雇员或官员及其配偶 （4）受雇于斯里兰卡船舶的个人，在其受雇期间
增值税	0/15%	增值税是对在斯里兰卡国内消费的货物和服务所征的税。在斯里兰卡境内销售或进口货物或服务的企业和个人需缴纳增值税，年销售额达到1200万卢比或季度销售额达到300万卢比的纳税人应进行增值税登记。2016年，增值税率调整为15%。斯里兰卡的增值税税率分两档，15%的标准税率和零税率
经济服务税	0.5%	斯里兰卡政府自2006年4月起开始征收经济服务税，自2017年4月1日起，每季度营业收入超过1250万卢比的个人或企业需在税务局进行登记并缴纳经济服务税，经济服务税可抵减企业当年和之后两年的应缴企业所得税
消费税	根据应税商品类别，分别按从量定额或从价定率的方式计税	消费税主要由消费税部和海关分别向应税消费品的生产企业和进口企业征收。应税消费品范围较广，包括香烟、酒、含糖饮料、机动车辆、冰箱、棕榈油脂肪酸等

续表

税种	税率	简介
国家建设税	2%	根据《国家建设税法》（2009 年第 9 号法案）及其后续修正案，每季度营业额超过 300 万卢比（采购国内农产品进行加工并批发销售的企业，每季度营业额起征点为 2500 万卢比）的个人、公司、法人团体或合伙人需缴纳国家建设税
印花税	根据计税依据，分别按比例或定额计税	斯里兰卡政府就不动产转让及特定凭证征收印花税，税率以省政府规定为准。公司股份的发行与转让也须缴纳印花税
关税	0/15%/30%	根据斯里兰卡海关条例（Customs Ordinance），从事进出口货物的进出口商应缴纳关税
其他税	股票交易税：0.3%	根据《金融法》（2005 年第 5 号法案），证券交易所内产生的股票交易，买卖双方就其交易额分别缴纳股票交易税
	博彩和赌博业税：10% 及定额税率	在斯里兰卡从事博彩和赌博业的法人，需向税务局完成税务登记，并缴纳博彩和赌博业税
	建筑业担保基金税：0%—1% 累进税率	建筑业担保基金税就施工单位和承包商的建造合同金额进行缴纳
	港口和机场发展税：2%/2.5%/7.5%	斯里兰卡海关在进口环节，除关税外，还需对进口至斯里兰卡的商品和货物征收港口和机场发展税

资料来源：中国国家税务总局国际税务司国别投资税收指南课题组：《中国居民赴斯投资税收指南》，2019 年，第 13 页；中国商务部国际贸易经济合作研究院、中国驻斯里兰卡大使馆经济商务处、中国商务部对外投资和经济合作司：《对外投资合作国别（地区）指南——斯里兰卡（2020 年）》，第 64—65 页，http://www.chinatax.gov.cn/chinatax/n810219/n810744/n1671176/n1671206/c3927449/5116208/files/2c2007cb96834850919ceadc9a2c7a18.pdf；https://www.yidaiyilu.gov.cn/wcm.files/upload/CMSydylgw/202012/202012220422051.pdf。

根据世界银行《2020 年营商环境报告》，"纳税"这一指标记录了中型公司在给定年份里必须缴纳或扣留的税款和强制性缴款，并衡量了缴纳税款和缴款以及遵守申报程序的行政负担。斯里兰卡在此项指标中排名较低（第 142 名）。其整体税率为 55.2%，每年平均 36 次的税款缴纳频率和 129 小时的税收遵从成本时间。① 斯里兰卡的税制被认为是世界上十分复杂的税制之一。此外，税收政策随着斯里兰卡政局和经济的变动也时常会发生变化。2009 年 2 月 1 日，斯里兰卡出台了一项名为国家建设税（NBT）的新税，税率为营业额的 1%，这使得纳税更加困难。2015 年，斯里兰卡提高了符合条件的中小型企业的所得税税率，从而使公司缴纳税款的成本增加。虽然企业在斯里兰卡纳税的便利度不是很高，但斯里兰卡也通过多项改革提升了在斯里兰卡纳税的便利度。为降低斯里兰卡税务局就增值税退税事项的工作负担，同时减轻符合条件的增值税纳税人的资金压力，斯里兰卡于 2011 年 4 月 1 日推行了简化增值税计划。根据世界银行《2012 年营商环境报告》，斯里兰卡通过取消营业税和社会保障缴款，并降低企业所得税、增值税和国家建设税率，降低了企业缴纳税款的成本；根据世界银行《2014 年营商环境报告》，斯里兰卡通过引入用于社会保障缴款的电子备案系统，使公司缴纳税款更加容易；根据世界银行《2019 年营商环境报告》，斯里兰卡通过引入公司所得税、增值税和雇员信托基金捐款在线申报系统，简化了纳税手续。②

斯里兰卡政府为了吸引更多的外资企业投资，振兴经济，采取了一系列针对各项税种的改进措施及优惠政策。针对企业所得税，采取了一般税收优惠、特殊行业税收优惠、研发费用加计扣除优惠、资本减免加计扣除优惠、大额投资税收优惠等。比如，一般税收优惠规定在 2017 年 10 月 1 日之后设立的机构，将其总部迁至斯里兰卡，可享受自《国内税收法》生效后三个纳税年度内免征所得税优惠。③ 斯里兰卡《消费税条例》（Excise Ordinance）对各类应税消费品，按照其具体特性制定了极为详细的分级征税制度，包含了从量定额和固定税率两种计税方法。同时对生产企业

---

① The World Bank, *Doing Business 2020 Economy Profile Sri Lanka*, 2019, p. 40, https://www. doingbusiness. org/content/dam/doingBusiness/country/s/sri-lanka/LKA. pdf.

② The World Bank, *Doing Business 2020 Economy Profile Sri Lanka*, 2019, pp. 65 - 66, https://www. doingbusiness. org/content/dam/doingBusiness/country/s/sri-lanka/LKA. pdf.

③ Parliament of the Democratic Socialist Republic of Sri Lanka: Inland Revenue Act, No. 24, 2017, http://www. ird. gov. lk/en/publications/Acts_Income% 20Tax _2017/IR _ Act _ No. _ 24 _2017 _ E. pdf.

申报出口的产品免征消费税。

斯里兰卡规定的免征印花税的情况包括人寿/医疗保险单；每月租金不超过 5000 卢比的建筑物的融资租赁，以及经营租赁合同；粮食作物抵押合同；企业通过发行、转让或配股，向斯里兰卡政府颁发的股权证；一家国有企业向另一家国有企业进行首次股票发行所颁发的股权证；一家企业依据国家发展战略法案，与斯里兰卡投资委员会签署合作协议后，向一家国有企业进行首次股票发行所颁发的股权证。目前斯里兰卡对小麦谷物、奶粉、糖以及 92 号汽油的进口关税实施减免。由于斯里兰卡贸易政策不定期发生变化，斯里兰卡也会随之调整关税政策，具体情况会发布至斯里兰卡海关官网。

三　工业落后及其改进措施

斯里兰卡是一个以种植园经济为主的农业国家，工业基础相对薄弱。工业落后，缺乏配套设施，且工业生产分布不合理，大部分工业活动集中在西部省份，这导致区域经济发展差距有所拉大。斯里兰卡资金技术密集型工业尚未形成，还处于劳动力密集型工业的初始阶段，资金技术密集型工业发展缓慢，几乎无重工业，目前主要有建筑业、纺织服装、皮革、食品、饮料、烟草、化工、石油、橡胶、塑料、非金属矿产品加工业及采矿采石业。根据《对外投资合作国别（地区）指南——斯里兰卡》，2021 年服务业已发展为斯里兰卡国民经济的主导产业，并成为斯里兰卡经济增长的主要驱动力，2020 年服务业产值占 GDP 的比重达 58.71%。[①] 2020 年，工业在斯里兰卡国民经济中的比重达到 25.47%。[②] 本部分将介绍斯里兰卡在工业方面的问题及相应的改进措施。

斯里兰卡工业部门有所残缺，现代工业体系并不健全。因缺乏现代化工业，斯里兰卡的一系列经济活动缺乏运行所需的必要物质基础，这导致

---

① 中国商务部国际贸易经济合作研究院、中国驻斯里兰卡大使馆经济商务处、中国商务部对外投资和经济合作司：《对外投资合作国别（地区）指南——斯里兰卡（2021 年）》，第 17 页，http://www.mofcom.gov.cn/dl/gbdqzn/upload/sililanka.pdf。

② 中国商务部国际贸易经济合作研究院、中国驻斯里兰卡大使馆经济商务处、中国商务部对外投资和经济合作司：《对外投资合作国别（地区）指南——斯里兰卡（2021 年）》，第 17 页，http://www.mofcom.gov.cn/dl/gbdqzn/upload/sililanka.pdf。

现有的工业供给能力无法为国民经济实力提升提供有力支撑。斯里兰卡落后的工业基础将影响其经济活动的方方面面，如财政收入、基础设施的完善、相关企业的发展、技术的创新升级等，从而减弱吸引外来投资的能力，进而影响营商环境的优化。

斯里兰卡在推动国内工业发展的过程中也积极学习和借鉴中国经验，希望通过在国内建立工业园区来促进本国经济发展。斯里兰卡鼓励外资投资工业园区，并出台了多项促进政策。2014年，斯里兰卡北部省贾夫纳地区阿楚维利工业园开园，这也是斯里兰卡在前战区设立的第一个工业园。该工业园是斯里兰卡首个绿色工业园区，占地64英亩（约25.9公顷），分两期开发。第一期工程占地24英亩（约9.7公顷）于2014年1月底竣工。园区内道路、饮水、卫生设施、电力设施等项目已经完工，并吸引了50余家食品和饮料制造企业入驻。该工业园投资2亿卢比（约合1000万元人民币），其中1.75亿卢比为印度政府提供，主要用于园区基础设施建设，其余0.25亿由斯里兰卡政府自筹。该工业园隶属锡兰工业发展局，曾在斯里兰卡内战中遭到破坏。2016年7月，斯里兰卡新政府在上台一年半时间里，就提出斯里兰卡未来将致力于建立44个产业园区，并欢迎中国企业进入海运、航空、金融、信息、制造和农业等领域进行投资和运营，连通44个产业园区所需要的交通、物流等领域同样欢迎中国企业和资金的参与。目前，斯里兰卡已建有一些工业园区，这些工业园区大部分集中在西部省的科伦坡市周围和盖巴哈地区。[1] 数据显示，全国80%的工业单位位于西部省份。为此，斯里兰卡工商部启动了"区域工业园区发展"方案，促进区域工业化，将工业发展活动分散到全国各地。通过实施"区域工业产业发展"方案，在全国各地发展了15个工业产业。土地及建设部协助投资者以长期租约形式，为这些工业区分配合适的土地及必要的基础设施，以建立其产业。[2]

2017年1月7日，中国—斯里兰卡工业园奠基仪式在斯里兰卡南部的汉班托塔举行，标志着两国重大合作项目正式启动。按照规划，汉班托塔

---

① 广东省商务厅走出去公共服务平台：《斯里兰卡工业园区投资指南 注重建立完整产业链条》，2017年8月21日，http://go.gdcom.gov.cn/article.php？typeid=38&contentId=8073。

② Ministry of Industries，Regional Industrial Development Program，http://www.industry.gov.lk/web/index.php/en/regional-industrial-development-programme.html.

中斯工业园占地 50 平方千米,以商贸物流业为切入点,发展船舶服务和海产品加工、农副产品加工等加工制造业,中斯双方通过产业合作提升斯里兰卡工业化水平。工业园区的开发建设将引领和带动斯里兰卡南部地区整体发展,并为汉班托塔港口的发展提供有力支撑,营造区港联动的产业环境。[①]

四 融资困难及其改进措施

世界银行营商环境报告中"获得信贷"这一指标主要衡量信用报告系统的优势,以及抵押法和破产法在促进贷款方面的有效性。2020 年斯里兰卡此项指标在 190 个经济体中排第 132 名,便利度分数为 40 分。[②] 自 2014 年开始,这一指标便利度得分一直维持在 40 分。由此可见,斯里兰卡在此方面仍存在不少进步空间。本小节将结合世界银行报告,分析斯里兰卡在此项指标所衡量的各个方面的表现,以及斯里兰卡采取的改进措施,为企业提供的相关融资计划等。

(一)斯里兰卡"获得信贷"情况简要(2020 年)

世界银行"获得信贷"指标主要衡量四个方面:合法权益强度指数、信贷信息深度指数、信用注册机构覆盖率、征信机构覆盖率。在南亚八个国家中,斯里兰卡总体表现较差,排名第七,排名前三的分别为印度、尼泊尔、不丹。合法权益强度指数衡量抵押品和破产法在多大程度上保护了借款人和贷款人的权利,从而为放贷提供便利。指数范围从 0 到 12,得分越高,表明这些法律越能扩大获得信贷的机会。信贷信息深度指数衡量可通过公共注册机构或私营机构获得的信用信息范围、访问方式和质量,指数范围从 0 到 8,得分越高,表示越可以从公共注册机构或私营机构获得更多的信用信息。信用注册机构覆盖率(按成人百分比来计算)报告信用注册中心列出了个人和公司的数量,以及过去 5 年的借款历史信息。征信机构覆盖率(按成人百分比来计算)报告信用局列出了个人和公司的数量,以及过去 5 年的借款历史信息。根据世界银行 2020 年报告,斯

---

① 《中国—斯里兰卡物流与工业园办公室在斯南部汉班托塔揭牌》,新华网,http://www.xinhuanet.com/world/2017-11/04/c_1121906213.htm。

② The World Bank, *Doing Business 2020 Economy Profile Sri Lanka*, 2019, p. 4, https://www.doingbusiness.org/content/dam/doingBusiness/country/s/sri-lanka/LKA.pdf。

里兰卡合法权益强度指数为 2，信贷信息深度指数为 6，信用注册机构覆盖率为 0，征信机构覆盖率为 48.7。[①] 由此可以看出，虽然斯里兰卡在获得信用信息的范围、访问方式和质量上提供了较大的便利，但是在放贷上的便利度还不够，同时借款人和贷款人的权利也没有得到很好保护。2008年，斯里兰卡私人信贷局将分发负面信息的最低贷款门槛从 100000 卢比提高到 500000 卢比，因此增加了斯里兰卡贷款的难度。[②]

（二）斯里兰卡"获得信贷"相关改革

根据世界银行的报告，斯里兰卡近年来在"获得信贷"方面也实行了各项改革措施，在一定程度上提升了此项指标的便利度。2009 年，斯里兰卡通过新的《公司法》，加强了其担保交易系统，从而改善了获得信贷的机会。根据新的《公司法》，在公司进行清算时不再冻结有担保债权人的债权，并建立了一个网上系统，供银行在私营信贷局共享信贷信息，收集金融机构提供的所有贷款的数据，以及分发更长时期的历史信贷信息。2010 年，斯里兰卡通过整合私人信贷局系统，改善了对信贷信息的访问，允许所有股东借贷机构提交信贷数据，而向数据库报告的贷款最低门槛被取消了。2013 年，斯里兰卡通过建立可搜索的电子抵押登记册并发布其运营法规来加强其担保交易系统。[③]

（三）斯里兰卡融资服务

斯里兰卡投资局（Board of Investment，BOI）是代表斯里兰卡政府负责审批外国企业来斯里兰卡投资的唯一机构，成立于 1978 年。斯里兰卡投资局主要职能是为投资者服务，不断提升国家的投资环境。需要在斯里兰卡银行进行融资的外资企业，必须在斯里兰卡投资局（BOI）注册，且需要有银行认可的母公司或第三方担保。2020 年 5 月 12 日，斯里兰卡中央银行公布的斯里兰卡银行间同业拆借利率（SLIBOR），隔夜为 5.97%，7 天为 6.19%，1 个月为 6.42%，3 个月为 7.06%，6 个月为

---

① The World Bank, *Doing Business 2020 Economy Profile Sri Lanka*, 2019, p. 30, https://www.doingbusiness. org/content/dam/doingBusiness/country/s/sri-lanka/LKA. pdf.

② The World Bank, *Doing Business 2020 Economy Profile Sri Lanka*, 2019, p. 66, https://www.doingbusiness. org/content/dam/doingBusiness/country/s/sri-lanka/LKA. pdf.

③ The World Bank, *Doing Business 2020 Economy Profile Sri Lanka*, 2019, pp. 65-66, https://www. doingbusiness. org/content/dam/doingBusiness/country/s/sri-lanka/LKA. pdf.

7.74%，1年为8.55%。① 截至2021年3月31日，斯里兰卡央行公布的基准利率为4.5%，为商业银行在央行进行卢比隔夜存放的利率。斯里兰卡央行统计数据显示，当月即3月，当地商业银行新发放卢比贷款的平均利率为8.28%。②

斯里兰卡中央银行代表斯里兰卡致力于增加融资渠道，以实现该国的平衡增长和金融包容性。为了实现上述目标，斯里兰卡中央银行通过其区域发展部门进行协调，促进和实施了各种再融资计划、利息补贴计划和信贷担保计划，同时提供信贷补充服务。斯里兰卡中央银行区域发展部通过参与金融机构网络（主要包括持照商业银行和持照专业银行）为该国的农业、畜牧业和微型中小型企业提供负担得起的资金。这些资金通过小额信贷机构以优惠的条款和条件提供给有需要的人和企业。这些计划由斯里兰卡政府、斯里兰卡中央银行、捐助机构和金融机构网络资助。目前，区域发展部一直在执行由政府资助的五个计划，其中包括四个再融资贷款计划和一个利息补贴计划。同时，斯里兰卡中央银行也在为区域发展部的五个主要计划提供资金，如中小企业信用担保计划，COVID-19复兴设施一、二期计划，利息补贴及信用担保计划（三期）等。③ 斯里兰卡中央银行区域发展部实施信用担保计划，以减轻持牌商业银行和持牌专业银行（以下简称"持牌银行"）向相关企业提供贷款的信用风险。斯里兰卡中央银行发布了一份通函，为在所有持牌银行中以一致的方式实施该计划提供了指导原则。根据其细则，该计划于2020年1月1日至2020年12月31日有效。符合合格借款人的条件包括在截至2019年12月31日止的年度里，每年营业额介乎1600万至7.5亿卢比的中小型企业，只要从持牌银行取得信贷安排，便有资格参与这项计划。④

① 中国商务部国际贸易经济合作研究院、中国驻斯里兰卡大使馆经济商务处、中国商务部对外投资和经济合作司：《对外投资合作国别（地区）指南——斯里兰卡（2020年）》，http://www.mofcom.gov.cn/dl/gbdqzn/upload/sililanka.pdf。

② 中国商务部国际贸易经济合作研究院、中国驻斯里兰卡大使馆经济商务处、中国商务部对外投资和经济合作司：《对外投资合作国别（地区）指南——斯里兰卡（2020年）》，http://www.mofcom.gov.cn/dl/gbdqzn/upload/sililanka.pdf。

③ Central Bank of Sri Lanka, Development Finance & Access to Finance, https://www.cbsl.gov.lk/en/financial-system/financial-markets/development-finance-and-access-to-finance.

④ Central Bank of Sri Lanka, Credit Support to Accelerate Economic Growth, https://www.cbsl.gov.lk/en/news/credit-support-to-accelerate-economic-growth.

近年来，虽然斯里兰卡在提高营商环境便利度方面采取了一系列措施和改革方案，但斯里兰卡在硬指标、软环境上仍存在很大的改善空间。因此，斯里兰卡政府仍需不断找差距，补短板，大力提升政府服务效率和能力；瞄准营商环境建设中的相对薄弱环节，比如纳税、获得信贷、执行合同等，着力破解制约营商便利化的痼疾，打造优质营商环境，激发更大市场活力和发展动力，促进经济发展。

附表一　　　　　　　世界银行《营商环境报告》各指标定义

指标	含义
开办企业	成立有限责任公司的程序、时间、成本和实缴最低资本
办理施工许可证	完成建造仓库所有手续的程序、时间和成本以及施工许可体系中的质量控制和安全机制
获得电力	连接到电网的程序、时间和成本，以及供电的可靠性及收费的透明度
登记财产	资产转让的程序、时间和成本以及土地管理系统的质量
获得信贷	可动抵押法和信用信息系统
保护少数投资者	少数股东在关联交易和公司治理中的权利
纳税	公司遵守所有税收法规的缴纳程序、耗时、总税金和缴纳率及后备流程
跨境贸易	出口具有比较优势的产品、进口汽车零部件的时间和成本
执行合同	解决商业纠纷的时间和成本以及司法程序的质量
办理破产	商业破产的时间、成本、结果和恢复率以及破产相关法律框架的力度
雇佣	雇佣法规的灵活性和裁员成本

附表二　　世界银行《2020年营商环境报告》斯里兰卡各项指标排名/分数

开办企业（排名）	85
开办企业分数（0—100）	88.2
手续（数量）	7
时间（天数）	8
成本（人均收入百分比）	8.7
最低实缴资本（人均收入百分比）	0.0

续表

办理施工许可证（排名）	66
办理施工许可证分数（0—100）	72.3
手续（数量）	13
时间（天数）	86
成本（仓库价值百分比）	0.3
建筑质量控制指数（0—15）	6.0
获得电力（排名）	89
获得电力分数（0—100）	74.5
手续（数量）	5
时间（天数）	100
成本（人均收入百分比）	663.5
供电可靠性和电费透明度指数（0—8）	6
登记财产（排名）	138
登记财产分数（0—100）	51.9
手续（数量）	8
时间（天数）	39
成本（财产价值百分比）	5.1
土地管理质量指数（0—30）	5.5
获得信贷（排名）	132
获得信贷分数（0—100）	40.0
合法权益强度指数（0—12）	2
信贷信息深度指数（0—8）	6
信用注册机构覆盖率（成年人百分比）	0.0
征信机构覆盖率（成年人百分比）	48.7
保护少数投资者（排名）	28
保护少数投资者分数（0—100）	72.0
披露程度指数（0—10）	8.0

续表

董事责任程度指数（0—10）	5.0
股东诉讼便利度指数（0—10）	7.0
股东权益指数（0—6）	5.0
所有权和管理控制指数（0—7）	6.0
企业透明度指数（0—7）	5.0
纳税（排名）	142
纳税分数（0—100）	59.8
缴税次数（每年）	36
时间（小时数/每年）	129
总税收和缴费率（占利润百分比）	55.2
报税后流程指数（0—100）	49.3
跨境贸易（排名）	96
跨境贸易分数（0—100）	73.3
出口时间	—
单证合规（小时）	48
边界合规（小时）	43
出口成本	—
单证合规（美元）	58
边界合规（美元）	366
进口时间	—
单证合规（小时）	48
边界合规（小时）	72
进口成本	—
单证合规（美元）	283
边界合规（美元）	300
执行合同（排名）	164
执行合同分数（0—100）	41.2

续表

时间（天数）	1318
成本（索赔额百分比）	22.8
司法程序质量指数（0—18）	8.5
办理破产（排名）	94
解决破产分数（0—100）	45.0
回收率（百分比）	43.0
时间（年数）	1.7
成本（资产价值百分比）	10.0
结果（0 为零碎销售，1 为持续经营）	0
破产框架力度指数（0—16）	7.0

第二章　重要城市

斯里兰卡位于印度洋中心，素有"印度洋上的珍珠"之称；北隔保克海峡与印度相望，东北边是孟加拉湾；南部靠近赤道，紧邻亚欧国际主航线，拥有连接东西方的优越地理条件。斯里兰卡中部、南部是高原，多山地；北部和沿海是平原。斯里兰卡北部属热带草原气候，南部属热带雨林气候，全年炎热；西部年降雨量为 2000—3000 毫米；东北部较干燥，年降雨量约为 1000 毫米。

1948 年 2 月 4 日，斯里兰卡正式宣布从英国独立，成为英联邦的自治领，定国名为锡兰。1972 年 5 月 22 日，改国名为斯里兰卡共和国。1978 年 8 月 16 日，新宪法颁布，改国名为斯里兰卡民主社会主义共和国。斯里兰卡是单一制共和国，首都是科伦坡市。

第一节　城市化发展历史与趋势

从历史上看，斯里兰卡的城市化发展主要有以下几方面特征与趋势。

一　城市化水平极低

自 1950 年以来，斯里兰卡的城市化率几乎停滞在极低水平上。1950 年，斯里兰卡的城市化率为 15.3%，直到 1981 年才上升到 18.7%，至今一直未超过该数值，中间部分年份甚至出现了小幅下降。

将 1950 年以来斯里兰卡、南亚和亚洲的城市化进行比较后可以发现，1965 年以前，斯里兰卡的城市化率仅略低于南亚平均水平，二者都明显低于亚洲平均水平。1965 年之后，斯里兰卡的城市化率停滞不前，南亚和亚洲的城市化进程均快速发展，使得迄今为止斯里兰卡的城市化水平已经与后二者出现了巨大差距——截至 2018 年，斯里兰卡的城市化率仅为 18.5%，而南亚和亚洲平均水平则分别达到了 36 个和 50 个百分点。根据联合国预测数据，预计到 2050 年，斯里兰卡的城市化率将显著提升至 31.6%，南亚平均城市化率将达到约 54%，亚洲平均水平则将高达 66 个百分点。

总体而言，2018 年亚洲的城市化率在全球均处于中低水平，南亚的城市化率处于较低水平，斯里兰卡的城市化率则处于极低水平。

二　城市化速度停滞

自 1950 年以来，斯里兰卡城市化水平的年均变化率极低，整个国家的城市化进程几乎停滞。1955 年至 1960 年的年均增速曾前所未有地达到约一个百分点，此后阶梯式下降至 1980 年以来的 0 以下，出现轻微的 "逆城市化" 现象。根据联合国预测数据，预计从 21 世纪 20 年代开始，斯里兰卡城市化水平的年均变化率将不断稳健上升，到 21 世纪中叶将超过 2 个百分点。

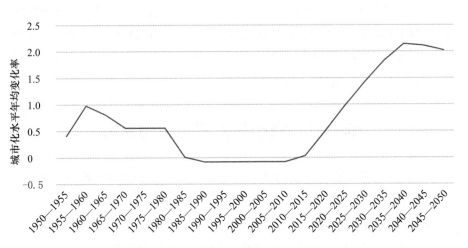

图Ⅱ-2-1　1950 年至 2050 年斯里兰卡城市化水平的年均变化率（%）

资料来源：United Nations, Department of Economic and Social Affairs, and Population Division, World Urbanization Prospects 2018, 2018, https://population. un. org/wup/Download/.

考察斯里兰卡、南亚和亚洲城市化水平的年均变化率在世界上的水平，可以发现，斯里兰卡在全世界所有国家和地区中，处于极低水平；南亚平均水平相对处于中下游；亚洲平均水平则显著超过斯里兰卡，明显超过南亚，在世界上处于中等水平。

第二节 城市体系与重点城市规模的变化与趋势

一 城市体系发展

20 世纪 90 年代至今，斯里兰卡仅拥有一个常住人口规模大于 50 万人的中等城市①——科伦坡。整体而言，全国的城市规模均较小。根据联合国预测数据，预计到 2030 年，斯里兰卡的城市规模体系变化不大，还是仅拥有一个中等城市，但是会增加一个人口介于 30 万人至 50 万人的小城市。

根据斯里兰卡的行政区划，全国分为 9 个省和 25 个区。9 个省分别为西部省、中央省、南方省、西北省、北方省、北中省、东部省、乌瓦省和萨巴拉加穆瓦省（见图 Ⅱ-2-1）；25 个区分别为西部省（Western）的科伦坡（Colombo）、甘帕哈区（Gampaha）和卡卢塔拉区（Kalutara），中央省（Central）的康提区（Kandy）、马塔莱区（Matale）和努沃勒埃利耶区（Nuwara Eliya），南方省（Southern）的加勒区（Galle）、马塔拉区（Matara）和汉班托塔区（Hambantota），北方省（Northern）的贾夫纳区（Jaffna）、基利诺奇区（Kilinochchi）、马纳尔区（Mannar）、瓦屋尼亚区（Vavuniya）和穆莱蒂武区（Mullathivu），东部省（Eastern）的拜蒂克洛区（Batticaloa）、安拉拉区（Ampara）和亭可马里区（Trincomalee），西北省（North Western）的库努内加拉区（Kurunegala）和布塔拉姆区（Puttalam），北中省（North Central）的阿努拉德普勒区（Anuradhapura）和波隆纳努瓦区（Polonnaruwa），乌瓦省（Uva）的巴杜拉区（Badulla）和莫纳拉加拉区（Monaragala），以及萨巴拉加穆瓦省（Sabaragamuwa）的拉特纳普拉区（Ratnapura）和凯格勒区（Kegalle）（见表 Ⅱ-2-1）。

---

① 这里的城市等级以城区常住人口数量作为分类依据：人口 50 万人以下的城市为小城市；人口 50 万人以上 100 万人以下的城市为中等城市；人口 100 万人以上 500 万人以下的城市为大城市；人口 500 万人以上 1000 万人以下的城市为特大城市；人口 1000 万人以上的城市为超大城市。

表Ⅱ-2-1 斯里兰卡不同行政区的人口与主要城市

省/区	代码	人口（人）	面积（km²）	省会/主要城市
西部省	1	5361185	3684	科伦坡
科伦坡	11	2234289	699	科伦坡 芒特拉维尼亚 莫勒图沃 科特
甘帕哈区	12	2066096	1387	甘帕哈 尼甘布
卡卢塔拉区	13	1060800	1598	卡卢塔拉
中央省	2	2414973	5674	康提
康提区	21	1272463	1940	康提
马塔莱区	22	442427	1993	马塔莱
努沃勒埃利耶区	23	700083	1741	努沃勒埃利耶
南方省	3	2277145	5444	加勒
加勒区	31	990539	1652	加勒
马塔拉区	32	761236	1283	马塔拉
汉班托塔区	33	525370	2609	汉班托塔
北方省	4	2277145	5444	贾夫纳
贾夫纳区	41	490621	1025	贾夫纳
基利诺奇区	42	127263	1279	基里诺奇
马纳尔区	43	151577	1996	马纳尔
瓦屋尼亚区	44	149835	1967	瓦屋尼亚
穆莱蒂武区	45	121667	2617	穆莱蒂武
东部省	5	1415949	10472	拜蒂克洛
拜蒂克洛区	51	486447	2854	拜蒂克洛
安帕拉区	52	589344	4415	安帕拉
亭可马里区	53	340158	2727	亭可马里
西北省	6	2157711	7888	库努内加拉
库努内加拉区	61	1452369	4816	库努内加拉

续表

省/区	代码	人口（人）	面积（km²）	省会/主要城市
布塔拉姆区	62	705342	3072	布塔拉姆
北中省	7	1415949	10472	阿努拉德普勒
阿努拉德普勒区	71	746466	7179	阿努拉德普勒
波隆纳努瓦区	72	359197	3293	波隆纳努瓦
乌瓦省	8	1170728	8500	巴杜拉
巴杜拉区	81	774555	2861	巴杜拉
莫纳拉加拉区	82	396173	5639	莫纳拉加拉
萨巴拉加穆瓦省	9	1787938	4968	拉特纳普拉
拉特纳普拉区	91	1008164	3275	拉特纳普拉
凯格勒区	92	779774	1693	凯格勒

资料来源：维基百科（2020），https://zh. wikipedia. org/wiki/斯里兰卡。

二　首都和主要城市

科伦坡是斯里兰卡的首都，也是其政治、商业和文化中心，是斯里兰卡自 1980 年以来唯一一个人口数量超过 50 万人的城市，科伦坡大区人口达 243.9 万人（2018 年）。除首都科伦坡外，斯里兰卡还有以下主要城市：

康提：斯里兰卡第二大城市，著名旅游城市，位于科伦坡东北 115 千米处，人口约 146.8 万人，被列入联合国教科文组织世界文化遗产名录，位于中部山区，海拔约 500 米，是中部山区的主要商业、宗教、文化和交通中心。

努沃勒埃利耶（又译"努瓦拉埃利亚"）：意为"城市之光"，位于斯里兰卡中部，坐落在斯里兰卡第一高峰皮杜鲁塔拉噶拉山麓，海拔 1896 米，有"东方瑞士""小英伦"之称，人口 76.3 万人，距科伦坡 180 千米，交通不便。1828 年建立疗养站，逐渐发展为疗养城市。有公园、旅馆、球场、矿泉疗养所。每年 4 月旅游者来此度夏，为著名避暑胜地，公路交通中心。茶、橡胶、蔬菜的集散地。

加勒（又译"高勒""艾勒"）：港口城市，位于科伦坡以南 115 千米处，人口约为 112.4 万人，曾经是斯里兰卡南部鲁胡纳王国的首都。16—17 世纪为东方著名的商业中心和主要港口，水深 6 米以上，可泊 5000 吨级轮船，为海军基地通过铁路和公路与科伦坡连接。这里是全国最大渔港，有现代化的冷藏设备，出口橡胶、椰子、石墨、手工艺品和香茅油；进口燃料和粮食。附近有雅拉国立公园，是禁猎区。它出名并非仅由于海滩，更是由于城堡。在荷兰殖民时期，荷兰人为了显示在斯里兰卡统治的坚不可摧，在加勒建立了一座占地 36 万平方米的城堡，标准的欧洲风格。该城堡已经被列入世界文化遗产。

亭可马里：简称"亭可"，位于斯里兰卡东海岸，距科伦坡 257 千米，人口约 42.1 万人。亭可马里是世界上面积较大、风景优美的天然港之一，面积 1 万多公顷，港内水深 27 米，航道深 36.6 米，共有码头 5 个，可停泊 10 万吨级以上大型船只。亭可马里有一个港湾叫"中国湾"。

尼甘布（又译"尼冈博"）：距班达拉奈克国际机场 6 千米，距科伦坡 35 千米，以渔业闻名。

汉班托塔：距科伦坡 237 千米，居民主要是信奉伊斯兰教的马来人，也有相当数量信奉佛教的僧伽罗人。

贾夫纳：位于贾夫纳半岛西南端，距科伦坡 398 千米，是泰米尔人聚居的城市，人口约 61.3 万人。

三　重点城市人口规模

斯里兰卡的重点城市有十个，分别为科伦坡（Colombo）、代希瓦勒—芒特拉维尼亚（Dehiwala-Mount Lavinia）、莫拉图瓦（Moratuwa）、贾夫纳（Jaffna）、尼甘布（Negombo）、皮塔科特（Pita Kotte）、科特（Sri Jayewardenepura Kotte）、康提（Kandy）、亭可马里（Trincomalee）和卡尔穆奈（Kalmunai）。

截至 2020 年，斯里兰卡尚未拥有百万以上人口的城市，十万以上人口的城市数量仅有十个。规模最大的城市为科伦坡，最新人口规模约为 65 万人；规模位列第二的城市是代希瓦勒—芒特拉维尼亚，人口数量仅为 22 万人；莫拉图瓦、贾夫纳和尼甘布分别以 18.5 万人、16.9 万人和 13.7 万人的人口规模位列第三至第五；皮塔科特、科特、康提、亭可马里和卡尔穆奈五个城市的人口规模均介于 10 万至 12 万人。整体而言，斯里兰卡的城市规模较小（见表Ⅱ-2-2）。

表Ⅱ-2-2　　　　　斯里兰卡重点城市人口规模　　　　　（人）

序号	城市	1981	2001	2012	2020	面积（km²）
1	科伦坡	587647	647100	561314	648034	3730
2	代希瓦勒—芒特拉维尼亚	173529	210546	184468	219827	2100
3	莫拉图瓦	134826	177563	168280	185031	2300
4	贾夫纳	118224	—	80829	169102	2020
5	尼甘布	60762	121701	142449	137223	3100
6	皮塔科特	—	—	—	118179	—
7	科特	101039	116366	107925	115826	1690
8	康提	97872	109343	98828	111701	2700
9	亭可马里	44313	—	48351	108420	780
10	卡尔穆奈	22825	94579	99893	100171	2300

资料来源：Citypopulation（https://citypopulation.de/en/srilanka/cities/）以及 World Population Review（https://worldpopulationreview.com/countries/cities/sri-lanka）.

结合 1981 年、2001 年和 2012 年三次人口普查数据，以及 2020 年的人口预测数据进行分析，可以发现，科伦坡作为斯里兰卡最大的城市，近 40 年间的人口规模基本维持在 60 万人上下，并无显著增长；与之变化趋势类似的城市还有代希瓦勒—芒特拉维尼亚、科特和康提等。贾夫纳、尼甘布、亭可马里和卡尔穆奈等城市的人口规模则在近 40 年间得到了显著提升（见图Ⅱ-2-2）。

结合十个重点城市的占地面积考察各城市最新年份的人口密度，可以发现，科伦坡是斯里兰卡人口密度最高的城市，每平方千米人口数达到约 174 人；其次是亭可马里，人口密度为 139 人/平方千米；代希瓦勒—芒特拉维尼亚位列第三，人口密度约为 105 人/平方千米；其余城市的人口密度均不足百人每平方千米。总体而言，斯里兰卡的人口密度极低。

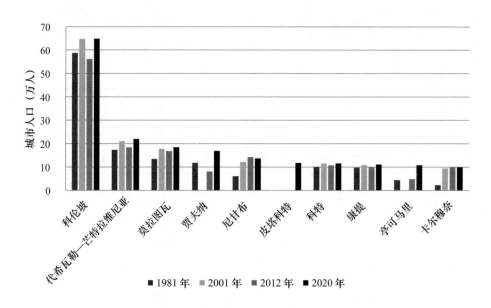

图Ⅱ-2-2　斯里兰卡主要城市重点年份人口数据

资料来源：笔者绘制。

第三节　科伦坡的经济发展与区域影响

一　城市概况

科伦坡位于锡兰岛西南岸，濒印度洋，是斯里兰卡最大的城市与商业中心，同时也是西部省的行政中心。斯里兰卡的政治首都科特位于其郊区，但因距离过近，近年来包括美国中央情报局在内的许多国际的官方资料仍记载科伦坡为斯里兰卡的首都。据统计，科伦坡市区人口为75.3万人，都会区则多达560万人。

如同许多其他城市一样，科伦坡的郊区范围远超过其行政区界限，并包含了许多其他市区或郊区的行政区，例如斯里贾亚瓦德纳普拉科特、代希瓦勒—芒特拉维尼亚、科洛纳瓦、卡杜韦拉和科蒂卡瓦塔穆莱里亚瓦等。斯里兰卡主要的行政办公、餐厅和娱乐场所都位于科伦坡。

2009年5月，斯里兰卡内战结束，社会趋于稳定，安全形势有所好转。斯里兰卡政府积极推进战后平民安置和经济社会重建，政治、经济、安全形势总体趋于平稳。

二　经济发展

2018 年，斯里兰卡 GDP 总额为 889 亿美元，较上一年度增长 3.2%。人均 GDP 为 4102 美元，居世界第 96 位。科伦坡大都市地区是斯里兰卡最重要的工业、商业和行政中心，科伦坡大都市地区是斯里兰卡经济增长的引擎，承载了该国出口导向型制造业的主要份额。科伦坡都会区的 GDP 占全国 GDP 总量的 40%，使得科伦坡当之无愧地成为斯里兰卡的经济首都。科伦坡都会区的人均收入达到 8623 美元，人均购买力为 25117 美元，使其成为南亚十分繁荣的地区之一。

科伦坡的传统经济主要为港口业和服务业。新兴的制造业工厂多建在城市外围，工业虽不很发达，但拥有纺织、烟草、机械、金属、食品、化工、收音机等工业，另有通用机械和汽车装配修理厂。

科伦坡的收入水平在斯里兰卡也是最高的。科伦坡市是科伦坡大区的主要城市，根据斯里兰卡"2012—2013 年度家庭收入和支出调查"考察其家庭平均收入数据，可以发现，2012—2013 年度科伦坡大区的家庭平均月收入为 77723 卢比，比全国平均水平高出 41%，比西部省份高出 17.5%。大多数家庭收入来自工资/薪水（37.4%）。[1]

表Ⅱ-2-3　　2012—2013 年度科伦坡大区家庭月收入细目分类　　（卢比/月）

序号	部门	科伦坡大区	百分比（%）
1	平均家庭收入	77723	—
2	家庭成员人均收入	19346	—
3	家庭平均人员数	1.9	—
4	工资	29860	37.4
5	农业活动	708	0.9
6	非农活动	19807	24.8

[1] "Household Income and Expenditure Survey 2012/2013", DCS, Ministry of Policy Planning Economic Affairs, http://www.statistics.gov.lk/Resource/en/IncomeAndExpenditure/HouseholdIncomeandExpenditureSurvey2012-2013FinalReport.pdf.

续表

序号	部门	科伦坡大区	百分比（％）
7	其他现金收入	8811	11.0
8	临时收益收入	6271	7.9
9	非货币收入	12266	15.4
10	实物收入	2078	2.6

资料来源：Household Income and Expenditure Survey 2012/2013, DCS, Ministry of Policy Planning Economic Affairs, http://www. statistics. gov. lk/Resource/en/IncomeAndExpenditure/HouseholdIncomeandExpenditureSurvey2012-2013FinalReport. pdf.

三　产业发展

斯里兰卡是一个以种植园经济为主的农业国家，渔业、林业和水力资源丰富。茶叶、香料、海产品和椰子是斯里兰卡农业经济收入的主要支柱产品。由于斯里兰卡农业生产成本高、生产率低、损耗大等因素，加之非农业产值不断上升，斯里兰卡农业产值在 GDP 中的占比一直呈下降趋势，从 20 世纪 50 年代的 50％下降到 2018 年的 6.98％。农产品出口是斯里兰卡出口创汇的重要组成部分，2018 年出口额占出口总额的 22％。其中，茶叶出口额为 14.3 亿美元，占出口总额的 12.01％；香料出口额为 3.6 亿美元，占出口总额的 3.03％；椰子出口额为 3.11 亿美元，占出口总额的 2.62％；海产品出口额为 2.66 亿美元，占出口总额的 2.24％。

斯里兰卡工业基础相对薄弱。由于资源缺乏，大量工业原材料仍需从国外进口。斯里兰卡资金技术密集型工业尚未形成，还处于劳动力密集型工业的初始阶段，几乎无重工业，目前主要有建筑业、纺织服装、皮革、食品、饮料、烟草、化工、石油、橡胶、塑料、非金属矿产品加工业及采矿采石业。2018 年，工业在斯里兰卡国民经济中的比重达到 26.12％。建筑业、采矿采石业、食品制造业和纺织服装业是斯里兰卡工业的四大支柱产业，其产值占工业总产值的比例分别为 26.19％、8.94％、22％和 12.34％。石油化工产业占工业总产值的比例为 4.69％，机器制造业占工业总产值的比例为 2％。纺织服装业是斯里兰卡国民经济的支柱产业和最重要的工业行业，也是斯里兰卡第一大出口创汇行业。2018 年，斯里兰卡纺织服装出口额达 53.18 亿美元，占全国外贸出口额的 44.73％。另外，斯里兰卡宝石及其加工世界闻名，2018 年，宝石及珠宝首饰出口额为 2.78 亿美元，占出口总额的 2.34%；橡胶制品出口额为 8.75 亿美元，占出口总额的 7.36%。

斯里兰卡服务业主要包括批发零售业、酒店、餐饮业、物流、仓储、信息及通信业、旅游业、金融服务、房地产及商用服务业、公共管理及其他社会与个人服务等。近年来，斯里兰卡政府利用国民识字率高、劳动技能训练有素的相对优势，正努力把本国经济打造成为服务业导向型经济。服务业已发展为斯里兰卡国民经济的主导产业，并已成为斯里兰卡经济增长的主要驱动力。2018 年，服务业产值占 GDP 的比重达 57.66%，增速为 4.7%。其中，零售业与金融服务业作为斯里兰卡服务业的两大重要支柱，分别占服务业总产值的 18.75% 和 12.19%。

表Ⅱ-2-4　　　　2014—2018 年第一、二、三产业占 GDP 份额　　　　（%）

年份		2014	2015	2016	2017	2018
农业	农产品、畜牧、林	8.8	6.5	5.8	5.6	5.8
	渔业	1.3	1.4	1.3	1.3	1.2
	总计	10.1	7.9	7.1	6.9	7.0
工业	采矿、采石业	3.0	2.3	2.4	2.5	2.3
	加工、制造业	17.2	15.8	15.4	15.7	15.5
	电、气、水	2.4	1.4	1.4	1.5	1.5
	建筑	9.7	6.8	7.6	7.1	6.8
	总计	32.3	26.2	26.8	26.8	26.1
服务业	批发、零售	22.8	23.2	22.9	22.9	23.3
	宾馆、饭店	0.8				
	交通、通信	14.6	0.6	0.6	0.6	0.7
	金融、地产	8.7	12.3	12.8	13.4	14.0
	房产	2.3				
	政府服务	6.2	8.7	8.7	8.3	8.1
	私人服务	2.3	11.8	11.4	11.5	11.6
	总计	57.6	56.6	56.5	56.7	57.7

资料来源：斯里兰卡中央银行（Central Bank of Sri Lanka）。

四　企业发展与重点企业

考察斯里兰卡主要公司名录（见表Ⅱ-2-5）可以发现，斯里兰卡的大多数公司都将总部设立在科伦坡，涵盖行业包括化学制品、纺织品、玻璃、水泥、皮革制品、家具和珠宝等。

表Ⅱ-2-5　　　　　　　　　斯里兰卡主要公司名录

序号	公司名称	产业	行业	公司总部	成立日期（年）	备注
1	Aitken Spence	企业集团	—	科伦坡	1868	酒店，物流，能源
2	Associated Newspapers of Ceylon Limited	消费服务	出版	科伦坡	1926	出版（国有企业）
3	Bank of Ceylon	金融	银行业务	科伦坡	1939	国家商业银行（国有企业）
4	Barefoot	消费品	服装与饰品	科伦坡	1958	服装和配件，家具
5	Airtel Sri Lanka	电信	移动通信	科伦坡	2009	移动网络，隶属于印度 Bharti Airtel
6	Cargills	企业集团	—	科伦坡	1844	消费品，零售，金融
7	Ceylinco Consolidated	企业集团	—	科伦坡	1938	金融，技术，保健，旅行和休闲
8	Ceylon Biscuits Limited	消费品	食物产品	科伦坡	1939	食品制造商和糖果
9	Ceylon Cold Stores	消费品	食物产品	科伦坡	1866	食物产品
10	Ceylon Electricity Board	实用工具	常规电力	科伦坡	1969	国家配电和发电（国有企业）
11	Ceylon Petroleum Corporation	石油和天然气	勘探与生产	科伦坡	1962	石化炼油与销售（国有企业）
12	Ceylon Tobacco Company	消费品	烟草	科伦坡	1932	烟草制品

续表

序号	公司名称	产业	行业	公司总部	成立日期（年）	备注
13	Cinnamon Air	消费服务	航空公司	科伦坡	2012	国内航空公司
14	Colombo Dockyard	工业领域	商用车和卡车	科伦坡	1974	造船业
15	Commercial Bank of Ceylon	金融	银行业务	科伦坡	1920	商业银行
16	Country Style Foods	消费品	食物产品	科伦坡	1981	饮料和乳制品
17	Daintee	消费品	食物产品	科伦坡	1984	糖果，食品
18	DFCC Bank	金融	银行业务	科伦坡	1955	开发银行
19	Dialog Axiata	电信	移动通信	科伦坡	1993	宽带移动网络，隶属于 Axiata Group（马来西亚）
20	Dialog Broadband Networks	电信	固网电信	科伦坡	2005	宽频
21	Dialog TV	消费服务	广播与娱乐	科伦坡	2005	广播，隶属于 Axiata Group（马来西亚）
22	Dilmah	消费品	软饮料	科伦坡	1988	茶，饮料
23	Distilleries Company of Sri Lanka	消费品	酿酒师和葡萄酒商人	科伦坡	1917	酒厂和其他非酒精类物品
24	Durdans Hospital	卫生保健	医疗保健机构	科伦坡	1945	医院
25	EAP Holdings	消费服务	广播与娱乐	科伦坡	1994	广播
26	Edulanka	技术	互联网	维利马达	2007	在线教育
27	Etisalat	电信	移动通信	科伦坡	1989	移动网络，隶属于 Etisalat（UAE）
28	Expolanka	企业集团	—	科伦坡	1978	物流，旅行和休闲，制造业

续表

序号	公司名称	产业	行业	公司总部	成立日期（年）	备注
29	ExpoRail	消费服务	旅游观光	科伦坡	2011	通勤铁路，隶属于 Expolanka
30	FitsAir	消费服务	航空公司	科伦坡	1997	定期航班
31	Gateway Group	消费服务	专业的消费者服务	科伦坡	1986	教育
32	George Steuart Group	企业集团	—	科伦坡	1835	餐饮，保健，旅行和休闲
33	GRI Tires	消费品	汽车零件	科伦坡	2002	工业和特种轮胎
34	Hatton National Bank	金融	银行业务	科伦坡	1888	私人银行
35	Hayleys	企业集团	—	科伦坡	1878	工业，消费品，旅游与休闲
36	Hemas Holdings	企业集团	—	科伦坡	1948	卫生保健，运输，消费品
37	Hemas Hospitals	卫生保健	医疗保健机构	科伦坡	2008	医院连锁
38	Hutch	电信	移动通信	科伦坡	1991	移动网络，隶属于和记亚洲电信集团（中国香港）
39	Independent Television Network	消费服务	广播与娱乐	科伦坡	1979	广播（国有企业）
40	JAT Holdings	集团企业	—	科伦坡	1993	油漆及相关产品，家具，房地产，出口
41	Jetwing Hotels	消费服务	饭店	科伦坡	1973	连锁酒店
42	John Keells Computer Services	技术	软件	科伦坡	1998	IT 服务，隶属于 John Keells Holdings
43	John Keells Holdings	企业集团	—	科伦坡	1870	运输，物流，零售，金融

序号	公司名称	产业	行业	公司总部	成立日期（年）	备注
44	Lanka Bell	电信	移动通信	科伦坡	1997	移动网络，隶属于 Melstacorp
45	Lanka Hospitals	卫生保健	医疗保健机构	科伦坡	2002	医院
46	LAUGFS Holdings	企业集团	—	科伦坡	1995	石油和天然气，房地产，工业
47	Leader Publications	消费服务	出版	科伦坡	1994	出版
48	Maliban Biscuit Manufactories Limited	消费品	食物产品	科伦坡	1954	食物产品
49	MAS Holdings	企业集团	—	科伦坡	1986	面料，服装，金融服务
50	MBC Networks	消费服务	广播与娱乐	科伦坡	1993	广播业
51	Melstacorp	企业集团	—	科伦坡	1998	餐饮，物流，能源，技术
52	Micro Cars	消费品	汽车类	科伦坡	1995	汽车制造商
53	Mihin Lanka	消费服务	航空公司	科伦坡	2006	航空公司（现已停业）
54	Millennium Airlines	消费服务	航空公司	科伦坡	2004	包机航空公司
55	MillenniumIT	技术	软件	科伦坡	1996	信息技术
56	Mobitel	电信	移动通信	科伦坡	1993	移动网络，斯里兰卡电信的一部分
57	MTV Channel	消费服务	广播与娱乐	科伦坡	1992	广播业
58	National Savings Bank	金融	银行业务	科伦坡	1971	国家储蓄银行（国有企业）
59	Nations Trust Bank	金融	银行业务	科伦坡	1999	银行

序号	公司名称	产业	行业	公司总部	成立日期（年）	备注
60	Nawaloka Hospital	卫生保健	医疗保健机构	科伦坡	1985	医院
61	Neville Fernando Teaching Hospital	卫生保健	医疗保健机构	科伦坡	2013	医院
62	Pan Asia Bank	金融	银行业务	科伦坡	1995	银行
63	Pelwatte Sugar Industries	消费品	食物产品	布塔拉	1981	糖
64	People's Bank	金融	银行业务	科伦坡	1961	商业银行（国有企业）
65	Rainco	消费品	个人用品	代希瓦勒—芒特拉维尼	1977	个人用品
66	Richard Pieris & Company	企业集团	—	科伦坡	1940	制造，工程，零售和种植园
67	Sampath Bank	金融	银行业务	科伦坡	1986	商业银行
68	Sarasavi Bookshop	消费服务	专业零售商	科伦坡	1973	书店连锁
69	Seylan Bank	金融	银行业务	科伦坡	1987	商业银行
70	Softlogic Holdings	企业集团	—	科伦坡	1991	信息技术，医疗保健，零售，金融
71	Sri Lanka Broadcasting Corporation	消费服务	广播与娱乐	科伦坡	1925	广播（国有企业）
72	Sri Lanka Insurance	金融	全线保险	科伦坡	1961	保险（国有企业）
73	Sri Lanka Ports Authority	工业领域	海上运输	科伦坡	1979	海运（国有企业）
74	Sri Lanka Railways	工业领域	铁道	科伦坡	1858	铁道（国有企业）

续表

序号	公司名称	产业	行业	公司总部	成立日期（年）	备注
75	Sri Lanka Rupavahini Corporation	消费服务	广播与娱乐	科伦坡	1982	广播（国有企业）
76	Sri Lanka Telecom	电信	固网电信	科伦坡	1991	电信，互联网服务供应商（国有企业）
77	Sri Lanka Transport Board	工业领域	送货服务	科伦坡	1958	运输服务（国有企业）
78	SriLankan Airlines	消费服务	航空公司	科伦坡	1979	旗航空公司（国有企业）
79	SupremeSAT	工业领域	航天	科伦坡	2011	卫星运营商
80	Upali Newspapers	消费服务	出版	科伦坡	1981	出版
81	Vesess	技术	软件	科伦坡	2004	信息技术
82	VS Hydro	实用工具	替代电力	科伦坡	2003	水力发电
83	MTD Walkers PLC	企业集团	工程	科伦坡	1854	通用工程
84	Wijeya Newspapers	消费服务	出版	科伦坡	1979	出版

资料来源：科伦坡，维基百科，https://en.wikipedia.org/wiki/List_of_companies_of_Sri_Lanka。

根据中华人民共和国驻斯里兰卡民主社会主义共和国大使馆经济商务处数据（见表Ⅱ-2-6），在斯里兰卡开展业务或设有代表处的主要中资企业大都为国企，且主营业务大都为基础设施建设，如中国港湾工程有限责任公司、招商局国际科伦坡码头有限公司、中兴通讯股份有限公司、山西建筑工程集团、中国机械设备工程股份有限公司、中国地质工程集团、中国航空技术国际工程有限公司、中铁五局、中国水利水电建设集团、中国通信服务等。此外，也有部分民企，如华为技术有限公司、西安达刚路面机械股份有限公司、新希望兰卡有限公司、宬隆香港斯里兰卡办事处、华威国际商厦有限公司等。

表Ⅱ-2-6　　　　在斯里兰卡开展业务或设有代表处的主要中资企业（部分）

序号	单位	性质
1	中国港湾工程有限责任公司	国企
2	招商局国际科伦坡码头有限公司	国企
3	华为技术有限公司	民企
4	中兴通讯股份有限公司	国企
5	山西建筑工程集团	国企
6	中国机械设备工程股份有限公司	国企
7	中国地质工程集团	国企
8	中国航空技术国际工程有限公司	国企
9	中铁五局	国企
10	中国水利水电建设集团	国企
11	中国通信服务	国企
12	东方电气	国企
13	江西国际经济技术合作公司	国企
14	中国冶金科工股份有限公司	国企
15	湖南省建筑工程集团总公司	国企
16	山东对外经济技术合作集团	国企
17	西安达刚路面机械股份有限公司	民企
18	北京市政建设集团	国企
19	中国葛洲坝集团股份有限公司	国企
20	中国技术进出口总公司	国企

资料来源：在斯里兰卡开展业务或设有代表处的主要中资企业驻斯里兰卡经商参处（2015），http://lk. mofcom. gov. cn/article/catalog/tjsj/201508/20150801084003. shtml。

五　发展战略与区域影响

根据《2019—2030 年科伦坡城市发展规划》（Colombo Commercial City Development Plan—2019-2030，CCCDP—2019-2030）中的《城市经济发展战略（2019—2030）》（City Economic Development Strategy of CCCDP—2019-2030，下文简称"2019—2030 战略"）部分，科伦坡城市经济发

展的目标是确保城市拥有适当的市场曝光度，并吸引其所需的投资，以推动城市朝其所计划的方向转变，并实现预期的空间形态和城市视野。"2019—2030 战略"的总体目标是，为市场提供高质量的房地产空间，以迎合城市各个发展中经济部门所创造的不断增长的房地产需求；使城市房地产市场适应科伦坡商业城蓬勃发展的经济部门，例如零售、IT 领域的私人办公室的需要，金融和服务领域、房地产、高层公寓、物流相关产业和旅游业等的需要，同时致力于将科伦坡打造成国际商业中心。

"2019—2030 战略"将重点放在三个主要领域：一是与港口相关的物流活动开发，二是房地产开发，三是旅游业发展。"2019—2030 战略"的规划框架包括：（1）实施城市发展局（UDA）及其他利益相关机构提议的战略干预措施和项目，以促进和发展与港口相关的物流活动；（2）指导房地产发展的战略干预；（3）确定不同类型的旅游区和战略干预措施，以促进旅游区的发展。

港口是科伦坡市立足于国内国际最重要的发展元素。科伦坡港，又名科伦坡港人工港，是印度洋上的交通枢纽，成为欧洲、远东、澳洲航线的转口港，港宽水深，是世界上较大的人工港口之一，也是欧亚、太平洋、印度洋地区世界航海线的重要中途港口之一。斯里兰卡科伦坡港始建于 1912 年，但科伦坡港作为世界性的港口至少已有 400 多年的历史。早在 8 世纪，科伦坡港就已经成为商贸重镇。14 世纪，中国商人频繁来到科伦坡港进行商贸活动。19 世纪，英国在斯里兰卡殖民时期，修建了斯里兰卡科伦坡港。科伦坡港有两个入口：一个宽 244 米，水深 11 米；另一个宽 214 米，水深 9 米，水域面积为 260 多公顷，可同时停靠 4 万—5 万吨轮 40 多艘，年吞吐量为 450 万吨，承担着斯里兰卡 90% 以上的货物进出口任务，是印度洋航运的中转站。科伦坡市空中交通方便，建有两座机场。市区的城堡，原为荷兰、葡萄牙殖民者所建要塞，后成为繁华的商业区，主要道路从中央商业区向外延伸，通往各主要城市；沿海岸的沙丘，是现代化的欧式住宅区。

2016 年 8 月 2 日，由于来自印度方面的压力，斯里兰卡政府不得不就中国投资的科伦坡港口城项目与中国投资方重新修订了建设协议。在新的协议中，斯里兰卡撤回了先前给予中方的 20 公顷土地的永久使用权，而改为 99 年租赁。随后，中国援赠斯里兰卡海军的护卫舰于当地时间 2019

年7月8日上午9时许抵达斯里兰卡科伦坡港。

科伦坡港在国际海洋航线上的战略地位使其成为南亚十分繁忙的港口之一，并在2017年被评为"世界25佳港口"。随着港口的不断兴盛、发展，其场地扩张和相关基础设施建设以及港口和物流等相关服务系统的建设需求也不断增强（见表Ⅱ-2-7）。

表Ⅱ-2-7　　　　　　　　科伦坡港口扩张总体规划拟议项目

序号	项目名称	计划/已完成时间（年）	完成进度	项目编号
1	港口基建项目	2012	完成	—
2	科伦坡南集装箱码头工程、国际集装箱码头（CICT）	2013	完成	—
3	科伦坡东集装箱码头（ECT）	2020	部分完成/进行中	E-1-1-1
4	加雅（Jaya）集装箱码头三期和四期扩建工程	2018	—	E-1-1-2
5	西集装箱码头（WCT）	2023	—	E-1-1-3
6	西集装箱码头扩建项目（WCT Extension）	2028	—	E-1-1-4
7	科伦坡港二期扩建工程	2026	—	E-1-1-5
8	科伦坡东集装箱码头—南亚门户枢纽码头工程CT-SAGT）	2033	—	E-1-1-6
9	北港防波堤	2030	—	E-1-1-7
10	北港码头	2040	—	E-1-1-8

资料来源：斯里兰卡港务局（Sri Lanka Ports Authority），2018年。

科伦坡经济"2019—2030战略"中的房地产开发项目主要包括通过催化剂项目、国有住房项目和特殊房地产开发项目直接参与与房地产开发，以及通过释放其现有不相容用途的土地进行房地产开发。城市发展局的城市更新项目还针对科伦坡的低收入住宅区和中等收入住宅区制定了系列项目，以促进城市发展。

旅游部门也是科伦坡一个重要的经济发展引擎。根据"2019—2030战略"，科伦坡将从阳光沙滩旅游、文化遗产旅游、时尚旅游、水上旅游、邮轮旅游、自然资源旅游、夜生活旅游、美食旅游、国际会议等方面促进其旅游业的发展。

第四节　科特、康提、代希瓦勒—芒特拉维尼亚的经济发展与区域影响

如前所述，斯里兰卡全国范围内仅拥有科伦坡一座 50 万人口以上的中等城市，此外仅拥有 9 座 10 万人口以上的小城市，故本节选取科特、康提、代希瓦勒—芒特拉维尼亚 3 座城市进行介绍。有关斯里兰卡的经济及企业数据相对缺乏，故而本节重点介绍各城市的发展战略及其区域影响。

一　城市概况

（一）科特

斯里贾亚瓦德纳普拉科特因名称较长，通常被略称为科特、科泰。科特是斯里兰卡新行政机构所在地，位于科伦坡市中心以东约 15 千米处。这些政府机构从 1985 年起开始从科伦坡迁至科特地区，但是除议会、森林局等少数机构以外，首都功能的大部分尚未从科伦坡转移过来。科特的街市与科伦坡连成一片，事实上是科伦坡郊外的一角。首都城市规划区的地理范围为 16514 公顷。它由四个地方当局组成：斯里—贾亚瓦德纳普拉—科特（Sri Jayawardenepura Kotte）、玛哈拉加玛（Maharagama）、卡杜韦拉（Kaduwela）和科蒂卡瓦塔—穆莱里亚瓦（Kotikawatta-Mulleriyawa）。根据 2012 年人口普查，该规划区域的人口数量为 688032 人，目前人口数量为 752000 人。该地区是斯里兰卡人口密度最高的地区，也是最为主要的行政机构所在地。

（二）康提

康提是斯里兰卡中部城市，中央省省会。1592 年成为斯里兰卡首都和佛教圣城；1815 年被英国征服。此后至今，康提不再是斯里兰卡的首都，但是保持了佛教朝圣地的地位，其名胜包括佛牙寺等。1988 年，康提被联合国教科文组织列为世界遗产地。

2018 年 2 月底，一名僧伽罗人在康提地区被四名穆斯林袭击，于 3 月

3 日医治无效身亡。随后，康提及附近地区发生多起暴力冲突事件。斯里兰卡政府于 3 月 6 日宣布，由于部分地区发生暴力事件，全国进入紧急状态，这是自 2009 年斯里兰卡结束内战后首次进入全国紧急状态。截至 3 月 18 日，康提及附近地区暴力事件导致 3 人死亡、400 余间民居和商铺受损，并有清真寺遭到破坏。超过 280 人因涉嫌参与暴力事件或在社交媒体上传播仇恨言论而被捕。同日，斯里兰卡总统西里塞纳宣布解除全国紧急状态。

（三）代希瓦勒—芒特拉维尼亚

代希瓦勒—芒特拉维尼亚是斯里兰卡西南部的一座港口城市，是斯里兰卡第二大自治市，占地 2109 公顷。位于首都科伦坡南部，濒临印度洋。原为科伦坡郊外住宅区，包括代希瓦勒、芒特拉维尼亚和加尔基沙等区。后为方便行政管理而划为一座城市。芒特拉维尼亚为著名的海滨疗养地，著名的斯里兰卡国家动物园就位于代希瓦勒。

二　经济发展现状概览

（一）科特

据《斯里兰卡首都城市发展计划》，在科特所在的首都城市规划区中，有 79% 的人口从事经济活动。然而，有 47% 的人口其经济行为并不活跃。就业部门类别表显示了有关该地区的人口经济状况信息。根据人口普查和统计数据，政府部门雇用的人口数量为 40202 人，半政府部门雇用的人口数量为 11421 人，私营部门雇用的人口数量为 146259 人，雇主雇用的人口数量为 10910 人，自有账户工人数量为 57167 人，以及无薪家庭工人数量为 7432 人。

表Ⅱ-2-8　　　　　　　　首都区经济活跃情况　　　　　　　　（人）

地区	总计	就业	非就业	经济不活跃
卡杜韦拉	198846	101044	4820	92982
马哈拉贾马	158959	81641	3573	73745
科特	88124	45778	2191	40155

地区	总计	就业	非就业	经济不活跃
科蒂卡瓦塔	96869	46592	2586	47691
首都区总计	542798	275055	13170	254573

资料来源：The Urban Development Authority，Development Plans 2021－2030，https://www.uda.gov.lk/development-plans.html.

表Ⅱ-2-9　　　　　　　　首都区分部门就业情况　　　　　　　（人）

地区	就业人数	政府部门	半政府部门	私营部门	雇主雇用	自有账户工人	无薪家庭
卡杜韦拉	101044	15223	4003	54127	3952	21086	2680
马哈拉贾马	81641	12514	4020	42690	3019	17174	2224
科特	45778	6342	1875	26296	2347	7906	1012
科蒂卡瓦塔	444928	6123	1523	23146	1619	11001	1516
首都区总计	273391	40202	11421	146259	10910	57167	7432

资料来源：The Urban Development Authority（uda.gov.lk），Development Plans 2021－2030，https://www.uda.gov.lk/development-plans.html.

（二）康提

2015 年，康提所在的中部省对斯里兰卡全国的生产总值贡献率为 10.3%，在所有省份中排名第四。农业部门对国民经济的贡献率为 13.8%，工业部门为 7.9%，服务部门为 11%。预计，康提地区对 GDP 的贡献率将由农业部门提供 5.5%，工业部门提供 22.8%，服务部门提供 71.6%。

斯里兰卡从事经济活动的人口占比为 51.6%，在康提地区占比为 47.4%。该地区的就业率约为 92.7%，而失业率则相应约为 7.3%。因此，在康提市辖区内，经济活跃人口占总人口的 46.9%，扣除失业人数外，净经济活跃人口占总人口的 43.9%。

康提市的主要收入来自服务业，它以旅游业为基础。然而，目前康提市的旅游资源尚未完全开发，这是其面临的主要问题。康提市现有 334 个酒店，提供约 18510 个房间。在 2011 年至 2016 年期间，斯里兰卡古城游客的夜间住宿增加了 71.7%，增长率为 3.76%。假设平均每晚住宿率将以每年 0.75% 的速度增长，那么到 2030 年，它将以 10.53% 的速度增长。但是，目前该市至少缺少 850 个酒店房间。此外，到 2030 年，与旅游业相关的就业机会将超过 15000 个。

（三）代希瓦勒—芒特拉维尼亚

近年来，代希瓦勒—芒特拉维尼亚的工业迅速发展；商业活动也广泛兴起，包括为游客服务的餐馆和酒店等。在南部的拉特马拉纳/阿蒂迪亚（Ratmalana/Attidiya）也发展了许多大型工业。

包括大科伦坡地区在内的西部省份贡献了斯里兰卡全国 GDP 的 42% 至 44%，服务业占全省 GDP 的 60% 至 65%（全国平均水平为 56.8%），工业部门占全省 GDP 的比例仅为 30% 至 35%（全国平均水平为 32.5%）。

表 II-2-10　　　　　　　　西部省份部门 GDP　　　　　　（现价百万卢比；%）

部门	2010		2011		2012		2013	
农业	75942	3.0	92191	3.2	93187	2.9	91965	2.5
工业	802790	31.9	966704	33.4	1135586	35.0	1280355	35.1
服务业	1634176	65.0	1835532	63.4	2015081	62.1	2270921	62.3
GDP	2512908	100	2894428	100	3243854	100	3643241	100
GDP 占全国的比重（%）	44.8		44.2		42.8		42.0	

资料来源：CBSL Annual Report 2014, https://www.cbsl.gov.lk/en/publications/economic-and-financial-reports/annual-reports/annual-report-2014.

代希瓦勒—芒特拉维尼亚是斯里兰卡十分受欢迎的旅游胜地之一，拥有美丽的长滩，两岸遍布着许多餐馆、酒店以及动物园，还有很多公寓供国内外游客使用。

三　发展战略与区域影响

（一）科特

根据《斯里兰卡首都城市发展计划》，科特需要建立具有其自身特色，充满活力的空间，拥有社区设施和高效的城市系统，可持续和包容性的城市愿景、目标和战略。该发展计划提供了详细的框架，以指导开发机构、投资者、州和私人组织以及该计划在"首都城市地区"所确定区域内的个人进行的未来物理发展空间。

斯里兰卡西部地区被认为是斯里兰卡人口最多、经济活跃和发展最快的地区。拟议中的《2050 年国家空间规划》（下文简称"2050 规划"）修订案设想，该岛的主要城市群将向东北方向扩展，以利用正在进行的运输—通信基础设施发展项目。"2050 规划"确定了一个由 14 个地方政府部门组成的"科伦坡都会区"，预计到 2030 年，该地区人口将达到 350 万人。

根据"2050 规划"，大都市与西部开发部长在其职权范围内，通过 2017 年第 2049/11 号特别宪报公告宣布科伦坡大都市区，并且城市发展局已制定了一个结构规划区域。"2050 规划"还结合《2015 年科伦坡大都市计划》中提出的建议，计划为整个西部省份构建广阔的空间。

首都发展愿景通过整体分析来制定计划，首先致力于发展首都感，同时解决其他已确定的问题，并进一步发展该地区的潜力。整体分析基于六项设计原则、三个具体目标进行。

"2050 规划"对将来十年制订了计划，并将愿景拓展到未来 20—30 年。在"2050 规划"中，首都城市规划区域覆盖了约 16500 公顷的土地，包含已经被用于各种功能开发的地区。为了通过概念和空间战略实现既定目标，"2050 规划"提出了八个主题，涉及八个具体的领域：（1）交通改善；（2）湿地管理；（3）基础设施建设；（4）经济复兴；（5）居民点分布；（6）行政职能；（7）城市设计和实施；（8）详细的行动项目。

自 19 世纪以来，科特城市边界逐步扩大和行政地位日益加强。目前，首都区的主要城镇包括马哈拉贾马、卡杜韦拉、马拉比和科蒂卡瓦塔等。

1. 马哈拉贾马

行政首都附近的商业中心加强了区域联系，并成为科伦坡以外通勤者的主要中转站。在斯里兰卡行政首府内，马哈拉贾马市议会的某些地区为许多国家层面的活动做出了重要贡献。马哈拉贾马及其周边地区拥有诸多国家级的健康和教育机构：1951 年成立了牙科护士培训学校，1956 年成立了癌症医院，1967 年建立了阿育吠陀研究所，1968 年建立了国家青年中心，1968 年建立了帕穆努瓦市场，1984 年成立了斯里贾亚瓦德纳普拉医院，1985 年成立了国立教育学院，1978 年建立了斯里贾亚瓦德纳普拉大学，1980 年扩建了帕穆努瓦市场。此外，马哈拉贾马市的集中式道路网络促进了分区和区域协调：穿过马哈拉贾马市区的高等级公路连接了科伦坡大区、萨巴拉加穆瓦省、乌瓦省和其他主要城市；从科伦坡到阿维萨韦拉的凯拉尼山谷铁路线穿过马哈拉贾马和其他主要市区，例如位于科特周围的科塔瓦和努格古达（Nugegoda）。

2. 卡杜韦拉

卡杜韦拉被认为是女神帕蒂尼的故乡。历史表明，在1797年反对荷兰人的革命期间，僧伽罗人实施了土方工程，并在这里建立了堡垒。后来，该地区被英国统治者占领，并在地区和国家职能方面取得重要地位。

科伦坡大都会区的发展，促进了卡杜韦拉在该地区的主要公路网络（如阿维萨韦拉低层公路和新康提公路）的发展。最重要的是，大多数重要的政府机构，如国土部、教育部、考试部、国家水管理机构、中央环境局和住房规划中心等均位于卡杜韦拉。

3. 马拉比

马拉比的城市发展证实了通过计划干预可以取得良好成效。一方面，为了提供信息技术和高等教育的人才需求，国家体育总局和城市发展局参与通过提供基础设施，冻结土地，对这些活动进行土地利用调节进而取得了令人瞩目的成功。另一方面，诸如诗力特、地平线、加拿大西来教育集团和其他与IT相关的公司之类的大学在马拉比建立了牢固的联系。此外，在当地和区域范围内连接城市的新康提路、拉贾吉里亚—波普路、卡杜韦拉、科佩蒂—卡杜韦拉路和马哈拉加玛—马拉贝路，极大地促进了该地区的发展。

4. 科蒂卡瓦塔

科蒂卡瓦塔—穆列里亚瓦公路通过沿该地区铺设的道路与科伦坡—康提公路和基线公路相连，科伦坡—安帕拉（A级）公路也穿过该区域，使得科蒂卡瓦塔—穆列里亚瓦地区不断兴盛，繁荣发展。此外，国家精神卫生研究所、国家传染病研究所，以及历史悠久且享有盛名的凯拉尼亚寺等，进一步加大了该地区的重要性。

（二）康提

康提市政委员会区域位于斯里兰卡中部省的康提地区，占地面积为26.45平方千米（2645公顷）。康提市辖区距科伦坡市大约120千米，是斯里兰卡第二大城市。

《2019—2030康提城镇发展规划》的编制是在调查并研究了十个分区的情况下完成的，其中包括以下地区：图坦帕、波加皮蒂亚、阿库拉纳、帕萨图巴巴拉、昆达萨莱、甘瓦塔塔科拉莱、哈里施帕图瓦瓦、亚提努瓦拉、乌杜努瓦拉和帕萨维哈瓦塔塔，面积总计为608平方千米。该地区与13个地方当局的地区合并在一起，包括一个市政当局、两个市政委员会等。①

根据国家区域规划部门拟议中的"2050规划"，康提被确定为中央环境敏感区。"2050规划"强调，康提市及其周边地区是一个高密度的城市化地区，在该发展计划中被确定为地区首府。"2050规划"预计康提市及其周边地区的人口将被限制在50万人以内。

通过UDA实施的《2002—2016年康提发展计划》，制订了开发控制机制、战略分区计划，以促进康提发展并在一定程度上对其加以控制。该发展计划特别注意保护考古遗址、自然环境和控制高层建筑等。

为缓解城市拥堵而在2008年至2020年期间规划的覆盖面积达273平方千米的《大康提发展计划》，旨在将康提市发展为世界遗产城市。由于行政活动中心、教育中心、医院、辛哈军团总部、邦加巴拉监狱、城市设施（如邦加巴拉外部巴士站等）已经在城市内驻扎，《大康提发展计划》建议将城市发展转移到子城镇以外的范围，还提议将昆达萨莱、迪加纳、卡图加索塔、佩拉德尼亚和埃里亚加马等镇作为以康提市为中心的子镇。②

《2019—2030康提城镇发展规划》的发展愿景是将康提市建设成为一座荣耀的"山巅之城"，并提出了四项发展目标：（1）增强"康提遗产形象"，保护城市的独特性；（2）通过自然人为环境之间的和谐创造"翡翠环境"；（3）增强有效的城市服务，为居民和城市用户提供"舒适的生活"；（4）利用现有资源使这座城市成为"自给自足的经济"城市。

---

① Central Provincial Office, Urban Development Authority, Kandy Town Development Plan 2019-2030, https://www.uda.gov.lk/attachments/devplan_detailed/Development%20Plans%202019-2030/Kandy/English.pdf.

② Central Provincial Office, Urban Development Authority, Kandy Town Development Plan 2019-2030, https://www.uda.gov.lk/attachments/devplan_detailed/Development%20Plans%202019-2030/Kandy/English.pdf.

这四项发展目标到 2030 年的分解目标分别为：目标一：（1）保护遗产城市中 100% 的遗产建筑；（2）将卡图加斯托塔（Katugasthota）提升为经济中心，同时阻止传统城市的整体销售；（3）康提镇的文化遗产和历史城镇中心的文化地理景观将在 2030 年恢复古迹城区，同时成为康提文化活动和恢复历史城镇景观的场所。目标二：（1）市政区域现有的绿色覆盖率将从 35%提高到 50%；（2）将开发活动限制在从佩拉德尼亚（Peradeniya）到卡图加斯托塔已确定的走廊上；（3）在保护康提镇内城镇风光的同时，保护上限山脉；（4）在康提镇重新建立 100% 的水源保护；（5）将现有废水项目扩展到佩拉德尼亚和卡图加斯托塔的特定城市中心和发展走廊。目标三：（1）在加坦贝（Gatambe）、卡图加斯托塔和桑内昆布拉（Thannekumbura）地区建立多式联运终点站和集群停车场；（2）改善佩拉德尼亚和卡图加斯托塔卫星城市之间的基础设施，以改善公共交通设施；（3）将佩拉德尼亚地区发展为一个具有高等教育、卫生与研究相关城镇的专业城镇；（4）将 130 公顷土地分配给公共和娱乐场所；（5）将 80 英亩的土地升级并转换为新的住宅区，其所有设施目前都被服务不足的住区所占用。目标四：（1）在传统城市地区建立一个设施中心作为催化剂，以在 2030 年之前促进中小型家庭手工业发展；（2）为康提城区建设提供必要的设施，并为游客提供一种机制，以将其必要设施的使用率提高 80%；（3）将 46 公顷未充分利用的土地用于发展活动。[①]

（三）代希瓦勒—芒特拉维尼亚

2012 年，西部地区的住房比例为全国住房总量的 28.1%。西部地区 1981 年至 2001 年的住房存量增长百分比为 71%，其中科伦坡和甘帕哈地区分别增加了 20 万和 21 万套住房。在 2001 年至 2012 年的普查期内，西部地区住房的总增长量为 25%，甘帕哈和卡卢塔拉地区的住房数量和占比分别为 122827 套、25.8% 和 56587 套、23%。科伦坡大区的增长率仅为 19%。2012 年的住房数量为 146 万套，相比 2001 年至 2012 年的住房存量增加了 22.5%。但是，2012 年，西部大都市地区住房短缺了 15 万套。

根据 UDA 的调查，西部省包括科伦坡市在内共有 66000—75000 个贫

---

① Central Provincial Office, Urban Development Authority, Kandy Town Development Plan 2019-2030, https://www. uda. gov. lk/attachments/devplan_detailed/Development%20Plans%202019-2030/Kandy/English. pdf.

民窟和棚户区家庭，约占科伦坡总人口的50%。值得注意的是，在科伦坡大区内，在近1000英亩土地上集聚的贫民区和棚户区数量高达1500个。在代希瓦勒—芒特拉维尼亚、科特、科隆纳瓦、瓦塔拉、马哈拉贾马、霍马格默、卡卢塔拉、莫拉图瓦等地区，大约有12137个家庭居住在服务不佳的居所里。

《2030西部地区总体规划》提出，住房是社会基础设施发展（住房、健康和教育）十分重要的领域之一，与该地区的经济和社会发展息息相关。在过去的几十年中，对住房的公共投资不足使得私人开发商能够更多地参与住房建设，尤其是在科伦坡及其周围地区。

住房开发不良和不受监管构成了重大的公共卫生挑战。尽管更加分散的发展模式将减少农村城市人口的迁移，但在周边城市中心以更有计划的方式发展住房有助于避免在不久的将来该地区的计划外住房发展。

住房的性质和需求因社会阶层而异。一方面，高收入人群对豪华公寓等市场住房需求旺盛，而贫困和边缘化群体则无法在公开市场上获得土地和住房。为了满足社会最底层群体对住房的需求，发展社会住房至关重要，这对于避免各地特别是城市中心地区大范围建造棚户区和居民流离失所具有重要意义。另一方面，由于西部地区土地稀缺，必须考虑在农村和城市地区建造多层住房，进而提供尽可能多的住房。

对于低收入和边缘化群体，虽然无法避免拆除未经批准的公共土地上的建筑和保留地，但流离失所者必须被安置在该地区精心计划的综合居住区中。

作为大都市发展计划的一部分，在周边地区创造收入和其他机会，有望在未来促进城乡之间更健康的人口分配，从而减轻该地区已经拥挤的地区人口压力。

由于移民问题，大都市的住房需求预计将增加，除非采取迅速行动，否则到2030年，赤字将达到100万卢比。对于西部地区的流离失所者，相关部门将根据内阁批准的《2001年国家非自愿安置政策》进行安置。

第三章　僧伽罗族及其佛教文化

僧伽罗族（Sinhala）是当今斯里兰卡的主体民族，约占其全国人口73%以上，主要分布在斯里兰卡北方省和东方省以外的大部分省份和地区。

古代僧伽罗人全民信仰佛教，佛教文化是这个民族在两千多年的社会历史发展进程中形成的独具特色的文化传统，僧伽罗民族、语言和佛教构成了一个不可分割的整体。佛教文化对僧伽罗人的社会生活、文学艺术、语言文字和文化教育等各方面均产生了深远的影响。此外，僧伽罗佛教对南亚、东南亚以及中国云南傣族地区的巴利文佛教文化圈的形成和发展也发挥了主导作用；与此同时，作为佛教文化交流的中心和中转站，对海上丝绸之路大乘和密乘佛教典籍以及佛教艺术的译介和传播也起到了推波助澜的作用。因此，古往今来，僧伽罗佛教与中国佛教之间的文化交流一直保持着良好势态，为世界佛教文化共同体的形成和发展树立了光辉典范。

历史上，"僧伽罗"不仅指一个种族，同时也作为一个国家的称谓被广泛使用。中文称谓"僧伽罗国"始见于玄奘《大唐西域记》①，它是巴利文"狮子州"（Sīhe Dīpa）和梵文"狮子岛"（Sinhe Dvīpa）的音译，作为规范译名沿用至今。其实，这一称谓最早的中文音译应是《汉书》中的"已程不"，东汉时期史书中的"叶调"和三国时期的"斯调"也应是该国名的音译异读。② 到了东晋时期，驻该岛两年之久的法显法师在其

---

① 玄奘、辩机：《大唐西域记校注》卷第十一"僧伽罗国"，季羡林等校注，中华书局1985年版，第865—866页。

② 许道勋、赵克尧、范邦瑾：《汉唐时期中国与师子国的关系》，《复旦学报》（社会科学版）1980年第6期。

《佛国记》中首先采用了"师子国"这一意译称谓。① 唐代玄奘《大唐西域记》和义净《大唐西域求法高僧传》还分别有"僧伽罗""执师子国"和"僧诃罗""师子州"的称谓。元代以后的史书文献称之为"细兰"或"锡兰山"等。锡兰（Ceylon）一名是由 Sinhala 一词的阿拉伯语和葡萄牙语的读音转化而成的。

第一节 僧伽罗族源传说

一 文献记载

关于僧伽罗人的起源问题，4—6 世纪成书的斯里兰卡巴利文史书《岛史》和《大史》记述了前 6 世纪印度维杰耶王子移民楞伽岛建国的传说故事，《善见律毗婆沙》《大譬喻经》等佛经义释作品及佛本生故事集里也有部分描述。此外，东晋高僧法显的《佛国记》和唐代高僧玄奘的《大唐西域记》也记载了僧伽罗人和僧伽罗国起源的各类传说。

（一）《岛史》和《大史》记载的传说

巴利文史书《岛史》和盖格博士翻译的《大史》均以古印度羯陵伽国公主与雄狮孕育的后代僧诃巴忽弑杀狮父被流放他乡建国的故事为开端，描述了僧诃巴忽兄妹所孕育的后代维杰耶王子及其七百随从登陆楞伽岛建立僧伽罗国的传说。4—5 世纪成书的《岛史》第九章所描述的这段传说故事较为简略，其中僧诃巴忽杀父、楞伽岛罗刹女王古维尼与维杰耶王子的故事，以及维杰耶王子从南印度秣菟罗国迎娶般底耶国公主等故事均未提及。约 6 世纪成书的《大史》的盖格译本则以两章的篇幅详细描述了这一传说故事。②《大史》作者还明确记述维杰耶及其随从是在佛陀涅槃之日登上楞伽岛的，其中特别提及此时佛祖在诸天面前嘱托守护在身边的众神之王帝释天保护即日到达楞伽岛的僧诃巴忽王之子维杰耶及其随从，保护楞伽岛，并记载了佛法将根植光大于楞伽岛的佛祖预言。

（二）《大唐西域记》的记载

7 世纪成书的玄奘《大唐西域记》也载有两则僧伽罗建国的传说。其

---

① 法显：《佛国记校注》四"师子国记游"，章巽校注，上海古籍出版社 1985 年版，第 148 页。
② 《大史》第 6、7 章。

中《宝渚传说》与上述史书所描述的故事大致相仿，似源于同一文献，但更具南印度的传说色彩，故事里既未提及狮子后代的名字，也未讲述狮子后代兄妹生育的维杰耶王子的故事。但该书在《僧伽罗传说》中则描述了大商人僧伽罗率 500 商人在海上采宝时遭遇风浪，漂到楞伽岛后被岛上 500 罗刹女关入铁城，大商人僧伽罗以智脱险，只身返回故地后被众人推举为王，又亲领兵马，重返宝岛营救困在铁城内的众弟兄，后广招各地百姓迁居海岛，以僧伽罗为名建国的一段生动而精彩的故事，最后还特别表明"僧伽罗者，则释迦如来本生之事也"①。

（三）佛本生和譬喻经等故事传说

僧伽罗人起源及建国传说最初是散见于佛本生故事和佛经义注作品之中的。古印度羯陵伽国公主路遇雄狮而孕育后代的传说出自善生本生故事（Padakusalamānava Jātaka）；《大史》描述的罗刹女王古维尼的故事则取自神马本生故事（Walahassa Jātaka），这是一则专门讲述楞伽岛罗刹女的故事，而营救了僧伽罗商人及其 700 随从的那匹神骏则是佛祖转世的菩萨化身。另有天法本生故事（Devadhamma Jātaka）记述了菩萨化身的大商人如何将被罗刹女关入大池中的随从们营救出来的故事。由此可见，《大唐西域记》所描述的流行于南印度的宝渚传说同样出自上述佛本生和譬喻经故事。《岛史》中僧伽罗人的传说故事之所以过于简略，也是由于该书比一些佛本生故事和大譬喻经等佛经义注作品成书更早的缘故。而《大史》作为集大成者，除了采用《大史注疏》（Mahāwansa Atthakathā）和《根本注疏》（Mūlattha kathā）故事情节外，还汇集了其他佛经注释和佛本生故事，依照《岛史》突出维杰耶王子登陆建国的事件，最终形成了一个较为完整的有关僧伽罗的传说故事。

（四）《佛国记》记载的建国传说

除了《岛史》之外，法显《佛国记》的问世略早于上述各类文献，所载传说质朴无华，倒显示出几分独特的价值：

> 其国本无人民，正有鬼神及恶龙居之。诸国商人共市易，市易时

---

① 玄奘、辩机：《大唐西域记校注》卷第十一"僧伽罗国"，季羡林等校注，中华书局 1985 年版，第 868—875 页。

鬼神不自现身，但出宝物，题其价直，商人则依价直取物。因商人来、往、住故，诸国人闻其土乐，悉亦复来，于是遂成大国。[①]

这段描述显然比上述一些文献里的僧伽罗人或僧伽罗国的起源和建立的传说故事更实际地反映了僧伽罗人在该岛起源和形成的主因。

二　历史与考古学观点

（一）维杰耶王子的故居

现代历史和考古学家根据《大史》等文献的描述和碑文文字特征，一般认为最早的僧伽罗人来自印度西部。随后不久，印度东部海岸的一些商人也陆续前来从事海上贸易。维杰耶王子的故乡在靠近古印度西部海岸，因杀父被流放的狮子后代在古罗勒国一带建立的僧诃补罗国（狮子城）是在古印度西部海岸一带，古罗勒国被历史学家认定位于今古吉拉特一带。维杰耶一行登陆楞伽岛也是从印度西海岸苏帕洛卡港起航的，说明维杰耶王子的故乡僧诃补罗在西印度。[②]《大唐西域记》里记载的僧诃补罗就在西部，距离呾叉始罗国 700 余里。

一些历史和考古学专家从岛上发现的早期婆罗米石刻铭文文字特征分析认为，尽管一些文字符号的含义至今仍未解读出来，但这些文字符号与印度河流域文明社会的文字符号相同。[③] 因此他们认为，僧伽罗人祖先在史前社会里生活在印度河流域。根据摩亨佐达罗遗址发现的印章中的弑狮图案印章，历史学家认为，僧伽罗人的祖先弑杀狮子的传说就是依据这一文明流传下来的。[④]

《大史》所描述的与雄狮相遇的公主是古羯陵伽国国王迎娶的古梵伽国公主所生，两个古国位于古印度东海岸孟加拉湾一带，因此维杰耶王子的祖辈与东印度族群也具有血缘关系。

---

① 法显：《法显传校注》四"师子国记游"，章巽校注，上海古籍出版社 1985 年版，第 148 页。

② 《大学锡兰历史》（僧伽罗文版）第 1 卷《僧伽罗人》，斯里兰卡智严大学出版社 2015 年版，第 94 页。

③ 《大学锡兰历史》（僧伽罗文版）第 1 卷《僧伽罗人》，斯里兰卡智严大学出版社 2015 年版，第 94 页。

④ 《大学锡兰历史》（僧伽罗文版）第 1 卷《僧伽罗人》，斯里兰卡智严大学出版社 2015 年版，第 94 页。

由于楞伽岛位置的独特性以及岛上西北沿海一带的天然珍珠和东南沿海一带的天然宝石吸引了商人,正如法显《佛国记》所描述的那样,自古以来往来于海上贸易的商人络绎不绝,他们把这里作为冒险乐园,多次前来竞争珠宝香料贸易。起初的商队大多是从印度西部和东部海岸前来从事海上贸易的,之后东南亚一带沿海民族也接踵而来。他们在各地海岸线上建立起港口贸易集散地,并逐渐在这里定居下来繁衍后代,进而成为岛上僧伽罗族群的重要组成部分。

(二) 僧伽罗族原始居民和罗婆那王的传说

法显《佛国记》关于师子国族源说中记述了“其国本无人民,正有鬼神及恶龙居之”的传说,并称“市易时鬼神不自现身,但出宝物,题其价直,商人则依价直取物”。这种隐晦的表达说明,这些不自现身但出价宝物的并非鬼神。

盖格博士翻译的巴利文史书《大史》在开篇记述佛陀三次前往楞伽岛宣教时也提到佛祖教化岛上夜叉族和龙族以及天神摩诃苏曼那供养佛发舍利的传说。该书第七章还以较长的篇幅描述了正在树下纺织的夜叉女和维杰耶王子的故事。这些都表明传说中的鬼神及恶龙应是岛上的原始居民。

实际上,一些历史考古学家和僧俗学者认为,在维杰耶王子及其700随从渡海登陆之前,这个岛国确实居住着名为亚瑟 (夜叉)、纳格 (龙)和黛沃 (神) 的几大族群。亚瑟部族主要从事农业生产,纳格部族主要经营海上贸易,黛沃部族则主要主持祭祀和供养仪式。他们不但具有各自的社会信仰和经济生活,而且具有相当程度的礼仪文明和生产实践。他们是僧伽罗族的重要组成部分,其中较为流行的就是夜叉王罗婆那民间传说。这个在印度史诗《罗摩耶那》里记载的兰卡岛上的十首王罗婆那早在前5世纪就有建国的记载,它的疆域甚至包括南印度部分地区。

(三) 僧伽罗人建国史学观

依照巴利文编年史书《岛史》和《大史》的记载,僧伽罗国为前6世纪前来岛上殖民的维杰耶王子及其700随从所建。但从历史演变过程来看,各个时期的移民和岛上原族群之间的民族融合和僧伽罗国的确立却经历了几个世纪的漫长岁月。历史学家一般认为,僧伽罗王朝世系中的般荼伽婆耶王 (前437—前367年) 时期初建阿努拉德普勒城和不同族群居住区和庙堂祭祀区一直到杜多伽摩尼王（前 161—前 137 年）推翻异族统治、恢复僧伽罗王朝、推行新政的 300 年间是僧伽罗民族的形成和建立僧伽罗国的重要时期，而这一时期里的划时代重大事件就是前 3 世纪的天爱帝须王（前 250—前 210 年）在位期间，佛教的正式传入这一事件成为这个岛上的僧伽罗民族和国家形成与发展的重要标志和强大动力。

第二节　佛教与僧伽罗王朝世系

《大史》这部僧伽罗王朝世系史书可以说是一部以历代僧伽罗国王护持佛教，供养僧团，建造寺塔、兴修水利，造福民众为主要内容的僧伽罗佛教史，这是由于这部史书的撰写出自受到良好教育的大寺僧人之手，同时也说明了僧伽罗王朝与僧伽罗佛教之间的密切关系。

在天爱帝须王率先信奉印度恒河流域孔雀王朝阿育王时期传播的佛教后，印度东部海岸与兰卡岛的贸易往来和文化交流达到历史最高水平。史实表明，兰卡岛是阿育王时期佛教的国际性传播中最为成功的国家，佛教在历史上第三次结集之后阿育王之子摩哂陀长老和阿育王之女僧伽弥多长老尼陆续被派到这里弘扬正法，建立僧伽罗本族比丘和比丘尼僧团已足以证实这一点。传教使团在传教过程中不仅宣讲佛教伦理学说，而且带来了先进的佛教文化和精湛的佛教艺术。社会由此出现了前所未有的文明，僧伽罗民族认同感和凝聚力空前高涨。

天爱帝须王皈依佛教后尊佛教为国教，将大寺等佛教寺院和僧团规划在王宫和皇家园林内，邀请摩哂陀长老讲经。王臣阿利陀以及王族率先出家，建立僧伽罗僧团，全国数以万计民众纷纷效仿，出家为僧。不久僧伽弥多长老尼又率领庞大的弘法使团，携圣菩提树苗栽种在大寺内，并建立了僧伽罗比丘尼僧团。佛法从此根植于岛上，初步形成了王权与佛法相统一的政教合一局面。

杜多伽摩尼王时期是僧伽罗佛教发扬光大的重要时期，国王在王宫旁建造遐迩闻名的大型舍利塔，邀请各国佛教使团前来出席奠基仪式，显现出当时僧伽罗佛教的盛况。同时为满足广大信众听经的需求，在全国各地乡村大建佛寺，供养僧团。僧伽罗佛教文明逐渐在全岛范围内得以广泛传播。

伐多伽摩尼王复位之后是僧伽罗佛教出现变革的一个重要时期，重掌大权的国王在王城北建造无畏山寺，供养在避难时期帮助过他的大寺摩诃蒂萨长老，此举导致了僧伽罗僧团的分裂，由此产生了不同思想和学术观点的两大派别对垒的局面。大寺固守传统，无畏山寺主张革新，顺应社会发展，倡导佛教新潮流，学术上大小乘兼修。由此出现的这一分裂局面实际上对这个岛国社会文化和文学艺术、教育医疗等领域的进步和发展起到了很大的促进作用。

这一时期，僧伽罗佛教的另一重大事件就是500比丘将长期以来口口相传的巴利三藏经结集成册，留存后世，史称上座部佛教第四次结集。这是僧伽罗佛教对世界佛教文化所做出的伟大贡献。至此，僧伽罗僧团在巴利语佛教的传播和发展中的正统和权威性得以确立。

在沃哈里格蒂萨王（214—236年）和伐多伽摩尼王时期，无畏山寺僧众接受南印度传播的大乘方广思想，被两位国王禁止，南印度方广僧人也被驱逐出境。后又导致摩诃塞那王时期（276—303年）的国王下令毁大寺，驱寺僧，袒护传播大乘思想的无畏山寺僧众，并建祇园寺供养从无畏山寺分离出来的大小乘兼修的僧众，僧伽罗佛教从此出现三大派弘法的局面。

在希里梅卡梵那王时期（303—331年），在国王护持下各派僧团均有所发展。其中无畏山寺尤显突出。无畏山寺僧众在印度菩提伽耶佛陀成道处建摩诃菩提僧伽蓝（大觉寺），弘扬大乘上座部佛法，说明这一时期无畏山寺已成为一个国际性的宗教学派，佛教传播和交流活动日益频繁。[①]其间国王引进的圣菩提树种被栽种在无畏山寺内，珍藏在印度羯陵伽国800年的佛牙舍利也被护送到兰卡岛交付国王和无畏山寺僧团供养。日后神圣的佛牙舍利便成为历代僧伽罗国王的王权象征和镇国之宝。

在摩诃那牟王时期（410—432年），海上交通已经开始畅通。随着海上贸易的频繁往来，海路佛教文化交流也出现蓬勃之势。东晋高僧法显就是在摩诃那牟王在位初年渡海到师子国求法取经的。从法显《佛国记》中可以看出这一时期僧伽罗佛教的盛况。当时，全国数万僧人中仅都城无

---

① 玄奘、辩机：《大唐西域记校注》卷八"摩揭陀国"（上），季羡林等校注，中华书局1985年版，第868—875页。

畏山寺就有 5000 僧众，实力最强，这种情形在《大史》中从未提及。在摩诃那牟王时期，觉音注疏翻译大师从南印度前来都城，在大寺作《清净道论》取得大寺僧众的信赖后，便将早先的大部分巴利文三藏的僧伽罗注疏转译成巴利文，至此僧伽罗佛教传统得以巩固和加强。

在摩诺伐摩王（684—718 年）到阿伽菩提六世（733—772 年）统治期间，僧伽罗佛教出现大乘密教的兴盛局面，和南印度一道成为大乘密教的中心地。这也是僧伽罗王朝与南印度帕拉瓦王朝建立密切关系的时期。其间，金刚智和不空金刚等大乘密教大师都与僧伽罗王朝和僧团频繁往来。

在僧伽罗王朝都城东迁之后的帕拉克罗摩巴忽一世时期（1153—1186 年），僧伽罗佛教发生了一系列重大改革。其中最重大的改革就是国王责令重组僧团，三派归一，恢复大寺的正统地位。这一政令对僧伽罗佛教在日后巴利语佛教传播过程中权威地位的确立产生了重要影响，此后古代东南亚各国均以僧伽罗佛教巴利三藏和注疏、《岛史》《大史》等史书以及大寺法统仪轨为传播上座部佛教和建立僧团的标准。

第三节　佛教与僧伽罗文学

僧伽罗佛教文学在巴利文和梵文原创作品方面成绩显著，尤其是巴利文文学作品，以大寺僧团为代表的巴利文史书和巴利文三藏义注文学作品相继问世，成为世界著名的巴利文著作的主要创作基地。后期以无畏山寺僧团为代表的梵文研究在社会上形成热潮，梵文佛学、文学、医学、星相学和建筑学等原创作品不断涌现，这一文学创作传统对僧伽罗语言文字和散韵文文学作品创作的产生和发展都起到了很大的促进作用。

一　僧伽罗婆罗米文字

按僧伽罗语文字的发展进程，一般将僧伽罗语分为四期：

俗语方言时期：前 4—4 世纪。

古代时期：4—8 世纪。

中古时期：8—13 世纪。

近代时期：13 世纪至现在。

最早的僧伽罗文字被称为婆罗米文字，属于第一时期的文字。这种文字是由早期移民带到这个岛上来的书写文字，岛上石刻婆罗米文字的出现可以追溯到前 5 世纪亚瑟和纳格人供养佛陀的岩洞石刻，甚至更早。

从所发现的早期婆罗米文字特征来看，僧伽罗的婆罗米文字与阿育王石刻铭文上的婆罗米文字有差别。例如，阿育王碑铭上的"国王"（Rāja）一词使用非送气音，而僧伽罗早期碑刻使用送气音 Rajha，说明它们并非同源。僧伽罗的婆罗米文字与南印度及印度西部地区的婆罗米文字基本相同，被认为与前 3 世纪岛上密兴多列、维瑟吉里等地的石洞铭文和南印度般底耶国的秣菟罗和町那威利等地的石洞铭文的文字特征极为相似，同出一源，并且早于阿育王碑铭的婆罗米文字，是阿育王时期佛教传入之前业已存在的文字。[①] 佛教传入之后，僧伽罗婆罗米文字掺入了印度中部和东部的成分，而后发展成为书写巴利三藏僧伽罗注疏的标准文字。

二　僧伽罗注疏文学

尽管石刻碑铭的僧伽罗婆罗米文字的出现有着悠久的历史，但在佛教正式传入之前未见形成一种文学形式。文学作品是随着佛教根植本土后而逐渐产生和发展的。

前 3 世纪摩哂陀长老一行在岛上讲经说法期间，出现了一批对深奥的佛法教义解词释义的通俗僧伽罗义注作品，一直到 2 世纪末的数百年间传承不绝，注释的内容和形式也不断多样化。久而久之，形成了三大系列的一整套名为"僧伽罗注疏文学"佛教文学汇集，包括佛经和佛本生故事，王朝世系和民间传说故事等，描述生动，故事性强。为三藏经所作的通俗注释和演绎是其主要部分，大多数注解是为经藏和律藏所作，同时也有史书注解，现存的《岛史》和《大史》等著作就是根据岛史注和大史注等作品撰写而成的。因此，这些注疏文学不仅体现出其宗教价值，更表现出其历史和文学价值，是僧伽罗民族对佛教文学的产生和发展所作出的突出贡献。遗憾的是，在 5 世纪大寺僧众邀请觉音尊者将其翻译和整理成巴利文注疏之后，僧伽罗注疏文学作品便逐渐失传。觉音的经注里保存了僧伽罗注疏文学的基本内容，但有许多内容被做了修正和改动。觉音的《善吉

---

① 《僧伽罗文字的起源》，《锡兰教育》第 1 卷第 3 章，第 20 页。

祥光》（中部经注）、《破除疑障》（相应部经注）、《显扬心义》（增支部经注）及小部经部分经注开章便声明在翻译僧伽罗注疏时，在不逾越大寺僧众旨意的前提下做了增删、详略等修正。[①]

三 僧伽罗狮岩镜壁诗

5 世纪，达杜塞纳王（459—477 年）恢复了僧伽罗王朝统治，振兴农业水利和佛教文化，社会出现安定局面。但由于宫廷政变，宫妃所生的伽叶波王子在大将军米伽罗的唆使下杀父篡位，正宫所生、其兄长摩伽罗那王子逃亡印度。伽叶波王（477—495 年）统治期间，在距都城东南 50 千米外的 140 米高的狮子岩（Sigiriya）上建造宫殿，岩壁绘有仕女壁画，方圆几千米规模浩大的王城和御花园被城墙和护城河所环绕，甚为壮观。在位 18 年后，他被从印度反攻而来的兄长战败，自尽而亡。在此后几个世纪里，文人骚客和平民百姓等僧俗人士纷纷前来凭吊遗迹，触景生情，在这座被遗弃的行宫的狮岩镜壁上赋诗留言，抒发情怀。其中有 500 余首诗句被考古学家帕拉纳维达那拓印保存至今，成为僧伽罗文学史上的一曲绝唱。其中，在观赏仕女壁画之后留下的诗句不禁发问："仕女身着的纤柔透亮的胸衣莫非是中国丝绸"？这 500 余首镜壁诗既反映了当时僧伽罗社会的人文风貌，也为研究僧伽罗语言和文学提供了珍贵的资料。

四 古代僧伽罗散韵文代表作

除了狮岩镜壁诗以外，现存最早的僧伽罗韵文作品是 9 世纪塞纳一世王（826—846 年）的《国语庄严论》，现存最早的僧伽罗散文作品是 10 世纪伽叶波五世王（929—939 年）的《法句经注词释》以及大量详解佛经的注疏作品。

《国语庄严论》是仿照印度梵语诗学名著《诗镜》创作的一部僧伽罗诗韵学著作，但它并非开山之作。从该著作的叙述中可以看出，此前已经有关于僧伽罗诗韵格律和修辞类的著作问世，因而才能出现诗韵和修辞类的著作。

在《国语庄严论》一书中，有一些阐述僧伽罗散韵文文学创作规范

[①] 《僧伽罗注疏简析》，威玛尔·巴勒卡乐教授，见《明义》，第 38—39 页。

的重要偈颂，最著名的即"韵文应颂佛陀今世功德，散文须记佛陀本生事迹"。这一规范化的创作原则引领了僧伽罗文学潮流。此后的文学作品，包括史诗类的长篇作品均以此为楷模。中古时期的僧伽罗文学，除了15世纪科提王朝时期出现的以飞禽为使者抒发诗意的史诗"禽使诗"类的半世俗性文学作品外，大多数文学作品都沿袭了这一创作范式。因此可以说僧伽罗古代文学基本上就是佛教文学。

第四节　佛教与僧伽罗艺术

僧伽罗古代建筑和雕塑艺术著称于世，从前3世纪阿努拉德普勒古城的建筑规模及其周边水库引水工程一直到5世纪的狮岩故宫建筑布局及其引水技术都是当时居世界领先水平的工程，不由使人联想到印度河流域文明的传承。然而，更具传统特色的僧伽罗艺术还是佛教建筑及雕塑艺术。随着僧伽罗佛教文化的持续发展，阿努拉德普勒时期的佛教建筑和雕塑艺术也日臻完美。

一　僧伽罗佛塔艺术

僧伽罗佛塔建筑样式主要为谷堆形、水泡形、复钵形和钟形等。佛塔建筑历史悠久，佛陀在首次临岛宣教时建造的供养佛发舍利的莫西杨格那塔和前3世纪天爱帝须王时期建造的塔寺舍利塔等被称为最早的佛教建筑。更为著名的则是前2世纪杜多伽摩尼时期建造的大塔，这座水泡形的大型舍利塔堪称僧伽罗佛教建筑史上的丰碑，它经历代修缮保存至今，与后来的伐多伽摩尼王时期和摩诃塞纳王时期在都城无畏山寺和祇园寺建造的大型佛塔一起，被誉为僧伽罗大型佛塔建筑之最。

二　僧伽罗佛像艺术

史料记载的最早的佛像是前2世纪杜多伽摩尼王时期建造的大塔内珍藏的等身镀金佛像。还有1世纪瓦瑟波王（65—109年）时期在圣菩提树祭坛上建造的过去四佛的佛像。[1] 据此，一些学者认为世界最早的佛像应

---

① 《大史》第35—89偈颂。

是僧伽罗佛像。①

在 2—3 世纪，随着大乘佛教文化传播和影响的不断深入，僧伽罗社会出现了佛教大众化新思潮，在引导这一新潮流的无畏山寺僧众的倡导下，佛像雕塑艺术和供养佛像仪式开始在民间盛行。早期僧伽罗佛像雕塑主要是青石和铜金座、立式佛像。这一佛像雕塑艺术，尤其是立式佛像与案达罗王朝的阿玛拉沃蒂造像艺术相关联，通常是结跏趺坐（Viraasana）、螺发（Kuncitakesa）、偏袒右肩（Ekansa Parupana）等艺术风格。僧伽罗坐像通常是禅定印（Samadhi Mudra），立像通常是施无畏印（Abhaya Mudra）但手掌不正对前方，而是略显侧翻。

坐式佛像是最具僧伽罗民族特色的佛教雕塑艺术。僧伽罗坐像艺术闻名遐迩，除上述艺术特征之外，更显著的特征则是那种超然豁达的内在气质和寂静祥和的面部表情等。许多坐像的输出都是高超的僧伽罗佛像艺术和僧伽罗王朝与古代佛国友好交往的历史见证。4 世纪乌婆蒂萨王（368—410 年）遣使东晋王朝所献玉像高四尺二寸，玉色洁润，形制殊特，巧夺天工。被誉为建康瓦官寺"三绝"之一。410 年抵达师子国的东晋高僧法显见无畏山寺佛殿一尊青玉石佛像，"高二丈许，通身七宝炎光，威相严显，非言所载，右掌中有一无价宝珠"②。这尊无畏山寺佛殿的结跏趺坐禅定印螺发坐像被视为僧伽罗佛像雕塑艺术珍品，留存至今。

最值得注意的是 455 年，师子国邪奢遗多、浮陀难提等五位僧伽罗僧人奉三尊佛像到达北魏都城平城，并称途经西域时目睹佛影迹及肉髻，浮陀难提据此所造的佛像，"去十余步，视之炳然，转近转微"。《释书·释老志》的这段描述说明，僧伽罗僧人带来的临摹佛影迹及肉髻的佛像在平城被视为三十二相之一的灵异之相广为传颂，出现了互相传摹佛影瑞像，崇尚螺发为佛像标准发式的社会现象并影响后世。

云冈石窟附近最早出现的有确切纪年的三尊像（455 年、457 年、472 年）均为螺发佛像，这三尊螺发石佛应是从浮陀难提的佛影迹及肉髻佛画摹写而来的。甚至云冈石窟第一期工程"昙曜五窟"，即第 16—20 窟大

---

① 亚牟娜·赫拉特：《斯里兰卡佛像与雕塑》，斯里兰卡佛教文化中心 2003 年版，第 31—35 页。

② 法显：《法显传校注》四"师子国记游"，章巽校注，上海古籍出版社 1985 年版，第 151 页。

佛也可能出自这五位僧伽罗僧人之手。① 历史上东南亚佛国竞相供奉，广为传颂的僧伽罗玉佛故事更是南传佛教史上的一段佳话（现供奉在泰国曼谷大皇宫玉佛寺内）。

除释迦坐立佛像外，后期的僧伽罗观音像也是举世公认的艺术珍品。其中供奉在西藏布达拉宫的 7 世纪的檀香木观音像和珍藏在美国波士顿博物馆的 7 世纪青铜观音像最为著名。

三 僧伽罗半月形石雕

古代僧伽罗佛教雕塑艺术中最具特色的作品就是半月形石雕。这一阿努拉德普勒时期出现的精美石雕多见于寺院和佛教圣地殿堂的台阶下。早期月形石雕图案简单，后逐渐增添新内容，赋予了深刻内涵。这一独特的僧伽罗艺术品以无畏山寺的所谓"王后宫殿"半月形石雕最具有代表性。中间是以花鬘环绕着的一朵莲花，接下来是天鹅组成的半圆形图案，浑浊的花藤外围是象、牛、狮、马追逐奔跑的图案，这是月形石雕寓意深刻的主题图案，最外围是一组僧伽罗传统火焰云雾状图案。半月形石雕图案的寓意有多种解释，常见的寓意为步入清净地之前追逐名利、不辨是非的凡界众生，随具有辨别水乳智慧的天鹅步入清净地，领悟四圣谛，最后进入涅槃境界的人生归宿。懂得其中寓意的僧伽罗信众往往怀着虔诚之心走过月形石雕，登上预示八正道的石阶进入圣地朝拜或供养。

第五节 佛教与僧伽罗传统教育

僧伽罗人的传统教育实际上就是佛教教育，这一教育传统自古以来享有极高的声誉，其基本特点就是讲经说法的大众教育。自大寺僧团建立以来，出家为僧者剧增，学习佛法形成热潮，居士信众听经和供僧的习俗也在社会上蔚然成风。法显《佛国记》记述了当时阿努拉德普勒都城的真实场面：

其城中多居士、长者、萨薄商人，屋宇严丽，巷陌平整，四衢道

---

① 婴行：《云冈石窟》，《东方杂志》1930 年第 27 卷第 2 号。

头皆作说法堂。月八日、十四日、十五日，铺施高座，道俗四众皆集听法。其国人云，都可六万僧，悉有众食。王别于城内供五六千人众食，须者则持本钵往取。随器所容，皆满而还。①

一　寺院化村社传统教育

这一讲经说法的教育传统基于佛教传入后形成的村寺一体化的佛教教育体系。著名的三大寺院僧团及其所辖的各级佛学教研场所便是这一传统教育的中心，其影响遍及全国各地乡村的寺院。寺院即是村寨文化教育活动中心。僧团在雨安居期或农闲时节在寺院为信众讲经说法，信守五戒的道德教育成为最基本的佛教传统教育内容。五戒的道德规范和社会实践影响了整个僧伽罗人的社会生活，全社会尊老爱幼、团结互助，关照孤寡残疾的古风犹存，受到世人的广泛认同和赞赏。

少儿教育是佛教教育的一项重要内容，古代许多僧伽罗少儿启蒙读物起到了良好的作用。叩拜僧侣、父母和师长，尊师敬老成为僧伽罗人的习俗和社会时尚。

僧伽罗族妇女教育是佛教教育方面的一个成功范例。随着僧伽罗尼众僧团建立，僧伽罗佛教女众的教育普及程度逐渐提高，因而佛教妇女的社会地位也随之提升。

二　大众技艺教育

以无畏山寺为首的僧团倡导顺应时代潮流的大众化佛教运动在僧伽罗佛教史上产生了深刻的影响。无畏山寺接受大乘思想传播之后，在社会上掀起了学习梵文的热潮，同时无畏山寺所属寺院和佛学院的教学在课程设置方面也为日后僧伽罗传统文化的各个领域的发展提供了知识来源。其课程设置打破了原有的以三藏经及其注疏研习的单一局面，而是面向社会和大众开设了许多属于大乘佛教研习范围内的技艺教育科目，诸如传统医学、星象占卜学、建筑堪舆学、绘画雕塑学以及语法修辞、诗韵格律和梵文语言文学等。

---

① 法显：《法显传校注》四"师子国记游"，章巽校注，上海古籍出版社1985年版，第151页。

上述各方面的知识传授和大众教育为日后蓬勃发展的僧伽罗文学艺术奠定了坚实的基础。历代问世的此类梵文或僧伽罗散韵文著作以及建筑雕塑和绘画的代表作品，便是这种社会大众教育运动的结晶。

更值得重视的是，这些知识的传授都是以各村社的寺院作为中心开展的。寺院即是村寨里的精神支柱，僧伽罗寺院培养出来的在家人或僧侣本人担任着这个传统村社里的教师、医师、占卜师等各种角色，成为村社里的知识传授者和社会道德的咨询导师。

尽管在帕拉克罗摩巴忽一世王时期（1153—1186 年）三派合一，恢复了大寺的正统地位，然而此后历史上又出现林居派和村居派两大阵营。这种社会大众教育传统也以八大学府为教研基地被保存下来，在这著名的八大学府中有一半属于无畏山寺学派。几个世纪以来，这些学府一直活跃在僧伽罗佛教各种技艺教育事业当中。到 15 世纪科提王朝帕拉克罗摩巴忽六世王时期（1412—1467 年），仍然有代表佛教村居派和林居派的两大著名学府在民间文化教育方面发挥着积极作用，明显地表现在对科提时代诗歌文学所作出的贡献上。

这一大众佛教教育传统在 16 世纪初的西方殖民统治时期开始衰落。

三　近现代佛教教育

在 1815 年开始的全岛殖民统治下，英国殖民者采取一系列西化政策和手段，激发了全国反抗殖民统治，实现民族复兴的斗志。随着反抗殖民主义的民族独立运动的不断高涨，近代佛教文化复兴运动也掀起了高潮。僧伽罗佛教教育领域率先举起复兴大旗，再次为世界各佛教国家树立了典范。其中分别于 1841 年、1873 年和 1875 年创办的圣法佛学院、智增佛学院和智严佛学院站在这场复兴运动的最前列，开展了声势浩大的佛学和东方语言教育运动，培养了大批佛门龙象之才和民族独立运动的精英。

随后，全国范围内的僧伽罗佛学院和教学单位如雨后春笋般地成长壮大起来。星期日佛教学校的创建即是其中突出的一例。受到教会办学经验的启发，全国各大寺院开始在周日举办佛教课程，为近现代大众化佛教教育做出新的尝试。这是僧伽罗佛教教育的又一大创举，也为现当代社会树立良好的道德风尚作出了贡献。

第六节　僧伽罗佛教文化特征

僧伽罗佛教属于南传巴利文系佛教，由于僧伽罗佛教创建的大寺法统以及最早刻写的巴利文三藏贝叶经而处于这一派系佛教的主导地位，被称为上座部佛教的大本营。然而，由于历史上受到大乘佛教和印度教思想文化的影响，僧伽罗佛教文化也具有某些明显的特征。

一　僧伽罗佛教中的圣物崇拜

佛舍利和圣迹的瞻拜供养是僧伽罗佛教文化的一个重要现象。自古以来，僧伽罗佛教的圣菩提树、佛牙和佛足迹的供养和朝拜习俗著称于世，都城大塔及许多著名佛塔内也珍藏着大量的佛舍利，许多史籍和游记里多有描述，前来瞻拜供养者也络绎不绝。最值得称道的是法显《佛国记》记载的佛牙供养盛典的真实而生动的场面，让世人敬仰之至，赞不绝口：

> 佛齿常以三月中出之。未出十日，王庄校大象，使一辩说人，着王衣服，骑象上，击鼓唱言："菩萨从三阿僧祇劫苦行，不惜生命，以国、妻、子及挑眼与人，割肉贸鸽，截头布施，投身饿虎，不吝髓脑，如是种种苦行为众生故。成佛在世四十五年，说法教化，令不安者安，不度者度，众生缘尽，乃般泥洹，泥洹以来一千四百九十七年。世间眼灭，众生长悲。却出十日，佛齿当出，至无畏山精舍，国内道俗欲殖福者，各各平治道路，严饰巷陌，办众华香、供养之具。""如是唱已，王便夹道两边，作菩萨五百身已来种种变现，或作须大拿，或作睒变，或作象王，或作鹿、马，如是形象，皆彩画庄校，状若生人。然后佛齿乃出，中道而行，随路供养，到无畏精舍佛堂上。道俗云集，烧香、然灯、种种法事，昼夜不息。满九十日乃还城内精舍。城内精舍至斋日则开门户，礼敬如法"。①

---

① 法显：《法显传校注》四"师子国记游"，章巽校注，上海古籍出版社 1985 年版，第153—154 页。

史书游记中前所未载的这段精彩而生动的描述真实地反映了 5 世纪初僧伽罗佛教崇拜和供养佛舍利的文化现象，在当时佛教界引起轰动。因此，许多中国僧侣和信徒不畏路途艰险，慕名前去观瞻佛牙及圣迹。义净《大唐西域求法高僧传》记载的唐代求法僧中就有十余名僧人专程赶来观瞻朝圣。

僧伽罗佛教的舍利供养习俗甚至有在印度流行的真实记录。玄奘《大唐西域记》记载了在摩诃菩提寺佛塔内珍藏的佛舍利及其供养情形：

> 诸窣堵波高广妙饰，中有如来舍利，其骨舍利大如手指节，光润鲜白，皎彻中外，其肉舍利如大真珠，色带红缥。每岁至如来大神变月满之日，出示众人。此时也，或放光，或雨花。[①]

上述摩诃菩提寺是僧伽罗国王希利梅克梵那时期（大云王，303—331年）在摩揭陀国伽耶城菩提树北门外建的一座僧伽罗佛教寺院。玄奘记载这座寺院住有师子国"习学大乘上座部法"的近千名僧人，说明这是无畏山寺学派的佛教传播地。

从法显《佛国记》记载的佛牙供养盛典和玄奘《大唐西域记》记载的摩诃菩提寺如来舍利供奉的情形来看，佛舍利和圣迹供养与瞻拜是以无畏山寺为主导的僧伽罗佛教大众化的一种表现。时至今日，瞻养佛牙、圣菩提树和朝拜圣足山，以及各种舍利供养游行法会仍然是僧伽罗佛教文化的一大特色。

祭祀佛教的护法神的习俗也是僧伽罗佛教文化的重要表现。阿努拉德普勒王朝初期的民间社会流行观音和弥勒菩萨的信仰。到 11 世纪南印度朱罗王朝统治时期，观音和度母信仰逐渐转化为帕蒂尼和纳特等民间诸神的祭祀活动。

僧伽罗王朝的南印度统治时期以及甘波罗王朝末期出现的南印度移民潮，致使印度教信仰在僧伽罗社会上广为流传，这一期间，传统佛教文化与印度教的某些信仰逐渐融合，出现了和睦共处的局面。较为突出的现象

---

① 玄奘、辩机：《大唐西域记校注》卷第十一"僧伽罗国"，季羡林等校注，中华书局 1985 年版，第 693 页。

是在佛教寺院内设祭神庙堂，这些供奉在寺院里的印度或本地神都被尊为佛教保护神，信众在寺庙里拜佛和祭神并行不悖，不少信徒在满月等佛教节日里到寺院里献花拜佛，在周三和周六的神庙祭供日时来寺院祭神，进行许愿或还愿等活动。祭司在念诵祈福咒语时通常要获得佛的启示。

圣足山和卡德罗伽摩神庙是佛神共处的典型祭祀场所，佛教徒和印度教徒都在这里举行宗教活动和仪式。大型的宗教祭祀游行活动也由佛寺负责组织。这种文化现象对民族和谐起到了一定的促进作用。

尽管在不同历史时期内被祭祀的神有所不同，但 14 世纪以后，尤其是康提王朝时期被尊崇的传统佛教保护神主要是卡德罗伽摩神（塞建陀神）、毗湿奴神（Upulvan）、纳特神（观音）、萨曼神和帕蒂尼女神。著名的康提佛牙寺周围的四大神庙便是上述佛教保护神的庙宇，一年一度的佛牙巡游盛典的方队也是由佛牙寺和这四大神庙组成的。实际上这也是 2 世纪以后佛教大众化的一种特殊现象。

卡德罗伽摩神类似中国寺院的韦陀护法菩萨，毗湿奴神的原型是吾普尔宛神，即佛陀涅槃之际帝释天赋予守护楞伽岛的神。萨曼神主宰著名的圣足山道场，帕蒂尼女神信仰与南印度班底耶国秣菟罗城的甘德姬女神（Kandagi Devi）信仰相关，这一传说又与帕尔瓦蒂雪山女神、马里安曼女神、摩利支天菩萨等信仰有一定的关联，甚至可以溯源到印度河流域文明时期的印度河谷女神的祭拜。

念诵保护经的习俗自古以来就是僧伽罗社会上十分流行的佛教文化现象，对民间宗教生活产生了极大的影响。时至今日，根据不同时间、场合和需求念诵这些巴利文保护经或祈福经对现当代社会仍然起到不可估量的作用。最常见的保护经就是吉祥经、慈经和宝经。在念诵守护经之前要穿插邀请诸保护神的仪式，诵经结束后也要向诸神祈福，求得佛祖和诸神的护佑。

二　种姓制度及其对佛教的影响

依据巴利文注疏及文学和考古史料，僧伽罗人的种姓萌芽是随着印度东西海岸移民而出现的。尽管古代僧伽罗社会在历史上受到北印度和南印度种姓制度的影响，但由于根深蒂固的佛教文化的存在，古代印度原有的种姓制度并未移植过来，而是逐渐形成了与僧伽罗社会和政治生活相适应的独特的僧伽罗种姓制度。印度种姓制度是在婆罗门思想、吠陀哲学和印度教祭祀仪轨的基础之上产生的。而僧伽罗人的种姓制度是建立在封建统治者的特殊需求之上的封建种姓制度。他们一方面将种姓制看成是为他们自己提供所需的物品和服务，同时也把它作为国家管理的重要理论体系和王权赖以维系的一种支撑。在这种等级制度下，对等的等级之间实行的种姓内婚制的世袭等级制度，保证了等级间的经济合作和职业相互依存的状态。其主要特征是世袭职业和对等内婚形态。

在阿努拉德普勒时代末期，王族和官宦世族被认作高等种姓，与南印度贵族移民共同享有特权。社会上则按各种工艺的区分开辟了不同种姓居住区。到波隆纳鲁瓦时期，印度教思想不断渗透社会，王权与神权结合，国王成为菩萨与神的代言人，佛教与印度教习俗相融合，种姓思想观念和按社会分工形成的种姓制度开始在僧伽罗社会扎根。随着种姓服务业的扩展，社会上出现了行会组织，全国范围内以职业服务为标志的村社制度就此形成。在封建末代王朝康提时期，这一制度得以完善。

除个别低贱种姓外，僧伽罗种姓主要分为高维种姓（农耕业）、低地种姓、服务种姓。高维种姓及其名门贵族属于高等种姓，该种姓的人占僧伽罗人口的比例最大，体现了农业社会的文化传统；低地种姓分四个种姓，即卡拉沃（Karawa，捕鱼业）、萨拉卡莫（Salagama，肉桂业）、杜拉沃（Durawa，酿酒业）和胡努（Hunu，石灰业），属于僧伽罗种姓的中等种姓。这些种姓是在13—18世纪来自南印度的各种族群从事各类职业的过程中产生的，其本身不服务于高维种姓，其中有相当数量的卡拉沃种姓僧伽罗人改宗基督教。而在18世纪出现的佛教复兴运动中，萨拉卡莫种姓的僧伽罗人积极加入了运动的行列。服务种姓分为七种，均属为高维种姓及其贵族和宗教服务的行业种姓，以世袭的服务职业垄断的方式维持和保护其自身拥有的工艺和专长。其中帕特伽摩种姓（Batgama）不掌管高维种姓的家庭事务和其他活动，只负责为贵族抬轿或充军，被视为雇佣性的种姓。该种姓人数较多，其中部分人在政界和管理界身居要职。

社会上出现的这种服务型种姓制度也影响到佛教内部的管理体制。尽管佛教反对种姓思想，但随着社会的变化，出现了专门为寺院和神庙服务的土地及服务群体的独特寺院管理制度，僧团内部也因此而出现依种姓出家受戒的特殊现象。18世纪中叶，从泰国清迈引进的近代第一僧团"暹罗派"就只限为高维种姓的人受戒。19世纪初、中叶相继引自上缅甸的阿摩罗普罗派和下缅甸的罗曼那派两大僧团则吸收其他种姓的僧伽罗人出家受戒。因而可以看出现代僧伽罗三大僧团内部存在种姓观念的影响。阿摩罗普罗教派的23个支派僧团的相继建立，除了地域因素之外，实际上也有种姓之间的区别。从当代佛教游行和供养法会等仪式上也能看到种姓服务的传统现象。

16世纪初开始的葡萄牙和荷兰殖民统治时期，沿海低地僧伽罗人的种姓制度不仅得到保护，而且其地位有不同程度的提高。荷兰殖民政府为在沿海一带获取农渔业、肉桂加工业和酿酒业等行业的最大经济利益，使得上述行业种姓的社会地位和经济收益得以明显提高。英国殖民统治时期利用种姓内部的分工制约，采取鼓励行业和商业竞争，择优分配职业等措施，使得种姓制度出现动摇和衰败趋势。同时英语成为当时政府管理、商务、法律、高等教育、科技文化等领域的主要语言，以英文水平衡量一个人的社会地位成为当时流行的标准。这一时期培养了一大批精通英语的所谓僧伽罗精英分子对下层僧伽罗人进行管理，这些人多为卡拉沃和萨拉卡莫种姓的僧伽罗人，他们一跃成为上层社会的一分子，其中间的大部分人改宗基督教。

由于现代社会的不断发展和变化，种姓思想观念在社会上和人们的心目中逐渐淡化，加之商品大潮的冲击，一些世袭种姓已失去其本身的意义，社会上显示种姓的姓名更改现象也屡有发生，社会上不甚公开谈论种姓问题。然而，由于传统文化根深蒂固的影响，作为一个隐形的社会形态，依然存于僧伽罗人的言谈称谓和内心深处，尤其是在农村地区，这种思想观念的残余随处可见。

僧伽罗主要政党是在种姓和家族关系的基础之上建立的。恋爱婚姻方面的种姓观念的影响至今仍然起着重要作用。在各大周报上登载的征婚广告里，宗教信仰和种姓则是征婚者必须标明的。

三　良辰吉日的占卜习俗

僧伽罗社会上盛行择吉日的占卜习俗，涉及范围也极为广泛。这种占星择日习俗与宗教有着相依共存的关系，受大乘佛教和印度教文化的影响，通过梵文传授的古印度占星术逐渐在僧伽罗社会流行。然而，僧伽罗人的占星择时习俗有其自身特点，散发着浓郁的佛教文化气息。一般佛寺里的长老都通晓占星术，每一村社也都有传统的占星师，后期发展成以此为业的种姓。

个人在其一生当中的出生、成年、婚姻等重要时刻基本上都要择良辰吉日举行仪式；农业生产中从播种插秧到收割归仓的全过程都要择吉时而动；政府活动和庆典、工程奠基或落成典礼，工厂、公司、商店的开业典礼以及建新房、迁新居等也无不占星择时而行之。

个人生命全过程重要仪式的择时要依照其生辰星象宫位（生辰八字）择定。僧伽罗佛教徒择吉日将满月的婴儿抱到寺院和神庙接受祝福，通常还有人准备好新鲜的饭菜，分出七份，供养已做母亲的七位妇女，以此为新生婴儿祈福。婴儿满周岁前，也要择吉时举行喂饭和抓周礼以示庆贺。满三周岁的儿童，按其生辰星象宫位择吉时请寺院博学长老或有学问的长辈为孩子初次识字举行启蒙礼。少女初潮七天后，择吉时举行的成年礼也是常见的习俗。婚礼吉日良辰的择定则要请星象师依据新人双方庚帖的宫位择定日期及婚礼彩台仪式的良辰等。僧伽罗传统婚礼最精彩的场面就是新人按择定的吉祥时刻的登礼台仪式。新郎新娘在仪式上交换项链和戒指前，婚礼主持人通常要畅叙佛陀之德和父母养育之恩，以这样的引导词完成婚礼最重要的片段。

在民族节日庆典中，择时占星最典型的例子就是僧伽罗泰米尔新年，国家级星象学专家委员会每年都会制定新年历和公历四月十三、十四两天的良辰时刻表。僧伽罗人，尤其是广大农村僧伽罗佛教徒都按照所择定的吉时良辰过年。点新灶、做年饭、吃年饭等一系列新年习俗都是在择定的同一个吉祥时辰进行的。

第七节　僧伽罗佛教的传播与影响

僧伽罗佛教自古至今一直保持着南传上座部佛教的正统地位，这一佛教传统与古印度阿槃提地区的上座部佛教分别说部有一定的渊源关系。位于桑奇大塔附近的这一古国是论议第一摩诃迦旃延尊者的故乡，也是主持佛教第三次结集的目犍连子帝须长老及其弟子摩哂陀长老的故乡。目犍连子帝须长老圆寂后所存舍利就是在此地的舍利塔内发现的。摩哂陀长老也是从故乡阿槃提的韦迪瑟城的塔山寺前往楞伽岛传教的。

以大寺和无畏山寺为代表的僧伽罗上座部佛教僧团是一个宏观的概念，它不限于一个民族和一个国家。僧伽罗僧团不仅在兰卡岛，而且在印度各地和东南亚地区都有其支派或学派。可以说，凡在历史上接受了僧伽罗佛教法统、出家受戒的任一国家和民族的僧人均在僧伽罗僧团范畴之内。

僧伽罗佛教在南印度一些地区有很大的实力和影响，并具有一脉相承的同区域佛教传统。摩哂陀长老前往僧伽罗国弘法之前曾在故乡优禅尼和南印度传教，到楞伽岛组建僧伽罗僧团后，又带领大弟子僧伽罗族阿利陀比丘一行在南印度地区弘法建寺。由此可见，僧伽罗僧团自建立初期就开始向外传播。

在南印度案达罗佛教遗址附近发现的被认作 3 世纪的碑文上，记载了僧伽罗佛教寺院、菩提树院以及当地僧伽罗僧团卓越的弘法事迹，并受到各国佛教使团和护法居士的高度赞赏。

继无畏山寺僧团建立之后，佛教传播的范围更加广阔，4 世纪初在摩揭陀菩提道场建的摩诃菩提寺就是无畏山寺在中印度的一个分支。7 世纪玄奘的《大唐西域记》特称为习"大乘上座部"佛法的除了无畏山寺之外，还有羯陵伽、跋禄羯呫婆和苏刺侘等国的佛教寺院。这些印度东部和西部沿海地区的佛教寺院自古以来就与无畏山寺僧伽罗僧团保持着密切关系。因此，上述地区研习大乘上座部佛教的寺院僧人应与无畏山寺为同一学派。

5 世纪初海上交通的发展为佛教文化的传播提供了更大便利。东晋南北朝时期渡海来到中国弘法译经的外国僧人日渐增多，法显到来之前就驻留在无畏山寺的古印度高僧求那跋摩（367—431 年）长期在师子国观察风俗，弘扬教化，当时僧伽罗佛教界称求那跋摩已得初果。法显从师子国返回中国十年之后，跋摩随同船主竺难提来到阇婆国（今印尼爪哇）传教，后又于 424 年前往中国弘法译经，均受到特殊侍奉礼遇。继跋摩和法显之后来到无畏山寺的中印度高僧求那跋陀罗（394—468 年）在师子国讲经说法，得到丰厚的供给。因无畏山寺僧推崇东方佛事，以此因缘，435 年求那跋陀罗也随舶主竺难提经阇婆国前往中国译经传教，同样受到朝野上下高度赞赏。两位高僧为中国比丘尼二部僧受戒，对传译和建立如来藏学说和学派有突出贡献。求那跋陀罗的弟子菩提达摩也是这一时期来中国传教的南印度高僧，他在中国创立禅宗所依据的佛典正是求那跋陀罗翻译的四卷本《楞伽经》，以此建立"楞伽宗"即"南印度一乘宗"，八代相承付持。从这些高僧与无畏山寺僧伽罗僧团的往来关系来看，这一瑜伽南系学说的建立与无畏山寺学派思想的传播是密切相关的。

7 世纪初，南印度金刚智依止龙智习学《金刚顶瑜伽经》等，并受金刚界的密法灌顶。在师子国瞻礼圣迹后随船往阇婆国，接受在那里的师子国不空为其弟子，后于 719 年一同前往中国建密宗灌顶道场，译密宗经典，在中国建立了金刚部密宗。741 年，金刚智圆寂前托付弟子不空一行前往师子国拜见普贤阿阇梨，受五部灌顶。五年之后，不空一行携师子国国书和各种法宝以及大量密宗经典返回中国译经弘法。从上述史实可以看出，这一部派的密宗与师子国无畏山寺僧团及学派后期发展的金刚乘思想和仪轨也是一脉相承的。

上述高僧都是沿海路从师子国经阇婆（爪哇）到达广州的。这是自 4 世纪以来一直到唐代佛教文化交流的主要路线之一。因此爪哇岛便成为师子国到中国的航海必经之地。8 世纪夏连特拉王朝统治时期，无畏山寺学派在这里也建立了分支作为传播佛教的中继站，这个海外分支就是位于爪哇岛南部的山顶宫殿似的拉图博科寺院，在遗址发掘过程中发现的 792 年的碑文上记载以"无畏山寺"命名的这座寺院是为楞伽岛僧伽罗僧团建造的。另据在寺院北门旁发现的金箔记载，楞伽岛无畏山寺僧团是由夏连特拉王朝帕南卡兰王（784—803 年）邀请而来的，而且它是一座皇室内宫修行和传授金刚部密宗教法和仪轨曼陀罗坛场建筑群。南区专辟为无畏山寺僧众居住修行之地，建筑风格类似阿努拉德普勒古城无畏山寺辖区内的禅堂静修林。由此可见无畏山寺学派在海外传播佛教文化的影响力。

尽管如此，大寺法统和巴利三藏仍是楞伽岛僧伽罗僧团的正统和标志。僧伽罗僧团创建初期，以僧伽罗僧团为核心的师子国和南印度的上座部佛教便初步与历史上被称为金地的孟族诸国形成了往来密切的僧伽罗—案达罗—罗曼那上座部国家联盟，相互间利用印度洋洋流和季风的便利条件，保持了几个世纪的航海贸易和上座部佛教文化交流的中心地位。僧伽罗僧团一直处于上座部佛教联盟的主导地位。

帕王一世 1165 年的佛教改革和僧团整顿之举，使得僧伽罗佛教的正统地位显得更为突出。随着缅、泰、掸族诸王国的相继崛起，上座部佛教文化也逐渐向中南半岛地区传播开来。大寺法脉的再次净化和确立，吸引了许多国家的僧侣慕名前来参访研修，学习僧伽罗僧团戒规礼仪和语言文化。下缅甸孟族般达古长老和国师乌达勒吉沃分别于 1167 年和 1173 年前往师子国长期驻学研修，随同国师的弟子车波多于 1181 年在古城波隆纳鲁瓦受具足戒成为僧伽罗僧团的一名比丘。后跟耽摩立底国希沃里、高棉王子昙摩林陀、建志补罗国阿难陀和僧伽罗国罗怙罗等法师一道跟随国师乌达勒吉沃，在纳罗帕蒂悉都王统治时期前往蒲甘城，在那里如法建立了僧伽罗教派僧团。此后前往师子国参学受戒的孟族僧人络绎不绝，并将僧伽罗佛教巴利文三藏及其注疏作品和供养的佛像、舍利等带回本国供养，并且仿照这些经典作品创作本国佛教文学，按巴利文《岛史》和《大史》的世系结构续写本国佛教史书。

在僧伽罗科提王朝的英明君王帕拉克勒摩巴忽六世统治时期（1412—1467 年），僧伽罗社会和文化领域出现前所未有的盛况，上座部佛教国家之间的交往也更加频繁。僧伽罗佛教的林居派和村居派两大学派人才辈出，硕果累累，在教育和文学方面竞相争辉，闻名遐迩。因此东南亚佛教国家又一次出现僧伽罗佛教文化热。

1424 年，大智深（Mahagnanagambhira）长老亲率以清迈为主的泰北地区两批泰僧前往师子国科提的凯拉尼亚，在瓦纳拉特纳大长老主持的僧伽罗僧团的受戒法会上重新还俗后如法受戒，这也是历史上僧伽罗僧团直接为还俗者传授大戒的先例。以大智深长老为首的法师一行在岛上驻学五年之后，带领两名僧伽罗比丘一同回到清迈，宣布之前从苏摩那法师受的戒不合戒规礼仪，而今从楞伽岛传回的为正统戒规。一时间，那里的僧人都在新戒坛上重新如法受了僧伽罗僧团具足戒，进而影响到南奔等其他泰北地区。此后，这些地区以红林寺为代表的林居派和以花园寺为代表的村居派之间的长期论争印证了科提时期僧伽罗佛教两大部派的影响。

1475 年，缅甸国王达摩揭谛派遣当地僧团前往僧伽罗国凯拉尼亚河水上戒坛重新受戒。返回后在勃固城设凯拉尼亚戒坛。国王令所辖区域所有僧侣重新接受僧伽罗僧团的大戒法统仪轨。至此，僧伽罗僧团在缅、泰、掸等地区声名大噪。

在十八九世纪的僧伽罗僧团重建过程中，出现了以暹罗派、罗曼那派和阿摩罗普罗派命名的近代三大教派，说明这些教派是分别从泰国清迈、下缅甸和上缅甸地区传入的。尽管如此，实际上应该说这些教派是早期在那些地区建立的僧伽罗僧团传统的回传和重塑。

19 世纪末兴起的近代佛教复兴运动中，僧伽罗佛教领袖和居士又率先在印度和锡兰创建摩诃菩提会，并在许多西方国家组建分会以及寺院和佛学院，传播巴利语系佛教文化。与此同时，一些僧伽罗僧团领袖还前往尼泊尔、马来西亚等亚洲国家弘法，积极在海外创建上座部佛教僧团。

第八节　僧伽罗佛教与中国佛教的交流

僧伽罗佛教与中国佛教之间源远流长，中国古代史书对此多有记载。两国佛教界悠久而丰富的交流既是双方文化交流的重要内容，也是双方民心相通的纽带和重要载体。

一　古代佛教交流

古代的僧伽罗佛教与中国佛教文化交流主要集中在东晋南北朝时期和唐代。史书记载，师子国乌波蒂萨王（368—410 年）得知东晋孝武帝崇信佛教，便于 396 年派遣沙门昙摩一行航海赠送一尊四尺二寸的玉佛像以表敬仰。使团辗转跋涉，路行十年，于义熙二年（406 年）抵达晋京建康。在东晋末和南朝刘宋二代的百年间，这尊玉佛成为皇家寺院瓦官寺的镇寺之宝。

高僧法显是在师子国摩诃那摩王即位元年，即东晋义熙六年（410 年）随船抵达师子国参访的。两年间法显遍游古城内外佛教圣地，寻访高僧大德的事迹，记录下大量关于当时僧伽罗佛教状况的珍贵而生动的见闻，并在此搜集到汉土所无的《弥沙塞律》《长阿含》《杂阿含》和《杂藏》等梵本归来，成为中国佛教与僧伽罗佛教文化交流之先驱和楷模。法显撰写的《佛国记》也成为记录当时中亚、天竺和师子国佛教文化、历史和地理等的不朽丰碑，让国人最早领略到真实的佛国风范。

南朝时，海上通商贸易得到空前发展，求法译经僧也不绝于途。位于海上丝路重镇的师子国与南朝刘宋王朝之间的关系随之密切。南朝帝王大都奉佛，到宋文帝（424—453 年）即位，尤为显著。师子国摩诃那摩王时期（410—432 年）也是大兴佛法，其时的佛教状况从法显《佛国记》里可略见一斑。刘宋元嘉五年（428 年），摩诃那摩王遣四沙门、二白衣送牙台像来宋，并在致宋文帝的奏表中写道："虽山海殊隔，而音信时通……我先王以来，唯以修德为正，不严而治，奉事三宝，道济天下，欣人为善，庆若在己，欲与天子共弘正法，以度难化。"① 由此，僧伽罗佛教与中国佛教文化交流更为频繁。

元嘉六年（429 年），船主难提载八名师子国比丘尼至宋都建业，因有年腊不足，且未满十人，又于元嘉十年（433 年）载师子国铁萨罗等 11 名比丘尼来京，先达诸尼已通宋语，因缘具足，邀请僧伽跋摩长老为和尚，在南林寺建立戒坛，从铁萨罗等十大德尼为中国 300 余尼众次第重受二部僧大戒。② 为纪念此次重大佛事，铁萨罗等居住的尼寺被命名为"铁萨罗寺"。

元嘉七年（430 年）及元嘉十二年（435 年），摩诃那摩王连续遣使献方物与南朝宋文帝通好。③

前一节提及，北魏文成帝时期（452—465 年）师子国邪奢遗多、浮陀难提等五名比丘至京都平城献佛像以及造佛像的事迹也是佛教文化交流的范例，影响深远。

南朝佛教到梁武帝时达到鼎盛。梁大通元年（527 年），师子国尸罗伽罗王（526—539 年）遣使大梁王朝，致书明主梁武帝，欲与大梁朝廷共弘三宝，以度难化。④ 至此形成僧伽罗佛教和中国佛教文化交流的第一个历史性高潮。

唐朝时，佛教进入极盛期，这一时期的僧伽罗佛教也呈现出多种思想流派并存的局面。638 年，玄奘到达南印度达罗毗荼国，本想取海路往访师子国，深入探讨瑜伽行学说，却因那里的国王死后社会混乱，灾荒四起

① 《宋书》卷九十七《夷蛮传》，中华书局 2013 年版，第 2384 页。
② 《高僧传》卷三《僧伽跋摩传》，释慧皎撰，汤用彤校注，中华书局 1992 年版，第 118—119 页；《比丘尼传校注》卷二《广陵僧果尼传》，释宝唱著，王孺童校注，中华书局 2006 年版，第 88 页。
③ 《宋书》卷五《文帝本纪》，中华书局 2013 年版，第 79、83 页。
④ 《梁书》卷五四《诸夷传》，中华书局 2013 年版，第 800 页。

而打消寻访念头。但与在建志城港相遇的僧伽罗僧团大德一路交谈之后，对当时的僧伽罗佛教作出了高度评价："伽蓝数百所，僧徒二万余人，遵行大乘上座部法"，大寺住部"斥大乘，习小教"，无畏山寺住部"学兼二乘，弘演三藏"，各僧住部"僧徒乃戒行贞洁，定慧凝明，仪范可师，济济如也""佛牙供养，特为殊胜"①。中唐时期前往师子国瞻礼佛牙，拜访高僧大德的中国僧人明显增多，仅义净《大唐西域求法高僧传》里记载的就有十余人。

唐代师子国的僧伽罗使团来访也更为频繁。据史书记载，高宗总章三年（670 年）、睿宗景云二年（711 年）、玄宗天宝五年（746 年）、天宝九年（751 年）和代宗宝应元年（762 年），师子国国王均遣使献象牙、真珠等方物。其中，最后三次均在僧伽罗国王尸罗弥伽（741—781 年）在位时期。特别是天宝五年，尸罗弥伽王遣特使与灌顶三藏不空金刚来朝，献钿金、象齿、宝璎珞及贝叶梵本大般若经一部等。②

师子国僧不空三藏（705—774 年）自 719 年师从金刚智来中国弘法，习律仪和唐梵本经论，并随金刚智师译语。金刚智圆寂后，不空秉师遗命，携朝廷国书于天宝元年（742 年）率含光、慧鉴、李元宗等僧俗弟子 37 人前往师子国，受到僧伽罗国王尸罗弥伽殊礼接待。在师子国，不空与含光、慧鉴等依止普贤阿阇梨入坛重受金刚顶瑜伽五部灌顶，学习密法，历时三载。其间，在师子国和南印度搜寻密藏及大小乘经论千余卷于 746 年返唐。在此后的 28 年里，不空致力于译经事业及灌顶传法，所译显密教各类佛经百余部，被中国佛教界誉为"四大译师"之一。不空居灌顶师位期间，除其六大弟子外，受具足戒弟子也有 2000 人，受法门人约以万计数。后期遣弟子含光在五台山造金阁寺和玉华寺，自后遂成为密教中心，为唐代密宗的创建作出了重大贡献，法脉至今延绵不绝。

宋代师子国僧人来中国的有淳化二年（991 年）的佛护及其徒众五

---

① 《大慈恩寺三藏法师传》卷四《起瞻波国，终迦摩缕波国王请》，慧立、彦悰著，孙毓棠、谢方点校，中华书局 2000 年版；《大唐西域记校注》卷十一"僧伽罗国"，玄奘、辩机著，季羡林等校注，中华书局 1985 年版，第 878 页。

② 《新唐书》卷二二一《西域传下》，中华书局 2013 年版，第 6257—6258 页；《册府元龟》卷九七〇《外臣部·朝贡第三》、卷九七一《外臣部·朝贡第四》、卷九七二《外臣部·朝贡第五》，中华书局 2003 年版，第 12 页。

人、淳化四年（993年）的觉喜、咸平三年（1000年）的觅得罗、大中祥符九年（1016年）的妙德等。他们先后带来了许多梵经、佛舍利、菩提树苗和画像等，均受到当时朝廷的隆重礼遇。① 宋代以降，僧伽罗佛教与中国佛教文化交流见于史册的记录甚少，元代的天竺僧指空是前往楞伽岛拜师之后来到中国传教的。明代郑和下西洋第四次赴锡兰山国时，还有僧人胜慧同行。明代科提王朝帕王六世时期（1412—1467年）六次遣使来华的使团里也曾有僧伽罗大德长老随行。16世纪初西方殖民者入侵兰卡岛后，这样的佛教文化交流就中断了。

二　近代佛教交流

近代僧伽罗佛教与中国佛教之间的交往始见于清末，这就是1893年被誉为"僧伽罗近代佛教复兴之父"的达摩波罗和"中国近代佛教复兴之父"的杨仁山两位居士领袖的"上海会晤"。杨仁山居士（1837—1911年）于同治五年（1866年）创立金陵刻经处刻印藏经，开中国佛教复兴之先河。达摩波罗（1864—1933年）在美国神智会奥尔科特夫妇的协助下创办印度摩诃菩提会，立志复兴印度佛教。在1893年出席美国芝加哥世界宗教大会后，经美国传教士李提摩太的介绍，在回国的途中在上海与杨仁山居士会晤，倡导参与复兴印度佛教的宏伟计划。为复兴佛教大业处心积虑的杨仁山居士几经筹备，于1908年在金陵刻经处内创办国内第一所具有国际眼光的新式佛学教育学堂——祇洹精舍，以配合达摩波罗的印度菩提伽耶佛教复兴运动。尽管学堂一年后就停办了，但从培养的学生及为现代佛学教育开拓的新视野来看，其影响不可估量。称其为国内第一所高等佛学堂当之无愧，太虚法师和欧阳竟无居士便是这些僧俗学员中的佼佼者。这种办学新经验也直接影响了他们日后的办学方向和宗旨。太虚曾颇有感慨地回忆起那段求学生涯："杨老居士的祇洹精舍则与摩诃菩提会达摩波罗相约，以复兴印度佛教及传佛典于西洋为宗旨，内容是佛学、汉文、英文等。""祇洹精舍虽办了不久即停顿，其影响后来的佛教事业实大。""精舍虽寥寥数人，与三十年来的佛教，颇有不少的关系。"② 在

---

① 《大中祥符法宝录》卷八、十，《佛祖统纪校注》卷四四《法运通塞志十七之十》，志磐撰，释道法校注，上海古籍出版社2012年版，第3页。

② 《太虚自传》，载《太虚大师全书》第29卷，第196页。

《我的佛教改进运动略史》一文中，太虚还将求学于祇洹精舍，列入他自己弘法四期之第一期，从中可以看出精舍的办学模式对他的佛教改革思想的产生起到了较大的影响。

太虚法师（1889—1947 年）对中国与世界的佛学教育合作以及求法海外，培养僧才方面格外关切，尤其是他在 1928 年旅欧讲学时得到欧美国家成立的摩诃菩提分会的帮助，并体会到了锡兰（僧伽罗）佛学教育模式在欧洲的成功经验。因此，他在欧美倡导建立世界佛教学苑时，就特别注重锡兰巴利文佛教教育，以弥补国内之不足。1929 年太虚在接管闽南佛学院的同时，便在漳州南山寺的分院设立赴锡兰留学团，精选学僧在此学习英文和巴利文，以便赴锡兰留学深造，为日后建立世界佛学苑巴利语系佛教分院打基础。1930 年 9 月，北平世界佛学苑柏林教理院华英文系成立后，闽南佛学院漳州南山寺分院的锡兰留学团十余名学僧移至柏林教理院继续补习英文和巴利文。做好了各种出行准备，临近启程却因"九一八"事变突发而搁浅。虽未成行，但这一行动还是引起了当时界内人士对巴利文系佛教的广泛关注。

1931 年初，《坛经》和多种佛经英译者，中国佛教英文杂志主编黄茂林居士发愿赴锡兰研习梵巴佛典，拜访高僧，广结善缘，待学成归国从事译经及弘法事业。此时黄茂林已成为太虚弟子，他由上海佛教净业社派遣，前往锡兰首都科伦坡，在金刚寺纳罗陀长老门下研习佛典及巴利文，届时常向长老谈及中国大乘佛教及太虚法师的改革构想。黄茂林居士在锡兰期间，除研习巴利文佛典外，还继续撰写和编辑英文杂志文章和翻译《成唯识论》，由于耗费心力过度，积劳成疾，于 1933 年在科伦坡病逝，中国佛教界失去了一位早期优秀的英文佛经翻译大家和善居士。

1935 年，科伦坡金刚寺著名学者纳罗陀长老来中国访问讲学，在上海寓居佛教净业社，每逢周日通过广播用英文说法或在讲堂作巴利语系佛教史演讲，同时还为广大爱好者开设巴利文学习班，深受广大信教听众和学员的欢迎。在上海期间，纳罗陀长老主动向太虚法师和中国佛教会提议愿接收五位中国学僧在科伦坡金刚寺学习语言和佛法以及上座部僧伽律仪，并协商了组建巴利文佛学研究院等事宜。借此机缘，中国佛教会于 1936 年选派锡兰学法团学僧惟幻、法周、惠松、唯植和岫庐五人前往驻

学，为此举行宣誓典礼，由太虚大师领导行礼，之后全体团员宣誓：①

> 弟子今发愿往锡求法，经太虚大师证明，为锡兰学法大悲团团员，誓愿遵守本团规约，在求学期间，决不中途背离，并愿尽形寿作清净比丘，自利利他，无有疲厌，伏乞三宝，哀悯摄受。

此誓

证明师　太虚、大悲、静权；

立誓比丘　年　月　日

　　五位民国时期中国留学锡兰的首批学僧在科伦坡金刚寺住持、著名学者金刚智长老门下研学巴利文和上座部佛典，并随纳罗陀长老重受上座部具足戒。两年后学僧惟幻（李荣熙居士，1916—1997）回国随太虚率领的国际佛教访问团做随访翻译，1954 年后在三时学会和中国佛教协会做研究工作，1982 年任中国佛教协会副会长，出版过多部译著，主要有《大唐西域记》和《比丘尼传》英译本以及《印度教与佛教史纲》和《锡兰佛教史》中译本等；学僧法周（巴宙，1918— ）后转入印度泰戈尔大学中国学院研学，巴宙法师获国际大学硕士和孟买大学哲学博士学位后，曾任教印度国际大学和阿拉哈巴大学各七年，锡兰大学十四年，后应美国爱渥华大学宗教学院聘请，担任佛学教授。其佛学研究著述和译著甚丰，专著主要有《梵巴汉藏对照波罗提木叉之比较研究》《梵本摩诃僧祇之波罗提木叉》《大般涅槃经之比较研究》和《大乘二十二问之研究》等，译著主要有《南传大般涅槃经》《弥兰陀王问经》等。首批锡兰学法团的初衷虽未能如愿，但毕竟还是成就了两位著名佛教学者，不失为佛教复兴时期僧伽罗佛教与中国佛教交流的一次有益尝试。

　　1939 年底，太虚大师出访东南亚和南亚时，于 1940 年 1 月在锡兰访问一月有余，对耳闻目睹的僧伽罗佛教社会现状感慨万分，尤其对锡兰注重实践的佛教大加赞赏。访问归来不久，他就在汉藏教理院以"从巴利语系佛教说到今菩萨行"为题的演讲中提到：

---

① 《海潮音》第十八卷第四号，见《法舫文集》第五卷，第 235 页。

　　锡兰的佛教四众弟子，对内则深研教理，笃行戒律，不特缅、暹等地的教徒欲求深造者要到锡兰留学，就是世界各国研究巴利语系佛教的学者，亦无不莅临这佛国研讨。对外则广作社会慈善、文化、教育、宣传等事业，以利益国家社会乃至世界人群，表现佛教慈悲博爱的精神。所以他们所说虽是小乘教，但所修的却是大乘行。……这大乘理论的实践行动，即所谓"菩萨行"，而这菩萨行要能够适应今时今地今人的实际需要，故也可名为"今菩萨行。……今菩萨行的实行者，要养成高尚的道德和品格，精博优良的佛学和科学知识，参加社会各部门的工作——如出家众可参加文化界、教育、慈善界等工作，在家众则政治界、军事界、实业界、金融界、劳动界等等都去参加——使国家社会民众都得到佛教徒之益。佛教的细胞散布于社会每个阶层，全不和国家社会民众疏远分隔"。①

　　这确实是僧伽罗佛教社会的真实写照。这次演讲提出的锡兰是小乘教理大乘行的佛教以及实践今菩萨行的观点，实际上与太虚大师一贯倡导的人间佛教思想是一脉相承的。

　　太虚大师在访锡兰期间，曾与锡兰摩诃菩提会、全锡兰佛教会、科伦坡青年佛教会和锡兰妇女佛教会等著名佛教组织的僧俗领袖面谈，商讨两国佛教徒之间的文化交流事宜，内容包括成立中锡佛教文化协会和互派佛教学者及筹建世界佛教联合会组织等方面。回国后大师便按照双方商讨的方案，呈准教育部予以资助，后选派他的得力助手法舫法师作为传教师，白慧和达居为留学僧前往锡兰。由于受战时入境的特殊条件所限，未能及时赴锡兰，便滞留缅甸考察学习，后法舫法师和白慧又转赴印度国际大学研修深造。直到1944年，法舫法师在摩诃菩提会的协助及担保下，终于来到锡兰，与当地佛教僧俗学者建立了直接联系，结下了深厚的佛缘。

　　法舫法师作为传教师赴锡兰从事佛学研究和两国佛教界的联谊工作，是近代佛教复兴时期中国派遣佛教学者出国考察和深造的一个范例。太虚大师访问锡兰期间所谈及的一些交流事项，实际上是法舫法师在锡兰努力

_____

① 参见《海潮音》第二十一卷第七号。

落实的。可以说，法舫法师是这一时期中国和僧伽罗佛教文化交流的中坚。他在锡兰广结善缘，重续两国佛教僧俗学者和佛教徒之间的友谊，建立了当时两国佛教界真正意义上的互动关系。

其实，法舫法师在赴锡兰调研之前就对锡兰为主导的巴利文系佛教及其圣典格外重视。1936年，他在《读暹罗、锡兰两留学团报告书》一文中指出："世界佛教的活跃，是以研究南方佛教为基始，故今建设世界佛教，无疑是以巴利文圣典与锡兰僧制为根本基础，然后发展大乘佛教，由小之大，佛陀遗教。"①

基于上述认知，1944年法舫法师到锡兰后就开始刻苦研读巴利文佛典，在缅甸逗留期间，法舫法师就和白慧、达居一道随住在印度达摩都达寺的僧伽罗高僧达罗密索法师学过巴利文文法及初级课本。到锡兰后，在智严学院（Vidyalankara Piriwena）跟随住持兼院长精慧长老（Kiriwattutu-we Pragnasara Thero）读巴利三藏佛典、锡兰史、南传佛教史及巴利文学史等科目。曾陆续研读了《阿毗达摩摄义论》《对法聚论》《那先比丘经》《清净道论》和《本生经注》以及巴利文文学和文法等。1945年5月，法舫法师开始一边教锡兰著名东方学者马拉拉塞克拉教授读中文《中阿含经》，一边对勘中文、巴利文的《阿含经》。同时，法舫法师对巴利文的论藏，尤其是法相方面已做了初步研究。1946年，法舫法师在锡兰摩诃菩提会会长金刚智长老（Parawahera Vajiragnana Thero）设立的传教师训练所（Dhamaduta Vidyalaya）讲授大乘佛学期间，所选的教科书是龙树的《大乘二十颂》和《俱舍颂》，此两经均有梵本，但谬误甚多，法舫法师依据中梵本讲授，同时做南北对法的勘误。由于法舫法师的勤奋研读，巴利文原典的阅读水平日渐长进。在与太虚大师的书函中，他表达了自己的心愿：

> 弟子对巴利文学、历史及文法等亦均有研究，预计再作两年之专攻，则于此两千五百年来流传锡兰、缅甸、暹罗南洋之佛教，能得切实之认识，如有因缘，将来归国后，巴利文三藏之翻译，愿从事之。②

---

① 《海潮音》第十七卷第十二号，参见《法舫文集》第五卷，第373页。
② 《海潮音》第二十六卷第一期，参见《法舫文集》第六卷，第12—13页。

法舫法师在锡兰期间，时刻不忘世界佛学苑的筹建工作。他申明："世界佛学苑的宗旨在研究世界佛学——南传之巴利文系（包括梵文、小乘原始佛教）、中文系、藏文系及新兴之欧美佛学。"① 这也是太虚大师奋斗多年的目标之一。为培养中国通晓巴利文及其佛典的宝贵人才，补充西安筹办的世佛苑巴利三藏院的合格师资，他于 1945 年在摩诃菩提会传教师训练班执教期间曾向该会会长金刚智长老提议"中锡交换佛教教师及留学僧"事宜。商定下列六项办法：

1. 中国世界佛学苑或中国佛教会与锡兰摩诃菩提会在战后立即交换传教师、留学僧，至少各一人。

2. 中国传教师和留学生到锡兰后，衣食等一切生活费用，全由摩诃菩提会供给。锡兰传教师和留学生到中国后，其生活费用，全由中国佛学会或世界佛学苑巴利三藏学院供给。

3. 中国传教师必须通达大乘佛学，年龄须在 35 岁以上。

4. 留学生须受过佛学教育，年龄在 25 岁以上。锡兰传教师必须通达巴利文三藏及梵文英文，年龄相等。

5. 各传教师在各国应需留住五年以上。留学生须在八年以上。

6. 中国传教师及留学生到锡兰后，应即加入摩诃菩提会，而受会长之领导及指导研究。锡兰传教师到中国后，应即加入中国佛学会或世界佛学苑巴利文三藏院为教师，而受院长之领导与指导。

以上各项若能得中国佛学会会长或世界佛学苑苑长太虚大师及巴利三藏院副院长、院董会之同意，即行办理交换手续，期半年内实现此办法。②

这应是一个切实可行的合作方案。法舫法师为此倾注了很大的精力。抗战胜利后，这一协议方案最终得以落实。1946 年，世界佛学苑太虚大师派遣了参（叶均居士）和光宗（郑立新居士）两位第二批留学僧来到锡兰，在科伦坡摩诃菩提会的传教师训练班潜心研修巴利文及三藏佛典。

---

① 《致慈航法师函》，《法舫文集》第六卷，第 92 页。
② 《致太虚大师书》，载《海潮音》第二十六卷第十一期，参见《法舫文集》第六卷，第 16—17 页。

光宗法师修学 5 年期满，于 1950 年回国。了参法师在此研修长达 11 年，于 1957 年回国，曾译出《摄阿毗达摩义论》《法句经》和《清净道论》等巴利文三藏经典。回国后他们都在中国佛教协会工作，叶均居士任研究部研究员，郑立新居士任国际部副主任。

　　与此同时，锡兰摩诃菩提会派出科伦坡金刚寺索摩、凯明德和般若希诃三位德才兼备的法师前往中国讲授巴利文和上座部佛教。但由于各种原因，这三位法师未能到达巴利三藏院所在地西安，而是在上海逗留数月即返回锡兰。虽然世界佛学苑巴利三藏院的教学因此而受挫，但这次两国互换佛教学者的行动却产生了历史性的影响。

　　太虚大师在访问锡兰期间，就与马拉拉塞克拉博士谈及联合发起建立世界佛教徒友好组织的倡议。因此，法舫法师来到锡兰后便与全锡兰佛教会主席、锡兰大学巴利文教授和著名东方学学者马拉拉塞克拉博士密切交往。法舫法师在给马拉拉塞克拉博士教授中文和讲解《中阿含经》的日子里，也常与他谈及此事，马拉拉塞克拉博士非常希望得到中国的协助。1946 年 5 月，马拉拉塞克拉教授在卫塞节佛刊专号上发表《世界佛教徒联盟》一文。文中提出，全锡兰佛教会在 1945 年年会上，通过了一项"1950 年在锡兰召集一个国际佛教会议"的决议案。法舫法师便立刻在《海潮音》第二十七卷第九期会刊上译介了这篇文章。同时，法舫法师还特地撰文报道了全锡兰佛教会主席马拉拉塞克拉博士倡议 1950 年在锡兰召开世界佛教徒联谊会的消息，他希望中国佛教徒对这件事加以注意。[①]在锡兰期间，法舫法师参加了大会会章起草委员会工作。由于太虚大师圆寂，当时的中国佛教界许多高僧请求法舫法师回国承担佛教大业。法舫法师于 1947 年经印度回国，但他却时刻不忘出席世界佛教徒联谊会大会一事。

　　1948 年 10 月，马拉拉塞克拉教授在给法舫法师的信函中再次提及"世界佛教徒联谊会"大会事宜，希望及时得到中国方面的帮助。同时，他还希望法舫法师再次来锡兰完成巴利文研究事业，并继续教他中文。最后，他在信中深情地写道："我时常想念你，记起我们在一起的那些最快

---

① 《今日之锡兰佛教运动》，载《法舫文集》第五卷，第 284—285 页。

乐场合。我十分希望我们在不久的将来能再重会。"①

　　法舫法师最终决定重返锡兰，接受此前锡兰大学大乘佛学讲师的聘请，并代表中国出席"世界佛教徒联谊会"大会。在会上代表中国上海法明学会多次发表演说，并在大会期间报告我人民政府对佛教的维护态度，得到了一般人士的好评。大会结束时，法舫法师被选为大会中央执行会议委员及福利委员。中国也被大会推选为大会理事会常务理事国，并将中国辟为"世界佛教徒联谊会"组织的"区域分中心"之一。1951 年 10 月 3 日，法舫法师在锡兰智严学院因突发脑溢血圆寂。噩耗传来，引起中国及海外华人佛教界和印度、锡兰等国佛教界的震惊。世界佛教徒联谊会会刊第二期刊文称，法舫法师是"世界佛教徒联谊会"组织的中流砥柱，中国驻科伦坡的世界佛教徒联谊会的中国领衔代表，为国际佛教做出很大贡献。

　　近代佛教复兴时期的中国和僧伽罗佛教交流从 19 世纪末达摩波罗与杨仁山的会晤到 20 世纪中叶世界佛教徒联谊会的建立，经历了半个多世纪不平凡的发展历程。尽管当时战事频仍，时运不济，然而以太虚大师为代表的中国佛教改革先驱，为加强同锡兰为首的巴利语系佛教国家的联谊与合作，采取了一系列振兴国际佛教合作、促进佛学教育改革、培养新型国际佛教人才的重大举措。法舫法师为此亲赴锡兰进行联络沟通工作，与锡兰各大佛教组织建立了密切的关系，对两个不同语系的佛教国家之间的相互学习和两国佛教徒之间的相互了解起到了桥梁作用，对新时代的中斯两国佛教关系的发展以及世界佛教组织的友好合作与发展也产生了不可估量的重大影响。

三　现代佛教交流

　　中华人民共和国成立后，中斯友好关系史进入新纪元。从此，两国佛教文化交往也更加频繁。1950 年中国佛教界就委托当时在锡兰的留学生作为代表出席了世界佛教徒联谊会成立大会。1952 年，锡兰佛教代表团访华，以佛舍利、贝叶经和菩提树苗三宝赠中国佛教团体。

　　1953 年中国佛教协会成立后，中斯两国佛教文化交流的一个重要开

---

① 《法舫文集》第六卷，第 137—138 页。

局就是在 1956 年纪念佛陀诞辰 2500 周年之际，中国佛教协会接受并参与撰写英文佛教大百科全书的中国佛教条目。为此，中国佛教协会召集全国佛教专家学者成立了中国佛教百科全书编辑委员会，共撰写词条文稿 400 余条，约 200 余万言。这一重大的佛教学术合作项目，增进了两国佛教界的友谊，同时也促进了中国佛教学术研究工作的开展。

1960 年，在中斯两国政府及佛教界纪念高僧法显抵达师子国求法 1500 周年之际，中国佛教协会分别向斯里兰卡佛教高等学府智严佛学院和智增佛学院赠送全套汉文大藏经。1961 年，锡兰总理西丽玛沃·班达拉奈克访华时，赠送给中国佛教协会一尊古代佛像复制品，供奉在北京广济寺内。

中斯现代佛教交流史上的另一重大事件就是 1961 年锡兰佛教团迎奉北京灵光寺的佛牙舍利巡礼锡兰。中国佛教协会会长喜饶嘉措和副会长兼秘书长赵朴初为首的中国佛教团一同前往护送。北京灵光寺的佛牙舍利在锡兰八大城市巡礼长达 60 天，每天都有数以万计的当地佛教信众前来列队瞻仰膜拜，盛况空前。全国各大英文和僧文报刊每天都跟踪报道，并以头版新闻刊登。中国佛牙舍利巡礼斯里兰卡大大加深了中斯两国佛教交流和民间的友好关系。

20 世纪 80 年代以来，两国佛教界的交往和文化交流出现新气象。斯里兰卡佛教三大派的僧团领袖分别应中国佛教协会的邀请访问中国，著名佛教学者毗耶达希长老（1981）、瓦尔波罗罗睺罗长老和佛教社会活动家维普罗萨罗长老（1986）等也相继访问中国，与中国佛教协会建立了友好关系。与此同时，中国佛教代表团也多次应邀前往斯里兰卡进行友好访问。

在两国佛教交流互访日益增多的基础上，中国留学僧赴斯里兰卡学习深造也出现历史新高潮。1986 年，经斯里兰卡维普罗萨罗长老与中国佛教协会协商，中国佛教协会派遣中国佛学院建华、广兴、圆慈、净因和学愚五名留学僧赴斯里兰卡深造，这是公费公派的首批赴斯里兰卡留学僧。自此以后，公派和自费前往斯里兰卡攻读佛学硕士和博士学位的留学僧日渐增多。除中国佛学院以外，直属中国佛教协会的深圳本焕学院、中国佛学院普陀山学院和厦门闽南佛学院等佛学院校也相继与斯里兰卡凯拉尼亚大学、凯拉尼亚大学巴利语佛教研究生院以及斯里兰卡佩拉德尼亚大学签订合作协议，联合培养本科学位和研究生学位的中国学僧。

30 多年来，200 余名来自中国佛学院和地方佛学院的留学僧在斯里兰卡各佛教院校和佛教研究生院研修深造。其中许多学僧已获得学位，学成归来，在国内知名大学、研究院、佛学院以及各大寺院发挥着中坚作用，成为当代佛学界的龙象之才，同时也成为中斯两国佛教文化交流的桥梁。

四　当代佛教交流

世纪之交，中国南传巴利语系佛教所在地云南也同斯里兰卡佛教僧团和组织续接了新世纪佛缘。2000 年开始，时任中国佛教协会副会长兼秘书长的刀述仁居士多次组团访问斯里兰卡，与斯里兰卡佛教部、三大佛教僧团领袖和智严、智增佛学院以及摩诃菩提会等著名佛教院校团体广结善缘。2003 年又派遣云南傣族留学僧岩扁、岩三说、金眼保等六位比丘前往斯里兰卡留学，成为中国佛教协会选派的第一批到斯里兰卡留学的南传佛教比丘。目前，这些学有所成的留斯学僧已返回云南西双版纳和德宏等地，在当地佛教协会和佛学院担任重要职务。2010 年赴斯留学的第二批云南巴利语系佛教的八名僧人中有都温香、召塔洼拉、岩滇坎、袁贵华、陶英德五位法师在斯里兰卡凯拉尼亚大学和研究生院相继获得学士和文学硕士学位回国。另外还有都罕养、都温庄两位法师也在兰卡大学获得学士学位，都罕养法师后又在泰国玛希隆大学深造获得硕士学位，都温香法师后赴印度迈索尔大学深造获得哲学硕士学位。第二批学成回国的几位法师也在版纳和德宏佛教协会和佛学院工作任教，2016 年，云南佛学院派遣的赴斯留学僧都印塔法师现已在凯拉尼亚大学巴利语佛教研究生院获得文学硕士学位，目前正在攻读巴利语语言硕士学位，成为后续南传巴利语系佛学人才。

2005 年，云南省佛教协会组织庞大的迎请团前往斯里兰卡请回斯里兰卡圣菩提树的三株树苗。斯里兰卡暹罗派摩尔伐多和阿斯吉里两大支派大导师长老、阿努拉德普勒古城佛教八大处总管大长老以及康提佛牙寺总管等斯里兰卡佛教界僧俗领袖组成的护送团一同前往，并在西双版纳计划兴建的总佛寺世界佛教文化苑中为建造斯里兰卡佛塔举行奠基仪式，成为中国云南上座部佛教和斯里兰卡佛教文化交流史上的一段佳话。如今，栽种在云南的菩提树枝叶繁茂，长势良好，成为云南和斯里兰卡之间世纪佛缘的鲜明标志。

基于 1961 年中国灵光寺佛牙舍利巡礼斯里兰卡缔结的佛教因缘，2010 年 11 月 17 日，中斯两国佛教界在斯里兰卡康提佛牙寺共同举行斯里兰卡佛教博物馆中国馆开馆剪彩仪式和中国北京灵光寺与斯里兰卡康提佛牙寺缔结友好寺院签字仪式。通过由北京灵光寺布展的这一中国馆，让斯里兰卡人民更形象地了解中国佛教以及中斯两国佛教交流的历史与现状。两个共同供奉世界上仅存的两颗佛牙舍利的寺院结为友好寺院是两国深厚的佛教因缘的象征。2016 年 6 月，北京灵光寺还举行了"佛牙舍利与中斯佛教文化交流"研讨会，斯里兰卡高僧大德及佛教学者参加了这次会议。

2017 年 9 月，斯里兰卡佛教复兴之父达摩波罗居士创建的斯里兰卡摩诃菩提会现任主席乌波蒂萨长老率团访华期间专程赴南京寻访杨仁山居士创办的金陵刻经处，齐聚旧地，共忆往昔，重续了两国近代百年佛缘。

高僧法显的名字在斯里兰卡家喻户晓，已经成为中斯两国千年佛缘的标志。2010 年和 2016 年，中国佛教协会在北京灵光寺和五台山分别举办了两国高僧及学者共同参加的"纪念法显到达师子国 1600 周年研讨会"和"法显大师——'一带一路'先行者研讨会"以及山西稷山中斯文化友好交流活动。2010 年 9 月 20 日，全锡兰佛教大会在科伦坡主办"法显在斯游学 1600 周年纪念大会"。2019 年 8 月 28 日，斯里兰卡龙华书院在科伦坡主办"法显文化与新世纪海上丝绸之路国际论坛"，斯里兰卡国家首脑、僧团领袖以及中国驻斯大使、中国佛教协会副会长纯一法师和常藏法师率领的中国佛教代表团和中国临汾市政府及临汾市法显文化研究会等共同见证了这一历史时刻，掀起了当代中斯佛教交流的新高潮。在临汾市法显文化研究会和斯里兰卡龙华书院的协助下，2020 年 11 月，中国临汾市和斯里兰卡阿努拉德普勒市正式缔结为友好城市。

当代中国佛教界举办的一些国际佛教高端论坛成为中外佛教交流的一个新亮点。斯里兰卡佛教界对这些高端论坛都给予了极大的支持和高度的评价。2006—2018 年，中国举办的五届世界佛教论坛中，每一届都有斯里兰卡三大教派最高僧团领袖出席会议。2014 年 10 月，斯里兰卡派遣大型佛教代表团出席了在中国宝鸡举办的第二十七届世界佛教徒联谊会，并在开幕式上宣读了斯里兰卡总统的贺电。

斯里兰卡佛教代表团 2013 年列席第三届中国大理崇圣论坛，开创了南亚、东南亚国家佛教界参与崇圣论坛之先例。以此为契机，2014 年至 2016 年的三届崇圣论坛均以广阔的国际视野，商讨推进东南亚、南亚佛教命运共同体建设，铸造东南亚、南亚以佛教为载体的和平发展与友好交流的黄金纽带。斯里兰卡作为主要南传佛教国家还参加了 2016 年 2 月和 2017 年 4 月分别在中国云南西双版纳和德宏举办的两届南传佛教高峰论坛。

"21 世纪海上丝绸之路"新倡议为当代中斯佛教文化交流提供了更广阔的空间。除了中国佛教协会组织的交流活动外，地方佛教协会和寺院及佛教团体也在中斯两国佛教文化交流方面发挥着积极作用。其中，广东（广州、佛山、深圳、珠海）、福建（福州、厦门、泉州、莆田）、云南（昆明、大理、西双版纳、德宏）、浙江（杭州、普陀山、温州）、江苏（南京、无锡）、海南、五台山等佛教协会及主要寺院显得更为突出。继中国北京灵光寺与斯里兰卡康提佛牙寺缔结友好寺院之后，广东省珠海普陀寺、广州大佛寺、浙江安福寺等寺院同斯里兰卡的著名寺院建立了友好寺院关系。

此外，2021 年经斯里兰卡内阁会议批准，委托佛教部监管在洛阳白马寺辖区内的世界佛教文化园区设计斯里兰卡传统寺院的工作。2022 年 12 月 27 日，由中国佛教协会发起的"法显大愿慈善计划"在斯里兰卡阿努拉德普勒的无畏山寺隆重举行启动仪式。中国北京广济寺、灵光寺，广州光孝寺、大佛寺，深圳弘法寺，珠海普陀寺和浙江安福寺等寺院为此次活动筹集善款 780 万元人民币捐赠给斯里兰卡佛教界和广大贫困家庭。这一事件彰显了两国佛教界的深厚法谊，当代中斯佛教文化交流和友好互动正呈现出更加宏伟壮丽的画面。

第四章 从"线性经济"到"循环经济"：新冠疫情下斯里兰卡的经济转型

　　循环经济近期的复苏从 2003 年开始，当时中国政府极力推动循环经济作为解决中国许多环境问题的方法。2009 年，中国出台了首部循环经济法，也即《中华人民共和国循环经济促进法》。2011 年，关于循环经济的讨论在欧盟开花结果，这便是"欧洲走向资源节约的路线图"的出台。[①] 该路线图是"欧洲 2020 战略"的七项主要政策之一，它将资源效率作为对资源市场渐增的风险和波动的担忧的回应（假设可持续性政策可能遇到失败）。2015 年，欧盟又出台了更广泛的循环经济战略——"关闭循环"。就学术成果而言，对循环经济的政策讨论和近期复苏的学术兴趣之间的联系也日益明显。2005—2012 年的大部分论文是以中国为重点关注对象，从 2012 年起首次开始以欧洲为关注焦点。成立于 2009 年的艾伦·麦克阿瑟基金会近期已经成为循环经济强有力的国际支持者之一。

　　2019 年 12 月，新冠疫情的突然暴发导致了灾难性的社会和经济后果，并且以不同方式持续至今，它同时还展现了当今线性经济系统的各种风险。线性经济集中于生产和废料，最终导致了对人类和动物健康有害的环境污染和废弃物。由于疫情迫使人类世界转而适应人们不曾想象的日常生活方式，它也迫使人们重新思考能重新稳固经济管理的系统。在新冠疫情发生之前，进行系统转变和循环经济模式的潜在可能的趋势就已与日俱增。循环经济是一种可供选择的经济模型，其产品和服务被设计成可再生（复原）、重新利用和可回收的，因此能使材料重新回到工业或生物养分循环中。它将消费和市场设计成能优化使用现有产品，并且鼓励人们获得

---

① European Commission, 2011.

产品使用权而不是所有权。作为回应，在过去 10 年里，许多一流企业已经投资于从线性经济到循环经济的转变路径，有开拓精神的公共和政府机构也提出了重要的立法提案，以保证线性经济到循环经济的成功转型。在医疗领域，新冠疫情的早期阶段清楚地揭露了全球供应链所存在的脆弱性，尤其是在病毒防护用品和卫生设备方面。值得注意的是，一些受到新冠病毒严重影响的国家能够迅速使用工业设备生产医疗器械。

2020 年 3 月 11 日，世界卫生组织宣布新冠疫情暴发。这时全球供应链已受到严重破坏和损伤，金融市场不稳定导致了跨境经济灾难。封闭城市和关闭边境打碎了现代世界经济的核心支柱，全球仍在评估由此造成的经济震动。① 显然，疫情对每个人的生活都造成了许多影响。从不能离开家到被感染并且可能住院，甚至失去所爱的人。在经济方面，由于在宏观和微观部门都造成了巨大的经济损失，其影响更是随处可见，包括国际贸易、旅游、航空业以及其他各部门，这些都阻碍了联合国可持续发展目标的达成（UNSDGs）。然而，疫情引发的一些行为和态度上的自然变化对人类健康和地球也造成了某些积极的影响。比如，减少环境噪声、空气污染和交通阻塞；人们在户外进行锻炼并且享受其中；游客减少，使得对海滩的开发减缓，以及全球一次能源使用的减少。举例来说，与 2019 年第一季度相比，减少了 8% 的煤炭使用，60% 的石油和 20% 的电的使用，使得全球二氧化碳排放达到了最低纪录，并且激发了供应链的多样化和循环性需求。

"疫情突出了线性经济模型中的材料和能源流动所造成的环境破坏的做法，包括提取、生产、使用和丢弃。然而，应对疫情的短期解决办法从长期来讲是不可持续的，由于它们并不能反映出全球经济结构的改善。"② 笔者认为，较为可行的做法是各行各业都能接受循环经济系统，各部门也可以采取不同的策略。举例来说，利用数码技术转化能力通过杠杆效应使供应链保持韧性：用大数据分析简化供应商选择流程；云计算帮助处理供应商关系；用物流网优化物流和船运流程等。人们已经认识到了目前占据

---

① "A Critical Analysis of the Impacts of COVID-19 on the Global Economy and Ecosystems and Opportunities for Circular Economy Strategies", Published in *The Journal Resources*, *Conservation & Recycling*, Sees a Group of Researchers Led by WMG, at the University of Warwick.

② Dr. Taofeeq Ibn-Mohammed, from WMG, University of Warwick.

主导地位的线性经济的缺点，并且知道了解决这一问题的方式。因此，后新冠疫情时期的投资需要向更有弹性、低碳和循环经济模式加速发展，同时，还应整合进政府承诺的经济复苏刺激一揽子政策中。如今，新兴国家和发展中国家在经济领域正面临着许多宏观问题，且政策制定者们一直依赖于"救火模式"而不是致力于寻找深层次的结构和财务问题。

　　资源短缺和环境污染是来自经济发展和环境污染加剧的全球性挑战。在过去十年里，包括欧盟在内的大部分国家都认可的可持续发展路径便是开启循环经济。它包括促进整个价值链和资源循环的资源效率（主要与水资源、能源和物质利用有关）在整个生命周期的再生、再利用和回收。循环经济也是实现非物质化和分享资源的途径，这些只是循环经济广泛能力的一个例子。本章内容主要包括六部分：第一节尝试从概念框架介绍循环经济，强调并重申了新冠病毒已经清楚地展现出了循环经济的好处，及其与世界秩序前所未有的相关性。同时，还列举了新冠疫情和在线性经济模式下的全球经济增长预测，以及世界各国面临的挑战。第二节给出了线性经济和循环经济模式的影响对比，以及由循环经济提供的未来竞争力的机遇。第三节介绍的是从线性经济到循环经济的转型，以及需要政府范围的项目来解决方法论和执行上的挑战。第四节讨论了斯里兰卡从线性经济转型为循环经济过程中，由宏观经济遗留问题所造成的主要挑战。第五节总结了所有讨论，并向政策制定者提供了行动方案，以推动向循环经济的战略转型。

第一节　"循环经济"模型的概念框架

　　艾伦·麦克阿瑟基金会将"循环经济"定义为"被设计为有助于复原和再生的，目的为始终保持产品、部件和物料利用率最高和全程有价值，区别于技术和生物循环的"经济。[①] 这个概念的根本目的在于实现从现有的被化石能源支配状态向可再生能源过渡，进而实现三个目的：（1）从设计阶段减少废弃物和污染产生；（2）保持回收和再利用原材料和产品；（3）使自然系统再生。

---

① https://www.ellenmacarthurfoundation.org.

自工业革命以来，工业和商业发展已经带来了众多环境问题。现今世界已经处于第四次工业革命阶段，其主要驱动来自高功率计算机、机器人、无线通信系统、手机、电子商务、无人机、为加速机器运作而使用的电子设备，以及将整个世界通过电子和无线手段联系起来的跨境转账系统。第四次工业革命还处于不断更新的科学进化当中，比如人工智能、基于算法的计算机创新以及机器学习等。它们可能会将人类与经济和商业活动的接触时间减到最少，而在同一个线性经济框架内制造商品和服务，往往不需要考虑环境、社会、损耗和人类健康等问题。很难假设在第四次工业革命过程中，人们会使用并且再次利用原材料和多余的电脑部件、减少废弃物，并采用可替代的产品取代塑料这样的无声杀手。因此，在第四次工业革命中，从线性经济向循环经济的转型非常缓慢，并且只有一部分国家参与其中。

各国政府已经签署了一系列法规，以应对类似于 1970 年代美国环境保护署成立前后制造业对环境造成的不良影响。其最初的办法是采用控制技术，将有毒的和有攻击性的气体或液体的排放变为温和的废弃物。与此同时，预防污染或垃圾制造的核心观念明显呈现出来，而且出现了各类情况通报项目。比如废弃物最小化、污染预防、环境保护、人类及动物健康保护设计、工业生态学、绿色化学、可持续发展，以及弹性恢复等。最初要求改善工业生产流程和产品环境绩效的命令并未考虑成本，至少从法律角度来说是这样。但在后续发展阶段，这些计划开始注意到成本和收益问题。目前重要的决定因素包括二氧化碳排放、塑料废弃物消耗和其他温室气体排放，以及此类污染对人类及动物健康和环境所产生的有害影响。

当前，世界人口正急速增长。更重要的是，在新冠疫情发生之前，世界大部分地区的经济都在以空前的速度发展着。预计到 2025 年，全球经济还将会新增 30 亿中产阶级消费者，其中 90% 预计会在亚太地区出现。①不过，新冠疫情已导致了全球 250 万人死亡，这一事实正在打破前述预测。由于上述原因，线性经济模式如今已经接近极限。在 2020 年年末全球经济历史性地下跌 3.5% 之后，约有 84% 的国家通货膨胀率低于预期目

---

① These Projections may be Considered Cautiously as They Were Made prior to Covid - 19 virus Breakdown.

标。这或能让利率保持在低位，并且让政府开支，尤其是发达经济体的政府开支能够用来支持经济增长。

线性经济是用于描述产生产品和废物的系统，所有这些产品和废物最终都会被弃置和污染环境。而循环经济则是将所有企业产生的废物用于后续企业，生产出有益的产品供人类使用。根据这一原则，生产/回收/再利用的过程可以无限重复。反对循环经济的人认为，只有物质资源才会经历这种良性循环，循环经济可以被准确地描述为工业革命初期的一种做法，但它并不是对当今做法的真实描述。循环经济的支持者则认为，循环经济是为未来发明的理想化版本，它只是一个最新的处方。

复苏的希望在异常不确定的情况下继续升温，这主要集中在气候变化问题上。国际货币基金组织高官曾指出：

> 目前，预计2021年全球经济将增长5.5%，欧盟将增长4.2%，但复苏之路极不确定，最重要的是不均衡。其中，不确定是因为病毒和疫苗之间的竞争仍在继续，不平衡是因为各国的起点、经济结构和应对能力不同，导致各国之间和各国内部的不平等加剧。国内不平等是最令人担心的问题，2020年的"大封锁"很可能会变成未来的"大分歧"。①

我们正在目睹这个世界越来越忙于应对人类所面临的巨大挑战，越来越关注于气候问题。引人注意的是，2020年，许多人都担心我们会忽略掉正在逼近的气候危机。事实恰恰相反。越来越多的国家决定向绿色转型。

未来国际货币基金组织应对挑战的四个关键领域是：

将气候问题纳入国际货币基金组织的年度国家经济评估（第四条磋商）中。在高度脆弱的国家，重点将放在适应性上；国际货币基金组织将在对排放大国的评估中加强减缓分析，包括碳定价问题。

把与气候有关的金融稳定风险纳入金融部门的监督中去——通过对这些风险的信息披露标准化，强化压力测试并加强对监督框架的评估。

---

① Georgieva, MD, IMF, Speech to the European Union Parliamentary Conference.

扩大能力建设中的气候问题，帮助财政部和中央银行掌握考虑气候因素所需的技能。

将气候指标作为宏观经济数据的主流。国际货币基金组织（IMF）将推出"气候变化仪表板"，通过若干指标来跟踪气候风险对经济的影响，以及为缓解这些风险所采取的措施。

许多亚洲国家都被历史遗留的宏观经济问题所困扰。如今，这些问题日渐凸显，现在又因新冠疫情而变得更加严重。一些国家热衷于采用可持续发展的原则和方法，而另一些国家则在等待时机摆脱宏观问题的困扰，并开始采取临时行动，却没有意识到政府主导的举措对于从几百年前的线性发展模式过渡到最近出现的可持续发展模式已势在必行。斯里兰卡属于后一类国家，尽管该国具有逐步向循环经济过渡的潜力。斯里兰卡政府已宣布其发展战略更符合循环经济原则，但是没有明确提及实现基于循环经济模式的发展战略和途径。在历史遗留问题之外，斯里兰卡政府还面临着新冠疫情不断扩散对经济的消极影响。在这样的背景下，不管是线性经济还是循环经济，只要能及早恢复经济增长就是最好的。虽然斯里兰卡政府可能无法单独引领从线性经济到循环经济的转变，但行业领导者、银行、中小企业、公司、非政府组织、民间团体，以及所有公民都不得不各自重新思考其商业模式、消费和行为模式，接受新的思路，重新设计产品和流程，乃至探索循环经济的关键要素——再利用、再制造和回收的效益。

第二节 "线性经济" 与 "循环经济" 模式的影响比较

作为两种不同的经济发展路径，"线性经济"和"循环经济"有着截然不同的特征与影响。下文将对此逐一进行分析和比较。

一 资源效率低下与不可持续发展

循环经济产物必定需要不同的商业模式，且调整同样的旧模式不会带来如愿的改变。联合国 2030 年可持续发展计划包括了 17 个目标以应对最急迫的社会环境挑战，其中第 12 个目标"保证可持续消费和生产模式"最为需要的就是对"取得—制造—浪费"的线性经济系统的全面改革。同时，建立一个有利于循环经济系统的制造和消费模式——一个所有产品在被设计和销售时都应考虑到再次利用和回收的有助于复原的或可再生的系统。

新冠疫情为人类思考这一问题提供了前所未有的契机。当经济开始重新启动时，人类该如何实现循环经济。危机使得占支配地位的线性经济模式的弱点暴露出来，包括根深蒂固的不平等、气候恶化，以及与生俱来的脆弱性。一如往常的旧模式耗尽了自然世界的资源，增加了社会不平等，并对未来造成了威胁。现在，由于新冠疫情的暴发，上述挑战间的互相连接，以及问题的严重性再明显不过了。这是一次史无前例的机会，抛弃不惜任何代价进行经济发展的做法，以及旧的化石燃料经济，实现人类、繁荣和行星间的长久平衡。

全球资源开采在1980—2020年翻了一番，达到820亿吨。其中，非金属矿物，如黏土、钻石、盐矿、石英、石膏、沥青、柏油等，占据了最大比重（增长116%）。

二　线性经济已经威胁到人类和动物健康

显然，处理公共卫生影响是需要优先考虑的事情，但是各国还必须重新审视在疫情之前全球范围内兴起的势头，再次对线性经济模式下的威胁进行考虑，并探索循环经济的积极影响。过去十年已经见证了许多大企业在这条转型道路上的投资和探索，同时一些开拓型的公共机构和政府机构也提出重要的立法提案，旨在确保转型成功。全球供应链的脆弱性在疫情早期阶段就已显露出来，尤其是对那些急需医疗设备的部门而言。

数以百计的动物已经因为野火、洪水、干旱和饥荒而死亡。这部分是由于为了现代发展而进行的大规模的林地破坏、全球变暖、动物吸收塑料废物、气候变化、人类与动物间的冲突而造成的。如果循环经济要作为发展模式获得成功，其最基本的一点就是要认识到所有努力都是可持续的，而且其成功将会依赖于所有利益相关者的参与和承诺。

三　破坏环境、海洋和水生资源

亚洲和非洲国家的一些政府已经开始注意到环境问题。在一些地方，虽然受到政府警告，非法活动仍然普遍存在。比如，破坏树木、非法挖沙、非法砍伐造成的水土流失、捕杀野生动物，尤其是濒临绝种的族类（如大象）、为了某些经济作物而破坏药用作物，以及水库和水渠中的水资源浪费（成千上万的人们在干旱地区因缺水而死）。

2020 年 9 月 3 日，一艘在巴拿马注册、载着 27 万吨货物的油轮（新钻石号）在离斯里兰卡东海岸的桑塔亚纳以东 38 海里的海域起火，造成了潜在的原油泄漏危险。该邮轮离开科威特艾哈迈迪（Alahmadi）港口后，计划于 9 月 5 日抵达印度帕拉迪普港（Pradip）。这是近期严重破坏环境的例子之一，有关油船泄漏的潜在威胁的细节将会在下文案例中进行说明。2020 年 7 月，一艘日本籍散装货船在毛里求斯的一片珊瑚礁处搁浅。虽然当事国可以要求对处理船舶失事的费用进行补偿，但此类事故对环境的破坏是无法弥补的。十分严重的环境破坏行为之一是 2019 年澳大利亚长达四个月之久的山火，其过火面积是整个斯里兰卡的 1.3 倍。更加令人不安的是，这些巨量的二氧化碳正在通过存储碳的释放而排放出来，其量之巨足以在未来引发更多的事故。直到 2019 年 9 月，亚马孙丛林仍在燃烧，它同样会造成类似的环境影响。因此，未来如要阻止此类事件发生，就需要我们尽快采取行动，尽管此类事件不可能彻底消失。

案例：海洋污染和对海洋资源的威胁

这艘巴拿马货轮的船龄已超过 20 年。事实上，船龄本身就是运输石油的严重风险。世界托运人协会应该禁止使用超过 20 年的船舶运输石油，因为一旦石油泄漏到海里，它们会对海洋资源和人类造成巨大损害。漏油会对已经受到威胁的海洋生态系统造成严重损害，同时对当地渔民、红树林和海洋物种造成巨大威胁。斯里兰卡水域是许多稀有鱼类资源的家园，包括蓝鲸和海豚，以及大量其他海洋资源。石油泄漏将对这些资源造成严重损害，由于斯里兰卡没有准确的指标来衡量其对环境造成的损害，因此估计很难进行全面的损害评估。更重要的是，人类无法取代天然的海洋资源，石油污染的海水会永久性地破坏这些海洋资源。后来，斯里兰卡海军与印度海军联合拯救了涉事邮轮上的生命，还成功地扑灭了可能导致船上储油罐爆炸的大火。两国海军在联合行动中首先成功地控制了火势，随后将其拖到深海进行处置。

四　不遵守国际标准以及当地法

在巴拿马这类国旗下颁发的不合规的航海许可，足以让非常老旧的船只也能运载石油到一个遥远的国家。斯里兰卡也是一个采用灵活的海洋法的"方便旗"① 国家。船员的收入相对较低，长时间服务而得不到充足的报酬，船只的良好状况低于法定规定，卫生状况不佳，而船主则利用了这些低于法定标准的执照的要求。由于西方严格的法律法规，这些船只往往会避开这些港口。因此，对所有船只都执行标准化的法律法规非常急迫。

五　循环经济关心废弃物和污染的产生，而线性经济则不会

循环经济为企业和经济带来了巨大的节约机会。其共同效益包括更高的产品质量和环境适应能力，节省的材料约占消费品行业材料投入成本的20%。此外，企业还可以通过新的客户关系和新型商业模式增加收入。基于循环经济性能的模式可以使高质量产品的价格更加低廉。最后，在自然资本得到恢复的健康环境中，行政首长协调会可以帮助创造有韧性和繁荣的经济。例如，目前只有15%的移动电话被回收，其中大部分被循环利用，其余的在不同的市场重新使用。在经济转型方案中，收集量将增加到50%，但不会回收更多的手机，而是会增加再制造和再利用。消费后产品的内含价值可以通过维护、再利用、再制造和再循环重新获得。其改进设计还可以提高每项工作的盈利能力。

据世界经济论坛估计，在全球消费品行业高达3.2万亿美元的产值中，每年有80%的损失是不可挽回的，其原因就在于目前低效的线性"制造、获取、浪费"模式。除了不可持续之外，这种过度使用自然资源的做法还导致了土壤退化、水污染、废物产生和碳排放、海洋污染等一系列环境问题。如果不采取任何措施，到2030年，人类对自然资源的总需求预计将从2014年的500亿吨增加到1300亿吨，超过地球总容量的400%。正因如此，在亚洲这个世界制造业中心，循环经济大有可为。

---

①　"方便旗"（FOC）即"flag of convenience"，是指在对安全标准、环保标准、登记费用等方面的要求比较宽松的国家登记的商船所悬挂的登记国旗帜，其目的在于逃避赋税、雇用廉价的船员或免于遵行严格的安全与环境要求。

六　循环经济帮助减轻无声杀手的影响，并从工业废料中产生新的有价值的产品

在线性经济中，路边的塑料和其他垃圾流入海洋，焚化炉中燃烧的垃圾导致浪费，并损失大量有用的资源和价值。近年来，许多人已经在关心增加回收率。虽然这产生了一些积极影响，但最终仍是一种无效方式，因为线性经济系统从未采用"修复"的设计思维，它在许多情况下只是为了优化清理的目的而设计的。全球快速消费品物料投入价值达到每年3.2万亿美元，其中有80%最终进入填埋场或焚化炉。电器电子设备每年产生7200万吨废弃物，这是一笔很可观的价值。举例来说，1吨移动和智能电话中约含有价值2.8万美元的金、银、铜和钯。这就推动了手机复原的新商业模式和类似城市开采的新产业的出现。此外，在线性经济模式下，新产品几乎完全依赖于使用纯净物料，这明显将未来收益能力的上升置于物料价格和价格波动的影响之上。简言之，线性经济模式与废弃物处置而不是复原息息相关。

七　循环经济下减轻气候变化

气候变化是这个世界在21世纪面临的主要挑战。《巴黎协定》（2015年）希望将21世纪全球变暖的目标控制在2℃以内，并进一步探索能将全球气温升高控制在1.5℃的可能性。[①] 国际评级机构已经开始对气候变化和政府对未来气候变化危机的反应进行主权信用评级。虽然评级是向前看的，并且将结构和非宗教变化纳入其中，他们通常还是将更大的权重放在当前发展而不是不确定的长期规划上。"气候变化将会对主权信用评价和信誉产生不良影响，但内在不确定性使得量化这些影响变得较为困难。"[②] 由于主权国家面临的自然环境不同，气候变化造成的影响也不尽相同。比如，降雨模式的改变可能会对某些地方产生深刻的负面影响，但对其他地方的影响却是正面的。目前，由于政府的战略和商业模式很少或根本不关注气候变化，资源的使用和浪费很可能使全球平均气温升高到

①　E. R. Fernando, Role of Private Sector in Climate Change Mitigation, Environment Sustainability, Jan. 20, 2020, Daily FT.

②　ESG Relevance Scores for Sovereigns（April 2019）Analysts Ed Parker and Shearman Special Report 1 June 2020 Fitchratings. com 2 G Sovereigns Global Climate Change.

40 摄氏度，随之而来的是干旱、洪水、热浪和高海平面，从而降低了采用气候变化措施的可能性。最近，美国提出了一个新的气候计划，保证美国到 2050 年的碳平衡。该计划预想了更强的能源有效标准、清洁技术补贴，以及超过 10 年的将 2 万亿美元公共基金用于投资清洁能源基础设施和关键技术，例如绿色氢气。加拿大已经承诺，到 2030 年将现有水平的温室气体排放减少 30%，并且到 2050 年实现碳中立。

斯里兰卡已经受到了气候变化的不利影响。在气候变化损失指标方面，斯里兰卡排名第二。该指标显示出斯里兰卡在 2017 年由于气候变化的影响而遭受了 1.13% 的 GDP 损失。斯里兰卡作为一个农业国家，农业对 GDP 的贡献仅有 7% 与气候变化的负面影响有关。同样值得注意的是，气候变化对占总就业 25% 的农业部门的就业和民众生活产生了直接影响。与此类似，孟加拉国和尼泊尔在 2017 年也是受到气候变化影响较大的 10 个国家之一。这或许意味着南亚地区对气候变化有着更大的脆弱性。同样明显的是，气候变化还影响了食品安全、供应链、乡村贫困，乃至人类文明。

第三节　从"线性经济"到"循环经济"的转变需要一个政府计划

荷兰政府计划到 2050 年实现循环经济。为实现这一目标，荷兰发起了一项政府范围内的循环经济计划。该计划包括所有致力于更有效处理原材料的项目，比如从废物到资源（VANG）项目，绿色增长和生物经济项目，而且循环经济项目也将有助于创造一个安全健康的人类环境。举例来说，阿姆斯特丹已经成为首个接受"甜甜圈"经济学模式，并将 2020—2025 年循环战略作为其从新冠疫情中恢复基础的城市。根据新的发展模式和战略，阿姆斯特丹计划到 2030 年减少 50% 的餐厨垃圾，并在施工招标中执行较为严格的可持续发展要求，到 2030 年减少使用 20% 的新的原材料。①

---

① Etienne Kechichlan and Nidal Mahmoud, "The Circular Economy can Support COVID-19 Response and Build Resilience", May 18, 2020.

　　与此类似，欧盟和韩国也接纳了绿色新政作为其经济复苏的核心支柱，都采用可再生的模式和循环经济原则。无论现在还是将来，所有层面都可以实践循环，从对用来救命的口罩进行消毒，到部署能最大化地利用资源、减少污染并创造无数就业机会的 SMART 区域政策。一些成功应用这个想法的公司包括新加坡的 OMNI 联合有限公司和美国的户外休闲品牌添柏岚（Timberland），该公司采用新的轮胎生产线回收轮胎并将其用于制造鞋底，这是一个跨行业合作并协助减少资源使用的例子。在其他例子中，英国的沃达丰公司开始向客户租赁手机一年，同时收集旧手机并回收其中有价值的原材料。在亚洲，中国政府早在 2003 年就采用循环经济作为解决严重的环境恶化和资源紧缺问题的方法。中国循环经济协会——一个由政府、学界和业界领袖组成的推动循环经济的团体——表示，中国的循环经济在 2006—2010 年保持着 15% 的年增长速度，并且从 2010 年的 1 万亿元人民币增加到 2015 年的 1.8 万亿元人民币规模。经纶国际经济研究院和艾伦·麦克阿瑟基金会发布的一份报告指出，中国有潜力带领亚洲甚至全球采用循环经济。如今，中国拥有规模经济和多样化的生产流程，能够在经济上让再制造和物资再使用达到可行，尤其是对中小制造商来说。

　　线性经济被再次使用后就成了循环经济。在第一阶段，转变产生于回收已用的资源用于生产；在第二阶段，回收的原材料和其他原材料直接用于再生产，循环处理在不产生不可回收垃圾的情况下继续进行。

一　线性经济到循环经济转变的促进者

　　再制造基础设施。举例来说，循环经济通过聚集再制造网络、在废物处理和再制造以及其他服务行业创造规模经济来促进转变。然而，实现上述目标的知识技术可能存在，但设计和建造能适应循环经济网络规模的基础设施的实际操作还需要一点时间。亚洲城市化飞速发展，许多国家正在加大基础设施投资。比如，计划外的城市化允许规模经济发展围绕垃圾、回收和其他客户提供服务。然而，大部分基础设施和城市化规划都受制于扭曲的激励措施、资金不足，即使政府内部相关规划过程也十分分散，缺乏来自商业团体的咨询。因此，这些基础设施和支出并未得到充分利用，也没有足够的远见来处理像循环经济这样的新商业模式。如今，包括斯里兰卡在内的许多国家正计划通过创新通信系统和商业友好型高科技设施来打造智慧城市。在循环经济框架下，智慧城市的垃圾将不再是该国民众的一个额外负担，这将会更有利于未来。斯里兰卡前国防部长戈塔巴雅·拉贾帕克萨（Gotabaya Rajapaksa）有过一个精心设计的建立智慧和清洁城市的整体规划，能够彻底地改变科伦坡的空气污染情况。但是，其深思熟虑的计划被 2015 年上台的新执政党硬生生打断了。

废物利用/回收。哪怕有合适的基础设施，在向循环经济转变的过程中，消费者行为和商业惯例仍是关键。企业必须引起消费者的注意，为他们的行为改变提供信息和便利，并且和政府合作确保合适的基础设施到位，以适应消费者行为的变化。[1] 但是，垃圾分类需要大量投资，这是将垃圾管理从填埋场和焚烧炉挪开的第一步。2012 年，欧洲有 6850 万吨被分类成"家用或类似"的混合垃圾被填埋了，占据了 89% 的城市垃圾填埋量。这意味着距离不超过 10% 的填埋量还有很大差距。通常，一些国家强制要求 32% 的塑料垃圾用于回收，66% 的被焚化，2% 的被废弃。在没有采取任何禁令的国家里，平均只有 24% 的塑料垃圾被回收，22% 的被焚烧，54% 的被废弃。令人吃惊的是，那些颁布禁令的国家的塑料垃圾回收率仅仅高出了 8%，而焚烧塑料垃圾的数量却大大高于没有颁布禁令的国家。因此，填埋垃圾禁令的结果主要是将塑料垃圾从填埋变成焚烧。

减少家庭垃圾。从中国台湾和香港地区的案例中可以学到一些经验。中国台湾地区在政府规划之下，近年来减少了 50% 到 60% 的家庭垃圾，并且把食物残渣的处理从焚烧变为堆肥。日本对减少浪费的承诺既是结构性的（空间和自然资源的有限），也是政策驱动性的，这产生了"解构"摩天大楼的创新。

在贸易政策上进行重新考虑。有必要让循环经济产品和物料进行跨地域流动。一些国家可能缺乏对这些产品价值的信任，目前禁止进口的二手货物还有某类废水。一旦转向循环经济，服务将会更加重要。虽然应采用这些规定来支持转型，但是它们还是倾向于比制造业更严格。因此，有必要将循环经济框架纳入进来，重新考虑上述规定，让企业放手行动。但是，自上而下的规定不应该是仅有的往前推进的手段。实际上，这类框架

---

[1] The Percentage of Municipal Waste Landfilled in EU-28 in 2012 Source：Eurostat（envwasmun, accessed June 2017）.

由企业自行驱动可能更好，政策也可以支持消费者参与。适当的规定能够让消费者对再造商品的质量产生信心。

二 循环经济模式将重新定义消费习惯

循环经济的目标在于通过对物料、生产、系统以及在此之上形成的商业模式进行改变而减少浪费。它鼓励人们消费实物并引领不同的生活方式，脱离原来线性经济模式下"从来没有自由时间"的生活方式。改造供应链以推动循环经济的关键是让全球买家关注于产品设计，并且与工厂合作，从生产流程中提取更大的价值。其中，设计、教育和意识至关重要。再制产品和部件能够再次卖给消费者，无损质量，并拥有同样的品质保证。雷诺的再造车间是其最赚钱的车间，它避免了使用大量能源、水和物质资源。但是，这一生产线目前很少被使用。其可能的障碍在于立法方向不一致，设计未达最佳标准，或是符合消费者的认知。由于承诺将采用循环经济，中国现在已被视为世界一流的制造中心。

2018 年，泰国暹罗水泥集团宣布，将回收塑料用于铺设沥青道路，以帮助减少海洋里的塑料颗粒，提高道路性能，并且在道路建设时减少温室气体排放。印度也有类似的计划，将 100 吨使用过的塑料用于建造从普钠（Pune）到班加罗尔（Bangalore）长达 40 千米的公路。使用可再利用的物品，或确立政策允许商品售卖时使用可替代的包装，可以帮助减少不必要的消耗。企业需要首先评估不必要的包装需求，也可以和当地分销商合作提供散装产品，同时鼓励更好的回收机制和补充装计划。最近，在中国香港地区、新加坡和泰国开设的散装和补充装商店大受欢迎，也是市场有意减少额外包装的一个好迹象。

三 实施循环经济的成功经验

一项决定性的政策措施意味着改变经济的本质。自邓小平开始的自上而下的发展模式启动后，中国的改革开放已经改变了整个经济版图。现任中国领导人习近平提出的"一带一路"倡议也采用了类似方式，这是一种外向型的一揽子政策计划，它进一步证明了自上而下的政策动议的效果。虽然改革中出现的一些问题尚无定论，但类似环境税、碳排放交易区、关于污染的行政指导，以及财政激励等已经对所在地的商业和工业产生了影响。不过，虽然中国已经证明了自上而下的政策如何引发社会变革，但并不是所有的政府或经济体都能够采用类似方法。此外，在一些西方国家，人们并不认同自上而下的方式是可以让创新和商业创意发挥积极作用的最佳方式。

成功收集垃圾需要私人和公共部门的合作，以便投资于合适的技术、开发专业技术，维护专有的废物处理系统。在许多案例中，尤其是在亚洲地区，这需要建造一个废弃物的二级市场。在中国香港，当地出产的豆奶品牌"维他奶"长期致力于营养、口味和可持续发展，已经开始向收集和回收的基础设施进行投资。它发起了一个收集回收物的试点计划，从利乐（Tetra Pak）纸板盒开始，遍及全港 75 个学校。菲律宾已被称为"世界第三大垃圾处理不当的制造国"，该国没有一个正式的垃圾管理体系。可口可乐菲律宾公司正与政府合作投资建造该国首个回收工厂，原计划于 2020 年晚些时候正式启用。但是，因为新冠疫情，这一计划的实施延迟到了 2021 年初。

对于以循环经济为基础的商业模式而言，再制造是对产品的分解和复原，将其恢复到最初形态而不损害质量，通常要拥有同样的品质保证的流程，这可是非常有价值的方法。中国计划利用相关的基础设施和能力让其成为"世界一流的制造中心"。中国有潜力带领亚洲采用循环经济模式，甚至可能会引领全球。中国拥有规模经济，生产流程多样化，能够让再制造和物资再使用在经济上可行，尤其是对中小制造商来说。虽然中国在 2009 年颁布了其首部《循环经济促进法》，但推动循环经济模式的其他手段仍然落后。

四　从线性经济到循环经济转变面临的挑战

循环经济研究仍然缺乏能用于评价在不同方面实施循环经济效果的研究框架。循环经济的概念近期重新获得了关注，甚至进入了主流话语，尤其是一些新通过的政策方案。令人遗憾的是，在循环经济研究中总体缺乏对社会政治方面的考虑。表面赤字对推动循环经济并无帮助，还会承担一些风险。首先，循环经济概念倾向于被视为一种技术和组织的方法，忽视其执行过程中的社会文化维度；其次，潜在的权力不对称、相互依赖及其他政治经济约束可能会被忽视；最后，政治圈最近的争论显示，政策制定者采用循环经济概念导致了提示性的假设，即现在的经济体系可以通过采用循环经济的物质和能源闭环原则而变得可持续起来，不管产品品质如何。这种"技术修改"方式不仅忽略了采用循环经济的需求方，而且（至少隐含地）否认了质疑现有消耗方式、全球不公，以及坚持负外部性的需要。

五　从线性经济到循环经济转型的风险

矿物能源的主要生产商和出口商是十分容易受到气候变化风险影响的领域。从某种程度上说，汽油出口商以及生产成本低的商家的损失比煤炭生产商和石油生产商损失要小。劳动力市场缺乏弹性的国家，比如斯里兰卡，在产业结构上可能会面临更高的经济和社会成本。相反，如果在新技术和产业上确立了领先地位的话，其他主权国家就可能会从中获利，或者从更为环保的资源禀赋中获益（比如制作电池的锂矿等）。

第四节　斯里兰卡在转型中面临的遗留问题

政治不确定性、持续的恐怖主义、经济增长缓慢、庞大的人口、通货膨胀加剧、失业率上升、巨大的预算赤字、面临压力的银行和金融系统、有限且不发达的资本市场、福利制度可持续性差、债务居高不下、政策缺乏连贯性等，是南亚国家面临的普遍性挑战，只是各国所面临的挑战的强度有所不同而已。

一　新冠疫情影响了斯里兰卡宏观经济中期展望

虽然斯里兰卡已经能够抑制新冠疫情暴发的大传播，但感染人数从2020年10月起已经开始增加。尽管2020年遭遇了疫情影响（服务业尤甚），但是批发和零售业、食品和饮料、交通、通信以及银行和金融服务业仍有积极的贡献。不过，几乎占70%国内生产总值的个人消费可能因为局部封城、国内旅行限制和其他社交距离措施而趋缓。由于局部封城和治安宵禁影响了货物和服务流动，斯里兰卡2020年的国内生产总值增长收缩了 3.6%。国内生产总值预计 2021 年能达到 5% 的增长。[①] 本章的附件描述了中期宏观经济框架。以下部分指出了一些与新冠疫情相关的问题，以及斯里兰卡政府遇到的遗留问题。

二 斯里兰卡政府面临史无前例的财政压力

斯里兰卡是在应对第一波新冠疫情中表现出色的国家之一。但是，2020 年 10 月出现的第二波疫情传播迅速，截至 2021 年 2 月，造成近 8.5 万人感染，530 人死亡。[②] 斯里兰卡政府决定在全国大范围地快速推广疫苗，并且促进持久的经济复苏。许多南亚国家，尤其是印度，已经在第二波传染和再次限制期间调整其应对经济状况恶化的措施。世界银行宣布向发展中国家和新兴国家提供紧急援助，给予斯里兰卡价值 1.286 亿美元的卫生设备用于应对新冠疫情。此外，中国国家开发银行和中国政府也承诺提供 7 亿美元。中国人民银行已经批准了 100 亿元人民币的外汇信贷，用于进一步支持上述措施。

斯里兰卡政府在 2020 年将基本赤字减少到了 2.5%，与 2019 年的 3.6% 相比较，由于减税、免税以及国内欠款的结算，基本赤字 2020 年在国内生产总值中增加 2%。中央政府国债负担率到 2020 年底达到 90% 以上，预算赤字约占国内生产总值的 10%。斯里兰卡政府计划通过消除非生产开销并更好地确定公共投资的中期目标来合理化开支。一旦有适当的财政政策，预算赤字就有可能在 2024 年有计划地减少到国内生产总值的 5% 以下。

三 斯里兰卡中央银行的货币宽松政策及其对通货膨胀的潜在影响

2020 年，斯里兰卡中央银行分五次将基准利率下调至 250。2020 年，斯里兰卡银行利率也下调了 650 个基点，法定准备金率下调了 300 个基点。鉴于需求驱动的通胀疲软和通胀预期稳定，斯里兰卡中央银行能够放宽货币政策措施，以支持经济复苏。截至 2019 年 12 月底，私营部门信贷急剧下降 4.3%，2020 年增长 11.6%，2021 年达到 8500 亿人民币。根据斯里兰卡中央银行数据，通胀"在 2020 年大致处于 4%—6% 的理想范围

---

① CBSL Predictions.

② Statistics Refer to 5, Feb. 2021.

内，并在灵活的通胀目标框架下保持在该范围内"。尽管 2020 年 10 月的第二波新冠疫情增加了流动性，但基于科伦坡消费者价格指数（CCPI）的总体通胀率（HI）仍保持在 4%—6% 的目标范围内，而核心通胀率则处于低位。

四 新冠疫情对涉外部门的消极影响

新冠疫情的一个直接影响便是出口收入减少。由于新冠疫情在来源国的广泛传播和旅行禁令的影响，导致旅游收入降至最低点。2021 年 1 月，机场为商务航班重新开放，这促进了有限的斯里兰卡入境旅游。从积极的角度来看，由于全球石油价格下跌，石油消费明显减少了。由于斯里兰卡政府的限制，汽车进口减少，从而减少了 2020 年的贸易逆差。同样，2020 年，斯里兰卡茶叶以更高的价格出售，增加了出口，加上出口 PPP 设备等，帮助一些服装工厂在此期间生存下来。虽然第二波新冠疫情影响了一些出口商，但 2020 年的出口收入仍接近 10 亿美元。尽管受到新冠疫情广泛传播的影响，但 2020 年斯里兰卡劳工的侨汇收入持续增加，2020 年底已达到 70 亿美元。

五 迫在眉睫的外债偿还和外汇储备压力

斯里兰卡债务存量约为 60 亿至 70 亿美元，通过发行国际主权债券（ISB）从国际资本市场借贷的机会有限，因此筹集新资金已变得十分困难。偿还债务可能会对斯里兰卡中央银行和斯里兰卡政府的外汇储备造成压力。斯里兰卡中央银行计划通过掉期贷款来寻求双边支持。因此，巩固斯里兰卡的债务管理将会是后疫情时期的首要问题，因为斯里兰卡政府和斯里兰卡中央银行正在努力吸引非债务资金流入该国。

斯里兰卡中央银行通过确保流动性和允许货币调整来应对市场压力，从而保护其外汇储备。在用掉约 48 亿美元的外汇储备偿还债务后，斯里兰卡设法在 2020 年底保持了 57 亿美元的外汇储备。一旦经济恢复正常，预计外国直接投资将流入汉班托塔港开发项目、科伦坡港口城项目，以及电信和信息技术等服务行业。斯里兰卡政府计划通过加强收入动员措施来实现中期财政目标，同时继续满足计划中的基础设施投资需求。

六　财政部门依然虚弱但有韧性

银行业适度扩张。2020 年，斯里兰卡银行业的贷款和垫款适度增长了约 7%，其资金主要来自存款调动。不良贷款的增加趋势仍然是银行业信贷风险管理的一个问题。尽管信贷风险增加了，但银行业仍遵守了最低资本、流动性和拨备覆盖率的要求。

由持牌金融公司和专业租赁公司组成的非银行金融部门在 2020 年期间表现低迷。这些机构的主要财务指标，如资产、信贷、存款和利润等均有所下降，不良贷款率却继续上升。这主要是受新冠疫情影响，很多客户未能及时还款。在此期间，保险和公积金等金融部门的其他子行业表现喜忧参半，而受到新冠疫情暴发不利影响的股票市场却从 2020 年 5 月起复苏。2021 年，股票市场开始好转并且成为南亚地区表现较佳的股票市场之一。与此同时，斯里兰卡的付款和结算系统甚至在新冠疫情相关的封锁期间都继续提供不间断的服务，因此促进了经济交易。斯里兰卡金融体系大体保持了稳定，虽然一些易损的部门仍然受到影响，尤其是非银行金融机构。

七　斯里兰卡接纳循环经济：需要明确的政策引导和承诺

斯里兰卡大部分经济活动可被归类为"线性的"：提取材料变成产品用于使用和消费，然后大部分被丢弃，或被填埋或焚烧。斯里兰卡在第一轮新冠疫情暴发时，卫生工作者在医疗场地缝制优质的口罩并且制作可重复使用的塑料防护罩。尽管因为隔离相关的送货上门以及对使用过的材料的担心，一次性包装渐增，但在卫生部门之外，负责任的包装企业继续在可持续和可回收的消费品上进行创新。在这方面，餐饮部门与一些机构合作将多余的食物送去最需要的地方。银行和金融部门鼓励民众使用在线金融服务，避免在银行出现聚集，一些银行官员用他们的授权权限采取了快速和有前瞻性的决定。这些例子无疑是细微和有针对性的，但它们代表了对循环价值的认可，包括疫情危机期间与之后。尽管出现了这些循环经济类型的举措，但在线性经济模式下，人们很少甚至不考虑产品第一次使用后的回收价值，塑料废物和化石燃料的使用以及碳排放对人类和动物造成的健康风险仍继续增加。下文将会列举斯里兰卡由于塑料垃圾和使用不可再生的能源所面临的主要风险。

（一）塑料垃圾是斯里兰卡面临健康风险的主要原因

斯里兰卡是全世界第五大垃圾污染国，每天产生 500 万公斤的塑料。在过去 45 年里，斯里兰卡的塑料加工业欣欣向荣，如今斯里兰卡拥有超过 400 家企业与塑料加工息息相关，当地塑料加工产业年产量近 14 万吨。当前近 14% 的塑料包装材料是经过回收流程的，其中仅 2% 被用于同一用途。其余在回收过程中损失 4%，而有 8% 被用于低一级的应用领域。由于塑料消费造成人们在生命旅程中遇到像癌症这样的疾病而失去生命、经常在报道中看到的陆地动物死亡，以及看不到也注意不到的海洋资源损耗。研究表明，斯里兰卡海滩上收集到的塑料不仅仅来自国内，更多的塑料垃圾来自该地区其他国家。拉维尼亚山（Mount Lavinia）附近海滩已经成为塑料垃圾场，垃圾的入侵原因成谜。人们不清楚是由于一些组织要故意污染海洋，还是海洋潮汐将这些塑料和塑料碎片冲到了岸上，堆积成山的垃圾污染了海岸。无论其原因是什么，显然是不负责任的人类行为污染了整个环境，并且让所有陆地和海洋动物因为每天摄入垃圾而生病。

在阻止造成人类和动物生命损失的塑料方面，技术、环境、监管，以及经济和社会因素是需要关注的核心。不过，斯里兰卡尚未制定一套全面的法律来避免塑料废物和保护环境的法律。

（二）斯里兰卡必须推动环境友好和可再生能源发电措施

虽然斯里兰卡公共事业委员会已经做出了很大努力，但能源状况仍然是阻碍其转向循环经济的主要领域。公共事业委员会指出，斯里兰卡需要改变电力供应，制定新战略，以满足变化的能源需求模式。预计到 2027 年，日间用电高峰将会超过夜间用电高峰，以环保的方式提供物美价廉的日间电力是一项关键挑战。电力需求预计将从 2020 年的 18524 千兆瓦时增长到 2030 年的 30890 千兆瓦时，这将导致峰值需求从 2020 年的 3050 兆瓦扩大到 2030 年的 4872 兆瓦。此外，还需要改变可再生能源的使用，这也是循环经济的关键所在。目前，只有约 40% 的斯里兰卡能源来自可再生能源。

在斯里兰卡政府的战略愿景中，确保能源安全和自给自足的电力和能源战略主要包括以下内容：

·加快勘探天然气。

· 使科洛那瓦（Kolonnawa）炼油厂现代化。

· 在亭可马里（Trincomalee）重建并开发储油罐。

· 2020 年在乌马奥亚（Uma Oya）水电站、2021 年在莫拉戈拉（Moragolla）水电站、2023 年在塔拉皮蒂加拉（Thalapitigala）水电站、2024 年在塞塔瓦克（Seethawake）水电站建造宽频水电站，为国家电网增加 230 兆瓦的电力供应。

· 在 2023 年之前，将凯拉尼蒂萨（Kelanitissa）发电厂改造为天然气涡轮机发电厂，并在科伦坡北（Kerawalapitiya）和汉班托塔建造两座类似的发电厂。

· 将科伦坡的所有燃煤发电厂改造成天然气发电厂。

· 开发智能电网确保发电的有效性和最大化利用。

为了将国家能源结构向可再生能源改造，可采用以下战略：

· 到 2021 年，在马纳尔增加 100 兆瓦风能，并通过在曼纳尔（Mannar）、普纳林（Pooneryn）和莫纳拉加拉（Monaragala）实施风能和太阳能项目，增加 800 兆瓦太阳能。

· 鼓励使用屋顶太阳能系统为家庭和小企业提供低成本的能源。

· 鼓励私营企业建立可再生能源项目。

· 鼓励使用工业废弃物生产能源——一项向循环经济转型的提议。

· 通过新的政策和立法最大化地利用建筑部门的能源。

获得负担得起的可靠和可持续的能源是联合国可持续发展目标之一。从发展需要和人民福祉的角度出发，有必要对基本能源基础设施进行投资。但是，这些努力不应影响应对气候变化的斗争，拥抱绿色和投资可再生能源是必要的。斯里兰卡的公共政策应促进循环经济，更多地利用可再生资源，增强系统的复原力。循环经济模式还有助于使增长与物质限制脱钩。麦克阿瑟基金会发布的一份关于快速消费品的报告指出，如果有效地进行资源再利用，全球每年将有额外 7000 亿美元的成本节约机会。这意味着在不远的将来，许多现在用于能源回收的废弃材料将会被分离出来，作为材料资源进行回收。

（三）食品安全领域的适度成功和食品生产

2018 年，世界经济论坛与多国政府以及世界资源研究所（WRI）、麦克阿瑟基金会等非政府组织合作，共同发布了一份名为"加速循环经济平台"（PACE）的文件，以激励循环经济的发展。一些跨国公司也参与了该项目的实施。为此，到 2050 年，所有国家都需要将粮食产量提高 60%—70%。很难想象，南亚农民能否利用他们所拥有的资源生产出更多粮食，正如已经处于十字路口的贫困农民能否生产出更多的粮食来保障粮食安全一样。因此，为了做出更好的决策并满足粮食需求，必须重视资源价值，了解资源利用效率和资源流动周期。

机场由于新冠疫情而关闭，城市也因为病毒的传播而被封锁。除了必要的货运外，没有别的商业航班或货船运载粮食。就此而言，斯里兰卡政府做出了额外努力，以确保国内粮食供应链运转，并使人们能够在宵禁的日子里获得基本食物供给。第一，允许农村的农民在宵禁时间继续耕作和收割。第二，在家庭方面，鼓励人们在可耕种的土地上种植日常需要的蔬菜，并且在线性经济情况下处理食物时不产生垃圾，以便最大限度地避免不必要的采购和浪费。第三，斯里兰卡政府安排使用零售企业给家庭运送主食，避免人们在封锁期间外出、使用汽车和污染环境，或是在食品市场和超级市场聚集。第四，由于限制不必要的进口，进口食品清单也明显减少了，这无疑有助于节省外汇。随着经济再度开放，进口限制还会继续。幸运的是，由于 2020 年初启动了由总统发起的《斯里兰卡 2030 可持续愿景——战略路线》，斯里兰卡的食品供应并未间断。

八　斯里兰卡倡议的关键行动

（一）公共领导力

在亚洲，人们会认为应对循环经济需要更强有力的规则框架和更明确的政府信号。[1] 因此，政府应激励企业和行业在循环经济技术上进行投资，就像欧洲和美国的政府所做的那样。[2] 举例来说，欧洲已经成为全球可持续发展方面的领导者。2019 年，它正式提交讨论了循环经济的一揽子计划，包括到 2030 年实现包装业回收 80% 的目标和一项到 2025 年禁止将可回收物进行填埋的禁令。在日本、韩国和中国台湾地区，也已通过了要求制造商回收 75% 生产量的政策法规；在新加坡，作为该国能源和化学

---

[1]　Junice Yeo, Southeast Asia Director for Sustainability Consultancy Corporate Citizenship.

[2]　Anne-Maree Huxley, A Sustainability Consultant on the Blue Economy Based in Australia.

工业基地的裕廊岛，已经实现了一家精炼厂的废弃物流是另一家精炼厂的原料。这就是循环经济思维完整价值链的重要例证，它鼓励本地供应链允许本地养分流入循环。总统的指令包括很多循环经济元素，但是它们需要被有机地嵌入公开承诺的背景中去，并进入专门的法律和规则框架里。斯里兰卡政府需要与私营部门商议并制定政策，比如将劳务税改成资源税，设立专门的产业回收目标，让企业对产品的整个寿命周期负责等。

（二）冲破旧藩篱

除了公共领导外，循环经济的成功还需要私营经济转变思维方式。[1]其中，一个关键的障碍是企业继续把它们自己当成线性价值链中的一环。一些全球公司现在正打破原有的经营思路，寻求新的合作方式去尝试新的模式，并制造循环的废物流。H&M 公司在全球各门店收集旧衣来实现纺织品循环的闭合；飞利浦公司为政府和企业提供"照明服务"，顾客付费是为了灯的照明功能而不是为了拥有灯本身。此外，汽车制造商雷诺和物流公司中外运敦豪等，则代表了另外一些实例。新的商业模式也可以帮助将建筑环境作为有形资产对待，比如通过租赁和追踪金属及相关部件，并在最初设计时将其整合到再利用战略中去。新型建筑物能够参与可再生能源的生产，比如通过使用太阳能电池。在中国和亚洲那些快速实现城市化的地区，利用这些机会能够实现巨大的利益。斯里兰卡已经开始建造类似的生产线，但整个产业需要接受"循环经济"的概念，并且一致确保在商业模式中嵌入重复利用、再生和回收的原则。

（三）教育和意识是关键

因此，那些着眼于长远发展并信奉集体责任的企业面临着一项任务，那就是在其经营、财务和业务需要的范围内积极开拓。这一切都与更好的经营方式有关，既要继续生产有价值的产品和服务并从中获利，又要帮助保护和重建社会及自然环境。

食品生产的副产品和厨余垃圾可作为动物饲料，用于化学提取或通过厌氧消化生产能源和肥料。斯里兰卡正处在这一进程中，但其方式并不一致。这些方法的一个关键因素是消除有毒化学品，并进行可靠的技术分离。技术循环的最外层环节就是回收利用。麦克阿瑟基金会和经纶国际经

---

[1] Ariel Muller, Director of Sustainability Non-profit Forum for the Future's Asia Office.

济研究院已合作探索循环经济的概念，将其作为在亚洲实现更大范围内可持续发展的一个重要机会。

消耗品将通过生物循环进行级联和新陈代谢。例如，斯里兰卡的制衣厂已经开始对残留衣物进行收集和再利用，并将其作为家具填充物，然后作为隔热纤维，在恢复自然资源的同时使其进入生物圈。不过，这都是基于自愿基础之上的，并且必须规范化。循环经济将需要更少的能源。例如，再制造一台发动机所需的能源要比用原始材料制造一台新发动机少75%。各国应通过政府和私营部门的宣传计划，向公众普及这些新产品。

（四）疫情后循环经济的新常态

斯里兰卡《2030 年可持续愿景》特别关注以手工业以及中小企业为基础的产业能够提升到具有国际竞争力的出口水平。与一些具有跨国水平的高科技产业相比，中小企业和微小企业更倾向于再利用、减少废弃物，并保持环境整洁。因此，斯里兰卡有希望通过这种生产顺利地向循环经济转变。一旦斯里兰卡从线性经济转向循环经济，就需要在企业和公共基础设施上进行大量投资，其挑战在于打开金融界的地窖，并让资本流入新市场。对斯里兰卡中小企业来说，获得资金是项巨大挑战，因为许多企业都不得不将资源用于盛行高利率的银行系统。如果能让金融服务提供者、投资者和私募股权专家更关注循环经济模式及关联业务，那么"金融就可以成为循环经济中实现机会的催化剂，比如租赁筹资和产品创新等，私募股权和开发机构也能在初期带头打造循环经济市场"。因此，作为循环经济的重要组成部分，以租赁和服务为基础的模式应该重新进行设计，以实现废弃物最小化。在经济复苏融资方面，斯里兰卡政府很可能会继续对公司和中小企业推出一揽子的经济刺激和财政支持政策。斯里兰卡政府和中央银行将会向受到新冠疫情影响的中小企业和小微企业提供一系列优惠，以促进从线性经济到循环经济的转型长期化。

（五）经济转型过程中的信息化、资源再利用和回收协作

加速数字化指的是对信息化进行必要调整。新冠疫情迫使私营企业快速采纳了新的经营模式，以适应社交距离要求和办公场所关闭的现状。数字解决方案推动了虚拟工作空间、移动政务和多种平台的发展，以监测和追踪感染情况，帮助企业形成闭环，实施更高效的流程，最大限度地减少浪费，延长产品寿命，降低交易成本。数字技术将在确保未来建筑环境低

碳节能方面发挥至关重要的作用。尽管世界各地的新机器和新算法令人印象深刻，但当今美国经济的全要素生产率（即衡量人力和物质资本资源使用效率的指标）增长却非常低。尽管信息和通信技术发展迅速，并被应用于经济的各个领域，但在全要素生产率、产出或就业增长方面，对这些技术依赖程度较高的行业并没有表现得更好。近期生产率增长缓慢的原因尚不十分明确。但其中一个原因似乎是，许多自动化技术，如自助结账机或自动化客户服务，并没有带来多少全要素生产率的增长。斯里兰卡政府已经宣布了一项全面的信息化计划，并且正在制定必要的法律。

第五节 结论

循环经济的概念近期恢复了势头，尤其是通过最新的政策方案，甚至开始进入主流话语当中。举例来说，欧盟试图重新聚焦其工业和废弃物政策，通过利用自觉的循环方式，也就是将产品和服务设计成可再生（复原）、再利用和可回收的，使得材料能够重新流转到工业和生物营养循环内。循环经济是一个由刻意设计以实现再生的工业体系，其目的是把全部企业的废弃物给到后续企业用来制造对人类有用的产品。它用复原代替了"生命终止"概念，转变成利用可再生能源并减少使用会妨碍物质回收再利用的有毒化学物质。循环经济通过对物质、产品、系统和商业模式进行更高级的设计来减少废弃物，鼓励人们享用美味，并且跳出原来在线性经济模式下因激烈竞争所造成的那种生活方式。线性经济制度创造的产品和垃圾最终导致了破坏环境的垃圾处置和污染。在大多数情况下，类似的垃圾处置对人类和动物健康以及环境保护是有害的。

许多人觉得，在亚洲，企业和个人要应对循环经济需要更强的管理框架以及更清晰的政府信号。[1] 有些人认为，政府应该像欧洲和美国所做的那样激励企业和产业投资循环经济技术。[2] 由于人们已经认识到了目前占主导地位的线性经济的缺陷，也有了解决的办法，新冠疫情后的投资应该转变为更有弹性、低碳和循环经济模式，并且纳入刺激经济复苏一揽子政

---

[1] Junice Yeo, Southeast Asia Director for Sustainability Consultancy Corporate Citizenship.

[2] Anne-Maree Huxley, a Sustainability Consultant on the Blue Economy Based in Australia.

策中去。远非新冠疫情将循环经济排到清单底部，本章强调和重申的是现在更加应该着手探索通过使用循环经济模式来达到尽快复原的广泛可能性。再往前推，受到从线性经济中得出的教训，以及基于循环经济思想产生的创新的指导，经济计划应以全人类福祉为目标，而不是只关注推动竞争、盈利或者商业发展。政府应该制定类似政策，比如将劳动税改为资源税，为工业企业设定特别的回收目标，让企业对产品的整个使用周期负责，以便使循环经济更有效。举例来说，日本、韩国和中国台湾地区已经做到通过要求制造商回收年产量的75%来确保制造商承担责任。一些政府在城市规划上采用循环经济模式。同样地，在新加坡能源和化工业所在的人工岛裕廊岛上，建造的炼油厂实现了一家厂的废弃物是另一家厂的生产原料，这被视作整个价值链上使用循环经济思路的成功案例。

像斯里兰卡这样受到宏观经济问题困扰的国家，在短期内从线性经济转为循环经济更为困难。对斯里兰卡来说，在转向循环经济之前，必须先处理由新冠疫情暴发而日趋加重的遗留问题。首先，也是最重要的一点，如果循环经济系统要取得成功的话，所有利益相关者都必须在思维和承诺上进行最基本的改变。斯里兰卡在考虑和启动从线性经济到循环经济转变时，需要避免两个潜在的错误：一是不要进一步陷入线性经济思维框架，遗留下来的宏观经济问题大都能在短期内得到解决，但其中大部分问题是由线性经济模式本身造成的；第二，核对并组织好已经开始或者将要开始的项目和进程，以确保这些项目可以与循环经济框架相连，而不是做无用功。在过去十年中，斯里兰卡已经启动了许多符合循环经济模式的项目、进程和措施，但它们都是临时性的，或者是一种单独的尝试。现在，新冠疫情的影响使得转向新常态的行动迫在眉睫。斯里兰卡必须提早采取行动，实现从线性经济向循环经济的转变，为此需要大规模的政治承诺和社会运动。

世界经济仍处在与新冠疫情危机斗争当中，外部因素仍然是不确定的。对外部依赖严重的部门受影响也最大，比如石油和旅游业，或者依赖汇款的经济体，可能会在现金账户平衡表上出现超过2%—3%国内生产总值的下滑。这类强烈的外部冲击可能会有长期影响，并需要进行重大的经济调整。新冠疫情适时说明了各国需要调整到一个"新常态"，这不仅仅涉及独立的人类行为、生活方式、商业模式、数字和线上服务，而是经济作为一个整体必须从"制造、使用、浪费"的线性经济模式转向循环经济的"再生、再利用和回收"模式。

当前，世界经济只有9%是循环型的。我们面临的挑战是如何节约资源，让人们思考新的运作方式。循环经济在本质上是一种新的生产、分配、购买和消费方式。从这个意义上说，循环经济也是另一种经济模式，人们在设计产品和服务时就需要考虑到再生、再利用和再循环。同时，在生产中鼓励再生和再利用，使材料能够重新回到工业或生物循环中。其消费和市场的设计旨在优化现有产品的使用，并且鼓励人们用超越所有权的方式来获取产品。

全球经济依赖于盘根错节的供应链和跨境交易，每年有超过1000亿吨的原材料进入这个系统。几十年来，这种状况一直难以为继。自从新冠疫情大暴发以来，人们越来越清楚地认识到，线性经济模式下的供应链也非常脆弱。这更加凸显了进行根本性变革的必要性。提高抗灾能力的一个更全面的解决方案是循环经济，因为它在设计时就排除了浪费和污染、在使用中保持产品和材料的再使用，并遵循自然系统再生的原则。循环经济还可以帮助发展中国家和新兴经济体实现联合国可持续发展目标。循环经济将促进水和营养安全，促进材料安全或韧性，保护环境和人类健康。最重要的是，它有助于应对气候变化。

一些发达的欧洲国家和美国正在慢慢走出新冠疫情大流行的影响，但可持续发展在亚洲的议程上仍占据着重要位置。不过，人们对于实现这种发展的方式及其质量仍存在很大争议，尤其是亚洲国家还普遍受到宏观经济、金融稳定、社会动荡和安全威胁等其他遗留问题的困扰。斯里兰卡一直在与遗留的宏观经济问题做斗争，现在又面临着新冠疫情的消极影响。尽管政治和政策层面的首要关注点是加快恢复遭受新冠疫情打击的经济，但这些计划并未明确关注中长期内从线性经济向循环经济的系统性转变。现在是斯里兰卡准备转变发展模式，提高经济增长质量，同时为企业和公民提供全社会回报，摆脱当前线性经济模式所导致的破坏性循环的时候了。

如果斯里兰卡希望解决遗留的宏观问题，然后将其政策建立在相同的线性经济模式上，试图以此走向"新常态"，那么该国可能会错失新冠疫情所带来的最佳机遇。至于如何促进这类发展，并协助其达到一定规模，在实践中还将面临一系列问题。但是，新常态不需要涉及线性经济模式中"取用、制造、浪费"相同的元素。这一转变涉及所有利益相关者，包括企业、银行、金融服务机构、政策制定者、监管者和消费者。如果没有一个全面的战略，进行变革的先后顺序可能会引起巨大争议和反对。在向循环经济转变过程中，斯里兰卡政府、政策制定者、企业、消费者、监管部门需要密切合作，并共同投身于转型当中。鉴于一些宏观经济遗留问题的严重性，如果斯里兰卡政府希望逐年推迟过渡，只会使情况更加恶化，这肯定不是解决问题的办法。

在斯里兰卡，从线性经济到循环经济的转型需要在政治上采用从上至下的方法，清晰地表明政治意愿和领导力。人们将会发现，在关闭部分业务数月之后，复产的企业已经很难调整和接受新的运营体系。因此，斯里兰卡政府需要采用渐进转型的方式。但是，在从线性经济到循环经济的逐步转变过程中，政府需要一个明确而缜密的发展计划和政策路径。政治领袖和决策者需要对新冠疫情之前的战略进行重新考虑，并与商业部门以及消费者建立良好关系，制定依情况而变的举措，以实现复产的速度和规模。对斯里兰卡而言，在采用循环经济和面对新常态时将会不可避免地面临许多挑战。但是，在世界各国从线性经济转向循环经济时，斯里兰卡也不能因为其自身遗留的宏观经济问题而甘居人后。

从历史上看，对任何国家来说，将恶性循环转变为良性循环都是一项浩大工程。1979 年，中国的邓小平提出了改革开放政策，它点燃了 30 多年来中国经济强劲增长的火花。这是世界历史上政策驱动引起变革的著名范例之一。2013 年以来，中国在习近平的指导下，试图通过"一带一路"倡议重新平衡经济增长，使其在全球价值链中占据更高的位置，并实现更大的社会再分配和环境可持续发展，从而实现另一次政策驱动下的经济转型。

从长远来看，答案是显而易见的。复原力、脱碳和可持续增长必须成为疫情后社会现实的一部分。一些国家的政府已经制订了经济刺激计划，另一些国家的政府正在制订相关计划，并准备采取行动。那些开始根据循环经济一揽子计划编制改革方案的国家，拥有应对大流行病的实际经验和可供本国采用的最佳做法。对斯里兰卡来说，在不久的将来应当在国家层面制订相关的计划、路线图和实施进程。那些忽视线性经济不良影响，试图继续维持现状的国家，无疑将错失在其经济和生态系统中建立复原力的良机。就此而言，斯里兰卡还有很长的路要走。首先要制定相关法律，促进从线性经济到循环经济的过渡；其次还要教育公民认识到循环经济相对于线性经济的好处。这项工作的成功将有赖于所有利益攸关者的参与，以"共同创造"（co-creation）的逻辑开展工作。

尽管南亚大部分国家无法在近期转向循环经济，但它们必须引进相关法律来保护环境、使用并重复利用原材料，并确保每个公民都能在这类法律框架下工作。此外，该地区的国家还应确保民众和企业不制造温室气体排放，并采取减排措施，比如发展对环境友好的新技术；不鼓励私人交通而鼓励公共交通；让全体公民了解气候变化的不利影响，以及采用气候变化减排行动的重要性；促进企业搬入使用新的基础设施建设的绿色建筑中；把对环境友好作为资助新业务的一项标准。斯里兰卡已经启动了其中一些行动，但在环境污染、交通/工业化和气候变化挑战等领域，既没有宣布明确的政策，也没有专门的法律支持。如果斯里兰卡政府能同时宣布数字化计划，那么采用循环经济的速度会更快。自动化、物联网和机器人技术在改进生产流程方面的潜力，以及云计算和大数据分析在简化供应商选择流程、管理供应商关系和物流方面的应用，现在都得到了更多认可。但是，目前许多东西都仅限于跨国公司、顶级进出口商，以及生活在斯里兰卡城区的政府和私营机构。因此，在新常态下，技术进步是必须的。

除了颁布新法律外，斯里兰卡政策指导方针还应包括去除废弃物管理中的僵化措施，鼓励竞争，并促进物资流动。如上所述，尽管遗留问题互相交织，全球供应链已经变得对变化高度适应、灵活而有韧性，在斯里兰卡推进循环经济的日程上拥有巨大潜力。首先，对于为了有效利用资源而建立的供应链来说，从废弃物中提取更多价值是一件自然而然的事情，但人们往往缺少重新利用废旧产品的工业基础设施。其次，在主要生产地，供应链需要应对水电等投入成本的持续攀升，以及有关废弃物的更多指导方针，从而为充分利用生产过程中的每一个环节提供了更大动力。再次，物流服务使供应链能够在许多地区顺利运作，也可以通过优化反向网络来支持循环经济。最后，控制着大部分全球供应链的世界著名品牌越来越熟悉"循环生产"概念，以设计出支持这些新商业模式的产品和服务。从好的方面来看，亚洲的工厂资源丰富、适应能力强、复原力极强。它们必须如此，才能在迄今为止的变革步伐中生存下来。因此，如果品牌和买家真的像斯里兰卡服装业一样，承诺采用循环经济思维，全球供应链就很有可能成功地适应新变化。不过，市场营销还需要解决世界各地消费者对线性经济模式的一些关注。

斯里兰卡政府已开始认识到，它需要在许多方面制定国家层面的循环经济政策。（1）减少对其他制造国的必要产品的过度依赖，由于大量短缺迫使人们无意识地接受循环经济原则，比如再利用；（2）深入研究生物基材料，以开发可生物降解的产品，促进生物经济发展；（3）地方、区域和国家当局应颁布促进绿色物流和废物管理条例，激励本地生产和制造；（4）发展紧凑型智能城市，不仅为了实现有效的流动性（出于社交距离考虑），而且为共享移动选项（例如搭车信息）和活跃通勤方式（例如自行车、步行）创造环境。因此，斯里兰卡政府财政政策应该有利于此类经济改革，使其在当下和后疫情环境下的绿色、数字化和兼容并蓄发展成为可能。

为帮助新兴和发展中国家制定政策与战略，以尽早复原并使经济走强，国际社会必须迅速采取行动，以确保这些国家能够快速而广泛地在全球范围内获得疫苗，并且更多地帮助更贫穷的国家与这场危机进行斗争。在这个过程中，国家政府应该有针对性地保障病毒继续肆虐之地的家庭和企业的经济命脉，必须确保大范围的经济稳定，因为疫情前的活动不应导致疫情后的财政危机。

展望未来，包括斯里兰卡在内的各国政府需要采取有助于实现高质量增长的循环经济思维，采用与循环经济模式相关的创新措施，在平衡企业盈利或增长与其他国家经济优先事项的同时，以人民的普遍福祉为目标。由于斯里兰卡已经引入了若干符合循环经济模式的措施，因此需要对这些努力进行归纳和梳理，并编制一份总体规划，其中需要包含环境、人类和动物健康保护等方面的内容，包括对废弃物的管理等。不过，当务之急是将向循环经济的过渡作为一项国家政策。

附件

斯里兰卡中期宏观经济预测[a]

指标	Unit	2018 (b)	2019 (c)	2020	2021	2022	2023	2024	2025
				预测 (d)					
实际部门									
实际 GDP 增长	%	3.3 (c)	2.3	-3.6	5.0	4.5	6.0	6.5	7.0
	Rs. bn	14366 (c)	15016	14973	17054	18864	21205	23822	26773
当前市场价格中的 GDP									
人均 GDP	US $	4079 (c)	(e) 3852	3682	4068	4340	4706	5100	5529
全部投资	% of GDP	30.4 (c)	(f) 27.4	26.9	27.3	27.8	28.1	28.4	28.7
国内储蓄	% of GDP	23.0 (c)	(f) 21.3	21.4	21.5	22.5	23.9	24.9	25.7
国民储蓄	% of GDP	27.3 (c)	(f) 25.3	25.4	24.9	25.5	26.3	27.1	27.5
外部因素									
贸易逆差	% of GDP	-11.7	-9.5	-6.6	-8.2	-8.8	-8.2	-7.9	-7.5
出口	US $ mn	11890	11940	10245	12404	13682	15124	17022	18559
进口	US $ mn	22233	19937	15800	19733	22154	23814	26066	28002
经常账户结余	% of GDP	-3.2	-2.2	-1.5	-2.4	-2.3	-1.8	-1.3	-1.2
官方对外储备金	Months of Imports	3.7	4.6	4.8	3.7	3.8	3.9	4.0	4.0
财政领域									
收入和补助金合计	% of GDP	13.5 (g)	12.6	9.7	10.6	11.2	11.8	12.4	13.1

续表

指标	Unit	2018（b）	2019（c）	预测（d）					
				2020	2021	2022	2023	2024	2025
支出和贷款净额	% of GDP	18.7（g）	19.4	18.9	18.4	18.3	17.8	17.6	17.1
经常账户余额	% of GDP	-1.2（g）	-2.7	-6.3	-4.8	-4.0	-2.6	-1.7	-0.5
基本余额	% of GDP	0.6（g）	-0.8	-3.2	-2.0	-1.5	-0.7	-0.2	0.6
总体财政平衡	% of GDP	-5.3（g）	-6.8	-9.3	-7.8	-7.1	-6.0	-5.2	-4.0
中央政府债务	% of GDP	83.7（g）	86.8	93.0	92.4	90.0	86.1	82.3	77.5
货币领域和通货膨胀									
广义货币增长（M2b）（h）	%	13.0	7.0	20.6	15.0	12.5	12.5	12.5	12.5
私营部门信贷增长（M2b）（h）	%	15.9	4.3	6.0	13.9	12.5	12.0	12.0	12.0
年均通胀率（i）	%	4.3	4.3	4.7	5.0	5.8	6.0	5.5	5.0

（a）材料截至 2020 年 10 月。
（b）经修订的人口普查和统计局数据，斯里兰卡中央银行。
（c）暂定。
（d）中央银行预测。
（e）估计数据根据最新人口数字更新。
（f）政府统计处修订了 2018 年总投资、本地储蓄及国民储蓄占本地生产总值的百分比，分别为 28.6%、21.2% 及 25.4%。
（g）根据政府统计计算的处于 2020 年 3 月 31 日公布的 2018 年国内生产总值修订估算值计算。
（h）根据年末数值计算的同比增长率。
（i）基于综合消费物价指数（2013=100）。

第五章 农业：国民经济的重要支柱

农业是斯里兰卡国民经济的重要支柱。它不仅与民众生计息息相关，茶叶、橡胶、椰子等农产品还是斯里兰卡主要的出口创汇商品，更是其在全球经济中的一张张"名片"。此外，农业还为斯里兰卡的工业化进程提供了重要的原料基础。经过半个多世纪的发展，斯里兰卡已形成了种植园经济和粮食作物并存，种植业、渔业和林业多元化发展的农业经济格局。中国与斯里兰卡农业合作源远流长，伴随着"一带一路"倡议的推进，中斯在农业领域的合作迈上了新的台阶。

第一节 农业经济发展现状及特点

斯里兰卡拥有得天独厚的农业发展环境，农业在其国民经济中一直占有举足轻重的地位。独立以来，斯里兰卡经济结构畸形单一的局面已大大改变，粮食安全问题已得到根本性解决。

一 农业发展自然条件

斯里兰卡北隔保克海峡与印度相望，南部靠近赤道，有"印度洋上的珍珠"之称。斯里兰卡土地肥沃，气候条件优越，具有发展农业经济的良好条件。国土面积共计 65610 平方千米（合 656.1 万公顷），其中可耕地面积约为 400 万公顷，占总面积的近 2/3。大部分地区为热带季风气候，年均气温为 28 度，终年如夏，无四季之分，每年 3 月至 6 月气温最高，11 月至次年 1 月气温较低。沿海地区平均最高气温为 31.6 度，最低气温为 24.2 度。山区平均气温则在 18.2—26.6 度。斯里兰卡有明显的雨季和旱季分别。每年 5 月至 8 月为西南季风雨季，11 月至次年 2 月为东北季风雨季，其余时间则较为干旱。受印度洋季风影响，西南部沿海地区湿度大。全国各地平均年降水量在 1283—3321 毫米不等，2019 年，斯里兰卡全国平均降水量达 2054 毫米。根据季风季节的分布，斯里兰卡的农业生产主要集中在每年的 10 月到次年 2 月。

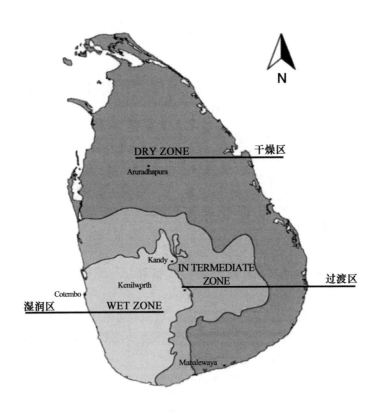

图Ⅱ-5-1   斯里兰卡气候分区

　　斯里兰卡土地资源地区分布主要包括北部与东部的干燥低地区、西南潮湿低地区和中南部高山地区。北部与东部的干燥低地区占国土面积的 70% 左右，是稻米、旱地谷物、甘蔗和芝麻等油料作物的重要产地，沿海地区种植椰子和糖棕。西南潮湿低地区占国土面积的 20% 左右，空气湿度全年均高，高温和湿润促使植物生长茂密而迅速，因此是椰子、橡胶和肉桂等热带经济作物种植最广泛的地区，也是重要的稻米产地之一。

斯里兰卡林业、渔业和水力资源丰富。斯里兰卡原是森林资源十分丰富的国家，近百年来，由于种植园的大面积开发，森林面积已大为减少，目前，森林面积约为200万公顷，覆盖率约为30%，主要出产麻栗树、红木、黑檀、柚木和铁木等珍贵木材。此外，还有大量的橡胶木和椰子木，可用来制作家具。在渔业方面，斯里兰卡为印度洋岛国，其专属经济区面积为517000平方千米，约为国土面积的8倍，海洋面积辽阔，渔业资源丰富，尤其是深海金枪鱼类资源优势明显。

斯里兰卡域内河流众多，主要河流有16条，大都发源于中部山区，流域短且流势湍急，水流量丰富。其境内最长的河流是马哈韦利河，全长335千米，上游流经茶叶和橡胶种植区，下游三角洲地区出产椰子、稻米和烟草，在亭可马里港以南的科迪亚尔湾流入印度洋。东部较低的平原地区，湖泊星罗棋布，其中巴提卡洛湖最大，面积为120平方千米。斯里兰卡年水资源量的20%—25%用于满足农业生产、水力发电、生活用水、工业用水、生态环境用水等需求。在用水总量中，农业约占70%，工业约占20%，生活用水约占10%。[①] 为开发水利资源，自20世纪60年代中期开始，斯里兰卡政府在联合国开发计划署（UNDP）和联合国粮农组织（FAO）协助下，开启了规模宏大的"马哈韦利河开发计划"（Mahaweli Development Scheme），在该河上建起一系列大坝用于灌溉和水力发电。

斯里兰卡的地形地势亦有利于作物分类种植。其国土中南部是高原，北部和沿海地区为平原，北部的沿海平原比较宽阔，而南部和西部沿海平原相对狭窄，平均海拔在150米左右。依地势不同，三大种植园作物产区分明。沿海最低处是椰林，地势稍高地区是橡胶林，山区则种植茶林，茶叶、橡胶和椰子这三大经济作物种植面积分别大约占总耕地面积的14%、16%和33%。水稻在各个区域都有种植。

二　农业在国民经济中的地位与作用

农业是斯里兰卡最为重要的国民经济部门。斯里兰卡传统上是一个以

---

① 《斯里兰卡水资源概况》，《中国国家灌溉排水委员会简报》2018年第11—12期。

种植园经济为主的农业国家，20 世纪 50 年代农业产值占 GDP 的比重一度
达到 50%。① 近年来，由于农业生产成本高、生产率低、损耗大等因素，
加之非农产业的产值不断上升，农业在斯里兰卡 GDP 中的占比呈持续下
降趋势（如图Ⅱ-5-2 所示）。2019 年，农业产值占 GDP 的比重约为
7%。② 尽管如此，由于斯里兰卡经济长期以农业为主，工业基础薄弱，农
业在解决民众生计、支撑对外出口方面依旧发挥着非常关键的作用。因
此，农业仍然是关乎斯里兰卡国计民生的重要部门。

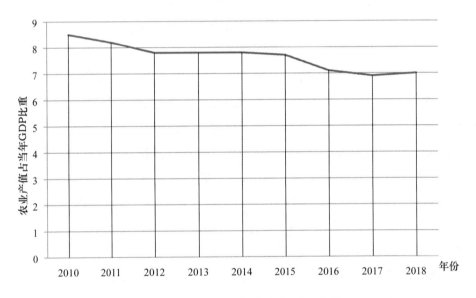

图Ⅱ-5-2　斯里兰卡农业总产值占 GDP 比重（%）

资料来源：斯里兰卡央行 *Economic and Social Statistics of Sri Lanka 2019*。

　　在就业方面，虽然农业产值占 GDP 的比重已降至个位数，但农业在
斯里兰卡就业方面仍发挥着举足轻重的作用。2018 年，斯里兰卡从事农

---

① 中国商务部国际贸易经济合作研究院、中国驻斯里兰卡大使馆经济商务处、中国商务部
对外投资和经济合作司：《对外投资合作国别（地区）指南——斯里兰卡（2020 年）》，http://
www.mofcom. gov. cn/dl/gbdqzn/upload/sililanka. pdf。
② 中国商务部国际贸易经济合作研究院、中国驻斯里兰卡大使馆经济商务处、中国商务部
对外投资和经济合作司：《对外投资合作国别（地区）指南——斯里兰卡（2020 年）》，http://
www.mofcom. gov. cn/dl/gbdqzn/upload/sililanka. pdf。

业生产的人口约为 214 万人，占其总就业人口的 25.5%。由于农村地区一半以上的劳动力从事农业，因此在农村地区，农业生产更为重要。在所有农业人口中，大约 67% 的农民从事农业生产的目的是商品农业，旨在为市场生产。另外，约 33% 的农民主要从事自给自足的农业。而根据国际农业发展基金（简称"农发基金"）的数据，约 82% 的斯里兰卡人口居住在农村地区，依靠农业相关部门为生的贫困人口占全国贫困人口的 4/5。①

　　粮食作物种植在保障斯里兰卡粮食安全、满足民众生活基本所需方面发挥了至关重要的作用。在殖民地时代，斯里兰卡经济发展落后，农业种植以经济作物为主，挤压水稻等粮食作物面积，导致粮食产量不足，饥饿问题严重，民众吃饭出现困难。斯里兰卡独立之后，逐渐改善了本国单一的不合理的经济结构，努力增加粮食尤其是水稻的种植面积，使得斯里兰卡的饥饿状况有了明显改善。近年来，斯里兰卡的"全球饥饿指数"（Global Hunger Index，GHI）评分稳步下降。2022 年，斯里兰卡在全球 121 个国家中排第 64 位，在解决饥饿问题上远远优于印度、尼泊尔等南亚国家。②

　　农业在帮助民众减贫脱贫上也发挥了重要作用。据斯里兰卡农业部统计，斯里兰卡农业收入的上升，尤其是 2006—2013 年农民年收入平均维持了 5.7% 的增长率，有力地推动了其摆脱贫困，使得农业和农村地区的贫困下降幅度远远大于其他部门。近年来，斯里兰卡农业产值保持着相对较高的增长速度。根据斯里兰卡央行的数据，2013 年种植业、林业和捕鱼业产值合计为 7353.8 亿卢比，到 2018 年已经增长为 11371.7 亿卢比（以 2010 年价格为基准），6 年增长率分别为 13%、12.3%、8.0%、−0.6%、17.2% 和 8.9%。在所有农业部门中，农作物（包括种植园作物和非种植园作物）对当年 GDP 的贡献率为 4.6%，渔业贡献率为 1.2%，畜牧业贡献率为 0.6%，林业和伐木业贡献率为 0.6%。③

---

① 国际农业发展基金官网（https://www.ifad.org/en/web/operations/country/id/sri_lanka）。

② "Global Hunger Index：Sri Lanka"，https://www.globalhungerindex.org/sri-lanka.html.

③ "Composition of Gross Domestic Product at Current Market Prices 2013−2018"，Economic and Social Statistics of Sri Lanka 2019，Central Bank of Sri Lanka，July 2019，p. 33，https://www.cbsl.gov.lk/sites/default/files/cbslweb_documents/statistics/otherpub/ess_2019_e.pdf.

三 主要农作物

茶叶、橡胶和椰子是斯里兰卡农业经济收入的三大支柱，水稻则是主要的粮食作物。农产品出口是斯里兰卡出口创汇的重要组成部分，创汇额约占斯里兰卡外汇收入的 25%。其中，茶叶、橡胶和椰子是斯里兰卡农业出口传统的三大支柱商品。近年来，香料出口逐渐增长，成为斯里兰卡农产品出口的一大新兴产业。

（一）茶叶

斯里兰卡是享誉全球的世界三大茶叶生产国之一。锡兰红茶是最重要的出口产品，与中国的祁门红茶、印度的阿萨姆红茶和印度大吉岭红茶并称为世界四大红茶。斯里兰卡的茶叶种植起源于 19 世纪 20 年代。1873年，斯里兰卡茶叶首次销往伦敦，到 1948 年斯里兰卡独立时，茶叶年产量已超过 13 万余吨。1965 年，斯里兰卡成为当时世界上最大的茶叶出口国。2021 年，斯里兰卡茶叶产量为 29.95 万吨。

根据斯里兰卡央行的统计数据，2021 年，斯里兰卡的茶叶种植面积达 26.7 万公顷。其产区主要分布在山区和丘陵地带，根据不同的海拔分为高山茶、中段茶和低地茶，主要产区包括康提、乌瓦、乌达普沙拉瓦、努沃勒埃利耶、卢哈纳、迪不拉。其中，努沃勒埃利耶地处中部山区，海拔近 2000 米，出产世界上最优质的高山红茶。2021 年，斯里兰卡茶叶出口额为 13.24 亿美元。其茶叶出口主要通过拍卖来实现，建于 1883 年的科伦坡茶叶拍卖中心是目前世界上重要的茶叶拍卖市场之一，茶叶拍卖中心将原本分散的种植农户、茶叶加工厂组织起来，吸引全球茶叶采购商，集中平台节约了出口的议价成本和时间成本，有利于斯里兰卡一方掌握茶叶在国际市场上的定价权。

（二）椰子

椰子是斯里兰卡种植的主要经济农作物之一，用途十分广泛。椰肉是当地居民主要食品之一，椰干含油量达 60%—80%，是榨油的上等原料；椰壳可用于生产活性炭；椰子纤维可用于织网结绳，加工残余的碎渣还可用作肥料基改良土壤，用于种花、种菜。此外，椰油可以制作肥皂，椰花还可以用来酿酒、酿醋。经过数年发展，斯里兰卡的椰子产业已经从初级产品延伸到加工制品，包括椰子油、干椰子肉、活性炭和复写纸等。2021

年，斯里兰卡全国椰子产量达到 31.2 亿个，种植面积为 50.5 万公顷，出口额为 2.01 亿美元。如果按价值来看，位列前三的椰子出口产品分别是椰油、椰干以及椰子纤维。

（三）橡胶

斯里兰卡有着悠久的橡胶种植历史，是最早种植天然橡胶的南亚东南亚国家之一，其橡胶产量和出口均居世界前列。斯里兰卡的橡胶质量上乘，为世界所公认。2021 年，斯里兰卡橡胶种植面积为 13.9 万公顷，产量为 7.69 万吨。近 40 年来，由于橡胶价格不稳定影响胶农生产积极性，胶农转向其他利润更高的作物，加上不少土地被用于建筑房屋，斯里兰卡橡胶种植面积逐年减少，产量逐渐下降。2014 年以来，斯里兰卡橡胶年产量徘徊在 9 万吨左右。因此，虽然橡胶质量上佳，但由于种植面积有限，且斯里兰卡政府注重增强国内橡胶工业加工能力，橡胶内销额较大。斯里兰卡橡胶出口较少，2021 年橡胶出口金额为 4200 万美元，出口目的地包括欧盟、巴基斯坦、日本等国，出口总量仅为 1.5 万吨，远远低于泰国、马来西亚、印尼等国际市场上橡胶出口大国。

（四）水稻

水稻是斯里兰卡的主粮作物。斯里兰卡的粮食作物用地约为 90 万公顷，其中 75 万公顷用于种植水稻，全岛约 180 万农户从事水稻栽培，种植水稻农民的人均土地面积约为 0.5 公顷。水稻种植分为两个季节，每年从 8 月到次年 3 月被称为大季，从 3 月到 7 月是小季。由于降水量不同，大季稻产量较高。进入 21 世纪以后，斯里兰卡水稻产量维持在 300 万—500 万吨。2021 年，斯里兰卡水稻种植面积为 127 万公顷，产量为 515 万吨，较往年增幅较大。

表Ⅱ-5-1 主要农作物产量

	稻米（万吨）	茶叶（万吨）	橡胶（万吨）	椰子（亿个）
2010	430.1	33.1	15.3	25.38
2011	389.4	32.8	15.8	28.08
2012	384.6	32.8	15.2	29.4

续表

	稻米（万吨）	茶叶（万吨）	橡胶（万吨）	椰子（亿个）
2013	462.1	34	13	25.13
2014	338.1	33.8	9.9	28.7
2015	481.9	32.9	8.9	30.56
2016	442	29.3	7.9	30.11
2017	238.3	30.7	8.3	24.5
2018	393	30.4	8.3	26.23
2019	459.2	30.0	7.5	30.86
2020	512	27.9	7.8	27.92
2021	515	29.95	7.7	31.2

资料来源：斯里兰卡央行，Trends in Principal Agricultural Crops，*Economic and Social Statistics of Sri Lanka 2021*。

表Ⅱ-5-2　　　　　　　　　　**主要农作物出口金额**　　　　　　　　　　（亿卢比）

	茶叶	橡胶	椰子
2010	1628	198	18.7
2011	1649	228	29.4
2012	1804	157	26.6
2013	1994	92	26.5
2014	2126	59	46.5
2015	1821	35	47.7
2016	1848	48	53.5
2017	2333	59	53.0
2018	2318	50	50.5
2019	2406	43	58.9
2020	2302	56	64.0
2021	2634	84	84.7

资料来源：斯里兰卡央行，Composition of Exports，*Economic and Social Statistics of Sri Lanka 2021*。

（五）渔业产品

斯里兰卡是印度洋上的岛国，专属经济区海域面积辽阔，海岸线长1770千米。斯里兰卡渔业资源丰富，是世界上鱼类种数较多的国家之一，尤其是深海金枪鱼鱼类资源。斯里兰卡的渔业大致可分为四大部分，分别是沿海和近海渔业、近海和深海渔业、内陆渔业及沿海地区的水产养殖，主要品种是日本鲭、鲣鱼和黄鳍金枪鱼等，出口品种主要为养殖虾、龙虾、蟹、有鳍鱼和观赏鱼。

斯里兰卡周围渔场环绕，主要有东北部的孟加拉湾渔场，南部的斯里兰卡—马尔代夫金枪鱼渔场和西北部的阿拉伯海渔场。近年来，政府不仅扶持海洋捕捞发展，还采取一系列措施积极发展淡水渔业。斯里兰卡内陆水域总面积为300万亩，其中淡水面积为120万亩，政府意在利用国内资源，增加鱼类产量、提供新鲜鱼类，以满足人们的生活需要。

四　主要农业生产方式

斯里兰卡农业可分为种植园农业和小农农业两种类型，种植园农业主要种植茶叶、橡胶和椰子，传统小农农业主要种植水稻，用以满足国内的粮食需求，约一半的农村贫困人口从事小农农业种植。

斯里兰卡的种植园农业生产以雇佣劳动、大规模投资和生产种植为特点。在殖民者时代，种植园一般只种植一种经济作物以供出口，并使用廉价契约劳工，对自然资源实行掠夺式经营，对劳工进行残酷的压迫和剥削，牟取暴利。斯里兰卡独立以后，许多种植园被政府转为国有或转给民族资本家经营。

19世纪20年代，英国人开始在斯里兰卡兴建咖啡种植园。由于种植园所处地区的僧伽罗人不愿放弃传统农业生产去充当季节工人，于是殖民者从南印度雇用大量劳工（主要是泰米尔人）进入斯里兰卡。由于茶叶和橡胶生产都需要长期劳作，这些工人逐渐变为长期工，在斯里兰卡落地扎根。种植园通常进行大规模种植作业，少则几百公顷，多则数千公顷。因此，现代种植园往往需要进行大量投资，雇用熟练技术人员和管理人员，不断改良作物品种，改进耕作措施和加工技术，提高土地利用率和劳动生产率。

小农生产是斯里兰卡本土传统的农业生产方式。这些农民多数依靠自身或家庭劳动，以种植水稻等粮食作物为主，多数在小块土地上劳作，靠种植满足生计需要。根据斯里兰卡农业部的数据，在全国230万公顷的已耕种土地上，近80%的土地被用于非种植园的粮食作物生产，主要由小农耕种。全国约有165万名小农在人均不到2公顷的土地上耕种，这些小农出产了年均粮食产出的80%，其种植的作物包括水稻、玉米、蔬菜、水果和其他农作物。[①] 斯里兰卡的小农生产具有生产成本高、生产率低、损耗大等特点，抗风险能力低，而且往往难以获得生产性投入和融资，农业产业化水平较低，难以融入全球价值链中。

第二节　农业经济发展历程回顾

斯里兰卡的农业经济发展经历了艰难曲折的历程，其间，既有殖民地时代的单一种植园经济，又有独立后进口替代和自由化经济改革时期，还有内战中对经济的大幅破坏，以及内战后的艰难复苏时期。对斯里兰卡而言，有两大主题贯穿于不同的农业经济发展阶段：一是对种植园经济的政策；二是水稻等粮食的自给问题。

一　殖民地时期：单一的种植园农业

在欧洲殖民者入侵前，斯里兰卡是一个自给自足的农业国，不仅粮食充足，而且利用地理上的优势从事海上贸易，出口宝石、香料等，有"东方粮仓"的美誉。自16世纪开始，葡萄牙、荷兰和英国先后入侵斯里兰卡，打乱了斯里兰卡原本自给自足的农业经济体系。20世纪初，英国人占领斯里兰卡全岛，此后控制斯里兰卡长达133年，对其国民经济产生了极大的影响。由于斯里兰卡的自然条件适宜种植椰子、橡胶和茶叶等经济作物，英国殖民者出于掠夺的需要，把斯里兰卡变成了以种植椰子、橡胶和茶叶为主的农业国。于是，英国资本大量流入，控制了斯里兰卡主要经济命脉，斯里兰卡逐渐成为大英帝国的农产品和其他原料基地。

英国殖民主义者对斯里兰卡的掠夺方式是开辟种植园，强征农民土

---

① "Agriculture Sector Modernization Project", Ministry of Agriculture, Sri Lanka, https://www. agrimin. gov. lk/web/index. php/en/component/content/article/12 - project/841 - agriculture - sector - modernization-project.

地，迫使他们到种植园做工。1830—1870年，咖啡种植一度取得成功，后因发生叶病，转向经营茶园、橡胶园和椰子园。斯里兰卡由此成为典型的种植园经济，大量农民失去土地，流离失所，沦为外国种植园主的雇工。整个国民体系基本围绕着种植业建立起来，区域行政管理及服务业，例如银行、贸易、保险、交通运输均与种植园紧密相连，尤其是铁路运输，其唯一目的是用尽可能廉价的方法将内陆农产品尽可能快地运到港口，再装船运往欧洲国家。由于当地人不愿背井离乡到种植园劳动，种植园主从南印度招来大批泰米尔契约劳工。殖民者大肆开辟种植园，破坏了斯里兰卡原有的封建性的自给自足的自然经济状态，使其逐渐变成了一个欠缺制造业，出口茶叶、橡胶、椰子，同时进口粮食和成品的典型的殖民地经济。在斯里兰卡，现代化种植园与封建性小农经济并存。但是，单一的种植园经济依附于国际市场，国民经济的发展受国际环境的影响较大。种植经济的发展挤压了粮食作物的生产空间，又在某种程度上摧毁了斯里兰卡本土的粮食生产。这一时期，民众基本生活需求无法满足，粮食成为最大的进口项目，斯里兰卡民众的主食——大米75%都依靠进口。

二　20世纪独立后至70年代中期：土地革命与"锡兰化"

1948年，斯里兰卡宣告独立。独立之初，执政的统一国民党在经济发展路线上并未做大的调整，延续了种植园出口经济，这一时期，斯里兰卡出现明显的"二元经济"特征。其中，出口以种植园农业为主，而国内经济则多是传统的自给自足型农业。这一时期，种植园经济因失去了大英帝国的庇护而变得脆弱，主要依赖国际市场，价格波动较大。政府对外国企业尤其是那些控制茶工业的大公司予以鼓励，同时在进口方面设限很少，伴随着进口价格的上涨，出口价格下跌，导致外汇储备不断减少，经济疲软。

1956年，人民联合阵线在选举中获胜，经济政策逐渐左转。人民联合阵线政府（包括后来的斯里兰卡自由党政府）抛弃了原来的自由放任政策，开始强调实现国家经济的独立自主。1956年出任总理的班达拉奈克上台后即着手土地改革，规定私人占有土地最高限额，将土地分给无地农民耕种，继任的班达拉奈克夫人实施进口替代战略，主张外国银行、保险公司及种植园等重要行业实现国有化（或称"锡兰化"）。1972年斯里兰卡议会通过了《土地改革法案》，规定每户拥有土地的最高限额，稻田为 25 英亩，其他土地为 50 英亩。1975 年议会又通过了《土改法修正案》，接管了外国公司所属种植园约 42 万英亩，通过两次土地改革，很多私有公司的土地被收归国有，众多外国种植园主迫于形势，将财产出售给本地投资者，政府通过设立国营公司等方式，实现了种植园的国有化。到 1976 年，两大国营机构——斯里兰卡国家种植园公司（Sri Lanka State Plantations Corporation，SLSPC）和人民资产开发局（Janatha Estate Development Board，JEDB）共掌控了约 500 家茶叶、橡胶和椰子种植园，此外还有 400 余家茶叶和橡胶加工厂。与此同时，与近邻印度一样，斯里兰卡也经历了"绿色革命"（Green Revolution），水稻等粮食作物生产效率得到提高，产量得以提升。

三　自由化改革时期

1978 年，统一国民党再次上台，新任总统贾亚瓦德纳（兼任种植园发展部、国营种植园部部长）开始着手自由化经济改革。新政府鼓励私有化，改革国有企业，制定了一系列优惠政策，推进私人企业的发展，同时通过政府干预来保护所选择的产业并实现社会目标。在农业方面，贾亚瓦德纳一方面扶持三大种植园经济，更新对茶园投资政策，同时开放引入外资，解决茶叶生产投资短缺的问题。到 80 年代，由于茶叶价格大幅上升，茶园主的生产积极性被激发起来。1985 年，斯里兰卡超越印度，成为世界第一茶叶出口大国。

针对橡胶种植，政府提高了补贴标准。1979 年 11 月，政府宣布为每公顷私人橡胶园翻种补贴 16000 卢比；1981 年 11 月，每公斤橡胶补贴标准提高至 18500 卢比。到 1981 年底，约有 15.64 万公顷的橡胶园被翻种，占总面积的 70%。政府还加大对嫁接等橡胶工业科学技术研究的投入。到 1988 年，斯里兰卡橡胶总产量达到 12.2 万吨，出口橡胶所得为 37.04 亿卢比，占出口总收入的 14.1%。同时，为振兴椰子产业，政府资助椰子研究所培育高产树苗提供给农民，并为种植椰子的农民提供约 33% 的化肥补贴。政府鼓励对椰子园进行翻种，并增加相应的补贴标准，将对椰子园翻种的补贴标准从原来的每公顷 5558 卢比提高至 7410 卢比，新种补贴也由原来的 6793 卢比提高至 8654 卢比。[1]

20 世纪 70 年代实施国有化改革后，种植园逐渐暴露出低效问题，低产出、高工资成本、高负债等问题开始困扰着种植园经济。进入 90 年代后，政府将自由化改革的触角深入种植园所有权问题上。1992 年，政府将 22 个国营企业下属的 449 个种植园交给私人管理，并于 1993 年关闭了 52 个茶叶加工厂。1995—2002 年，在 23 家国有种植园中，有 20 家相继完成了私有化改革。其私有化方式是将种植园 51% 的股权通过公开招标直接卖给管理者，或是通过科伦坡的股票交易市场进行公开招标或竞争性招标出售。其中 20% 公开发行，19% 在股票交易市场上市，余下 10% 由职工持股。经过数轮改革，斯里兰卡种植园经济形成了公私并存的混合型农业经济局面。

虽然不同政府对种植园经济存在国有化和私有化方向之争，但争取粮食自给，保障粮食安全，是独立后历届斯里兰卡政府的共同目标。为了推动粮食自给，斯里兰卡政府鼓励民众扩充水稻等作物种植面积，政府还出面制定并多次提高稻谷收购价格，以激发农民种粮的积极性。此外，斯里兰卡政府还向农民提供水泵等农机用具，并向农民提供化肥补贴，由政府出资培训相关的农业技术人员，增加对农业科研项目的资金投入，推广新的优质水稻品种，以期提高粮食产量。斯里兰卡政府还推出了马哈韦利河开发计划等兴修水利举措。在历届政府的努力下，斯里兰卡粮食作物的生产取得了很大发展，后期基本上实现了粮食自给。2003 年，斯里兰卡水稻大丰收，这是该国自独立以来在水稻生产领域首次实现自给自足。近年来，斯里兰卡的大米自给率维持在 95% 左右，耕种面积亦有所扩大。斯里兰卡人口普查和统计局数据显示，稻米种植面积由 1951 年的 39 万公顷增加至 2012—2013 年的 106.7 万公顷。政府除了大力发展农业、实现粮食自给外，还积极发展林业、牧业、渔业。1980 年斯里兰卡造林面积达31200 英亩，政府还扶持建立大型的养鸡场和奶牛场，并对饲料进行补贴，发展淡水养殖业，出资引进先进的捕鱼设备等。

但是，斯里兰卡独特的岛国位置和季风气候，使其容易遭受干旱、洪

---

[1] 席淑云：《1977—1983 年斯里兰卡经济改革研究》，硕士学位论文，郑州大学，2018 年，第 18 页。

涝等天气的影响。2016年至2017年初，斯里兰卡发生严重旱灾，导致大范围粮食歉收，尤其是稻谷歉收。2017年，斯里兰卡稻谷产量骤降至238万吨，比上年减少46%，豆类、辣椒和洋葱等依赖雨水的作物产量也蒙受重大损失。2017年5月，斯里兰卡又遭遇持续暴雨，洪灾和山体滑坡导致斯里兰卡西南部地区大量民众无家可归、基础设施遭破坏。但降雨并未缓解斯里兰卡中北部和东部的旱情，甚至导致农作物减产的情况更加严重，近120万人生计受影响，粮食安全无法保证。

四 内战冲击与战后复苏

1983年斯里兰卡爆发内战，战争持续了26年，直至2009年方结束。长达26年的冲突造成斯里兰卡大批民众流离失所，社会经济活动遭重创。据估计，冲突和战乱导致斯里兰卡整个国民经济年增长速度减缓2%至3%，更使北东地区经济遭受重创，发展几乎处于停滞状态。为了赢得战争，政府花费大量资金用于扩充军备、购买军事武器，使得原本可用于农业建设的资金大量减少，延缓了农业发展。2005年，马欣达·拉贾帕克萨政府实行新的农业政策，立志复苏农业部门。2009年内战结束后，政府着手在北部进行大面积复耕，恢复农业被视为提高GDP增长率的重要举措之一。近年来，受创最为严重的北部和东部地区农业得以复苏，原本因为安全原因和缺乏外部市场通道而相对封闭的农业生产逐渐商业化，更多的土地被用于农业种植。2010年，斯里兰卡政府表示，计划在未来3年内花费25亿卢比，鼓励农民种植水稻，并积极引导民众对大米的消费，减少居民对面粉的消费依赖。

五 内战结束后：发展农业，服务于国家建设目标

2009年内战结束后，时任总统马欣达·拉贾帕克萨于2010年推出了国家发展计划——《马欣达愿景》。其中，有关农业发展的政策目标如下：实现人民的粮食安全；扩大耕作面积；减少运输过程中的浪费；确保环境友好；采用高效的农场管理技术；使用高产种子和改进的水资源管理。该政策同时要求推广特定作物品种，促进作物多样化。此外，《马欣达愿景》还提出，应以可持续的方式开发斯里兰卡的渔业和水产资源，同时保护沿海环境，实现全国水产品供应的自给自足，大幅增加水产品出

口。该愿景还寻求建立更具包容性和效率的农业和食品体系。具体而言，旨在确保农民获得更高和可持续的收入，使农产品价格有利可图；扩大农产品进入斯里兰卡本国和国外市场的通道，实现农业机械化。

2016年，西里塞纳当选斯里兰卡总统，维克拉马辛哈担任总理，二人上台后颁布了"愿景2025"。该愿景要求在农业方面最大限度地保障粮食安全、发展农业企业、建立大规模农业企业和引进高产作物，其主要举措包括国家粮食生产计划、推动农业价值链发展，以及建立大型农业园区。为了实现这些目标，该计划主张采用公私合营伙伴关系。同样在2016年，西里塞纳政府还推出名为"无毒耕种"（Toxin-free Farming）的三年农业计划。该计划基于农业生态学的原则，提出农业生产应优先考虑可持续和以人为本的做法，提出禁止使用农用化学品，推广使用传统种子，补贴有机肥料，促进小农耕作，并改善灌溉系统。2015年甫一上台，西里塞纳就发出禁令，禁止斯里兰卡进口和使用化学除草剂草甘膦。从经营形态上而言，西里塞纳的农业计划偏向小农经济而非大规模商品农业。由于这一计划与斯里兰卡多年贯彻的推动自给型农业向商品农业转型的政策方向相悖，且触动了农药、化肥巨头们的利益，因此在国内面临不小的压力，并未完全推行。这也反映了斯里兰卡政策制定者们在农业发展方向上的矛盾态度。

2019年，新任总统戈塔巴雅·拉贾帕克萨上台，提出了新的农业发展政策。他对斯里兰卡农业发展规划的目标包括提高种植业生产率，增加出口收入，实行有效机制来协调、引导和监督农业部门发展。为此，农业管理部门需促进种植业、渔业和畜牧业生产的改善，加强市场和价值链，寻求解决连通性和物流问题的办法，加大为私营部门提供相关服务。同时注重可持续性，有效应对气候变化、劳动力短缺、地块零碎化及土壤退化等相关挑战。拉贾帕克萨当局强调，农业政策服务于斯里兰卡政府总体经济目标，即将斯里兰卡转变为一个以知识为基础、以出口为导向、位于印度洋中心的有竞争力的经济体，同时实现联合国2030年可持续发展目标。

2021年4月，时任总统戈塔巴雅·拉贾帕克萨宣布全面禁止进口和使用合成肥料、杀虫剂和除草剂，要将斯里兰卡变为全球第一个拥有100%有机农业的国家。但是，有机农业产量本就较低，且斯里兰卡骤然禁止使用化肥，全面要求农民使用有机肥料，使得大面积农业用地未能及时施肥，农民不堪重负，最终造成斯里兰卡国内粮食减产、价格飙升，甚至爆发大规模粮食危机。这场农业改革最终引发了斯里兰卡财政破产，拉贾帕克萨政府也被推翻。对此，《外交政策》杂志在评论斯里兰卡政府的有机农业政策时称："奇幻思维、技术官僚的狂妄自大、意识形态上的妄想、完全的短视导致了斯里兰卡的危机。这既包括该国的政治领导层，也包括可持续农业的倡导者：前者抓住有机农业的承诺，作为削减化肥补贴和进口的短视措施，后者则暗示，这样的国家农业部门的转变也可能会成功。"①

第三节　斯里兰卡和中国的农业合作

斯里兰卡同中国的农业合作源远流长，最早可追溯至 1952 年的"米胶协定"。第二次世界大战结束后，国际米价涨势迅猛，刚独立的斯里兰卡水稻等粮食严重短缺，外汇储备捉襟见肘。彼时中国作为新兴的共产主义国家正遭到西方的经济封锁和禁运，而橡胶则被列入西方对华禁运的战略物资清单。在此背景下，斯里兰卡同中国签订了《中华人民共和国中央人民政府与锡兰政府关于橡胶和大米的五年贸易协定》（简称"米胶协定"），双方约定中国 5 年内每年向斯里兰卡出售 27 万吨大米，斯里兰卡每年向中国出售 5 万吨橡胶。该协定从 1952 年执行到 1982 年，时间长达 30 年。当时，中斯两国尚未建立外交关系，双方顶着西方国家的压力在患难中相互帮扶。"米胶协定"不仅开启了新中国与斯里兰卡的贸易关系，推动两国贸易的快速增长，而且为两国之间的长期友谊奠定了稳固基石。从这个意义上而言，农业合作既是中国和斯里兰卡合作的历史起点，也构成了中斯关系的基础。

2005 年，温家宝总理访问斯里兰卡，两国宣布建立真诚互助、世代友好的全面合作伙伴关系。温总理在访问期间，中斯双方签署了《中华人民共和国农业部与斯里兰卡民主社会主义共和国农业与土地部农业合作谅解备忘录》，双方决定在互惠互利的基础上，在以下领域开展合作：交流

---

① Ted Nordhaus & Saloni Shah, "In Sri Lanka, Organic Farming Went Catastrophically Wrong", *Foreign Policy*, March 5, 2022, https://foreignpolicy.com/2022/03/05/sri-lanka-organic-farming-crisis/.

农业科技信息，交换种子、种苗和育种材料，专家技术人员及管理人员互访，就共同感兴趣的领域举办讲习班、研讨会，开展杂交水稻生产、农产品加工、卫生防疫、农机生产和维修等方面的合作，推动两国农产品贸易，就共同感兴趣的领域，包括生物技术等进行合作研究，通过培训项目进行人力资源开发，鼓励有实力的企业开展合资合作活动。此外，双方还同意建立正常的联系渠道，成立中斯农业合作委员会，负责合作项目的制定和实施。在双方一致的基础上，农业委员会将轮流在中国和斯里兰卡召开会议，每两年一次。为此，双方还将指派一名联络秘书，负责有关协调工作。此后，中斯农业合作步伐显著加快，体量日益上升。

一　中斯农产品贸易现状

近年来，农产品在中斯贸易中的分量逐渐上升。根据中国商务部数据，2007 年斯里兰卡对中国出口最多的农产品为植物制品，金额为 310 万美元，占当年斯里兰卡对华出口总额的 8.7%。[①] 到 2018 年，植物制品出口已经成为斯里兰卡对中国出口的第二位产品，当年出口额达 4800 万美元，占斯里兰卡对华出口总额的 20.8%。除植物制品外，斯里兰卡对华出口的主要农产品还包括活动物和动物产品（500 万美元），以及食品、饮料、烟草类产品（300 万美元）。[②]

但是，由于中斯经济体量差异巨大的结构性因素，斯里兰卡在对华农产品贸易中仍然处于逆差地位。2007 年，斯里兰卡自中国进口的植物制品金额为 3200 万美元，仅在植物制品这一项上的逆差额就达到 2890 万美元。到 2018 年，斯里兰卡自中国进口的食品、饮料、烟草金额为 6800 万美元，植物制品进口额为 5700 万美元，这两大项目的逆差额为 7400 万美元。对华农产品贸易逆差成为中斯两国自由贸易谈判久谈未果的一大因素。

农产品也是斯里兰卡向中国出口的一大亮点。仅就茶叶而言，2010 年斯里兰卡向中国出口红茶 100 万斤，到 2019 年已经增长至 1100 万斤。

---

① 《斯里兰卡对中国出口主要商品构成（类）（2007 年）》，《国别贸易报告》，中国商务部，https://countryreport. mofcom. gov. cn/record/view. asp？ news_id = 10827。

② 《斯里兰卡对中国出口主要商品构成（类）（2018 年）》，《国别贸易报告》，中国商务部，https://countryreport. mofcom. gov. cn/record/view. asp？ news_id = 62650。

与其他红茶生产国对华出口相比，斯里兰卡对华红茶出口呈指数型增长。2018 年首届中国国际进口博览会开幕，共有 29 家斯里兰卡企业参加企业展，其锡兰红茶、橡胶、宝石等产品是主打展品。仅在参展期间，斯里兰卡企业就收到了价值 27 万美元的确认订单和价值 1670 万美元的意向订单，并在签订谅解备忘录、寻找代理商和经销商等方面收获颇丰。2019 年第二届"进博会"期间，斯里兰卡企业大力向中国推广其红茶等产品，参展的斯里兰卡红茶企业——锡兰世界商城有限公司（World Mart Ceylon）与上海念弟实业集团有限公司签下 1 亿元的红茶跨国采购战略合作协议。斯里兰卡的有机锡兰红茶、茉莉花茶、红茶、柠檬绿茶、百香果茶等品种在中国市场上尤其受欢迎。斯里兰卡总统戈塔巴雅·拉贾帕克萨鼓励本国企业充分利用"进博会"平台拓展对华出口。2020 年，斯里兰卡茶叶、橡胶、香料、椰子等产品出口商参加了第三届进博会。

二　中斯农业多领域合作

农业是斯里兰卡经济的重点领域，具备相当大的发展潜力，同时关乎斯里兰卡的国计民生。中国在斯里兰卡投资高度重视农业领域。早在 1983 年，中斯两国就合资兴办了兰华渔业有限公司，在斯里兰卡合作开展海洋捕鱼、海产加工和供当地市场及出口的鱼虾养殖等各种业务活动。其中，中国在该公司占有 49% 的股份。21 世纪前后，中斯农业合作全面展开，中国参与斯里兰卡农业的领域不断扩展，参与度日渐提升，具体参与领域如下。

第一，农产品加工行业。斯里兰卡农业产出丰富，但加工业发展落后，农产品附加值不足，农业产业链尚不完备。斯里兰卡政府欢迎农产品加工业投资，规定外国投资者在该领域的投资额最低达到 15 万美元即可，并享有 5 年的免税期。5 年之后，如果生产的产品是定向出口，还可以享受 15% 的税收优惠；若产品为非定向出口，则享受 20% 的税收优惠。此外，在项目的建立和实施阶段，进口与农业有关的资本货物免关税；如果项目出口产量超过 70%，则进口与农业有关的原材料也免关税。一些中资企业利用在农产品深加工领域的优势，积极参与斯里兰卡农产品深加工，重点关注茶、橡胶、椰子、渔业产品的加工与贸易。

新希望兰卡有限公司与昊华轮胎生产厂是中企进入斯里兰卡农产品加

工领域的典型代表。新希望兰卡有限公司是新希望集团（中国）于 2012 年在斯里兰卡投资成立的一家大型现代化饲料公司，主要生产家禽、牲畜饲料，投资额约为 850 万美元，占地 26 亩，年产 1000 万吨动物饲料。2020 年 11 月，斯里兰卡投资委员会与中国轮胎制造商山东昊华轮胎有限公司签署协议，拟在汉班托塔港建设轮胎生产厂项目。项目一期总投资额约为 3 亿美元，是汉港园区内迄今最大的投资项目，轮胎生产厂利用斯里兰卡橡胶产地的优势，就地建立生产线，预计将为当地创造 2000 个就业岗位，并带动一系列相关产业发展。此外，中国海南省也计划在斯里兰卡投资建设斯里兰卡国内最先进的乳胶制品生产线，利用斯里兰卡出产的橡胶，就地生产乳胶制品和床垫等产品。

第二，农业现代化领域。斯里兰卡农业发展存在现代化水平不足等问题。在中斯农业合作中，斯里兰卡多次表示，期望学习中国的农业发展经验，提高本国农业现代化水平。中国相关企业和研究机构在良种、灌溉等方面具备技术优势，借助"一带一路"契机积极与斯里兰卡开展农业现代化合作，通过开设人才培训班、向斯里兰卡派遣农业技术专家、与斯里兰卡共建农业科技示范园区、向斯里兰卡捐献农机设备等方式，帮助培育农业科技人才，推动斯里兰卡的农业现代化进程。

2015 年，中国云南省和斯里兰卡共同建立了农业高新技术示范园，双方在茶叶种植土壤改良、水稻试验种植、蔬菜品种种植、花卉资源开发和鲜切花生产等多个方面进行合作，并引进中国高等农业院校、科研院所、知名企业和资深专家前往园区开展技术转让和研究。2018 年 10 月，中国热带农业科学院与斯里兰卡椰子、橡胶研究所，以及香料饮料作物中部实验站合作，规划建设中国—斯里兰卡热带现代农业科技产业园。该园区规划面积为 30 公顷，依托椰子、橡胶、胡椒、咖啡、槟榔等斯里兰卡热带作物，建设现代热带农业科技创新中心、热带农业展览与商务中心、现代农业企业和绿色食品加工基地。同时，以此传授中国热带农业新品种、新技术，并建立中斯热带农业技术转移平台，将中国先进的农业技术转移至斯里兰卡，帮助斯里兰卡解决热带农业生产的技术瓶颈，提升其农业生产水平和经济水平。2016 年 11 月，中国水电建设集团国际工程有限公司与斯里兰卡农村经济部签署合同，帮助斯里兰卡建设波隆纳鲁瓦农业经济中心，并在波隆纳鲁瓦地区援建养牛场、谷仓、集市、稻米加工厂、畜牧业培训学校等配套设施，旨在提高当地农业生产水平，带动当地农副产品加工产业发展，推动当地农业及相关产业的可持续发展。

第三，农业基础设施建设。伴随着"一带一路"倡议的推进，中国对斯里兰卡基础设施领域的投资大幅增加。其中，用于发电和农业灌溉的水利工程投资是一大重要领域，代表性项目为中方投资建设的莫拉格哈坎达灌溉项目。该项目是马哈韦利河开发计划最后一个关键性项目，也是斯里兰卡目前最大的水利枢纽项目。此前受内战、地质条件复杂，以及欠缺融资渠道等因素的影响，迟迟没有开工，制约了当地农业发展。2012 年，中国国家开发银行向斯里兰卡提供 2.14 亿美元贷款，由中国电建集团承建，于 2018 年初建设完成。该项目主要用于灌溉、供水和发电，能够有效提高斯里兰卡中北部干旱地区的农业生产能力，同时提升马哈韦利河流域汛期防洪能力，并带动当地渔业发展。

值得强调的是，过去一个阶段的中斯合作主要集中于中国对斯里兰卡的基础设施建设方面的投资建设。伴随着这一市场的饱和，以及斯里兰卡农业经济潜力的进一步发挥，未来将有更多的中资企业涉入小型工农业项目领域，中斯农业合作仍大有可为。

第六章　斯里兰卡恐怖主义问题的
　　　　根源与影响

对任何国家而言，安全问题往往与发展密切相关。安全为一国的发展提供了社会环境保障，而发展又可以为安全提供基本的物质基础，二者既相互影响、相互作用，又互为动力。2020年以来横扫全球的新冠疫情就是一个最为典型的例子。与疫情类似，作为非传统安全的恐怖主义威胁对发展的影响不亚于疫情，它是各国在发展过程中需要防范的安全问题，甚至在不同历史时期、不同国家一度成为优先战略要务，例如"9·11"后经历了近20年反恐战争的美国。斯里兰卡也同样在不同历史阶段遭遇了不同程度的恐怖主义之困，其前总统戈塔巴雅·拉贾帕克萨曾撰文指出："内战后斯里兰卡的最大责任是确保国家的持续安全，没有安全和稳定，就没有经济的发展。"①"安全稀缺"是各国政府都努力避免的问题，但造成安全问题的诱因又是复杂多变的，这为各国的安全治理带来了难题，"对症下药"才是关键。

对于身处全球恐怖活动重灾区的斯里兰卡而言，尽管其面临的恐怖主义风险低于长期遭受恐怖主义之困的阿富汗、巴基斯坦以及印度等国，但恐怖主义曾一度成为斯里兰卡的动荡之源。2009年斯里兰卡内战结束，经过短暂的"平静"后，2019年斯里兰卡又遭遇了震惊全球的连环爆炸恐怖袭击事件。斯里兰卡作为中国"一带一路"沿线的重要合作伙伴，研究其国内恐怖主义发展具有重要的现实意义。另外，将其作为恐怖主义的个案进行分析，也可以对国际社会的反恐工作提供有益的借鉴。

---

① Gotabaya Rajapksa，"Sri Lanka's National Security"，p. 144，http://www.sinhalanet.net/wp-content/uploads/2014/08/Sir_Lankas_National_Security_corrected.pdf.

第一节 斯里兰卡恐怖主义的历史回顾与现状

在研究斯里兰卡面临的恐怖主义之前，有必要先对"恐怖主义"这一概念予以界定。事实上，关于恐怖主义的定义是当前国际学术界颇具争议性的话题之一，学者们关于何谓恐怖主义一直争论不休，难以达成一个权威性和共识性的定义。在各国的政策话语中，对这一概念的使用更是没有统一的标准。对于什么是恐怖主义行为，各国往往根据其自身的国家利益和政治立场，将这些行为区别对待，差别化地贴上"恐怖主义"或"为自由而战"的政治标签。一些国家更是长期奉行双重标准，将针对本国公民或盟友的恐怖主义行为定性为恐怖主义，而将针对竞争对手国家的恐怖主义行为视为"自由运动"，将那些恐怖分子视为"自由战士"。并与人权相挂钩，为干涉他国内政提供理论基础和道德依据。

尽管目前学界对"恐怖主义"的定义见仁见智，但归纳起来主要包含三个基本特征。第一，具有明确的政治目标；第二，主要针对非武装人员；第三；使用暴力或威胁使用暴力。然而，随着技术的革新、恐怖主义组织结构、诱发因素、攻击手段、成员身份背景等的变化，比如近年来出现的"独狼式"恐怖主义袭击、网络技术恐怖主义的兴起、根源于身份政治的右翼极端主义的出现等都是"流行"的新现象，加上恐怖分子对袭击目标越来越无差别化，因此本书认为可以对传统意义上的定义做进一步的"扩容"，以体现时代性和完整性。本书将恐怖主义重新理解为一组或单个成员为了一定的政治或社会目标，在线上或线下针对无差别人群，组织、支持、实际使用或威胁使用暴力的行为。各国均不同程度地深受其害。

斯里兰卡在这方面就是个典型例子。在 1948 年独立后的很长一段时期里，斯里兰卡的国家安全并未面临恐怖主义威胁，由于缺乏现实需求，因此这一时期其国家安全机器建设处于低水平阶段。但自 20 世纪 70 年代以来，斯里兰卡不同程度地、间歇性地遭遇恐怖主义"毒瘤"的侵蚀。1971 年"人民解放阵线"（JVP）组织的起义活动开始引发斯里兰卡当局的担忧，由于该组织的反政府性质，很快就遭到斯里兰卡当局的镇压，双方爆发了激烈的暴力冲突。鉴于当时国家安全机器的力量孱弱，斯里兰卡不得不求助印度、巴基斯坦、英国以及苏联等国帮助。[①] 直到 1989 年，该组织取得政治上的合法地位，并被纳入权力分享进程后，双方的政治暴力冲突才得以消解。然而，斯里兰卡国家安全面临的真正最大的挑战却是20 世纪 70 年代末以来，位于北部和东部地带泰米尔族群的离心倾向，这一倾向日益演变为分离主义运动，并伴之以恐怖主义手段，导致斯里兰卡最终被拖入了长达 27 年的内战，直到 2009 年才结束。据联合国人权协调办公室估计，这场内战导致了 8 万—10 万人丧生。[②] 以泰米尔伊拉姆猛虎解放组织（LTTE）为首的泰米尔分离组织，主要采取自杀式恐怖袭击的手段，寻求建立独立的泰米尔国家。这实质上是分离主义与恐怖主义的合流，以恐怖主义为工具，实现分离主义的政治目标。对斯里兰卡政府而言，这场战争也成为旷日持久的反恐之战。根据南亚反恐门户网站（SATP）的统计数据，从 2000 年直到 2009 年内战结束，在这段时期 2/3的年份里斯里兰卡国内因恐怖主义活动所丧生的人数几乎都是四位数。其中 2009 年为 15520 人，达到了最高峰，2002 年处于这一时期的最低值，为 30 人。[③] 2009 年 5 月，斯里兰卡政府军击毙"猛虎组织"领导人后，宣布内战结束，随后斯里兰卡国内的暴恐活动呈"断崖式"下降态势。根据 SATP 公布的数据，从 2010 年至 2022 年，因恐怖主义活动而导致死亡的人数共计 284 人，其中 2014 年的死亡人数是 4 人，2019 年的死亡人数是 278 人，2020 年和 2022 年的死亡人数均为 1 人。[④] 其他年份基本实现了"清零"，这意味着内战后斯里兰卡国内反恐形势实现逆转，安全局势得到了提升。

　　然而，内战的结束并不意味着恐怖主义在斯里兰卡实现了"历史的终

---

　　① Gotabaya Rajapksa, "Sri Lanka's National Security", p. 140, http://www. sinhalanet. net/wp-content/uploads/2014/08/Sir_Lankas_National_Security_corrected. pdf.

　　② "Up to 100, 000 Killed in Sri Lanka's Civil War: UN", *ABC News*, May 20, 2009, https://www. abc. net. au/news/2009-05-20/up-to-100000-killed-in-sri-lankas-civil-war-un/1689524.

　　③ "Datasheet_ Sri Lanka", *South Asia Terrorism Portal*, https://www. satp. org/datasheet-terrorist-attack/fatalities/srilanka.

　　④ "Datasheet_ Sri Lanka", *South Asia Terrorism Portal*, https://www. satp. org/datasheet-terrorist-attack/fatalities/srilanka.

结"。与之前僧伽罗人—泰米尔人两大族群冲突所引发的暴力冲突不同，内战结束后的恐怖主义诱发因素已从传统的族群冲突转变为宗教文明冲突。2012 年以后，这一冲突的激烈程度愈加显著。不过，"猛虎组织"的残余势力依然不容忽视。根据 SATP 公布的数据，2014 年 4 月 10 日，斯里兰卡安全部队与疑似"猛虎组织"武装人员发生了交火，导致 4 人死亡，其中 3 人为恐怖分子，1 人为安全部队成员。① 这也是 2009 年至 2018 年的 9 年里，斯里兰卡发生的唯一一次因恐怖主义袭击活动而导致人员死亡的事件。根据武装冲突地点与事件数据库项目（ACLED）的有关统计数据，从 2017 年 4 月开始，斯里兰卡国内的反穆斯林情绪高涨，50% 的有组织的犯罪和骚乱都主要针对穆斯林群体。② 据 BBC 报道，2019 年 4 月 21 日复活节当天，斯里兰卡国内三个教堂和三家酒店等场所遭遇了 8 起系列自杀式连环爆炸袭击，导致 269 人丧生，500 多人受伤，这也成为自 2009 年内战结束以来斯里兰卡遭遇的最严重恐怖袭击。③ 这次恐袭手段采取了斯里兰卡内战时期最为流行的武装袭击方式——自杀式袭击，这种袭击手段通常具有极强的隐蔽性和较大的杀伤力。从暴恐人员的身份来看，9 名袭击者全为斯里兰卡当地人，均接受过良好教育。他们主要来自中产或中产阶级以上的精英家庭，隶属于斯里兰卡国内的两个伊斯兰极端组织——国家"一神教团"（NTJ）和"易卜拉欣真信会"（JMI）。斯里兰卡国防部认为，这一事件是对 2019 年 3 月发生在新西兰基督城清真寺枪击案的报复，这两个组织随后被取缔。在此次事件后的几天时间里，斯里兰卡国内又发现了多处爆炸装置和未爆炸装置，导致民众陷入恐慌。④

2020 年全球新冠疫情暴发以来，在连续三年的时间，斯里兰卡国内的反恐形势大大改善。澳大利亚经济与和平研究所发布的《2022 年全球

---

① "Datasheet_ Sri Lanka", *South Asia Terrorism Portal*, https：//www. satp. org/datasheet-terrorist-attack/fatalities/srilanka.

② "Anti-Muslim Violence in Sri Lanka", *ACLED*, March 16, 2018, https：//acleddata. com/2018/03/16/anti-muslim-violence-in-sri-lanka/https：//acleddata. com/2018/03/16/anti-muslim-violence-in-sri-lanka/.

③ "Sri Lanka Attacks：Easter Sunday Bombings Marked One Year on", *BBC News*, April 21, 2020.

④ "2019 Sri Lanka Easter Bombings", *Wikipedia*, https：//en. wikipedia. org/wiki/2019_Sri_Lanka_Easter_bombings.

恐怖主义指数》报告也指出，在恐怖主义影响方面，南亚地区安全态势改善最大的国家是斯里兰卡，其次是尼泊尔。① 需要说明的是，各国对恐怖主义的概念是有争议的，因此对恐袭活动的评判标准也是不一致的，这就导致在研究过程中我们很难获得"真实"数据，只能努力接近"真实"。为了便于观察和分析的全面性，本书同时借鉴了不同来源的数据予以论证说明，主要包括上文提到的南亚反恐门户网站、澳大利亚经济与和平研究所、装装冲突地点与事件数据库项目三家的数据来源，尽管它们在数据统计标准、统计范围上有差异，但不影响对斯里兰卡安全形势的整体判断和评估。其中，ACLED 数据库内容涵盖更为广泛，几乎包含所有类别的政治暴力事件，统计规模远大于南亚反恐门户网站数据库，适合用于判断一个国家的总体安全局势和稳定程度。根据该数据库的数据，本书主要选取了接近暴恐活动性质的三类政治暴力事件进行统计分析，包括武装斗争、针对平民的暴力事件、爆炸或远程暴力事件。从 2020 年的数据来看，斯里兰卡发生了 29 起针对平民的暴力事件、7 起爆炸或远程暴力事件；2021 年发生了 18 起针对平民的暴力事件、3 起爆炸或远程暴力事件；2022 年主要发生了两起针对平民的暴力事件。总体来看，政治暴力事件的数量不断下降、冲突烈度也在降低。② 因此，从纵向比较来看，除了2019 年这一特殊年份外，内战结束后，斯里兰卡国内的上述三类政治暴力事件已大大减少，国家安全局势总体稳定、向好。不过因宗教冲突日益加剧所带来的恐怖主义风险依然存在。

需要注意的是，政治暴力活动并不等于恐怖主义活动，但它包含恐怖主义活动。而且有时候骚乱容易演变成恐怖主义活动，针对平民的暴力活动有时候本身就是一种恐怖袭击行为。鉴于这些活动的转换性强，因此在概念的边界上较难做出区分。这也使得在研究国家安全时不能仅局限于明确的恐怖主义行为，也需要观察更大范围内的政治暴力活动。从横向比较来看，特别是与南亚其他国家（如阿富汗、印度和巴基斯坦）相比，2019 年后的斯里兰卡已成为恐怖主义袭击的低风险国家。尽管如此，未

---

① "Global Terrorism Index 2022", *Institute for Economics and Peace*, March 2022, p. 43, https://www. economicsandpeace. org/wp-content/uploads/2022/03/GTI-2022-web-09062022. pdf.

② *ACLED*. https://acleddata. com/dashboard/#/dashboard.

来仍不能排除悲剧重演的可能。

　　除了恐怖主义外，值得一提的是，威胁斯里兰卡国家安全的还有毒品走私。得天独厚的地理位置对斯里兰卡而言是一把"双刃剑"，一方面为斯里兰卡提供了战略机遇，使其成为各大国竞相争取的"香饽饽"；另一方面也使得斯里兰卡成为毒品走私的国际枢纽，成为来自中亚、南亚毒品走私的中转站，毒品走私犯常常利用非法移民通过斯里兰卡走私海洛因、可卡因、大麻等。① 因此，作为非传统安全的恐怖主义、毒品走私是斯里兰卡未来防范的重点，是影响其国家安全的两大威胁来源。在 2019 年 1 月《环球金融》杂志发布的世界安全国度排行榜上，斯里兰卡位于 128 个国家中的第 70 名。② 在澳大利亚经济与和平研究所发布的《2022 年全球和平指数》报告中，斯里兰卡在 163 个国家中的和平指数排第 90 名，相比 2021 年的排名上升了 5 位。③ 这也表明，从全球横向比较来看，斯里兰卡的安全形势总体上不断改善。

　　2022 年 3 月以来，斯里兰卡国内因生活物资和燃料短缺，导致经济陷入严重危机状态，全国范围内兴起了长达数月的反政府抗议活动，并演变为大规模的政治骚乱，抗议者与安全部队冲突导致了数人死伤。④ 直至 2022 年 7 月新政府上台，斯里兰卡国内民众的抗议活动仍持续发酵、时断时续。由于数据统计时间问题，因此斯里兰卡这一时期的政治动荡事件并未列入《2022 年全球和平指数》报告。由于政治抗议活动从严格意义上讲并不属于恐怖主义性质的活动，因此南亚反恐门户网站的统计数据也未将斯里兰卡这场严重经济危机所引发的大规模政治骚乱列为恐怖袭击事件。在本书的"恐怖主义"定义中，此类政治抗议活动也不作为恐怖主义活动来进行统计和评估。

---

① "Maintaining National Security: Role of Sri Lankan Military during COVID-19", *Institute of National Security Studies Sri Lanka*, October 21, 2020, http://www. insssl. lk/index. php? id=253.

② "World's Safest Countries 2019", *Global Finance*, January 23, 2019, https://www. gfmag. com/global-data/non-economic-data/worlds-safest-countries-2019.

③ "Global Peace Index 2022", *Institute for Economics and Peace*, July 2022, p. 11, https://www. economicsandpeace. org/wp-content/uploads/2022/06/GPI-2022-web. pdf.

④ "Global Peace Index 2022", *Institute for Economics and Peace*, July 2022, p. 21, https://www. economicsandpeace. org/wp-content/uploads/2022/06/GPI-2022-web. pdf.

第二节　斯里兰卡恐怖主义的国内根源

通常而言，影响一个国家恐怖主义产生的国内因素是多方面的，涉及政治、经济、社会以及文化等原因。就斯里兰卡而言，有观点认为，"暴力冲突根源于国家的'病态'，尤其是未能将民主政治制度化"，导致在国家治理过程中产生治理危机，引发有关身份认同、权力合法性以及政策合理性的问题。[1] 本书主要选取了以下几个角度进行分析。

一　身份政治——从族群冲突到宗教冲突的演化

对斯里兰卡国家安全而言，恐怖主义一直是其国家安全的最大威胁来源。从斯里兰卡建国到现在，如前文所述，对其国家安全与社会稳定产生过重大威胁的冲突来源主要有"人民解放阵线"和以"猛虎组织"为首的泰米尔极端组织，以及内战后的部分宗教极端组织。相比较于后两者，"人民解放阵线"与斯里兰卡政府间的冲突难以用恐怖主义性质来定义，其性质属于非恐性质的政治暴力活动，是政治竞争的结果，"人民解放阵线"最终也被纳入了权力分享体系。相反，后两者所引发的恐怖主义活动在给斯里兰卡社会带来实实在在的高昂代价的同时，也从深层次体现了斯里兰卡国内身份政治变化对国家安全的影响。弗朗西斯·福山 2018 年发表在《外交事务》上的一篇文章认为，有别于 20 世纪 70 年代至 21 世纪的前 10 年，在 2010 年后的世界政治中出现了"身份政治"的崛起，即一些国家出现了打着维护种族、民族或者宗教身份认同为口号的"爱国主义"右翼群体，他们将重心放在对身份认同的维护和保护上，而不是传统的经济议题上。[2] 福山的观察主要来源于近 10 年女权主义日益加剧、英国脱欧、特朗普 2016 年胜选、逆全球化趋势出现、民粹主义与民族主义盛行等系列经验现象。然而，事实上，"身份政治"现象并非新鲜事物，只

---

① Jonathan Goodhand, Bart Klem, "Aid, Conflict and Peacebuilding in Sri Lanka, 2000-2005", *Report by the Asia Foundation and the World Bank*, August, 2005, p. 23.

② Francis Fukuyama, "Against Identity Politics the New Tribalism and the Crisis of Democracy", *Foreign Affairs*, September/October 2018, https://www.foreignaffairs.com/articles/americas/2018-08-14/against-identity-politics-tribalism-francis-fukuyama.

是此前未表现出 2010 年后的全球性和普遍性。斯里兰卡的恐怖主义就是这一现象的具体表现，并以僧伽罗人与泰米尔人的族群冲突向僧伽罗—佛教群体与穆斯林群体的宗教冲突演化为基本特征。

2009 年 5 月内战结束前，斯里兰卡境内的恐怖主义活动主要源于族群冲突，即作为主体族群的僧伽罗人与作为最大少数族群的泰米尔人之间的冲突，其本质是以族群冲突为表现形式的身份政治斗争，并采用恐怖主义袭击手段为主要互动方式。占人口总数74.9%的僧伽罗人与占人口总数15.3%的少数族裔泰米尔人之间的冲突主导了斯里兰卡国内 30 多年的安全态势。[1] 事实上，作为冲突关键参与方的泰米尔伊拉姆猛虎解放组织既是斯里兰卡身份政治崛起的产物，同时也是斯里兰卡国内 "马拉松式" 族群冲突的重要推手。因此，"猛虎组织" 曾长期被斯里兰卡视为国家安全面临的最大威胁。追溯两大族群早前的互动进程，可以发现双方的冲突具有历史的必然性。"在 1948 年从英国殖民统治中获得独立的头十年里，双方在政治上的集体竞争和对抗开始出现，每一个群体都在努力保护和构建可以从中获得身份认同的族群标志。"[2] 可以发现各方群体都有着强烈的以族群为区分的身份认同，而这种对身份的利益诉求实质上是斯里兰卡长期受欧洲殖民统治后不同族群之间安全感的缺乏。故僧伽罗人强调他们作为斯里兰卡多数族群的主体地位，以及对独立后民族事业拥有天然的继承权。相反，泰米尔人则希望维护其独立的族群身份，以免遭受作为多数群体的僧伽罗人的统治和同化，两大群体在地域、语言和宗教上都有明显区别。

进入 20 世纪 50 年代后，两个族群间的关系开始紧张。特别是泰米尔人的 "自治要求" 被拒绝后，一些泰米尔精英从 70 年代开始试图寻求建立一个独立的泰米尔国家。[3] 于是，原来的族群冲突开始发展为斯里兰卡的民族分离主义运动。成立于 1976 年 5 月的 "猛虎组织" 就是泰米尔分

---

[1]　中华人民共和国外交部关于斯里兰卡的国别信息。

[2]　Robert N. Kearney, "Ethnic Conflict and the Tamil Separatist Movement in Sri Lanka", *Asian Survey*, Vol. XXV, No. 9, September 1985, p. 902.

[3]　Robert N. Kearney, "Ethnic Conflict and the Tamil Separatist Movement in Sri Lanka", *Asian Survey*, Vol. XXV, No. 9, September 1985, p. 903.

离主义运动的极端代表，"猛虎组织"的政治目标在于谋求将泰米尔人居住的北部和东部地区从斯里兰卡分离出去，成立一个独立的泰米尔人家园。该组织从 80 年代起踏上了将民族分离主义与暴力恐怖主义相结合的"不归路"，最终在 1983 年引发了斯里兰卡内战。"猛虎组织"具有高度的政治性和组织性，其成员较为年轻，内部奉行男女平等原则。

1987 年后，自杀式炸弹袭击成为"猛虎组织"发动袭击的主要特征。这也使其成了全球唯一一个通过策划和实施自杀式恐怖袭击并导致两位国家领导人丧生的组织。印度前总理拉杰夫·甘地和斯里兰卡前总统拉纳辛哈·普雷马达萨分别在 1991 年和 1993 年命丧其手。① 除此之外，还有多位斯里兰卡高官也成为受害者。"猛虎组织"可以说是斯里兰卡自杀式恐怖袭击活动的始作俑者。从 1990 年到 2000 年的 10 年时间内，发生在南亚的 118 起自杀式袭击中就有 88 起来自斯里兰卡。② 选择以暴恐手段为互动方式实现利益诉求的途径，自然地削弱了泰米尔群体政治利益诉求的合理性和合法性，同时更加剧了两大族群之间的裂痕。

值得关注的是，2009 年内战结束后，斯里兰卡国内恐怖主义的驱动因素已从族群冲突演变为宗教冲突，以宗教文化为基调的身份政治冲突开始成为影响斯里兰卡国家安全的不稳定因素。导致这一趋势转变的原因是泰米尔族群威胁的弱化、僧伽罗—佛教民族主义的兴起，"伊斯兰恐惧症开始成为 2009 年内战后斯里兰卡的主要趋势。"③ 在一些信奉佛教的斯里兰卡民族主义者看来，未来伊斯兰文化很可能会取代佛教的主体文化地位。另据有关统计，斯里兰卡国内信奉伊斯兰教的人数为 9.7%，主要讲泰米尔语，他们在语言和宗教文化上与作为主体的佛教群体有较大区别。尽管穆斯林占比并不高，但是斯里兰卡佛教群体对穆斯林的担心可追溯至内战结束以前。20 世纪 50—70 年代，他们与僧伽罗—佛教群体的关系处于蜜月期，斯里兰卡内战爆发后穆斯林群体实际上支持僧伽罗群体，而未

---

① R. Ramasubramanian, "Suicide Terrorism in Sri Lanka", *Institute of Peace and Conflict Studies*, *India*, August, 2004, pp. 4-5.

② R. Ramasubramanian, "Suicide Terrorism in Sri Lanka", *Institute of Peace and Conflict Studies*, *India*, August, 2004, pp. 6-7.

③ A. R. M. Imtiyaz, "The Easter Sunday Bombings and the Crisis Facing Sri Lanka's Muslims", *Journal of Asia and Africa Studies*, Vol. 55, No. 1, 2020, p. 4.

支持泰米尔人。① 到了 90 年代，他们被泰米尔反政府武装从北部驱逐到南部。但是，南部地区的僧伽罗—佛教群体认为，他们的到来挤占了佛教徒的生存空间。后者对穆斯林扩建清真寺感到不满，担心穆斯林不加限制的生育将会改变整个人口结构。而且，他们还担心佛教的主体文化地位将会被削弱，并指责穆斯林强迫人们改宗，破坏佛教古迹等。② 此外，更有部分佛教极端组织指责穆斯林群体变得日益具有排他性。③

实际上，斯里兰卡穆斯林变得日益强调宗教身份和自我认同与他们长期在斯里兰卡国内被边缘化有关，导致他们难以形成对斯里兰卡国家身份的认同与包容。从 20 世纪 90 年代开始，他们逐步走向孤立与保守化，日益聚焦宗教本身。④ 然而，这种现象给佛教极端组织造成了他们具有排他性的错误认知。这又进一步刺激了斯里兰卡国内佛教民族主义情绪。为了维护宗教身份认同，进而将其他非佛教群体视为可能对佛家地位带来威胁的 "他者"，一些由僧伽罗人组成的佛教极端组织开始出现，并针对少数宗教群体例如伊斯兰教徒、基督教徒以及印度教徒煽动仇恨情绪，其中弥漫的反穆斯林情绪最为强烈，针对穆斯林群体的暴力活动频仍。包括暴力袭击伊斯兰教徒的礼拜场所和挑战伊斯兰教习俗禁忌，自 2012 年以来类似的活动比较普遍。例如，2012 年佛教极端分子高调袭击了位于丹布拉的一座清真寺。⑤ 此外，极端分子还袭击了教堂与基督教牧师，但穆斯林群体成为最主要的攻击对象。随着网络技术的普及，反穆斯林情绪在网络空间也迅速蔓延开来。⑥

①　Ameer Ali, "Political Buddhism, Islamic Orthodoxy and Open Economy: The Toxic Triad in Sinhalese-Muslim Relations in Sri Lanka", *Journal of Asian and African Studies*, Vol. 49, No. 3, 2014, pp. 307-308.

②　"Buddhist Mobs Target Sri Lanka's Muslims Despite State of Emergency", *Reuters*, March 7, 2018.

③　Farah Mihlar, "Religious Change in a Minority Context: Transforming Islam in Sri Lanka", *Third World Quarterly*, Vol. 40, No. 12, 2019, p. 2159.

④　Farah Mihlar, "Religious Change in a Minority Context: Transforming Islam in Sri Lanka", *Third World Quarterly*, Vol. 40, No. 12, 2019, p. 2156.

⑤　A. R. M. Imtiyaz, "The Easter Sunday Bombings and the Crisis Facing Sri Lanka's Muslims", *Journal of Asia and Africa Studies*, Vol. 55, No. 1, 2020, p. 4.

⑥　"The Hardline Buddhists Targeting Sri Lanka's Muslims", *BBC News*, March 25, 2013, https://www.bbc.com/news/world-asia-21840600.

在上述过程中，两个佛教极端组织扮演了关键角色，它们对传统政治在维护佛教文化身份方面倍感失望，进而通过基层政治组织的方式，以维护正统佛教文化为名旗帜鲜明地推行反对穆斯林的活动。在这两个组织中，有一个叫"佛教力量"（Bodu Bala Sena，BBS）的极端组织，它是斯里兰卡国内反穆斯林活动的急先锋，发挥着引领作用。笔者访问该组织官网发现，其擅长通过视频宣讲的方式来推行其价值理念。该组织在斯里兰卡国内势力强大，煽动性和组织动员能力极强，在其推波助澜下任何跨宗教的个体性冲突都容易被放大为针对佛教群体的集体敌意，进而导致针对穆斯林的暴力事件发生。据CNN报道，2014年6月斯里兰卡西南地区因一位僧侣被一位穆斯林青年袭击，"佛教力量"组织发起了一场极具煽动性的大型集会。随后示威者在穆斯林社区游行并高喊反穆斯林口号，暴乱分子还袭击了穆斯林的住宅和商铺，并造成至少3人死亡和52人受伤的惨剧。① 又如2018年3月，斯里兰卡又发生了僧伽罗—佛教极端分子袭击穆斯林的浪潮，事件以一名佛教徒青年与一群穆斯林发生冲突后死亡为导火索，佛教极端分子针对穆斯林发起了系列暴力活动，包括袭击穆斯林成员、清真寺、穆斯林经营的店铺、焚烧穆斯林的住宅以及交通工具等。为避免事态进一步恶化和在其他地区引起"多米诺骨牌效应"，时任总统迈特里帕拉·西里塞纳赶紧"灭火"，随即宣布实施为期一周的紧急状态，足见斯里兰卡佛教—穆斯林两大群体的紧张关系对国家安全的潜在影响。② 尽管如此，反穆斯林情绪仍然时不时地被佛教极端组织所推动，客观上为斯里兰卡本土伊斯兰极端势力的发展提供了刺激条件。2019年复活节斯里兰卡爆发的连环恐袭案尽管有"3.15"新西兰清真寺枪击案的直接刺激，但斯里兰卡国内社会持续蔓延的反穆斯林情绪才应是这一悲剧的诱发源头。这起事件反过来又加剧了斯里兰卡国内的恐穆情绪，而穆斯林作为少数群体在这样的氛围下也更加缺乏安全感，可能促使一些年轻的穆斯林更倾向于选择"以暴制暴"。另一个组织自称"僧伽罗人之声"

---

① Tim Hume, Iqbal Athas, "3 Muslims Killed in Buddhist Mob Attacks in Sri Lanka", *CNN*, June 19, 2014, https://www.cnn.com/2014/06/17/world/asia/sri - lanka - aluthgama - violence/index.html.

② "Buddhist Mobs Target Sri Lanka's Muslims Despite State of Emergency", *Reuters*, March 7, 2018.

(Sinhala Ravaya)，虽然影响力不如"佛教力量"组织，但也擅长借助网络工具宣传一些极端舆论和活动。① 这两大组织的共同特征都是擅长利用社交媒体进行宣传鼓动。②

二　政府政策失当与官僚机构不作为

在一个多元化的社会里，政府政策既可以成为社会的黏合剂，又可以成为社会分裂的加速剂。对斯里兰卡而言，斯里兰卡中央权力过于集中化，助长了缺乏包容性的民族主义，由僧伽罗人组成的主流政治政党常常通过反少数族群而相互竞争。这种政治进程是促使穆斯林群体转而通过强调纯正的伊斯兰原则，强化宗教身份而不是族群身份的重要原因，受到僧伽罗人和泰米尔人在政治、经济与社会空间上的排挤，穆斯林群体走向对宗教身份的强调是对僧伽罗与泰米尔族群民族主义意识形态的反应。③ 如同国际关系中双边关系里的非对称关系，即在强者和弱者一方尽管存在实力上的差距，但是弱者由于长期处于不利地位而更加在意与强者的互动关系，担心其自主权或身份受到威胁，因此弱者可能采取长期斗争来表达其身份的异化④，这一原理放在斯里兰卡穆斯林与佛教徒群体之间的非对称关系上同样适用。而国家在权利分配、利益分配以及制度制定上奉行偏主体群体、边缘化少数群体的政策，导致被边缘化的少数群体的国家认同感弱化，为了捍卫本群体的身份特性与利益，他们要么日益离心甚至追求独立，要么变得越发强调宗教身份，前者就像内战结束前的泰米尔族群的表现，而后者是当前斯里兰卡穆斯林群体的表现。例如，在斯里兰卡建国初期，西北部地区穆斯林人口占比最多。但是，50 年代斯里兰卡政府通过一些政策优惠例如赠送土地，鼓励主体民族僧伽罗农民移居到这一地区。久而久之，这一地区的人口结构就发生了改变，僧伽罗人成为主体民族，

---

① James John Stewart, "Muslim-Buddhist Conflict in Contemporary Sri Lanka", *South Asia Research*, Vol. 34, No. 3, 2014, p. 246.

② James John Stewart, "Muslim-Buddhist Conflict in Contemporary Sri Lanka", *South Asia Research*, Vol. 34, No. 3, 2014, p. 241.

③ A. R. M. Imtiyaz, "The Easter Sunday Bombings and the Crisis Facing Sri Lanka's Muslims", *Journal of Asia and Africa Studies*, Vol. 55, No. 1, 2020, p. 6.

④ 布兰特利·沃马克：《非对称与国际关系》，李晓燕等译，上海人民出版社 2020 年版，第 1—5 页。

而穆斯林群体成为第二大群体。① 这潜在地促进了日后两大群体之间矛盾的产生和关系的紧张。国外学者研究发现，斯里兰卡国内部分地区冲突形式往往与受害者的身份有关，被边缘化的少数群体更容易受到来自权力机关的暴力活动②，而社会阶层分化、上下流动性弱的特征更是加剧了这样的现象。又如，1972 年斯里兰卡共和国宪法取消了对少数族群的保障性条款，反而提高了佛教在政治中的地位，助长了族群—佛教民族主义意识形态，从法律设计上扩大了族群之间的不平等，这也成为后来泰米尔人离心的重要原因。③

内战结束后，面对斯里兰卡国内日益膨胀的佛教民族主义情绪，甚至是牺牲其他宗教群体特别是穆斯林群体利益的行为，斯里兰卡当局不仅反应迟钝，甚至有的政治家还"火上浇油"。例如，"国际人权组织"就曾提醒斯里兰卡政客应该停止忽视甚至煽动教派对立，避免被佛教民族主义分子利益绑架。④ 斯里兰卡内战后的佛教民族主义发展趋势类似于印度总理莫迪 2014 年上台后印度教民族主义的发展。印度和斯里兰卡都拥有占人口绝对优势的主体宗教群体，其政治精英为了向选民兑现竞选承诺而进行利益交换，推行更有利于多数群体利益的政策，进而加剧社会裂痕。印度人民党（BJP）主政后，出于对"印度教特性"的目标追求，以及讨好作为多数派的印度教选民，推动了一系列旨在强化印度教身份认同的政策，削弱和边缘化穆斯林在该国的地位，改变了印度政府过去将印度塑造为一个多元、世俗社会的政治追求，加剧了印度教群体与穆斯林群体之间的矛盾和冲突，而宗教冲突反过来又会推动国内的政治极化。在斯里兰卡，僧伽罗—佛教群体作为主体族群与作为少数族群的穆斯林相比具有一定优势，二者之间具有显著且稳定的实力差距。在此背景下，佛教群体要

① Vidura Munasinghe, Danielle Celermajer, "Acute and Everyday Violence in Sri Lanka", *Journal of Contemporary Asia*, Vol. 47, No. 4, 2017, p. 618.

② Vidura Munasinghe, Danielle Celermajer, "Acute and Everyday Violence in Sri Lanka", *Journal of Contemporary Asia*, Vol. 47, No. 4, 2017, p. 634.

③ Ameer Ali, "Political Buddhism, Islamic Orthodoxy and Open Economy: The Toxic Triad in Sinhalese-Muslim Relations in Sri Lanka", *Journal of Asian and African Studies*, Vol. 49, No. 3, 2014, p. 308.

④ "Sri Lanka: Muslims Face Threats, Attacks", *Human Rights Watch*, July 3, 2019, https://www.hrw.org/news/2019/07/03/sri-lanka-muslims-face-threats-attacks.

保持其可持续的文化主导地位，需要考虑的是如何避免与穆斯林群体或者泰米尔群体产生利益分歧。①

另外，职能部门是否有效发挥"安全阀"的作用也是影响斯里兰卡国内恐怖主义的关键。2019 年连环爆恐案得以发生就与斯里兰卡相关部门监管不力、玩忽职守和反应迟钝有关。早在袭击案发生前的 4 月 4 日，印度情报部门从拘留的一名恐怖嫌犯口中提前获悉了这一恐袭计划，并通报给了斯里兰卡当局。但是，这并未引起斯里兰卡政府的足够重视，更未进行提前调查和预防。② 直到惨剧发生，斯里兰卡政府才"亡羊补牢"，进行追责问责。2019 年 7 月，斯里兰卡政府以无视安全警告、玩忽职守为罪名逮捕了两名高官——警察总监察长普吉斯·贾亚松达拉（Pujith Jayasundara）和前国防部秘书赫马西里·费尔南多（Hemasiri Fernando），理由是他们未能提前预警整个连环恐怖袭击事件。而在这起恐怖主义惨剧中，除了斯里兰卡有关部门不作为外，还暴露出部门之间协调能力不足、快速反应能力低下的缺点，以至于在案件调查中还需要美国联邦调查局的密切协助。③ 事后斯里兰卡全国实施了为期 4 个月的紧急状态，并在法律上进行了调整。2019 年 9 月 18 日，斯里兰卡内阁通过了一项新的反恐法案，实际上是对 1979 年《防御恐怖主义法》（PTA）的补充和替代。原法案将恐怖分子限定为任何斯里兰卡境内的公民，而新法案将境外的斯里兰卡公民也列入进来，同时还新增了网络空间反恐的内容。

此外，全球化带来的经济与社会迅速变迁，导致社会变得越来越多元化。曾经被边缘化的少数群体开始寻求身份"正名"，而这种行为又容易激起其他群体担心地位受到挑战，进而加以反对。④ 斯里兰卡在 20 世纪

---

① ［美］布兰特利·沃马克：《非对称与国际关系》，李晓燕等译，上海人民出版社 2020 年版，第 10—11 页。

② "Sri Lanka Defense Secretary and Police Chief Arrested over Easter Bombing 'Negligence'", *The Defense Post*, July 2, 2019, https://www.thedefensepost.com/2019/07/02/sri-lanka-defense-secretary-police-chief-arrested-easter-bombing/.

③ "Country Reports on Terrorism, 2019", *U. S. Department of State*, June 24, 2020, pp. 168-169, https://www.state.gov/wp-content/uploads/2020/06/Country-Reports-on-Terrorism-2019-2.pdf.

④ Francis Fukuyama, "Against Identity Politics the New Tribalism and the Crisis of Democracy", *Foreign Affairs*, September/October 2018, https://www.foreignaffairs.com/articles/americas/2018-08-14/against-identity-politics-tribalism-francis-fukuyama.

80 年代经济对外开放以来，通过融入国际社会带来了国家经济水平的整体提高，同时也进一步加剧了社会的贫富分化。在市场经济的自由竞争中，穆斯林群体与僧伽罗—佛教群体之间的经济差距不断拉大，后者认为前者"抢走了商业机会"，制造了不平等。[①] 事实上，斯里兰卡穆斯林主要来自阿拉伯世界，在历史上就善于经商。但是，这种比较优势却成了一些极端分子反对穆斯林的可笑借口。

第三节　斯里兰卡恐怖主义的国际根源

在全球化时代，外部因素对一国国内恐怖主义和国家安全的影响是不容忽视的。这种影响通常具有两面性，既有积极抑制的一面，又可能有消极促进的一面，需要予以辩证和全面看待。通常，外国行为体可能会直接或间接介入，而地区或全球安全态势则会对一国的恐怖主义产生溢出或者辐射效应。具体到斯里兰卡，影响其恐怖主义的国际因素包括以下几方面。

一　作为地区主导大国的印度的外部干预

作为南亚地区的主导大国，对于或明或暗地干预周边国家内部事务而言，印度无疑是一个前科累累的"惯犯"。在斯里兰卡内战问题上就是一个典型，印度的干预对斯里兰卡内战进程产生了直接影响，包括前期对泰米尔恐怖分子的培训和援助，但印度失败的干预最终导致其为它自己的行为"买了单"。印度之所以在斯里兰卡内战问题上积极介入，有多重考虑：一方面印度对泰米尔人在斯里兰卡的政治地位问题甚为关切，另一方面斯里兰卡当局亲美的态度令印度不满，印度担心外部势力染指南亚。就斯里兰卡泰米尔人而言，印度的主要关切有两方面：一是在斯里兰卡的近 97 万名"无国籍"的印度裔泰米尔人，两国曾就此问题从 1949 年开始谈判，双方都无意接收他们，直到 1986 年才最终圆满解决，斯方最后接收

---

① Ameer Ali, "Political Buddhism, Islamic Orthodoxy and Open Economy: The Toxic Triad in Sinhalese-Muslim Relations in Sri Lanka", *Journal of Asian and African Studies*, Vol. 49, No. 3, 2014, p. 304.

了 46.9 万人，印方接收了 50.6 万人。① 二是担心跨境民族问题容易在印度国内引发连锁反应。邻国的同根族群冲突往往容易引发本国族群的同情。其实，在这方面印度不仅是一个被动接受者，有时候也是一个主动参与者。历史上，印度也习惯利用跨境族群联系干涉邻国内部事务。② 斯里兰卡泰米尔人追求独立的政治诉求，遭到斯里兰卡政府的暴力打击，引发了印度泰米尔纳德邦的强烈反响。泰米尔纳德邦位于印度南部，以泰米尔人为主体民族，而印度泰米尔人与斯里兰卡泰米尔人拥有同样的语言、文化、宗教，属同一族群，不同国度的同一族群往往彼此有着身份认同，具有高度共情能力。在印度泰米尔人看来，以僧伽罗人为主体民族的斯里兰卡长期对泰米尔人实施压迫性的歧视政策，激起了他们对斯里兰卡泰米尔人的同情。

1983 年斯里兰卡内战爆发后，印度泰米尔纳德邦随即向英·甘地施压，要求印度中央政府出面干预。泰米尔纳德邦则建立了培训斯里兰卡泰米尔叛乱分子的训练基地，在"猛虎组织"的发展过程中尤其"功不可没"，1985 年首批"猛虎组织"女性成员就是在泰米尔纳德邦接受培训的。③ 这个问题后来也对印度政府的国内社会治理产生了启示，即要警惕和避免国内族群纷争导致具有同一族群国家的介入。但在具体实践上，印度却奉行了"双重标准"。面对斯里兰卡的族群冲突，印度政府表面上支持斯里兰卡政府与泰米尔人进行政治和解，但私下却积极支持斯泰米尔人叛乱组织。印度调查分析局（RAW）还亲自参与培训、武装和支持各大泰米尔叛乱组织，包括"猛虎组织"。印度空军 1987 年 6 月直接向斯里兰卡北部泰米尔人空投物资，④ 使泰米尔反政府武装免于 1987 年上半年被斯里兰卡政府军的大规模围剿灭亡。印度政府也越来越意识到，斯里兰卡泰米尔人的独立倾向也威胁到了印度的国家统一，特别是对于同根同族的印度泰米尔人而言容易激起他们的独立意识，随后印度政府与斯里兰卡改善

---

① 陈继东主编：《当代印度：印度对外关系研究》，巴蜀书社 2005 年版，第 159—160 页。

② ［美］苏米特·甘古利：《印度外交政策分析：回顾与展望》，高尚涛等译，世界知识出版社 2015 年版，第 35 页。

③ R. Ramasubramanian, "Suicide Terrorism in Sri Lanka", *Institute of Peace and Conflict Studies, India*, August, 2004, pp. 8-11.

④ ［美］苏米特·甘古利：《印度外交政策分析：回顾与展望》，高尚涛等译，世界知识出版社 2015 年版，第 46—47 页。

关系，签署了和平协议。1987 年 7 月，应斯里兰卡政府要求，印度出兵斯里兰卡维和。但是，印度近三年的军事干预却以失败而告终，斯里兰卡内战形势更加恶化。1990 年 3 月，印度不得不全面撤军。在这场介入与干预活动中，印度可谓"赔了夫人又折兵"。印度拉·甘地总理就成为这次军事干预的牺牲品，1991 年 5 月在"猛虎组织"自杀式袭击中身亡。① 另外，印度视南亚地区为其势力范围，也与周边国家存在跨境族群关系，因此担心"第三国势力"一旦插手邻国内政会影响印度国家安全。这也是印度当时坚决反对地区内国家向域外国家寻求帮助的重要原因之一。20 世纪 80 年代，时任斯里兰卡总理贾亚瓦德纳与执政的统一国民党采取了亲西方政策，包括为美国军舰提供加油设施、允许美国建立电台"美国之音"等，这自然令新德里感到不满和恼火。在当时冷战的两极格局下，印度选择了亲苏外交，对美国为首的西方是不信任的。因此，在新德里看来，斯里兰卡"向西看"的行为是"出格之举"，不仅有违英·甘地 1980 年重新执政后在南亚地区奉行的"英迪拉主义"原则，也没有考虑印度的地区主导地位与安全顾虑。② 简言之，印度的干预实际上助长了当时的泰米尔叛乱组织与恐怖主义，对斯里兰卡的反恐产生了负面影响。

二　国际政治环境和规则的塑造作用

冷战结束后，大国竞争趋于缓和，但长期被美苏体系压抑的地区冲突与动荡开始此起彼伏。"人权高于主权"原则开始成为西方国家干涉别国内政的又一个新借口。于是，针对冲突地区的国际干预越来越盛行，导致一些国家的主权日渐受到侵蚀。联合国在 20 世纪 90 年代对这一原则的倡导可谓发挥了"推波助澜"的作用，也在一定程度上鼓舞了某些大国与国际组织以"保护人权"为借口插手他国内政的倾向。这一原则通常具有两面性：一方面它使冲突国面临高昂的国际关注成本，增加了他们面临的国际社会舆论压力，使其不得不在行为上有所节制；另一方面，一些别有用心的国家又可能高举这一原则来插手他国事务。在斯里兰卡内战期间，国际人权组织高度关注斯里兰卡国内的"人权问题"。比如，联合国

---

① 陈继东主编：《当代印度：印度对外关系研究》，巴蜀书社 2005 年版，第 161—164 页。

② ［美］苏米特·甘古利：《印度外交政策分析：回顾与展望》，高尚涛等译，世界知识出版社 2015 年版，第 44—45 页。

下属机构人权事务高级专员办事处，于 2015 年专门发布了一份 2002—2011 年有关斯里兰卡内战期间普遍存在的"人权侵犯"专题报告。该报告认为，无论是"猛虎组织"还是斯里兰卡政府，都普遍存在着"侵犯人权"的行为。① 国际人权组织对斯里兰卡国内人权问题的关注，不利于各方未来在国际社会寻求支持和援助，使得他们不得不在冲突活动中减少所谓的"人权侵犯"行为。

"9·11"事件后，美国发动了全球反恐战争，并以"反恐"划线，区分敌我阵营。于是，暴力恐袭主义行为成为人类公敌，这间接影响了斯里兰卡国内的武装冲突。受全球"反恐政治"的影响，作为冲突关键方的"猛虎组织"在"9·11"后的活动空间明显受限，在政治心理上也面临着更大的国际压力。该组织从国际渠道获取资金、武器或政治支持的空间均大大缩小。② 查理蒂·布朗的实证研究表明，在内战中使用自杀式恐袭手段的一方会降低来自外部的支持，尽管袭击主体希望采取这种方式来获得国际支持和援助。③ 斯里兰卡的内战就是一个典型案例，特别是对于擅长自杀式炸弹袭击的"猛虎组织"来说，由于其极端残忍性，1997 年10 月就被美国列为恐怖组织。此外，该组织还特别善于利用女性完成自杀式袭击，其成立的最为臭名昭著的、执行自杀式袭击任务的"黑虎"分支就主要为女性成员，包括部分青少年男性。在该组织看来，女性与青少年群体不容易被视为危险群体，执行自杀式任务更容易。2008 年 1 月，美国联邦调查局再次对其做出定性，将其视为全球"最危险"和"最致命"的恐怖组织。④

三　全球伊斯兰复兴主义思潮与国际恐怖主义的刺激作用

所谓"思潮"，即指国际社会在特定时期流行的一种意识形态，思潮

---

① "UN Report Highlights Human Rights Violations in Sri Lankan and Urges Creation of Hybrid Court", *International Justice Resource Center*, September 22, 2015, https://ijrcenter.org/2015/09/22/un-report-highlights-human-rights-violations-in-sri-lanka-and-urges-creation-of-hybrid-court/.

② Jonathan Goodhand, Bart Klem, "Aid, Conflict and Peacebuilding in Sri Lanka, 2000-2005", *Report by the Asia Foundation and the World Bank*, August, 2005, p. 22.

③ Charity Butcher, "Terrorism and External Audiences: Influencing Foreign Intervention into Civil Wars", *Terrorism and Political Violence*, Vol. 2, No. 4, 2016, pp. 794-790.

④ Neil Devotta, "The Liberation Tigers of Tamil Eelam and the Lost Quest for Separatism in Sri Lanka", *Asia Survey*, Vol. XLIX, No. 6, Nov./Dec. 2009, p. 1021.

往往会带来一定的社会运动。其中，较为典型的例子是 20 世纪中东地区伊斯兰复兴主义思潮所引发的两次伊斯兰复兴运动。此外，"中东地区不同政治体制的存在以及各国内部的不稳定因素，既影响了国家之间的和平交往，也刺激了伊斯兰势力的壮大和发展"，为泛阿拉伯主义、赛莱菲耶主义、瓦哈比主义、泛伊斯兰主义等系列社会思潮提供了滋生的土壤。① 这些思潮的共同特征是以复兴"纯正的"伊斯兰为主要目标，但在实践手段上存在区别，有的主张温和渐进的方式，有的则主张通过圣战或暴力恐怖活动来建立由伊斯兰教法统治的政教合一的国家，实现其政治目标。② 网络技术的普及，使得信息传播速度加快、成本变低，因此全球伊斯兰复兴主义思潮很容易渗透到特定国家，对该国一些不太活跃的极端组织产生精神上的鼓动和激发作用。在过去十多年里，全球伊斯兰复兴主义思潮又重新复苏，"伊斯兰国"组织（ISIS）的兴起在一定程度上可以说是这一思潮的副产品，其影响不仅具有地区性还具有全球性。在其号召下，一些地区国家的本土极端组织要么成为其分支，要么奉行其价值理念并效仿其袭击活动。在 2019 年斯里兰卡的连环恐怖袭击案中，尽管肇事者为本土的恐怖组织，但"伊斯兰国"组织仍宣布对此负责。由此可见，斯里兰卡恐怖组织的意识形态与全球伊斯兰复兴主义思潮趋于一致，而这与过去斯里兰卡穆斯林群体整体行为低调、温和的形象截然不同。

国际恐怖活动对斯里兰卡国内恐怖主义活动的影响同样不容忽视。首先，从近年全球恐怖主义发展态势来看，虽然恐怖活动在全球的影响持续下降，但却呈现出日趋集中化和区域化的势头。根据澳大利亚经济与和平研究所发布的《2022 年全球恐怖主义指数》报告，自 2015 年峰值以来，全球因恐怖活动死亡的人数下降了 1/3。在 163 个被评估的国家当中，有 105 个国家在 2020 年和 2021 年实现了恐怖主义活动"清零"或恐袭活动"零死亡"的记录。这是 2007 年以来全球整体安全最好的状态，这说明全球恐怖主义活动在"降温"。③ 不过，该报告还显示，全球恐怖活动在不同地区和国家表现出了极大的差异性，尤其是呈现出了以南亚和撒哈拉以南非洲两大区域为焦点的发展态势。例如，南亚地区仍然是全球受恐怖

---

① 钱学文：《中东恐怖主义研究》，时事出版社 2013 年版，第 274 页。
② 钱学文：《中东恐怖主义研究》，时事出版社 2013 年版，第 292 页。
③ "Global Terrorism Index 2022", Institute for Economics and Peace, March 2022. p. 4.

主义活动影响最大的区域，2021 年南亚地区的全球恐怖主义指数（GTI）平均得分排名全球首位，自 2007 年以来南亚一直保持着这个排名。[1] 其中阿富汗持续高居榜首，成为全球恐怖主义形势最严峻的国家。[2] 此外，其他一些地区新的恐怖主义威胁持续上升，最为典型的是撒哈拉以南非洲"伊斯兰国"分支的异军突起。其次是西方国家境内的极左、极右恐怖主义崛起，自 2007 年以来发展势头呈整体活跃态势。[3]

与 2019 年相比，2020 年以来全球恐怖主义发展的一大背景是新冠疫情的全球蔓延。由于发展中国家抵御危机的韧性比发达国家和大国更弱，因此新冠疫情的全球扩散客观上为极端组织与恐怖组织的发展提供了社会基础。疫情导致各国经济受到严重打击，特别是发展中国家与脆弱国家的经济更是不堪一击，社会失业率和贫富差距进一步扩大，从而为恐怖主义的发展提供了新的机会。2019 年复活节斯里兰卡的连环恐怖袭击案本身也是国际恐怖主义发展的一个反应，因为它是对 2019 年 3 月发生在新西兰克赖斯特彻奇清真寺枪击案的报复。在新西兰恐怖事件中，一位澳大利亚籍的白人种族主义者袭击了两所清真寺，最终导致 51 人死亡。这次事件也被视为近年来沉渣泛起的全球白人右翼极端主义思潮的结果。在斯里兰卡恐怖袭击案中，极端武装分子主要针对基督教教堂发起袭击，也可被视为对基督徒的一种极端复仇行为。这说明涉及宗教冲突的恐怖活动的影响已超越了国界，任何一国的暴恐行为都会在他国引起反响，因为宗教身份认同很容易形成共情能力。

第四节　斯里兰卡恐怖主义的国内与国际影响

一　加剧国内社会分裂和经济增长的起伏

斯里兰卡恐怖活动的发展导致其国内政治极化、社会分裂，以及经济增长相对缓慢且起伏不定。就国内政治极化而言，无论是在内战中泰米尔人和僧伽罗人之间的冲突，还是内战后佛教群体与穆斯林群体之间的冲突，都导致了政治的极化和分裂。其中，泰米尔人追求独立建国无疑是斯

---

① "Global Terrorism Index 2022", Institute for Economics and Peace, March 2022, p. 36.

② "Global Terrorism Index 2022", Institute for Economics and Peace, March 2022, p. 8.

③ "Global Terrorism Index 2022", Institute for Economics and Peace, March 2022, p. 33.

里兰卡国内政治极化的最极端表现。斯里兰卡政府曾尝试对少数群体利益予以关照。例如，在 20 世纪 70 年代中期，政府曾在教育和就业方面对少数族裔实行了政策倾斜的特别立法，但遭到了作为主体族群的僧伽罗人的反对。2019 年恐袭事件发生后，斯里兰卡加强了对伊斯兰学校的监管。2020 年 1 月，时任斯里兰卡总理马欣达·拉贾帕克萨下令穆斯林宗教事务部登记所有伊斯兰学校，包括评审课程设置，以进行规范化管理，避免伊斯兰学校成为潜在恐怖分子的培育基地。[①]

2019 年的恐袭活动进一步加剧了斯里兰卡佛教激进群体对穆斯林群体的敌意和恐惧。早在 2016 年，据斯里兰卡当局透露，在加入叙利亚"伊斯兰国"的斯里兰卡裔穆斯林中，有 2/3 的人受过良好教育并且来自精英家庭。[②] 2019 年，斯里兰卡恐袭活动的袭击者也主要来自精英家庭，这说明认同问题而非经济问题影响了恐怖主义的发展。在经济层面，恐怖活动肯定会对一国的经济发展产生消极影响，因为安全与发展其实是密切相关的，安全为发展提供了环境保障，而发展为安全带来了物质基础。从 1983 年至 2009 年内战结束，斯里兰卡的 GDP 增长都相对比较缓慢，其中 1983 年为 51.68 亿美元，2009 年为 420.66 亿美元。[③] 这意味着在长达 27 年的时间里，GDP 仅增长了 8 倍。和全球其他一些发展中国家相比，其增速是很低的，这也足见斯里兰卡内战对其经济发展的巨大影响。内战结束后，斯里兰卡经济迅速增长。2010 年斯里兰卡的 GDP 为 586.4 亿美元，到 2018 年达到了峰值——944.9 亿美元，但 2019 年又出现稍微的回落。[④] 2020 年以来，受全球新冠疫情、俄乌冲突等影响，斯里兰卡的经济又遭遇了冲击，目前处于疫后经济复苏阶段。总体来看，内战后斯里兰卡经济发展较快，这主要得益于没有出现内战时期频繁的恐怖主义袭击活动。

二 引发国际干预和为国际恐怖主义提供了效仿

在斯里兰卡国内反恐的过程中，西方国家与国际组织屡屡利用"人权

① "Sri Lankan Prime Minister Orders to Register all Madrasas in a Bid to Tackle Islamic Terrorism", *Organizer*, January 18, 2020.

② A. R. M. Imtiyaz, "The Easter Sunday Bombings and the Crisis Facing Sri Lanka's Muslims", *Journal of Asia and Africa Studies*, Vol. 55, No. 1, 2020, p. 8.

③ "Sri Lanka", *The World Bank*, https://data.worldbank.org/country/sri-lanka? view = chart.

④ "Sri Lanka", *The World Bank*, https://data.worldbank.org/country/sri-lanka? view = chart.

问题"干预其内政，并将其与经贸问题相挂钩。在涉及反恐和维护国家安全的法律方面，斯里兰卡主要沿用了 1978 年通过的《预防恐怖主义法》（PTA）。然而，在一些西方国家，特别是欧盟以及人权观察组织看来，这部法律存在严重的滥用职权现象。它们批判斯里兰卡当局借此"侵犯人权"，故而试图对斯里兰卡政府施压以修改该法律。欧盟还试图将此问题与贸易挂钩，并以撤销对斯里兰卡的"普遍优惠制度"（GSP+）相威胁。① 又如，在内战结束前夕，冲突双方被指犯了"战争罪"。2014 年 3 月，联合国发起了对斯里兰卡政府军与泰米尔反叛武装的战争罪调查，指责斯里兰卡冲突双方违反了国际人权法和国际人道主义法。② 西方对斯里兰卡的"人权"指控不利于其树立良好的国家形象，不过斯里兰卡作为恐怖活动的受害者，有的国家则希望通过反恐援助来增强斯里兰卡的反恐能力。斯里兰卡一直积极与其他国家进行反恐交流并寻求外部支持，日本则积极抓住机会扮演建设性"合作伙伴"的角色。据日本驻斯里兰卡大使馆网站信息，2017 年 2 月 27 日，日本向斯里兰卡提供了近 3.32 亿卢比用于支持斯里兰卡反恐，主要针对反恐与维护公共安全的设备采购。③ 复活节恐袭案发生后，日本又向斯里兰卡提供了 930 万美元用于支持反恐。④ 当然，日本的"友好"实质上是与近年来和中国竞争在斯里兰卡影响力的大背景分不开的。

鉴于恐怖活动具有效仿性、鼓动性，以及跨国性等特征，评估斯里兰卡未来安全形势需要全面观察全球恐怖活动发展态势，包括斯里兰卡国内政治经济形势，以及境内恐怖组织的国际背景等。斯里兰卡未来国内安全局势，特别是由极端组织或者恐怖组织所带来的潜在风险依然不容忽视。这既取决于全球极端伊斯兰运动的发展趋势，也取决于斯里兰卡政府未来是否能处理好穆斯林群体与占人口多数的佛教群体之间的关系。双方之间的任何冲突事件都有可能演化为两大群体之间的直接对抗，并可能引发全

---

① "Sri Lanka: Repeal Abusive Counterterrorism Law", *Human Rights Watch*, January 10, 2020.

② "U. N. Launches Sri Lanka War Crimes Investigation", *Reuters*, March 28, 2014.

③ "Japanese Grant Aid to Support Counterterrorism Capabilities of the Government of Sri Lanka", *Embassy of Japan in Sri Lanka*, February 27, 2017, https://www.lk.emb-japan.go.jp/itpr_en/00_000258.html.

④ "US \$ 9.3 Million Boost for Anti-terrorism Drive in Sri Lanka", *Eleven Media Group*, September 14, 2019, https://elevenmyanmar.com/news/us93-million-boost-for-anti-terrorism-drive-in-sri-lanka.

国范围的暴力事件。因此，未来斯里兰卡的安全前景取决于政府能否有效管控这两大群体之间的关系，进而避免社会撕裂和文明冲突。

经济发展水平往往会成为影响一个地区稳定的物质基础，因此未来斯里兰卡国内安全发展态势也与斯里兰卡政府能否迅速恢复经济有关。2020年以来，新冠疫情的持续扩散也给斯里兰卡国内经济发展带来了巨大挑战。未来斯里兰卡政府将面临恢复经济发展、降低失业率等一系列现实问题。经济问题又容易引发社会矛盾，很多恐怖主义行为的根源其实与经济问题密不可分。根据国际货币基金组织的预测，2021—2022年斯里兰卡的通货膨胀率从6%飙升到了48.2%，因此2022年斯里兰卡实际GDP增长率可能为-8.7%，要到2024年才有望"转正"①。经济全球化遭遇逆流、新冠疫情、俄乌冲突进一步导致南亚地区的极端贫困人口数量增加，未来要维持这一地区经济的高速增长只有依靠投资和出口。② 投资将是未来南亚国家发展经济所急需的，而目前国际形势对斯里兰卡而言并非利好。例如，2020年12月15日，美国"千禧挑战公司"以伙伴国家缺乏参与为由，终止了拟向斯里兰卡提供的890亿卢比（约）的发展援助，转而将这笔费用分配给其他具有资格的伙伴国家。

新冠疫情导致西方国家右翼极端主义势力趋于活跃，处于权力破碎地带的非洲、中东以及南亚等地区的国际恐怖组织或本土极端势力有所回升。由于美国已从全球反恐战争中全面收缩，并将其战略重心调整为应对大国战略竞争，这将为全球新一轮的恐怖组织重新崛起提供机遇。与此同时，动荡地区内部的各种矛盾暗流涌动，权力碎片化态势重现，地区安全局势可能呈现出此起彼伏的状态。

---

① "Sri Lanka", *International Monetary Fund*, https://www.imf.org/en/Countries/LKA.

② "Supporting Countries in Unprecedented Times", *World Bank*, p. 38, file:///E:/9781 464816192.pdf.

第三篇
中国—斯里兰卡关系研究

第一章 从"米胶协定"到"海上丝绸之路"：当代中斯关系的历史回顾与前瞻

中国和斯里兰卡的历史交往可谓源远流长，这一交往历史最早可以追溯至两千多年前的中国汉代时期，中国历史典籍《汉书》和罗马古代史书对此均有记载。5世纪，中国东晋高僧法显经印度来到斯里兰卡，在无畏山寺潜心研究佛学，两年后经海上丝绸之路返回中国。在《佛国记》一书中，法显对斯里兰卡有较为详细的记述。至今在斯里兰卡的布拉特辛诃勒（Bulatsinghala）地区还留有法显洞（Fahian Gala）、法显庙、法显石村，以及法显纪念馆等。明代时期，郑和带领的船队曾七次光临斯里兰卡，并于1409年在当地勒石纪念，碑文用中文、波斯语和泰米尔语三种语言记述了郑和等人奉旨来此朝拜佛祖并敬奉香礼的情况。直到1911年，这块已被用做下水道盖板的旧石碑在斯里兰卡南部加勒古城被英国道路工程师 H. 托马林（H. F. Tomalin）发现。[1] 此外，在斯里兰卡近年来的考古发掘中也不断发现来自中国古代的陶器、陶瓷残片和货币，位于科伦坡的国家博物馆长年展出着来自中国的青花瓷。[2] 有学者认为，作为斯里兰卡著名特产的茶叶也来自中国。近代东印度公司在同中国进行茶叶贸易的过程中，将中国茶树引进到印度，继而又被引入锡兰。[3] 从这些历史事实可以看出，作为连接古代中国与欧洲、非洲和西亚地区的海上交通网络，

---

① Rohana Gunaratna, *Sino-Lanka Connection: 2000 Years of Cultural Relations*, Colombo: The Department of Information Ministry of State, 1986, pp. 53-55.

② ［斯里兰卡］贾兴和：《斯里兰卡与古代中国的文化交流：以出土中国陶瓷器为中心的研究》，中山大学出版社2016年版，第57—60、73—123页。

③ 薛克翘：《中华文化通志：中国与南亚文化交流志》，上海人民出版社1998年版，第93—94页。

海上丝绸之路在中国与斯里兰卡历史关系中一直发挥着举足轻重的作用。

2013 年 10 月 3 日，中国国家主席习近平在印尼国会发表的演讲中表示，中国愿同有关国家加强海上合作，"共同建设 21 世纪'海上丝绸之路'"①。这一倡议和此前在哈萨克斯坦访问时所提出的"丝绸之路经济带"一起，被称为"一带一路"倡议。随后，中国国务院下属的发改委、外交部、商务部在 2015 年 3 月联合授权发布了《推动共建丝绸之路经济带和 21 世纪海上丝绸之路的愿景与行动》。根据这一计划，"丝绸之路经济带重点畅通中国经中亚、俄罗斯至欧洲（波罗的海）；中国经中亚、西亚至波斯湾、地中海；中国至东南亚、南亚、印度洋。21 世纪海上丝绸之路重点方向是从中国沿海港口过南海到印度洋，延伸至欧洲；从中国沿海港口过南海到南太平洋。"② 显然，这一倡议通过借用古代"丝绸之路"的名义，试图恢复历史上连接东西方交通要道的辉煌和魅力。作为印度洋上的传统海运枢纽，斯里兰卡从一开始就受到了高度重视。这一倡议在深化中国与斯里兰卡经济联系的同时，也促使双方重新发现和认识对方，并赋予双方关系以全新的时代内涵。

第一节　中斯关系的历史演进

1948 年 2 月，斯里兰卡（锡兰）摆脱英国殖民统治而独立，当时的中华民国政府派驻印度大使罗家伦出席了独立庆典。1949 年 10 月，中华人民共和国宣告成立，斯里兰卡与新中国的交往也由此拉开了历史帷幕。简言之，这一时期中国与斯里兰卡的关系大致可以分为如下几个阶段。③

1. 第一阶段从 1949 年 10 月新中国成立到 1957 年 1 月，这一时期双方虽然已开始正式交往，但尚未建立正式外交关系。1949 年 10 月，新中

---

① 温飞、冯悦、张加宁：《习近平在印度尼西亚国会发表重要演讲》，央广网北京 2013 年 10 月 4 日，http://china. cnr. cn/news/201310/t20131004_513744560. shtml。

② 中国国家发展改革委、外交部、商务部（经国务院授权发布）：《推动共建丝绸之路经济带和 21 世纪海上丝绸之路的愿景与行动》，新华社北京 2015 年 3 月 28 日电，http://www. sdpc. gov. cn/gzdt/201503/t20150330_669392. html。

③ Wang Zhen, Ye Feng, "China—Sri Lanka Relations in the Context of the 21st-Century Maritime Silk Road: Motives, Challenges, and Prospects", *Asian Perspective*, Volume 43, Number 3, Summer 2019, pp. 481–503.

国成立后，斯里兰卡很快就中止了与国民党当局的外交联系。1950 年 1 月 7 日，斯里兰卡政府通过英国驻华大使高拉罕（W. G. Graham）照会中国政府，"锡兰政府承认中国中央政府，并同时通知国民政府驻锡兰领事，锡兰政府与其政府迄今存在的关系进行中止。"① 不过，在全球冷战大幕徐徐降临的背景下，当时锡兰政府似乎并未做好与中国建交的准备。它一方面以"缺乏人员"为由，拒绝了中国政府关于建立正式外交关系的请求；另一方面，森纳亚克政府也顶着西方的压力与中国签署了"米胶协定"。1950 年，朝鲜战争爆发，印尼、马来西亚、泰国、新加坡等在美国压力下停止向中国供应作为战略物资的橡胶，而国际市场上的橡胶价格则从 1950 年 10 月的 0.735 美元/磅跌至 1951 年 9 月的 0.245 美元/磅。与此同时，由于东南亚稻米减产，作为锡兰主要进口物资的大米价格却比战争爆发前上涨了 1.5 倍。1952 年 6 月，锡兰粮食部长向中国表达了愿意从中国购买大米的意愿。中国与锡兰代表经过谈判，双方在当年 12 月 18 日达成了著名的"米胶协定"。根据这一协定，五年内中国每年将以高于国际市场 5%—8% 的价格向锡兰购买 5 万吨橡胶，同时以国际市场价格向后者每年出售 27 万吨大米。② 从历史的角度来看，"米胶协定"的意义不仅在于让锡兰解决了大米短缺问题，或使中国突破了朝鲜战争期间的国际封锁，还确立了未来中斯两国根据其自身国家利益，在平等互利基础上独立、务实地发展双方关系的基本原则。时至今日，中斯两国政府仍会举办各种活动纪念"米胶协定"，其原因和意义正在于此。③

2. 第二阶段从 1957 年 2 月到 1983 年 6 月，双方关系在摇摆和起伏中继续向前发展。在这一时期，意识形态、战略利益和政治考虑是中斯关系发展的核心动力。1956 年 4 月，主张奉行"中立主义"的自由党领导人

① 江勤政编著：《我们和你们：中国和斯里兰卡的故事》，五洲传播出版社 2017 年版，第 47—48 页。

② 中华人民共和国外交部：《中华人民共和国中央人民政府与锡兰政府关于橡胶和大米的五年贸易协定》，1952 年 12 月 18 日，参见外交部网站，https://www.mfa.gov.cn/web/ziliao_674904/tytj_674911/tyfg_674913/200710/t20071015_7949256.shtml。

③ 《习近平向中斯政党庆祝中斯建交 65 周年暨〈米胶协定〉签署 70 周年大会致贺信》，新华社北京 2022 年 2 月 17 日电；雷蓉：《父亲与〈米胶协定〉点滴往事》，《北京日报》2022 年 3 月 18 日；王毅：《弘扬米胶协定精神，拓展中斯战略合作伙伴关系》，中华人民共和国外交部网站，2022 年 1 月 10 日，https://www.mfa.gov.cn/web/gjhdq_676201/gj_676203/yz_676205/1206_676884/xgxw_676890/202201/t20220110_10480489.shtml。

所罗门·班达拉奈克（Solomon West Ridgeway Dias Bandaranaike）出任斯里兰卡总理。次年初，中国政府总理兼外长周恩来访问斯里兰卡，商定双方于当年2月7日正式建交。不过，由于斯里兰卡自由党和统一国民党在执政理念上存在差别，双方关系也随着两党的交替执政而时有亲疏起伏。总的来说，倾向于左翼的自由党在对华关系上更为友善；而倾向于自由资本主义的统一国民党则较为亲西方阵营。尽管亲疏程度略有不同，两党都维持了对华关系的友好格局。

　　这一时期推动斯里兰卡发展对华关系的核心动力主要有三点：一是左翼意识形态。在这一时期，斯里兰卡自由党曾两度组阁（分别为1956—1965年和1970—1977年）。与斯里兰卡统一国民党相比，自由党具有明显的左翼色彩，对内主张实行国有化，对外主张实行更为平衡多元的外交政策，包括与更多社会主义国家发展更为密切的友好关系。① 二是具有民主主义色彩的不结盟运动。斯里兰卡民主党反对一边倒地追随英国，主张坚持独立自主的不结盟政策。诚如班夫人在其回忆录中所言："斯里兰卡虽小，但是从来没有效忠于任何大国或强国。"② 班夫人在接受《每日新闻》采访时表示："我们的政策是由我已故的丈夫规定的严格的不结盟政策。"③ 斯里兰卡是1954年万隆亚非会议的五个发起国之一④，周恩来总理在万隆会议上提出的"和平共处五项原则"不仅为这次会议所接受，也为会议的成功召开提供了重要支持。在东西方冷战的大背景下，不结盟运动为中国和斯里兰卡等亚洲发展中国家参与国际事务提供了重要舞台，也是中斯双边关系发展的重要纽带。三是双方的政治和战略利益驱动。对斯里兰卡来说，这主要是基于国家独立和免于被地区大国威胁的地缘政治平衡等考虑；对中国来说，既有恢复在联合国席位、国家领土完整和统一（台湾、西藏问题），还有避免在冷战中被孤立等国际战略层面的考虑。⑤

---

① 高鲲、张敏秋主编：《南亚政治经济发展研究》，北京大学出版社1995年版，第115—122页。

② 江勤政：《我们和你们：中国和斯里兰卡的故事》，五洲传播出版社2017年版，第73页。

③ 江勤政：《我们和你们：中国和斯里兰卡的故事》，五洲传播出版社2017年版，第86页。

④ 其余发起国分别为印度、印尼、缅甸、巴基斯坦。

⑤ 夏莉萍：《万隆会议前后中国政府打开与亚非国家关系的努力》，《外交学院学报》2005年第2期。

尽管这一时期中斯两国仍在继续执行"米胶协定"，但其对于双方经济层面的意义已经越来越有限。在这些因素的共同作用下，中斯双边关系得以超越冷战时期东西方两大阵营的壁垒，没有因国际环境变化和国内政治的更迭而发生大的波动。

3. 第三个阶段从 1983 年 7 月到 2009 年 5 月，这是中斯关系相对平稳发展的阶段。1978 年后，在邓小平领导下，中国政府对内开始推行以发展商品经济为导向的经济改革，对外实行逐步开放政策，也即在平等互利的基础上不断扩大和发展同各国的经济、贸易、技术交流与合作。作为这一政策的体现，中国政府设立了一批经济特区，并开始允许外国在华投资。在中美关系正常化的大背景下，邓小平领导下的中国已经摆脱了激进的意识形态羁绊，开始致力于改革开放，以集中精力开展国内经济建设。对斯里兰卡来说，1977 年后执政的统一国民党也开展了放松出口管制，推动经济多元化和私有化的经济改革，对外则致力于发展全方位对外关系。中斯双方在这一时期的意识形态色彩已有所淡化，经济因素在双边关系中的考量和影响均有所上升。1983 年，中斯双方放弃了以往的货物交易方式，所有贸易都开始采用现汇结算。1984 年和 1986 年，双方实现了最高领导人互访，并分别签署了《关于成立经济、贸易合作联合委员会的协定》和《关于相互促进和保护投资协定》。

1983 年 7 月，泰米尔"猛虎组织"对斯里兰卡政府军发动袭击，由此引发了旷日持久的斯里兰卡内战。这场内战使斯里兰卡政府长期无法聚焦于国内经济发展，也使两国经济合作处于严重失衡状态。应斯里兰卡政府请求，中国政府一方面支持斯里兰卡当局反驳西方国家在其反恐问题上有关"人权问题"的指责与施压；另一方面，中国政府还为斯里兰卡政府反恐行动提供了力所能及的军事和外交支持。[①] 直到 1996 年，美国国务院才将"猛虎组织"列入"外国恐怖组织"（FTO）名单，并对其进行相应的制裁。2009 年 5 月，斯里兰卡政府军击毙了"猛虎组织"首领韦卢皮莱·普拉巴卡兰（Velupillai Prabhakaran），其国内武装冲突才算告一段

---

① 王兰编著：《斯里兰卡》，社会科学文献出版社 2004 年版，第 90—116 页；Malathi De Alwis，"The 'China Factors' in Post-war Sri Lanka"，*Inter-Asia Cultural Studies*，Vol. 11，No. 3，2010，pp. 434-443.

落，时任总统马欣达·拉贾帕克萨（Mahinda Rajapaksa）宣布斯里兰卡内战结束。不久，拉贾帕克萨总统提出了旨在重建和振兴斯里兰卡的"马欣达愿景"（Mahinda Chintana：Vision for the Future）。这一极具前瞻性和争议性的战略发展规划，与 2013 年中国领导人提出的"21 世纪海上丝绸之路"可谓殊途同归，并使双边关系的发展进入了一个快车道。

第二节　"一带一路"背景下的中斯关系

2010 年，中国和斯里兰卡双边贸易首次突破 20 亿美元，次年又突破了 30 亿美元大关，贸易增幅接近 50%。自此，经济合作开始逐渐成为双边合作的主要动力。从这个意义上看，我们完全可以将 2010 年视为中国和斯里兰卡双边关系发展的第四个阶段。中国政府提出"一带一路"倡议后，中斯两国之间的合作进一步超出了简单的经济和贸易合作，而是开始寻求层次更高、影响也更为深远的发展战略对接。

在 2010 年斯里兰卡总统大选中，马欣达·拉贾帕克萨提出了著名的"马欣达愿景"。这一倡议旨在让饱受战火蹂躏的斯里兰卡尽快恢复重建，它涵盖了经济发展、基础设施建设、社会重建等各个层面。根据这一宏大的经济重建计划，科伦坡市将会建成一个涵盖金融、航空、贸易等领域的国际枢纽中心，而斯里兰卡将会成为"亚洲的奇迹"。[①] 但是，对于工业基础薄弱、年外汇收入只有 200 亿美元的斯里兰卡政府来说，要想在短时间内开展大规模经济重建并非易事。[②] 事实上，斯里兰卡政府曾就一些重大项目寻求美国、欧洲和印度的经济支持，但是并未得到任何积极回应。显然，这一宏大计划在现实中推进得并不顺利。

2013 年 10 月，中国政府提出了旨在联系亚太国家和欧洲、非洲地区的"21 世纪海上丝绸之路"倡议。这一重大倡议再次凸显了斯里兰卡在印度洋地缘战略中的枢纽地位，并使之获得了一次重要的发展机遇。曾任斯里兰卡中央银行副行长（2004—2009 年）的拉尼·贾亚玛哈（Ranee

---

① Mahinda Rajapaksa, "Chintana：Vision for the Future, 'A Brighter Future'", Presidential Election 2010, Colombo.

② Central Bank of Sri Lanka（CBSL）, 2018, "Sri Lanka Government Budget 1990-2018", see the Website of Trading Economics, https://tradingeconomics. com/sri-lanka/government-budget#data.

Jayamaha)博士指出:"斯里兰卡政府无法满足港口基础设施建设支出,而私营部门则对政策不一致持谨慎态度。国际金融机构可能不会提供如此大规模的长期贷款。""一带一路"为斯里兰卡政府提供了难以实现的发展机遇,来自中国的投资是"一个极好的机会",它将"增强投资者对斯里兰卡的信心,并可能鼓励未来的证券投资"。①

海上丝绸之路对于中斯关系的影响既是战略性的,也是双向的、多方面的。就双边关系而言,两国发展战略对接被赋予了全新的内涵。这至少体现在以下几个层面。

一 双方发展战略对接

2014年,习近平主席在访问斯里兰卡时,明确提出了双方发展战略对接问题。他在斯里兰卡当地媒体《每日新闻》上撰文指出:"我们要对接发展战略,做同舟共济的逐梦伙伴。'马欣达愿景'展现了斯里兰卡的强国富民梦,同中国人民追求中华民族伟大复兴的中国梦息息相通。斯里兰卡要建设海事、航空、商业、能源、知识五大中心,同中国提出的建设21世纪海上丝绸之路倡议不谋而合。"为此,"中斯双方要化心愿为动力,加强海洋、经贸、基础设施建设、防务、旅游等领域交流合作,共同推进海上丝绸之路复兴,造福两国和两国人民。"② 对中国来说,这一战略主要是建设连接欧洲与东亚海上交通的"21世纪海上丝绸之路"。在斯里兰卡,这主要体现为拉贾帕克萨政府在内战后提出的"马欣达愿景"及其"两翼一带"发展战略。其中,"两翼"即斯里兰卡的科伦坡港和汉班托塔港,"一带"主要是指科伦坡与汉班托塔之间的经济带,其长期目标则是以汉班托塔港地区为依托,将该地区打造成斯里兰卡的一个大型工业基地和国际交通枢纽。③

---

① 此处观点引自拉尼教授 2017 年 8 月 30—31 日在科伦坡国际会议上的发言;或参见 Nicola Wijeyarathna, "Dr. Ranee Jayamaha on The Belt and Road Initiative and Potential Economic Benefits to Sri Lanka", *Takeaways*, Lakshman Kadirgamar Institute of International Relations and Strategic Studies (LKI), December 8, 2017.

② 《习近平在斯里兰卡媒体发表署名文章:做同舟共济的逐梦伙伴》,《人民日报》2014 年 9 月 17 日。

③ 苑基荣:《中国—斯里兰卡工业园正式启动》,《人民日报》2017 年 1 月 9 日。

二　发展战略对接对中国的含义

对中国而言，在"海上丝绸之路"框架下与斯里兰卡发展战略对接有着多方面的意义。首先，它有助于中国在印度洋上的重要交通枢纽获得一个立足点，共同构建一个连接欧亚两大洲的海上交通要道。这对于维护中国的能源和贸易通道安全，维持中国与欧洲、非洲国家快速增长的经贸合作非常重要。2021年，中国的石油和天然气对外依存度分别为73%和45%，其中原油进口主要来自中东地区。2022年，中国从中东进口原油约2.72亿吨，占总进口量的53.5%。[①] 这意味着中国绝大部分石油进口都要经过印度洋地区。显然，加强与斯里兰卡的合作有助于缓解中国在这一问题上的战略困境。

其次，它有助于为中国经济增长和转型提供新的市场。2008年之后，中国经济开始经历一个"去产能"和产业升级的过程，"一带一路"正是这一过程的体现之一。对斯里兰卡而言，由于两国经济结构和发展阶段截然不同，双方的经济合作具有很强互补性。因此，双方发展战略对接不仅有助于两国经济增长，还有助于推动斯里兰卡国内产业升级、基础设施改造和经济发展转型。从某种意义上说，这也是两国开展互利共赢合作的重要经济基础。

此外，中斯两国在"一带一路"框架下的合作还有助于维护世界经济全球化和国际政治多极化的发展势头，共同推动国际秩序转型和新型全球治理。一方面，在当前一些西方国家不断掀起贸易保护主义浪潮的情况下，中国在印度洋地区重构全球贸易网络的努力有着更大的战略意义和重要性；另一方面，中国与斯里兰卡共同作为全球南方国家，在历史上的全球不结盟运动和反殖民主义运动中扮演过重要角色，双方在新历史条件下的战略合作同样有助于扩大全球南方国家的话语权和影响力，进而推动国际秩序转型和后霸权时代的全球治理。

三　双方发展战略对接对斯里兰卡的含义

对斯里兰卡而言，中斯两国发展战略对接的影响和意义则更为深远。

---

① 唐恬波：《推动中东能源合作走深走实》，中国石油新闻中心网站，2023年3月28日，http://news.cnpc.com.cn/system/2023/03/28/030096990.shtml。

第一,它有助于斯里兰卡更新其国内陈旧的基础设施,改善投资环境。经过近三十年的内战,斯里兰卡国内经济增长滞后,基础设施极为陈旧,外国直接投资(FDI)十分有限,这已成为斯里兰卡吸引外国直接投资和恢复经济增长的重要障碍。因此,来自中国的大量投资不仅有助于其国内基础设施的更新,也有力地推动了其经济政策改革,并有助于改善其国内投资和营商环境,为斯里兰卡未来经济可持续增长创造有利条件。

第二,它有助于斯里兰卡国内经济增长与发展转型。长期以来,斯里兰卡一直以茶叶、椰子、渔业和咖啡等传统农业经济为主,现代工业基础较为薄弱。[①] 在推进"一带一路"建设过程中,中国对外产业转移无疑是斯里兰卡经济转型的一个重要机遇。一方面,斯里兰卡可以借助中国的技术支持对其传统产业进行改造和升级,比如改造因劳动力和土地成本快速上升而面临着巨大压力的纺织业;斯里兰卡还可以逐步建立与中国产业对接的新兴产业,如港口物流、电信、食品加工、金融、现代旅游等。与此同时,它还有望在一些具备条件的领域快速推进工业化,进而在工业化和产业化发展领域实现弯道超车。

第三,它将进一步加强斯里兰卡作为印度洋航道物流和交通枢纽的战略地位。自地理大发现以来,斯里兰卡作为印度洋航道枢纽的地位不断下降。在 20 世纪 70 年代以来的东亚经济增长中,由于内战和基础设施落后,斯里兰卡未能充分发挥其作为印度洋交通枢纽的优势。以汉班托塔港为例,该港口距离繁忙的印度洋国际航道仅 10 海里,距离连接印度洋和太平洋的咽喉要道马六甲海峡仅 2000 多千米,被誉为"东方十字路口"和"印度洋的心脏"。[②] 然而,由于长期内战造成基础设施落后,汉班托塔港在印度洋航道中的地位和收益远远低于新加坡和印尼的其他同类港口。通过与"21 世纪海上丝绸之路"对接,汉班托塔港已经建成了一个包括高速公路、现代化机场、国际航运码头和工业开发区在内的综合性交通枢纽,未来将有望重新成为印度洋航线的航运与物流枢纽。尽管近年来全球疫情、世界经济不景气等对汉班托塔港的初步运营造成了不利影响,但其未来发展前景和战略地位的上升依然可期。

---

① 王兰编著:《斯里兰卡》,社会科学文献出版社 2004 年版,第 157—152 页。
② 朱翠萍:《中斯合营汉班托塔港折射共建"一带一路"成功之处》,《环球》2021 年 9 月。

（美元）

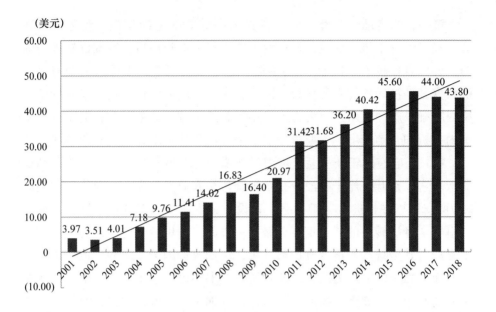

图Ⅲ-1-1　中国与斯里兰卡的双边贸易（2001—2018）

说明：2003年的双边贸易统计只包括1—10月。

资料来源：中华人民共和国商务部，https://countryreport. mofcom. gov. cn。

第四，它有助于维护斯里兰卡的主权和国家安全。从20世纪80年代开始，每当斯里兰卡在泰米尔分离主义运动问题上面临外部压力时，中国政府始终与斯里兰卡站在一起，在各种国际场合反对任何外部势力干涉斯里兰卡内政。中国从未有过吞并斯里兰卡的意图，也从未试图利用斯里兰卡来反对其他国家。相反，中国一贯主张各国之间应寻求互利共赢、开放合作。此外，这种非结盟式的双边合作也给双方发展对外关系提供了巨大的灵活性。正如中国外长王毅在多个场合所说："中斯合作不针对任何第三国，不影响中斯各自同其他国家的关系。"①

第五，来自中国的投资，以及中国的经济发展方式，或可为斯里兰卡未来经济发展提供某些有益的借鉴。在过去40年来，在中国经济高速增长的过程中，国家投资与战略规划在基础设施建设和经济增长中发挥了极

————————

① 王毅：《中斯战略合作伙伴关系将持续发展，不断前进》，中华人民共和国外交部网站，2016年7月9日，https://www. mfa. gov. cn/web/gjhdq_676201/gj_676203/yz_676205/1206_676884/xgxw_676890/201607/t20160709_7997240. shtml。

其重要的作用。一般来说，基础设施建设不仅会创造直接的就业机会，还会改善当地投资环境，创造出新的市场和经济机会。但是，由于基础设施投资往往所需资金量大，建设周期和资本回收的周期都比较长，其投资风险也相对较高，私人资本往往不愿或不敢进入。因此，没有强大的国家意志和政策优惠，重大基础设施建设往往很难推进。然而，一旦通过官方主导完成了基础设施建设，民间资本则会自动加入其中，以寻找有利可图的投资机会。这一投资和发展路径，完全不同于当代西方经济学教科书和自由主义经济学理论中纯粹依赖市场发展经济的思路。但是，它对于发展起点低、资金和技术有限的广大发展中国家来说，有着极其重要的现实意义。

由此可见，"21 世纪海上丝绸之路"为中斯双边关系发展提供了新的动力。正因为如此，斯里兰卡战略专家拉桑塔（Lasantha Wickremesooriya）先生指出："'一带一路'为我们提供了一个千载难逢的机会，让我们充分利用斯里兰卡的战略位置。"在此过程中，斯里兰卡"得大于失"①。另一位斯里兰卡学者尼普尼·佩雷拉（Nipuni Perera）也指出：对斯里兰卡而言，"一带一路"倡议将会"进一步改善斯里兰卡与中国以及包括东亚和欧洲在内的其他'一带一路'伙伴国家之间的贸易与投资联系"②。

第三节　中斯关系面临的潜在风险与挑战

尽管海上丝绸之路建设为双边关系发展提供了巨大潜力，中斯两国对于开展海上丝绸之路合作也有着浓厚的兴趣，但是受各种国内外因素的影响，双方合作仍面临着一系列潜在的风险和挑战③。

---

① 拉桑塔（Lasantha Wickremesooriya）先生在 2017 年 8 月 30—31 日科伦坡召开的国际会议上指出，借助"一带一路"建设，斯里兰卡可以通过技术转让和市场准入实现从商品出口转向"高附加值"出口的转变，通过与潜在制造商接触和吸引外国直接投资，从高科技驱动、设计能力强和劳动密集型项目的"新增附加值"中分一杯羹。

② Nipuni Perera, "China's One Belt One Road Initiative: Implications for Sri Lanka", Talking Economics, The Institute of Policy Studies of Sri Lanka (IPS), Jun. 22, 2016, https://www.ips.lk/talkingeconomics/2016/06/22/chinas-one-belt-one-road-initiative-implications-for-sri-lanka/.

③ Wang Zhen, Ye Feng, "China-Sri Lanka Relations in the Context of the 21st-Century Maritime Silk Road: Motives, Challenges, and Prospects", *Asian Perspective*, Vol. 43, No. 3, Summer 2019, pp. 481-503.

一　政策连续性与稳定性

中国有着较为稳定和成熟的政治体制，可以持之以恒地推进"海上丝绸之路"倡议下的长期对外合作项目。相比之下，斯里兰卡现行竞争性政治体制完全有可能让这些重大合作项目沦为国内政治党争的牺牲品。拉尼博士曾指出："在斯里兰卡，频繁的政府和政策改革构成了最大威胁。投资者的信心可能会因此丧失，从而导致潜在的信贷和投资风险。公众中的政治争论和错误信息也导致了对'一带一路'投资的负面看法。对斯里兰卡来说，缺乏一个举国认可的政策框架是一个关键问题。"①

在 2015 年斯里兰卡总统大选中，西里塞纳领导下的反对派曾对前总统马欣达·拉贾帕克萨鼎力支持的科伦坡港口城项目提出批评，并在上台后以"环评"为名暂停了由中国港湾公司投资并承建的港口城项目。虽然港口城项目后来重新得到了西里塞纳政府的批准，但其中暴露的潜在政策风险却是现实存在的。围绕汉班托塔港口建设过程中的争议更是凸显了这一点。尽管斯里兰卡政府和大部分当地民众积极支持汉班托塔港地区的开发和建设，但是部分斯里兰卡政府官员则认为，这些项目会加重斯里兰卡的"债务负担"，司法部部长和港口部长甚至因此被总统解职。与此同时，反对派则借机制造"中国恐慌"，并动员担心失去土地的当地农民开展抗议活动。正如有媒体评论所说："在斯里兰卡，任何一项与战略港口或其他大合同相关的决策，都必须在媒体上进行讨论。很自然地，都将成为国内政治斗争的对象。因此，本次将汉班托塔港交给中国实际控制，从某种角度看也变成了国内政治斗争的原因之一。"②

二　恐怖活动和社会安全风险

除了政治风险外，恐怖主义导致的社会安全问题也是影响斯里兰卡吸引外来投资的重要因素。2014 年，斯里兰卡警方曾抓获了多名涉嫌密谋

---

① Nicola Wijeyarathna, "Dr. Ranee Jayamaha on the Belt and Road Initiative and Potential Economic Benefits to Sri Lanka", *Takeaways*, Lakshman Kadirgamar Institute of International Relations and Strategic Studies (LKI), December 8, 2017.

② 崔莹:《"一带一路"给斯里兰卡带来了什么?》,《金融时报》(中文版) 2017 年 5 月 9 日, http://www.ftchinese.com/story/001072497? full=y。

重建"猛虎组织"的嫌犯。2019年4月21—22日，斯里兰卡科伦坡、内贡博、巴提卡洛阿、代希瓦勒、德玛塔戈达发生连环爆炸案，共造成253人死亡，500多人受伤，死伤者中还包括多名中国公民。[①] 这是2009年内战结束以来斯里兰卡首次遭受重大恐怖袭击，国防部部长赫马西里·费尔南多被迫引咎辞职，总统西里塞纳随后宣布取缔"国家一神教团"（National Thowheed Jamath）和"易卜拉欣真信会"（Jammiyathul Millathu Ibrahim）两个组织。该案件发生后，臭名昭著的"伊斯兰国"组织宣称对斯里兰卡连环爆炸案负责。[②] 事后调查显示，尽管7名自杀式袭击者均为斯里兰卡公民和当地极端伊斯兰武装组织成员，但其中一些人员确实与"伊斯兰国"组织存在联系。由此可见，虽然斯里兰卡内战已经结束，但是斯里兰卡国内的恐怖活动威胁并未消失，民族和解问题并未得到完全解决。

不仅如此，近年来斯里兰卡所面临的境外跨国恐怖组织渗透的风险也在上升。由于"伊斯兰国"组织等跨国"圣战"势力不断地向南亚地区进行渗透和扩散，斯里兰卡境内面临的恐怖活动也趋于复杂化，所有这些因素都造成斯里兰卡面临的总体恐怖风险依然居高不下。此外，根据澳大利亚经济与和平研究所（IEP）近年来发布的《全球恐怖主义指数》报告，2018年和2019年斯里兰卡在全球分别排第49名（得分4.048）和第55名（得分3.569），2020年上升为第20名（得分6.065），2022年为第25名（得分5.445），2023年为第29名（得分4.839）。[③] 虽然国际社会对于恐怖活动的定义还存在着一些争议，但我们仍可从中看出斯里兰卡当前面临的内部安全环境不容乐观。

---

① "Sri Lanka attacks：Death Toll Revised down by 'about 100'"，*BBC*，April 26，2019. https://www.bbc.com/news/world-asia-48059328；《安理会以最强烈措辞谴责斯里兰卡系列恐怖袭击事件》，2019年4月22日，参见联合国网站，https://news.un.org/zh/story/2019/04/1032911。

② Lizzie Dearden，"Sri Lanka Bombings：Lsis Claims Responsibility for Deadly Church and Hotel Attacks on Easter Sunday"，*The Independent*，April 23，2019.

③ Institute for Economics & Peace，Global Terrorism Index 2018：Measuring the Impact of Terrorism，Sydney，November 2018；Global Terrorism Index 2019：Measuring the Impact of Terrorism，Sydney，November 2019；Global Terrorism Index 2020：Measuring the Impact of Terrorism，Sydney，November 2020；Global Terrorism Index 2022：Measuring the Impact of Terrorism，Sydney，March 2022；Global Terrorism Index 2023：Measuring the Impact of Terrorism，Sydney，March 2023.

三　地缘政治竞争和外部大国因素

斯里兰卡作为印度洋国际航道的重要枢纽，一直是外部大国高度关注的战略区域。尤其是印度长期把印度洋地区视为"后院"，对于中国提出的"一带一路"倡议，以及中国和斯里兰卡之间的合作心存疑虑和警惕，特别是在近年来中印两国频频出现边界对峙的情况下。其中，最为显著者莫过于有关中国投资的"债务陷阱论"[①]和中国海军"珍珠链战略"等说辞。对于中国在斯里兰卡港口基础设施领域的投资，不少印度和西方战略家将其视为深思熟虑的中国"珍珠链战略"的一部分，并不厌其烦地利用这一理论来论证所谓的"珍珠链战略"对印度和其他国家的影响。根据所谓的"珍珠链战略"，中国海军将会利用印度洋沿岸港口将其连接成一个贯通欧洲和东亚的战略通道。一些专家认为，这些投资可以使中国在印度洋沿岸展示其肌肉，并在发生突发事件时，利用这些港口剥夺任何主要对手的机动机会。[②]事实上，中国官方从未提出任何与"珍珠链战略"有关的概念和战略设想，甚至连一些西方学者也不得不承认："珍珠链"事实上可能并不是中国政府指导下的一个明确战略。相反，"它可能是美国某些人用来描述中国外交政策要素的方便标签"。[③]即便如此，这丝毫不能减少印度和一些西方国家对中国在斯里兰卡开展港口基础设施投资的担忧。

由于印度长期将印度洋地区视为其后院，对于中国公司参与汉班托塔港的建设非常警惕。尽管中国和斯里兰卡政府一再表示，不会将其建设成为一个军港，而且双方签署的协定中也已经阐明了这一点，即港口的安全事务完全由斯里兰卡负责，不会将其用于军事目的。即便如此，印度仍然不断地向斯里兰卡政府表达对此项目的关切，不少印度媒体和专家甚至将

[①]　关于"债务陷阱"或"债务外交"问题，下文将会做进一步的分析。

[②]　Virginia Marantidou，"Revisiting China's 'String of Pearls' Strategy：Places 'with Chinese Characteristics' and their Security Implications"，Pacific Forum CSIS，*Issues & Insights*，Vol. 14，No. 7，2014，pp. 3-39.

[③]　Christopher I. Pehrson，"String of Pearls：Meeting the Challenge of China's Rising Power across the Asian Littoral"，Carlisle Papers in Security Strategy，July 2006，http://www. strategicstudies-institute. army. mil/pdffi les/PUB721. pdf.

其视为中国"珍珠链"战略中最大的一颗"珍珠"。印度媒体一方面嘲笑汉班托塔的国际机场是"大白象"工程，另一方面却向科伦坡建议，试图以约 3 亿美元的资金换取汉班托塔机场 40 年租赁权。一位斯里兰卡经济评论人士曾一针见血地指出，印度租赁机场之举"是一个毫无商业逻辑可言的政治决定"[①]。与此同时，印度还决定投资伊朗的恰巴哈尔港，并与新加坡达成了使用樟宜海军基地的协议。在一些观察家看来，印度这些做法或与其试图"抵消"中国在斯里兰卡和印度洋的存在有关。[②]

四 贸易逆差与经济竞争

中国与斯里兰卡的经济合作既存在着巨大的互补性，也面临着一些风险和挑战。对于大规模债务的管理是对当今许多国家的极大考验，对发展中国家尤其如此。合理地利用外资可以带来现代化所需的资金、技术和管理经验，但如果管理失当，则会对其经济发展造成不利影响。对绝大多数发展中国家而言，在工业化初期都会面临类似的挑战，即一方面进口工业设备和工业产品，另一方面大量出口附加值较低的农产品和资源类产品，以完成工业化过程中的资本积累。

从贸易结构来看，当前斯里兰卡在对华贸易中面临着巨大的贸易逆差。这对双边关系的负面影响同样不容低估，一方面，它会成为斯里兰卡国内政党斗争的借口，从而在双边贸易中设置新的门槛；另一方面，持续的贸易逆差如果得不到妥善处理，将会使斯里兰卡政府因债务负担沉重而无法开展新的大型合作项目，对外贸易也难以为继。近年来，一些印度和西方媒体正是利用了这一点大做文章。2017 年 1 月，位于印度新德里的政策研究中心专家布拉马·切拉尼（Brahma Chellaney）在报业辛迪加（Project syndicate）网站撰文，炮制了所谓的"债务陷阱论"。该文认为，中国通过价值上万亿美元的"一带一路"倡议，"正在支持具有战略意义

---

① 西蒙·芒迪：《汉班托塔港交易令斯里兰卡人担心主权受损》，《金融时报》（中文版）2017 年 10 月 24 日，http://www.ftchinese.com/story/001074790? full=y。

② 《中国在汉班托塔港落了脚》，俄罗斯卫星通讯社（SPUTNIK）网站，2017 年 12 月 11 日，http://sputniknews.cn/opinion/201712111024257970/。

的发展中国家的基础设施项目，通常是向这些国家的政府提供巨额贷款，最终使各国陷入债务陷阱，更容易受到中国的影响。"① 这种荒谬之词无论在理论、实践和逻辑上都是站不住脚的，但却因为作者的身份和理论外衣而极具欺骗性与煽动性，并在很大程度上迎合了西方国家对于中国海外投资和影响力急剧上升的恐惧，成为印度和西方媒体抹黑、攻击中国海外投资的利器而广为传播。

　　然而，无论从哪个角度来看，利用斯里兰卡面临的贸易逆差和债务问题来指责中国所谓的"债务陷阱"或"债务外交"都是极其荒谬的。首先，对斯里兰卡来说，作为一个财政收入有限的发展中国家，在中国大规模投资之前，其债务已处于较高水平，急需引进外资进一步发展经济，这正是斯里兰卡政府积极参与中国"一带一路"倡议的根本原因所在。正如一些专家所指出的："基础设施项目是受援国根据其自身经济和政治利益而做出的决定，而非中国的主动选择。"② 斯里兰卡随后面临的经济和债务危机更多地与其自身管理不善和世界经济不景气等多重因素叠加有关，而非因为参与中国的"一带一路"建设。英国一家智库在 2020 年的研究报告中也指出："尽管斯里兰卡经常被描述为因公共投资融资而陷入中国债务陷阱，但证据却表明斯里兰卡面临的是总体债务问题，而不是特定的中国债务问题。"③

　　其次，在斯里兰卡的债务危机中，中国并非斯里兰卡最大的债权人，将其面临的债务困境归结为中国既不准确，也不公平。事实上，以"债务陷阱"的说辞来指责中国正反映了西方在此问题上的不良用心和"双重标准"。从斯里兰卡的债务构成来看，日本和印度等国也持有斯里兰卡大量债务。据路透社报道，斯里兰卡 36.4%的债务为国际主权债券所有，其次是

---

① Brahma Chellaney, "China's Debt-Trap Diplomacy", *Project Syndicate*, January 23, 2017, https://www. project-syndicate. org/commentary/china-one-belt-one-road-loans-debt-by-brahma-chellaney-2017-01.

② Amanda Yee, "Why Chinese 'Debt Trap Diplomacy' Is a Lie", *Monthly Review*, December 23, 2022, https://www. liberationnews. org/why-chinese-debt-trap-diplomacy-is-a-lie/.

③ Ganeshan Wignaraja, Dinusha Panditaratne, Pabasara Kannangara and Divya Hundlani, *Chinese Investment and the BRI in Sri Lanka*, Research Paper, The Chatham House, London, March 2020, p. 14.

亚洲开发银行（14.3%）和日本（10.9%），然后才是中国（10.8%）。① 正因为如此，一些外国学者也指出："中国只占斯里兰卡债务负担的10%，西方媒体却将斯里兰卡90%的问题归咎于中国。"因此，"将斯里兰卡未偿债务完全归咎于中国是错误的"，断言中国存在通过贷款觊觎发展中国家资产的"大战略"的说辞更是"牵强附会的"（far-fetched）。② 对于大多数批评者来说，他们不仅没有提供一个更好的替代方案，也无意解决斯里兰卡面临的经济困难。相比之下，来自中国的贷款主要被用于基础设施项目，这对一个国家的发展至关重要，"它们不像国际货币基金组织和世界银行的贷款那样与私有化项目和结构调整挂钩"。正因为如此，还有专家指出，中国在斯里兰卡并不存在所谓的"债务陷阱"，"真正造成斯里兰卡危机的是西方金融机构的贷款，以及随之而来的强制紧缩和新自由主义经济"，所谓"债务陷阱外交"不过是掩盖美国"帝国主义政策"并"转移人们对国际货币基金组织和世界银行向全球南方国家提供高利率掠夺性贷款的注意力"的一种说辞。③

最后，中国在斯里兰卡的部分投资属于长期建设项目，其综合效益需要在较长时间内逐步体现出来。在当前世界经济增长疲软与新冠疫情叠加的情况下，经营收益不佳或许只是一个暂时性问题，并不能作为判断一些重大项目成败的依据。更重要的是，中国在斯里兰卡的投资项目首先源于斯里兰卡自身的基础设施建设需求，从来不存在旨在夺取其港口控制权的周密计划，它们往往是根据斯里兰卡实际建设要求逐步追加投资的结果。早在"一带一路"倡议提出之前，斯里兰卡政府已开始就汉班托塔港项目与印度和美国等进行接洽，希望能为该港口建设计划提供国际融资，但是并未得到积极回应。随后，斯里兰卡政府开始向中国寻求帮助。换言之，"汉班托塔港项目是由斯里兰卡政府而不是中国提出的，而且是该国的一个长期发展计划。"④

① Uditha Jayasinghe, "Explainer: Sri Lanka on the Edge as Debt Burden Mounts", *Reuters*, January 17, 2022.

② Rahul Ajnoti, "The Complete Story of Debt-Trap Diplomacy", *The Geopolitics* (TGP), October 11, 2022, https://thegeopolitics.com/the-complete-story-of-debt-trap-diplomacy/.

③ Amanda Yee, "Why Chinese 'Debt Trap Diplomacy' Is a Lie", *Monthly Review*, December 23, 2022, https://www.liberationnews.org/why-chinese-debt-trap-diplomacy-is-a-lie/.

④ Amanda Yee, "Why Chinese 'Debt Trap Diplomacy' Is a Lie", *Monthly Review*, December 23, 2022, https://www.liberationnews.org/why-chinese-debt-trap-diplomacy-is-a-lie/.

表Ⅲ-1-1　　　　　　中国在斯里兰卡承包工程额　　　　　（亿美元）

年份	完成额	年份	完成额	年份	完成额
1998	0.36	2006	1.303	2014	21.914
1999	0.464	2007	1.436	2015	13.687
2000	0.58	2008	3.85	2016	14.748
2001	0.476	2009	6.857	2017	22.524
2002	0.549	2010	7.687	2018	23.795
2003	1.041	2011	12.57	2019	22.247
2004	0.9351	2012	15.30	2020	12.872
2005	0.892	2013	20.92	2021	12.99

资料来源：中华人民共和国商务部网站，https://countryreport.mofcom.gov.cn。

第四节　中斯关系的前景

2013年中国国家主席习近平提出"一带一路"倡议后，作为海上丝绸之路重要枢纽的斯里兰卡很快便成为新的投资热点，蜂拥而至的中国投资为内战方息、百废待兴的斯里兰卡带来了前所未有的期待和机遇。"一带一路"建设正在成为中斯关系发展的新契机，它促使双方开始重新认识和发现对方。斯里兰卡把迅速崛起的中国看成是摆脱其国内困境、发展经济的重要机遇，中国则把斯里兰卡视为"21世纪海上丝绸之路"通道上的一个战略支点国家。

然而，现有研究大多未能充分揭示"海上丝绸之路"之于斯里兰卡现代化发展和中斯关系的深刻内涵。它们或是简单地聚焦于该倡议的经济和商业层面，或是从西方传统经济学理论出发质疑并指责中国在斯里兰卡投资项目的"合理性"，乃至戴着有色的地缘政治眼镜，无端地将这些项目与所谓的"中国霸权""中国威胁"和中国海外军事战略等进行挂钩。此类看法有意或无意地忽视了"海上丝绸之路"倡议对于斯里兰卡未来发展所具有的战略性含义。简言之，"海上丝绸之路"的战略意义不仅体现在其对斯里兰卡国内基础设施和经济发展换代升级的推动作用上，更体现为斯里兰卡在未来一个相当长时期内作为印度洋交通和物流中心战略地位的大幅提升。就此而言，中国与斯里兰卡开展"海上丝绸之路"合作的意义并不局限于双边关系，还将对印度洋沿岸地区的地缘政治、物流运输、全球产业布局等产生深远影响。

在中国致力于推动建设"一带一路"的大背景下，中国与斯里兰卡互相接近的原因固然是多方面的，首先，其根本因素在于双方的内在经济发展需求。尽管 2016 年两国双边直接贸易只有 44.4 亿美元，但中斯经贸合作对于改善斯里兰卡的经济困境，维持中国经济持续增长有着重要的意义。其次是双方自古代以来所形成的历史文化纽带与建国后各自所构建起来的意识形态基础。历史上两国之间的佛教文化交流、近代以来共同的被殖民经历，以及建国后在全球不结盟运动中的合作等，这些都使双方在维护民族独立、反帝、反殖、反霸、反对外来干涉等问题上具有高度的一致性。最后是双方战略诉求上的一致性。自从 1957 年两国正式建交以来，中国已成为斯里兰卡平衡印度南亚霸权、维系其自身战略自主性的一支重要力量，而后者则是中国南下印度洋，连接中东和欧洲的重要战略枢纽。不过，需要警惕的是，双方关系中的军事战略含义一直存在着被西方国家严重夸大和歪曲的倾向，甚至连子虚乌有的"珍珠链战略"也成了不少印度学者和西方媒体津津乐道的话题。

不可否认的是，当前中斯关系发展中也同样存在着许多潜在的障碍和局限性。首先是来自印度洋地区的地缘政治竞争。众所周知，印度一直自视为印度洋地区的主导国家，"一直试图在南亚地区抗衡中国日益增强的影响力"①。由于历史和地缘关系，印度对与其邻近的斯里兰卡的影响较为深远。斯里兰卡与中国的接近往往会引起印度的警惕与不快，印度当局已经多次向斯里兰卡表达了对中国潜艇乃至科考船停靠其港口的不满。其次是斯里兰卡对外政策与国内政治稳定性的挑战。在斯里兰卡历次政治选举中，中资项目时不时地会受到一些反对派势力的批评和指责，也在一定程度上增加了一些重大合作项目所面临的政治风险和不确定性。此外，文化差异、地区安全局势、恶性突发事件等也会直接或间接地影响双边关系。这些问题如果处理不当，不仅会危及中斯双边关系和既有合作项目，

---

① Nitin Srivastava, "India Seeks to Win Public Trust in Crisis-hit Sri Lanka", *BBC*, May 19, 2022, https://www.bbc.com/news/world-asia-india-61490635? at_medium = RSS&at_campaign = KARANGA.

"一带一路"倡议的推进也会受到影响。不过，就目前而言，这些因素似乎还不足以给双边关系带来根本性挑战。

鉴于中国作为当前世界第二大经济体的巨大体量，以及近年来中国快速崛起在国际社会中所引发的忧虑和危机感，中国与包括斯里兰卡在内的印度洋沿岸国家的合作进程仍会面临一系列挑战。在斯里兰卡国内，部分民众对中国投资的误解和抗议并不会完全消失。同样，少数政客利用所谓"中国威胁"的话题进行政治斗争的做法在短期内仍会继续存在。然而，随着中斯合作项目的不断推进，越来越多的斯里兰卡民众将从中受益，并逐渐认识到这些合作项目的重要意义。此外，无论中国还是其他印度洋沿岸国家，各方都需要经历一个重新适应对方的过程。就短期而言，这种关切和忧虑或许会成为双方开展海上丝绸之路合作的障碍和不利因素。一旦海上丝绸之路互联互通的格局逐步形成，越来越多的国家开始享受到这一进程所带来的发展红利，疑虑和抵触自然就会逐步消解，这些国家参与相关合作的兴趣、愿望和动力也会随之而来。对斯里兰卡而言，外部大国的关切反而会进一步凸显其战略地位，使之获得更大的发展机会和空间。正如一些媒体评论所言："正是在中国'一带一路'项目的带动下，印度、日本才开始重视各自在斯里兰卡的表现，积极参与斯里兰卡的基础设施建设。"①

我们有理由相信，借助中国和其他国家在海上丝绸之路沿线的基础设施建设合作，斯里兰卡将有望再次展现其在"海上丝绸之路"印度洋国际航道中的战略地位，并有可能借助中国的产业升级和经济发展转型快速实现经济与社会发展现代化。就此而言，对于内战后百废待兴的斯里兰卡来说，在"21世纪海上丝绸之路"框架下开展对华合作无疑是一个难得的历史性机遇。一旦双方合作项目的经济与社会效益得到充分体现，斯里兰卡国内精英会越来越多地认识到中国投资及其所体现的发展路径对于斯里兰卡现代化进程的积极意义。与此同时，斯里兰卡经济也会越来越多地融入新一轮的经济全球化潮流，并推动两国关系更上层楼。

---

① 崔莹：《"一带一路"给斯里兰卡带来了什么？》，《金融时报》2017年5月9日，http://www.ftchinese.com/story/001072497? full=y。

第二章 斯里兰卡视角下的"一带一路"：全球价值观网络中的战略定位

2020 年，新冠疫情在全球暴发，由此导致了世界范围内的生产和消费缩减，全球经济和世界贸易也出现了史无前例的中断。随之而来的后果影响了全球每一个群体和个人，几乎无一幸免。换个角度来看，病毒传播的速度也显示了当今世界全球化的程度。在管理学中，我们往往将"全球化"描述为产品、服务、投资、技术、信息及就业跨越不同国家和文化之间的传播。在我们见证了新冠病毒疫情暴发之后，现在似乎还可以加上"疫情"。借助世界贸易组织发布的数据①，我们可以为读者提供一张有关疫情对世界经济和贸易所造成的深远影响的草图。

· 2020 年全球工作时间估计损失了 8.8%，相当于 2.55 亿份全职工作。

· 据估计 2020 年新冠疫情已经将 1.19 亿至 1.24 亿人口拖入贫困，与前几年相比有显著增加。

· 2020 年航空业的乘客数量下降了 60%。

· 国际旅游业减少了 74% 的游客。

· 积极的一面是，由于航空和交通活动减少，2020 年二氧化碳排放减少了 6%。

所有这些新冠疫情的影响，加上其他问题，最终使人们大幅下调了对全球经济增长的预期，预计 2020 年将会出现 4.3% 的萎缩。② 这实在是一

---

① "How COVID-19 Is Changing the World: A Statistical Perspective Volume III", Committee for the Coordination of Statistical Activities (CCSA), 2021, p. 3.

② "Impact of the Covid-19 Pandemic on Trade and Development, Transitioning to a New Normal", United Nations Conference in Trade and Development, 2020, p. 13.

个可怕的后果。统计显示，不发达国家受到的影响比发达国家更大。在美洲、欧洲、南亚和南非，无论是发达国家还是发展中国家，近年来都经历了出口负增长。其中出现了一线希望——中国和大韩民国预计会有正数增长，虽然相对而言比较弱。

此外，新冠疫情并未放过外商直接投资。预计2020年比2019年的数字减少42%。[①] 预计2021年这个趋势还将持续，恢复可能要到2022年。

根据同一来源，这个减少是由于投资项目的推迟或停滞（进行中和新项目暂停）以及与外资有关收入的损失。一般而言，其中很大一部分会再投资于东道国。这些投资对发展基础设施、增加生产能力、创造就业和经济体价值来说至关重要，因此对快速恢复的预期来说也是如此。投资会对不同行业产生不同程度的影响，而健康和信息技术是受到新冠疫情正面影响的两个部门。考虑到由于健康和信息技术能帮助克服对人们身体活动的一些限制，人们对其需求正在增加，我们发现，这两个行业正受到未来投资人的注意。世界各国提出了众多经济刺激计划，提供低利率方案和政策规划，这都是为了鼓励投资。

对于努力从新冠疫情中恢复的国际社会而言，上述问题几乎是各国所面临的关键问题。对于利益相关者来说，尤其是政府和各种类型、规模的工商企业，以及全球基金资助机构等，其最重要的关注就是经济和企业的恢复速度。其中一个专门用语是"新常态"，即寻求一个全面的方式在未来开展经济和社会活动。在我看来，韧性、灵活性和敏捷性应构成"新常态"的基础要素，不管是工商企业，还是国家经济。

第一节　新冠疫情影响下的斯里兰卡经济

正如世界上其他地方一样，新冠疫情也深刻地影响了脆弱的斯里兰卡经济。斯里兰卡政府通过若干政策进行快速反应，有效地缩减了新冠病毒在国内的传播范围。比如，先是采取全岛范围内的宵禁、停止机场的进港航班、追踪接触者、及时的检测和隔离措施等，以确保病毒传播得到有效

---

① UNCTAD, "Global Foreign Direct Investment Fell by 42% in 2020, Outlook Remains Weak", https://unctad. org/news/global-foreign-direct-investment-fell-42-2020-outlook-remains-weak.

控制。2020 年 10 月出现的第二波疫情，也在可控范围内，对日常生活和经济活动的影响被减少到最低。但是，2020 年整个经济收缩了 3.6%。据说是有记录以来最糟的表现，在全球独一无二。①

斯里兰卡的外汇收入主要依赖于服装出口、外出打工人员的侨汇，以及旅游和服务业。随着旅游业低迷至零收入，工业生产也由于封城和交通中断而受到破坏，政府不得不以坚决的行动做出回应。斯里兰卡政府面临的最大的经济挑战是处理大量的外债，并缩减正在扩大的财政赤字。根据世界银行的统计数据，2020 年斯里兰卡公共和以公共名义担保的债券估计已经达到了国内生产总值的 109.7%。虽然限制非必要商品的进口，增加国外汇兑等措施有助于改善收支逆差，但这仍不足以维持斯里兰卡的外汇储备。2021 年 3 月，斯里兰卡政府成功地与中国就 15 亿美元的互惠外汇信贷进行了谈判，但这仍未能阻止 2021 年 1—3 月斯里兰卡卢比对美元一度贬值达 6.5%。

在此背景下，斯里兰卡经济面临着深度衰退的风险。考虑到其大量非正式劳动力的人均收入已经跌到最低水平，甚至在某些情况下转变为失业状态，他们获得基本生活条件变得非常困难。由于财政资源有限，尽管政府在为这类人群提供经济救济方面已经做了大量工作，但长期保持这种状态将会变得愈加困难。

对斯里兰卡来说，如何制定成功的战略以跨过后新冠疫情时代，并建设一个有韧性、敏捷和灵活的经济？如果从不同角度来看，它应该有多种选择。世界银行在关于斯里兰卡发展（SLDU）的报告中指出，斯里兰卡经济发展将会在 2021 年恢复到 3.4%，这主要来自外商投资、旅游逐步正常化，以及其他经济活动。然而，这一发展前景将依赖于全球经济的恢复，以及该国所承担的高额债务负担。② 该报告还指出，斯里兰卡政府需要"在新冠疫情期间支持经济和确保财政可持续性之间达到平衡"。

众所周知，斯里兰卡是一个岛国，其境内自然资源非常少，经济发展

---

① World Bank in Sri Lanka, https://www.worldbank.org/en/country/srilanka/overview, April 2021.

② "WB Urges SL to Focus on Competitiveness, Debt Sustainability for Resilient Rebound", Daily FT, April 2021, http://www.ft.lk/front-page/WB-urges-SL-to-focus-on-competitiveness-debt-sustainability-for-resilient-rebound/44-716262.

活动极大地依赖进出口。出于同样的原因，斯里兰卡不得不追求出口导向的增长模式来挖掘其自身的自然资源，同时利用其战略地理位置吸引外部投资，以扩大和增强其在全球价值链网络中的附加值。毫无疑问，斯里兰卡政府会采用各种方法推动经济复苏。本章将会在全球市场互动的背景下，从贸易和投资角度来探讨斯里兰卡的经济恢复与中斯关系。

第二节　斯里兰卡与中国的关系

到目前为止，大部分关于斯里兰卡—中国关系的报告都涉及从汉代（前206—220年）开始的贸易关系，接着是5世纪著名中国僧人法显到访斯里兰卡的事迹。在此之后，还有一些类似的有关两国间来往的历史记录。1950年后，中国与斯里兰卡开始正式交往。直到1957年，两国建立正式的外交关系。在建交后不久的1962年，斯里兰卡即与中国签订了首个经济技术合作双边协议。后来，已故锡兰总理西丽玛沃·班达拉奈克夫人访华，协助斯里兰卡接受了更多基础设施项目方面的中国援助。比如，中国帮助建造了具有当地传统风格的班达拉奈克国际会议中心，该建筑至今仍然屹立在科伦坡市区。在此之后，中斯两国之间还签订了其他一些双边协议。比如，1963年两国关于商业航海关系的协议；1982年成立的中国—斯里兰卡合作贸易委员会，以及1984年签署的一份关于经济和贸易合作的协议，等等。①

这些事实在不同的出版物上不断地被人们传唱和复述，它们的重要性在于可以使人了解21世纪中斯两国关系有着非常强大的历史基础。在两国关系发展的历史中，1952年是一个具有重大里程碑意义的年份。正是在这一年，中斯两国基于共同的国家利益，签署了一项易货贸易协议——"米胶协定"。自此之后，两国关系从未停滞不前，并开始建立更加深厚的国家关系。进入21世纪后，这一关系又取得了重大发展。如果我们仔细研究相关统计资料，就能证明上述事实和论断。

从2016年起，中国开始成为斯里兰卡最大的贸易伙伴，至今中国依

---

① Grace Asirwatham, "Overview of Sri Lanka-China Relations", 2018, https://lki.lk/blog/o-verview-of-sri-lanka-china-relations/.

然占据着这个位置。当年，中国和斯里兰卡之间的贸易总额达到 45.6 亿美元，印度紧接其后，达到 43.6 亿美元。① 在这两种情况下，贸易平衡都是有利于中国和印度的。中国和斯里兰卡之间的贸易从 2010 年起开始持续增长，其中大部分是中国对斯里兰卡的出口。② 另一个明显增长是中国对斯里兰卡的投资。《金融时报》引用英国皇家国际事务研究所的一份报告指出，从 2006 年至 2019 年 7 月，中国在基础设施方面对斯里兰卡投资已累计达到 121 亿美元。③ 其中，值得一提的项目包括科伦坡至卡图纳耶克（Katunayake）高速公路、南部高速公路、外环公路、汉班托塔港、马塔拉机场、普特拉姆燃火电厂（或称拉克维佳亚煤电厂）、科伦坡国际集装箱码头、科伦坡莲花塔——通信塔、莫拉加哈坎达（Moragahakanda）多用途综合开发项目（处理灌溉、饮用水和电）、马塔拉—卡特拉伽马（Kataragama）铁路、波隆纳鲁瓦（Polonnaruwa）专门的肾病医院，以及著名的科伦坡国际金融中心（又称"港口城"）。

　　基础设施开发贷款的大量流入，以及中国企业在斯里兰卡进行的其他重大投资，引发了斯里兰卡国内对中国"一带一路"倡议的讨论和辩论。比如，有媒体称斯里兰卡已经进入"债务陷阱"中，成为所谓"中国债务外交"的受害者。2017 年，斯里兰卡政府与中国招商局港口控股有限公司就汉班托塔港签署一个为期 99 年的租约，这使得情况进一步恶化。汉班托塔港位于连接远东和西方的全球航运线路 10 海里处，是斯里兰卡用途最为多样化的深水港口。

　　　　中国招商局港口控股是中国最大的有全球竞争力的公共港口开发、投资和运营商，在中国内地、香港地区和海外均有投资，目前拥有一个跨越 5 大洲 18 个国家 36 个港口的国际港口网络。作为全球公

　　① P. K. Balachandran, "China Overtakes India as Sri Lanka's Largest Trading Partner", 2017, https://www.thecitizen.in/index.php/en/NewsDetail/index/5/12511/China-Overtakes-India-as-Sri-Lankas-Largest-Trading-Partner.

　　② Umesh Moramudali, "Against the Tide: The Growth of China—Sri Lanka Trade", 2019, https://thediplomat.com/2019/08/against-the-tide-the-growth-of-china-sri-lanka-trade/.

　　③ "Perceptions of China's Belt & Road Initiative and Investments in Sri Lanka", 2021, http://www.ft.lk/special-report/Perceptions-of-China-s-Belt-Road-Initiative-and-investments-in-Sri-Lanka/22-715870.

认的中国招商集团的子公司，中国招商港口控股是一家在货物物流部门备受赞誉的运营商，拥有实现最佳实践和可持续货物运输成就的世界纪录。①

事实上，汉班托塔国际港控股公司是一个公私合营公司。中国的技术和技能、管理专长来自参与国际竞争的经济力量，再加上斯里兰卡的重要资产（该港口位于古老的"海上丝绸之路"），这种专业人员和发达基础设施的合作将会给斯里兰卡带来无限的机会。事实上，真正的问题在于斯里兰卡如何利用这次机遇？它应当采取什么样的国家战略，或是如何通过利用其战略资产来追求更大的经济效益？

第三节　当今世界的全球化思想

从某种意义上说，中国的"一带一路"倡议是冷战后世界经济一体化或全球化进程的自然延伸。因此，中斯围绕"一带一路"倡议的合作同样离不开全球化这一时代背景。在讨论中斯合作之前，我们有必要对全球化的相关问题进行回顾和梳理。

一　"全球化"的概念

一股强大的力量驱使世界向共性汇聚，这股力量就是技术。它已经减少了通信、交通和旅行方面的阶级差别。它让偏远的地方和贫穷的人们渴望现代性的诱惑。于是，几乎每个地方、每个人都想得到他们通过新技术听到、看到或者体验到的事物。②

西奥多·莱维特（Theodore Levitt）撰写了许多文章，质疑人们的思维方式，尤其是在管理方面。但是，他在 1983 年发表的文章——《全球化的市场》却显得与众不同，尽管该文反映了其长期一贯的思想。事实

---

① http://www.hipg.lk/about-us/hipg.
② Theodore Levitt, "Globalisation of Markets", *Harvard Business Review*, 1983.

上，在 1960 年代，他还发表过另一篇题为"营销短视"的文章。[①] 在他的文章中，莱维特最为引人注目的论据是：在技术驱动下，人类生存空间被压缩。此外，由于世界各地的消费者和市场之间的共性，这将会导致一个标准化的全球产品市场的兴起。他据此断言，一个达到前所未有规模的标准化消费品市场将会逐渐兴起。在他看来，一个现代化的跨国公司将会聪明地致力于寻求推动全球商品和业务的标准化，而不是适应国家内部和国与国之间的表面差异。莱维特做出上述断言和主张距今已将近 40 年，然而我们仍然需要回答：他当年提出的观点是否适用于当下？如果是的话，斯里兰卡作为一个民族国家，能从这个学术命题上学到什么？政府如何协助在国内创建如此大型的跨国公司，以适应人类社会逐渐被连通为一体的共性？与此同时，斯里兰卡是否有必要的资源和能力来创建如此大型的全球性跨国公司？如果这一回答是否定的，是否意味着作为一个国家，斯里兰卡将永远无法被视为国际市场上一个主要的全球性参与者？

　　莱维特的论点在今天依然有效，但不一定完全正确。诚然，已形成共同市场的各国之间存在着大量趋同的共同点。在这些共同市场中，标准化的全球产品和服务带来的规模经济降低了成本和价格。然而，巨大的鸿沟依然存在！这就是格玛瓦特（Ghemawat）的论点："管理差异是制定公司全球战略的核心挑战。"[②]

　　潘卡基·格玛瓦特（Pankaj Ghemawat）是一位受人尊敬的学者，也是一位印度裔美国经济学家、教授和全球战略家，以及演讲者。同时，他还是一位从事全球化研究的知名作家。他对在规模经济和因地制宜之间取得平衡的传统假定提出了质疑，并断言"任何全球战略的主要目标都必须是管理边界上出现的巨大差异，无论这些边界是以地理方式还是以其他方式界定的。"[③] 其理由在于，实际数据并不支持"世界末日论"作家关于世界正在接近"彻底全球化"的说法。相反，他认为数据支持"半全球

　　① Theodore Levitt, "Marketing Myopia", *Harvard Business Review*, 1960.

　　② Pankaj Ghemawat, "Managing Differences—The Central Challenge of Global Strategy, *Harvard Business Review*, 2007.

　　③ Pankaj Ghemawat, "Managing Differences—The Central Challenge of Global Strategy, *Harvard Business Review*, 2007, pp. 59-60.

化"世界的观点。格玛瓦特所说的"半全球化"世界指的是什么？

格玛瓦特利用四类活动，即产品（和服务）贸易、外国直接投资和其他资本流动、人员和信息作为经济跨境一体化的衡量指标，进而得出结论认为，几乎所有指标都低于30%。这表明当今世界远未达到"彻底全球化"的状态，更遑论在不久的将来接近"彻底全球化"。因此，我们应该将世界视为半全球化的世界，并接受差异确实存在的事实，而这些差异会引导有关机构和国家从不同的角度重新考虑其全球化措施。更恰当地说，全球化确实处于完全标准化和完全差异化这两个极端的连续统一体的不同点上。

二　一个"半全球化"的世界

为了关注国家间的差异，并且应对这些差异，格玛瓦特引入了"AAA"（三A）概念，主要是为了帮助机构评估如何在全球语境中制定战略。然而，我假设的相同概念也能够被国家使用，从一个竞争和战略的角度接受它们存在于一个半全球化的世界，尤其是从地理差异的可开发利用处套利。

AAA代表适应、集群和套利。[①]一方面，它可适用于全球企业，适应战略是通过最大化企业出售物的本地相关性来增加其存在和表现的方法；另一方面，集群几乎是适应的反面，是通过标准化出售物制造规模经济来增加企业存在感和表现的方式。有人可能会说，这两个术语是来自于传统的对跻身国际市场和本地响应之间取得平衡的争论。的确如此，从某种角度来说，这种说法是对的。但是，其根本区别在于套利。所谓"套利"，就是根据不同情况，经常是通过对价值链或供应链的不同部分进行定位，以利用不同国家或地区间的市场差异，这正是目前的情况。如果将三个A组合起来，就能对一个真正全球化的公司有一个完全不同的思考视角。我们可以使用类似广告销售、销售研发及销售劳动力的指标，分别评估适应、集群和套利的程度。格玛瓦特展示了企业如何开展科学评估，以便能

---

① Pankaj Ghemawat, "Managing Differences—The Central Challenge of Global Strategy", *Harvard Business Review*, 2007, p. 60.

利用其全球定位的最优组合。图例Ⅲ-2-1来自格玛瓦特在文章中的设计和展示。

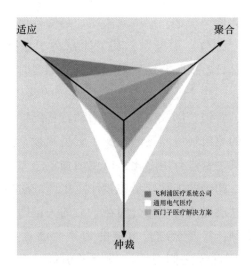

图Ⅲ-2-1　AAA诊断影像学竞争力

说明:在这个例子中,三个大型全球化公司在同一行业的不同平台上开展竞争。通用医疗(GE Healthcare)专注于套利与集群的定位,而西门子医疗系统公司(Siemens Medical Solutions)更偏重集群,飞利浦医疗科技(Phillips Medical System)强调适应。其中并不是只有一种正确的方法,每个公司选择的路径都依赖于其企业理念、战略能力及其实现全球化的方式。市场吸引力、相关风险、来自国家因素的差异、国家政策都是企业在决定其全球战略时需要考虑的因素。

资料来源:Pankaj Ghemawat, *Redefining Global Strategy:Crossing Borders in a World where Differences still Matter*, Harvard Business Review Press, 2007.

回到前面的话题,一个国家如何定位它自己才能更好地吸引这样的全球化企业,然后参与全球价值链分工,进而强化其国内产品附加价值及其经济实力?这就需要我们认识和评估"价值链的全球化"概念。

三　价值链的全球化

1985年,迈克尔·波特(Michael Porter)在关于一个企业如何获得竞争优势的重要著作中提出了"价值链"的概念。在他看来,一个企业的竞争优势源于其在设计、生产、推广、分销和支持其主张的过程中所完成的许多独立的活动。最初,"价值链"概念是作为一个分析企业与战略相关活动的工具而引入的,也是为了了解真正造成市场差异的现有和潜在资源。[①]

基于价值链原理,企业开始对生产或经营活动能否为最终产品和服务增加真正价值进行评价。于是,那些无法增加足够价值的活动就会被外包出去。由此出现了"外包"的概念,其关注点在于保持竞争力。当企业开始跨境活动,并且日益摆脱开展贸易和投资的障碍时,新的竞争领域就越来越明显。如今,一些企业开始考虑将价值链的跨境部分、离岸生产、研究与开发、采购、营销,以及许多其他活动转移到世界不同地点。主权国家为了创造有利的政策环境而逐渐减少了贸易和投资壁垒,这使得商业企业能够更多地将其运营进行国际化,以便增强竞争力,获得新技术,降低成本并加速生产。如今的国际交易比较注重生产的附加值,这是最有意义之所在。确实,这已经成为跨国公司竞争力的关键因素。在这方面,大部分国家已经认识到,参与全球价值链能为其劳动者、国内企业和经济带来价值和机会。因此,它们力图向投资者引进一个友好的政策框架。于是,全球价值链的发展模糊了"原产国"身份的概念。不过,在现实中,如今消费者能买到的商品与服务实际上来自"全球制造"。如果看看世界上的一些主要品牌、商店货架上的成品由来自不同国家的众多公司的投入和共同创造,它们都对最终的附加值做出了贡献。考虑到当今世界复杂性的增强,从全球语境看待价值链概念方面,跨国企业在产业内和行业间的竞争与合作方式引发了不同的思维过程。在这方面,我们欢迎"全球价值网络"概念。

四　全球价值网络

在当今日益复杂的世界中,创造价值的方式催生了"价值网络"的概念。至少从理论上讲,价值链是组织内为创造和获取价值而组织活动的顺序,它是一个线性的逻辑过程。相比之下,价值网络的概念则没有严格的顺序,而是更加灵活多变。这一过程是在一个网络中进行的,网络中也有外部组织。当今的竞争不是价值链所分析的公司之间的竞争,而是价值

---

① Michael E. Porter, *Competitive Advantage—Creating and Sustaining Superior Performance*, The Free Press, 1985.

网络所分析的相互关联的组织网络之间的竞争。① 因此,全球价值网络努力纳入各种网络配置,并在这一过程中涵盖所有利益相关者和关系。全球价值网络这一概念的出现,反映了在当今复杂的全球经济中如何组织商品和服务的生产、分销和消费的基本结构和关系性质。

我在此处引述科埃(Coe)等人的论述如下:

> 正如利维(Levy)在 2008 年所提出的,全球生产网络② "同时是一种经济和政治现象…… [它们] ……类似于有争议的组织领域,在这些领域中,参与者为构建经济关系、治理结构、制度规则和规范以及话语框架而斗争……" 因此,全球生产网络存在于由跨国精英、机构和意识形态构成和组织的 "跨国空间" 当中。当然,全球网络也是一种 "社会" 和 "文化" 现象。全球生产网络的结构和特征是由其所处的地理上不同的社会、政治和文化环境,以及具体变革进程的物质技术性所决定的,而这些又是特定全球生产网络的核心。③

一个典型企业组织的目的,其最简单的实现形式可以被描述为通过一个流程将投入(物质和非物质)转化为产出,也即提供有市场需求的产品和服务。在此过程中,其价值是在整个交易中创造的,交易各方将通过不同的主张来获取价值。在这一过程中,各环节的结构不可避免地存在着线性因素。换句话说,这将会经历一个从投入到成品,再到分销,最后由消费者购买的顺序和转变。价值链的概念正是抓住了这一本质,或者从更狭义的角度来说,这就是一个供应链。然而,鉴于当今世界的复杂性,贸易的发生方式、技术的影响、知识库在世界更广泛地区的传播、国家政策之间的不对称,以及其他一系列因素,都改变了商业环境的面貌。由于微观生产领域的专业化程度很高,将投入转化为产出的过程并不像线性链条

① Francesco Ricciotti, "From Value Chain to Value Network:A Systematic Literature Review", *Management Review Quarterly*, doi. org/10. 1007/s11301-019-00164-7.

② Global Production Networks (GPNs).

③ Neil M. Coe et al., "Global Production Networks:Realizing the Potential," *Journal of Economic Geography*, 2008, p. 274.

那样简单。在这些转化过程的不同阶段都蕴含着更广泛的非线性/横向关系。① 这促使一些学者提出了"网链"（net chain）的概念。它是一组由特定行业或集团内企业间的横向联系组成的网络，它们根据不同层级企业间的纵向联系依次排列。②

因此，全球价值网络基于这样一个事实，即从一个国家出口的产品和服务包含了从许多其他国家进口的产品和服务，这被视为一个由多重联系和反馈回路组成的复杂系统。③ 事实上，一个国家生产的中间产品可以在许多其他国家进行多次转化，并经过复杂的不同阶段的生产链条，最后作为成品出口到目的地市场进行分销和消费。

第四节　"一带一路"倡议：一次利用全球价值链和价值网络的机遇

2013 年，中国国家主席习近平在公开演讲中提出了这个概念，其目的是以更大的气势和更开阔的眼界来重建古代海上丝绸之路。它不仅追求共享经济繁荣，而且重点关注基础设施建设领域的合作，并以此增加连通性。此外，该计划还致力于加强地区经济合作，强化不同文明间的交流与互相学习，并推动世界和平与发展。"一带一路"倡议将会通过铁路、公路和海运来促进亚洲、欧洲与非洲大陆及其临海间的联系。其中，"21 世纪海上丝绸之路"分为两条线，第一条线从中国的沿海经南海和印度洋到达欧洲，第二条线从中国沿海经南海到达南太平洋地区。④ 在这一发展尝试中，基础设施建设是关键所在，它包括既定线路的交通、能源以及通信基础设施发展等。

与"一带一路"倡议相伴随的是，中国本土货币——人民币走向国际化的战略。由于"一带一路"建设已经启动，它通过经济合作，特别是

① Neil M. Coe et al., "Global Production Networks: Realizing the Potential," *Journal of Economic Geography*, 2008, pp. 271-295.

② Neil M. Coe et al., "Global Production Networks: Realizing the Potential," *Journal of Economic Geography*, 2008, p. 275.

③ R. Hudson, "Conceptualizing Economies and Their Geographies: Spaces, Flows and Circuits," *Progress in Human Geography*, 2004, pp. 47-471.

④ http://english. www. gov. cn/archive/publications/2015/03/30/content_281475080249035. htm.

和该地区的合作为人民币国际化铺路。最近，我们已经见证了斯里兰卡与中国的三年货币互换，涉及金额已经达到 100 亿元人民币（大约 15 亿美金），其目的在于推动两国间的贸易与投资。[①] 中国是一个有着充足外汇储备和高人均储蓄率的国家。2016 年 10 月 1 日，国际货币基金组织执行委员会同意将人民币纳入特别提款权（SDR）一篮子货币当中。该决定是标志中国经济进入全球金融体系的一个重要里程碑，它反映了人民币的使用和交易日益国际化。根据国际货币基金组织的说法，之所以决定将人民币纳入特别提款权一篮子货币之中，是因为中国达到了两个标准：（1）发行国是世界上较大的出口国之一；（2）其货币可以"自由使用"。[②] 这反映了中国在过去 30 年中在向更开放和更市场化的经济转变中所取得的重要进展。

斯里兰卡目前最大的贸易伙伴是中国，对斯里兰卡而言，与使用第三方货币相比，使用本国货币交易将意味着减轻金融风险、降低交易成本和提高价格竞争力。这是促进经济区域化的一大优势。截至 2018 年底，11 家中资银行在 28 个"一带一路"国家设立了 76 家一级机构，22 个"一带一路"国家的 50 家银行在华设立了 7 家法人银行、19 家分行、34 家代表处。[③]

在上述背景下，企业重新定义其价值链设计的机会比比皆是。中国曾经以廉价劳动力和低成本生产而闻名，因此吸引了跨国公司将生产基地迁移到中国大陆，但现在情况正在发生变化。一方面，中国本土的劳动力成本上升，工人不愿从事低技能的工厂工作，潜在的劳动力短缺现象正在出现；另一方面，中国正在以举国之力转向高附加值制造业，这对技术含量较低的传统制造业构成了挑战。因此，处于不同经济发展阶段的"一带一路"沿线国家拥有众多不同的优势，可以通过在价值链的不同环节提出不同要求并加以利用，或者在某些情况下成为价值网络中的重要枢纽。对这些国家来说，只要通过政策协调和共同努力，促进中国与"一带一路"沿线国家之间的跨境合作，就可以实现这些可能性。而且，金融合作也能使资本流动更加顺畅，从而投资于这些国家的能力建设。此外，对能力建

---

① https://www.cbsl.gov.lk/en/node/9944.

② https://www.imf.org/en/News/Articles/2015/09/28/04/53/sonew120115a.

③ https://en.imsilkroad.com/p/314285.html.

设的投资不仅限于提供资金，还可包括知识和技术转让，所有这些共同努力都能为参与国带来积极的贸易和投资便利化及经济收益。

第五节　斯里兰卡：经由"一带一路"前进的战略

在这一总体框架下，我们再来审视斯里兰卡如何能够并且应当利用其在"一带一路"倡议中的战略位置，其自身所拥有的资源禀赋，与中国的牢固关系，以及斯里兰卡为促进经济增长而应当发挥的战略作用。因此，有必要简单介绍一下斯里兰卡的经济状况。

一　斯里兰卡经济

斯里兰卡是一个拥有 2180 万人口，占地面积为 5610 平方千米的印度洋岛国。它已被归入中上收入国家，2019 年，该国的国内生产总值达到 840 亿美元，人均国民总收入为 3741 美元。[①] 由于疫情影响，2020 年斯里兰卡国内生产总值缩减了 3.6%，2021 年增长了 4.1%。[②] 同年，斯里兰卡总出口额为 119.4 亿美元，进口额为 199.37 亿美元，贸易逆差为 79.97 亿美元。[③] 总体贸易逆差不断增加是斯里兰卡长期面临的一个难题，并使当地货币承受压力。由纺织品和服装、增值橡胶产品、石油产品组成的工业产品约占出口总值的 78.9%，而由茶叶、橡胶、椰子、香料和其他产品组成的农业出口额占出口总值的 20.8%。

在斯里兰卡进口产品当中，中间产品占 57%，消费品占 19.8%，投资品占 23.1%。在中间产品中，两个主要进口项目是燃料和纺织品（主要用于再出口）。在投资品类别中，主要进口商品是机械设备和建筑材料。[④]

---

① Key Economic Indicators, https://www.cbsl.gov.lk/sites/default/files/cbslweb_documents/about/2020_KEI_e.pdf.

② https://www.adb.org/countries/sri-lanka/economy.

③ Key Economic Indicators, https://www.cbsl.gov.lk/sites/default/files/cbslweb_documents/about/2020_KEI_e.pdf.

④ External Sector Developments and Policies, Annual Report, Central Bank of Ceylon, 2019, https://www.cbsl.gov.lk/en/publications/economic-and-financial-reports/annual-reports/annual-report-2019.

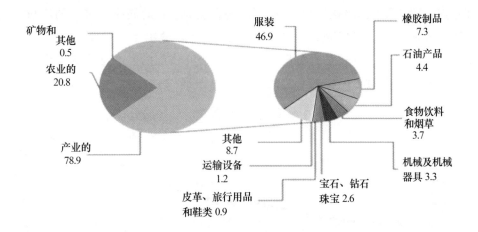

图Ⅲ-2-2 出口构成（%）

资料来源：斯里兰卡中央银行 2019 年年度报告。

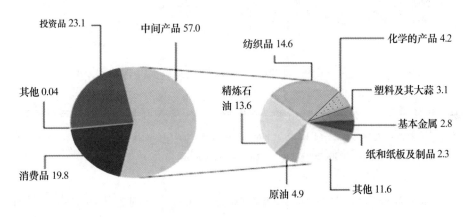

图Ⅲ-2-3 进口构成（%）

资料来源：斯里兰卡中央银行 2019 年年度报告。

二 出口贸易

从前文提到的数据可以观察到，斯里兰卡在地理面积和经济实力方面都相对较小。在 1978 年实施经济自由化之前，该国主要依靠传统农作物出口，也即茶叶、橡胶和椰子出口。在 1978 年以前，国内进口主要受到官方控制，且该国在本土产业支持下的经济增长非常有限。1978 年以后，随着经济逐步自由化，斯里兰卡开始了"出口导向"的经济增长战略，在这方面投入了大量的精力并取得了成果。然而，与此同时，进口的增长速度也相应较快。多年来，在"出口导向"增长战略的推动下，斯里兰卡以美元计价的出口额有所增长。但是，如果与占国内生产总值的百分比进行比较，我们就可以看到真实的情况（见图Ⅲ-2-4）。

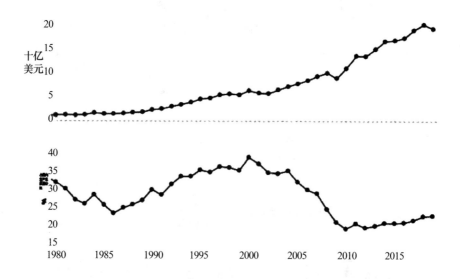

图Ⅲ-2-4   1980—2019年斯里兰卡出口额与占当年国内生产总值的比重对比

资料来源：世界银行，< a href = ' https：//www. macrotrends. net/countries/LKA/sri - lanka/exports'>Sri Lanka Exports 1960-2021</a>. www. macrotrends. net。

斯里兰卡出口部门的问题出在哪里？斯里兰卡的主要出口产品是成衣，其附加值主要受限于劳动力。其生产所需的大部分原材料来自进口，产品设计（少数例外情况除外）由品牌所有者提供。因此，大部分价值被保留在供应方和需求方这两端。但是，也有例外情况。比如，少数大型出口商为了获取更大的价值，在价值链的其他领域进行了纵向多元化。然而，就全国范围而言，这还远远不够。斯里兰卡另一种主要出口产品是茶叶，但大多以原茶形式出口。为了赚取国家急需的外汇，茶叶出口的附加值非常有限。在橡胶出口领域，斯里兰卡获得的附加值较高。比如，生产和出口乳胶手套、工业轮胎等。在椰子出口领域，斯里兰卡可以生产椰子纤维产品和活性炭等高附加值产品。但是，在这两个领域，斯里兰卡又都受制于产量问题。

除上述领域和产业外，斯里兰卡四面环海，海洋资源丰富，但却鲜少开发。该国的旅游业也十分活跃，开发程度相对较大一些。此外，斯里兰卡还拥有世界上最好的香料，如肉桂和胡椒。这两种香料大多以天然形式出口，附加值极低。鉴于大部分消费和能源生产都依赖进口，斯里兰卡别无选择，只能集中精力推行出口型增长战略。由于进口替代政策已经被尝试过，但是失败了，故本书不再赘述。

三 "一带一路"：一次把自己放入全球价值网络中心地位的机会

斯里兰卡位于"海上丝绸之路"倡议的交通中心，距离传统的印度洋东西方海上贸易路线大约 10 海里。据说，该地区每年约有 60000 艘船只通过。下面的建议正是基于斯里兰卡这一地理位置的重要性，以及根据前述理论论据加以利用的其他当地基础设施和能力提出的。

四 该地区优先市场准入

一般而言，全球价值链或网络涉及位于远离技术前沿的国家，或在最终产品的国际市场中只占很小份额的国家的中间商和组装业务。鉴于斯里兰卡所处的战略位置，以及与东西方重要市场的广泛联系，斯里兰卡可以发展成为全球贸易中心，这可能涉及与多个买方和卖方之间的大量经济交易。然而，这种在全球商品和服务生产中的中心地位可能因斯里兰卡希望占据的生产流程的具体阶段而有所不同。一般来说，斯里兰卡有三种可能的选择：

（1）优先向愿意进口中间产品的国家出口中间产品，并出口成品——上游中心。

（2）优先从出口制成品并进口中间产品的国家进口制成品——下游中心。

（3）向可进口中间产品并进行加工的地方出口制成品——中游中心。[1]

---

[1] Isabella Cingolani et al. , "Countries' Positions in the International Global Value Networks: Centrality and Economic Performance", Applied Network Science, 2017, pp. 1-20.

　　鉴于斯里兰卡所拥有的区位优势，它有机会将它自己定位为上游中心和中游中心，供潜在投资者迁移其生产基地。斯里兰卡拥有两个国际机场和两个国际海港，空运和海运基础设施发达。如前所述，南部港口距离东西向主要海上航线仅 10 海里，斯里兰卡最近建成的第二个国际机场距离汉班托塔南部港口仅 24 千米。此外，斯里兰卡还拥有多种现代化设施，可以方便地进出重要国际市场。在斯里兰卡西面，船只可在 6—10 天内抵达非洲和中东的主要目的地；从斯里兰卡向东，船只可在 11 天内抵达中国沿海，4 天内抵达新加坡，3—4 天内抵达南亚大部分港口。[①] 当然，这里仅仅说明了从斯里兰卡出发到达许多重要目的地的速度，以及在物流成本方面的额外优势。

　　除了地理位置、访问速度和相关成本之外，人们还需要考虑斯里兰卡与印度和巴基斯坦之间此前签订的自由贸易协定。印巴两国都是斯里兰卡的近邻，也是南亚地区较大的经济体。此外，斯里兰卡还是南亚自由贸易区（SAFTA）和《亚太贸易协定》（APTA）这两个区域性贸易协定的成员。其中，南亚自由贸易区的成员国包括阿富汗、孟加拉国、不丹、马尔代夫、尼泊尔、印度、巴基斯坦和斯里兰卡。《亚太贸易协定》的成员国主要是孟加拉国、中国、印度、韩国、老挝和斯里兰卡。因此，对企业尤其是中国企业来说，将斯里兰卡作为枢纽将会给它们带来进入印度和巴基斯坦市场的实质性优势。这种优势不仅仅是距离上的，也包括来自特殊贸易优惠的更低关税等实惠。这就是利用国家和地区间差异的套汇原则。近年来，中国制造商在向印度出口商品时往往面临着巨大的关税，影响了其竞争力。事实上，同样的原则也可以应用于西方工业国家。

　　印度是与中国、越南和印度尼西亚齐名的全球经济增长较快的市场之一。印度市场拥有 12 亿人口，是世界上增长较快的中等收入市场之一，它为各种消费品和耐用消费品提供了较大的市场。预计到 2030 年，印度消费者的总消费额将达到 13 万亿美元。[②] 富裕程度的提高势必会推动消费行为和消费模式的改变，这对希望在印度市场上销售商品和服务的企业具有重大影响。图Ⅲ-2-5 反映了印度快速增长的大型中产阶级市场。

---

① http://www.hipg.lk/about-us/connectivity.

② Homi Kharas and Geoffrey Gertz, "The New Global Middle Class: A Crossover from West to East", OECD Development Centre.

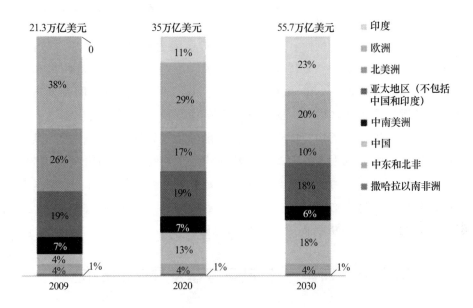

图Ⅲ-2-5 2009—2030年全球中产阶级消费额和占比

说明：2005年按购买力平价计算的百万美元。

资料来源：《发展中国家新兴的中产阶级》，Homi Kharas，经合组织发展中心。

对于全球大型商品制造商而言，利用斯里兰卡现有的基础设施和对投资者友好的政策环境，可以获得极好的产业中游集中机会。比如，优先从位于上游中心地位的国家进口中间产品，并优先向下游中心地位的国家出口最终产品。斯里兰卡的纺织品和服装业就是这种情况。斯里兰卡的地理位置优势、高技能劳动力和发达的基础设施，包括电力和能源供应、供水、公路网络、世界一流的空运和海运设施，抵消了用于制造中间产品和制成品的原材料和工业产品的限制，尤其是在工业部门。

同时，斯里兰卡在一般特惠制（GSP+）计划下也能优先接触欧盟市场。欧盟的一般特惠制是一个单边贸易协定体系，对来自发展中国家的一些出口商品提供特惠关税。欧盟在2017年对GSP+资格进行认证，有效期至2023年。因此，对拥有食品加工和工业原材料加工专有技术的企业来说，它们有机会利用GSP+资格增加一部分本地产品的价值，并且以增值的成品形式向欧盟出口。

五　货运能力以及物流成本

与该地区其他海港相比，科伦坡港的货运能力和出港频率相对较高。这是因为科伦坡港地理位置优越，转运量大。不过，汉班托塔港距离东西向主要海运航线更近，出港班次也在增加。由于多家干线承运商频繁进出港口，其货运力也随之增加。这会进一步扩大规模，降低物流成本。事实上，不仅仅是进出口货物，由于汉班托塔港的地理位置和成本优势，其参与转口贸易的潜力也很大。南半球的物流供应商将有机会利用汉班托塔作为枢纽，以更具竞争力的方式与南亚国家建立联系，开展加工、仓储、散装业务和转口贸易。这并不是一份详尽无遗的清单，只是为了强调斯里兰卡可以利用"一带一路"倡议所带来的机遇。

第六节　斯里兰卡如何构建发展中心地位

斯里兰卡必须采取突出重点的方法，在全球价值网络中确立它自己独特的中心地位。地理位置优越，拥有配套的基础设施是一回事，能够将其发挥出优势又是另一回事。笔者认为，斯里兰卡有两条路径可以实现这一点。一是找出一些具有全球竞争力的自然资源，用于增值和出口；二是将斯里兰卡定位为全球价值网络中游的中心。

一　农业和渔业

斯里兰卡作为一个岛国，虽然自然禀赋有限，但在特定领域却十分丰富。尽管服务业已取代农业成为各国国内生产总值的主要贡献者，这已经成为世界范围内的普遍现象，但几个世纪以来农业一直是斯里兰卡国家经济的支柱。在65610平方千米的岛屿上，由于地形多样，农业气候区和海拔高度各不相同，农业仍然是并将继续是斯里兰卡国民经济的重要贡献者。在斯里兰卡，值得一提的农业资源包括茶叶、肉桂和胡椒。它们被公认为世界上十分珍贵的天然产品，含有丰富的营养成分，加以提取或进一步加工后可用于保健行业（药品成分）、食品行业和香水行业等。鉴于土地面积有限，斯里兰卡不应该以破坏自然环境为代价追求大规模的商业种植，而应该专注于生产创新、小众市场的高端附加值成品。这需要投资建立研发和增值加工所必需的基础设施。"纯锡兰茶"和"纯锡兰肉桂"是斯里兰卡的两个国家品牌，它们带有著名的"狮子"标志，已在全球范围内得到认可。

斯里兰卡沿海地区长约 1600 千米，其专属经济区向海洋延伸约 200 海里，斯里兰卡管辖范围内的海洋面积约为其陆地面积的 8 倍。渔业部门对国内生产总值的贡献率约为 2%，并有可能进一步提高。在内战期间，海洋渔业部门确实经历了一些困难和限制。不过，随着国家的稳定与和平，海洋渔业应该积极向前发展。此外，斯里兰卡海岸还拥有当地水域中最好的金枪鱼，目前正向多个国际市场出口。尽管岛屿周围存在天然渔场，但斯里兰卡仍然需要大量进口鱼干和鱼罐头。与农业一样，这也是斯里兰卡必须提高技术、采用现代方法和建立必要基础设施的另一个领域。在此基础上，才能进一步增加渔业产品的附加值，并将其出口到发达市场。

在农业和渔业领域，斯里兰卡可以通过进口中间产品，在将原材料转化为成品和高附加值产品过程中占据上游中心地位。这可以是包装材料，甚至是其他需要投入进一步加工成分的半成品等。不过，目前我们看到的情况是，大多数斯里兰卡农业和渔业产品都是以原材料形式进口。然后，在其他国家将这些原材料转化为中间产品，再转口到有鉴别力的市场加工为成品，从而实现产品增值。对斯里兰卡来说，缺乏资金和技术知识仍然是两个十分突出的问题。随着"一带一路"倡议的启动，"一带一路"沿线国家之间贸易和投资的放宽、基础设施的发展，以及金融中心沿"丝绸之路"的流动，将有望克服以往所有这些限制。除了克服这些制约因素外，它还快速、便捷地打开了通往许多市场的通道。因此，借其自身的区位优势和专门建设的基础设施，斯里兰卡能够将它自己定位为全球产业价值网络中游的一个中心。

二　政府作用——增强国家竞争力

拥有战略资产、有价值的自然资源、战略性地理位置等本身并不能产生竞争力。要想创造出国家繁荣，还需要从国家层面进行干预。波特认为，一个国家的竞争力取决于其产业的创新和更新能力。强大的国内竞争、强劲的国内需求、成熟的供应生态体系所带来的压力和挑战，都有助于在全球市场上建立竞争力。① 因此，斯里兰卡要在特定的行业中占据中游中心地位，政府就应注重创造和维持一个有利的环境，一个具有前瞻性、挑战性和活力的环境。在当前情况下，我们不能从传统的"原产国"竞争力的角度来看待问题。在传统的"原产国"竞争力中，各国因其在特定行业的竞争力而得到认可，如意大利的滑雪靴、韩国的钢琴、德国的高性能汽车等。国家竞争力必须转向为特定产业创造枢纽地位，无论在全球价值网络中处于产业的上游、下游还是中游。这可以通过利用套利因素和其他机制来实现，比如一个具有吸引力的友好政策框架。

　　任何国家的主要目标都是提高人民生活水平。要做到这一点，就意味着通过利用本国的劳动力和资本，不断提高生产率。如前所述，斯里兰卡幅员和资源相对有限，因此必须利用"一带一路"倡议作为催化剂，追求高收益、高附加值的技术密集型工艺，以赚取宝贵的外汇。为此，我们将会列举一个利用"一带一路"倡议获得成功的案例。斯里兰卡可以从中学习，然后开发出适合其本国的模式。它既可以自己摸索，也可以与中国联合探讨，因为中国已经在汉班托塔港设立了办事处。接下来，让我们看一些例子。

　　作为"一带一路"倡议的一部分，该倡议旨在促进发展中经济体的企业发展，以促进更多新的供应来源和需求点。为此目的，中国已向"21世纪海上丝绸之路"沿线国家推广其本土的工业园区发展模式。比如，位于泰国的"泰中罗勇工业区"就是这样一个工业园区。在"一带一路"沿线，中资企业还投资数十亿美元用以发展当地基础设施。中国建筑公司利用其丰富的知识和资源，能够在很短的时间内建立起基本的基础设施，这是一种"即插即用"的模式。设立工业园区的方式可以使潜在投资者只需在获得必要的批准后即可开展业务，并能在很短的时间内做好运营准备。通过建设这些工业园区，参与国将会从中获益，并将生产纳入全球供应链网络。而且，这些工业园区对所有国家的投资开放，它并不仅限于中国企业。目前，斯里兰卡正在汉班托塔海港和马塔拉国际机场附近建立类似的工业园区。

　　另一个经典案例是 2017 年阿里巴巴在马来西亚建立的首个全球数字

---

① Michael Porter, "The Competitive Advantage of Nations", *Harvard Business Review*, 1990.

自由贸易区。该数字自由贸易区以电子世界贸易平台（eWTP）为理念，由吉隆坡国际机场附近的一个区域物流中心组成，服务于东南亚地区。该设施将实现快速存储、履约、清关和仓储操作，并与"一站式"解决方案平台相连接，其重点是为当地中小企业提供出口便利化支持。斯里兰卡拥有地理位置优越的汉班托塔海港和马塔拉国际机场，可以非常容易地复制这种模式，为南亚市场和附近的中东市场提供服务。从战略上讲，斯里兰卡在"一带一路"沿线的地理位置优于马来西亚。由于基本的基础设施已经到位，只需再增加一点，再加上富有成效、技术熟练的劳动力，它就是一个理想的启动平台。也许，我们只需要吸引合适的合作伙伴，让它们提供必要的专业技术知识，并拥有成熟的商业模式。

　　因此，已有的模式可以复制或调整，以充分利用斯里兰卡的区位优势。但是，斯里兰卡政府必须注重有计划地培养高度专业化的技术劳动力，以满足目标中游产业发展的需求。目前，斯里兰卡已经拥有大量服装行业的技术劳动力。此外，还有一些人前往韩国和中国台湾等海外国家和地区就业，那里的技术驱动型产业对斯里兰卡工人的需求很大。这些人可以在本地接受培训，并留在上述工业园区工作，从而提高斯里兰卡技术劳动力的竞争力。斯里兰卡的教育政策也与这一特点密切相关，未来必须根据产业需求（包括相关基础设施）制定发展专业职业技能的方向。从本质上讲，无论选择哪几个行业，斯里兰卡都需要促进创建能够创造专业要素并不断努力提升这些要素的世界级企业。当然，合资企业也可以为创建此类企业铺平道路。

第七节　结论

　　"一带一路"倡议是一个跨国网络，旨在促进所有相关国家之间的贸易和投资发展，实现互惠互利。在中国经济实力和技术进步的推动下，这一倡议将通过大型基础设施发展项目和加速贸易与投资，对亚非地区经济产生深远影响。它必将在未来几年里创造出前所未有的大规模机遇。中国已经与数个"一带一路"沿线国家签署了46项科学技术合作协议，并发起了中国—东盟以及中国—南亚科学和技术合作项目。它已经与东盟、南亚、阿拉伯国家、中亚以及中欧、东欧建立了五个地区性的技术转化平台，提出并共建"一带一路"国际科学组织联盟。① 对"一带一路"沿线的新兴经济体来说，这种全方位的生产力构建将会是天赐良机。这种技术转化和生产力建设方面的努力将会很自然地增强这些经济体与其产业的竞争力。据称，已有 3176 个"一带一路"项目即将完工，预计投资总额将达到近 4 万亿美元。②

另一个值得注意的重要动向是，中国正从生产型经济向消费型经济转变。中国消费者对外国商品、名牌奢侈品等有很大的需求。这并不是说中国已经放弃了以生产为导向的政策，而是说现在正在创造条件，为外商投资提供便利，以促进出口生产。随着时间的推移，进入中国市场的条件还会逐渐放宽。中国拥有 14 亿人口，其国内中等收入群体超过 4 亿人。预计到 2021 年，中国国内零售市场价值将超过 6 万亿美元。对斯里兰卡来说，中国经济转型和发展政策的影响无疑是再清楚不过了。

斯里兰卡一直并将继续依赖于向美国和欧盟出口。我们无须再次强调斯里兰卡的区位优势，中斯两国之间的友好关系，以及中国游客对斯里兰卡日益增长的访问量，都为斯里兰卡提供了将它自己打造为"枢纽"的巨大机会。在这种情况下，作为全球价值网络的"上游"和"中游"，斯里兰卡可以促进高附加值的本地产品出口到中国，并吸引全球投资者，特别是来自西方的投资者。他们可以利用斯里兰卡的基础设施和区位优势进口中间产品，进行加工，然后再出口到中国以及其他快速增长的东南亚国家。为了说明这一点，我们还可以举一个例子。斯里兰卡政府已宣布了中国对一家制造厂的大规模投资，即在东南海岸的汉班托塔海港附近投资 3 亿美元兴建一家轮胎厂，斯里兰卡政府内阁已批准设立该轮胎厂。根据相关法律，只要投资方——山东昊华轮胎有限公司至少 80% 的产品用于出口，就可以享受优厚的税收优惠。位于工业园区内的昊华轮胎有限公司还将雇用 2000 名当地工人，该公司将在 3 年内投产，第一阶段计划出口 900

---

① https://en.imsilkroad.com/p/314276.html.

② https://www.china-briefing.com/news/a-new-china-for-2021-foreign-investor-friendly-access-overseas-direct-investment-in-hi-tech-projects-and-ma-and-more-belt-road-initiative-opportunities/.

万条轮胎。① 这是在本章前面讨论过的产业全球价值链中"上游"定位的典型例子。除了提供就业机会外，该项目还创造了增加天然橡胶农业生产的需求，为国民经济增添了动力。预计在未来几年里还会有更多的此类投资，尤其是来自中国的投资。但是，斯里兰卡需要更具战略眼光，更加积极地确定其具体定位（如前所述）。

鉴于脆弱的经济和巨大的债务负担，斯里兰卡别无选择，只能依靠外国直接投资和高附加值的商品与服务出口为其未来生存奠定基础。为实现这一目标，斯里兰卡需要通过制定有利于投资者的法律和政策来创造有利的营商环境。比如，签订国际协定，实现人才现代化，营造友好的商业环境等。更重要的是，斯里兰卡需要建立一个高效、有能力的公共管理机构。不过，需要提醒的是，斯里兰卡必须认识到其近邻与贸易伙伴的地缘政治顾虑。尽管毫无根据，仍有人指控中国通过投资大型基础设施发展项目让斯里兰卡陷入了"债务陷阱"。由于中国在印度洋的存在日益增加，印度人认为，中国对印度在该地区的经济和安全利益构成了威胁。2017年，汉班托塔海港被租给了中国招商局港口控股有限公司，租期为99年。这引起了印度的极大不安。事实上，该项目是斯里兰卡港务局与中国招商局港口控股有限公司之间的公私合营项目。虽然没有实际证据表明存在这种担忧，但斯里兰卡政府必须制定一项国家战略，以减轻这种担忧，并应对这些利益相关者可能对斯里兰卡造成的潜在压力。对于像斯里兰卡这样的小型经济体来说，保持良好的地缘政治平衡非常重要，这需要通过提高透明度和确保国家安全不受损害来实现。同时，它还需要制定一个明确的、经过深思熟虑的战略指南，以改善国家经济和民众生活水平。

---

① https://www.silkroadbriefing.com/news/2020/12/22/china-to-invest-us300-million-in-sri-lanka-based-export-oriented-tyre-factory/.

第三章 中斯双边贸易的历史与现状

中国和斯里兰卡的贸易自古有之,"米胶协定"建立了新中国与斯里兰卡间的贸易关系,两国贸易关系从此不断发展,总体态势向好。中方在双边贸易中长期处于顺差地位,但仍面临激烈竞争,自贸区谈判进程缓慢。随着中国对斯里兰卡经贸吸引力的不断加强,斯里兰卡力图对贸易逆差进行控制,两国贸易的未来发展趋势是积极的,但印度的影响不容忽视。两国应扩大贸易路径,重点加强在茶叶、旅游业等相关方面的贸易合作,加快自贸区谈判,推动贸易合作深入发展。

第一节 中斯两国贸易的历史回顾

中国和斯里兰卡的贸易历史悠久,远在古代就有中国的丝绸传入斯里兰卡,当时在斯里兰卡的古代码头还有中国古钱币的流通。据古罗马历史学家普林尼记载,1世纪时,中国和斯里兰卡已经有贸易往来,因为当时斯里兰卡国王跋帝迦·阿巴耶(前19—9年)派人访问罗马,当时派遣的奥古斯都朝廷的僧诃罗族(斯里兰卡人)使节就曾谈起斯里兰卡和中国之间有商业来往。[①] 东晋僧人法显的《佛国记》中有关于海上贸易和对中国丝织品外传的描述,还看到有商人"在玉佛像边以晋地一白绢扇供养"。法显本人曾在斯里兰卡住了两年,后来是乘商人的大船回国的,说明在法显以前,中、斯已经有贸易来往,丝绸也在那时传入了斯里兰卡。[②]《唐国史补(下)》曾提到:"南海舶,外国船也。每岁至安南、广州,狮子国

---

① [锡兰]尼古拉斯·帕拉纳维达纳:《锡兰简明史》,商务印书馆1972年版,第22页,转引自索毕德《中国古代与斯里兰卡的关系》,硕士学位论文,安徽大学,2004年,第13页。

② 索毕德:《中国古代与斯里兰卡的关系》,硕士学位论文,安徽大学,2004年,第13页。

（斯里兰卡）舶最大，梯而上下数丈，皆积宝货。至则本道奏报，邑为之喧闻。有蕃商为主，领市舶使籍其名物，纳舶脚，禁珍异。"

中斯两国政府贸易始于 1952 年。20 世纪 50 年代初，新中国大米产量过剩，但由于面临西方国家的禁运和封锁，购买天然橡胶遇到了困难。当时联合国颁布了一项决议，禁止马来西亚半岛向中国出口天然橡胶，这促使问题进一步加剧。与此同时，刚刚获得独立的斯里兰卡也面临类似的问题。当时，国际市场上大米短缺，导致价格急剧上涨，斯里兰卡政府承诺每周以补贴价格给予每个人一定量的大米。因此，尽管大米短缺，价格上涨，斯里兰卡政府仍不得不购买大米以满足国家需求，然而斯里兰卡政府并没有足够的外资继续购买大米，从美国和厄瓜多尔获得的大米也不符合斯里兰卡人的口味。与此同时，由于引进合成橡胶作为替代品，国际上对天然橡胶的需求下降，从而降低了斯里兰卡经济所依赖的出口天然橡胶的价格。因此，斯里兰卡不得不面对严重的经济危机。

在此背景下，中斯都有强烈的展开双边贸易的意愿。在没有建交的情况下，两国最终于 1952 年签署了《关于大米和橡胶的五年贸易协定》（俗称"米胶协定"）。该协议最初生效为期五年，经双方同意可展期，每年的进出口数量要达到平衡。根据该协议，斯里兰卡以高于当时国际通行价格供应橡胶，而中国以低于国际市场价格供应大米。"米胶协定"的签署不仅对两国打破外部势力封锁，推进社会经济发展有着重要意义，也为中斯贸易往来奠定了牢固的历史基础。

1957 年 2 月，中斯建交，同年 9 月，中斯（当时为锡兰政府）在北京签订了中锡五年贸易和支付协定（1958 年到 1962 年），以及 1958 年换货议定书和经济援助协定。1962 年底，中斯签订第三个五年贸易协定、中锡经济技术合作协定和中锡 1963 年换货议定书。两国于 1972 年和 1982 年继续达成五年支付和贸易协定。1953 年至 1982 年，中斯贸易为记账贸易，1983 年，两国贸易开始以现汇方式结算。

自中斯贸易改为现汇结算后，双边贸易稳步发展。值得注意的是，斯里兰卡与中国都是亚太贸易协定的成员国，该协定签署于 1975 年，又被称作曼谷协定。亚太贸易协定的成员国包括孟加拉国、中国、印度、韩国、老挝和斯里兰卡。该协定是斯里兰卡与中国和韩国共同参与的唯一协定。亚太贸易协定是一个动态的区域协议，并对斯里兰卡产生有利的结果。在亚太贸易协定的政策下斯里兰卡向中国出口的主要产品包括椰子壳纤维产品，服装，茶叶，天然橡胶，渔业产品，活性碳，宝石首饰。[①]1984 年，两国签署了经济技术合作协定，并于 1991 年联合成立了"中斯经贸合作联委会"[②]，联委会会议至今已举行过六届，促进了两国的贸易合作。

20 世纪 90 年代以来，中国对斯里兰卡出口额有较大增长。1991 年双边贸易额突破 1 亿美元，其中，中国向斯里兰卡出口 1.1422 亿美元；2000 年上升到 4.6 亿美元，中国出口额为 4.5 亿美元。斯里兰卡工业基础落后，资源有限，中国从斯里兰卡进口有限。因此，在中斯贸易中，中国面临长期顺差（见表Ⅲ-3-1）。2009 年，中国贸易顺差额为 14.99 亿美元。纺织品及原料、塑料、橡胶和贵金属及制品成为斯里兰卡对中国出口的主要产品。2009 年纺织品及原料和贵金属及制品对中国出口额分别为 3104.9 万美元和 787.2 万美元，占斯里兰卡对中国出口总额的 52.4%和 13.3%，塑料、橡胶对中国出口额为 804.1 万美元，占斯里兰卡对中国出口总额的 13.6%。

表Ⅲ-3-1　　　　　　中斯贸易额统计（1995—2010）　　　　　　（亿美元）

年份	双边贸易		中国出口		中国进口		中国顺差
	金额	比上年增减（%）	金额	比上年增减（%）	金额	比上年增减（%）	
1995	2.41	59.00	2.39	64.00	0.02	-68.00	2.37
1996	1.95	-19.00	1.91	-20.00	0.04	81.00	1.87
1997	2.55	31.00	2.46	28.00	0.09	159.00	2.37
1998	2.98	17.00	2.93	19.00	0.05	-38.00	2.88
1999	2.68	-10.20	2.58	-11.50	0.09	58.40	2.49
2000	4.58	71.00	4.45	72.00	0.13	40.00	4.32

① 《斯里兰卡与中国的经贸关系》，2012 年 7 月 23 日，斯里兰卡驻华使馆，http://www.slemb.com/third.php? menu_code=27&lang=cn。

② "Sri Lanka China Trade Relations"，2019-03-21，The Embassy of Sri Lanka in the People's Republic of China，http://www.slemb.com/third.php? menu_code=38&lang=en。

年份	双边贸易		中国出口		中国进口		中国顺差
	金额	比上年增减（%）	金额	比上年增减（%）	金额	比上年增减（%）	
2001	3.97	−13.40	3.87	−13.20	0.10	−21.10	3.77
2002	3.51	11.00	3.37	−12.00	0.14	41.40	3.23
2003	5.24	49.30	5.04	49.60	0.20	42.90	4.84
2004	7.18	36.90	6.95	37.80	0.23	14.00	6.72
2005	9.76	36.10	9.40	35.20	0.37	62.00	9.03
2006	11.41	16.89	11.06	17.73	0.35	−4.81	10.72
2007	14.02	22.90	13.54	22.40	0.48	37.80	13.06
2008	16.83	17.50	16.23	17.30	0.59	23.40	15.64
2009	16.40	−2.60	15.69	−3.30	0.70	18.00	14.99

资料来源：《中斯贸易统计数据》，2003 年 3 月 19 日，中华人民共和国驻斯里兰卡民主社会主义共和国大使馆经济商务处；《2003—2009 年中斯贸易额统计表》，2010 年 5 月 25 日，中华人民共和国驻斯里兰卡民主社会主义共和国大使馆经济商务处。

90 年代以前，中国向斯里兰卡出口商品以大米和传统的农副产品如麻袋、辣椒、干菜为主。1991 年以后，中国出口产品结构有了较大变化，纺织品、轻工、机电产品、五金工具、服装、医保、化工等成为中国向斯里兰卡出口的主要商品。[1] 以 2009 年为例，斯里兰卡自中国进口的主要商品为纺织品及原料、机电产品和贱金属及其制品，进口额分别为 2.7 亿美元、2.3 亿美元和 1.2 亿美元，占斯里兰卡自中国进口总额的 31.1%、25.8%和 13%。[2]

2013 年 5 月 27 日至 30 日，在斯里兰卡总统拉贾帕克萨访问中国期间，双方一致同意建立真诚互助、世代友好的战略合作伙伴关系，并签署了经

---

[1] 《双边贸易情况》，2002 年 12 月 4 日，中华人民共和国驻斯里兰卡民主社会主义共和国大使馆经济商务处，http://lk.mofcom.gov.cn/article/zxhz/200203/20020300002657.shtml。

[2] 《2009 年斯里兰卡货物贸易及中斯双边贸易概况》，《中国商务部国别贸易报告》2010 年第 1 期，https://countryreport.mofcom.gov.cn/record/view110209.asp?news_id=18068。

贸合作谅解备忘录，双方还同意成立贸易问题联合工作组，研究斯里兰卡扩大对华出口、促进贸易平衡等问题。2014 年 9 月 16 日，中国海关总署与斯里兰卡海关总署签署《关于海关战略合作的谅解备忘录》，其附件包括中国相关优惠贸易协定下进口斯里兰卡过境货物的原产地管理合作方案。

第二节　中斯贸易现状

进入 21 世纪第二个十年，中斯两国的双边贸易发展迅速，并呈现出以下发展特征。

一　总体态势向好，个别年份略有收缩

2010—2019 年，中斯双边贸易发展总体呈良好态势（见表Ⅲ-3-2）。从 2010 年起，双边货物贸易额总体上呈稳步增长的趋势。以 2013 年和 2015 年的货物贸易为例。2013 年，中斯双边货物贸易总额为 30.8 亿美元，增长 14.9%。其中，斯里兰卡对中国出口额为 1.2 亿美元，增长 12.3%，占斯里兰卡出口总额的 1.2%，与上年持平；斯里兰卡自中国进口额为 29.6 亿美元，增长 15.2%，占斯里兰卡进口总额的 17.3%，提高 2.9 个百分点。2015 年，斯里兰卡货物进出口额为 292.3 亿美元，比上年同期下降 3.6%。在此背景下，中斯货物贸易额为 40.3 亿美元，仍然增长了 11.3%。其中，斯里兰卡对中国出口额为 3 亿美元，增长 70.4%，占斯里兰卡出口总额的 2.9%，增长 1.3 个百分点；斯里兰卡自中国进口额为 37.3 亿美元，增长 7.9%，占斯里兰卡进口总额的 19.6%，增长 1.7 个百分点。[①]

表Ⅲ-3-2　　　2010 年至 2019 年 6 月中斯双边货物贸易情况　　　（亿美元;%）

年份	贸易总额	增长率	中国出口	增长率	中国进口	增长率
2010	13.3	41.5	12.4	40.9	0.89	50.8
2011	22.4	67.9	21.3	71.4	1.1	19.5

---

① 《中国商务部国别贸易报告》2016 年第 1 期，https://countryreport.mofcom.gov.cn/record/index110209.asp。

年份	贸易总额	增长率	中国出口	增长率	中国进口	增长率
2012	26.8	19.6	25.7	20.7	1.1	1.2
2013	30.8	14.9	29.6	15.2	1.2	12.3
2014	36.2	17.5	34.5	16.6	1.7	42.9
2015	40.3	11.3	37.3	7.9	3	70.4
2016（1—9月）	30.8	5.8	29.4	10.8	1.4	−42.1
2017	46.1	3.9	41.9	−1.1	4.1	108.6
2018	43.5	−5.6	41.2	−1.7	2.3	−44.4
2019（1—6月）	20	−7.4	18.8	−7.8	1.2	1.3

资料来源：《中国商务部国别贸易报告》2011年第1期至2019年第3期。

但是，近几年中斯贸易额出现过略微收缩的情况，特别是2018年中斯双边货物进出口额为43.5亿美元，下降5.6%。其中，斯里兰卡对中国出口额为2.3亿美元，下降44.4%，占斯里兰卡出口总额的2%，降低1.6个百分点；斯里兰卡自中国进口额为41.2亿美元，下降1.7%，占斯里兰卡进口总额的18.6%，降低1.1个百分点。

纺织品及原料一直是斯里兰卡对中国出口的主力产品，2018年出口额为7200万美元，下降16.6%，占斯里兰卡对中国出口总额的31.3%。植物产品是斯里兰卡对中国出口的第二大类商品，出口额为4799万美元，下降3.8%，占斯里兰卡对中国出口总额的20.8%。矿产品是斯里兰卡对中国出口的第三大类商品，出口额为2157万美元，下降1.2%，占斯里兰卡对中国出口总额的9.4%。2018年，斯里兰卡对中国出口处于大幅衰退态势，降幅高达44.4%，中国成为斯里兰卡出口下降较多的主要出口市场之一。

斯里兰卡自中国进口的主要商品为机电产品、纺织品及原料、贱金属及制品等。2018年合计进口额为29.5亿美元，占斯里兰卡自中国进口总额的71.6%，主要产品进口增速普遍较低，除贱金属及制品进口增长13.2%外，机电产品和纺织品进口仅分别增长1.8%和3.8%。总体而言，斯里兰卡自中国进口商品小幅下降 1.7%。①

2020 年,由于疫情等原因,中斯贸易受到一定影响。2020 年 4 月,为了缓解汇率压力,防止新冠疫情引发金融市场恐慌,斯里兰卡政府开始限制进口商品。内阁发言人兼部长拉梅什·帕提拉纳（Ramesh Pathirana）表示,政府决定暂停或限制药品和燃料以外的非必需品进口。② 此外,经许可的斯里兰卡商业银行和国家储蓄银行从 3 月起的三个月内暂停为非必需货物的进口提供便利。③ 在此背景下,中斯贸易额 3—5 月下降幅度较大,到 6 月后又有所上升,2021—2022 年初则相对平稳（见表Ⅲ-3-3）。

斯里兰卡央行 2020 财年报告显示,2020 年新冠疫情导致全球供应链中断,中国超过印度成为斯里兰卡第一大贸易伙伴。2021 年 8 月,根据中国海关统计,2021 年 1—6 月,中国与斯里兰卡双边贸易额为 27.86 亿美元,同比增加 61%,保持斯里兰卡最大贸易伙伴地位。④

表Ⅲ-3-3　2019—2022 年中国与斯里兰卡部分进出口商品总值统计

月份	中国与斯里兰卡双边货物进出口额（万美元）	中国对斯里兰卡出口商品总值（万美元）	中国自斯里兰卡进口商品总值（万美元）	中国与斯里兰卡贸易差额（万美元）
2019 年 6 月	32253	29439	2814	26624
7 月	38634	35196	3439	31757
8 月	36481	33730	2752	30978
9 月	45988	37722	8266	29456
10 月	40627	37351	3276	34074

---

① 《中国商务部国别贸易报告》2019 年第 1 期,https://countryreport. mofcom. gov. cn/record/index110209. asp。

② "Govt. to Suspend Import of Non‐essential Goods", April 2, 2020, Lanka News Papers, https://www. lankanewspapers. com/index. php/2020/04/02/govt‐to‐suspend‐import‐of‐non‐essential‐goods/.

③ "Imports of Vehicles, Non‐essential Goods Suspended", *Daily News*, March 20, 2020.

④ 《中国超过印度成为斯里兰卡第一大贸易伙伴》,2021 年 5 月 6 日,中华人民共和国驻斯里兰卡民主社会主义共和国大使馆经济商务处,http://lk. mofcom. gov. cn/article/jmxw/202105/20210503058643. shtml;《2021 年上半年斯里兰卡与中国贸易逆差突破 20 亿美元》,2021 年 8 月 17 日,中华人民共和国驻斯里兰卡民主社会主义共和国大使馆经济商务处,http://lk. mofcom. gov. cn/article/jmxw/202108/20210803189607. shtml。

续表

月份	中国与斯里兰卡双边货物进出口额（万美元）	中国对斯里兰卡出口商品总值（万美元）	中国自斯里兰卡进口商品总值（万美元）	中国与斯里兰卡贸易差额（万美元）
11 月	43109	40669	2440	38230
12 月	46159	42877	3282	39595
2020 年 1—2 月	62816	58053	4763	53290
3 月	44402	41645	2757	38888
4 月	17839	16219	1621	14598
5 月	17733	15762	1971	13792
6 月	30369	27921	2447	25474
7 月	34908	31935	2973	28962
8 月	35484	32203	3281	28921
9 月	39362	36076	3286	32791
10 月	41922	38888	3034	35854
11 月	39071	36255	2816	33439
2021 年 1—2 月	83796.90	77291.50	6505.50	70786.00
3 月	39980.30	35301.25	4679.05	30622.20
4 月	49125.23	45252.69	3872.55	41380.14
5 月	51269.32	48717.03	2552.30	46164.73
6 月	55018.36	45002.41	10015.94	34986.47
7 月	55280.70	41095.50	14185.20	26910.30
8 月	45520.81	41952.21	3568.60	38383.62
9 月	57895.76	54309.44	3586.32	50723.12
10 月	43145.23	36818.54	6326.70	30491.84
11 月	57274.48	50650.64	6623.83	44026.81
12 月	52709.42	49412.55	3296.88	46115.67
2022 年 1 月	61504.63	58569.10	2935.53	70786.00

资料来源：中国海关，华经产业研究院整理。

二　中方长期处于顺差地位

在中斯双边贸易中，中方长期处于顺差状态，近年来情况尤甚。2021

年1—6月，中国与斯里兰卡双边贸易额为27.86亿美元，其中，斯自华进口额为25.1亿美元，同比增长57.4%，对华出口额为2.76亿美元，逆差达22.24亿美元，同比上升14.6%，占斯里兰卡同期贸易逆差逾50%。① 这主要有以下几点原因：第一，双方出口产品差异造成了价值差异。根据中国商务部2018年、2019年的《国别贸易报告》（见表Ⅲ-3-4、表Ⅲ-3-5），中国出口斯里兰卡价值较高的商品，一是电机、电气、音像设备及其零附件，二是核反应堆、锅炉、机械器具及零件。到2021年情况基本没有发生变化，2021年1—6月，中国出口斯里兰卡价值较高的商品主要为机械设备、钢铁等建材、化工产品、通信设备等。② 斯里兰卡出口中国价值较高的商品，一是咖啡、茶、马黛茶及调味香料，二是针织或钩编的服装及衣着附件。

　　可见，斯里兰卡出口中国的商品主要以农产品等初级产品为主，中国出口斯里兰卡的商品则为较成熟的工业制品，因此，在这种贸易结构下，中方产品价值相对较高，很容易形成顺差。

表Ⅲ-3-4　　　　　　　2018年中斯出口商品结构　　　（百万美元;%）

中国对斯里兰卡出口		斯里兰卡对中国出口	
商品类别	金额（占比）	商品类别	金额（占比）
电机、电气、音像设备及其零附件	725（17.6）	咖啡、茶、马黛茶及调味香料	48（20.6）
核反应堆、锅炉、机械器具及零件	536（13.0）	针织或钩编的服装及衣着附件	29（12.8）
针织物及钩编织物	294（7.1）	非针织或非钩编的服装及衣着附件	23（10.2）

---

① 《2021年上半年斯里兰卡与中国贸易逆差突破20亿美元》，2021年8月17日，中华人民共和国驻斯里兰卡民主社会主义共和国大使馆经济商务处，http://lk.mofcom.gov.cn/article/jmxw/202108/20210803189607.shtml。

② 《2021年上半年斯里兰卡与中国贸易逆差突破20亿美元》，2021年8月17日，中华人民共和国驻斯里兰卡民主社会主义共和国大使馆经济商务处，http://lk.mofcom.gov.cn/article/jmxw/202108/20210803189607.shtml。

续表

棉花	278 (6.8)	其他植物纤维；纸纱线及其机织物	16 (6.9)
钢铁	263 (6.4)	电机、电气、音像设备及其零附件	15 (6.4)
化学纤维短纤	213 (5.2)	橡胶及其制品	14 (6.2)
钢铁制品	165 (4.0)	杂项化学产品	14 (6.0)
塑料及其制品	129 (3.1)	鞋靴、护腿和类似品及其零件	13 (5.6)
车辆及其零附件，但铁道车辆除外	106 (2.6)	矿物燃料、矿物油及其产品；沥青等	12 (5.4)
特种机织物；簇绒织物；刺绣品等	106 (2.6)	矿砂、矿渣及矿灰	7 (3.1)
化学纤维长丝	102 (2.5)	鱼及其他水生无脊椎动物	5 (2.2)

资料来源：《中国商务部国别贸易报告》2019年第1期。

表Ⅲ-3-5　　　　2019年1—6月中斯出口商品结构　　　（百万美元；%）

中国对斯里兰卡出口		斯里兰卡对中国出口	
商品类别	金额（占比）	商品类别	金额（占比）
电机、电气、音像设备及其零附件	300 (15.9)	咖啡、茶、马黛茶及调味香料	26 (22.0)
核反应堆、锅炉、机械器具及零件	284 (15.1)	针织或钩编的服装及衣着附件	23 (19.3)
针织物及钩编织物	155 (8.3)	非针织或非钩编的服装及衣着附件	15 (12.8)
化学纤维短纤	112 (5.9)	杂项化学产品	10 (8.4)
棉花	109 (5.8)	其他植物纤维；纸纱线及其机织物	8 (7.1)
钢铁制品	101 (5.4)	电机、电气、音像设备及其零附件	7 (5.7)
钢铁	81 (4.3)	橡胶及其制品	6 (5.0)

续表

中国对斯里兰卡出口		斯里兰卡对中国出口	
塑料及其制品	63 (3.4)	矿物燃料、矿物油及其产品；沥青等	5 (4.0)
化学纤维长丝	52 (2.8)	鱼及其他水生无脊椎动物	3 (2.3)
特种机织物；簇绒织物；刺绣品等	50 (2.7)	家具；寝具等；灯具；活动房	2 (1.9)
车辆及其零附件，但铁道车辆除外	46 (2.4)	木及木制品；木炭	2 (1.9)

资料来源：《中国商务部国别贸易报告》2019 年第 3 期。

第二，中斯的经济、市场总量悬殊。以 2021 年为例，中国的 GDP 总量为 114.92 万亿元人民币（大约 16.7 万亿美元），斯里兰卡只有 845 亿美元。中斯的人口数量、经济市场差距也非常悬殊，中国大约有 14 亿人，斯里兰卡为 2000 多万人。在此背景下，中斯的产品产出能力悬殊明显，加上斯里兰卡资源有限，出口差距自然也就拉大了。

三 中方企业仍面临激烈竞争

在十多年的时间里（2009 年至 2019 年 6 月），印度长期占据对斯里兰卡贸易出口第一大国的位置（见表Ⅲ-3-6），只有 2016 年、2019 年上半年，中国才以微弱的优势超越了印度。虽然从 2020 年到 2021 年上半年，中国仍保持着斯里兰卡最大贸易伙伴国地位，但仍然面临多方竞争，特别是来自印度的竞争。

表Ⅲ-3-6 2009 年至 2019 年 6 月斯里兰卡自主要贸易伙伴进口情况

（百万美元；%）

2009			2010		
国家	金额（占比）	排名（名）	国家	金额（占比）	排名（名）
印度	1695 (18)	1	印度	2549 (20.6)	1
新加坡	1105 (11.7)	2	新加坡	1616 (13.1)	2
中国	882 (9.3)	3	中国	1242 (10.1)	3

续表

2011			2012		
国家	金额（占比）	排名（名）	国家	金额（占比）	排名（名）
印度	4341（21.9）	1	印度	3538（19.8）	1
中国	2129（10.8）	2	中国	2569（14.4）	2
新加坡	1539（7.8）	3	阿联酋	1286（7.2）	3
2013			**2014**		
国家	金额（占比）	排名（名）	国家	金额（占比）	排名（名）
印度	3090（18.1）	1	印度	3978（20.6）	1
中国	2960（17.3）	2	中国	3451（17.9）	2
新加坡	1253（7.3）	3	阿联酋	1757（9.1）	3
2015			**2016**		
国家	金额（占比）	排名（名）	国家	金额（占比）	排名（名）
印度	4284（22.6）	1	中国	4235（21.7）	1
中国	3725（19.6）	2	印度	3759（19.3）	2
日本	1392（7.3）	3	阿联酋	1057（5.4）	3
2017			**2018**		
国家	金额（占比）	排名（名）	国家	金额（占比）	排名（名）
印度	4497（21.1）	1	印度	4167（18.8）	1
中国	4191（19.6）	2	中国	4120（18.6）	2
阿联酋	1564（7.3）	3	阿联酋	1712（7.7）	3

2019 年 1—6 月

国家	金额（占比）	排名（名）
中国	1881（20.1）	1
印度	1844（19.7）	2
阿联酋	844（9.0）	3

资料来源：《中国商务部国别贸易报告》2010 年第 1 期至 2019 年第 3 期。

　　从近些年的数据来看，在斯里兰卡五大类进口商品中，中印对斯里兰卡贸易出口存在竞争性的产品就有四类，即贱金属及制品、纺织品及原料、机电产品、化工产品。2021 年 1—6 月，斯里兰卡与其第二大贸易伙伴印度的贸易逆差为 17 亿美元，自印度进口的石油产品、糖、药品和钢材显著增长。可见，印度仍具竞争力，对斯里兰卡保持着较大影响。[①]

　　除了印度以外，新加坡、阿联酋、日本及美国等其他国家也是对斯里兰卡贸易出口的主要国家（见表Ⅲ-3-7、表Ⅲ-3-8、表Ⅲ-3-9），此外，值得注意的是 2021 年上半年，斯里兰卡与美国、欧盟和英国保持显著顺差，其中与美国贸易顺差为 11.2 亿美元，较去年同期 9.654 亿美元有所扩大。[②]

表Ⅲ-3-7　　　　　　2017 年斯里兰卡自主要贸易伙伴进口额　　　（百万美元；%）

国家	金额	占比
印度	4497	21.1
中国	4191	19.6
阿联酋	1564	7.3
新加坡	1293	6.1
日本	1039	4.9
美国	815	3.8
马来西亚	642	3.0
泰国	519	2.4

　　资料来源：《中国商务部国别贸易报告》2018 年第 1 期。

---

　　① 《2021 年上半年斯里兰卡与中国贸易逆差突破 20 亿美元》，2021 年 8 月 17 日，中华人民共和国驻斯里兰卡民主社会主义共和国大使馆经济商务处，http://lk. mofcom. gov. cn/article/jmxw/202108/20210803189607. shtml。

　　② 《2021 年上半年斯里兰卡与中国贸易逆差突破 20 亿美元》，2021 年 8 月 17 日，中华人民共和国驻斯里兰卡民主社会主义共和国大使馆经济商务处，http://lk. mofcom. gov. cn/article/jmxw/202108/20210803189607. shtml。

表Ⅲ-3-8　　　　　2018 年斯里兰卡自主要贸易伙伴进口额　　（百万美元;%）

国家	金额	占比
印度	4167	18.8
中国	4120	18.6
阿联酋	1712	7.7
日本	1597	7.2
新加坡	1344	6.1
美国	777	3.5
马来西亚	702	3.2
泰国	499	2.3
德国	493	2.2

资料来源:《中国商务部国别贸易报告》2019 年第 1 期。

表Ⅲ-3-9　　　　2019 年 1—6 月斯里兰卡自主要贸易伙伴进口额　　（百万美元;%）

国家	金额	占比
中国	1881	20.1
印度	1844	19.7
阿联酋	844	9.0
新加坡	541	5.8
日本	383	4.1
马来西亚	330	3.5
美国	268	2.9
印度尼西亚	234	2.5
泰国	198	2.1

资料来源:《中国商务部国别贸易报告》2019 年第 3 期。

四　中斯自贸区谈判进展缓慢

2013 年 8 月，中斯自贸区联合可行性研究在北京启动。双方对建立中斯自贸区的可行性进行了全面和深入的分析研究，所得结论积极，认为建设自由贸易区符合中斯两国的利益，有利于进一步深化中斯双边经济贸易关系。2014年3月11日，时任中国商务部部长助理王受文在北京会见时任斯里兰卡财政计划部常秘贾亚桑德拉，双方共同宣布完成中国—斯里兰卡自贸区联合可行性研究。①

2014年9月17日至19日，中国—斯里兰卡自贸区首轮谈判在斯里兰卡首都科伦坡举行。此次谈判是在习近平主席访问斯里兰卡期间与斯总统拉贾帕克萨共同宣布启动的。在谈判中，双方就谈判工作机制、覆盖范围、推进方式、路线图和时间表、货物贸易降税模式等多项议题进行了深入磋商，达成许多共识。与此同时，双方还讨论通过指导未来谈判的"职责范围"文件，为后续谈判奠定了良好基础。②

2014年11月26日至28日，中国—斯里兰卡自贸区第二轮谈判在北京举行。双方就货物贸易、服务贸易、投资、经济技术合作、原产地规则、海关程序和贸易便利化、技术性贸易壁垒和卫生与植物卫生措施、贸易救济、争端解决等议题充分交换了意见，谈判取得积极进展。③

2016年8月2—4日，中国—斯里兰卡自贸区第三轮谈判在斯里兰卡首都科伦坡举行。同年11月21—23日，中国—斯里兰卡自贸区第四轮谈判在北京举行。2017年1月16—19日，中国—斯里兰卡自贸区第五轮谈判在斯里兰卡首都科伦坡举行。这三次谈判以货物贸易、服务贸易、投资、经济技术合作、原产地规则、海关程序和贸易便利化、技术性贸易壁垒和卫生与植物卫生措施、贸易救济等为主要议题，取得了积极进展。

虽然双方都积极推动自贸区谈判，但仍然存在一些分歧。例如在关税问题上，中国希望对两国90%的商品实行零关税，斯方则担心自贸区协定会扩大其自身的贸易逆差，希望对50%的商品实现零关税，再逐步增加降税范围。

---

① 《中国与斯里兰卡结束自贸区联合可行性研究》，2014年3月11日，中华人民共和国商务部，http://bgt.mofcom.gov.cn/article/c/d/201403/20140300514030.shtml。

② 《中国—斯里兰卡自贸区首轮谈判在科伦坡举行》，2014年9月19日，中华人民共和国商务部，http://bgt.mofcom.gov.cn/article/c/d/201409/20140900737139.shtml。

③ 《中国—斯里兰卡自贸区第二轮谈判在北京举行》，2014年11月28日，中华人民共和国商务部，http://www.mofcom.gov.cn/article/ae/ai/201411/20141100814766.shtml。

第三节　中斯贸易未来发展趋势

斯里兰卡政府在 2025 年愿景文件中强调，将斯里兰卡转变为印度洋的中心，为知识型、高度竞争的市场经济保驾护航是政府的首要任务，目标是到 2025 年使斯里兰卡成为一个繁荣的国家。为此，将鼓励企业实现出口多元化，并将为私营部门提供促进增长和投资的机会。[1] 这与中国"一带一路"倡议发展方向相契合，斯里兰卡是"一带一路"的支持者，在双方的努力下，加上中斯贸易本身互补性较强，因此双边贸易的未来趋势总体是乐观的。

随着中国经贸吸引力的加强和斯里兰卡对贸易逆差的控制，两国贸易形势更加倾向积极，但仍存在一些不确定因素，例如印度的影响。

一　中国对斯里兰卡经贸吸引力不断增强

随着新冠疫情席卷全球，中国抗疫取得了令世界瞩目的成果。这使中国经济保持了相对稳定，甚至稳中有升，未来经济发展潜力较大。英国智库经济与商业研究中心（CEBR）预计，中国的国内生产总值在 2025 年前每年会增长 5.7%，然后在 2030 年前每年增长 4.7%。该中心研究认为，世界上第二大经济体中国将在 2030 年超过美国。美国 CNBC 网站报道称，国际投行摩根士丹利最新报告认为，在新的一年里，中国经济将继续展现复苏态势，该投行对中国经济增长的预期也比外界普遍的预期更为乐观。摩根士丹利认为，2022 年中国出口保持强劲。中国对疫情的有效应对，使工厂未出现生产中断，保障了中国企业在全球出口中所占份额的上升，有利的全球背景应进一步推动贸易强劲增长。[2]

区域全面经济伙伴关系协定的签署也加强了中国对斯里兰卡的经贸吸引力。2020 年 11 月，第四次区域全面经济伙伴关系协定领导人会议举行，东盟十国以及中国、日本、韩国、澳大利亚、新西兰 15 个国家正式

---

① 《斯里兰卡经商参处参会资料》，2018 年 11 月 6 日，中央人民政府驻香港特别行政区联络办公室经济部贸易处，http://hk.mofcom.gov.cn/article/o/201811/20181102812054.shtml。

② 《外媒展望 2022 中国经济：走势良好 具有长期吸引力》，2022 年 1 月 7 日，环球网，https://baijiahao.baidu.com/s?id=1721283583089309037&wfr=spider&for=pc。

签署《区域全面经济伙伴关系协定》（RCEP），标志着全球规模最大的自由贸易协定正式达成。RCEP 成员国领导人高度评价该协定历经 8 年谈判得以正式签署，认为这是历史性的、具有重大里程碑意义的事件。特别是在当前疫情对世界经济造成严重冲击的背景下，RCEP 作为全球覆盖面积最大的自贸协定，其签署将有力地促进地区繁荣稳定，为加快疫情后世界经济复苏带来希望，有利于构建开放的世界经济，促进贸易投资自由化便利化。RCEP 的签署也意味着各方支持开放、公平、共赢的全球贸易体系，支持多边主义，摒弃保护主义和单边主义，致力于坚持团结合作应对挑战。各方表示，RCEP 将对印度保持开放，欢迎印度早日加入。①

经过各方共同努力，《区域全面经济伙伴关系协定》已于 2021 年 11 月 2 日达到生效门槛，2022 年 1 月 1 日正式生效，文莱、柬埔寨、老挝、新加坡、泰国、越南六个东盟成员国和中国、日本、新西兰、澳大利亚四个非东盟成员国正式开始实施协定。RCEP 的生效实施，标志着全球人口最多、经贸规模最大、最具发展潜力的自由贸易区正式落地，充分体现了各方共同维护多边主义和自由贸易、促进区域经济一体化的信心和决心，将为区域乃至全球贸易投资增长、经济复苏和繁荣发展做出重大贡献。中国将与 RCEP 成员一道，积极参与和支持 RCEP 机制建设，为 RCEP 经济技术合作作出贡献，共同推动提高协定的整体实施水平，持续提升区域贸易投资自由化便利化，将 RCEP 打造成为东亚经贸合作主平台。

在此背景下，斯里兰卡也非常希望与中国商签自由贸易协定。2022 年 10 月 13 日，斯里兰卡外交国务部长巴拉苏里亚在接受采访时表示，斯里兰卡应加快与中国商签自由贸易协定，而非将精力过多地投入与小国开展自贸谈判。巴拉苏里亚指出，当前，斯里兰卡已与印度、巴基斯坦和新加坡签署自贸协定，目前正在与中国进行（前期）讨论，一旦双方达成协议，将极大地助力斯里兰卡经济发展。②

---

① 《李克强出席第四次区域全面经济伙伴关系协定领导人会议 各方正式签署〈区域全面经济伙伴关系协定〉》，2020 年 11 月 15 日，中国商务部，http://www.mofcom.gov.cn/article/ae/ldhd/202011/20201103015922.shtml。

② 《斯里兰卡外交国务部长：斯应加快与中国商签自贸协定》，2022 年 10 月 13 日，中华人民共和国驻斯里兰卡民主社会主义共和国大使馆经济商务处，http://lk.mofcom.gov.cn/article/jmxw/202211/20221103368958.shtml。

二　斯里兰卡的贸易逆差有所控制

如上所述，虽然斯里兰卡在中斯贸易中长期处于逆差地位，甚至在短时间内逆差额增长幅度较大，如 2021 年上半年逆差额同比上升 14.6%，但从长远来看，随着斯里兰卡各项贸易政策的出台和与中国双边贸易的不断发展，以 2016 年至 2019 年 6 月为例，这种逆差的幅度是在控制范围内的（见表Ⅲ-3-10）。

表Ⅲ-3-10　　　2016 年至 2019 年 6 月中国对斯里兰卡贸易差额

时间	差额（百万美元）	同比（%）
2016 年	-4,036	17.7
2017 年	-3,776	-6.5
2018 年	-3,890	3.0
2019 年 1—6 月	-1,763	-8.3

资料来源：《中国商务部国别贸易报告》2010 年第 1 期至 2019 年第 3 期。

2020 年，斯里兰卡加紧出台各项政策促进贸易逆差的下降。在 2020 年前 8 个月里，斯里兰卡贸易逆差从 2019 年的 48 亿美元减少至 38 亿美元，减少 10 亿美元，主要是受益于斯里兰卡 6 月以来的进口限制和强劲的出口表现。8 月，斯里兰卡商品出口额为 9.47 亿美元，同比和环比均有所下降。但考虑到当前全球市场的状况，斯里兰卡出口表现仍算强劲。同时，由于进口下降速度快于出口下降速度，8 月，斯里兰卡贸易逆差从 2019 年 8 月的 5.41 亿美元收窄至 3.42 亿美元。[①]

据斯里兰卡海关统计，斯里兰卡 2020 年 9 月商品出口额同比增长 5.16%，达 10.01 亿美元。斯里兰卡出口发展局主席普拉帕什·苏巴辛格（Prabhash Subasinghe）表示："很高兴看到 9 月的出口额达到 10 亿美元。这是今年第三次斯里兰卡商品出口同比实现正增长。但是，我们对斯里兰

[①] 《斯里兰卡贸易逆差收窄 10 亿美元》，2020 年 10 月 10 日，中华人民共和国驻斯里兰卡民主社会主义共和国大使馆经济商务处，http://www.mofcom.gov.cn/article/i/jyjl/j/202010/20201003006881.shtml。

卡最近新冠疫情的升级感到担忧，希望迅速恢复并保持商业稳定。"①

为鼓励出口商在面对新冠疫情时表现出一定的应变能力，促进其进一步扩大出口，斯里兰卡贸易部出口发展局提出自 2020 年 10 月 1 日起至 2021 年 3 月 31 日实施出口发展奖励计划。该计划将根据出口商的出口业绩，自 10 月 1 日起连续两个季度分大型出口商和中小型出口商两个类别实施。奖励额度根据每季度出口额较上年同期的增量计算。对于年出口额超过 7.5 亿卢比的大型出口商，奖励其出口额增量的 2%；对于中小型出口商，奖励其出口额增量的 3.5%。该计划的实施预计将会为斯里兰卡带来更大的出口增量。②

2020 年 11 月，斯里兰卡内阁批准了一项建立出口生产村的国家计划。该计划由斯里兰卡贸易部长提出，具有双重目标：一是以企业模式发展农村生产，并将其与出口供应链联系起来；二是提升本地生产以替代进口。斯里兰卡政府媒体部在一份声明中表示，政府旨在建立生产类似产品供出口的集聚村，为它们提供机会使其进入市场，并为生产者提供机会和支持，以最大程度地减少他们在开办企业或出口商品时可能面临的问题。目前，斯里兰卡政府已计划建立覆盖农业、渔业、机械制造业和服务业的出口生产村，以便通过与顶级出口公司签订贸易协议来获得可持续的额外收入。

2020 年 7 月，斯里兰卡内阁发言人古纳瓦德纳部长表示，戈塔巴雅总统在内阁会议上简要介绍了新冠疫情暴发以来斯里兰卡在稳定经济基本面上所取得的成功，并称 6 月出口超过进口，是斯里兰卡自 1977 年实行开放型经济以来的首次。2020 年 6 月，斯里兰卡出口额为 10.2 亿美元，进口额为 9.61 亿美元。③

虽然 2021 年斯里兰卡贸易逆差较大，超过 55 亿美元，但据斯里兰卡央行数据，斯里兰卡 2022 年 10 月贸易逆差相比去年同期显著收缩，但同

---

① 《斯出口额年内第三次月出口超过 10 亿美元》，2020 年 10 月 14 日，中华人民共和国商务部，http://www.mofcom.gov.cn/article/i/jyjl/j/202010/20201003007860.shtml。

② 《斯 10 月 1 日起实施出口发展奖励计划》，2020 年 9 月 29 日，中华人民共和国驻斯里兰卡民主社会主义共和国大使馆经济商务处，http://www.mofcom.gov.cn/article/i/jyjl/j/202009/20200903005276.shtml。

③ 《斯里兰卡出口首超进口》，2020 年 7 月 13 日，中华人民共和国驻斯里兰卡民主社会主义共和国大使馆经济商务处，http://lk.mofcom.gov.cn/article/jmxw/202007/20200702982364.shtml。

月商品出口收入同比有所下降。①

总体而言，斯里兰卡正努力通过各项政策控制贸易逆差。在此背景下，斯里兰卡对中国的贸易逆差也在可控制范围内。

三　"印度因素"的长期影响

在南亚地区，印度的影响不容忽视。印度一直以"霸主"自居，不断增强在本地区内的影响力，并将该地区视作其自身的势力范围。随着近年来中印关系的紧张，印度对中国的防范心理愈加严重，对中国与其他南亚国家的经贸交往非常警惕。以中斯自贸区谈判为例，印度担心中国可能把斯里兰卡作为贸易中转站，从而将来自中国的产品输入印度等其他南亚国家，抢占印度市场，进而对印度贸易产生不利影响，加上斯里兰卡与印度地理位置相对较近，历史渊源较深，印度也是斯里兰卡重要的外交对象国。因此，在短时间内中印关系无法得到彻底改善的情况下，中斯贸易特别是中斯自贸区谈判难以忽视印度因素的长期影响。

第四节　扩大中斯贸易的路径

中斯两国的经贸关系具有较大互补性，尽管双边经贸中也存在一些制约因素，但只要应对得当，未来两国经贸合作的前景依然广阔。就目前而言，未来双方还可以在三个层面继续发力，进一步拓展两国之间的经贸合作。

一　重点加强在茶叶、旅游业等方面的贸易合作

斯里兰卡种植茶叶始于 19 世纪，到 1948 年斯里兰卡独立时茶叶生产已发展到年产 13 万余吨的规模，是世界上主要的红茶生产国，特别是在实行私有化以后，斯里兰卡茶叶的生产和加工得到很大发展。目前，斯里兰卡已经成为世界茶生产和出口大国，其首都科伦坡也相应地成为世界上最大的茶叶拍卖市场。

---

① 《斯 10 月贸易逆差缩小　旅游、侨汇收入趋于稳定》，2022 年 12 月 7 日，中华人民共和国驻斯里兰卡民主社会主义共和国大使馆经济商务处，http://lk. mofcom. gov. cn/article/jmxw/2022 12/20221203373933. shtml。

　　值得注意的是，2020 年 9 月，斯里兰卡茶叶产量同比保持不变，为 2190 万公斤，与去年同期持平，累计产量却急剧下降，1—9 月累计产量为 2.01 亿公斤，较上年同期大幅下降 13.7%。实际上，2020 年前 9 个月的产量是二十年来最低的。① 2022 年产量持续下降，斯里兰卡茶叶委员会初步数据显示，2022 年 7 月，茶叶产量为 1980 万公斤，较上年同期的 2640 万公斤下降 25%，为 21 年来最低。1—7 月，茶叶累计产量为 1.53 亿公斤，同比减少 18.6%，其中低海拔茶、中海拔茶和高山茶产量分别为 9240 万公斤、2500 万公斤和 3550 万公斤，同比分别下降 18%、23% 和 16%。② 同时，茶叶出口量也在下降，2022 年 1 月至 11 月，斯里兰卡茶叶出口总量为 2.3 亿公斤，同比下降 11%，茶叶出口创收 11.7 亿美元，同比下降 4.6%，主要出口目的国为伊拉克、俄罗斯、土耳其、伊朗等。③

　　在此背景下，斯里兰卡政府仍高度重视茶叶产业。2020 年 9 月，戈塔巴雅总统在一次会议上表示，斯里兰卡茶叶相关部门应深入研究近年来茶叶产量下滑的原因，重新夺回"锡兰茶"在国际市场上的地位。总统强调，遭受重创的锡兰茶产业需要一整套重振措施，并强调要加强对茶叶种植园的管理和监督。实际上，在 20 个主要的种植园公司中，有 10 个没有经营茶叶，种植园公司的生产能力持续下降，而小型茶园的产量较高。斯总统曾指示相关部门，尽快找出那些公司不再经营的原因，并提出解决方案，同时决定将亏损的种植园公司移交给小型茶园主作为试点项目。④

　　随着中国对红茶需求的提高，斯里兰卡计划大幅对华出口红茶，这将有助于减少斯里兰卡对华贸易逆差。2019 年 11 月，在中国国际进口博览

　　① 《斯 9 月茶叶产量同比不变 但累计产量急剧下降》，2020 年 10 月 21 日，中华人民共和国驻斯里兰卡民主社会主义共和国大使馆经济商务处，http://lk. mofcom. gov. cn/article/jmxw/202010/20201003009658. shtml。

　　② 《斯里兰卡 7 月份茶叶产量降至 21 年来最低》，2022 年 8 月 22 日，中华人民共和国驻斯里兰卡民主社会主义共和国大使馆经济商务处，http://lk. mofcom. gov. cn/article/jmxw/202209/20220903350667. shtml。

　　③ 《11 月斯里兰卡茶叶出口量同比下降 25%》，2022 年 12 月 16 日，中华人民共和国驻斯里兰卡民主社会主义共和国大使馆经济商务处，http://lk. mofcom. gov. cn/article/jmxw/202212/20221203374509. shtml。

　　④ 《戈塔巴雅总统敦促行业重振"锡兰茶"的国际地位》，2020 年 9 月 10 日，中华人民共和国驻斯里兰卡民主社会主义共和国大使馆经济商务处，http://lk. mofcom. gov. cn/article/jmxw/202009/20200903000239. shtml。

会上，斯里兰卡茶叶制造商司迪生公司总经理阿莱克斯·戴维表示："锡兰红茶在世界上非常流行。我们是第二次参加中国国际进口博览会，希望让更多中国消费者了解锡兰红茶。"他表示，司迪生公司每年生产的茶叶占斯里兰卡茶叶总产量的十分之一，对中国的出口量还有很大的提升空间，希望能把有机茶和更多锡兰茶品牌进一步推向中国市场。①

2022 年 11 月，斯里兰卡茶叶委员会（SLTB）主席表示，预计 2023 年斯里兰卡茶叶生产将温和增长至 2.9 亿公斤，出口量达 2.6 亿公斤，出口收入将增至 12 亿美元。② 因此，在斯里兰卡高度重视茶叶产业国际市场的背景下，加强双方茶叶产业的贸易合作有利于双边贸易长远发展。

加强中斯旅游业合作有利于两国双边贸易的发展，特别是帮助斯里兰卡发展旅游业、鼓励中国游客到斯里兰卡旅游有利于两国在旅游服务贸易领域的深度合作。斯里兰卡至今已有超过 2500 年的历史，历史遗迹数不胜数。其中七个历史遗址被联合国教科文组织认定为世界级古代文化遗址，成为斯里兰卡最珍贵的历史文化遗产。此外，斯里兰卡还拥有丰富的自然和生物资源，公园数量较多，分布在全国各地。其中 4 座国家公园均已历时 2300 多年，在斯里兰卡久负盛名，不断吸引着旅客前来参观。2019 年，《今日美国》将斯里兰卡评选为"冬季旅行首选目的地"，战胜迪拜、布宜诺斯艾利斯、苏梅岛、巴厘岛、奥克兰、悉尼、牙买加等 20 个城市或国家。

几十年来，斯里兰卡的旅游业遭遇过多次挫折。从 1966 年开始，斯里兰卡旅游业开始迅速发展，从 1976 年至 1982 年，赴斯里兰卡旅客人数增长较快，1982 年后斯里兰卡国内民族冲突开始出现，安全形势急剧下滑。从 90 年代起，斯里兰卡国内安全形势有所缓和，旅游业开始复苏。1996 年科伦坡发生恐怖袭击事件，斯里兰卡旅游业再度受挫。2005 年，受海啸影响，赴斯里兰卡旅客人次下降。到 2019 年 4—5 月，斯里兰卡发

① 唐璐：《专访：希望借进博会将锡兰茶进一步推向中国市场——访斯里兰卡茶叶制造商司迪生总经理阿莱克斯·戴维》，新华网，2019 年 11 月 4 日，http://www.xinhuanet.com/world/2019-11/04/c_1125190091.htm。

② 《斯里兰卡 2023 年茶叶出口目标 12 亿美元》，2022 年 11 月 25 日，中华人民共和国驻斯里兰卡民主社会主义共和国大使馆经济商务处，http://lk.mofcom.gov.cn/article/jmxw/202212/20221203372573.shtml。

生震惊全球的连环炸弹袭击事件后，其旅游业遭到重创。随着 2020 年新冠疫情的影响，斯里兰卡旅游业更是遭遇寒冬。

2020 年 9 月 28 日，根据斯里兰卡《每日金融时报》报道，疫情过后，斯里兰卡如何吸引更多中国游客成为其入境游经营者论坛的焦点。斯里兰卡候任驻华大使科霍纳表示，旅游业有可能成为后疫情时代赚取外汇最多的行业，斯里兰卡驻华使馆将提供最大支持，以吸引更多中国游客赴斯旅游。斯里兰卡旅游促进局主席费尔南多表示，中国是斯里兰卡旅游市场的主要客源之一，吸引愿意长期居住的中国家庭非常重要。斯里兰卡旅游局正在推动佛教、探险、野生动物、自然等旅游产品。①

2022 年 12 月 27 日，中国国务院应对新型冠状病毒感染疫情联防联控机制外事组发布通知，根据国际疫情形势和各方面服务保障能力，本着试点先行原则，有序恢复中国公民出境旅游。2022 年 8 月，斯里兰卡旅游部长费尔南多表示，2023 年计划接待 150 万—200 万游客（2022 年目标为 100 万游客），② 比去年增长 20 万—100 万人。

因此，在上述背景下应促进对斯里兰卡旅游业发展的帮助，进一步加强两国旅游服务贸易方面的合作。

二　继续加快推动自贸区谈判

中国《国务院关于加快实施自由贸易区战略的若干意见》明确了加快实施自由贸易区战略的中长期目标，即形成包括邻近国家和地区、涵盖"一带一路"沿线国家以及辐射五大洲重要国家的全球自由贸易区网络，使中国大部分对外贸易、双向投资实现自由化和便利化。该意见还提出加快实施自由贸易区战略要坚持"全面参与，重点突破"的原则，即全方位参与自贸区等各种区域贸易安排合作，重点加快与周边、"一带一路"沿线以及产能合作重点国家、地区和区域经济集团商建自由贸易区。

① 《后疫情时代斯旅游业高度关注中国市场》，2020 年 9 月 17 日，中华人民共和国驻斯里兰卡民主社会主义共和国大使馆经济商务处，http://lk. mofcom. gov. cn/article/jmxw/202009/20200903004986. shtml。

② 《斯里兰卡旅游部长：2022 年计划接待 100 万游客》，2022 年 8 月 22 日，中华人民共和国驻斯里兰卡民主社会主义共和国大使馆经济商务处，http://lk. mofcom. gov. cn/article/jmxw/202209/20220903350663. shtml。

斯里兰卡是"一带一路"的重要沿线国家，中国—斯里兰卡自贸区是建成全球自由贸易区网络的重要一环，符合双方的根本利益，有利于两国深化贸易往来，提高双边关系。

目前中斯自贸区谈判已进行了五轮，取得了积极的进展。近年来，斯里兰卡的相关政策环境总体向好。加拿大智库弗雷泽研究所与斯里兰卡智库阿德瓦卡塔研究所（Advocata Institute）联合发布《2022 年世界经济自由度报告》，斯里兰卡在研究范围内的 165 个国家和地区中排第 89 名，较上一年度提升 11 位。①

因此，在斯里兰卡良好的经济发展形势下，中国应抓住斯里兰卡有利的政策条件机遇，加强与斯里兰卡的相关对话，加强双边互信，继续加快推动中斯自贸区谈判。

三　深化贸易合作对话，推动电子商务形式的合作

目前，中斯贸易合作对话不够深入，方式仍相对单一，疫情形势并不明朗，应促进中斯贸易对话，促进两国电子商务形式的贸易合作。

一是努力搭建多层次的有针对性的国际贸易合作对话平台，形成长期的双边贸易对话机制，在政府层面定期举办以双边贸易为主题的高级别会议，在商业层面举办高质量的贸易进口博览会等，全方位地促进双方贸易合作对话。此外，也要重视多边国际机制，加强与斯里兰卡的贸易对话，如斯里兰卡为上合组织的对话伙伴，应在上合组织框架内，加强两国的相关交流。只有加强中斯贸易的多层次交流，才能尽快消除分歧，达成自贸区协议，加强双边贸易。

二是要推动电子商务形式的合作。中斯贸易形式应适应时代，拓展贸易合作的方式，电子商务接触少，效率高，应该加强电子商务形式的贸易合作。在 2019 年中国电子商务大会跨境电商论坛上，斯里兰卡公使艾力克·古纳赛克若发表了题为"跨境电子商务与斯里兰卡发展"的演讲。他表示，现在斯里兰卡一方面希望通过电商平台进行高效的"无痕贸易"，另一方面希望借助"一带一路"的东风，使得斯里兰卡成为东南亚

---

① 《斯里兰卡经济自由度排名有所提升》，2022 年 11 月 4 日，中华人民共和国驻斯里兰卡民主社会主义共和国大使馆经济商务处，http://lk.mofcom.gov.cn/article/jmxw/202211/20221103368986.shtml。

地区的服务中心，这是斯里兰卡要努力打造的目标。① 2020 年 7 月，Daraz 电子商务指数显示，斯里兰卡电子商务行业在过去一年中发展迅速，大量消费者转向网络购物。作为斯里兰卡较大的在线交易平台之一，Daraz 收集了它自己平台上的数据，发布了一项电子商务指数，显示去年斯里兰卡电子商务活跃用户同比增长 1.5 倍，订单数量增长 2.5 倍。2020 年宵禁期间，民众比以往任何时候都更加愿意转向网络购物，快速消费品消费在 2020 年 3 月增加了一倍。②

此外，加强对斯里兰卡电子商务的投资有利于拉动双方的电子商务合作，斯方对此的态度也非常积极。斯里兰卡公使在演讲中提到："斯里兰卡现在也有各种各样的经济发展活动，我们现在有科伦坡城市的项目，这样的一些项目是由中国的投资所推动的。投资额达到了 150 亿美元，通过这样一些平台作为基础，我们可以更好地推动斯里兰卡电子商务的发展。"③

2022 年 9 月，斯里兰卡最大的移动电信运营商 Dialog Axiata 与投资局（BOI）签署协议，拟投资 1.128 亿美元扩充现有网络设施，主要通过增加移动基站来满足容量增长要求，并扩大公司 4G 网络，预计将在 2 年内完成投资④，这为斯里兰卡电子商务提供了有利条件。因此，在中国电子商务发达，斯里兰卡电子商务迅速发展的背景下，应抓住机遇，促进两国跨境电商的对接和合作。

第五节　小结

中国与斯里兰卡自古就有着双边贸易的历史。新中国成立后，"米胶

---

① 《斯里兰卡公使谈"一带一路"与跨境电商发展》，亿邦动力网，2019 年 5 月 30 日，https://www.ebrun.com/20190530/335763.shtml。

② 《斯里兰卡电子商务发展迅速》，2020 年 7 月 30 日，中华人民共和国驻斯里兰卡民主社会主义共和国大使馆经济商务处，http://lk.mofcom.gov.cn/article/jmxw/202007/20200702987955.shtml。

③ 《斯里兰卡公使谈"一带一路"与跨境电商发展》，亿邦动力网，2019 年 5 月 30 日，https://www.ebrun.com/20190530/335763.shtml。

④ 《斯里兰卡最大移动电信运营商 Dialog 计划投资 1.13 亿美元扩充网络》，2022 年 9 月 15 日，中华人民共和国驻斯里兰卡民主社会主义共和国大使馆经济商务处，http://lk.mofcom.gov.cn/article/jmxw/202211/20221103368661.shtml。

协定"的签署为两国的双边贸易发展打下了牢固的基础，此后两国又陆续签署了多项贸易及贸易相关协定。1983 年，两国贸易以现汇方式结算后开始获得稳步发展，特别是 90 年代以来，中斯双边贸易额迅速增加，贸易关系的层次和水平不断提高。

目前，中斯两国双边贸易情况总体态势向好，尽管个别年份略有收缩，特别是 2020 年上半年受到了疫情的影响。由于中斯出口产品差异以及双方经济、市场总量的悬殊，中方长期在双边贸易中处于顺差状态，中国仍在中斯贸易中面临着印度等国的竞争。

从 2013 年开始，中斯两国围绕自贸区已经进行了五轮谈判。在双方共同推动下，虽然在关税等问题上存在一些分歧，但仍然取得了一系列积极进展，总体形势向好。

在中国对斯里兰卡经贸吸引力不断增强、斯里兰卡的贸易逆差有所控制的趋势下，即使未来存在印度因素的影响，中斯贸易的未来趋势总体上仍是积极乐观的。

在"一带一路"深入发展和后疫情时代背景下，中方应提高对中斯贸易的重视，重点加强在茶叶、旅游业等方面的贸易合作，继续加快推动自贸区谈判，同时深化贸易合作对话，推动电子商务合作，将中斯双边贸易水平提升到一个新的高度。

第四章 中国对斯里兰卡投资的若干问题

斯里兰卡是中国海外投资的重要对象国之一，中国投资助力斯里兰卡解决资本紧缺、基础设施落后的难题，为其长远发展带来利好。但是，近年来，一些国家不断炒作斯里兰卡外债议题，并以此为基础炮制出了所谓的"债务陷阱论"等不实之词，试图遏制、阻止和破坏"一带一路"倡议的顺利推进。对发展健康的中斯关系来说，需要有效廓清这些不实之词，构建更加开放、包容和多元的经济合作模式。

第一节 中国对斯里兰卡投资历程

20世纪80年代之前，中国对斯里兰卡提供资金主要以官方援助的形式展开，包括赠款、优惠贷款和物资捐赠。自80年代中期以来，中国开始对斯里兰卡进行投资，进入21世纪以后，中国对斯里兰卡投资快速增长。目前，中国已成为斯里兰卡外国直接投资的最大来源国。

一 建交后至80年代：以援助为主

中国与斯里兰卡一直保持着深厚友谊。1957年，中斯（当时称锡兰，1972年更名为斯里兰卡）两国建交，当年两国签订经济援助协定与贸易支付协定，中国向斯里兰卡提供总值为7500万卢比、为期5年的长期贷款，开启了对斯里兰卡投资之先河。1957年底，斯里兰卡遭遇严重水灾，中国于1958年初向其提供8万元人民币捐款，并捐赠大批药品与医疗卫生器械。1962年，英美等西方国家以"停止援助"要挟斯里兰卡班达拉奈克夫人政府，企图迫使其停止"国有化"政策，中国政府及时伸出援手，决定将对斯里兰卡的经济援助协定延长五年，并向其橡胶种植业、纺织业和铁路等关键行业提供援助。1964 年 2 月，周恩来总理访问斯里兰卡，中方决定无偿援助斯里兰卡建设"纪念班达拉奈克国际会议大厦"，该大厦于 1973 年 5 月竣工，成为斯里兰卡的地标性建筑。1964 年 10 月，中国和斯里兰卡签订换货议定书和无息贷款协定，后者规定中国从 1965 年到 1967 年在不附带任何条件和不享有任何特权的情况下向锡兰提供一笔无息贷款。到 20 世纪 60 年代中期，中国成为斯里兰卡的最大援助国。[①]

1970 年，班达拉奈克夫人重新上台执政，中国先后与斯里兰卡签署 1.5 亿卢比的现汇长期无息贷款协定（1971 年 5 月）和 10 万吨大米的长期无息贷款协定（1971 年 10 月）。1972 年 6 月 30 日，中国与斯里兰卡政府签署了《经济技术合作协定》和帮助斯里兰卡兴建棉纺厂的议定书，自此开始了援助斯里兰卡建设实业的步伐，先后完成了普戈达棉纺织厂、明内里亚棉纺厂等工业项目。1972 年底，中国先后向斯里兰卡提供了"兰卡·卡里亚尼"和"兰卡·坎蒂"两艘货船。从 1983 年起，中国开始大规模援助斯里兰卡建设尼兰比水电站工程。此外，为帮助斯里兰卡开展农业生产，中国于 1984 年帮助斯里兰卡兴建了锄头厂，并帮助其建设马尔瓦纳加马实验农场，以传授推广中国的农业生产技术。1990 年，中国帮助斯里兰卡建成米制品加工厂。同年两国还达成协议，中国向斯里兰卡提供 6000 万元人民币的经济援助。

二　20 世纪 80 年代至 21 世纪初：规则先行，投资规模较小

1986 年，中斯签署了《关于相互促进和保护投资协定》，规定了投资的具体范畴和内容，鼓励为对方国民和公司进行投资创造良好环境，给予公正和公平的待遇和保护，为对方提供"最惠国待遇"，即给予对方国民和公司的待遇不低于给第三国国民和公司的投资或收益的待遇，并在投资争议、收益汇出等方面给出详细规定，为中斯两国的投资合作奠定了制度基础。然而，由于斯里兰卡爆发内战、政局不稳等原因，整个 80 年代中期至 20 世纪末，中国对斯里兰卡投资总体上规模小、投资领域窄、投资

---

① 姚昱：《试析中国与斯里兰卡关系的发展》，《东南亚研究》2007 年第 1 期。

成功率低。由表Ⅲ-4-1可知，2003年至2009年，中国对斯里兰卡每年的直接投资数额较少，且波动性较大，个别年份甚至是负数。这一时期，中国对斯里兰卡直接投资的存量也仅维持在1500万美元上下。

三 21世纪初：直接投资与融资双双高速增长

2007年2月，中斯两国签订《中斯双向投资促进合作谅解备忘录》。2009年，中国国家开发银行和斯里兰卡中央银行签署投资便利化协议。由此，中国对斯里兰卡投资开始呈现出迅猛增长态势。由表Ⅲ-4-1可知，自2010年开始，中国对斯里兰卡直接投资呈高速增长态势。2010年当年，中国对斯里兰卡直接投资额跃升至2821万美元。截至2010年底，中国对斯里兰卡直接投资存量由前一年的1581万美元直接升至7274亿美元，增长率达360%。2011年，中国对斯里兰卡直接投资金额达到高峰，当年对斯里兰卡投资8123万美元，比上一年度增长188%，直接投资存量突破1亿美元，达到1.6亿美元。

"一带一路"倡议的推进，催生中国对斯里兰卡投资的又一波热潮。2013年和2014年，据中国商务部统计，中国对斯里兰卡直接投资额分别为7177万美元和8511万美元。截至2015年末，中国在斯里兰卡直接投资存量达7.7亿美元。2016年至2018年，中国对斯里兰卡直接投资出现较大波动，到2019年又重新恢复，当年中国对斯里兰卡直接投资额达到创纪录的9280万美元，但中国对斯里兰卡累计投资额仍低于最高水平。到2019年底，中国直接投资存量为5.5亿美元。2021年，中国对斯里兰卡直接投资流量为1.66亿美元，到2021年底，中国直接投资存量进一步增加，达到约6.4亿美元的水平。

表Ⅲ-4-1　　**中国对斯里兰卡直接投资情况（2003—2019年）**

年份	当年FDI流量（万美元）	FDI存量（万美元）
2003	23	654
2004	25	679
2005	3	1543

续表

年份	当年 FDI 流量（万美元）	FDI 存量（万美元）
2006	25	846
2007	−152	774
2008	904	1678
2009	−140	1581
2010	2821	7274
2011	8123	16258
2012	1675	17858
2013	7177	29265
2014	8511	36391
2015	1747	77251
2016	−6023	72891
2017	−2527	72835
2018	783	46893
2019	9280	55147
2020	9817	52342
2021	16611	63976

资料来源：《2011 年度中国对外直接投资统计公报》《2021 年度中国对外直接投资统计公报》。

　　与此同时，中国对斯里兰卡融资也进入高峰期。2009 年和 2010 年，中国连续两年成为斯里兰卡最大贷款来源国，分别向斯里兰卡提供了 12 亿美元和 8.21 亿美元贷款，占斯里兰卡当年对外贷款总量的 54% 和 25%。远超斯里兰卡第二大融资方亚洲开发银行 4.24 亿美元的出资额。[①] 目前，中国提供的贷款约占斯里兰卡外债总额的 10%，已经成为斯里兰卡

---

　　① 《斯里兰卡将从中国贷款 11.2 亿美元 建港口和铁路》，路透社，2012 年 8 月 27 日，https://www.reuters.com/article/srilanka-china-loan-idCNCNE87Q03120120827。

的主要融资方之一。①

第二节　中国在斯里兰卡投资重点

据中国商务部统计，2021 年，中国对斯里兰卡直接投资流量约为 1.7 亿美元。截至 2021 年末，中国对斯里兰卡投资存量已经达到 6.4 亿美元。② 中国已成为斯里兰卡十分重要的外资来源地之一。中国在斯里兰卡的投资不仅包括基础设施，还有制造业和轻工业等。除了一批国有企业在斯里兰卡积极进行投资布局外，近年来，一大批民营企业也积极深耕斯里兰卡市场，并取得了不错的成绩。

一　重点投资领域：基础设施建设

从领域来看，中国对斯里兰卡投资多集中于基础设施建设，如公路、桥梁、电力、供水、港口、电信通信等。2009 年至 2015 年，斯里兰卡近70% 的基础设施项目由中方投资，并由中国企业施工建设。中国累计在斯里兰卡投资援建基础设施工程金额达 60 多亿美元，包括公路、铁路、机场和港口等重点项目。

2009 年内战结束后的历届斯里兰卡政府均致力于改善基础设施条件，推动经济快速发展。斯里兰卡地处印度洋，紧邻亚欧国际主航线，地理位置优越。斯里兰卡政府希望利用本国得天独厚的地缘战略优势，将斯里兰卡发展成为连接东南亚新兴经济体、中东产油区、非洲新兴经济体和西方发达经济体的区域经济、贸易和物流中心。此外，斯里兰卡政府还主张推动本国工业化进程，重点改善斯里兰卡投资环境，吸引外国直接投资发展制造业、服务业等。

但是，斯里兰卡自身欠缺改善基础设施的资金条件。斯里兰卡传统上是农业国家，经济不发达，财政条件有限。1983 年，斯里兰卡爆发内战，

---

① 《斯里兰卡债务问题：赖中国吗？——驻巴拿马大使魏强在巴媒体发表署名文章》，中国外交部网站，2019 年 5 月 22 日，https://www.fmprc.gov.cn/web/dszlsjt_673036/t1665409.shtml。

② 中国商务部国际贸易经济合作研究院、中国驻斯里兰卡大使馆经济商务处、中国商务部对外投资和经济合作司：《对外投资合作国别（地区）指南——斯里兰卡（2022 年）》，http://www.mofcom.gov.cn/dl/gbdqzn/upload/sililanka.pdf。

直至 2009 年才彻底结束，长达 26 年的内战不仅严重摧毁了斯里兰卡的基础设施，而且导致经济凋敝，财政资源枯竭，无力推动国内基础设施建设。并且，内战导致斯里兰卡投资环境急剧恶化，吸引的外国直接投资大幅减少，在很大程度上与世界经济发展进程"脱轨"。2009 年，斯里兰卡内战彻底结束之后，执政的拉贾帕克萨政府急欲"补课"，推出重在改善国内基础设施的发展规划——"马欣达愿景"，目标是将该国打造成为印度洋区域的金融、物流和商业中心。为此，政府推出包括电力能源、航空航运、交通运输、水利水务、通信等领域的一大批重点工程，斯里兰卡国内掀起基础设施建设的热潮。

中国与斯里兰卡友谊深厚，且具备雄厚的工业制造、基础设施建设和资金融通能力，与斯里兰卡需求相契合。马欣达·拉贾帕克萨执政时期，中国对斯里兰卡基础设施建设的投资快速增长，据英国皇家国际事务研究所报告，2006 年至 2019 年，中国在斯里兰卡累计投资约 121 亿美元。[①] 中国对斯里兰卡基础设施投资主要采用"贷款+工程承包"的形式，通常由中国的国家开发银行、进出口银行等政策性银行为斯里兰卡提供项目建设所需资金。在项目建造阶段，则由中国大型国企承包整个项目的建设工作。经过多年的市场开拓与经验积累，中企在斯里兰卡的业务模式逐步转型和升级，从早期的初级土建分包逐步发展成为工程总承包（Engineering Procurement Construction，EPC）、项目管理承包以及投融资等高级业务模式。中国对斯里兰卡投资的代表性项目包括以下方面。

（一）科伦坡港口城项目

科伦坡港口城是斯里兰卡与中国"一带一路"重点合作项目，基本建设思路是通过填海造陆地，在斯里兰卡首都科伦坡旁建造一座新城，对标迪拜和新加坡，建设南亚和印度洋地区的国际金融、旅游、物流、IT 等功能中心。港口城项目由中国交通建设股份有限公司（CCCC，简称"中交建集团"）与斯里兰卡国家港务局共同开发，具体由中交建全资子公司——中国港湾投资规划建设。其运作模式为公私合营项目（Public-private Partnership，PPP），由斯里兰卡港务局提供海域使用权，中交建负责填海

---

① "Chinese Investment and the BRI in Sri Lanka", Chatham House, March 24, 2020, https://www.chathamhouse.org/2020/03/chinese-investment-and-bri-sri-lanka-0/1-introduction.

形成 269 公顷陆域,并在完成土地一级开发后与政府按约定方式分享土地销售和开发收入(主要包括 116 公顷商业开发土地 99 年的租赁权)。该项目总投资约为 13.96 亿美元,70% 的资金来自中国国家开发银行的商业贷款。截至 2020 年 7 月底,该项目陆域吹填(累计 269 公顷)已全部完成,所有土地已正式划归给斯里兰卡城市发展局(UDA),中国港湾港口城项目公司与斯里兰卡城市发展局正式签署了首批 24 个地块(约 40 公顷土地)的租赁协议。

(二) 汉班托塔港项目

汉班托塔港位于斯里兰卡南部海岸,距离亚洲至欧洲的印度洋国际主航运线仅 10 海里,地理位置优越。斯里兰卡政府一直以来都希望在汉班托塔修建海港,2003 年即对该项目发起可行性评估。汉班托塔也是斯里兰卡前总统拉贾帕克萨的家乡。2005 年,拉贾帕克萨就职后,推出一系列大规模基础设施建设项目,汉班托塔港就是其中之一。

汉班托塔港第一阶段的建设于 2008 年 1 月开工,由中国港湾和中国水利水电建设集团合作完成。中国进出口银行为第一阶段建设提供 85% 的资金,这笔商业贷款总额为 3.06 亿美元,期限为 15 年,利率为 6.3%,宽限期为四年。[①] 此后,中国进出口银行又向汉班托塔港的第二阶段建设工程提供了 9 亿美元的贷款,利率为 2%。汉班托塔港于 2010 年 11 月 18 日开始运行,但由于管理不善,缺乏工商业务,无法吸引过往船只停靠港口,汉班托塔港的盈利无法支付贷款的偿还。截至 2016 年年底,港口亏损额总计达 3.04 亿美元。2017 年 7 月,斯里兰卡维克拉马辛哈政府将汉班托塔港口 70% 的股权作价 11.2 亿美元出售给中国招商局控股港口有限公司(简称"招商局港口"),双方签订了为期 99 年的特许经营权协议。该协议规定,招商局港口将向斯里兰卡投资 11.2 亿美元,其中 9.74 亿美元用于收购汉班托塔国际港口集团(HIPG)85% 的股权,HIPG 由此变为中斯合营公司,斯里兰卡政府将授予 HIPG 发展、经营及管理汉班托塔港的唯一和独家权利。自接收以来,HIPG 依托招商局集团独特的港口、园区、城市三位一体综合开发经验,大力招商引资,建设临港物流园区、工

---

① Xu Wenhong, "China's Debt Trap? The True Story of Hambantota Port?" *Global Times*, May 20, 2019, https://www.globaltimes.cn/content/1150711.shtml.

业园区及进行城市建设。经过大力建设与发展，汉班托搭港货运量不断增长，2018 年为 35 万吨，2019 年超过 100 万吨，2021 年仅上半年就已达 120 万吨。目前汉班托塔港园区已吸引来自斯里兰卡本国、英国、新加坡、日本、中国、马尔代夫等 30 多个国家和地区的企业入驻，业务涉及金融、物流、海事、能源、橡胶制品、电子家电、游艇制造等行业。①

此外，中国投资多参与斯里兰卡的交通、水利、电力等基础设施领域，代表性项目包括斯里兰卡第一条高速公路——首都科伦坡国际机场高速公路项目、连接马特拉和汉班托塔港的斯里兰卡南部高速延长线项目、斯里兰卡最大的水利枢纽工程莫拉格哈坎达灌溉项目，以及斯里兰卡首个供水和污水处理合建项目——卡库鲁内格勒供水和污水处理项目等。

二　民营企业投资：较为分散，重视斯里兰卡的比较优势

对于民营企业而言，斯里兰卡投资环境同样较为优越。首先，斯里兰卡地处印度洋贸易通道，连接欧亚，地缘位置优越。斯里兰卡享有多数市场的税收减免待遇。截至目前，斯里兰卡与包括中国在内的 28 个国家签署了《双边投资保护协定》，与 38 个国家（包括中国在内）签订了《避免双重征税协定》，与印度、巴基斯坦、新加坡等地区国家签署了自贸协定，有多达 4232 种产品可免税进入印度市场，4000 多种产品可免税或减税进入巴基斯坦市场。斯里兰卡还享有欧盟的超普惠制待遇（GSP+）②，以及美国、日本、加拿大、澳大利亚、新西兰、俄罗斯、瑞士、土耳其和挪威的普惠制待遇。③ 因此，斯里兰卡有潜力成为中国企业转移供应链、开拓对欧美市场转口贸易的所在地。

其次，斯里兰卡政府对外资政策友好，提供多重政策支持。2009 年

---

①　唐璐：《通讯：汉班托塔港稳步推进招商引资和园区建设》，新华网，2021 年 8 月 22 日，http://www.xinhuanet.com/2021-08/22/c_1127784721.htm。

②　超普惠制待遇是欧盟给予经济脆弱的发展中国家的贸易特别优惠待遇。2017 年 5 月，欧盟宣布再次授予斯里兰卡超普惠制待遇（GSP+），单向取消斯里兰卡产品进入欧盟市场的大部分进口关税，以促使斯里兰卡同意认可和有效实施关于人权、劳工条款、环境保护和良治的 27 项国际公约。这些单向贸易优惠包括全面取消 66% 税目产品数的关税，涵盖纺织、渔业等各种产品（参见《欧盟将在超普惠制待遇下给予斯市场准入激励》，中国驻斯里兰卡经商参处，2017 年 5 月 18 日，http://lk.mofcom.gov.cn/article/jmxw/201705/20170502581376.shtml）。

③　"Other GSP Schemes", Department of Commerce, Government of Sri Lanka, http://www.doc.gov.lk/index.php? option=com_content&view=article&id=28&Itemid=153&lang=en。

斯里兰卡内战结束后，政府奉行鼓励外国投资政策，以自由市场经济为导向，积极营造有利于投资和经济增长的政策环境。按照斯里兰卡的外商投资政策，几乎国民经济的所有领域都允许外资进入，外商投资获取的收益，可以不受法律限制的汇出和汇入，外商投资权益享有斯里兰卡宪法保护，外资享有减税甚至免税待遇。斯里兰卡政府规定，对投资金额达到一定限度、需特别审批的战略性投资项目（Strategic Development Project, SDP），可提供更为优惠的政策。

最后，为鼓励出口，增加就业，斯里兰卡建立了出口加工区、出口加工园区、工业园区、投资园区、重工业园区共计 16 个，其中 14 个由斯里兰卡投资促进委员会主导运营，2 个为投资促进委员会批复的私人园区，在园区内投资落户的企业可享受便利的供电供水、污水和垃圾处理、通信、交通、安全等配套服务。此外，斯里兰卡还具备高素质的劳动力、相对完备的法律法规政策等多项优势。

斯里兰卡具有地缘、政策支持、产业互补、转口贸易、企业成本低等诸多投资优势，尤其是其免关税的转口贸易辐射南亚、欧洲、美国等多个区域，有利于中国民企通过对斯里兰卡投资与商贸合作，建设区域辐射与转口型的多业态产业与产品海外基地。鉴于此，中国民营企业对斯里兰卡的投资触角较广，涉及纺织服装、橡胶、皮革等基础工业和茶叶加工、食品加工等高附加值的农副产品加工业，以及旅游、娱乐等休闲型的服务业及配套设施行业，但普遍规模不大。

第三节　中国对斯里兰卡投资"债务陷阱"论剖析

近年来，围绕中国在斯里兰卡投资，印度和部分西方国家媒体出现了一系列"奇谈怪论"，甚至是一些刻意的诋毁和污蔑。其中，尤以"债务陷阱论"影响最大，危害也最深。下文将尝试对此作一剖析。

一　"债务陷阱论"内容

2015 年斯里兰卡举行总统大选，马欣达·拉贾帕克萨败选下台。自大选开始，斯里兰卡内部开始频繁出现对前总统拉贾帕克萨的指责，称其任内大量举债导致国家财务负担加重。如上文所述，马欣达·拉贾帕克萨任总统期间，中国对斯里兰卡投资迅猛增长。因此，斯里兰卡国内部分政客、媒体在抨击政府经济政策的同时，将对拉贾帕克萨政府的不满与斯里兰卡对华债务问题相挂钩，甚至混为一谈，引起国际社会的关注。

印度"鹰派学者"布拉马·切拉尼（Brahma Chellaney）首先就该问题做文章，炮制出"中国债务陷阱论"。切拉尼于 2017 年 1 月发表题为"中国的债务陷阱外交"一文，指控中国在汉班托塔港项目中将贷款作为"战略杠杆"使用，目的在于扩大对斯里兰卡的政治经济影响。切拉尼进而扩展延伸，暗示中国的"一带一路"倡议充满地缘政治属性，指出"一带一路"倡议专门援助对华战略位置重要的发展中国家的基建项目，并对这些国家开展"掠夺性放债行为（predatory lending practice），即中国通过为项目所在国提供大规模融资贷款，故意让这些国家陷入债务陷阱，从而无法拒绝中国影响力。①

此后，国际主流媒体上开始出现一大批指责中国借"一带一路"倡议构造"债务陷阱"的文章，这些文章多在斯里兰卡汉班托塔港的案例上展开。《纽约时报》记者玛丽亚·阿比—哈比卜于 2018 年 6 月发表《中国如何令斯里兰卡将汉班托塔港拱手相让》的文章，直接指控中国企业出资支持时任总统的竞选活动，干涉斯里兰卡内政，加剧斯里兰卡国内贪腐行为。这篇文章还指责中国贷款利率高，条款"不透明"，暗示中国以巨额债务"胁迫斯里兰卡"，从而将汉班托塔港用于军事用途。② 另外一些文章则指责中国的"一带一路"倡议在发展中国家构造"大而无用"的"白象工程"，这些工程耗费对象国大量财政资源，但缺乏盈利前景，最终只能转给中国运营，斯里兰卡的汉班托塔港和汉班托塔国际机场就是典型案例。还有文章指责中国贷款、中国企业承包修建，相关项目原材料和工人均由中国提供，没有为当地带来经济红利，所谓的"双赢"不是中国和对象国都获益，而是"中国赢两次"。在这些指责中，最激烈的指控是中国的"一带一路"倡议"削弱东道国国家主权"，表面上是大规模基础设施项目，实际上是"服务于中国的'某种战略意图'"。一时间，

---

① Brahma Chellaney, "China's Debt - Trap Diplomacy," https://www. project - syndicate. org/commentary/china-one-belt-one-road-loans-debt-by-brahma-chellaney-2017-01.

② Maria Abi-habib, "How China Got Sri Lanka to Cough up a Port", *The New York Times*, June 25th, 2018.

国际舆论对"一带一路"倡议的指责如黑云压境，中国在"一带一路"倡议下对发展中国家的正常贷款（多数是优惠贷款）行为被这些文章统统冠之以"构造债务陷阱"行径，一些文章甚至称中国为"新殖民国家"，指控中国借贷款融资行"债务殖民主义"之实。

与此相应，印度、美国及一些西方国家的政府也开始指责中国造成或加剧发展中国家的债务危机。2018 年 10 月，美国时任副总统彭斯首次在官方发言中使用"债务外交"一词，指责中国"利用债务压力将汉班托塔港变成了自己的海军基地"。更多国家的领导人和官员则有意或无意地在国际场合对"一带一路"沿线发展中国家的财政安全问题表示"关切"，暗指中国是造成这些国家债务负担的罪魁祸首。在这些言论中，斯里兰卡的债务问题始终是重要论据。

二　关于中斯债务问题的几点事实

不可否认的是，近年来，斯里兰卡的外债负担确实较为沉重。按照国际货币基金组织的定义，一个国家的外债指的是某一经济体居民在特定时点欠非居民的当前实际负债，该债务要求债务人在未来偿还本金和/或利息。① 2009 年内战结束以后，斯里兰卡国内掀起了经济建设，尤其是基础设施建设的热潮，外债问题随之日益显现。

第一，总额迅速攀升。斯里兰卡央行数据显示，自 2009 年至 2019 年，斯里兰卡的外债总额从 209.13 亿美元增长到 559 亿美元，不到 10 年间其外债规模翻了一番多，年均增长率高达 10.3%②，远高于同期实际 GDP 的增长率。

第二，外债负担超过发展中国家平均水平。以负债率、偿债率和债务率三大指标来衡量的话③，2009 年以来，斯里兰卡的负债率大多高于

---

① 国际货币基金组织：《外债统计：编制者和使用者指南》，http://tffs.org/phf/edsg/ft2014pdf。

② 斯里兰卡央行年度报告，Annual Report，Central Bank of Sri Lanka。

③ 负债率指当年外债余额占国内生产总值的百分比，表明一国经济发展对外债的依赖程度，国际公认的负债率安全线为 25%。偿债率指当年外债还本付息额占当年商品和劳务出口收入额的比率，偿债率越高，国家偿债能力越受限，一国越容易陷入"借新债还旧债"的恶性循环境地。一般认为，一国的偿债率超过 20% 即进入债务危机时期。债务率是当年债务余额占当年商品和劳务出口收入额的比率，国际上以 100% 作为债务率的安全线，超过 100%，意味着该国债务负担过重。

50%。2019 年斯里兰卡的负债率创新高，为 66.6%，既远高于 25% 的国际安全线，也高于发展中国家 26% 的平均水平。自 2013 年开始，斯里兰卡偿债率超过 20%，偿债风险增加，2019 年这一数据为 29.7%。债务率方面同样令人担忧，2009 年以来，斯里兰卡的债务率长期高于 200%，表明其外债负担之沉重。

第三，债务成本显著上升。2007 年以来，斯里兰卡非优惠贷款占比显著增加。根据斯里兰卡央行数据，截至 2018 年底，在斯里兰卡的全部外债中，45.4% 为优惠贷款，非优惠贷款占 54.6%。[1] 与之形成鲜明对比的是，在 2003 年斯里兰卡外债中，非优惠贷款的比重仅为 2%。[2] 因此，进入 21 世纪后，斯里兰卡的债务成本急剧增加。

但是，中国并非造成斯里兰卡外债问题的罪魁祸首。首先，中国在斯里兰卡外债总额中所占比重并不高，且多为优惠贷款。根据中国驻斯里兰卡大使馆提供的数据，在斯里兰卡 2017 年 518.24 亿美元的外债余额中，来自中方的贷款余额约为 55 亿美元，占斯里兰卡外债总额的 10.6%。而在中国对斯里兰卡的贷款中，优惠贷款占到 60% 以上，其利率通常为 2%，管理费另占 0.5%，还款期为 15—20 年，另外不足 40% 为非优惠贷款，但仅占斯里兰卡非优惠贷款总额的 20%。而且，中国对斯里兰卡贷款具有利率低、宽年限和还款年限较长等特点，且在还款期内采用平均摊销的方式，偿还中国贷款并非斯里兰卡外债偿付压力最主要来源。

需要明确的是，斯里兰卡外债主要有三大来源：一是外国政府贷款；二是国际及区域多边金融机构贷款，包括亚洲开发银行（ADB）、国际货币基金组织（IMF）等；三是在国际金融市场上发行的债券，以本国主权为担保，按照国际市场通行规则制定利率水平，以此募集资金。如前文所述，近年来，斯里兰卡在国际金融市场上的商业融资比重不断上升，占斯里兰卡外债总额的一半以上，以国际主权债券（IBS）和外币定期融资工具（FTFF）为主，这些贷款利率高，对这些贷款的偿付压力是斯里兰卡还本付息压力的最主要来源。

---

① 《斯宏观经济基本情况》，中国驻斯里兰卡大使馆经济商务参赞处，中国商务部，2020 年 4 月 3 日，http://lk. mofcom. gov. cn/article/ddgk/201709/20170902645115. shtml。

② 《斯里兰卡国债及其风险简析》，中华人民共和国驻斯里兰卡经济商务参赞处，2005 年 4 月 29 日，http://lk. mofcom. gov. cn/article/ztdy/200504/20050400083596. shtml。

其次，与其他资金来源相比，中国对斯里兰卡的贷款利率并不算高。有评论称："中国对斯里兰卡贷款利率高，汉班托塔港一期项目的贷款利率高达 6.3%，高于多边发展银行 2% 的利率。"但是，汉班托塔港一期项目开工时间是 2008 年，当时正值斯里兰卡内战期间，西方国家和其他国际多边金融机构纷纷拒绝向斯里兰卡提供贷款，遑论为其提供利率为 2% 的优惠贷款了。中国并非没有给斯里兰卡优惠贷款，而是当斯里兰卡就汉班托塔港项目向中国借款时，中国配置给该国的优惠贷款额度已用于普特拉姆燃煤电站等项目。实际上，2007 年正值全球流动性趋紧，中国连续 6 次上调存贷款基准利率。截至 2017 年底，中国国内的一年期贷款基准利率已经提高到 7.47%，当年 10 月，斯里兰卡政府发行了五年期主权债券，收益率同样定为 8.25%。相比之下，中国提供给斯里兰卡的 6.3% 的利率水平实际上已经处于很低的水平了。① 正如前文所述，在汉班托塔港二期工程中，中国为斯里兰卡提供了 2% 利率的 9 亿美元贷款，额度远远高于一期的 3.06 亿美元。对中国向斯里兰卡贷款"高利率"的指责，既放大了中国对汉班托塔港一期工程 3.06 亿美元的贷款，忽视了中国对斯里兰卡整体贷款多实行优惠利率的现实，也没有从国际金融市场的实际出发，分析斯里兰卡政府在当时内战条件下能够获得的融资价格。试想一下，如果西方国家和国际多边金融机构真的愿意向斯里兰卡提供 2% 利率的优惠贷款，斯里兰卡为何在建设汉班托塔港一期工程时，还会掉头选择中国作为资金来源？因此，脱离了实际情况和当时当地条件，指控"中国给出的贷款利率过高"，只是枉谈、空谈而已。

再次，中国对斯里兰卡贷款并未威胁斯里兰卡主权。以外界质疑声最多的汉班托塔港为例，首先，并非中国以贷款"胁迫斯里兰卡租借汉班托塔港"，而是当时西里塞纳政府因无力偿还债务，主动提出向中方转让汉班托塔港的经营权。并且，这 11.2 亿美元是一笔新投资，是斯里兰卡政府将汉班托塔港 70% 的股份租赁给招商局港口的价格，不存在以"债转股"的方式"抵掉了斯里兰卡欠中国的借款"之说。

其次，汉班托塔港的主权归斯里兰卡所有。斯里兰卡政府多次声明，

---

① 宋颖慧、王瑟、赵亮：《"中国债务陷阱论"剖析——以斯里兰卡政府债务问题为视角》，《现代国际关系》2019 年第 6 期。

中斯协议明确规定中国在汉班托塔港只开展商务活动，港口不涉及军用。为彰显其对汉班托塔的控制权，斯里兰卡政府于 2018 年将南方海军司令部迁至汉班托塔。斯里兰卡多位领导人发表声明阐述中国贷款并未损害斯里兰卡主权。前总理维克拉马辛哈曾言："很多人认为汉班托塔港是中国的军事基地，我承认那里确实有军事基地，但那是斯里兰卡海军的基地。任何国家的船只都可以到那里，由我们掌控行动。"中方亦发表声明，明确表示"中国高度尊重斯里兰卡的主权和领土完整。汉班托塔港的控制权完全在斯政府和海军手中。在安全问题上，汉班托塔港与其他港口没有区别。"

最后，中国对斯里兰卡投资不附加任何政治条件。与巴黎俱乐部等西方传统债权国不同，中国对斯里兰卡投资不附加任何政治条件，不干涉斯里兰卡内政，中国对斯里兰卡投资建立在中斯真诚互助、世代友好的战略合作伙伴关系之上，由双方经平等协商而得，与西方殖民地时代的"债权人帝国主义"有着本质区别。

如果将观察视角拉长，就很容易发现这样一个事实，斯里兰卡的外债问题是长期累积的结果，这既与内战后大规模经济重建，尤其是基础设施建设需求分不开，又与其在国际经济贸易中的弱势地位、长达 26 年内战的非生产性消耗和斯里兰卡长期债务融资型增长模式密切相关。这一问题是一个历史延续问题，是斯里兰卡自建国以来持续借入外债的大规模累积效应的集中体现，本质上代表一类发展问题，即斯里兰卡作为一个典型的中小发展中国家欲实现经济增长的路径选择问题。

三　"债务陷阱论"泛滥原因

既然中国对斯里兰卡"债务陷阱论"在事实上并不成立，为何其能够在国际上掀起如此之大的舆论波澜呢？笔者认为，主要有以下两大原因。

第一，被斯里兰卡国内政治斗争"挟持"。外债问题是斯里兰卡国家经济生活的重要议题，反对派政治势力为赢取民意，给现政府制造麻烦，往往为反对而反对，煽动民众情绪，阻挠项目建设进程。例如，在 2014 年竞选期间，西里塞纳就以中斯合作项目为例，严厉批评拉贾帕克萨政府"用外国信贷搞项目"的做法，并抨击马欣达·拉贾帕克萨的个人集权和家族贪污腐败问题，导致部分斯里兰卡民众对中斯经济合作产生排斥的负面情绪。即便是被称为"亲华派"的前总统马欣达·拉贾帕克萨，在2015 年担任反对党领袖以来，也打着"斯里兰卡人民利益"的旗号，先后数次对汉班托塔港项目提出批评，对西里塞纳政府向中国出租土地表示不满。当反对派变成执政党，它们就又能从国家发展大局出发，认识到中国投资对长远发展的重要性，从而恢复对中国投资的理性态度。西里塞纳政府 2015 年叫停科伦坡港口城项目建设又复工一事，就是这种态度转变的鲜明案例。但是，政府政策易调整，民众偏见难转圜，斯里兰卡内政上的党派缠斗、相互"泼脏水"外溢至中国对斯里兰卡投资上，在最初阶段培育了部分民众对中国投资的怀疑、排斥心态，构成了"债务陷阱论"的民意基础。

第二，被相关国家利用炒作。"一带一路"倡议的推进、中国对斯里兰卡以及其他发展中国家的大规模投资，象征着中国国际经济影响力的全面提升，这种提升是很多国家所不愿看到的。与此前国际上热炒的"中国威胁论""中国新殖民主义论"相类似，"债务陷阱论"是现阶段相关国家构陷中国的理论和舆论工具之一。对于这些国家而言，斯里兰卡等中小经济体的债务问题本身并不重要，真正令其介意和警惕的是中国在斯里兰卡等"一带一路"沿线国家获得的所谓"战略利益"。

以印度为例，印度学界和媒体最先使用"债务陷阱"一词，印度对斯里兰卡债务问题的关注也远远大于其他国家。究其原因，并非印度对斯里兰卡的外债负债程度有多少关切，毕竟斯里兰卡的债务问题长期存在，且其在内战初期的增长率与现在相差不大，而是印度更多地从地缘政治博弈的角度来看待此问题，中国对斯里兰卡的影响力扩大，被印度视作对其自家势力范围的"侵蚀"。印度认为，中国正通过构造"珍珠链"战略来围堵遏制印度，阻止其大国崛起。由于其自身经济实力尚有限，无法像中国一样为斯里兰卡提供大规模资金贷款，印度对于中国在斯里兰卡的投资活动十分敏感，学者和政客甚至无视斯里兰卡在汉班托塔港项目上先求助于印度（被印度政府拒绝）的事实，指责中国"哄骗斯里兰卡建设汉班托塔港项目""恶意编织债务陷阱"，将汉班托塔港用作"军事用途"，在构造假想敌的路上越走越远。

一些西方国家在指责中国构造"债务陷阱"上同样不遗余力，纷纷对中国投资的发展中国家经济安全表示"关切"。讽刺的是，恰恰是这些西方国家及其主导的国际金融市场造成了如今众多发展中国家的债务困境。这些国家强调斯里兰卡的外债问题，实质上是以此为抓手，试图遏制、阻止"一带一路"建设和中国全球影响力的提升。这其中既有这些国家对中国崛起、中国独立提供国际公共产品的不适应，也有对中国"动摇"原本由西方主导的国际经济秩序的担忧和恐惧，更有从意识形态的角度对中国式发展模式影响力扩大这一事实的焦虑。

当然，同时应该看到的是，中国在斯里兰卡多投资于大型基础设施项目，在短期内投资增量大，大型基础设施项目难免牵扯到用地、劳工等民生议题，容易吸引民众注意力，成为政治斗争和国际舆论的焦点。在国内压力与国际舆论炒作之下，斯里兰卡政府一度对中国投资产生较大顾虑。这一方面是中国贷款在短期内大量涌入的结果，另一方面，从物质结构上而言，中斯经济实力差距悬殊，经济合作高度不对称，斯里兰卡在其中处于相对弱势一方，单方面依赖中国，也导致了斯里兰卡对中国"债务焦虑"情绪的上升。此外，中国投资多采用中方贷款融资、中方国企进行工程总承包、主要集中于大型基础设施项目的模式，中方在多个环节掌握主导权，斯方参与度较低，容易产生疑虑。对比中国对斯里兰卡直接投资和工程承包额，2019 年中国企业对斯里兰卡投资额为 2.6 亿美元，同年中国企业在斯里兰卡的工程承包合同额为 27.9 亿美元，可以看出中国对斯里兰卡投资仍以工程承包这类"一锤子买卖"为主。相反，能产生持续就业和税收贡献的直接投资数额较小，这也容易引起当地政府和民众的不满情绪，未来中企应积极探索更加开放、包容和多元的经济合作模式。

第五章　中国与斯里兰卡交通 基础设施合作*

斯里兰卡作为印度洋上的国际航运枢纽，在海上丝绸之路建设过程中有着极为重要的意义。但是，由于常年内战，经济增长乏力，斯里兰卡国内的基础设施建设较为缓慢，远远不能与其作为印度洋国际航运枢纽的战略地位相匹配。近年来，中斯两国在交通基础设施领域开展了一系列合作，有力地改善了斯里兰卡的交通基础设施状况。

第一节　交通基础设施现状

2009 年 5 月，斯里兰卡结束长达 26 年的国内武装冲突，开始进入一个和平发展时期。斯里兰卡希望利用其战略地缘优势，将其打造成为南亚地区最开放和最有竞争力的经济体，成为印度洋物流和贸易体系的重要枢纽。因此，斯里兰卡政府通过大量公共投资，以港口、机场、道路、电力、电信、供水等基础设施为重点开展经济重建，启动了一大批基础设施建设项目。中国企业凭借资金、技术、管理等优势，在斯里兰卡工程承包市场中获取了较大份额。据统计，斯里兰卡 90% 以上的大型项目和 50%以上的基建项目均有中资公司参与。[1] 这些投资和项目几乎涵盖了斯里兰卡国内所有的交通基础设施建设。

在公路方面，斯里兰卡积极发展国家路网建设，特别是高速公路的建设和升级改造。截至 2022 年末，已开通四条高速公路，分别是南部高速

---

　　* 广西南宁师范大学硕士研究生赵佳源同学在本章资料收集过程中提供了帮助，特此致谢！
　　① 李晓炜、杨昕：《中国—斯里兰卡双边合作现状与前景》，《海外投资与出口信贷》2019年第 2 期。

公路及延长线、科伦坡机场高速、斯里兰卡中部高速公路和科伦坡外环高速（一期）。高速公路的建成，极大地便利了民众和游客的出行，在推动斯里兰卡旅游业和物流业发展中发挥着重要作用。科伦坡外环高速北二段、南部高速延长线项目（马特拉至汉班托塔）、斯里兰卡科伦坡外环路三期项目已顺利实现全线通车。此外，中部高速（卡达瓦塔至丹布拉）、宝石城高速（科伦坡—宝石城）正在进行前期工作。除高速公路外，斯里兰卡全国公路总里程为 11.7 万千米，A 级和 B 级路（相当于国道）总里程达到 1.22 万千米，C 级和 D 级路（相当于省道）总里程达到 1.65 万千米；E 级路（农村道路）及其他道路总里程达到 8.87 万千米。全国公路密度达到每平方千米 1.6 千米，在南亚国家中名列前茅。

在铁路方面，斯里兰卡全国铁路总里程为 1667 千米。据斯里兰卡央行 2020 年年报数据，其铁路轨道总长度为 1607 千米，其中主线长度为 1439 千米。境内均为普通铁路，时速较慢，无高铁设施。2020 年铁路客运里程为 39 亿千米，较 2019 年减少 46.6%，货运里程约 1.14 亿千米，较 2019 年减少 1.1%。内战结束后，斯里兰卡加快北部三条铁路的改建修复和南部铁路新建工作。目前，北部铁路（科伦坡—基里诺奇）已于 2014 年 3 月重新通车；由中国公司承建的南部铁路马塔拉—贝利阿塔段于 2013 年 7 月正式开工，2019 年 4 月顺利通车。2018 年，斯里兰卡政府主要致力于北部铁路马霍到欧曼太段的修复，波勒格哈韦勒到库鲁内格勒铁路的双轨铺设，佩拉德尼亚到卡杜甘纳沃铁路的双轨铺设，科伦坡市郊铁路开发项目以及南部马塔拉到卡特勒格默的铁路建设等工作。2020 年，斯里兰卡政府继续对既有铁路线进行维护改造，并进口了一批新的车辆机组，逐步提升铁路运力和运行速度。斯里兰卡作为一个独立的岛国，与其他国家并无铁路直接相通。

在水路方面，作为印度洋岛国，斯里兰卡沿海地区占国土面积的 25%，人口占三分之一，超过三分之二的工业设施和超过 80% 的旅游设施集中在沿海地区。斯里兰卡紧邻亚欧国际主航线，在货物转运、船舶中转和补给等方面具有独特优势。近年来，斯里兰卡政府通过扩建科伦坡港、新建汉班托塔港，进一步增强了国际航运能力，为发展海洋经济奠定了坚实基础。2020 年，斯里兰卡靠泊船只共 4337 船次，其中科伦坡港 3806 船次，加勒港 22 船次，亭可马里港 135 船次，汉班托塔港 374 船次。

在航空方面，斯里兰卡主要有两大国际机场。班达拉奈克国际机场（也称"科伦坡国际机场"）是斯里兰卡第一座国际机场，位于其首都科伦坡北部 35 千米的尼甘布地区。班达拉奈克国际机场共有 3 个航站楼，其中 1 号航站楼是目前运营的主要国际航站楼，建于 1967 年；2 号航站楼为拟议中的扩建项目，拟使用日本资金，由于多方面原因拖延较久；3 号航站楼于 2012 年 11 月投入使用，主要用于国内航班。2017 年 3 月，由中国航空技术国际工程公司承建的班达拉奈克国际机场跑道项目主体工程顺利完工，为改善斯里兰卡航空设施发挥了积极作用。目前，包括斯里兰卡航空公司在内，全球 40 多家航空公司在班达拉奈克国际机场拥有客运或包机航班，六家航空公司运行货运或包机航班。2018 年，该机场接待出入境旅客约 1080 万人次，同比增长 9.9%，货运量为 268496 吨，同比增长 0.8%，飞机起降架次为 74512 次，同比增长 9.7%。拉贾帕克萨国际机场（也称"马特拉国际机场"）是斯里兰卡第二大国际机场，位于斯里兰卡南部汉班托塔地区，2013 年 3 月投入使用。由于拉贾帕克萨国际机场航班数量较少，因此提供长期的飞机停放服务，以及飞行学校和维修服务。2019 年，拉贾帕克萨国际机场飞机起降架次为 786 次。2020 年 5 月，斯里兰卡政府宣布将重启该机场国际服务。①

第二节　重大交通基建合作项目

斯里兰卡作为"21 世纪海上丝绸之路"沿线国家，是首个以政府声明形式支持这一倡议的国家。2013 年 5 月，斯里兰卡总统拉贾帕克萨来华进行国事访问，双方决定将中斯关系提升为真诚互助、世代友好的战略合作伙伴关系。"21 世纪海上丝绸之路"的"五通"，即政策沟通、设施联通、贸易畅通、资金融通和民心相通，则成为中斯战略合作伙伴关系的目标和路径。2014 年 9 月，习近平主席出访斯里兰卡，两国共同发表《中华人民共和国和斯里兰卡民主社会主义共和国关于深化战略合作伙伴关系的行动计划》，提出加强高层互访、启动两国自贸协定谈判、加强投

① 中国商务部国际贸易经济合作研究院、中国驻斯里兰卡大使馆经济商务处、中国商务部对外投资和经济合作司：《对外投资合作国别（地区）指南——斯里兰卡（2021 年）》，http://www.mofcom.gov.cn/dl/gbdqzn/upload/sililanka.pdf。

资合作、深化中斯文化交流与合作等 17 条具体计划。两国元首认为，"中斯真诚互助、世代友好的战略合作伙伴关系已成为两国各自外交政策中不可或缺的重要内容"。两国的目标是"增强政治互信，深化务实合作，增进人民友好，促进共同发展"①。

一　国内政策

建交以来，中斯签署了多项合作协定。2003 年，双方签订《中斯税收协定》，避免对双方企业和人员进行重复征税。2005 年，中斯两国又签订了《中华人民共和国和斯里兰卡民主社会主义共和国政府关于进一步深化双边经贸合作关系的协议》。斯里兰卡政府考虑为中国投资者单独设立经济加工区，并给予特殊优惠政策。中国政府鼓励和支持中国企业在平等互利的基础上赴斯里兰卡进行投资。② 中斯签署了《全面推动投资与经济技术合作备忘录》，确定继续推进在工业园区开发和基础设施建设领域的合作，对两国中长期发展合作进行规划。中斯发表的联合声明也指出，斯方愿同中方企业一道继续推进《中斯关于全面推进投资与经济技术合作谅解备忘录》中提及的大项目合作。③

为推进"一带一路"建设、促进国际产能合作、深化中国与相关国家和地区间的互利合作。2017 年 10 月 31 日，中国国家发改委、中国人民银行、中国商务部、中国外交部等 28 个部委联合发布《关于加强对外经济合作领域信用体系建设的指导意见》。该意见明确规定，对外投资主体和相关责任人，如出现违反国内及合作国家和地区相关法律法规以及违反国际公约、联合国决议，未按相关规定履行报批手续，虚假投资、捏造伪造项目信息骗取国家主管部门核准或备案文件以及办理境外投资外汇登记等，骗取资金以及办理资金购汇及汇出，拒绝履行对外投资统计申报义务或不实申报或拒绝办理境外直接投资存量权益登记，违规将应调回的利

①　《中华人民共和国和斯里兰卡民主社会主义共和国关于深化战略合作伙伴关系的行动计划》，新华社科伦坡 2014 年 9 月 16 日电。

②　《中华人民共和国政府和斯里兰卡民主社会主义共和国政府关于进一步深化双边经贸合作关系的协议》，http://treaty.mfa.gov.cn/tykfiles/20180718/1531876879939.pdf。

③　吴兆礼：《中国与斯里兰卡在"一带一路"建设中的合作》，李永全、王晓泉主编《"一带一路"建设发展报告（2018）》蓝皮书，社会科学文献出版社 2018 年版，第 26—42 页。

润、撤资等资金滞留境外，恶性竞争、扰乱对外经济合作秩序，且对外造成严重不良影响，危害中国国家声誉利益等的行为，相关主管部门将失信主体、责任人和失信行为记入信用记录。① 对外承包工程、对外劳务合作主体和相关责任人，如出现违反国内及合作国家和地区相关法律法规以及违反国际公约、联合国决议，虚假投标、围标串标，骗贷骗汇，工程质量、安全生产不符合相关标准，未及时足额缴存外派劳务备用金、违法违规外派和非法外派、侵害劳务人员合法权益，拒绝履行对外承包工程和对外劳务合作统计申报义务或不实申报，恶性竞争，扰乱对外经济合作秩序，且对外造成严重不良影响，危害中国国家声誉利益等的行为，相关主管部门同样将失信主体、责任人和失信行为记入信用记录。②

2017 年 12 月 26 日，国家发改委发布《企业境外投资管理办法》在"放、管、服"三个方面进行了统筹，并推出了八项改革举措。在便利企业境外投资方面，取消项目信息报告制度，简化事前管理环节，从而降低制度性交易成本；取消地方初审、转报环节，属于国家发改委核准、备案范围的项目，地方企业通过网络系统直接向国家发展改革委提交有关申请材料；放宽投资主体履行核准、备案手续的最晚时间要求，将投资主体履行核准、备案手续的最晚时间要求从签约前（或协议生效前）放宽至实施前：属于核准、备案管理范围的项目，投资主体应当在项目实施前取得项目核准文件或备案通知书。在规范企业境外投资方面，将境内企业和自然人通过其控制的境外企业开展的境外投资纳入管理框架，采取精准化的管理措施。建立协同监管机制，通过在线监测、约谈函询、抽查核实等方式对境外投资进行监督检查。引入项目完成情况报告、重大不利情况报告、重大事项问询和报告等制度，改进对境外投资的全程监管。完善惩戒措施，建立境外投资违法违规行为记录，实施联合惩戒。旨在加强境外投资宏观指导，优化境外投资综合服务，完善境外投资全程监管。③

---

① 《关于加强对外经济合作领域信用体系建设的指导意见》，https://www.ndrc.gov.cn/xxgk/zcfb/tz/201711/t20171128_962605.html。

② 《关于加强对外经济合作领域信用体系建设的指导意见》，https://www.ndrc.gov.cn/xxgk/zcfb/tz/201711/t20171128_962605.html。

③ 《统筹推进"放管服"改革 促进境外投资持续健康发展——国家发展改革委有关负责人就〈企业境外投资管理办法〉答记者问》，https://www.ndrc.gov.cn/xxgk/jd/jd/201712/t20171226_1182841.html。

2018 年 4 月 10 日，中国国家发改委、中国财政部、中国商务部、中国人民银行、中国银保监会、中国证监会联合发布了《关于引导对外投融资基金健康发展的意见》，就优化募资方式、提升运行效率、完善监管体系、强化服务保障等方面提出了具体意见。① 中国国家开发银行和中国进出口银行为斯里兰卡工程项目提供多笔优惠贷款。中国政府对外优惠贷款的重点支持领域包括基础设施、工业、社会福利等，旨在促进受援国经济发展、提高人民生活水平、增进中国与受援国的经济合作。在项目选择和评估过程中，重点考虑以下几点：一是项目需经受援国和中国政府批准；二是项目技术可行，且具有良好的经济和社会效益；三是项目由中国企业实施，中国成分原则上不低于 50%。② 2021 年 1—12 月，中国企业在斯里兰卡新签工程承包合同额为 37.3 亿美元，同比增长 257.2%；完成营业额 13 亿美元，同比增长 0.9%。③ 中国在斯里兰卡交通基础设施领域合作状况如表Ⅲ-5-1 所示。

表Ⅲ-5-1　　　　中国在斯里兰卡交通基础设施领域合作状况

时间（年）	承建项目	承建企业
2006（签约）	班达拉奈克国际机场至科伦坡站快速铁路线项目	常州轨道车辆牵引传动工程技术研究中心
2007（签约）	汉班托塔港	中国港湾
2009（签约）	A09 公路	中航技国际工程公司
2009（开工）	斯里兰卡机场高速（CKE）	中国二十冶
2010（签约）	汉班托塔国际机场（HIA）	中国港湾
2010（签约）	斯里兰卡 C11A&B 标公路	中国水利水电第十四工程局
2011（竣工）	斯里兰卡 A15 道路五座桥	中铁五局

① 中华人民共和国国家发展和改革委员会官网，http://zfxxgk.ndrc.gov.cn/web/iteminfo.jsp?id=14245。

② 中国进出口银行官网，http://www.eximbank.gov.cn/services/infoserves/interflow/wtjl/2018
07/t20180706_5295.html。

③ 《2021 年中国—斯里兰卡经贸合作简况》，中国商务部官网，http://yzs.mofcom.gov.cn/article/t/202007/20200702987819.shtml。

续表

时间（年）	承建项目	承建企业
2011（开工）	科伦坡南集装箱码头	中国海湾工程有限公司
2013（签约）	斯里兰卡南部铁路一期工程	中国铁建中铁第五勘察设计院集团
2013（竣工）	汉班托塔地区立交桥	中国航空技术国际工程公司
2014（开工）	斯里兰卡K坝项目	中国水利水电第十四工程局有限公司
2014（签约）	斯里兰卡北部高速	中冶集团
2015（签约）	斯里兰卡南部高速项目	中航国际、中国建筑、中国港湾分段承建
2016（签约）	斯里兰卡中部高速 S1-PACK1 项目	中冶集团
2016（签约）	中部首条高速公路（CEP-1）	中冶集团
2016（开工）	科伦坡外环高速（OCH-NSII）	中冶集团
2016（签约）	科伦坡国际机场跑道改造工程	中航国际
2016（签约）	波隆纳鲁瓦区农用工业及农业经济中心建设项目	中电十四局
2016（开工）	斯里兰卡前战区供水项目	中国机械设备工程股份有限公司
2016（签约）	中湘海外斯里兰卡五路十三桥项目	湖南建工
2017（签约）	斯里兰卡科伦坡—拉特纳普拉公路项目	中国国家技术进出口公司、中国航空技术国际工程有限公司、湖南省建筑工程集团总公司和中国港湾工程公司
3018（开工）	斯里兰卡米尼佩水坝加高项目	中国葛洲坝集团股份有限公司
2018（签约）	JCT码头项目	中国海湾工程有限公司
2020（签约）	科伦坡港口高架桥项目	中土集团
2021（授权）	四车道高速公路	中国港湾
2021（开工）	斯里兰卡中部高速公路第一标段项目	中冶集团

资料来源：中土集团、中国建筑等公司网站资料。

二　航运及港口基础设施

（一）汉班托塔港项目

汉班托塔港位于斯里兰卡南端，北临孟加拉湾，西面与印度隔海相望，是经由南亚至阿拉伯海的必经之路。汉班托塔港地理位置优越，且与欧洲至远东的印度洋国际主航运线相距仅 10 海里。该航线容纳了全球 2/3 的石油运输，1/2 的集装箱货运和 1/3 的散货海运。

中国对汉班托塔港的基础设施建设以直接投资方式为主。2007 年 10 月，在中国援助下，斯里兰卡政府在汉班托塔开始建设大型港口。2012 年 6 月，中国投资 15 亿美元兴建的汉班托塔深水港开始运转，成为印度洋至太平洋地区航线十分重要的后勤补给中心之一，每天约有 300 艘船只到港。中国对汉班托塔港的直接投资为政府框架下的合作项目，中国政府出资占项目总投资额的 85%。汉班托塔港工程共分两期：一期工程包含十万吨级集装箱码头两个，十万吨级油码头两个，一万吨级驳船泊位两个，工作船码头及相关辅助及配套设施若干；二期工程位于一期工程北侧，包括十万吨级集装箱泊位两个，十万吨级多用途泊位两个，一万吨级支线集装箱泊位两个，以及堆场护岸、公务码头和人工岛等相关建筑群。汉班托塔港的建设还包含合同承包和银行贷款的形式。汉班托塔港基础设施建设一期合同额为 3.61 亿美元，实际总造价为 5.8 亿美元，主体工程已于 2012 年 12 月完成；二期合同额为 8.08 亿美元，2012 年 11 月正式开工。

除此之外，中国政府还以贷款形式为斯里兰卡政府提供资金支持，其中二期工程全部资金来自中国进出口银行贷款。2017 年 7 月 29 日，中国招商局控股港口有限公司向斯里兰卡政府支付 11.2 亿美元购得汉班托塔港口 70% 的股权，并租用该港口以及周边 1.5 万英亩（约合 60.7 平方千米）土地建设工业园区，租期 99 年。2017 年 12 月 9 日，斯里兰卡正式把汉班托塔港的资产和经营管理权移交给中国招商局集团。中方承诺将按照斯里兰卡法律运营汉港。除港口和码头设施建设外，中方还参与了多条斯里兰卡国家级公路建设，使汉班托塔工业园区呈放射状向外延伸，为汉班托塔地区海陆一体化交通建设打下重要基础，也为货物海陆联运提供了重要通道。

（二）科伦坡南港项目

科伦坡南港是南亚地区迄今为止最大的深水港，可以停靠世界上最大的 18000 标准箱的货柜轮。它不仅能服务于南亚次大陆及亚太等地区，还可以服务于东西方之间的国际主航线。科伦坡南港集装箱码头项目由招商局国际有限公司主导融资、设计、建造、运营及管理，中国港湾工程有限责任公司承建。整个项目合同额为 3.27 亿美元，项目业主为招商局国际与斯里兰卡港务局联合成立的科伦坡国际集装箱码头公司。2011 年 12 月 16 日开工，2013 年 7 月向业主移交了一期码头 400 米岸线。2014 年 4 月 10 日，项目完成整体移交，2014 年 4 月 11 日完工。整个项目最终总投资超过 5 亿美元，该项目是斯里兰卡较大的外商投资项目之一。项目设计吞吐量为 240 万标准箱，特许经营期为 35 年。

作为斯里兰卡建造的重要港口，科伦坡港还承载着带动斯里兰卡经济发展的重任。科伦坡南港集装箱码头项目的建成极大地提高了科伦坡港的吞吐能力。目前码头运营状况良好，码头泊位利用率在 70% 左右。根据斯里兰卡投资政策要求，项目部将中方与斯里兰卡当地员工比例控制在 1∶4 范围，项目建设期和运营期分别可以创造 3000 个和 7500 个直接就业岗位，有力地促进了当地就业。此外，预计南港码头为期 35 年的特许经营期将为斯里兰卡政府带来近 20 亿美元的收入。与汉班托塔港不同，科伦坡港从一开始就被招商局港口控股有限公司和斯里兰卡国家港务局当作一个公私合营项目进行谈判，最终成功转型为全球航运中心。截至 2018 年上半年，该港已成为世界上发展较快的集装箱港口之一。①

三　空运

（一）汉班托塔国际机场项目

2009 年，斯里兰卡政府依靠中国进出口银行优惠贷款，招标建设汉班托塔国际机场。中国港湾公司成功中标，承担项目的设计、采购及施工等，合同总金额为 2.09 亿美元。该机场项目位于斯里兰卡南部省汉班托塔市马特拉地区，占地 800 公顷，距汉班托塔港约 17 千米。这是斯里兰

---

① 陈懋修、阿纳尔卡利·佩雷拉：《不可持续的中国基建交易并非一方之过》，清华—卡耐基全球政策中心，https://carnegietsinghua.org/2019/08/19/zh-pub-79681。

卡境内的第二个国际机场，按国际民航组织 4F 级标准修建，可起降当今最大的民航飞机空客 A380。

机场建成后，预计每年旅客吞吐量可达 100 万人次，货物吞吐量为 4.5 万吨。2010 年 3 月项目开工，2013 年 3 月按期完工。其中，机场占地面积为 2000 公顷，飞行区设主跑道一条，长 3500 米，宽 60 米，道肩宽 7.5 米。滑行道两条，一条长 393 米，宽 60 米，另一条长 669 米，宽 25 米。停机坪 8.3 万平方米，分停驻区和滑行区；场内道路 16.5 千米，分为陆侧路、空侧路两部分。航站楼属于框架结构，高 14.8 米，建筑面积为 14602.14 平方米。控制塔为剪力墙和钢结构，高 45 米，建筑面积为 980 平方米。外围高压系统包括高压配电系统、高杆灯照明系统和变压器房。该工程由中港集团总承包，作为主要参建单位，中交四航局主要负责机场飞行区主跑道、滑行道、停机坪、停车场、道路的土方工程及停机坪混凝土道面、排水等施工项目。该项目在施工期间，受到了斯里兰卡政府的高度重视，取得了较好的经济及社会效益。

（二）科伦坡国际机场跑道改造项目

2017 年 4 月，由中航国际承建的科伦坡国际机场跑道改造工程竣工。该项目主体工程合同工期仅为 90 天，而且需在不停航状态下施工，难度巨大。中航国际精心组织施工，最终主体工程比合同工期提前 18 天完工，机场跑道如期恢复正常通航。跑道改造工程有效地助力了斯里兰卡旅游、运输等行业的发展和升级，也为机场进一步扩建和改造奠定了基础。目前，科伦坡国际机场已完工的跑道是南亚地区等级最高的 4F 级跑道，拥有全 LED 助航灯光系统，可以起降空客 A380 等大型客机，并且适合各种天气条件下的航班起降。

四　铁路

斯里兰卡南部铁路项目

斯里兰卡南部铁路项目共分三期，该项目于 2013 年 8 月正式开工。这是中国企业以总承包形式在斯里兰卡承揽的第一个铁路工程项目，由中国机械进出口（集团）有限公司总承建，中铁电气化局和中铁五局施工，中国进出口银行提供贷款支持。2019 年 4 月 8 日，由中国铁建中铁第五勘察设计院集团勘察设计的斯里兰卡南部铁路一期工程正式通车。一期铁路总长为 26.75 千米，包括 4 个车站和 2 个乘降所，是一条设计时速为 120 千米的内燃牵引单线宽轨铁路。

南铁项目一期的建设充分体现了"共商、共建、共享"的理念。项目设计和施工是中国标准和当地标准的融合，该项目主要桥梁、隧道等重点工程的关键技术人员都来自中国，主要机具和轨道等材料均为中国制造。五年来，中方克服了洪涝灾害、地质缺陷等不利影响，按照合同要求顺利通车。该项目完工、通车后，将极大地改善沿线地区的交通运输水平，围绕铁路运输创造众多就业机会，拉动斯里兰卡南部经济增长，并持续改善民生。更为重要的是，在南铁项目一期建设过程中，斯里兰卡技术人才通过和中方专家朝夕相处，不仅结下了深厚的友谊，也为斯里兰卡铁路运输事业储备了一批专业人才。

五　公路

(一) 斯里兰卡南部高速项目

作为中斯"一带一路"建设重点项目之一，斯里兰卡南部高速项目全长 96 千米，共分四个标段。该项目从 2016 年 1 月开建，由中国进出口银行提供优惠贷款，分别由中航国际、中国建筑、中国港湾分段承建，总金额达 9000 万美元。这条高速延长线以斯里兰卡第四大城市马特拉为起点，其终点是汉班托塔港和机场。南部高速延长线的通车不仅标志着整条高速公路全线贯通，也使首都科伦坡、旅游城市加勒和汉班托塔、马特拉四个主要大城市之间第一次有了高速公路连接。与此同时，它还实现了科伦坡与汉班托塔两大港口、两大国际机场之间的互连互通，成为斯里兰卡经济发展的大动脉。南部高速项目的建设为当地创造了 2 万多个就业岗位，并为斯里兰卡培养了大量专业技术人才和熟练工人。不仅如此，中国公司还建造了当地第一个安全体验馆，编写了英文与僧伽罗文双语培训教材。来自中国的工程师定期为当地工人进行安全知识培训，被当地业主称赞为"兰卡第一施工技能和安全培训基地"。

(二) 汉班托塔地区立交桥项目

该项目包括 PRP1/C1A-3 城市立交桥项目和 PRP2/C9B 港口立交桥项目等三座现代化立交桥项目，由中国航空技术国际工程公司承建。为了迎接在斯里兰卡召开的 2013 年英联邦首脑会议，中航国际工程公司积极响应斯方政府要求，克服工期紧等重重困难，保质保量地完成了任务，最终 PRP2/C9B 项目提前 35 天竣工通车，PRP1/C1A-3 项目如期完工。为了配合马塔拉国际机场的开通，中航国际工程公司加班加点，确保 PRP2/C9A 标段机场立交桥项目在 2013 年 3 月 15 日竣工通车，较合同工期提前了 263 天。

上述三座立交桥均为斯里兰卡国家优先建设项目。如今，三座立交桥已成为汉班托塔地区的新地标。它们在很大程度上改变了这一地区的城市和交通面貌，同时大大缓解了汉班托塔国际机场、港口及城市的交通压力，有力地促进了当地经济和社会建设，经济和社会效益良好。

（三）斯里兰卡 A15 道路五座桥项目

该工程包括三座跨河大桥，两座跨海大桥，四座桥设有钢栈桥和水上平台。在斯里兰卡，五座桥项目创造了桩基最深、预制的混凝土 T 梁最长、桥梁施工速度最快、最先采用架桥机架设梁体等一系列之最。该项目施工任务分为四个阶段，在前两个阶段，该项目经受了两次特大洪水的严峻考验；第三阶段的任务主要是五座主桥桥面及附属工程（包括桥头搭板、伸缩缝、路沿石、桥面盖板、滴水槽、护栏等）；第四阶段的任务主要是五座主桥竣工验收合格，临建钢便桥拆除完成，清点交接材料。2011年 7 月 20 日上午，随着最后一片 T 梁吊装就位，由中铁五局路桥公司承建的斯里兰卡 A15 道路五座桥的主体工程全部完工。

（四）科伦坡外环高速（OCH-NSII）项目

由中国冶金科工集团有限公司总承包、中国二十冶集团有限公司承建，中国进出口银行提供融资支持，项目总标的约为 5.2 亿美元。道路主线全长 9.628 千米，近 6.3 千米为高架桥，设计标准为英国标准（BS 系列）以及斯里兰卡标准和规范，双向四车道设计，设计时速为 100 千米/小时。起点 KER 互通，终点至 KAD 互通，连接着斯里兰卡机场高速公路（CKE）、中部高速公路第一标段（CEP-1）和南部高速公路，为促进斯里兰卡社会经济发展发挥着至关重要的作用。该项目于 2016 年 1 月 1 日正式开工，原合同计划竣工日期为 2019 年 6 月。后受征地影响，竣工日期延期至 2019 年 12 月。该项目开工后，先后经历了征地缓慢、雨季影响施工、"4.21"暴恐事件等重重困难，在中国驻斯里兰卡大使馆和中国进出口银行的大力支持下，最终于 2019 年 11 月 7 日顺利通车。

科伦坡外环高速项目建成后，与中部高速、机场高速、南部高速连通，使斯里兰卡首都周边地区形成了一个系统的高速公路网。作为连接南部和北部的快速通道，科伦坡外环高速不仅有助于分散进出首都科伦坡的交通压力，缓解科伦坡地区的交通拥堵状况，也有助于改善斯里兰卡中部和南部地区的交通条件，促进区域经济发展。

（五）A09 公路项目

该项目全长 320 千米，项目总金额为 1.67 亿美元，2013 年竣工。这是 2009 年斯里兰卡内战结束后重建的第一条国家级道路。其最南端始于康提，最北端终于贾夫纳市。该项目由中航国际承建，采用了 EPC 总承包模式。其中，中航国际工程有限公司作为总承包方，铁一院承担勘察和设计管理工作。

（六）斯里兰卡机场高速（CKE）项目

斯里兰卡机场高速项目公路从卡图纳亚克国际机场到科伦坡市区，蜿蜒穿过居民区和泥沼湿地，全长 25.8 千米，项目总金额约为 3.1 亿美元。在路过湖区时，施工人员架起堤坝，在筑路同时保护了湖区渔民的生计环境。该项目由中冶集团承建，这是中冶集团海外第一个公路 EPC 项目。如今，斯里兰卡机场高速公路已然成为"科伦坡的最初印象"。它在发挥商业交通价值的同时，也打造了绿色人文景观，堪称斯里兰卡战后民主独立、经济发展的一颗硕果。

第三节　中斯基础设施合作面临的风险

目前，中国已成为斯里兰卡最大的投资国。一大批中资企业常年在斯里兰卡承包项目，大大提升了斯里兰卡的基础设施水平。不过，在中斯经济合作不断扩展与深化的过程中，部分项目也曾出现停滞不前的局面。当前，中斯基础设施合作面临的风险主要体现在以下几个方面。

一　腐败问题降低投资效率

斯里兰卡法律制度较为完善，税收体系和制度较为健全，并且为吸引外资提供了多重政策激励和税费优惠，但斯里兰卡的腐败问题影响了其政策效能。根据透明国际组织公布的"全球清廉指数"，2019 年斯里兰卡列第 93 位，比 2018 年倒退 4 位。① 其最常见的腐败形式包括为避免官僚主义而支付的"疏通费"、对政府官员的贿赂、裙带关系和任人唯亲等②，甚至在积极引进外资促进国家发展过程中，斯里兰卡投资局也曾被指控参与腐败。此外，斯里兰卡海关部门的腐败也会造成跨境贸易的低效，以及进出口程序烦琐化。③ 在斯里兰卡，缴纳税款时的非正常付款和贿赂行为也很常见，这使得一些外国公司在斯里兰卡的缴税总额高于南亚平均水平。④ 西里塞纳任内曾积极反腐，斯里兰卡警务部门设立了财务犯罪调查局，专门针对严重财务诈骗、国家资产和资金的错误使用，及其他财务犯罪进行调查。但是，由于腐败涉及群体较大，因而积习难改，反腐败措施收效甚微。⑤ 此外，由于职能部门间缺乏协调，一些部门优惠政策也难以落地。在现实中，往往会出现由于政府职能部门缺乏协调性，而导致外商投资项目所需土地，物资供应衔接不力，无法享受应有的税费减免等。⑥

二　政治生态增加项目风险

近年来，斯里兰卡国内政治生态日趋复杂化。斯里兰卡采用半总统制政体，宪法规定总统拥有任命总理和内阁部长的权力。但是，在目前议会倒阁权没有任何制约的情况下，斯里兰卡总统对总理和内阁的任免没有实质性影响力。⑦ 在斯里兰卡，多民族、多宗教信仰的社会结构形成了其多

---

① Transparency International, *Corruption Perceptions Index 2019*, 2019, https://www.transparency.org/en/cpi/2019/results/table.

② 袁森：《"一带一路"国别研究：斯里兰卡社会与项目投资报告》，中国社会科学出版社 2020 年版，第 60 页。

③ 袁森：《"一带一路"国别研究：斯里兰卡社会与项目投资报告》，中国社会科学出版社 2020 年版，第 61 页。

④ 转引自袁森：《"一带一路"国别研究：斯里兰卡社会与项目投资报告》，中国社会科学出版社 2020 年版，第 61 页。

⑤ Jayadeva Uyangoda, "Reform Resistance in Sri Lankan Politics", *Groundviews*, March 27, 2018.

⑥ 中国国家税务总局：《中国居民赴斯里兰卡国投资税收指南》，第 60—63 页。

⑦ 陈兵：《从宪法危机看斯里兰卡议会的特点》，《人大研究》2019 年第 6 期。

党制政治架构。除个别中选区外，斯里兰卡议会曾长期采用小选区比较多数决制。① 1978 年宪法将斯里兰卡议会的选举制改为比例代表制。但是，除了 1989 年大选外，历届选举并无政党的得票数能够单独过半。它们无一例外地都需要与其他政党联合执政。由于小党的分票结果，执政联盟内部的政党数量不断增加。这就大大增加了内部协调的难度，议会多数也就更不稳定。从政治过程来看，斯里兰卡政党组织的内部结构也不太稳固，组织基础薄弱，纪律涣散。在选举和表决过程中，议员单独跨党投票，甚至反叛跳槽现象等，也往往屡见不鲜。②

在 2015 年总统大选中，自由党人西里塞纳当选总统。在同年的议会大选中，维克拉马辛哈率领"善政统一民主阵线"获得了 225 个议会席位中的 106 席，并成功出任总理。于是，斯里兰卡组成了两党联合执政联盟。但是，党派矛盾丛生，各派力量不断分化。2016 年 2 月，拉贾帕克萨组建了"联合反对派"，在谋求议会合法地位未果的情况下，选择了街头政治。③ 2018 年 2 月，拉贾帕克萨率领的斯里兰卡人民阵线党在地方议会选举中取得压倒性胜利。当年 10 月，斯里兰卡总统西里塞纳突然解除总理维克拉马辛哈的职务，维克拉马辛哈以总理变更须经议会投票为由拒绝卸任，于是斯里兰卡出现了长达两个多月的"宪政危机"。直到 2019 年总统大选，人民阵线党提名的总统候选人戈塔巴雅·拉贾帕克萨赢得选举，斯里兰卡的宪政危机才算告一段落。④

显然，斯里兰卡独特的政治体制势必会影响其政策的连贯性，乃至国内的政治问题，都会直接或间接地增加企业投资的潜在风险和不确定性。随着中国在斯里兰卡投资逐步增加，中国在斯里兰卡投资项目也越来越受到斯里兰卡民众的关注，并屡屡成为其国内党派斗争的重要议题。比如，在 2015 年总统大选中，西里塞纳指责拉贾帕克萨家族在科伦坡项目中涉嫌

---

① 郭家宏：《斯里兰卡：发展与民族对抗的困境》，四川人民出版社 2002 年版，第 127 页。
② 陈兵：《从宪法危机看斯里兰卡议会的特点》，《人大研究》2019 年第 6 期。
③ 袁淼：《"一带一路"国别研究：斯里兰卡社会与项目投资报告》，中国社会科学出版社 2020 年版，第 24 页。
④ 唐璐：《斯里兰卡反对党候选人赢得总统选举》，新华网，2019 年 11 月 17 日，http://www.xinhuanet.com/world/2019-11/17/c_1125242450.htm。

贪腐问题，为其最终赢得总统大选起到了关键作用。[①] 西里塞纳上台后，立即叫停了中资企业在斯里兰卡的投资项目，给中资企业带来了重大损失。2018 年 9 月，斯里兰卡反对派以汉班托塔港的"债务与项目成本"等问题攻击政府，组织民众进行抗议，对中资企业在当地的经营造成了不利影响。

三　债务因素增加投资成本

由于长期内战，加上未能利用东亚与东南亚经济联动的机遇，斯里兰卡国内生产、外贸、财政支出及债务管理等内部结构失衡，其产业结构一直未能实现成功转型，外债负债率也长期处于高位。2011 年以来，斯里兰卡外债负担不断扩大，外债额、外债负债率、外债偿债率上升。2018 年，斯里兰卡外债偿债率达到了 28.9%，超过了发展中国家的外债安全线水平。2017 年，斯里兰卡的外债债务率和外债偿息率分别为 260.1% 和 5.4%，远高于中低收入国家的平均水平。此外，斯里兰卡的外债偿息率从 2010 年的 3.2% 上升到了 2018 年的 6.1%。从流动性来看，斯里兰卡外汇储备占外债总额的比重从 2011 年的 24.2% 下滑到 2017 年 14%，表明该国外汇储备在应对可能出现的紧急突发情况时将面临考验。[②] 2018 年，三大国际评级机构对斯里兰卡的评级为 B2 级或 B 级，认为该国的偿债能力较弱。一旦出现经济、政治问题或受到外部冲击，就会出现较高的外债违约风险。2019—2022 年、2025—2027 年，斯里兰卡面临两次外债偿还高峰。尤其是在第一阶段，斯里兰卡在四年内偿还高达 151.39 亿美元的债务本息。仅 2019 年就需要偿还 59 亿美元，还债压力巨大。[③]

为应对外债到期问题，斯里兰卡采取一系列措施，先后通过了统一债务管理机构制定、执行和定期发行中期债务管理战略，批准《责任管理法》等，以提振国际投资者信心。但是，由于斯里兰卡在国际产业链中处于下游地位，高技术制成品出口非常有限，出口导向型经济模式盈利和创

---

① 袁森：《"一带一路"国别研究：斯里兰卡社会与项目投资报告》，中国社会科学出版社 2020 年版，第 65 页。

② 李艳芳：《斯里兰卡外债问题的生成逻辑与争议辨析》，《国际展望》2020 年第 1 期。

③ 李艳芳：《斯里兰卡外债问题的生成逻辑与争议辨析》，《国际展望》2020 年第 1 期。

收能力都比较低，国际收支失衡持续扩大。可以预计，在未来一段时间内，斯里兰卡将主要采取税收方式进行调节和平衡，这势必会进一步推高企业投资成本。

四　印太地缘政治竞争干扰中斯合作

斯里兰卡与印度隔海相望，由于地缘相近，双方有着悠久的历史联系。而且，两国在政治体制、社会文化以及风俗习惯等方面也十分相近。印度作为南亚次大陆唯一的大国，无论是基于其自身的传统战略文化还是传承英国殖民者的外交思想，都十分重视对周边国家的影响力。印度一直将南亚次大陆和印度洋视为"后花园"，努力保持对周边国家内政的掌控。同时，对外来国家在该地区的行为始终保持警惕。1987 年印斯两国签订《印斯和平协议》，斯里兰卡承认了印度在印度洋地区的霸权。① 日本也是印度洋地区的地缘政治竞争者。1952 年，斯里兰卡与日本建交，是第二次世界大战后第一个跟日本建交的国家，斯里兰卡也由此成为日本对外经济援助的对象国。2008 年前，日本一直是斯里兰卡最大的援助国，在公路、铁路、港口、水处理、公共卫生、广播电视等方面在斯里兰卡进行了大量投资和援助。2018 年 1 月，日本外相河野太郎在访问斯里兰卡时赤裸裸地表示：斯里兰卡是"自由与开放的"印太战略中的一个"核心国家"。

过去几年来，美国不断加大对斯里兰卡的投入，双方政治互动频繁，军事合作发展迅速。2017 财年，美国对斯里兰卡援助额为 3979 万美元，较 2015 年上涨 915%。在斯里兰卡的贸易伙伴中，美国一直是斯里兰卡最大的出口市场。斯里兰卡每年约 25% 的产品出口到美国，在双边贸易关系中处于顺差地位。2017 年，斯里兰卡对美贸易顺差甚至达到了双边贸易额的 80.6%。这一顺差额远超 2017 年 4 月被列入"不公平贸易"调查对象的泰国、印尼、马来西亚和越南四国，后者同年对美贸易顺差占双边贸易额的比例分别为 70.2%、48.1%、48.8% 和 61.3%。② 此外，美国还努

---

① 马嬡：《冷战后印度南亚政策的变化》，《当代亚太》2004 年第 2 期。
② 李益波：《美国提升与斯里兰卡关系：动因与制约》，《国际问题研究》2019 年第 1 期。

力增加在斯里兰卡的军事存在和政治安全影响力。从 2017 年 7 月起，美国取消了斯里兰卡出口旅游商品到美国的关税。2018 年 6 月，美国邀请斯里兰卡参加了"环太平洋"演习。同年 8 月，美国国务院提出了"孟加拉湾倡议"，将斯里兰卡列入安全援助对象，时任国务卿蓬佩奥宣布向斯里兰卡提供 3900 万美元的军事安全援助。2019 年 2 月，美国印太司令部司令戴维森称，将加强与斯里兰卡海军的合作；同年 4 月，美国与斯里兰卡在汉班托塔港附近举行了联合军演。

近年来，美、日、印分别扩大对斯里兰卡的援助和投资，以期抵消中国在斯里兰卡的影响。比如，日本向斯里兰卡提供了多笔贷款投资，以支持斯里兰卡基础设施建设。日本是斯里兰卡第二大债权国，2018 年 3 月 14 日西里塞纳访日期间双方签署了有关医疗保健合作的备忘录，日本向斯里兰卡提供一亿日元贷款，帮助其建设国立医院、引进医疗设备、培养医疗人才等。印度推出了"季风计划"，还试图激活环孟加拉湾经济技术合作组织，加强同巴基斯坦以外的南亚国家间的互联互通，并持续为斯里兰卡提供发展援助。

在多边层面，日印于 2017 年 5 月联合推出了"亚非增长走廊"（AAGC）计划，大力宣扬国际规范与高质量基础设施建设，促进南亚、东南亚与非洲的互联互通。日印两国还共同参与建设了亭可马里港、科伦坡液化天然气等项目。在三国共同建设的科伦坡液化天然气（LNG）发电项目中，日本企业拥有 37.5% 的股权，印度 Petronet LNG 公司拥有 47.5% 的股权，斯里兰卡政府拥有 15% 的股权。在亭可马里港开发、科伦坡港新集装箱码头等项目上，三国之间也加强了合作。日印两国还邀请斯里兰卡参加海上联合演习，通过培训方式深化三国海军军官联系等。[1] 2019 年 5 月，斯里兰卡又与印、日签署了三方合作备忘录，以开发科伦坡港东集装箱码头。该项目计划投资 5 亿—7 亿美元，由日本提供低息软贷款。

此外，印度还积极推进多边议题，以实现其地区目标。2022 年 3 月，第五次科伦坡国家安全会议（CSC）在马累举行，毛里求斯成为科伦坡国家安全会议的新成员。成员国通过了合作路线图，以海上安全、反恐和去极端化、网络安全和救灾为五大支柱，促进建设强有力的多边机制，并加

---

① 陈利君：《"印太战略"背景下的中斯合作》，《南亚东南亚研究》2020 年第 2 期。

强成员国之间的信息交流。在会议举行的同时，印度和斯里兰卡举行了为期四天的海上军演，印度军舰借此停靠斯里兰卡汉班托塔港和科伦坡港。在经济层面，2022 年 3 月第五届环孟加拉湾多领域经济技术合作倡议（BIMSTEC）峰会在科伦坡举行。在印度推动下，环孟加拉湾多领域经济技术合作倡议《宪章》和《交通互联互通总体规划》得以顺利通过，各方还在科伦坡建立了环孟加拉湾多领域经济技术合作倡议技术转让中心，以推动成员国之间的技术合作。

第四节　结语：中斯基础设施合作的前景

斯里兰卡地处太平洋与印度洋交汇的十字路口，极具地缘战略价值。因此，随着中国影响力的日益扩大和中斯经济合作水平的逐步提升，中国在斯里兰卡的一举一动都会引起相关印太国家的重视。在斯里兰卡的对外认知中，印、中、美是印度洋和斯里兰卡十分重要的三个国家，斯里兰卡倒向任何一方都无法实现其自身利益的最大化。面对大国博弈，斯里兰卡奉行"平衡外交"，不得罪任何一方，以谋求其自身利益的最大化。因此，对中国基建企业来说，需要慎重评估斯里兰卡外交方向摆动对项目投资所带来的潜在影响。

值得一提的是，尽管屡屡受到"平衡外交"的影响，但中斯基础设施合作具有极大的韧性。西里塞纳在上台之初曾叫停中国投资项目，这对双方政治互信和企业信心造成了一定的打击。但中国在基建领域的优势地位难以替代，双方经贸合作也逐渐步入正轨。迄今为止，斯里兰卡政府对中国在基建领域的投资持大力支持态度。事实上，中国企业的投资项目既带动了当地就业，也增加了当地的税收，更促进了斯里兰卡经济与社会的发展。拉贾帕克萨总统再次执政后，斯里兰卡政治稳定性有所增强，这将为两国经贸合作注入更大的稳定性。不过，我们也应当看到，斯里兰卡公共债务规模正在不断扩大，其债务负担也会日益加重。这导致当前政府投资的大型基建项目，尤其是现汇项目越来越少，付款条件也越来越高，未来工程承包市场空间趋紧。这不仅要求承包企业具备良好的工程建设能力，还对企业的融资能力、综合运营管理能力和风险把控能力提出了更高要求。此外，随着斯里兰卡劳动力成本上升，中国工程承包企业在当地的劳务成本不断增加，价格优势和利润空间将会不断缩小。[①]

　　展望未来，中斯两国政府应进一步夯实政治互信水平，为双方基础设施建设合作提供更大便利。首先是加强中斯两国在贸易、投资部门的政策协调，部门联动，同时加强自由贸易协定谈判进程，为两国企业相互投资提供更大的便利和保障。其次，中国企业也要积极在当地开展公共外交和社会公关活动，主动宣介中国在斯里兰卡投资项目的经济效益和社会效益，进一步优化在斯里兰卡投资主体，引入私营企业、股份制企业联合投资，多元化融资渠道，分散投资风险。再次，中国企业赴斯里兰卡进行基础设施类重大投资时，还需要加强和商会、使馆等在斯华人团体和机构间的联系，深入进行项目可行性与风险研究，同时谨慎选择合作伙伴，签订合同务求严谨，妥善处理好劳资关系。在条件允许的情况下，尽可能扩大当地用工，完善当地员工招聘、激励制度。最后，中资企业在赴斯里兰卡进行重大基础设施项目投资前，还应充分了解斯里兰卡的风土人情，尊重当地民风习俗和宗教信仰，同时充分了解当地法律、法规和国情，特别是应加大对当地税收、劳工、外汇管理、环保和安全等政策的研究。同时保证与项目所在地官员、居民、媒体进行及时有效沟通，及时发现潜在风险并加以排除。

---

①　李晓炜、杨昕：《中国—斯里兰卡双边合作现状与前景》，《海外投资与出口信贷》2019年第 2 期。

第六章　中国与斯里兰卡人文交流

　　人文交流是增进国家间相互理解和信任的有效渠道，也是中国对外工作的重要组成部分，它与政治互信、经济合作一起构成当代中国对外关系的三大支柱。① 加强人文交流不仅可以有效消除国家间隔阂、化解冲突，也有利于建立互信、促进关系发展。在当前大国竞争和国际社会对抗情绪加剧的背景下，人文交流的特殊作用更加凸显。2021 年 5 月 31 日，在中共中央政治局就加强中国国际传播能力建设进行第三十次集体学习时，习近平总书记强调，要讲好中国故事，传播好中国声音，展示真实、立体、全面的中国，并且明确要求深入开展各种形式的人文交流活动，通过多种途径推动中国同各国的人文交流和民心相通。② 近年来，伴随着中国和斯里兰卡政治交往与经济合作的持续快速发展，双方在人文领域的交流与合作日益密切。中斯人文交流源远流长，自古以来便友好交流、相扶相济。建交以来，斯里兰卡政府在中国台湾、西藏、香港和人权等问题及一些重大国际事务上一贯支持中国立场，坚持"一个中国"原则。中国政府也积极支持斯里兰卡经济发展，反对西方国家在所谓的"人权问题"上对斯里兰卡进行无理打压，并支持其维护国家独立和领土主权完整。③ 多年来，两国友谊经受住了时间的考验，且变得更加牢固。在此背景下，中斯人文交流领域的快速发展在巩固并扩大中斯友好关系的民意基础、推动中

---

　　① 邢丽菊：《人类命运共同体视域下的人文交流：内涵、挑战与路径》，载邢丽菊、张骥编著《中外人文交流与新型国际关系构建》，世界知识出版社 2019 年版，第 93 页。

　　② 《加强和改进国际传播工作 展示真实立体全面的中国》，载《人民日报》2021 年 6 月 2 日第 1 版。

　　③ 中华人民共和国外交部：《中国同斯里兰卡的关系》，2018 年 6 月，https://www.fm-prc.gov.cn/web/gjhdq_676201/gj_676203/yz_676205/1206_676884/sbgx_676888/。

斯共建"一带一路"和命运共同体上，发挥着越来越重要的作用。在新的时代背景下，中斯人文交流正呈现出前所未有的新气象。

第一节 中斯人文交流的历史基础

中斯友好关系是在政治、经济、文化交流的基础上长期发展和积累的结果。在几千年的交往历史中，佛教从一开始就成为联系中斯人民、增进两国友谊的重要文化纽带。随着历史的发展，古代海上丝绸之路、郑和下西洋，以及近代"米胶协定"等，都为两国人文交流的繁荣发展打下了坚实的基础。

一 海上丝绸之路

海上丝绸之路是古代中国与世界交往的重要海上通道，至今已逾两千多年历史，历经各朝各代的发展与变迁，逐步从东南亚进入印度洋，进而延伸至波斯湾、阿拉伯、东非，甚至欧洲等地。2013 年，中国国家主席习近平提出了"21 世纪海上丝绸之路"的战略构想，让延续千年的古丝绸之路重新焕发生机，成为当前推动中国与沿线国家经济文化交流的重要桥梁。斯里兰卡位置优越，扼守印度洋上多条主要航线，是通往印度次大陆的重要门户，拥有发展成为南亚主要航运中心和物流枢纽所需的各类优势[1]，在复杂、繁忙的海上交通网络中扮演着重要的中转站角色。如今，斯里兰卡凭借自身区位优势，再次成为共建"21 世纪海上丝绸之路"的重要合作伙伴。

历史上关于斯里兰卡与海上丝绸之路联系的文献记载数不胜数。如班固的《汉书·地理志》提到"黄支之南，有已程不国，汉之译使自此还矣"[2]；《新唐书》在记载的海上航路中也提及"又北四日行，至师子国，其北海岸距南天竺大岸百里"[3]，其中所称"已程不国""师子国"便是现在的斯里兰卡。也有学者根据元代汪大渊所著《岛夷志略》中记载的

---

① 中国香港贸易发展局：《斯里兰卡：南亚新兴物流枢纽》，2015 年 6 月 2 日，https://research. hktdc. com/sc/article/NDYxNjI5NzEw。

② （汉）班固：《汉书·地理志》卷二十八，中华书局 2009 年版，第 209 页。

③ （宋）欧阳修等：《新唐书》，中华书局 2003 年版，第 1095 页。

地名，对当时海上丝绸之路航线进行考释，发现有商船曾航经千里马（今斯里兰卡东岸的亭可马里，Trincomalee）、高郎步（今斯里兰卡岛西岸之科伦坡，Colombo）、大佛山（今科伦坡南部的贝鲁瓦拉湾，Beruwala Bay）等地。① 在这些零星记载中便足以窥见古代海上丝绸之路上中斯两国间的相互认知和密切联系。

2009 年斯里兰卡内战结束后，斯里兰卡国内开始致力于战后重建和经济发展，并提出"马欣达愿景"，希望将斯里兰卡打造成为亚洲的航空、投资、商业、能源和知识枢纽，以及连接东西方的重要纽带。② 这与中国提出的建设"21 世纪海上丝绸之路"构想不谋而合。斯里兰卡在第一时间表态支持，希望借力中国倡导的新海上丝路，实现其自身发展愿景。近年来，中方也一再表示，愿通过共建海上丝路，助力斯里兰卡成为未来印度洋航运、物流乃至金融中心，使这颗印度洋上的"明珠"焕发出新的时代光彩。③"一带一路"无疑将中斯传统关系提升到新高度。

二　佛教渊源

斯里兰卡民族文化历史悠久，深受佛教影响，其艺术、民俗乃至生活的方方面面都与佛教密切相关。在斯里兰卡，超过 70% 的民众信奉佛教，现任总统、总理及外长等许多重要政治人物均是佛教徒，相传在其 6.5 万多平方千米的土地上，大约每 10 平方千米就有一座寺院，佛寺、佛像随处可见。在古代，寺院不仅是斯里兰卡的文化教育中心，还藏有大量珍贵文物和典籍，而且寺中僧侣也一直垄断着文化教育，是社会的精英阶层。④ 建国之后，斯里兰卡虽未明确将佛教列为国教或官方宗教，但其宪法依然赋予佛教特殊地位，至今对斯里兰卡政治生活有着重要影响。例如，历届政治领导人就职宣誓时，一般都会寻求其佛教领袖的祝福。⑤

---

① 李金明：《中国古代海上丝绸之路的发展与变迁》，《新东方》2015 年第 1 期。

② "Mahinda Chinthana—Vision for the Future," *Asian Tribune*, 2009, http://www.asiantribune.com/sites/asiantribune.com/files/Mahinda_Chinthana.pdf.

③ 王毅：《中国与斯里兰卡关系步入新阶段》，人民网，2016 年 7 月 10 日，https://www.fmprc.gov.cn/ce/cgct/chn/zgyw/t1378915.htm。

④ 惟善：《传承中斯两国佛教界友好传统》，《中国民族报》2019 年 5 月 21 日第 8 版。

⑤ R. Hariharan, "Role of Buddhism In Sri Lankan Politics", *Colombo Telegraph*, November 6, 2017, https://www.colombotelegraph.com/index.php/role-of-buddhism-in-sri-lankan-politics/.

中国作为佛教大国，与斯里兰卡渊源颇深。406 年前后，斯里兰卡国王听闻晋孝武帝崇奉佛教，便派遣使者沙门昙摩出使中国，并带来一尊玉佛像。[①] 410 年，中国东晋著名高僧法显经印度渡海赴斯里兰卡，在斯里兰卡研习佛法两年后，取回佛经并著成《佛国记》一书，记录了在斯里兰卡的所见所闻，为如今研究斯里兰卡和中斯两国人民友好交往留下了宝贵财富。在这一时期，中斯宗教、艺术往来愈发密切，斯里兰卡一些佛教团体先后在 428 年、429 年、433 年、434 年、435 年、455 年和 527 年到中国进行佛教文化交流。[②] 此后，尤其是唐宋以来，中斯两国佛教文化交往更加频繁，并不断带动两国佛教以外领域的交流发展。

千余年来，中斯两国佛教交流生生不息、薪火相传。佛教文化交流构成了双方友好交往的重要内容，在两国友好关系发展中发挥着重要作用，两国政府均高度重视佛教交流。到了近代，像 1894 年斯里兰卡现代佛教复兴运动领袖达摩波罗居士在上海与杨仁山居士共商两国佛教交流事宜，1935 年科伦坡金刚寺著名弘法大师纳罗达来上海弘法、考察，1936 年太虚大师组织兰卡学法团，1942 年法舫大师到斯里兰卡智严佛学院教授大乘佛法等一系列互动，不断延续着两国的佛教友谊，促进了两国人文领域的交流。[③]

三　郑和下西洋

明朝 1405 年至 1433 年郑和七下西洋，历时近 30 年，其间曾多次到达斯里兰卡，扩大了两国贸易，增进了两国友谊。据记载，郑和分别于1409 年、1410 年和 1416 年三次访问斯里兰卡。不过，也有学者研究称郑和先后有五次或六次到达斯里兰卡。[④] 虽然各家说法不一，有待考证，但

---

① 司聘：《"21 世纪海上丝绸之路"框架下的中斯佛教交流》，《中国佛学》2019 年第 1 期。

② 张淑兰、徐炜丹编著：《"一带一路"国别概览——斯里兰卡》，大连海事大学出版社2019 年版，第 29—35 页。刘耀辉、唐春生：《古代斯里兰卡与中国的交流与互动》，《重庆师范大学学报》2017 年第 4 期。

③ 邓殿臣、赵桐：《法显与中斯佛教文化交流》，《南亚研究》1994 年第 4 期；郝唯民：《近代佛教复兴时期的中斯佛教文化交流——纪念法舫法师诞辰 110 周年》，《法音》2014 年第 9 期。

④ 《解开郑和在斯里兰卡的历史谜团》，央视国际，2005 年 7 月 7 日，http://www.cctv.com/news/special/C14143/20050707/101874.shtml。

可以确定的是郑和下西洋对促进两国交流联系有着不可磨灭的功绩，将中斯文化交流推向了又一个高潮。

1409 年，郑和第二次抵达斯里兰卡后，在其南部港口城市加勒曾立起一块重要石碑——郑和碑（《布施锡兰山佛寺碑》），碑文以汉语、古阿拉伯语和泰米尔语三种语言记录了郑和等人在斯里兰卡巡圣迹、施香礼的和平之举，也印证了当时中斯贸易和文化友好交往的盛况。① 该碑现珍藏于斯里兰卡国家博物馆，也成为见证古代海上丝绸之路和中斯友好往来的珍贵实物史料。2014 年，在习近平主席访问斯里兰卡期间，拉贾帕克萨总统赠送的礼物就是《布施锡兰山佛寺碑》拓片。

郑和下西洋极大地促进了中国与亚非各国的经济文化交往。据悉，1459 年，斯里兰卡国王世利巴来耶特地派遣王子世利巴交喇惹率使团前往中国进贡，以增进两国关系。后因其国内发生变故，世利巴交喇惹王子未能归国，从此定居福建泉州，被明朝皇帝赐姓"世"，其后代至今生活在中国，成为中斯交往的一大历史见证。② 在郑和下西洋结束后，虽因一系列原因导致中、斯两国人文交流逐渐减少甚至中断，但两国人民间所积累的深厚友谊从未减损。

四　"米胶协定"

1950 年，斯里兰卡正式承认中华人民共和国，但直到 1957 年 2 月两国才正式建交。在这之前，两国早在 1952 年就达成了关键的"米胶协定"，这对双方来说都具有重大历史意义。

当时，受全球大米价格上涨、国内自然灾害影响，斯里兰卡国内发生空前粮荒，而且随着国际市场橡胶价格严重下跌，导致斯里兰卡大量橡胶积压。与此同时，以美国为首的西方国家对新中国采取"政治上孤立、经济上封锁、军事上包围"的方针，中国无法购买作为战略物资的天然橡胶。1952 年 8 月，锡兰总理班达拉奈克决定冲破美国对中国"禁运"限制，向中国出售橡胶，中国政府也欲借此机会打破美国"封锁"。于是，1952 年 12 月 18 日，斯里兰卡和中国在尚未建交的情况下签订了第一个

---

① 张瑾：《海天共月，丝路相连》，《中国社会科学报》2020 年 9 月 10 日。
② 《锡兰王子后裔续写中斯民间交流新篇章》，海峡网，2019 年 10 月 24 日，http://www.hxnews.com/news/fj/mn/qz/201910/24/1819729.shtml。

《中国与锡兰关于橡胶和大米的五年贸易协定》（简称"米胶协定"），即5年内，中国每年以27万吨大米换取斯里兰卡5万吨橡胶。[①] 该协定从1952年执行到1982年，为期长达30年，不仅有效缓解了斯里兰卡的危机，也为中国突破美国的封锁禁运发挥了重要作用，从此开启了两国经贸合作的历史篇章。[②] 此后，在这一协定所体现的信任和友谊的基础上，中斯关系稳步向前发展，成为两国友谊的新起点。[③]

第二节　两国建交以来的人文交流

1957年2月7日中斯正式建交以来，中国成为斯里兰卡最可靠的伙伴，两国政治互信不断加深，经贸、人文、教育等各领域交流合作成果显著，并且在国际事务中保持密切沟通与协调。近年来，中国与斯里兰卡规划实施了一大批项目和活动，尤其是在"一带一路"倡议的推动下，中斯经贸活动不断攀升，直接带动了两国人文交流。中斯人文交流逐渐呈现出深层次、多领域、全方位等发展特点。2020年以来，受新冠疫情的影响，中斯人员往来受限，文化交流几乎停滞，但双方仍在努力通过线上及其他形式保持中斯人文交流，继续为两国关系发展贡献特殊力量。

一　图书出版合作

早在20世纪50年代，中国和斯里兰卡就已在传统印刷传媒行业开展合作，中国书刊在这个小岛上广泛传播。当时斯里兰卡普拉加出版社就曾以僧伽罗文、泰米尔文出版发行毛泽东的著作，受到斯里兰卡读者的欢迎。《中国建设》《人民画报》等期刊在斯里兰卡也好评如潮，十分畅销。[④] 到20世纪六七十年代，中国书刊在斯里兰卡发行量达到高峰，从1967年的30多万册增加到1976年的70多万册，拥有中国期刊订户1万

---

① 张晓东：《米胶协定——新中国首次与非建交国家的贸易实践》，《档案春秋》2020年第3期。

② 王腾飞：《西里塞纳政府执政以来的中斯关系变化述评》，《国际研究参考》2018年第3期。

③ Grace Asirwatham, "Overview of Sri Lanka-China Relations," *LKI*, December 24, 2018, https://lki.lk/blog/overview-of-sri-lanka-china-relations/.

④ 唐潇：《"一带一路"构想下中斯媒体合作现状及发展方向》，《阴山学刊》2018年第6期。

多个，年期刊发行量最高可达到 4.2 万份。①

　　进入 21 世纪以来，中斯之间的出版交流更加频繁，尤其是在 "21 世纪海上丝绸之路" 的带动下，迎来黄金发展期。2013 年 11 月，新知图书科伦坡华文书局落户斯里兰卡，成为斯里兰卡首个华文书店，可以帮助斯里兰卡民众了解中国文化和学习汉语，进而促进两国文化交流。② 2014年，中国国家新闻出版广电总局与斯里兰卡出版商协会签署合作备忘录，就积极引进对方国家优秀作品版权、互译出版对方优秀作品、建立人员派遣交流机制等达成共识。③ 同年 9 月，习近平主席访斯时，就曾以《大中华文库》《点校本二十四史》《钦定四库全书荟要》等数百册中国图书作为国礼赠予斯里兰卡，体现出对两国图书文化交流的极大重视。④ 2017 年9 月，中国外语教学与研究出版社和斯里兰卡最大的出版机构萨拉萨维（Sarasavi）出版社签署合约，共同推出 "中华思想文化术语" 系列和僧伽罗语版的《中国人是如何管理企业的》。⑤ 2019 年，斯里兰卡中国协会通过尼约图片公司印制出版僧伽罗语版的《习近平谈治国理政》，受到广泛欢迎。⑥ 此外，多年来，科伦坡国际书展一直都有中国身影。2019 年 "阅读中国" 主题书展亮相科伦坡国际书展，展示了近 400 种中国精品图书，其间还分别举行了中原传媒斯里兰卡联合编辑部挂牌仪式、《中国三十大发明》等 28 种图书版权输出签约仪式。⑦ 2021 年 7 月 22 日，斯里兰卡

　　① 佟加蒙、何明星：《斯里兰卡新闻出版业的现状以及与中国的合作空间》，《出版发行研究》2016 年第 1 期。

　　② 中国驻斯里兰卡大使馆：《斯里兰卡首个华文书店开业》，2013 年 12 月 4 日，http://lk. chineseembassy. org/chn/xwdt/t1105342. htm。

　　③ 《中国与斯里兰卡签署新闻出版合作备忘录》，中国新闻网，2014 年 6 月 8 日，http://www. chinanews. com/gn/2014/06-08/6255444. shtml。

　　④ 冯文礼：《习近平向斯里兰卡总统赠书 点校本二十四史等典籍成为国礼》，《中国新闻出版报》2014 年 9 月 18 日，http://www. cnpubg. com/news/2014/0918/22192. shtml。

　　⑤ 《斯里兰卡关注中国智慧与中国经验——外研社与 Sarasavi 出版社在科伦坡书展举行签约仪式》，中国图书对外推广网，2017 年 9 月 21 日，http://www. chinabookinternational. org/2017/0921/157197. shtml。

　　⑥ 乐利文：《斯中协会赠书斯里兰卡中国文化中心》，斯里兰卡中国文化中心，2019 年 12 月 23 日，http://cn. cccweb. org/pubinfo/001002003003/20191231/e2d97fdf258b4fdbbb1937f803170f8d. html。

　　⑦ 《"阅读中国" 主题书展亮相科伦坡国际书展》，新华网，2019 年 9 月 21 日，http://m. xinhuanet. com/2019-09/21/c_1125022457. htm。

《镜像中国》杂志出版庆祝中国共产党成立 100 周年特刊，收录了斯里兰卡总统戈塔巴雅、总理马欣达、议长阿贝瓦德纳、反对党领袖普雷马达萨、中国驻斯大使戚振宏、斯里兰卡驻华大使科霍纳、中国全国友协会长林松添以及斯里兰卡其他政党负责人等的贺辞。2021 年 12 月 24 日，《斯里兰卡华侨华人口述史》和《汉语、英语与僧伽罗语 900 句》发布会在斯里兰卡首都科伦坡举行，有效促进了中斯民间交流。2021 年 12 月 30 日，斯里兰卡教育部向云南大学外国语学院捐赠了一批僧伽罗语图书。

二　广播影视交流

广播影视作品感染性强、渗透率高，是世界各国人民间互学互鉴和情感交流的重要纽带。经过多年经营，目前中国在斯里兰卡已搭建起广播影视合作平台，并通过各种形式不断扩大受众，提升观众体验。

通信基础设施建设。2010 年 7 月，中国国际广播电台科伦坡 FM102 调频台正式开播，并一直坚持用汉语、英语、僧伽罗语、泰米尔语向斯里兰卡听众播报，传播中国文化。[1] 2012 年，中国还帮助斯里兰卡发射首颗通信卫星，并于 2013 年再次向斯里兰卡在轨交付一颗东方红四号通信广播卫星，向其提供电视直播、卫星通信等服务，为两国影视媒体等合作打下坚实基础。[2] 另外，2019 年 9 月，中国援助修建的科伦坡莲花电视塔正式竣工，不仅为斯提供发射信号、通信服务，还具备餐饮、住宿、购物、观光等功能，成为斯里兰卡地标性建筑，也是迄今南亚最高的电视塔。

影视作品合拍。2013 年，中国中央电视台和斯里兰卡旅游局合作拍摄《魅力斯里兰卡》，使中国观众更加感性、直观地了解斯里兰卡这个国度，并吸引着越来越多的中国游客前往旅游。[3] 值得一提的是，斯里兰卡是全世界最大的眼角膜捐赠国，被称为"世界的眼睛"。从 20 世纪 60 年代至今，已经向国外捐献 6 万多枚眼角膜，许多中国患者也从中受益。[4] 2018

---

① 国务院新闻办公室：《中国国际广播电台调频台在斯里兰卡隆重开播》，2010 年 7 月 7 日，http://www.scio.gov.cn/hzjl/zxbd/wz/document/693564/693564.htm。

② 航讯：《中国将向斯里兰卡在轨交付通信广播卫星》，《太空探索》2013 年第 7 期。

③ 中国文化和旅游部：《中央电视台与斯里兰卡旅游促进局签署合作摄制〈魅力斯里兰卡〉电视纪录片协议》，2013 年 9 月 25 日，https://www.mct.gov.cn/whzx/bnsj/dwwhllj/201309/t20130925_770778.htm。

④ 唐璐：《斯里兰卡的眼睛》，《环球》2020 年第 3 期。

年，中斯两国导演合作拍摄《你永远在我身边》电视剧，聚焦眼角膜捐献题材，引发两国观众的强烈共鸣。[①] 2019 年，斯里兰卡也参与合拍《我看今日丝路》纪录片[②]，有效地促进了中斯文明交流互鉴。

优秀影视作品交流。从 2016 年开始，中国驻斯里兰卡使馆每年都会与斯里兰卡国家电影公司共同举办"欢乐春节"——中国电影节，至今已成功举办五届，许多优秀的中国电影走上斯里兰卡荧幕，取得良好的反响。[③] 2017 年 11 月，中国国际广播电台与斯里兰卡国家电视台签署"中国剧场"播出合作协议，合作译制僧伽罗语版中国电视剧《欢乐颂》、电影《大唐玄奘》和纪录片《指尖上的传承》《美丽乡村》《你好，中国》等，并在斯里兰卡国家电视台播出。[④] 2020 年"六一"儿童节期间，斯里兰卡中国文化中心创新交流方式，举办网上电影节，用僧伽罗语向小朋友们推介多部优秀中国儿童电影。[⑤] 通过优秀的中国影视作品，可以帮助斯里兰卡民众多角度、全方位地了解中国，进一步促进两国文化交流。

三　教育合作

教育合作是中斯人文交流与交往的重要组成部分。自 20 世纪 70 年代开始，双方便在汉语教学等教育领域积极合作。如今，随着两国合作不断深化，双方在互派留学生、建设孔子学院、联合培训等方面不断加强合作，积极促进两国友好交流。

互派留学生。据统计，斯里兰卡来华留学生人数从 2006 年的 449 人增加至 2016 年的 2311 人，发展速度很快，在南亚仅次于印度和巴基斯

---

① 《中斯两国首次合作剧〈你永远在我身边〉聚焦眼角膜捐献》，人民网，2018 年 6 月 7 日，http://culture. people. com. cn/n1/2018/0607/c1013-30042454. html。

② 中国国家广播电视总局：《20 部优秀中外电视合作合拍作品名单发布》，2019 年 5 月 24 日，http://www. nrta. gov. cn/art/2019/5/24/art_114_45642. html。

③ 《斯里兰卡第五届中国电影节开幕》，新华网，2020 年 1 月 23 日，http://m. xinhua-net. com/2020-01/23/c_1125498507. htm。

④ 中国国家广播电视总局：《国际台与斯里兰卡国家电视台签署"中国剧场"播出协议》，2017 年 11 月 20 日，http://www. nrta. gov. cn/art/2017/11/20/art_114_35381. html。

⑤ 唐璐：《斯里兰卡中国文化中心为斯儿童送上"云中礼物"》，新华网，2020 年 6 月 1 日，http://www. xinhuanet. com/2020-06/01/c_1126061666. htm。

坦。① 斯里兰卡来华留学生主要分布在武汉大学、四川大学、华中科技大学、天津医科大学、北京外国语大学等中国著名高校，专业涉及医学、建筑、电子商务、国际关系、产业经济学和翻译等领域。一些学成归国者已活跃在斯里兰卡各行各业，不仅在斯里兰卡社会发展中发挥着重要作用，而且在中斯友好交流中扮演着积极角色，成为中斯友谊的新使者。近年来，中方通过多种渠道向斯里兰卡来华留学生提供奖学金，并增加奖学金名额。中国政府奖学金的数额从1975年的每年7个逐步增加到2020年的每年250多个。② 中国驻斯使馆于2016年设立"中国大使奖学金"，目前已资助300余名斯里兰卡学生来华学习。此外，每年自费在华学习的斯里兰卡留学生人数逾1500人。③ 北京外国语大学自1961年创设僧伽罗语专业以来，在60年的时间里培养了100多名优秀的僧伽罗语专门人才。④ 此外，中国也派遣学生、学者到斯里兰卡学习、进修，其中以学习佛学的僧人居多，目前在斯里兰卡学习佛学的中国留学僧约有60人。⑤

孔子学院建设。进入21世纪，孔子学院成为在斯里兰卡推广汉语教育和中国文化的重要新平台。随着中国国际影响力的不断上升，世界各地学习汉语的热潮不断兴起。中国在2004年创办全球首个孔子学院后，2005年便与斯里兰卡签署了孔子学院文化协议。2007年5月3日，凯拉尼亚大学孔子学院正式成立，成为斯里兰卡第一家孔子学院，并于2008年开始对外招生。⑥ 目前，中国在斯里兰卡共设有两个孔子学院和两个孔子课堂，分别为凯拉尼亚大学孔子学院、科伦坡大学孔子学院和CRI斯里

---

① 《"一带一路"沿线国家已成为我国国际教育重要市场》，中国服务贸易指南网，2020年2月10日，http://tradeinservices. mofcom. gov. cn/article/yanjiu/hangyezk/202002/98178. html。

② 中国驻斯里兰卡大使馆：《斯里兰卡教育及中斯教育交流简介》，2020年4月15日，https://www. fmprc. gov. cn/ce/celk/chn/whjl/jyjl/t329719. htm。

③ 中国驻斯里兰卡大使馆：《程学源大使为斯里兰卡"中国政府奖学金"获得者颁发录取通知书》，2019年8月12日，http://lk. chineseembassy. org/chn/xwdt/t1688100. htm。

④ 《北京外国语大学2021年招生专业简介》，北京外国语大学官网，2021年6月22日，https://joinus. bfsu. edu. cn/info/1033/1968. htm。

⑤ 中国驻斯里兰卡大使馆：《斯里兰卡教育及中斯教育交流简介》，2020年4月15日，https://www. fmprc. gov. cn/ce/celk/chn/whjl/jyjl/t329719. htm。

⑥ 中国国家汉办：《浅谈中国与斯里兰卡的文化交流与汉语的传播》，2010年10月12日，http://www. hanban. org/volunteers/article/2010-10/12/content_180053_2. htm。

兰卡兰比尼听众协会广播孔子课堂、萨伯勒格穆沃大学孔子课堂。① 斯里兰卡孔子学院和孔子课堂充分利用其自身优势，开展丰富多彩的教学和文化活动，为斯里兰卡学生学习汉语言文化、了解当代中国提供重要场所和机会，受到当地社会各界的欢迎。同时，孔院总部还根据斯里兰卡的需求，向科伦坡班达拉奈克国际研究中心派驻汉语教师，提供汉语课程培训。② 此外，目前国内已有重庆师范大学、北京外国语大学和云南民族大学三所院校先后将僧伽罗语设为本科专业，为两国更好地对话交流提供了重要渠道。③

联合培训。2015 年，中国和斯里兰卡在科伦坡合作建立了"中—斯联合科教中心"，并从 2016 年开始联合中国大学和研究所招收斯里兰卡留学生，成功开办海洋科学硕士班，培养青年海洋科学人才。截至 2018 年底，该中心已有近 40 名在读生，为斯里兰卡培养了一批科研人才。④ 2016 年，在斯里兰卡总理拉尼尔·维克拉马辛哈访华期间，中方表示愿同斯方加强职业教育等领域的合作，正式决定在未来 5 年里向斯方提供 2000 个培训名额。⑤ 2016 年 7 月，中国驻斯大使馆与斯里兰卡国家青年团共同设立首个中国语言培训中心，首批学员为 60 名，培训时间达 6 个月。⑥ 中国国防大学每年为斯里兰卡三军培训 6—7 名准将以上军官，多数军官受训后被擢升至重要领导岗位，斯里兰卡空军司令卡皮拉·贾亚帕蒂便是其中之一。⑦ 2018 年，四川大学与斯里兰卡佩拉德尼亚大学签署合作

① 中国国家汉办，http://www.hanban.org/confuciousinstitutes/node_10961.htm。

② 中国驻斯里兰卡大使馆：《斯里兰卡教育及中斯教育交流简介》，2020 年 4 月 15 日，https://www.fmprc.gov.cn/ce/celk/chn/whjl/jyjl/t329719.htm。

③ 《重师"喜提"僧伽罗语专业》，2018 年 9 月 21 日，https://www.mbachina.com/html/cqnu/201809/167667.html。

④ 参见中国—斯里兰卡联合科教中心，http://www.csl-cer.com/aboutUs/background；苑基荣：《推进务实合作 实现互利共赢》，《人民日报》2019 年 5 月 31 日。

⑤ 中国国务院新闻办公室：《中华人民共和国和斯里兰卡民主社会主义共和国联合声明（全文）》，2016 年 4 月 11 日，http://www.scio.gov.cn/ztk/wh/slxy/htws/Document/1473861/1473861.htm。

⑥ 中国驻斯里兰卡大使馆：《中国语言培训中心在斯设立》，2016 年 7 月 18 日，http://lk.chineseembassy.org/chn/xwdt/t1382792.htm。

⑦ 中国驻斯里兰卡大使馆：《程学源大使向斯里兰卡空军司令贾亚帕蒂中将颁发中国国防大学硕士学位证书》，2018 年 4 月 26 日，http://lk.chineseembassy.org/chn/xwdt/t1554759.htm。

协议，双方面向两校本科、研究生阶段的学生推出联合培养计划，共同开展学者交流活动、联合科研活动，共建"印度洋地区研究中心"等联合科研机构①，有效促进两国高等教育机构之间的学术和教育交流。2019年10月，科伦坡大学孔子学院将对斯里兰卡五星酒店、海关、移民局、旅游警察局等多家机构及单位一线工作、管理人员开展职业汉语培训。② 此外，斯里兰卡高等教育和文化部与中国教育部也积极进行交流合作，共同表示将在汉语教学、跨境办学、奖学金等方面加强合作，夯实两国友好的民意基础，为"一带一路"建设做出贡献。③

四 文化互动

中斯互为文明古国，文化资源丰富。随着两国关系的快速发展，文化交流合作越来越受到重视。1979年8月15日，中国同斯里兰卡签订政府间文化合作协定。2005年8月30日，双方续签文化合作协定，并制订了年度执行计划，两国文化联系日益加强。新时期，在两国政府和民间力量的积极推动下，双方文化交流与合作加速发展。一方面，官方层面互访不断，自20世纪90年代至今，中国和斯里兰卡文化部门官员代表团互访共40余次；另一方面，民间层面互动频繁，中国各省市访斯艺术团组及展览达49次，斯里兰卡来华的文艺团组也有21次。④

斯里兰卡中国文化中心统筹运作。2014年9月，斯里兰卡中国文化中心由中斯两国领导人共同揭牌成立，成为中国在南亚地区设立的首个文化中心。⑤ 文化中心的设立和运营使中斯人文交流进入新的发展阶段，并不断发挥两国人文交流的统筹协调和引领作用。2017年8月，斯里兰卡中国文化中心办公场地正式启动，开始承办各类展览、专题讲座、电影放

---

① 王彦东：《四川大学与斯里兰卡佩拉德尼亚大学签署合作协议》，2018年5月10日，http://www.scu.edu.cn/info/1207/4076.htm。

② 斯里兰卡科伦坡大学孔子学院：《斯里兰卡"汉语+职业"特色培训正式开班》，2019年10月24日，http://www.hanban.org/article/2019-10/24/content_790112.htm。

③ 中华人民共和国教育部：《田学军会见斯里兰卡高等教育和文化部常秘》，2018年9月14日，http://www.moe.gov.cn/jyb_xwfb/gzdt_gzdt/moe_1485/201809/t20180914_348828.html。

④ 中国驻斯里兰卡大使馆：《中国和斯里兰卡的文化关系》，2020年4月15日，http://lk.chineseembassy.org/chn/whjl/background/t315203.htm。

⑤ 唐璐、朱瑞卿：《斯里兰卡中国文化中心办公场地正式启动》，新华网，2017年8月9日，http://www.xinhuanet.com//world/2017-08/09/c_1121456379.htm。

映会、汉语教学培训班等多种形式的文化交流活动。① 据悉，仅 2018 年文化中心就开展了 35 个项目、73 场次活动，直接参与人数超万人，为推动真诚互助、世代友好的中斯战略合作伙伴关系发展发挥了积极作用。② 此外，各种中斯友好协会，包括斯里兰卡中国协会、斯中社会文化合作协会等不断举办各类活动宣传中国文化，传承中斯友谊，并在一些重大问题上为中国发声，架起了中斯友谊之桥。

中斯联合考古取得积极进展。2014 年 9 月，中国科学院与斯里兰卡文化部签署了《中国科学院与斯里兰卡文化部关于在斯里兰卡海域探测郑和沉船的合作框架备忘录》，开始搜寻郑和舰队的遗迹。目前，"中国—斯里兰卡郑和沉船探测项目"已进行了四季，取得良好调查效果。③ 2016 年 12 月，四川大学考古系与斯里兰卡凯拉尼亚大学考古系正式签订考古研究合作备忘录，并于 2019 年 11 月正式对曼泰港遗址展开发掘工作。④ 2018 年 8 月，中国上海博物馆与斯里兰卡中央文化基金会签署合作备忘录，共同发掘海上丝绸之路的相关遗迹和遗物，探寻两国之间经济、文化与宗教的交流历史。联合考古队成立以来，已对贾夫纳地区的阿莱皮蒂、凯茨堡遗址进行发掘，共调查了 20 余个遗址点，并在部分遗址点发现了来自中国的元代枢府瓷、明清时期的青花瓷等遗物，取得重大阶段性成果。⑤ 中斯古代交流留下诸多历史遗产，是两国共同财富，中斯跨国联合考古不仅对文物保护、学术研究等有重要意义，而且对未来两国人文交流具有特殊意义。

佛教文化交流再创辉煌。20 世纪 80 年代，中国政府在斯里兰卡政府建议下援助修建了法显村和一座法显纪念馆，以纪念法显对中斯友谊做出的重大贡献。⑥ 近年来，中斯佛教交流日益密切，佛教代表团频繁互访，

---

① 中国文化中心：《斯里兰卡中国文化中心》，2015 年 3 月 10 日，http://cn. cccweb. org/portal/pubinfo/001002002/20150310/6002e218c4c0422398d1bbbc04ce4630. html。

② 《斯里兰卡中国文化中心办公场地正式启动》，新华社，2017 年 8 月 9 日，http://www. xinhuanet. com/world/2017-08/09/c_1121456379. htm。

③ 《海上丝绸之路上，又一艘百年沉船将揭开神秘面纱》，文汇网，2019 年 11 月 30 日，https://wenhui. whb. cn/third/zaker/201911/30/306090. html。

④ 《川大考古对话古代海上丝绸之路》，《中国教育报》2020 年 5 月 4 日第 7 版。

⑤ 王笈：《上博考古队赴斯里兰卡考古发掘取得阶段性成果》，光明网，2018 年 10 月 8 日，https://museum. gmw. cn/2018-10/08/content_31584485. htm。

⑥ 张瑾：《海天共月，丝路相连》，《中国社会科学报》2020 年 9 月 10 日。

交流规模日益扩大，合作形式不断丰富。2010 年，中国北京灵光寺和康提佛牙寺结为友好寺院。① 2015 年，斯中佛教友好交流会在斯里兰卡成立，为促进两国佛法的交流和佛教传统的传承搭建了新的平台。2016 年，山西千年古县稷山县与斯里兰卡共建友好寺院，延续千年佛缘。同时，中斯将法显赴斯游学视为两国佛教交流的共同宝贵遗产，多次共同举办纪念交流活动。2019 年 8 月，双方在斯里兰卡举办了首届法显国际文化论坛。在 2020 年 2 月中国人民抗击新冠疫情期间，斯里兰卡宗教界也为中国诵经、祈福，表示支持，真正体现了两国患难与共的友谊，赢得中国民众的称赞。② 此外，还有许多中国留学僧到斯里兰卡学习佛学，目前在斯里兰卡学习佛学的中国留学僧约有 60 人，主要集中在佩拉德尼亚大学、凯拉尼亚大学和佛教与巴利语大学等高校，为两国佛教交流续添新力量。③ 2021 年 7 月 1 日，斯里兰卡中国社会文化合作协会联合斯中友好协会、斯中协会、斯中记者论坛及斯中佛教友好协会组织万人签名活动，庆祝中国共产党成立 100 周年。11 月 18 日，驻斯里兰卡大使戚振宏在阿努拉达普勒古城无畏山寺向当地桑达摩艾利亚寺捐赠净水设施。④ 12 月 12 日，中华慈善总会在科伦坡乔达摩寺向斯里兰卡 2500 名儿童捐赠爱心包，包括口罩等防疫物品，以及蜡笔、画册等，以延续千年佛缘，巩固两国友谊。⑤ 2022 年 2 月 21 日，双方在重庆举行"一带一路"中国—斯里兰卡佛教文化交流会，以此增进两国之间的民间交流与合作。⑥ 2 月 26 日，中

---

① 中国驻斯里兰卡大使馆：《国家宗教事务局局长王作安率中国佛教代表团访问斯里兰卡》，2010 年 11 月 21 日，https://www.fmprc.gov.cn/ce/celk/chn/xwdt/t770880.htm。

② 斯里兰卡文化中心：《斯里兰卡各界为中国抗击新冠肺炎疫情加油祈福》，2020 年 2 月 18 日，http://cccweb.org/portal/pubinfo/001002003003/20200218/6879a226cf354856a13143d6dcec5aa8.html。

③ 中国驻斯里兰卡大使馆：《斯里兰卡教育及中斯教育交流简介》，2020 年 4 月 15 日，https://www.fmprc.gov.cn/ce/celk/chn/whjl/jyjl/t329719.htm。

④ 《千年佛缘添佳话，菩提婆娑传友谊——戚振宏大使出席捐赠净水设施仪式并参访阿努拉达普勒古城》，中国驻斯使馆，2021 年 11 月 20 日，http://lk.china-embassy.org/dssghd/202111/t20211120_10450672.htm。

⑤ 《传千年佛缘，播友谊之种——戚振宏大使出席向斯 2500 名儿童捐赠爱心包仪式》，中国驻斯使馆，2021 年 12 月 13 日，http://lk.china-embassy.org/chn/dssghd/202112/t20211213_10467332.htm。

⑥ 《中国与斯里兰卡佛教文化交流会在重庆举行》，中国新闻网，2022 年 2 月 21 日，https://www.chinanews.com.cn/gn/2022/02-21/9682230.shtml。

国—斯里兰卡佛教界举行纪念两国建交 65 周年大会,斯里兰卡古城阿努拉达普勒的无畏山寺为主会场,珠海普陀寺、北京灵光寺、科伦坡赞颂寺同时在线。来自斯里兰卡全国各地的 65 名高僧与中方 65 名高僧跨越山海、云上相会,为新时期两国友好合作及疫情之下两国人民健康福祉共同诵经祈福。①

五　智库交流

随着"一带一路"建设不断推进,中斯智库合作日益加深、优势逐渐凸显,为两国人员交流、开展合作、凝聚共识发挥了重要作用。斯里兰卡国内主要智库包括探路者基金会、卡迪加马国际关系与战略研究所、斯里兰卡政策研究所、马尔加研究所、地区战略研究中心等,近年来与中国主要智库联系日益密切,通过沟通对话、联合办会、合作研究、共建平台等,为两国关系发展不断建言献策、贡献智慧。智库合作的积极作用越来越受到两国的重视。

2016 年 6 月,中国驻斯大使易先良赴斯里兰卡著名智库南亚地区战略研究中心开展讲座,并为"中国南亚—南亚中国信息平台"网站揭幕。② 2016 年 7 月,上海国际问题研究院和斯里兰卡"探路者基金会"(Pathfinder Foundation) 共同主办第二届"海上丝绸之路和中斯关系"国际研讨会,并成立"中斯合作研究中心",为中斯合作研究提供全方位智力支撑。③ 2018 年 1 月,斯里兰卡探路者基金会和中国现代国际关系研究院联合出版《狮岛与龙地——中斯关系论文集》,围绕斯里兰卡与中国关系所面临的挑战与机遇,两国智库的专家学者贡献出他们的智慧,并提出可行解决方案。④ 同年 5 月,中斯双方在北京举办中国—斯里兰卡智库论坛。7 月,中国人民大学国家发展与战略研究院与斯里兰卡探路者基金会

---

① 《中国—斯里兰卡佛教界隆重举行纪念两国建交 65 周年大会》,公共外交网,2022 年 2 月 27 日,http://www.pdnet.cn/index.php/home/news/view/article_id/15325.html。

② 中国驻斯里兰卡大使馆:《驻斯里兰卡大使易先良赴"南亚地区战略研究中心"做讲座》,2016 年 6 月 8 日,http://lk.chineseembassy.org/chn/xwdt/t1370699.htm。

③ 上海国际问题研究院:《第二届"海上丝绸之路和中斯关系"国际研讨会在上海举行》,2016 年 9 月 10 日,http://www.siis.org.cn/Content/Info/4TZ7GG753C69。

④ 唐璐、朱瑞卿:《中国和斯里兰卡智库联合出版两国关系论文集》,新华网,2018 年 1 月 16 日,http://www.xinhuanet.com/world/2018-01/16/c_1122268570.htm。

和斯里兰卡佩拉德尼亚大学（University of Peradeniya）在斯里兰卡康提佩拉德尼亚大学人文社科研究院联合举办主题为"'一带一路'绿色发展"的中国与斯里兰卡战略对话，共同助力两国文化交流互融。① 2020 年 1 月，中国南海研究院与探路者基金会联合举办"一带一路与印太战略：机遇与挑战"国际研讨会，双方还合作开展关于"印太战略"课题研究。② 此外，中国高校也积极与斯里兰卡智库开展对话合作，探讨人才培养和国际关系研究。

六　友城联系密切

目前，上海市与科伦坡市、海南省与南方省等 12 对中斯省市已先后建立友好省市关系③，相互间保持着密切联系和往来。2020 年 4 月，临汾市向阿努拉德普勒市捐赠了防疫物资，阿努拉德普勒市市长及斯里兰卡驻华大使馆向临汾市发来感谢信。④ 10 月 28 日，临汾市与斯里兰卡阿努拉德普勒市签署了建立友好城市关系协议书。2021 年 3 月 18 日，在斯里兰卡第二波疫情关键时刻，上海、成都，包括北京向科伦坡援助包括呼吸机、检测试剂、口罩、防护服在内的一大批抗疫物资。⑤ 11 月 15 日，青岛市与斯里兰卡康提市建立友好合作城市关系。康提是斯里兰卡第二大城市和宗教文化中心，两市在经贸、文化、教育、旅游等领域合作前景广阔。12 月 27 日，作为斯里兰卡南方省的友好省份，海南省向其捐赠一套华为智慧屏会议系统。在斯里兰卡经济危机不断升级之际，2022 年 5 月 5 日，云南省人民政府在斯里兰卡重要的宗教和文化节日"卫塞节"到来前，向斯里兰卡外交部、传统友好寺院及东部省各捐赠一批急需食品。其

---

① 中国人大国发院：《"一带一路"系列圆桌会议——中国与斯里兰卡战略对话："一带一路"绿色发展》，2018 年 7 月 27 日，http://nads. ruc. edu. cn/yjdt/65ea190b33244864bf516fe77c4a5130. htm。

② 吴士存：《"一带一路"框架下寻求中斯合作新突破》，中国南海研究院，2020 年 1 月 13 日，http://www. nanhai. org. cn/review_c/408. html。

③ 《中国同斯里兰卡的关系》，中国外交部，2022 年 6 月，https://www.mfa. gov. cn/web/gjhdq_676201/gj_676203/yz_676205/1206_676884/sbgx_676888/。

④ 《斯里兰卡阿努拉德普勒市》，山西外事网，2021 年 8 月 19 日，http://wsb. shanxi. gov. cn/gjyc/202110/t20211018_2706147. shtml。

⑤ 《中国京沪蓉三地向斯里兰卡科伦坡市政府捐赠抗疫物资》，新华网，2021 年 3 月 18 日，http://www. xinhuanet. com/2021-03/18/c_1127226036. htm。

中首批捐赠物资共计 30 余吨，以供当地民众节日生活急需，其中包括 13 吨大米、6 吨木豆、14 吨白糖等食品。① 这些交往中的点点滴滴为两国友好关系发展注入了极大动力。

第三节　新形势下中斯人文交流合作面临的挑战

中斯在人文交流方面基础深厚、进展迅速，但潜力仍有待挖掘，且受一系列因素的影响，仍面临诸多困境。尤其是近年来斯里兰卡时常受恐怖主义侵扰，安全环境令人担忧，其国内党派斗争也深受西方舆论主导，加上印度等外部因素的影响，两国人文交流所面临的挑战需要得到正视。

一　斯里兰卡国内安全形势不容乐观

尽管斯里兰卡内战已经结束，但各种矛盾并未完全消除，民族隔阂仍然存在，种族冲突依然是斯里兰卡社会矛盾的潜在爆发点。如何既满足泰米尔人合理的政治诉求，又充分照顾僧伽罗人的情绪，实现真正的民族和解，一直是摆在斯里兰卡政府面前的巨大难题。② 种族冲突依然是斯里兰卡社会矛盾的潜在爆发点。不幸的是，在僧泰矛盾未决之际，近年来又出现了僧伽罗人与穆斯林的冲突。2018 年 3 月，一名僧伽罗人因交通事故而遭三名穆斯林男子袭击并引发暴力事件，政府被迫宣布国家进入紧急状态。③ 因此，要巩固胜利成果，重建信任，维护国内稳定，斯里兰卡政府还有很多工作要做，需要继续努力从根本上解决种族矛盾。

近年来，斯里兰卡深受极端思想和恐怖主义袭击的影响。2019 年 4 月 21 日，斯里兰卡多地发生震惊世界的连环爆炸案，袭击目标包括斯里兰卡首都科伦坡等地的 4 家酒店、3 处教堂和 1 处住宅区，共造成 250 余人丧生、500 余人受伤，迫使斯里兰卡总统西里塞纳宣布全国进入紧急状

---

① 《我省向斯里兰卡捐赠首批 30 余吨物资》，云南省人民政府，2022 年 5 月 7 日，http://www.yn.gov.cn/ywdt/bmdt/202205/t20220507_241760.html。

② 黄海敏：《斯里兰卡西里塞纳政府将面临哪些挑战》，中国日报网，2015 年 8 月 22 日，http://www.chinadaily.com.cn/micro-reading/dzh/2015-08-22/content_14130149.html。

③ Asanga Abeyagoonasekera, "Racism, Riots, and the Sri Lankan State," *The Institute of Peace and Conflict Studies*, No. 5451, Mar. 19, 2018, http://www.ipcs.org/comm_select.php? articleNo=5451.

态。① 4 月 23 日，极端组织"伊斯兰国"宣称对斯里兰卡爆炸案负责。②
内战结束以来，斯里兰卡安全问题得到控制，不同族群之间总体上相处较
为和睦，但此次恐怖袭击再次恶化了斯里兰卡国内的安全形势，并激化了
与穆斯林之间的矛盾，僧伽罗民族主义情绪高涨，当地的穆斯林群体受到
不少仇恨攻击，由此也滋生了新的族群矛盾和宗教摩擦因素。③ 国内安全
形势恶化不仅对斯里兰卡当地经济，尤其是旅游业和投资行业造成巨大冲
击，而且安全状况的不确定性对中斯两国人员交流造成极大障碍和负面影
响。随着斯里兰卡政治经济危机持续，民众对政府日益不满，斯里兰卡国
内安全形势仍有恶化的可能。

二　斯里兰卡政治经济危机不断恶化

2020 年突如其来的新冠疫情对斯里兰卡振兴经济的愿望带来巨大冲
击，使当年斯里兰卡经济收缩 3.6%，为独立以来最低水平。此后，由于
财政管理不善和政策失误，斯里兰卡政府面临严重的债务危机和外汇危
机，食品价格上涨，奶粉、煤油和燃气短缺，使斯里兰卡民众生活更加艰
难。2021 年 8 月底，斯里兰卡政府就曾宣布进入紧急状态，并召集军队
通过配给各种必需品供应来应对危机。进入 2022 年，斯里兰卡经济危机
持续发酵，加上俄乌冲突的影响，外汇枯竭④引发债务、金融、能源、粮
食等一系列前所未有的危机。随着危机不断升级扩大，斯里兰卡民众愤怒
及恐慌情绪不断上升，对政府的信心和信任不断下降，随之而来的抗议示
威、要求总统总理下台的活动愈演愈烈，甚至引发严重的暴力冲突，迅速
演变为一场巨大的政治危机。

自从 2022 年 3 月 31 日晚总统官邸外的抗议集会演变为暴力抗议后，
戈塔巴雅·拉贾帕克萨总统随即宣布进入公共紧急状态，在全岛实行宵

---

① 苑基荣：《斯里兰卡遭系列爆炸袭击》，《人民日报》2019 年 4 月 22 日第 16 版。

② 《极端组织"伊斯兰国"宣称对斯里兰卡爆炸案负责》，央视网，2019 年 4 月 23 日，
http://news.cctv.com/2019/04/23/ARTIFMXgWG71y5I49QYXRjkq190423.shtml。

③ 袁淼：《"一带一路"国别研究：斯里兰卡社会与项目投资报告》，中国社会科学出版社
2020 年版，第 53 页。

④ 根据斯里兰卡旅游发展局数据，斯里兰卡 2018 年旅游收入为 43.8 亿美元，而由于"4·
20"恐袭事件，2019 年旅游收入不足 36.1 亿美元。受新冠疫情影响，斯里兰卡近两年旅游业基
本停滞。

禁，禁止在公共场所和海边聚集，并决定暂时禁止访问社交媒体。此举进一步激怒抗议群众。面对民众的严重不满，斯里兰卡 26 名内阁部长于 4 月 3 日晚集体辞职。4 月 4 日，戈塔巴雅·拉贾帕克萨总统任命了一个临时内阁来管理主要部委的事务，并邀请议会中的所有政党接受部长职位，以解决当前危机、缓解民众不满，而反对党领袖萨吉斯·普雷马达萨则拒绝参加临时政府①。斯里兰卡自由党（SLFP）也宣布退出政府，表示其议会中的所有 14 名成员都准备下台，并作为独立议员在议会中任职。② 到 4 月 9 日，成千上万的人再次聚集在加勒菲斯（Galle Face）举行了声势浩大的"Gota Go Gama"（GGG）活动，并开始高呼"Gota go home"，要求政府对当前危机负责，并推动政府更迭和进行体制改革。③ 4 月 18 日，陷入困境的戈塔巴雅·拉贾帕克萨总统不得已再次任命 17 位新内阁成员，以维持政府运转。但对于新内阁的任命，抗议者并不买账，他们十分坚定地要求总统总理下台。直到 5 月 9 日，总理马欣达·拉贾帕克萨的一群支持者与反政府抗议者突然爆发暴力冲突，最终造成包括一名国会议员在内的 5 人死亡，约 200 人受伤。为了避免局势进一步失控，马欣达不得已宣布辞去斯里兰卡总理一职，提前结束了其政治雄心。但是，他的下台并未平息民怨，给这个国家带来平静，大规模的抗议和冲突仍在持续，甚至愈演愈烈。

马欣达·拉贾帕克萨辞职后，戈塔巴雅总统再次邀请反对党帮助组建新的多党政府以破解当前困局，但统一人民力量党（SJB）和人民解放阵线（JVP）等反对派则看准时机，坚持要求总统戈塔巴雅必须先辞职，并强调他们不会在戈塔巴雅总统领导下的任何政府中任职。④ 在陷入僵局之际，73 岁的"政坛老将"，斯里兰卡统一国民党（UNP）领导人拉尼尔·

---

① "Political Parties in Parliament Invited to Accept Ministerial Posts," *The Colombo Gazette*, April 4, 2022, https://colombogazette.com/2022/04/04/political-parties-in-parliament-invited-to-accept-ministerial-posts/.

② "SLFP Informs President It Is Prepared to Quit," *The Colombo Gazette*, April 3, 2022, https://colombogazette.com/2022/04/03/slfp-informs-president-it-is-prepared-to-quit/.

③ "Thousands Gather at Galle Face for Massive Protest," *The Colombo Gazette*, April 9, 2022, https://colombogazette.com/2022/04/09/thousands-gather-at-galle-face-for-massive-protest/.

④ "How Ranil Wickremesinghe Became Prime Minister again," *Daily Mirror*, May 28, 2022, https://www.dailymirror.lk/opinion/How-Ranil-Wickremesinghe-became-Prime-Minister-again/172-237912.

维克拉马辛哈临危受命，在 5 月 12 日正式选择接受并宣誓就任斯里兰卡新总理。① 随后，斯里兰卡再次重新组阁，分三次共任命了 21 名内阁部长。第五次出任总理的维克拉马辛哈开始致力于获得议会多数议员的支持，并协调各政党成立一个多党临时政府，稳定政局和共同寻求一项解决当前严重的经济危机的方案，但反对派继续拒绝参加多党临时政府。在无法达成共识的情况下，斯里兰卡政治僵局依然持续，经济危机愈加恶化。2022 年 7 月 5 日，维克拉马辛哈总理宣布国家"破产"，并表示这场史无前例的经济危机将至少持续到 2023 年底。②

随着抗议活动进入第三个月，斯里兰卡民众要求总统下台的抗议活动进一步加剧。7 月 9 日，超过 20 万抗议者齐聚科伦坡，并最终闯入科伦坡总统府，戈塔巴雅总统不得已仓皇出逃，并宣布辞职。7 月 14 日，逃往新加坡的戈塔巴雅向议会正式提交辞职信。7 月 20 日，斯里兰卡议会举行总统选举，维克拉马辛哈最终以 134 票绝对优势赢得总统职位。③ 两天后，维克拉马辛哈总统任命其提名者迪内什·古纳瓦德纳为斯里兰卡新总理，原财政部部长阿里·萨布里则代替佩里斯为外交部长。维克拉马辛哈出任总统后，继续呼吁组建"全党政府"（All-party government）以应对当前危机，但反对党似乎对加入维克拉马辛哈提议的全党政府仍持观望或反对态度。他们认为，维克拉马辛哈是拉贾帕克萨政府的延续，拉贾帕克萨主导的政党仍然在议会中占据多数席位。④ 总体来看，维克拉马辛哈接任斯里兰卡总统以来，斯里兰卡政局逐渐趋稳，但斯里兰卡经济危机僵局在短时间内仍难以获得有效突破，加上"债务问题"被不断炒作，中斯人文交流将面临较大挑战和困难。

---

① 《维克拉马辛哈宣誓就任斯里兰卡新总理》，《锡兰华文报》2022 年 5 月 12 日，http://www.ceylonchinadaily.com/InternationalView-2330.html。

② "Sri Lanka Is 'Bankrupt,' Prime Minister Says," *CNN*, July 6, 2022, https://edition.cnn.com/2022/07/05/asia/sri-lanka-bankrupt-fuel-crisis-intl-hnk/index.html.

③ "Parliament Elects Ranil Wickremesinghe as Succeeding President of Sri Lanka," *Lanka Business online*, July 20, 2022, https://www.lankabusinessonline.com/parliament-elects-ranil-wickremesinghe-as-succeeding-president-of-sri-lanka/.

④ "Sri Lanka's President to Present Relief Budget amid Crisis," *ABC News*, August 30, 2022, https://abcnews.go.com/Business/wireStory/sri-lankas-president-present-relief-budget-amid-crisis-89030630.

三　政党斗争时而牵动反华情绪

在所谓西方"民主自由国家"中，反对党和执政党会为了赢得选举并执掌政权而相互攻讦，争吵不休，有时甚至为了反对而反对，使得政府难以施政。近年来，炒作、批评中国经常成为西方国家各政党争取支持、获取政治利益的重要手段，且屡试不爽。随着中国影响力不断上升，中国因素也经常成为斯里兰卡各方势力斗争所攻击的对象和借口。在2015年的斯里兰卡总统竞选中，西里塞纳就曾攻击中国项目存在"违规操作"和"腐败问题"，声称执政后将重新审查，以此赢得了众多选票，并在其执政后一度叫停科伦坡港口城项目，给中国企业造成巨大损失。斯里兰卡各政党执政理念和政策倾向不同，对发展与中国的紧密关系也存在不同意见。这给中斯人文交流带来了巨大的挑战。

2017年，在中斯工业园区揭幕当天，以及在后来汉班托塔港口运营协议签订过程中，以斯里兰卡人民解放阵线（Janatha Vimukthi Peramuna）和全国僧伽罗僧侣党（Jathika Hela Urumaya Party）等一些民族主义政党为代表的反对派都曾参与抵制与中国的合作，借机攻击科伦坡港口城和汉班托塔港等项目，甚至与中国交好的拉贾帕克萨家族势力也参与其中。由于部分政客利用、煽动斯民众情绪和西方媒体的不实报道，斯里兰卡某些民间舆论对中国投资与活动产生误解，不满情绪上升。如一些抗议者毫无依据地称中国工人"涌入"不仅会使他们失去工作，而且会对斯里兰卡文化和人口结构造成严重威胁，并扰乱其生活方式。① 这也成为西方指责中国以"债务陷阱"谋取汉班托塔港的重要"证据"。

虽然在2019年总统大选中，戈塔巴雅·拉贾帕克萨赢得了胜利，并对媒体所炒作的"债务陷阱"予以反驳和澄清，但随着斯里兰卡国内对外债焦虑情绪的上升，中国项目将继续成为斯里兰卡反对派政治斗争的借口，这无疑将对中斯关系健康发展和正常人文交流造成不小的负面影响。

四　西方势力加快渗透，不断抹黑中国在斯里兰卡的形象

印度洋是重要的能源和贸易通道，连接着世界经济增长中心和能源资

---

① "Protest over Hambantota Port Deal Turns Violent," *AlJazeera*, Jan. 7, 2017, https://www.aljazeera.com/news/2017/01/protest-hambantota-port-deal-turns-violent-170107080155843.html.

源中心，在世界政治和贸易中的战略地位不断上升。处于印度洋关键位置的斯里兰卡已成为当今国际政治争夺的热点地区。2017 年 10 月，美国"尼米兹号"航空母舰自 1985 年以来首次访问斯里兰卡港口，并与斯里兰卡联合举行海上演习。① 2018 年，美国不仅首次邀请斯里兰卡海军参加"环太平洋军演"，还在 2019 年 4 月传出正在与斯里兰卡就《部队地位协议》草案与斯里兰卡进行谈判，试图设立永久性军事基地的消息。此外，2020 年 1 月 14 日，在中国外交部长王毅访斯当天，俄罗斯外交部长拉夫罗夫（Sergey Lavrov）、美国负责南亚与中亚事务的首席副助理国务卿爱丽丝·威尔斯（Alice Wells）和日本国务大臣山本幸三（Kozo Yamamoto）均到访斯里兰卡。1 月 18 日，印度国家安全顾问阿吉特·多瓦尔（Ajit Doval）也匆忙来访。斯里兰卡一时成为各大国争夺焦点。2020 年 10 月 28 日，美国国务卿蓬佩奥访斯，疯狂诋毁中国，诬称中国是个"掠夺者"，鼓吹"中国威胁论"，并逼迫斯里兰卡政府选边站队。

近年来，印度及西方国家对中国在斯里兰卡投资合作的不断加深感到颇为不适。除了加快进入这一地区以平衡中国日益扩大的影响力外，还极力把汉班托塔港和中国在斯里兰卡的任何存在描绘成是"珍珠链"的一部分，不断借所谓的"珍珠链战略""债务陷阱""经济殖民""白象"等言辞攻击中国在斯里兰卡的活动，无端臆测中国在该地区的任何经济活动都具有"军事意图"。② 同时印度及西方媒体故意忽视积极声音，选择性地报道斯里兰卡国内的各种"反对"声音，有意遮盖大多数民众支持中斯合作和中资项目的主流民意，不断煽动斯里兰卡国内部分反对者，挑动国际舆论，严重抹黑中国形象，危害了中斯互利合作，给中斯关系蒙上阴影，也给两国正常人文交流带来困难。

五　印度影响根深蒂固，对中国疑心重重

斯里兰卡北部隔保克海峡（最窄处只有 30 千米）与印度相望，两国

---

① U. S. Embassy in Sri Lanka, "USS Nimitz Visit to Sri Lanka First for U. S. Aircraft Carrier Since 1985," October 27, 2017, https://lk. usembassy. gov/uss-nimitz-visit-sri-lanka-first-u-s-aircraft-carrier-since-1985/.

② Jamie Tarabay, "With Sri Lankan Port Acquisition, China Adds Another 'Pearl' to its 'String'," *CableNews Network*, Feb. 4, 2018, https://www. cnn. com/2018/02/03/asia/china-sri-lanka-string-of-pearls-intl/index. html.

在政治、经济、文化、宗教等方面相互渗透、互相融合，形成了千丝万缕的联系。印度将斯里兰卡视为"战略后院"，对斯里兰卡与其他国家尤其是与中国的交流合作极为敏感。印度坚持认为，斯里兰卡应处于印度影响范围之内，主张在外交政策以及对印度安全有潜在"威胁"的内政领域，斯里兰卡均有义务与印度磋商。① 近年来，印度的战略崛起进一步巩固了其南亚主导国地位，得以借压倒性优势影响与地区国家的关系。② 莫迪政府执政以来，积极改善与斯里兰卡的关系，加大对斯里兰卡的投资和援助，希望稀释中国的影响。长期以来，印度经常"以己度人"，对中国在南亚以及印度洋地区的正常活动高度敏感疑惧。由于印度的反对和施压，中国在斯里兰卡的经济合作项目常常被打上政治烙印，人文交流也备受质疑，不利于中斯关系的正常发展。2020 年 11 月，印度海军盯上两艘在斯里兰卡海域进行考古活动的中国科考船，并怀疑中国科考船是"借郑和沉船遗迹考古活动之名，暗中搜集印度海军的相关数据，尤其是潜艇活动"③。

事实上，地缘政治现实决定了斯里兰卡历届政府的外交活动均难以绕开印度，以至于不能也无法忽视印度的战略安全关切。2015 年西里塞纳总统执政后立即着手改善对印关系，承认印度的地区主导优势，奉行"印度优先"政策，推动两国关系迅速发展，印度对斯里兰卡决策的影响也更加突出。西里塞纳政府高度重视印方情绪，不仅重新评估中斯科伦坡港口城合作项目，并一再向印度保证发展中斯关系只是出于经济原因。斯里兰卡总理维克拉马辛哈甚至向印度保证，以后将提前向印方通报中国军舰和潜艇进入斯里兰卡港口的情况。④ 由于印度的反对和担忧，斯里兰卡政府不仅重修与中国达成的汉班托塔港协议，保证该港口的安全将由斯里兰卡政府处理，不允许从事任何军事活动。⑤ 虽然 2019 年与中国交好的拉贾帕

---

① S. W. Premaratne, "Fresh Vistas of Sri Lankan Foreign Policy," *Daily News*, July 17, 2017, http://www. dailynews. lk/2017/07/17/features/122176/fresh-vistas-sri-lankan-foreign-policy.

② 张力：《印度战略崛起与中印关系：问题、趋势与应对》，《南亚研究季刊》2010 年第 1 期。

③ 《中国科考船在斯里兰卡海域活动，印媒又炒：正收集印度海军相关数据》，俄罗斯卫星通讯社，2020 年 11 月 16 日，http://sputniknews. cn/politics/202011161032531936/。

④ Gulbin Sultana, "India-Sri Lanka Relations in the Context of India's 'Neighbourhood First' Policy," *Indian Foreign Affairs Journal*, Vol. 12, No. 3, July-Sep 2017, pp. 234-235.

⑤ Gagani Weerakoon, "Vital Security Asset on a Platter to China," *Ceylon Today*, Jul. 30, 2017, http://www. ceylontoday. lk/print20170401CT20170630. php? id = 26581.

克萨家族重新掌权，中斯关系前景看好，但也难以完全摆脱印度因素的束缚。尤其是在外交和安全问题上，戈塔巴雅政府继续保持"印度优先"，充分考虑印度的"关切"和"敏感性"，维护印度"战略利益"，希望以此消除印度疑虑，增加双方政治安全互信，带动两国经济合作。① 如 2019 年 11 月 29 日，上任仅十天的戈塔巴雅首次出访即选择印度，表示将在任期内努力将印斯关系提升到最高水平，承诺"斯里兰卡不会参与任何可能对印度构成安全问题的活动……不会鼓励任何危及印度安全的事情"②。戈塔巴雅政府在"繁荣与辉煌愿景"的执政纲领中表示，将奉行友好不结盟的外交政策，但同时也强调必须与印度密切合作，确保地区安全。③ 2020 年以来，印斯军事演习、军舰访问等活动明显增加，印度对斯里兰卡影响进一步加深。为了防止戈塔巴雅政府上台后倒向中国，印度也抓住机会，迅速与拉贾帕克萨家族进行接触，多次强调斯里兰卡在印度的"邻里优先"政策中占据核心地位④，并为斯里兰卡提供了大量援助，以此拉拢拉贾帕克萨政府。

第四节　关于深化中斯人文交流的思考

除了经贸往来与政治、外交和军事安全合作外，民间交往和文化教育交流不断受到各国重视。中斯人文交流繁荣对两国关系发展也产生了积极作用。一方面，人文交流所关注的文学艺术、教育卫生等具有政治外交和

---

① "Will Have 'India first' Policy, China Port Deal a Mistake: Sri Lanka," *Times of India*, August 26, 2020, https://timesofindia. indiatimes. com/world/south－asia/will－have－india－first－policy－china－port－deal－a－mistake－lanka/articleshow/77754433. cms; "Will be Frank with New Delhi to Avoid Misunderstandings: Gotabaya Rajapaksa," *The Hindu*, November 30, 2019, https://www. thehindu. com/news/international/need－more－coordination－between－delhi－colombo－says－gotabaya－rajapaksa/article30125809. ece.

② "View: India to be a Proactive, Generous Neighbor to Sri Lanka," *Economic Times*, November 30, 2019, https://economictimes. indiatimes. com/news/politics－and－nation/view－india－to－be－a－pro-active－generous－neighbour－to－sri－lanka/articleshow/72311868. cms? from＝mdr.

③ Gotabaya Rajapaksa, "Vistas of Prosperity and Splendour," https://gota. lk/sri－lanka－poduja-na－peramuna－manifesto－english. pdf, 访问日期：2021 年 3 月 12 日。

④ "Foreign Secretary Harsh Vardhan Shringla Scheduled to Visit to Sri Lanka from October 2," *Times of India*, October 1, 2021, https://timesofindia. indiatimes. com/india/foreign－secretary－harsh－vardhan－shringla－scheduled－to－visit－sri－lanka－from－october－2/articleshow/86675404. cms.

军事外交所不具备的温和特性,能够使各国超越敏感议题和政治局限,为国家间交往消除隔阂和化解矛盾,从而增进各国人民之间的相互了解;另一方面,人文交流担负着传播国家或民族文化的重要任务,是构建国家软实力,塑造国家外在形象的重要手段,受到世界各国的普遍重视。在当前国际形势下,大国竞争加剧,单边主义、贸易保护主义和民粹主义不断抬头,使人文交流在弥合分歧、化解冲突方面的特殊作用得到凸显。[1] 正所谓"以利相交,利尽则散;以势相交,势去则倾;惟以心相交,方成其久远。"中国需要继续扩大各领域的人文交流以促进实现"一带一路"民心相通和"人类命运共同体"理念。

近年来,中斯人文交流发展迅速,取得巨大成就,但面临着诸多现实挑战,同时也存在着双方交流与合作发展不平衡、不充分,以及合力不足等问题。尤其是随着中斯两国政治交往与经济合作的日益深入,斯里兰卡国内也逐渐出现了一些不利于双方合作的声音,加上西方和部分斯里兰卡国内媒体的大肆不实宣传,导致斯里兰卡部分民众对中国形象以及投资项目产生较大误解,对中国意图产生质疑,甚至出现了一些反对和抗议事件,严重影响中国与斯里兰卡人文交流合作的顺利发展。中方有必要重视这种现象,继续通过增强人文交流,为中斯经济合作营造良好的舆论氛围,为两国关系友好发展夯实民意基础。

一　推动中斯人文交流合作的机制化建设

人文交流具有长期性和持续性等特点。从实践来看,要确保中斯人文交流合作的稳定深入发展,双方就必须促使类似交流合作定期化、机制化,充分发挥人文交流机制的推动和引领作用。对政府来说,既要加强机制建设的顶层设计,从国家层面和战略高度出发规划中斯人文交流与合作的阶段性行动和长远目标,也要发挥政府所具有的协调功能和服务功能,充分调动并整合各种资源,避免多头出击、分散用力,同时应扫除合作障碍,积极为中斯民间交流创造良好的合作环境和氛围。从民间来看,需要通过机制创新和设计来鼓励非政府组织、媒体、企业、智库,以及普通民众等主体广泛参与,形成多方参与的格局,确保民间往来长期化、持续

---

[1]　徐秀军:《金砖国家人文交流机制建设:作用、挑战及对策》,《当代世界》2018 年第 8 期。

化，使两国人文交流真正"接地气"，为中斯两国关系发展增添动力与活力，培育良好的民意基础。

对此，可考虑在时机成熟时建立中斯高级别人文交流机制。近年来，中国已先后建立了十大高级别人文交流机制，为推动与相关国家和地区的人文交流发挥了重要作用。斯里兰卡人文资源丰富，对中国具有特殊重要的战略意义，升级两国人文交流机制，不仅有利于统筹各类资源，发挥各自优势，拓宽沟通渠道，开展更大范围、更深层次的人文交流，从而实现中斯人文交流领域的长效机制化建设，也有利于促进中斯两国人文交流迈上新的台阶、实现新发展，加深两国人民的了解和友谊，为发展中斯战略合作伙伴关系做出积极贡献。

二　优先推动中斯人文交流重点领域建设

考虑到资源的有限性，中斯人文交流应该优先聚焦几大重点领域，优先打造示范性成果，进而形成规模效应，带动中斯人文交流整体发展。从实践交往来看，佛教文化交流、青年教育、旅游合作是中斯人文交流的亮点，中斯应该进一步发挥其特色和潜力，有效促进相互了解和信任。

首先，加强佛教纽带。斯里兰卡是佛教国家，佛教是中斯文化交流的重要纽带，有着特殊的联系，双方应以此为切入点，积极开展深层次的佛教交流和互动，深挖两国佛教财富，延续两国佛教传统友谊，更加重视佛教在两国交往中所扮演的特殊作用。其次，发挥青年作用。"青年兴则国家兴，青年强则国家强。"党的十八大以来，习近平主席曾多次强调要发挥青年在对外交往中的作用。斯里兰卡人口的 22% 为青年，占有很大比重，是斯里兰卡经济发展的未来，也是未来两国人文交流领域知华、友华的重要力量。随着近年来斯里兰卡来华留学人数不断增加，中国应积极创造条件，加强两国青年群体的交流，为中斯友好可持续发展积蓄力量。[1]最后，力推旅游合作。目前，上海市与科伦坡市、福州市与加勒市、海南省与南方省等 12 对中斯省市先后建立友好省市关系[2]，开通了北京、上

---

① 柴如瑾：《中外人文交流的新方向》，《光明日报》2018 年 2 月 8 日第 6 版。

② 中华人民共和国外交部：《中国同斯里兰卡的关系》，2020 年 5 月，https://www.fmprc.gov.cn/web/gjhdq_676201/gj_676203/yz_676205/1206_676884/sbgx_676888/。

海、昆明、成都、广州等城市至斯里兰卡的多条航线。① 中国已成为斯里兰卡主要客源国之一。随着中国赴斯里兰卡旅游人数的不断增加，游客成为两国人文交流的一大重点。因此，中斯两国应加大宣传，创造条件，打造品牌，加强旅游合作，以增进相互了解。

三　发挥新媒体和新技术的作用

媒体是两国人民相互了解的重要途径，应继续强化媒体间的合作与交流，增强客观正面宣传报道，实事求是，为两国人民传递正确信息，增进两国民众间的相互了解和友谊。近年来，印度和西方一些反华势力不断恶意解读中斯关系，炒作并抹黑中国在斯里兰卡合作项目，企图通过国际舆论压力打压中国。一些西方国家利用其宣传优势，运用新媒体技术对斯里兰卡民众进行西方价值观灌输和渗透，企图破坏中国与斯里兰卡的传统友好关系。部分斯里兰卡媒体在西方舆论的长期引导和影响之下，开始对中国与斯里兰卡关系和经济合作产生质疑，出现一些不友好声音，如在新冠疫情在全球肆虐时支持对中国"追责"等。面对"西强我弱"的国际舆论格局，中国应主动出击，在予以强烈驳斥的同时，积极加强与斯里兰卡媒体的接触与合作，进一步丰富媒体传播形式，优化传播内容，借助新媒体和新技术，提升议题设置能力，有效引导舆论方向。

2017 年，中共中央办公厅、国务院办公厅印发《关于加强和改进中外人文交流工作的若干意见》，强调要加强中外人文交流综合传播能力建设，通过"互联网+人文交流"，实现实体与虚拟交流平台的相互补充和良性互动。② 在新冠疫情背景下，中国已尝试在线上开展各种人文交流活动，如斯里兰卡中国文化中心在"六一"儿童节为斯里兰卡小朋友举办网上电影节；中科院老师为斯里兰卡留学生提供科研"云指导"等活动，丰富了两国文化交流形式。除此之外，中国媒体还应该加强与斯里兰卡《每日新闻》《每日镜报》等英文媒体的交流合作，讲好中国故事，传播中国声音，消除双方之间的误解和疑虑。

---

① 吴兆礼：《中国与斯里兰卡在"一带一路"建设中的合作》，2018 年 7 月 8 日，载李永全主编《"一带一路"建设发展报告（2018）》，社会科学文献出版社 2018 年版。

② 《中办国办印发〈关于加强和改进中外人文交流工作的若干意见〉》，人民网，2017 年 12 月 22 日，http://cpc.people.com.cn/n1/2017/1222/c64387-29722989.html。

四　促进中斯人文交流的包容开放

每个国家的文化都有其独特的价值和魅力，中外人文交往理应秉持开放平等、尊重包容、互学互鉴、求同存异和兼收并蓄的理念，在理解各国文化差异的基础上，寻求交流的契合点。[①] 在国家交往中，中国一贯尊重斯里兰卡的主权和内政，在没有任何附加政治条件的情况下提供援助和开展经济合作，受到斯里兰卡的普遍欢迎，这也是两国关系快速发展的关键。如今，中斯人文交流方面的持久发展也同样需要相互包容和尊重。

中斯两国在国情、政治制度、经济结构、风土人情等方面存在巨大差异。例如，基于两国文化差异和不同认知，乌鸦在中国通常不受欢迎，但在斯里兰卡，乌鸦是和平鸟、吉祥鸟。[②] 对此，我们需要努力提高公民的跨文化交流能力，即使不理解，也要对其文化予以充分尊重，真正实现"美人之美，美美与共"。此外，斯里兰卡禁止携带外国香烟入境，对酒类亦有限制；参观寺庙要脱鞋，穿着要得体，拍照一般须得到许可；信奉佛教"不杀生"的教义，有保护环境的传统等。[③] 中国赴斯里兰卡团体、企业和游客须充分尊重当地宗教信仰及风俗习惯，了解基本法律法规，注意相关禁忌，尊重各族群传统文化，以免引起法律纠纷或与当地人发生冲突。此外，由于斯里兰卡民族众多，宗教多元，国内政党林立，族群冲突和宗教矛盾突出，中国赴斯人员也应尽量避免介入当地宗教、政治、族群等敏感事务。[④]

五　注重中斯人文双向互动

不论是各国间的经济合作，还是人文交流，都应当是双向的、互利

[①] 张艳霞：《习近平关于文化交流重要论述的理论意涵与实践价值》，《广西社会主义学院学报》2020 年第 2 期。

[②] 吴小龙：《吉祥鸟竟是乌鸦》，《南国都市报》2015 年 10 月 26 日，http://ngdsb.hinews.cn/html/2015-10/26/content_30_3.htm。

[③] 《斯里兰卡风俗禁忌》，中国领事服务网，http://cs.mfa.gov.cn/zggmcg/ljmdd/yz_645708/sllk_647446/cyxx_647492/。

[④] 中国商务部国际贸易经济合作研究院、中国驻斯里兰卡大使馆经济商务处、中国商务部对外投资和经济合作司：《对外投资合作国别（地区）指南——斯里兰卡（2020 年）》，http://www.mofcom.gov.cn/dl/gbdqzn/upload/sililanka.pdf。

的，如此才能长远持久，实现双赢。近年来，中斯贸易逆差进一步扩大，经贸合作失衡，而两国间人文交流领域的合作也存在非平衡不对称的问题，如在互派留学生、游客访问等方面。在中国高额奖学金以及优质教育资源的吸引下，斯里兰卡来华留学生人数不断增多，但中国学生出国留学一般首选西方发达国家，加上中国以及斯里兰卡双方在吸引中国留学生赴斯里兰卡学习交流方面支持政策有限，导致赴南亚以及斯里兰卡的中国留学生少之又少。另外，在旅游合作方面，中国已成为斯里兰卡第二大客源国，但斯里兰卡游客却很少来中国旅游，这种不平衡性将影响两国关系的健康发展。在文艺团体表演、展览等方面存在同样的问题。

　　这种局面并非完全由人为主观因素造成的，而是两国发展差距、经济体量，以及人文交流所涉及的复杂性等一系列客观条件所限，未来通过一些政策性调整，仍有可能帮助两国在人文交流方面平衡发展，进而促进中斯关系良性发展。因此，中斯人文交流要坚持"走出去"和"请进来"双向交流的合作形式，将来不仅要吸引斯里兰卡学生来华学习，还应加大中国青年学生赴斯里兰卡学习交流的力度；随着中国游客赴斯里兰卡旅游人数不断增加，中国还应加大宣传，创造条件，吸引更多斯里兰卡民众来华旅游访问，亲身体验感悟中国文化，从而达到相互了解的效果。

附　录

《中华人民共和国中央人民政府与锡兰政府关于橡胶和大米的五年贸易协定》（1952年）

中华人民共和国中央人民政府（以下简称"中国政府"）与锡兰政府，为加强中锡两国政府和人民间之友谊并促进两国间之长期贸易合作，在平等互利基础上达成协议如下：

第一条

第一款　自本协定经双方政府批准之日开始，在五年之时期内，锡兰政府同意卖出、中国政府同意买入锡兰胶片输往中国，每年计五万公吨。

第二款　自本协定经双方政府批准之日开始，在五年之时期内，中国政府同意卖出、锡兰政府同意买入中国大米输往锡兰，每年计贰拾柒万公吨。

第二条

第一款（甲）项　中国政府依照本协定所购买之全部一、二、三号胶片，以及全部四、五号胶片，其每磅价格应由中国政府与锡兰政府参照本条第二款之规定，经双方同意，分别确定之。此项价格，自确定价格时所决定之日期开始一年时期内，应适用于其所购买之全部胶片。

（乙）项　锡兰政府依照本协定所购买之全部大米，其每公吨价格应由中国政府与锡兰政府在确定上述胶片价格时同时确定之，并应适用于同样的一年时期。

（丙）项　胶片与大米的价格应根据本款（甲）、（乙）两项之规定，在本协定有效期间内，每年确定一次，每次适用时期为一年，并应于本款（甲）、（乙）两项所指之上一年期终了至少一个月前确定之。

第二款　中国政府对于依照本协定在锡兰所购买之一、二、三号胶片以及四、五号胶片，同意超过新加坡一、二、三号胶片以及四、五号胶片之平均离岸市价，分别作价。

第三款　本条各款所指一、二、三号胶片的新加坡平均离岸市价应为一个日历月度的加权平均数，其所用权数乃系按照第五条所签订的、当时有效的橡胶合同内供给一、二、三号胶片的百分比。其四、五号胶片之新加坡平均离岸市价亦应按照同样方法计算。

第四款（甲）项　在按照本条第一款（甲）、（丙）两项业已确定价格之年期内，每当任何一个日历月度，其一、二、三号胶片之新加坡平均离岸市价超出按照本条规定所确定的一、二、三号胶片的现行价格时，如经锡兰政府在该项一、二、三号胶片新加坡平均离岸市价超出按照本条规定所确定的一、二、三号胶片现行价格之日历月度后一个月内，提出修改价格之要求，则中国政府同意参照本条第二款之规定，谈判有关一、二、三号及四、五号胶片的新价格。

（乙）项　如锡兰政府依照本款（甲）项之规定提出修改业已确定之胶片价格时，中国政府同时即有权提出修改大米价格之要求，锡兰政府应同意同时谈判有关大米之新价格。

（丙）项　按照本款（甲）、（乙）两项所确定之任何新价格，自确定该项价格时所决定之日期开始至按照本条第一款原已确定价格之年期终了时为止，应适用于其所购买之全部胶片与大米。任何此种新价格亦得依照本款上述之规定予以修改。按照本条第一款所确定之任何胶片与大米的价格，或按照本条第四款所修改确定之任何胶片与大米的价格，应最少在三个月之时期内保持有效。在此三个月之时期内，两国政府有权按照本条第四款要求举行修改价格之谈判，但此项谈判所产生之新价格应在上次确定价格之生效日起三个月之时期终了后始行生效。

（丁）项　按照本款前列各项规定所确定之新价格开始生效前，两国政府对于胶片与大米之买卖仍应按照第五条所签订当时有效的合同之一切规定进行之。

第五款（甲）项　依照本条第一款，参照本条第二款并以本条第四款为条件，中国政府与锡兰政府同意，自本协定批准之日开始的第一年时期，按本协定所购买之全部一、二、三号胶片，其每磅价格为哥伦坡（现科伦坡）离岸价格三十二便士，全部四、五号胶片每磅价格为哥伦坡离岸价格二十九便士。

（乙）项　依照本条第一款之规定，并以本条第四款为条件，中国政府与锡兰政府同意在本款（甲）项所指之同样的一年时期内，按本协定所购买之全部大米，其每公吨价格为中国口岸离岸价格五十四英镑。

第三条

第一款　锡兰政府按照本协定所出售之胶片应以离岸条件为基础；根据本协定所购买胶片的输出，其一切海运事宜由中国政府负责。

第二款　中国政府按照本协定所出售之大米应以离岸条件为基础；根据本协定所购买大米的输出，其一切海运事宜由锡兰政府负责。

第四条

第一款　中国政府在哥伦坡锡兰银行开立账户，锡兰政府在北京中国银行开立账户；两项账户仅能用于经营本协定所规定之胶片与大米贸易所需款项。

第二款　本协定内所规定之胶片虽以英镑计价，但依照本协定而由锡兰输往中国之每批胶片，在装船及其他应有单证呈验后，应立由中国政府将其全部价款按当时汇率折合锡兰卢比付入北京中国银行内锡兰政府账户。哥伦坡锡兰银行此时即在哥伦坡锡兰银行内中国政府账户之借方记入同额款项。

第三款　本协定内所规定之大米虽系以英镑计价，但依照本协定而由中国输往锡兰之每批大米，在装船及其他应有单证呈验后，应立由锡兰政府将其全部价款按当时汇率折合锡兰卢比付入哥伦坡锡兰银行内中国政府账户。北京中国银行此时即在北京中国银行内锡兰政府账户之借方记入同额款项。

第四款　本条第二款及第三款内所指汇率，应在第二款及第三款所述装船及其他应有单证呈验时按照锡兰卢比对英镑之法定卖价及买价之间的平均汇率计算之。

第五款　中国政府与锡兰政府依照本条第一款之规定所开立之账户应每三个月由北京中国银行及哥伦坡锡兰银行结算一次，双方银行并应彼此商定由此而产生之一切手续。其结算之余额可转入下期，或以英镑或双方政府所同意之其他方法支付之。

第五条

第一款　本协定中所规定之胶片与大米之交易，每年由双方政府签订以一年为期的胶片与大米合同执行之，合同内应规定规格、单价、运输、交货时间、交货地点、仲裁、支付办法、质量检验、装船单证及其他应有条款。

第二款 为保证本协定之执行，每一年度之胶片与大米合同应同时进行谈判与签订。在此等合同之有效时期内，如一方政府不履行任何一个合同义务时，则对方政府在另一合同内所应负担之一切义务即自动解除。

第六条

按照本协定第五条中国政府与锡兰政府所签订第一年时期的胶片与大米合同应视为执行中国政府与锡兰政府于一九五二年十月四日在北京所签订的贸易协定之一部分。

第七条

在本协定有效时期内，如经一方政府提出任何修改，须经对方政府同意始得修改之。

第八条

本协定期满至少两个月前，如一方政府提议而为对方政府所同意，得协商延长之。

第九条

本协定经双方政府批准即行生效，其有效期为五年。

一九五二年十二月十八日在北京签字，共两份，每份均以中文及英文书就，两种文字之条文具有同等效力。

中华人民共和国中央人民政府代表：雷任民

锡兰政府代表 方席卡

《中华人民共和国政府代表团和锡兰政府代表团联合公报》（1956年）

锡兰政府代表团在一九五六年九月八日到达北京，同中华人民共和国政府就两国在互惠基础上设立外交代表，扩大两国贸易关系，发展两国经济合作和加强两国文化联系的问题进行初步的商谈。

锡兰政府代表团由为了达到本代表团的目的而派赴中华人民共和国的特使（团长）克劳德·科里亚爵士阁下，苏森塔·德·方席卡爵士阁下，国防和外交部长驻议会秘书、议员特·布·苏巴辛格先生和财政部高级助理秘书勒·库马拉斯瓦米先生组成。

锡兰政府代表团同中华人民共和国政府代表团进行了会谈。中华人民共和国政府代表团由下列人员组成：外交部副部长章汉夫（团长），对外贸易部副部长雷任民，文化部副部长夏衍，外交部亚洲司副司长陈叔亮和亚洲司专员毕朔望。

会谈是在诚恳和友好合作的精神下举行的。在会谈结束的时候，两国政府代表团为了在互利的情况下促进两国的良好关系，同意：

（一）向各自的政府建议，一经作好必要的安排双方就互设大使级的外交代表。

（二）应该在互利的情况下扩大两国的贸易关系，为了这个目的，两国政府应该尽快开始商谈，以便缔结一项贸易和支付协定。

（三）应该在互助的基础上发展两国的经济合作，为了这个目的，两国政府应该尽快开始商谈，以便缔结一项技术合作协定。

（四）两国政府代表团向他们各自的政府建议，利用中华人民共和国贸易代表团应锡兰政府邀请即将前往锡兰访问的机会，双方开始进行商谈，以便实现上述第二条和第三条的协议。

（五）为了促进两国人民之间更为密切的友谊和相互了解，应该加强两国的文化联系。

中华人民共和国政府代表团团长 章汉夫（签字）

锡兰政府代表团团长 克劳德·科里亚（签字）

一九五六年九月十四日于北京

《中华人民共和国和斯里兰卡共和国联合公报》（1972 年）

斯里兰卡共和国总理西丽马沃·班达拉奈克夫人，应中华人民共和国政府的邀请，于一九七二年六月二十四日至七月五日，对中华人民共和国进行了国事访问。

在访问期间，中国人民的伟大领袖毛泽东主席会见了西丽马沃·班达拉奈克总理，并同她进行了亲切友好的谈话，中华人民共和国代主席董必武和副主席宋庆龄也分别会见了西丽马沃·班达拉奈克总理。

斯里兰卡总理和她的随行人员在中国期间，访问了北京、沈阳、大连、上海，参观了人民公社、工厂、水利工程、名胜古迹。中国人民给予斯里兰卡总理的热烈和热情的接待，突出而令人难忘地反映了中国人民对斯里兰卡总理以及斯里兰卡政府和人民的友好情谊。在访问期间，班达拉奈克总理注意到，自从她上次访华以来，中国人民在毛主席的鼓舞人心的领导下取得了巨大的进步。

在访问期间，周恩来总理和西丽马沃·班达拉奈克总理在友好、诚挚和坦率的气氛中，广泛地就重大国际问题、进一步发展斯里兰卡和中华人民共和国的关系和合作以及其他共同关心的问题，进行了会谈。两国总理一致对会谈表示深为满意。

在回顾双边关系时，两国总理感到，他们完全有理由对斯里兰卡共和国和中华人民共和国之间关系的稳步和不断的加强感到满意。他们注意到，两国政府和人民的合作已经在包括政治、经济、贸易以及文化和体育等广泛的领域中得到扩大和发展。

斯里兰卡总理对中国多年来，特别是一九七〇年五月她的政府成立以来，给予斯里兰卡的援助表示她个人和她的政府的深切感谢，并对中国对于发展中国家援助的八项原则，包括平等、友谊和互利的原则表示高度赞赏。

在讨论继续进行两国间的经济合作时，班达拉奈克总理向中国总理介绍了她的政府的五年计划的概括的目标和战略。她强调了斯里兰卡共和国政府不顾重重障碍和艰难争取实现经济独立和经济发展这两个目的的决心。中国政府赞扬斯里兰卡政府在班达拉奈克总理领导下，为建设自己国家而做出的积极努力。为了支持斯里兰卡发展民族经济，中国政府决定向斯里兰卡政府提供一项长期无息贷款。

中国政府对于斯里兰卡政府为恢复中华人民共和国在联合国的合法权利所给予的支持表示衷心的感谢。班达拉奈克总理特别对于斯里兰卡共和国在促成联合国大会第二十六届会议的历史性表决方面能起的作用表示满意。

两位领导人认为，国际形势继续朝着有利于世界人民的方向发展。第三世界国家在国际事务中正发挥着越来越大的作用。班达拉奈克总理表示，作为不结盟国家，斯里兰卡一贯主张不同社会制度和意识形态的国家在五项原则基础上和平共处。中国政府重申坚决支持斯里兰卡政府奉行的独立自主，和平中立的不结盟政策。

两位领导人回顾了发达国家和发展中国家间不断扩大的差距的问题，并同意发展中国家应一致努力争取实现公平的国际贸易制度。两位领导人特别考虑了发展中的小国的困难，并一致认为发达国家负有特别责任，保证这些小国的经济弱点不被利用来侵犯它们的主权、领土完整和破坏它们的政治独立。两位领导人还强调发达国家有义务支持这些国家的经济独立。

班达拉奈克总理就斯里兰卡提出的宣布印度洋为和平区的建议，对中华人民共和国所给予的支持，特别是为使宣言在一九七一年十二月在联合国大会上得到顺利通过而提供的协助，转达了她的政府的感谢。斯里兰卡总理向中国总理介绍了她的政府根据这一决议并为了争取其迅速实现而已经采取的进一步步骤和主动措施。她表示希望所有有关国家采取决议中所预定的必要行动以使它早日实现。中国政府认为，斯里兰卡提出的这一建议反映了亚非国家维护民族独立、国家主权、反对超级大国侵略扩张的迫切愿望。中国政府和人民对于这一正义主张表示坚决支持。中国政府赞赏斯里兰卡政府，特别是班达拉奈克总理本人为这一建议所采取的主动，并且认为一九七一年十二月十六日第二十六届联合国大会通过的关于印度洋作为和平区的宣言的决议应当得到尊重。

双方表示坚决支持印度支那各国人民争取民族解放的正义斗争。双方认为，印度支那问题必须在没有外来干涉的情况下，按照印度支那各国人民的愿望，由印度支那各国人民自己来解决，一切外国军队应当迅速、全部、无条件地撤出这一地区。

双方坚决支持巴勒斯坦人民和阿拉伯各国人民反对帝国主义支持下的以色列侵略的正义斗争。

双方对当前南亚次大陆的紧张局势表示关切，并且重申该地区的悬而未决的问题应该在完全平等、互相尊重国家独立和统一、领土完整和主权、互不侵犯、互不干涉内政、互利互让的原则基础上通过和平谈判加以解决，而不诉诸武力和武力威胁。

在回顾非洲南部事态的发展时，两国总理重申对殖民主义和种族主义的强烈谴责。他们表示坚决支持亚非各国人民的民族独立运动和反对帝国主义、殖民主义和外来侵略的斗争。

双方重申，中斯两国将继续同所有爱好和平的国家一道，为在全世界范围内，全面禁止和彻底销毁核武器的目标而奋斗。

双方满意地认为，斯里兰卡共和国总理西丽马沃·班达拉奈克对中国的国事访问和两国领导人的交换意见，对增进两国间的友好合作关系和促进亚非人民团结反帝事业，作出了重要的贡献。

《中华人民共和国政府和斯里兰卡民主社会主义共和国政府关于成立经济、贸易合作联合委员会的协定》（1984年）

中华人民共和国政府和斯里兰卡民主社会主义共和国政府，鉴于两国间的友好合作关系，为进一步加强和发展这种关系和在平等互利的基础上促进两国间的经济、贸易合作，特签订本协定，条文如下：

第一条

缔约双方同意成立中国和斯里兰卡两国政府经济、贸易合作联合委员会。

第二条

联合委员会的任务：

（一）研究双方在经济、贸易领域内扩大合作的可能性，并提出旨在加强和促进这种合作的建议；

（二）协商拟订在经济、贸易合作领域中认为需要签订的协议；

（三）检查缔约双方在经济、贸易合作方面的协议的执行情况。

第三条

联合委员会会议将在双方认为必要时在北京和科伦坡轮流举行。参加会议的代表团由各自政府指派的代表率领。

第四条

中华人民共和国对外经济贸易部和斯里兰卡民主社会主义共和国财政计划部分别为本协定的执行机构。

第五条

本协定自签字之日起生效，有效期为五年。如在期满六个月前，缔约任何一方未以书面通知缔约另一方终止本协定，则本协定的有效期将自动延长五年，以后将依此法顺延。

本协定于一九八四年五月二十二日在北京签订，共两份，每份都用中文、僧伽罗文和英文写成，三种文本具有同等效力。

中华人民共和国政府代表（签字）

斯里兰卡民主社会主义共和国政府代表（签字）

《中华人民共和国政府和斯里兰卡民主社会主义共和国政府关于相互促进和保护投资协定》（1986 年）

中华人民共和国政府和斯里兰卡共和国政府（以下各称"缔约一方"），

愿为两国间的进一步经济合作，特别是在平等互利原则的基础上，为一国国民和公司在另一国领土内的投资创造良好的条件，

认识到相互鼓励、促进和保护这类投资将有助于激励国民和公司经营的主动性和增进两国的繁荣，达成协议如下：

第一条　定义

在本协定内：

一、"投资"一词系指缔约一方根据其法律和法规允许的各种资产，主要是：

（一）动产、不动产和其他任何财产权利，如抵押权、用益权、留置权或质权；

（二）公司的股份、股票、债券及财产中的类似利益；

（三）金钱的请求权或具有金钱或经济价值的合同项下的行为请求权；

（四）著作权、工业产权（如发明专利、商标、工业设计）、有关专有技术、工艺流程、商名和商誉的权利；

（五）法律赋予或通过合同而具有的经营特许权，包括自然资源的勘探、耕作、提炼或开发的特许权，其中也包括在缔约一方行使主权、主权权利或管辖权海域内的这种特许权。

二、"收益"一词系指由投资产生的金钱收益，包括利润、利息、资本利得、分红、提成费或酬金。

三、"国民"一词：

（一）在中华人民共和国方面，系指按照其法律作为中华人民共和国公民的自然人；

（二）在斯里兰卡共和国方面，系指按照其法律作为斯里兰卡共和国公民的自然人。

四、"公司"一词：

（一）在中华人民共和国方面，系指根据其法律在其领土内组成或设立并具有住所的公司或其他法人；

（二）在斯里兰卡共和国方面，系指根据其法律在其领土内组成或设立并具有住所的公司或其他法人。

第二条　协定的适用

一、本协定只适用于：

（一）对在中华人民共和国领土内的投资，是由中华人民共和国政府指定的机构，根据可能存在并认为合适的条件书面批准的斯里兰卡共和国的国民和公司进行的全部投资；

（二）对在斯里兰卡共和国领土内的投资，是由斯里兰卡共和国政府指定的机构，根据可能存在并认为合适的条件书面批准的中华人民共和国的国民和公司进行的全部投资。

二、上款规定应适用于缔约一方的国民和公司在缔约另一方领土内，于一九七八年九月七日之后在斯里兰卡进行的全部投资，以及一九七九年七月八日之后在中国所进行的全部投资。

第三条　促进和保护投资

一、缔约任何一方在其领土内，在符合其经济总政策条件下，应鼓励并为缔约另一方国民和公司进行投资创造良好的环境。

二、依照第二条批准的投资，应根据本协定给予公正和公平的待遇和保护。

第四条　最惠国条款

除第五、六和十一条外，缔约任何一方对缔约另一方国民和公司根据第二条规定允许在其领土内的投资或收益所给予的待遇不应低于其给予第三国国民和公司的投资或收益的待遇。

第五条　例外

本协定关于不低于给予任何第三国国民和公司的待遇的规定，不应解释为缔约一方有义务因下述原因所产生的待遇、优惠或特权而给予缔约另一方的国民和公司：

（一）任何地区或国际性的海关、金融、关税或贸易方面的安排（包括自由贸易区）或可能导致实施这类安排的协议；

（二）任何全部或主要是有关税收的国际协定或安排或全部或主要是有关税收的国内立法。

第六条　征收

一、缔约任何一方不应对缔约另一方的国民或公司的投资采取征收、国有化措施或其效果相当于征收或国有化的其它措施（以下称征收），除非这种措施是为法律所准许的目的、是在非歧视性基础上、是根据其法律并伴有补偿，该补偿应能有效地实现，并不得无故迟延。该补偿应受缔约一方法律的制约，应是征收前一刻的价值。补偿应自由兑换和转移。

二、征收措施的合法性，应受影响的国民或公司的要求，可由采取措施的缔约一方的有关法院以其法律规定的形式进行审查。

三、如缔约一方对在其领土内的任何地区按其有效法律设立或组成的公司的财产进行征收，而缔约另一方的国民或公司在上述公司内又占有股份，本条第一款的规定应保证适用，以确保给予缔约另一方占有股份的国民或公司第一款所规定的补偿。

第七条　损失补偿

缔约一方的国民或公司在缔约另一方领土内的投资，因缔约另一方领土内发生战争或其它武装冲突、国家紧急状态、暴乱、起义或骚乱而受到损失，缔约另一方如予以恢复、赔偿、补偿或其它处理方面的待遇，不应低于其给予任何第三国国民或公司的待遇。

第八条　汇出

一、缔约一方应根据其法律和法规及在非歧视的基础上，保证缔约另一方国民或公司在缴纳税款及其他法定收费并扣除其他合理的当地生活费用后，自由转移其资本及来自投资的收益，包括：

（一）利润、资本利得、分红、提成费、利息和从投资中所得的其它经常性收入；

（二）投资的部分或全部清算款项；

（三）根据与投资有关的贷款协议的偿还款；

（四）与第一条第一款（四）项有关的许可证费；

（五）有关技术援助、技术服务或管理费用的支付；

（六）有关承包项目合同的支付款；

（七）缔约另一方国民在缔约一方领土内与投资有关而进行工作的工资。

二、本条上款规定不应影响本协定第六条所支付的补偿的自由转移。

三、在不影响本条第一款规定的情况下，缔约各方在遇有特殊国际收支困难时，可以在有限的时间内，有效并善意地履行其法律赋予的权力。

第九条　兑换率

本协定第六条至第八条所述转移应使用转移之日自由兑换货币通用的市场汇率。如没有该汇率，则适用官方汇率。

第十条　法律

为避免误解，兹宣布，全部投资，除受本协定管辖外，应受投资所在地的缔约一方领土内的有效法律管辖。

第十一条　禁止和限制

本协定的规定不应以任何方式约束缔约任何一方为保护其国家利益，或为保障公共健康，或为预防动、植物的病虫害，而使用任何种类的禁止或限制的权利或采取其他任何行动的权利。

第十二条　代位

一、如缔约任何一方（或由其指定的代理机构、机关、法定组织或公司）根据本协定就其国民或公司的全部或部分投资有关的请求权而向他们进行了支付，缔约另一方承认前者缔约一方（或由其指定的代理机构、机关、法定组织或公司）有权根据代位行使其国民和公司的权利和提出请求权。代位的权利或请求权不应超过原投资者的权利或请求权。

二、缔约任何一方（或其指定的代理机构、机关、法定组织或公司）向其国民或公司进行的支付，不应影响该国民或公司根据第十三条向缔约另一方提出请求的权利。

第十三条　投资争议

一、缔约一方的国民或公司与缔约另一方之间就在缔约另一方领土内的投资产生的争议应尽量由当事方友好协商解决。

二、如争议在六个月内未能协商解决，当事任何一方有权将争议提交接受投资的缔约一方有管辖权的法院。

三、第六条关于由征收发生的补偿款额的争议，有关的国民或公司在诉诸本条第一款的程序后六个月内仍未能解决，可应任何一方的要求，将争议提交由双方组成的国际仲裁庭。

如有关的国民或公司诉诸了本条第二款所规定的程序，本款规定不应适用。

四、上述国际仲裁庭应按下述方式专门组成：当事双方各任命一名仲裁员，该两名仲裁员再任命一位第三名仲裁员为主席。仲裁员和主席应在当事一方通知另一方将争议提交仲裁之日起的两个月和四个月内分别任命。

五、如在第四款规定的期限内未能作出必要的任命，又无其他约定时，当事任何一方均可请求斯德哥尔摩商会仲裁院主席作出必要的任命。

六、除下述规定外，仲裁庭应参考一九六五年三月十八日在华盛顿签字的"关于解决国家和他国国民之间投资争端公约"自行制定其仲裁程序。

七、仲裁庭应以多数票作出裁决。

八、仲裁庭的裁决是终局的，具有拘束力，双方应遵守裁决，并执行裁决条款。

九、仲裁庭应陈述裁决的依据，并应任何一方的要求说明理由。

十、当事双方应各自负担其任命的仲裁员和参与仲裁程序的费用。仲裁庭主席为执行仲裁职责的费用以及仲裁庭的其他费用应由当事双方平均负担。但仲裁庭可以在其裁决中决定由一方负担较多费用。该决定对双方均具有拘束力。

十一、本条规定不应损害缔约双方对本协定的解释或适用发生争端时适用第十四条规定的程序。

第十四条　缔约双方之间的争端

一、缔约双方对本协定的解释或适用的争端，应尽可能通过外交途径解决。

二、如争端未能解决，应缔约任何一方的请求，应将争端提交仲裁。仲裁庭由三名仲裁员组成。缔约双方各任命一名仲裁员，作为首席仲裁员的第三名仲裁员由缔约双方协议任命。

三、在收到仲裁要求之日起的两个月内，缔约各方应任命其仲裁员，其后的两个月内，缔约双方应任命第三名仲裁员。

四、如在收到仲裁要求之日起的四个月内仲裁庭未能组成，且又无其它协议，则缔约任何一方可请求国际法院院长作出必要的任命。如院长是缔约任何一方的国民或不能任命，则可请求副院长作出任命。如副院长是缔约任何一方的国民或不能任命，则可请求为非缔约任何一方国民的国际法院资深法官作出必要的任命，并依次顺推。

五、仲裁庭应以多数票做出裁决。

六、仲裁庭的裁决为终局的，缔约双方应遵守和执行裁决条款。

七、缔约各方应承担其仲裁员及其代表在仲裁程序中的费用，以及一半的首席仲裁员费用和其余费用，但仲裁庭可在其裁决中决定缔约一方承担较大比例的费用，此项决定对缔约双方均有拘束力。

八、此外，仲裁庭应自行制定其程序规则。

第十五条　其它义务

如缔约任何一方的立法或现有的或在本协定后，缔约双方间确立的国际义务使缔约另一方国民或公司的投资处于比本协定更为优惠的待遇地位，该地位不应受本协定的影响。除本协定的规定外，缔约任何一方应依其法律尊重其或其国民或公司同缔约另一方国民或公司就投资方面的承诺。

第十六条　生效、有效期和终止

一、缔约任何一方应通知缔约另一方已完成其使本协定生效的国内法律程序。本协定应自缔约后一方通知之日起的第三十天开始生效。

二、本协定有效期为十年。此后，除非本协定在最初九年满后，缔约任何一方书面通知缔约另一方终止本协定，本协定应继续有效。终止通知书应在缔约另一方接到一年后生效。

三、对于终止本协定的通知生效之日前的投资，第一条至第十五条的规定，从通知终止生效之日起，继续有效十年。

兹证明，双方政府各自授权代表签署本协定。

本协定于一九八六年三月十三日在科伦坡签订，一式两份，每份都用中文、僧伽罗文和英文书就，三种文本具有同等效力。若解释发生分歧，以英文本为准。

中华人民共和国政府代表（签字）

斯里兰卡民主社会主义共和国政府代表（签字）

《中国与斯里兰卡联合公报》（2005 年）

一、应中华人民共和国主席胡锦涛邀请，斯里兰卡民主社会主义共和国总统钱德里卡·班达拉奈克·库马拉通加于二〇〇五年八月三十日至九月二日对中国进行国事访问。访问期间，两国元首举行了正式会谈。

二、斯里兰卡总统还会见了中国全国人大常委会委员长吴邦国、国务院总理温家宝、国务委员兼国防部长曹刚川、国务委员陈至立以及商务部、财政部、国家旅游局、中国进出口银行等部门负责人，并访问了上海。

三、8 月 29 日，斯里兰卡总统在北京妇女大会十周年纪念会议上发表主旨讲话，并与吴仪副总理就 1995 年具有历史意义的《北京宣言》发表后在促进性别平等方面取得的进展进行了交谈。

四、双方对所有问题的讨论均在坦诚、友好的气氛中进行，达成广泛共识，显示了两国之间的友好关系。

五、中国国家主席胡锦涛对斯里兰卡前外交部长拉克什曼·卡迪加马惨遭暗杀深表哀悼。双方强烈谴责这一恐怖主义行径，决心同恐怖主义、分裂主义和极端主义三股邪恶势力作坚持不懈的斗争，并加强在地区和国际反恐行动中的协商与配合。

六、斯里兰卡总统向中国国家主席简要介绍了斯外长被暗杀后的国内局势，表示尽管恐怖主义给斯和平进程带来困难，但斯政府仍将致力于确保国家稳定、持久和平，以实现全体人民的福利、安全和自由。中方对此表示赞赏，相信上述努力定能成功，并重申对斯统一、领土完整和民族和解的全力支持。

七、斯方重申，世界上只有一个中国，中华人民共和国政府是代表全中国的唯一合法政府，台湾是中国领土不可分割的一部分。斯里兰卡坚定奉行一个中国政策，反对任何形式的"台湾独立"，支持中国政府为捍卫国家主权与领土完整所做的一切努力，支持中国为反对"台独"势力分裂国家所采取的措施，希望中国早日实现国家统一。

八、双方对中斯真诚互助、世代友好的全面合作伙伴关系在政治、经济和其它各领域均取得积极进展感到满意。

九、斯里兰卡总统代表斯里兰卡人民感谢中方在海啸灾后向斯提供的慷慨援助，包括业已启动的修复渔码头和"中斯友谊村"项目。中方表示愿为斯提供防灾减灾领域的人员培训。

十、斯方感谢中方提供优惠出口买方信贷，用于双方商定的斯方优先发展并将与中国公司合作实施的项目。斯方提出了拟优先发展的项目：汉班托塔油品罐区和加油设施、普特拉姆燃煤电站、机场快速铁路项目以及科伦坡至机场高速公路项目，希望中方对上述项目给予资金支持。中方将推动中国金融机构认真研究上述项目的融资问题。

十一、中方向斯里兰卡提供无偿援助用于双方商定的项目，斯方对这一慷慨行为表示感谢。

十二、双方注意到，在2005年4月签署《进一步深化双边经贸关系协议》后，根据协议所成立的辅助委员会已经确定需要通过磋商和交流解决的问题，以促进中斯经贸合作。双方将通过外交渠道商定经贸合作联委会召开的时间和议题。

访华期间，斯里兰卡总统参加了斯方与中国国际贸易促进会共同举办的"中国斯里兰卡贸易和投资促进研讨会"，双方对中国企业以多种合作形式参与斯基础设施改进及发展进程表示满意。

十三、双方认为，两国首都间直航的开通有助于促进两国相互往来，包括两国游客的往来。两国航空公司将继续探讨合作的可能性。两国旅游管理部门均认为应鼓励和支持双方的航空公司、旅行社、酒店和其它旅游产业加强互利往来和接触，并通过在旅游领域的投资促进合作，双方对此表示欢迎。中方欢迎斯里兰卡旅游局通过中国媒体进行旅游宣传推广，并将为此提供便利。

十四、双方讨论了亚洲地区形势，强调亚洲各国需要和平、稳定和更加密切的合作以促进本地区发展。斯方欢迎中国为关于实现朝鲜半岛无核化的六方会谈所作的努力。双方欢迎中国与南亚国家通过高层政治交往和其他交往加强关系，并探讨了南盟与中国建立机制化联系的可能性。

十五、双方还就两国元首即将参加的联合国60周年会议进行了讨论，一致认为，联合国改革应在包括发展中国家在内的国际社会最广泛共识基础上进行。斯里兰卡和中国一致同意继续在国际事务中就包括千年发展目标、人权和反恐在内的双方共同关心的所有问题进行磋商。双方重申，下任联合国秘书长应从亚洲国家中产生。

十六、根据两国外交部关于双边磋商的议定书，双方将通过外交渠道商定下一次外交磋商的时间。

十七、访问期间，双方签署了以下协议和谅解备忘录：

（一）中华人民共和国政府和斯里兰卡民主社会主义共和国政府文化合作协议；

（二）中华人民共和国政府和斯里兰卡民主社会主义共和国政府经济技术合作协定；

（三）中华人民共和国国家旅游局和斯里兰卡民主社会主义共和国旅游部旅游合作谅解备忘录；

（四）中华人民共和国外交部与斯里兰卡民主社会主义共和国外交部关于斯里兰卡在上海开设领事馆的换文；

（五）中华人民共和国教育部与斯里兰卡民主社会主义共和国教育部关于合作在斯里兰卡建立孔子学院的谅解备忘录；

（六）中国进出口银行与斯里兰卡民主社会主义共和国财政计划部关于中华人民共和国政府向斯里兰卡民主社会主义共和国政府提供3亿美元优惠出口买方信贷的总协议；

（七）斯里兰卡国家艺术剧院项目设计合同；

（八）中国机械设备进出口总公司与斯里兰卡电力局关于斯里兰卡普特拉姆燃煤电站项目的谅解备忘录。

十八、斯里兰卡总统库马拉通加夫人衷心感谢中华人民共和国政府和人民对她本人及斯里兰卡代表团的热情友好款待。库马拉通加总统邀请中华人民共和国主席胡锦涛方便时候访问斯里兰卡，中国国家主席胡锦涛感谢库马拉通加总统的邀请，并表示愿在双方方便时访问斯里兰卡。

《中华人民共和国与斯里兰卡民主社会主义共和国联合公报》（2013 年）

一、应中华人民共和国主席习近平邀请，斯里兰卡民主社会主义共和国总统马欣达·拉贾帕克萨于 2013 年 5 月 27 日至 30 日对中华人民共和国进行国事访问。

二、访问期间，拉贾帕克萨总统与习近平主席举行了会谈，并会见了李克强总理和李源潮副主席。此外，拉贾帕克萨总统出席了全球服务论坛北京峰会开幕式并致辞，还出席了主题为"促进绿色发展，共建美丽亚洲"的 2013 年亚洲政党专题会议并致辞。

三、双方高度评价中斯传统友谊，满意地回顾了两国关系的不断进展和友好合作的丰硕成果。双方一致同意构建真诚互助、世代友好的战略合作伙伴关系，不断增强政治互信，深化务实合作，增进人民友好，促进共同发展。

四、双方承诺在涉及国家主权、领土完整和稳定发展等核心利益问题上相互支持。中方表示支持斯为维护国家团结、民族和解和发展经济所作努力。斯方重申坚持一个中国政策，支持中国政府为实现国家统一所作努力。

五、两国领导人同意保持高层互访势头，并承诺通过双边互访、在多边场合会晤等形式保持经常接触，加强战略沟通。密切两国政府、议会、政党、军队和执法部门之间的友好交往和务实合作，深化治国理政经验交流。

六、双方积极评价两国经贸合作成果，同意在中斯经贸联委会框架下，成立贸易工作组和经济工作组，研究加快推进贸易便利化和投融资合作具体措施，推动两国贸易均衡发展。双方同意在《亚太贸易协定》框架下加强合作的基础上，启动中斯自贸区谈判进程，首先成立专家组开展可行性研究。双方领导人同意鼓励扩大本币在双边贸易和投资中的使用。双方同意加强两国海关合作以便利贸易往来。

七、斯方强调中方作为斯重要发展伙伴，近年来发挥的重要作用，并感谢中国政府支持斯基础设施发展和社会经济发展，特别是港口航空、能源发展、道路和高速公路、灌溉等领域。中国政府将继续为斯提供力所能及的帮助，鼓励中国金融机构为斯基础设施建设提供融资支持。

八、双方同意进一步推进双边互利投资合作。中国政府将继续推动有实力的中国企业赴斯投资，鼓励双方私营企业加强投资合作，重点推动旅游、基础设施建设、轻工业、食品加工和包装、农业、出口导向企业领域合作。

九、双方同意进一步加强海洋领域的全面合作。对宣布建立海岸带和海洋合作联委会表示欢迎，将推进海洋观测、生态保护、海洋与海岸带资源管理等海洋领域的合作，并加强海上安保、打击海盗、海上搜救、航行安全合作。

十、双方同意继续深化防务合作。保持两国防务部门和军队各层级人员往来，密切开展军事训练、人员培训、国防科技、院校建设、后勤保障等领域合作。双方认为，恐怖主义、分裂主义和极端主义对地区稳定与安全构成严重威胁，重申在双多边框架内开展实质合作，共同打击"三股势力"。

十一、双方同意加强旅游业全方位合作。双方同意为旅游机构、旅游从业者加强交流创造条件。中方将继续鼓励中国公民赴斯旅游，将为斯方开拓中国旅游市场提供协助。

十二、双方对航天领域合作取得的积极进展表示满意，同意进一步密切交流与合作，将航天技术更广泛地应用于通信广播、灾害管理、海啸监测、环境保护等领域，服务经济和社会发展。

十三、双方表示将进一步扩大人文交流。加强教育、文化、旅游、宗教、新闻、广电等领域的交流与合作，密切妇女、民间团体和学术机构的联系。双方同意建立两国青年交流和互访机制。中方将通过多种渠道向斯方提供奖学金名额，支持和鼓励斯方学生来华从事医学、工程等相关专业的学习，并愿意考虑增加对斯来华留学生奖学金名额的可能性。斯方表示将加快推进在斯中国文化中心建设。

十四、双方对在国际和地区事务中的合作感到满意。中方重视斯希成为上海合作组织观察员的申请，愿推动上海合作组织与斯方加强各领域合作。斯方赞赏中方为南盟发展所做贡献，将继续支持中国深化同南盟合作。双方同意进一步加强在联合国等多边场合的协调与配合，密切人权、气候变化、打击跨国犯罪等领域合作，共同维护发展中国家权益。

十五、访问期间，双方还签署了多份合作文件，涉及经贸、农业、国防科技、航天、青年等领域。

十六、拉贾帕克萨总统感谢中华人民共和国政府和人民对他本人及斯里兰卡代表团的热情友好接待。拉贾帕克萨总统邀请中华人民共和国主席习近平方便时访问斯里兰卡，习近平主席对此表示感谢，并表示愿在双方方便时往访。

《中华人民共和国和斯里兰卡民主社会主义共和国关于深化战略合作伙伴关系的行动计划》(2014 年)

（2014 年 9 月 16 日于科伦坡）

一、应斯里兰卡民主社会主义共和国总统马欣达·拉贾帕克萨邀请，中华人民共和国主席习近平于 2014 年 9 月 16 日至 17 日对斯里兰卡进行国事访问。

二、访问期间，习近平主席与拉贾帕克萨总统举行了会谈，分别会见了贾亚拉特纳总理和恰马尔议长。双方签署了经济、科技、人文等各领域多项协议。

三、两国元首对 1957 年建交以来两国关系的发展表示满意，认为中斯真诚互助、世代友好的战略合作伙伴关系已成为两国各自外交政策中不可或缺的重要内容。中斯友好合作为促进两国各自发展，增进两国人民福祉，实现亚洲共同繁荣作出了积极贡献。

四、双方一致同意，中斯拥有相似的传统价值观、共同的发展诉求和共同的战略利益，这是两国传统友谊历久弥坚的根源，也是中斯关系在新时期实现更大发展的动力。双方将本着平等相待、相互尊重和支持、追求共同发展的精神，进一步充实和深化中斯战略合作伙伴关系的内涵，促进两国发展，造福两国人民。

五、双方重申在尊重国家主权、领土完整和稳定发展等共同利益问题上相互支持。中方支持斯维护国家团结、追求和平和解和推动经济发展的努力。斯方重申坚持一个中国政策，支持中国政府为实现国家统一所作努力。

六、双方重申遵循和平共处五项原则，坚定支持对方自主选择的发展道路，遵守不干涉他国内政的国际法基本准则，反对任何国家和组织企图侵犯两国独立及政治和社会稳定的单边主义行径，主张通过和平方式解决国家间的分歧和争端。

为进一步深化中斯战略合作伙伴关系，双方制定以下行动计划：

七、加强高层互访，通过双边互访、多边场合会晤等形式保持经常接触，为深化两国关系发挥积极作用。鼓励两国政府、立法机构、政党、军队和执法部门之间开展交往与合作，加强治国理政经验交流。

八、双方对两国自贸协定联合可行性研究成果表示满意，共同宣布启动两国自贸协定谈判，并将共同努力确保其早日落实。双方同意将尽早完成自贸协定谈判，推动两国贸易和经济合作均衡、可持续发展。

九、双方同意鼓励扩大本币在双边贸易和投资中的使用，加强两国海关、检验检疫合作以便利贸易往来。

十、双方同意进一步深化在投资、合资企业、双边贸易、旅游、发展项目和能力建设等领域的合作。中国政府将继续鼓励有竞争力的中国企业在斯里兰卡新一代技术型制造业等领域开展投资与合作，实现互利共赢。斯方将继续提供必要的协助和制度支持。

十一、斯方感谢中国政府支持斯社会经济发展，中国政府将继续为斯提供帮助。中国政府鼓励中方金融机构在依法合规的原则下与斯方有关机构开展合作。在此背景下，斯方请求中方就卢旺普拉高速公路、北部高速公路、尼尔瓦拉—金河调水项目、凯拉尼河流域项目、塔皮特嘎水库项目、国家机场搬迁项目、炼油厂扩建、现代化改造及铺设管线等相关基础设施项目、供水和污水处理项目等提供长期融资支持，以帮助斯加快发展。中国政府将为双方商定的斯里兰卡基础设施和发展项目提供优惠性质的融资支持。

十二、斯方欢迎并支持中方提出的构建 21 世纪海上丝绸之路的倡议，愿积极参与相关合作。双方同意进一步加强对马加普拉/汉班托塔港项目的投资。双方同意进一步加强海洋领域合作，推进科伦坡港口城的建设，签署马加普拉/汉班托塔港二期经营权有关协议，宣布建立海岸带和海洋合作联委会，探讨在海洋观测、生态保护、海洋资源管理、郑和沉船遗迹水下联合考古、海上安保、打击海盗、海上搜救、航行安全等领域开展合作。

十三、继续加强防务合作，保持两国防务部门和军队各层级人员往来，密切开展军事训练、人员培训、国防科技、院校教育、后勤保障等领域合作。双方重申，恐怖主义、分裂主义和极端主义对地区稳定与安全构成严重威胁，重申在双多边框架内开展相关合作，共同打击"三股势力"。

十四、斯里兰卡政府感谢中国政府向科伦坡国家医院提供援助，对门诊医疗设施进行升级改造。双方同意继续加强合作，帮助斯里兰卡提高医疗服务水平，包括提供医疗设备援助。

十五、大力挖掘旅游合作潜力，鼓励和支持双方旅游业加强交流和互利合作。双方对《魅力斯里兰卡》在华播出感到高兴，相信这有助于吸引更多中国游客赴斯旅游。中方将继续鼓励中国公民赴斯旅游，为斯方开拓中国旅游市场提供协助，并鼓励中资企业投资斯旅游业。

十六、斯里兰卡政府希望中国政府帮助斯里兰卡发展中小企业。双方相关部门将保持沟通，就具体措施和方式达成可行的方案。

十七、双方同意在农业研究、收割技术、畜牧及包括椰子加工设备等农业机械设备等领域开展合作。

十八、双方认同科技创新能力在发展中的重要性。中国同意提供相关协助，尤其在信息技术、纳米技术、核能科学、生物技术、科学家、宇航员、工程师培训以及空间技术领域。中方注意到斯里兰卡设立国家科学中心的援助需求。

十九、双方同意继续深化中斯文化交流与合作。斯方欢迎在斯设立中国文化中心，认为此举有助于增进两国文化、教育、宗教、新闻等领域的交流与合作，密切妇女、民间团体和学术机构等人文往来。中方将通过有关渠道向斯方提供更多奖学金名额，鼓励斯方学生来华学习。斯方支持孔子学院在斯开展汉语教学。

二十、双方同意就亚洲事务加强沟通协调，积极倡导共同、综合、合作和可持续的亚洲安全观。双方同意尽早启动海上合作对话，探讨海上安全等相关议题。

二十一、中方欢迎斯作为创始成员国加入亚洲基础设施投资银行，重视并支持斯希成为上海合作组织观察员的申请，愿推动上海合作组织与斯方加强各领域合作。斯方欢迎中方作为南盟观察员国为南盟发展所作贡献，支持中国加强同南盟合作。

二十二、双方同意进一步加强在联合国等多边场合的协调与配合，密切在人权、气候变化、反恐、打击跨国犯罪等领域合作，共同维护发展中国家权益。

二十三、中方对斯里兰卡在国内重建方面取得的切实、重要进展表示欢迎。斯方通过国家行动计划落实斯里兰卡教训总结与和解委员会建议，并取得积极进展，中方对此表示赞赏。中方注意到斯方扩大了国内相关机制的职能，包括建立顾问委员会。中方将继续支持斯里兰卡为国内和解所做努力，这将有助于斯里兰卡经济社会发展，也有助于不同民族、不同宗教信仰的人民享受同等权利。

二十四、习近平主席对拉贾帕克萨总统、斯里兰卡政府和人民的热情友好接待表示感谢。

二十五、斯里兰卡总统感谢中国政府多年来在斯方经济社会发展过程中提供的慷慨支持和帮助，这为斯里兰卡人民带来了实实在在的利益。